图书在版编目（CIP）数据

中华民国史档案资料汇编. 第1、2辑 / 中国第二历史档案馆编. -- 南京 : 凤凰出版社, 1991.6
(2012.6重印)
ISBN 978-7-80519-294-9

Ⅰ. ①中… Ⅱ. ①中… Ⅲ. ①档案资料—汇编—中国—民国 Ⅳ. ①K258.063

中国版本图书馆CIP数据核字(2010)第085856号

书　　名	中华民国史档案资料汇编 第一、二辑
编　　者	中国第二历史档案馆
责任编辑	尹亚伟
出版发行	凤凰出版传媒集团 凤凰出版传媒股份有限公司 凤凰出版社(原江苏古籍出版社) 发行部电话025-83223462
集团地址	南京市湖南路1号A楼,邮编:210009
集团网址	http://www.ppm.cn
出版社地址	南京市中央路165号,邮编:210009
经　　销	凤凰出版传媒股份有限公司
印　　刷	上海世纪嘉晋数字信息技术有限公司 上海市汇金路899号,邮编:201700
开　　本	850×1168毫米 1/32
印　　张	23.875
字　　数	599千字
版　　次	1991年6月第1版　2012年6月第3次印刷
标准书号	ISBN 978-7-80519-294-9
定　　价	140.00元

(本书凡印装错误可向承印厂调换,电话:021-69214197)

中华民国临时大总统
孙文

中华民国参议院

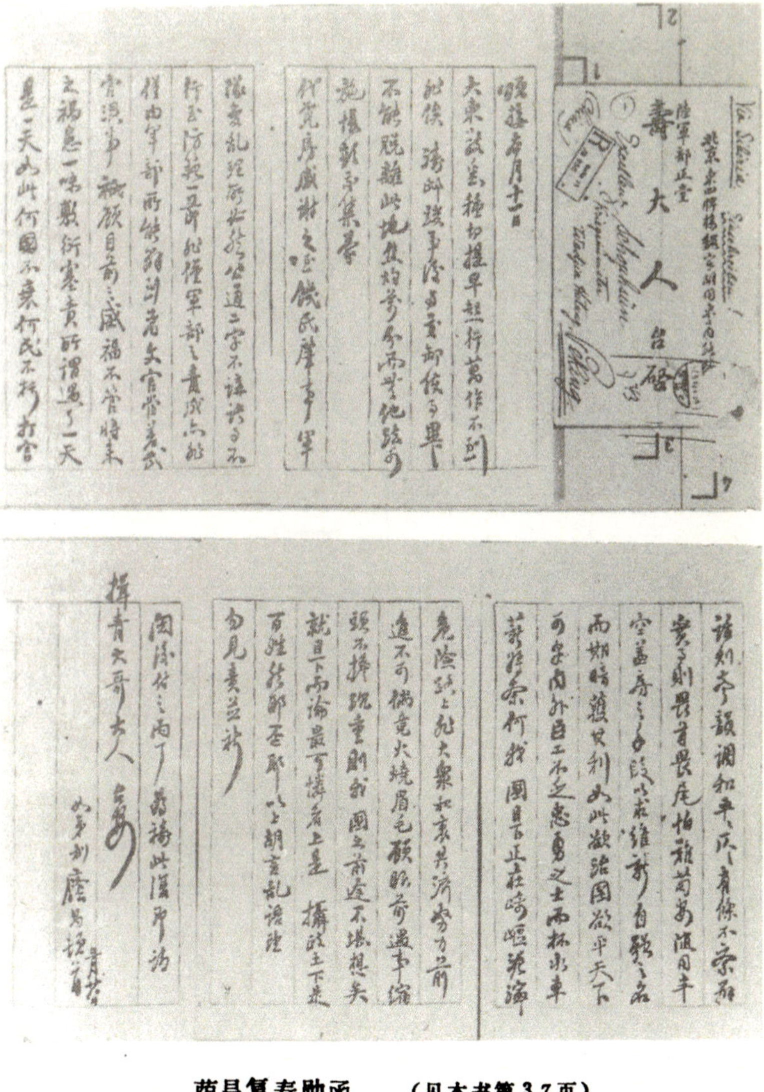

荫昌复寿勋函　　（见本书第37页）

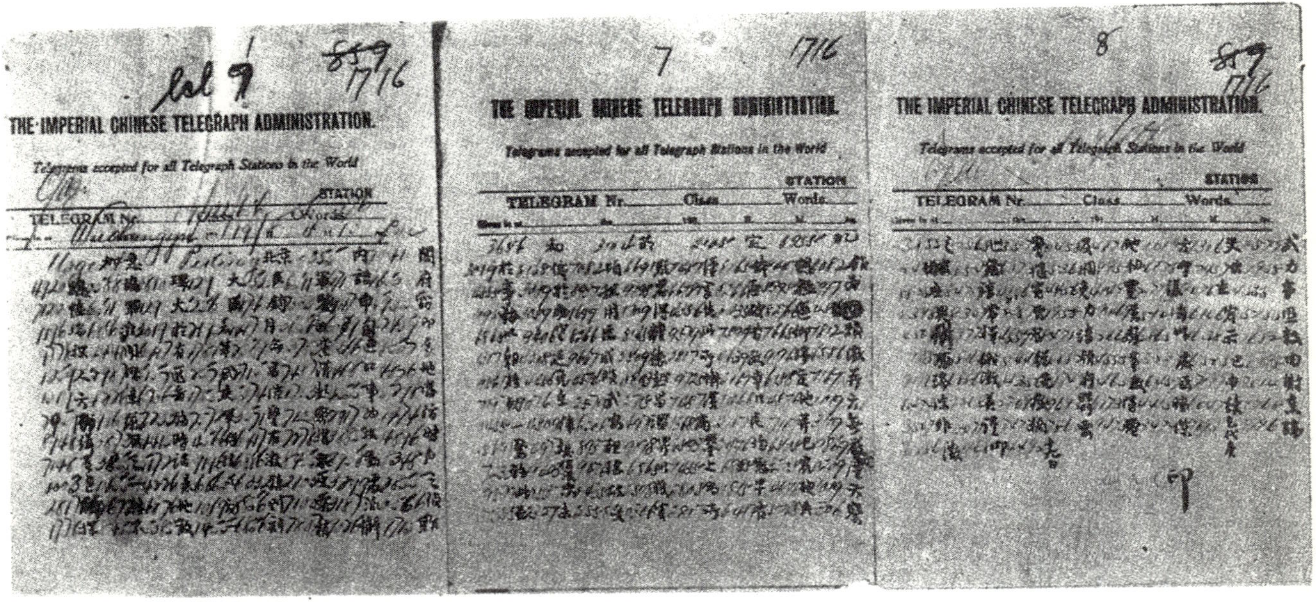

瑞澂致陆军部电（第一、七、八页）　（见本书第167、168页）

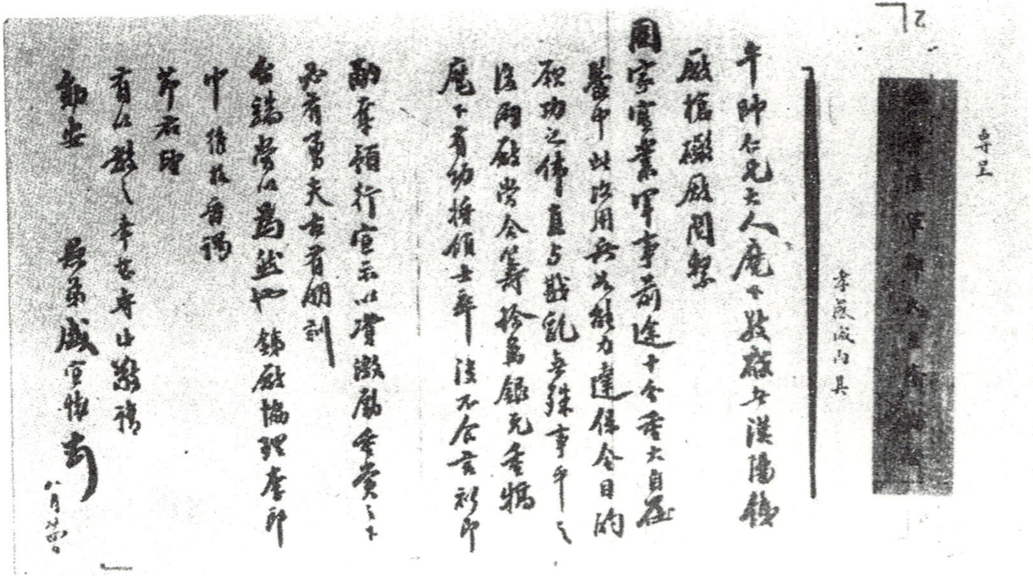

盛宣怀致荫昌函　（见本书第１７8页）

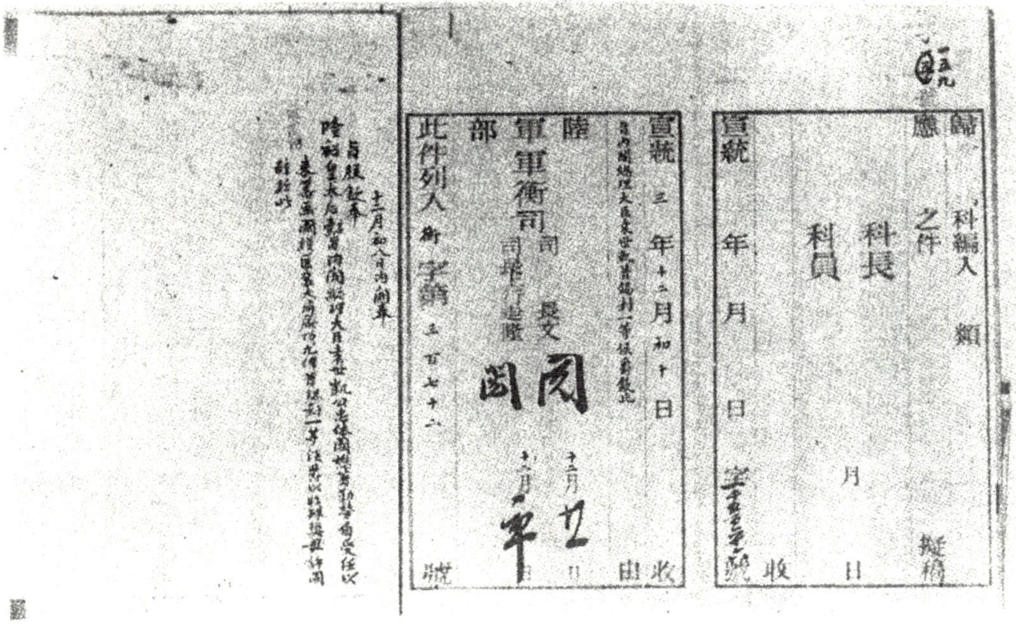

清陆军部抄件　　（见本书第216页）

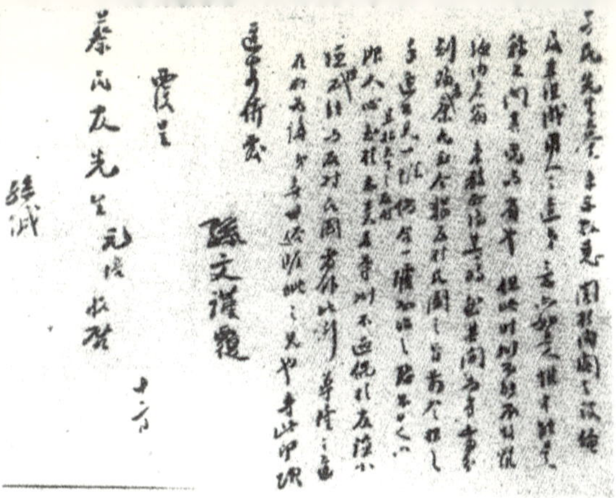

孙文复蔡元培函

（见本书 12 页）

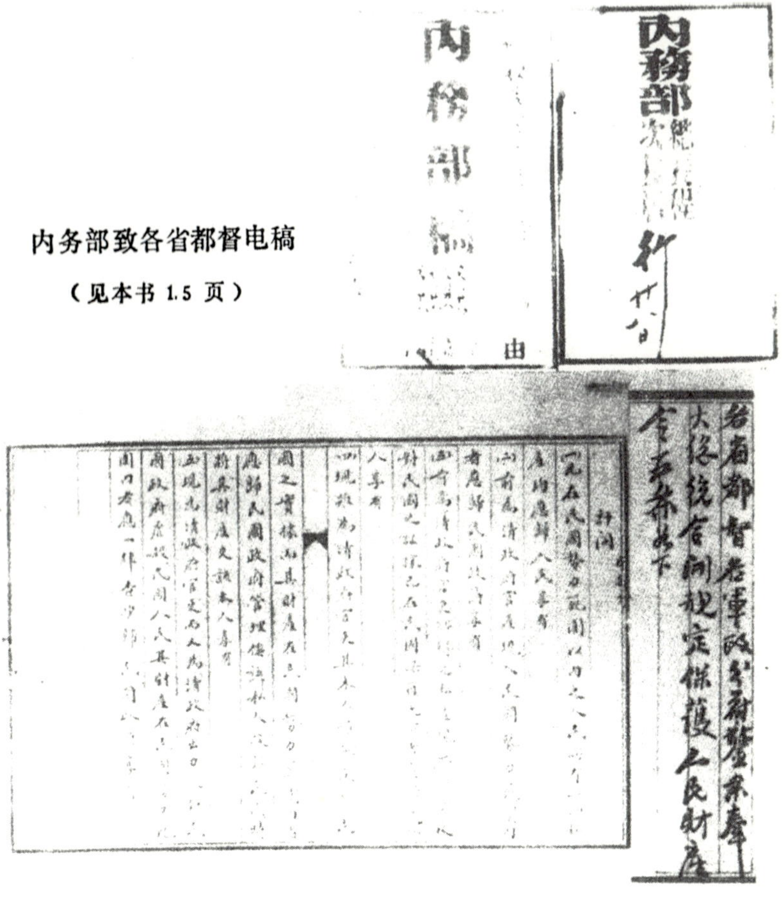

内务部致各省都督电稿

（见本书 15 页）

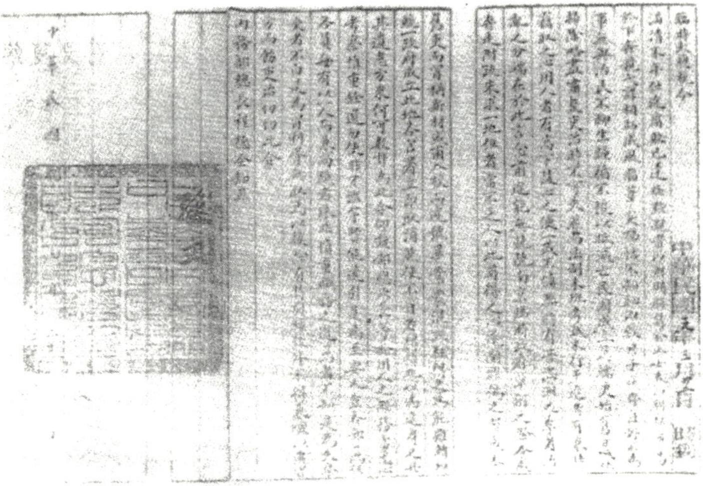

孙文致程德全令 （见本书 37 页）

蔡专使及其他诸代表并各职员 （见本书 88 页）

说　明

为了适应中国近现代史的科学研究和教学工作的需要，我们就馆藏中具有一定史料价值的档案，在原我馆副馆长王可风同志生前主持编辑的《中国现代政治史资料汇编》(1919—1949年)初稿的基础上，加以修订，并补充一九一九年五四运动以前的档案资料，编辑成一套《中华民国史档案资料汇编》(1911 — 1949年)，供史学工作者和有关部门参考使用。

这一套历史档案资料：第一辑为《辛亥革命》（1911年）。第二辑为《南京临时政府》（1912年）。第三辑开始，按北洋政府、国民党政府两个时期的政治、军事、经济、外交、文教、民众运动等大类分为若干辑，每辑分为若干册。自一九七九年起陆续出版。

这一套历史档案资料篇幅巨大，涉及面广。我们限于水平，在选材、加工、编排等方面，错误和缺点在所难免，敬请史学工作者提出批评和建议，帮助我们不断提高质量。

本辑主编：唐彪、王涛。选编者：李安庆、蔡鸿源、孙必有。

编　例

一、本汇编所选资料，为保存原貌，一般原文照录。其中间有内容重复及与主题无关部分，则略加删节。原有对人民对革命的污蔑之词，不予改动。资料出处，在资料后说明。

二、本汇编所选资料，按类项并依形成时间先后顺序排列。凡属综合性或追述性的资料，按其内容，酌加调整。

三、本汇编所选资料，一般以一件为一题。凡同属一事彼此间又有直接联系的成组资料，以一事为一题。

四、本汇编所选资料，一般由编者另拟标题并另加标点。沿用原标题、原标点者，加注说明。

五、本汇编所选资料，在排印时一般用简体字，遇有可能引起文义歧异之处，保留原有的繁体字。

六、本汇编所选资料，遇有缺漏损坏或字迹不清者，以□号代之。错字、别字和衍文的校勘以及其他简单注释，均加在正文之内以〔 〕号标明。较长的注释列在正文之后。增补的字以【 】号标明。全段删节者以…………号标明，段内部分删节者以……号标明。

辛亥革命

中华民国史档案资料汇编

第一辑

辛亥革命

目 录

一、各地人民反抗斗争和武装起义

二、清政府预备立宪

三、四川保路运动

附：湖南保路运动传单

四、武昌起义及各省响应

一、各地人民反抗斗争和武装起义

1　庞鸿书为保奖派兵赴桂援剿及办理西南边防出力员弁折

光绪三十一年十一月十七日（1905年12月13日）①

署理湖南巡抚布政使臣庞鸿书跪奏，为湖南省派兵赴桂援剿及办理西南两路边防出力文武员弁，遵旨择尤保奖，开单具陈，仰祈圣鉴事：窃照湘桂两省，唇齿相依，桂匪一日未平，即湘边一日不靖。光绪廿九年，因桂匪迭经剿捕，未能平靖，湘防戒严。经升任抚臣赵尔巽分派发字两旗赴桂协剿，刚字毅字等旗填扎应援。辰沅永靖道庄赓良率领所部进驻靖州，镇筸镇总兵周瑞龙派兵分防辰州一带，并饬统领建字营记名提督四川重庆镇总兵张庆云酌带所部，前往道州新宁各边界、广西全州驻扎，责令督办边防，以期周密。是年七月，匪首李明标等率领游土各匪，由桂窜湘，经统带毅字旗徐光发并毅字第二旗管带睦小春、三旗管带宋元春各带弁勇，分路截剿，击沉匪船，毙匪二三百人，生擒悍匪二人，夺获旗帜号褂枪码等件，收回民船三十七只。经赵尔巽奏报，奉硃批：著俟广西军务肃清后，再行择尤保奖。钦此。三十年夏间，先后奉旨饬派黄忠浩率队赴桂援剿，并饬杜俞一【军】在湖南道永一带扼要防守。旋经前署抚臣陆元鼎奏，留刘光才率领原部忠毅两营并增募四旗，分防宝清〔庆〕等处。又派张庆云所统健字七旗，以两旗开赴桂林，其余分赴湘桂各防择要防缉在案。黄忠浩一军，自上年七月，击败同乐匪众斩其渠魁之后，步步进剿，直至柳州府属各县，拿获匪首梁日忠叛弁覃元章、梁福沅并烧毙巨匪梁万顺即梁滥亦等，先后共获首要积匪七十余名，击毙土匪甚多，穷蹙出降者亦复不少，收

注：①此系硃批日期。

缴枪炮子弹无算，融县、怀远等处游匪已尽。该军自去夏赴援，惑〔感〕受瘴疠，病亡相继。黄忠浩剿抚并用，督率有方，是以士气奋励，卓有劳勋。张庆云一军遵旨仍驻金〔全〕州等处，并经奏明饬令兼统江南常备左军，而以杜俞为帮统兼带中军。该军接统之时，经遴委已革广西候补道沈世培前【往】该军体察情形，妥为筹商扼要布置。南路各州县多与粤西接壤，风鹤频惊，人心惶惑，时有本地匪徒勾结外来游匪，希图扰害。该军等互相联络，实力巡防，有犯必获，边境赖以安靖。刘光才一军，虽前次赴桂助剿未久，然当粤匪窜扰黔边之际，西路防务极为吃紧，迨经该军前往填扎，始得资袭慑而杜觊觎。及达字营叛变，正在永拦左近，与湘边相距不远，亦恃该军防堵，获免内窜之虞。庄赓良所部，曾于去秋攻取龙图、贯硐两要隘，乘势进取，与黄忠浩所部各旗首尾夹击，并与周瑞龙所部互相巡缉防范，亦属十分得力。业经先后奏明，钦奉硃批：着择尤分别酌保，毋许冒滥。钦此。现在迭据黄忠浩电称：复捕获零匪多名，罗、融、怀远等处亦已肃清。其湘边西南两路，据张庆云、刘光才、庄赓良、兵备处候补道俞明颐等禀称，现在一律乂安。所有在事出力人员，已经两广督臣岑春煊就常川驻桂员弁，择尤拟保十余员。其余在粤出力并在湘办防各员，曾电商本任抚臣端方归湘奏保。兹据各将在事出力文武员弁，开单呈请奏奖前来。伏查粤西匪乱，现已三年，湘省西南两路，处处与之界连，几有防不胜防之势。及至柳州兵变，匪势大为猖獗，谣言四起，人心惶惶。兼之湘省伏莽甚多，或遥受匪归希冀响应，或散放飘布图谋不轨。兹经黄忠浩等竭力剿办于外，刘光才等认真防缉于内，首要次第就擒，地方赖以安堵。该员弁等奔走于蛮烟瘴雨之中，搜捕于穷谷深山之内，性命相转，艰苦备尝。其防守各军，或力查拿获首要，或相机策应弭患无形。而兵备处、善后局、军装局暨各路粮台委员，亦复昕夕筹措，不遗余力，论其保障之功，似亦无可轩轾。兹就开呈各员弁内详加查核，力从删减，谨择尤为出力者分别酌拟奖励，开具清单，恭呈御览。合无仰恳天恩俯准炤拟给奖，以示鼓励，出自鸿慈。除饬取该员弁等履历分咨吏、兵二部，并查取阵亡瘴故各员衔名另行具奏请恤，及千总以下各弁勇咨部核奖外，理合会同湖广总督臣张之洞、湖南提督臣曹志忠，恭折具陈，伏乞皇太后、皇上圣鉴训示。谨奏。

光绪三十一年十一月十七日，奉硃批：该部议，奏单并发。①钦此。

〔清兵部档案〕

2 吴重憙为拿办江西都昌县罗来委等起事片②

光绪三十二年九月初九日（1906年10月26日）

再：臣前以访闻南康府属之都昌县会匪极多，该县与鄱阳县接攘〔壤〕，而景德镇之窑户坯工不下十数万，亦大半系都昌县民前往佣趁。当饶州匪首黄淑性正法之后，深虑余党窜匿勾结，电饬广饶九南道玉贵就近派拨常备军一百名，驰赴该县镇慑防堵。并饬该府县严密查拿，以免养痈成患。旋据都昌县知县罗长镛禀报：遵饬派役四出侦探，查有匪徒纠众于闰四月初七日傍晚，在县属黄土嘴江绍桂家聚饮，谋为不轨。该县闻信会营漏夜密往掩捕，至则匪已逃匿，聚饮处所余沥尚存，搜出刀矛等件，追捕无踪。越日，在马涧桥地方拿获匪犯江忠明、江亦和两名，身畔各藏黄

注：①清单略。

②此件系光绪三十二年九月初九日江西巡抚吴重憙致清巡警部咨的附件。

布一方。供认听从匪首罗来委、江绍桂纠邀入会，约令初八日进城起事时，将黄布系于发辫，以为记号。当即批令上紧严拿，务获首要究办。嗣据该县购觅眼线，加差干役，勒令犯族在景德镇查得罗来委踪迹，报由浮梁县知县徐孝泰派拨兵役协同拿解，起出口号簿据。复在县属龟山后拿获江绍桂，暨会营续获匪党沈传礼等十名。并闻该匪等散卖票布甚夥，多系诱胁，由县设柜出示，令其自行署名投缴，概予免究。计缴到票布八十余方，均系坤龙山至德堂字样，盖有洪福齐天伪印。饬据署南康府知府王以懋督同该县提犯审讯明确，拟议禀请核办前来。臣查罗来委供系伪元帅，江绍桂供系伪先锋，沈传礼虽听纠入会，未授伪职。均认同往鄱阳时山被官兵追捕潜逃回县，起意谋反，纠集伙党九十余人，约期进城劫狱，派沈传礼先入以为内应等情不讳。罗来委、沈传礼并供先曾伙劫天生号布店，拒毙事主，查案亦属相符，即经批饬将罗来委、江绍桂、沈传礼三犯，照章即行就地正法。雷世庆、廖廷二犯，虽均入会授有伪职，名目并不甚大，散卖票布亦不甚多，应准贷其一死，永远监禁。其余江忠明等九犯，情罪较轻，照拟分别年限监禁，俟限满查看能否安分，再行核办。此案因先事预防，致该匪未及起事即经破获，所有缉捕出力之员，不无微劳足录，可否仰恳天恩准其酌保一二员，以示鼓励。谨将拿办都昌会匪缘由，会同署两江督臣周附片具陈，伏祈圣鉴训示。谨奏。

〔清巡警部档案〕

3　吴重憙为拿办江西星子县吕昌蕃等起事片①

光绪三十二年九月初九日（1906年10月26日）

再：本年四月间饶匪扰乱之时，据饶九道玉贵电禀：南康府属星子县清风党地方，亦有匪徒散票，约期起事，已拨常备军二百名交该府办理。并据该署南康府王以懿、星子县杨焕禀报：访闻清风党一带地方，有素不安分之革生吕昌蕃等兄弟五人，勾结外来匪犯，并煽惑邻境愚民，散卖票布，敛钱聚众，谋为不轨。虽系谣传，人心惶惶，不无震动。等情。均经前抚臣胡廷干批饬认真拿办。迨常备军抵郡，该府即派南康营都司刘鸿章会同前往缉拿，该匪等已闻风逃匿，仅查获票布及刀矛洋枪等件，并拿到该匪户族吕业禹，讯据供称：吕昌蕃兄弟勾结三、五、七、八等都不知名人为匪，散卖票布，置办器械，闻拿逃逸属实。臣适抵任，道经是郡，查询地方人心已定，即饬将常备军撤回归伍，诱之使回，悬赏购线，严密查拿去后。嗣据先后缉获吕昌蕃、吕昌运、吕渭滨、吕俊裕、江隆才、胡宪章、殷昌善、刘连友等犯，饬由该府督县审讯，拟议禀办前来。臣查吕昌蕃一犯，已据供认听从李锦福等邀入哥老会，得受票布照刊刷卖，称为伪王，定期进城起事不讳，……应准照章就地正法。吕昌运一犯，助兄为虐，得受伪职，本应照章办理，念系卑幼，曾经劝诫吕昌蕃不听，贷其一死，永远监禁。其余各犯，情罪较轻，照拟分别年限监禁，俟限满查看能否安分，再行核办。仍饬严拿李锦福等务获究报。所有拿办南康府属匪犯缘由，理合会同两江督臣周附片陈明，伏乞圣鉴训示。谨奏。

〔清巡警部档案〕

注：①同第3页注②。

4 吴重憙为保奖剿办江西饶州黄淑性等起事出力员弁折片

光绪三十二年九月——十一月（1906年10月——1907年1月）

（1）吴重憙折 九月十四日（10月31日）①

奏为剿办饶州会匪完竣，谨将办理情形恭折具陈，仰祈圣鉴事。窃臣于本年四月十四日行次九江，即闻饶州有会匪滋扰情事。先经九江道玉贵派拨常备军三百名，驰往剿办。臣恐兵力尚单，又饬添拨常备军二百名，用浅水小轮运往，俾期迅捷，谕令会同该地方文武及防军赶紧严拿首要，解散胁从。并因饶州府属之鄱阳、浮梁等县，多与皖疆接壤，电致安徽抚臣恩铭派兵前往婺源一带堵截，以防此拿彼窜。及臣抵任，准前任抚臣胡廷干移交文卷，查悉亦已由省饬派统领巡防右军李保荃前往拿办。接皖抚电复：业派皖南巡警左营赴婺源一带堵拿，暨通饬与赣毗连各州县一体防范。惟据建德县禀报：鄱阳交界地方，聚匪数百人，扬言仇教，声势颇众，出有伪示匿名揭帖。而省城法总司铎函告，有谓拆毁建德境内教堂之事，属速剿除，勿任遗患等因。当又严饬该地方文武，务迅速认真办理。时长江水师提督程文炳巡阅鄱湖，函准该提督饬令饶州水师营调操各船，迅即回饶严防，水陆皆有戒备，当不难于扑灭。旋据饶州府暨鄱阳、浮梁等县先后禀称：查系匪首黄淑性等纠集党羽多人，在鄱阳县境内之时山，张帖伪示，竖旗起事。经该鄱阳县陈庆绶访闻，禀由该道派兵下县会剿。该匪先由时山出巢，执有顺清灭洋大旗二面，帅旗一面，约数百余人，头裹红巾，图扰景德镇。先趋浮梁，途经洗马

注：①此件系光绪三十二年九月十四日江西巡抚吴重憙致清巡警部咨的附件。

桥地方，仇杀民人吴顺生，抢马一匹，并将教民曹继仁家打毁。所过村镇，逼令铺户居民出钱供饭。经该署府何汝翰先期檄知该浮梁县徐孝泰并景德镇同知刘钜，严加防堵。迨所派常备军齐抵饶州，会同防军营汛团勇，四出兜拿。该匪等志不得逞，遂向安徽建德县界窜扰，当获逃匪程景春一名，解县讯悉前情。巡防右军哨弁刘得胜即带勇数十人，跟踪追至木塔口地方与匪相与，奋勇捕拿。该匪列阵抗拒，我军开枪毙匪二十余人，勇丁亦被拒毙三名、受伤一名，子药告罄。有该村土匪突出助援，众寡不敌，致未得手。各等情。臣正在严檄各军分投追剿间，是月二十二日钦奉电旨：恩电奏称：江西鄱阳地方匪徒倡会，窜入安徽建德县境，经拿获汪荣周等六名讯办，匪徒闻风逃散，窜回江西浮梁桃墅店，并闻立义盘山会名目，党羽甚多等语。匪徒倡会滋事，实为地方之害，亟应加意防范及早扑灭，以靖乱萌。着恩、吴重督饬各属，严密堵拿，迅速惩办，期净根株，毋稍大意。钦此。遵即飞檄严催该文武克日殄灭，勿任再有蔓延，并将办理大概情形先行电请外务部代奏，藉以即纾宸廑。嗣据该营县禀报：该匪闻两省官兵行将会集，建德县境难以聚藏，即窜避皖属之祁门县，被该处军团截击，斩获多名，复回窜浮梁县之潘村及小江村，各军分路追击，已将该匪大股驱散，余匪旋聚旋逃，飘忽异常。哨弁唐文宗侦知匪首黄淑性又潜赴时山，带勇间道疾驰前往，乘其不备，于是月二十七日立将该匪首及逆子黄天雨、匪党孙显荣等拿获，解交该府县，会同防军统领立提讯问。该匪首黄淑性，又名黄标，供认入昆仑山洪莲会，充当饶州总头目，刊有洪福齐天伪印，分贴伪示伪檄，以仇教为名，纠众【竖】旗起事各等情不讳。因彼时人心尚在惶惑，虑生变故，予讯供后，即照章先行就地正法，俾昭炯戒，以寒匪胆，而顺舆情。经臣批准照办，饬仍上紧缉拿在逃党羽，务绝根株，免贻后患。乃因米价腾贵，各属伏莽，乘间窃发，谣言纷起，深虑死灰复燃，复电请皖抚遴派防军两旗，会合赣军，将鄱阳、建德两县交界时山一带，大加搜捕，并令深入该山。查得山高数十寻，广约四五十里，路径崎岖，林木稀少，奇峰怒石，未见民居，深谷穷岩，悉皆冥索，委无匪迹。惟山腰有龙华殿破庙，附近空屋数椽，为匪首黄淑性昔日巢穴，当即一并焚毁，免再藏垢纳污。查竣禀复到臣，并准皖抚电知撤军回省。臣以此次匪徒猝发，大半勾结本地痞棍游民，而景德镇窑工不下数万，良莠夹杂，最易煽诱。匪首黄淑性起事，即首趋景德镇，志在纠集该处匪徒以为声援，是不可不防。仍饬派出之常备军扼要分扎，严密巡缉，不敢稍涉松劲。比月以来，米价平减，早禾晚稻亦已收成。先后缉获匪党三十五名，派候补知府曹树藩会同饶州府知府张检，督率鄱阳县知县陈庆绶浮梁县知县徐孝泰悉心研讯，录供议拟，禀经核饬将情节较重之黄天雨、孙显荣、黄思复、汪东山、廉家仂、甘霖、段福善、冯贵元八犯，即行正法。其情罪较轻之王年【保】等十三犯，分别年限监禁。其受雇为匪制旗之程景春一犯，因已在押病故，免其置议。余犯讯系被胁，酌予枷杖，照章罚锾保释。案已拟结，察看该属地方一律平靖，所有派出常备军亦即陆续饬撤归伍操练，责成原驻之巡防队妥为防范，以保无虞。此办理饶州匪乱先后详细情形也。臣查饶州距省约及四百里，水陆交通，所属鄱阳、浮梁向为会匪出没之所。此次肇乱，未及期月，即将匪首获办，地方并未大受蹂躏，擒渠扫穴，办理亦尚迅速认真，在事出力人员不无微劳足录，可否仰恳天恩俯准择尤酌保二三员，以示鼓励之处，出自逾格鸿施。所有剿办饶州会匪完竣缘由，理合会同两江督臣端恭折具陈，伏乞皇太后、皇上圣鉴训示。谨奏。

〔清巡警部档案〕

（2）吴重憙片　十一月二十七日（1月11日）①

再：本年四月，饶州会匪滋扰，经臣派拨营队，驰往剿办，拿获匪首黄淑性及逆子黄天雨，匪党孙显荣、黄思复、汪东山、廉家仂、甘霖、段福喜、冯贵元九犯，即行正法。其情罪较轻之王年保等十三犯，分别年限监禁。余犯酌予枷杖，照章罚锾保释。业将办理完竣情形专折具奏，并声明在事出力人员不无微劳足录，可否恳恩择尤酌保二三员，以示鼓励。奉硃批：著照所请，该部知道。钦此。遵查此次侦探匪首黄淑性等逃回时山，间道疾驰前往，乘其不备，立将黄淑性等擒获解办，应以巡防队右军后营左哨哨官五品军功唐文宗之功为多。当该匪扰乱之初，官兵跟踪追至木塔口地方与匪相遇，奋勇捕拿，该匪列阵抗拒，毙匪二十余人，因子药告罄，虽未获全胜，而该匪即由此窜往安徽之建德、祁门等县，经该处军团截击，复窜回浮梁县之潘村等处，各军分路追剿，遂将大股驱散，应以巡防队右军中营左哨哨官、候补千总刘得胜之功为多。至肇事之前，先期访闻，豫筹防堵，并迅速会营分投剿捕，未及期月即已擒渠扫穴，地方并未大受蹂躏，事后抚绥良善，解散胁从，应以鄱阳县知县陈庆绶之功为多。拟请将五品军功唐文宗免补外委把总，以千总尽先即补并加守备衔。候补千总刘得胜免补千总，以守备尽先即补。知府衔在任候选同知鄱阳县知县陈庆绶俟离知县任后，免选同知，以知府选用。相应仰恳天恩俯准照拟奖励，出自逾格慈施。除其次出力各员弁由臣分别核给外奖，并将各该员履历咨部查照外，谨会同两江总督臣端附片其〔具〕陈，伏乞圣鉴训示。谨奏。

〔清陆军部档案〕

注：①此件系光绪三十二年十一月二十七日吴重憙致清陆军部咨的附件。

5 张之洞等奏为萍浏醴起事办理清乡折

光绪三十三年四月十三日（1907年5月24日）

太子少保头品顶戴湖广总督兼管湖北巡抚臣张之洞、湖南巡抚臣岑春蓂跪奏，为浏阳、醴陵二县办理清乡一律完竣，地方安静如常，并添募勇丁，驻扎巡防，以资镇慑，恭折仰祈圣鉴事：窃照浏阳、醴陵二县，上年十月间，会匪姜守旦等与江西萍乡县匪倡乱，众号数万，攻扑县城，到处焚掠。经臣等先后派营剿办，旋将大股匪徒次第击散。迭次奏奉谕旨严拿，各军乘势合力搜剿，一律荡平，毋留余孽，并各清各乡，安良除暴，以靖地方。等因。钦此。仰见圣谟广运，敉安黎庶之至意。臣等跪诵之下，钦悚莫名。遵即督饬各军将匪众一律扑灭，而余党多窜乡间，亟应乘此两省兵队驻扎之时，举办团练保甲，清查户口，将在逃各头目匪党，悬赏购线，搜捕尽净，庶足以戢奸宄而正人心。当即饬司分派委员前往浏阳、醴陵二县，会同各地方官及各营管带员弁，分赴各乡，督饬团绅，按照向办编联保甲章程，认真清查。平江等县，饬令一体遵办，暨令道员俞明颐、知府王寓生就近督率办理。并因各该县文报向系铺司递送，每多稽延，一有匪徒滋事，军报紧要，由司饬令一律设立步拨，添雇健夫，以免迟误。兹据该道等暨印委各员先后禀称，浏阳县属西北两乡，地本不宽，匪踪尚少。东乡分永和、古巷、高坪、上东、达浒湾、陈坊六大团，共辖八十八小团。南乡分枫林、大瑶、文市、金刚四大团，亦共辖六十余小团。其地多与醴陵、萍乡、万载等县毗连，山深箐密，为匪徒出没之区，受害最甚，伏莽亦以该二乡为较多。团绅李德钟、刘松山、王显桃等均被匪杀害，房屋亦多遭焚毁。团丁徐焕升等均因御匪身受重伤。经该印委各员查明被焚各户，分别轻重，禀经臣等批饬善后局筹发钱文，给予抚恤，俾免失所。此次办理清乡，以选派团绅为最要。惟匪徒起事之初，首先被害者即向来认真办事之团总，皆引为前车之鉴，率多畏缩不前，当责以大义，晓以利害，始各随同稽查。醴陵东、西、北三乡，亦多系被匪滋扰之区。然较之浏阳东南二乡，情形尚轻。所有派往各军，将股匪击散后，因在逃著名匪党尚多，协同清乡委员督率弁勇，带同眼线团绅，严密搜捕，陆续共获匪目匪党五百余名，均解交浏、醴、平〔萍〕三县，会同委员审明，分别正法监禁。经臣等另折奏报。若查系被诱入会，被掳胁从，有团绅为之具保，取具连环保结，予以自新，并准编入保甲户口册，另立自新一本，用备查考。其长沙、善化并茶陵州、攸县与浏、醴毗连各乡，亦饬各该州县督率团绅，一体认真清查，以免隐匿。当匪乱时，各处多练团自卫。现在地方既已肃清，所练团勇自应酌量情形，分别裁减，俾纾民力。浏阳视团之大小酌留练勇，多者数十名，少亦数名，按段巡防，如有盗劫，立即驰报邻团，协同围捕，以靖地方。醴陵除酌留团勇，分东西两乡，并由绅士就地筹款，募勇一百二十名，分布巡缉，目下清乡一律完竣，由俞明颐等分赴各乡，逐一复查。各委员编查门牌户口清册，均属切实，闾阎安靖如常，禀复前来。臣等伏查浏阳、醴陵二县地方，虽已靖谧，惟乱之后，人心初定，与连界之茶陵州、攸县等处，必须有防营分别驻扎，以资镇慑。所有前派常备巡防各营队，除赵春廷一队原驻醴陵外，其余均须调回省城训练并派赴原防，兵力殊形单薄。业经臣春蓂督饬司局，设法筹备饷项，札饬巡防队管带吴廷瑞、梁国桢、徐振岱、赵春廷，于前次剿匪出力各弁勇内选派哨弁，各添募丁三哨，均于二月十九日点验成军，即令徐振岱所部新旧六哨，驻扎浏阳，赵春廷仍醴陵，其余分扎茶、攸各境，认真巡缉，以靖地方。至前次浏、醴二县会匪倡乱，团绅李德钟等御匪被害，情殊可悯，自应查明照例议恤。现在办理善后清乡事宜，一律完竣。所有在事出力文武员弁暨绅士团丁，或捕获要匪，或协同防剿，均不无微劳足录，容臣等查明，分别保奖，奏乞恩施，以昭激劝。除饬各该县会同营弁，购觅眼线，分途严拿在逃首要各匪，务获惩办外，所有浏、醴二县办理清乡，现已完竣，并添募勇丁巡防缘由，谨合词恭折具陈，伏乞皇太后、皇上圣鉴训示。谨奏。四月十三日。

光绪三十三年五月初二日，奉硃批：准其择尤酌保，毋许冒滥。钦此。

〔清陆军部档案〕

6 周馥等奏报镇压潮州黄岗起事电

光绪三十三年四月（1907年5月 — 6月）

（1）袁世凯、周馥电　四月十八日（5月29日）

收北洋大臣两广总督致军机处请代奏电　四月十九日

十八日早，馥奉电旨一道，即转电提督李准潮道沈传义等钦遵。十七日夜，据潮州镇黄金福由汕来电：职镇四月十三日，率勇两哨由汕航海迅赴井洲，距黄岗二十里，便于相机并待调勇军械。布署未定，十四日夜，土匪二三十来扑，接仗鏖战至黎明，往还数次，斩首数级，悍贼未退。正在督队力战，适第九营赵管带祖泽率队五棚继至迎敌。是日，从辰至戌连接七仗，贼始退散，分入各村，约计毙贼五十余名，伤者一百数十名。先后斩首级十三颗，并毙匪首余单眼二，并获匪党余保之父来钱，夺得土枪、旗帜十余杆。该匪虽器械不精，乌合甚众，非再添勇，不能剿灭。十六日早十点，乘势追搜，并将窝匪村名东甩折〔拆〕烧。现候军火及第七营方国桢带勇百名到齐，即使督队进剿。职镇金福。铣。等因。又据沈传义电：匪踞黄岗，战败缺粮，枪械无多，如急追四窜，转扰他处。樟林浮山，为澄海、饶平屏蔽，已分致各营力守黄镇勿动，日内严督两营先行与嘉军分路剿办。等语。查此匪全是乌合，闻出伪示，禁扰百姓，诱送银米，大有诡谋，已属李准相机围剿，勿使窜逸，并饬黄金福稳守勿浪战。惟闻此匪多由闽省渔船载来。近又闻有洋商私运军火之谣。必须断其接济，清查海面。广东兵轮，机旧行迟。适北洋派游南洋海筹、海容两快兵轮过港，因电商凯留两兵轮，暂听李准调遣。除已由馥迳电闽督派漳州镇道堵剿，并暂禁民船不得在闽、粤交界停泊外，馥与凯往返电商，意见相同。请代奏。凯、馥。十八日。

（2）周馥电　四月十九日（5月30日）

据李准电，接潮镇黄金福函：黄岗土匪，迭次战败，匪村已被官兵焚毁。十六日夜，匪尽逃散，兵队直抵匪寨，已无匪踪。等语。惟此匪现逃何处，匪首尤须严拿。现饬李准分兵追搜，并饬兵轮清查海面。俟得详细情形再电。除电闽督外，乞先代奏。馥。皓，巳。

（3）周馥电　四月二十二日（6月2日）

收开缺粤督周致军机处请代奏电　四月二十三日

接署潮州镇黄金福二十一日电：今早往分水关与闽省军官见面，诏安县并无股匪窜入，居民安靖。惟在同山拿获巨匪张春为正法。此次土匪，经井洲一败，胆落星散。查询乡民均云：三五仓皇逃避，不及成股。分派队伍四路搜捕，连日已获巨匪多名，匪首已得主名，现正密拿，俟拿获讯实再禀。等语。现与提督李准电商，黄岗匪散，应搜拿首要，妥办善后，并与闽省妥订民船来往章程。署潮州道沈传义知兵有谋，暂饬该道带队驻守黄岗，事权较一，搜捕得力。汕头华洋杂处，不可无兵，拟饬黄金福俟沈传义到后，带一营回汕驻守，以资镇慑。馥已分饬照办。至黄岗匪徒，皆言假托孙汶〔文〕党羽，惟闽、粤向多会匪，馥现分饬严拿，不问会不会，只问匪不匪，总以密缉首犯为要。黄岗一带，大致虽已平靖，近来谣传洋商私运军火，信息颇多，业已派员在香港、澳门侦察，并饬李准俟黄金福抵汕后，即酌带队伍，乘轮船清查沿海一带，消患未萌，并到廉、钦察看情形，会督镇道，相机办理。其黄岗善后及应参劾、请恤、请奖等事，俟镇道查复到日，缮折具奏。至前查无下落之黄岗同知谢兰馨、黄岗都司隆熙，被掳未戕，匪窜得脱，并以附陈。再北洋两快兵轮现在汕头一带，亦即属其遵袁世凯令南行。除电闽督，仍会同防御外，请代奏。馥。（二十二日巳）。

〔清陆军部档案〕

7　周馥陈报广东钦州三那抗捐请代奏电

光绪三十三年四月二十二日　（1907年6月2日）

收开缺粤督周致军机处请代奏电　四月二十三日

钦州刘思裕聚众事，前奉电旨：切实开导解散，仍将滋事首匪究办等因。已钦遵通行遵照，并先经饬将糖捐停止，其余各捐之不便于民者酌量分别减免，以免藉口。连日据署北海镇何长清、廉钦道王秉恩电：糖捐已出示停办，并抄电送刘永福、吴奇勋暨州城众绅，前往劝导速散。刘、吴二绅，一以病躯，一以年老推托。各捐本为办学而设，现均藉抗不交，无款可支，学已暂停。近日前敌各军，被匪攻扑，幸均获胜。木梗、梁屋、那笪、三杉等村，均系著名匪乡，尚有匪首黄世钦、黄峻川等尤为悍恶。若大营株守那彭，只能御敌，势难进攻。拟定四路兜剿之法，定期齐进，当可速了。又接刘永福等电：刘思裕同姓不宗，屡劝不悔，王道自有权衡等语。又接廉州道府迭电，刘逆屡次扑营，叛迹昭著，非摄以兵威断难了结。廉钦电线路经三那，连日接仗不通。廉属乌家圩营虽能守住，恐难持久。刘逆舍钦攻廉，因统兵大员萃集钦城等语。刘思裕先以抗糖捐为名，藉词煽惑。查糖捐经馥于未奉旨之先电饬停免，他捐亦已停办。乃迭劝谕不散，屡扑官军。署镇何长清重在解散安抚，不欲递〔遽〕用兵力，以致匪胆愈张，近复扰及廉界，若不速行扑灭，诚恐蔓延。迭据提督丁槐、李准等来电，皆言刘思裕如此猖獗，非剿不可，只须痛打胜仗，立可扑灭等语，所见皆同。已添营队往廉州西进，会合钦州兵勇即日分路进攻。凡持械对敌者皆擒剿，仍以严拿首要，解散胁从为主。兵力已足，当可早日肃清。至北海地方已派兵船保护，人心已定。钦州毗连广西边界，已电商准广西抚提派兵堵截，不致窜扰。除饬查办捐不善各员另行奏参外，合将近日筹办情形，乞代奏。馥。养。

〔清陆军部档案〕

8　关于三那抗捐斗争的禀报①

光绪三十三年八月以后　（1907年9—10月以后）

钦、廉与越南接壤，地瘠民贫，计乏谋生，素称多盗，光绪丙午岁，钦州李直牧象辰任内，学务绅董禀请加抽屠捐，充作学堂经费。乡民食肉昂贵，啧有烦言。曾聚集于钦城附近之雷庙，宰牛烹豕，名曰吃大会，希冀抵制免捐。李直牧尚能知几，当即亲往劝谕解散。丁未春初，顾署牧永懋任内倡办糖捐，原议每糖百觔

注：①此件系清陆军部档案内所附之禀报（标题为编者所加），原件未注明作者及年月日，形成时间当在光绪三十三年八月以后。

出口抽钱二百文，而承商者藉以牟利，不论出口与否，凡肩糖赴墟摆卖即以百斤征钱二百，先行交纳，亦不问其曾否售出。如本墟仅售五十斤，尚余五十斤次墟摆卖，仍须照章抽收，竟有数墟尚未售尽而征至数次者，剥削再三，不堪其扰。三那出糖最夥，该处绅民叠次具呈吁诉乞免。顾署牧素以意气用事，禀商王署道秉恩欲以强权压制，严行批斥。乡民苦于投诉无门，遂公举团首刘思裕等张贴长红，拟在那彭复吃大会。于是各乡无赖勾串越南革命党，麇聚三那，四处煽惑。乡愚无知，以为可以保护藉此抗捐，不期而至者数千人。王道、顾牧闻知，并不亲临弹压，仅派一魏巡检前往开导。魏巡检既不善于调停，而无赖之徒又复恃众抵抗。三月十七日，王署道随派宋分统安枢相机剿办，一面电禀刘思裕等揭竿倡乱，上台乃有严剿之文。四月内，郭、赵两军驻那丽墟三圣宫时，庙祝何朝德、唐应彩、莫大三人，兵勇因向借火水油不遂，先将何杀，复将唐、莫并杀灭口。牛眼村梁天应之女被营勇奸留十数日，以洋十二元赎回，统带皆置之不问，军律可知。五月初二日，郭统领人漳率带勇营，用开花炮攻那彭墟，于匪去后，不分良歹，焚铺二百余座，并焚毙墟民施在贤等数十人，旋报匪首刘思裕击毙。初十日，复称搜拿刘思裕，进攻那思之米仔村，亦焚房屋数百间。村民黄陈氏负子五岁，庞张氏携孙十岁，又瞽目黄中杰等数十人，均指为匪，被炮殒命。旋复分兵驰赴凤凰江等处焚杀，经过山林，无端施炮。凡遇攻打乡村，匪已远扬，所存之老幼残疾不问而诛，悉遭蹂躏。其时，宋分统亦攻那笪墟、广平等处，毫无纪律，抢掠频仍，计焚房屋三百余座。各乡男妇纷纷逃避，无家可归。最冤者则为白鹤洞一案。白鹤洞者，刘安澜所居之屋。安澜与思裕同姓不宗，其先祖于同治年间，与思裕之祖合开典铺于那彭墟。丁未春，安澜闻思裕之抗捐也，即与思裕拆伙，核算数目。思裕分得银钱，安澜分得衣物，悉行迁往白鹤洞存放。其未典断之货，招人到白鹤洞取赎。郭军闻知，于五月十八日复假搜刘思裕为名，诬指安澜窝藏逆产，率管带黄秀璃带勇到家，抢掠一空，赃逾巨万。安澜家共分四房，寡妇十七人，财物被抢罄尽，悲号盈野。郭军所掠之物，用船卅余艘载赴钦城、北海，沿途散卖，捏报贼赃，实图渔利，无不知者。以致革命党更易煽诱，并以仇官为名，遂有七月廿六防城戕官之变。八月内，北海李署镇准统兵到钦，与郭军同宗旨，调营四处追剿，无辜毙命者不可胜计。斑白之妇谓其不当生匪也，则杀之。孩提之童虑其将来成匪也，则杀之。钦西之战，肆行杀戮，妄报邀功。复值廉钦道龚阴狠性成，一意主剿。惨哉钦民，遭此荼毒。藉非天心厌乱，大宪发款赈恤，招集流亡，抚绥劝导，将见大局糜烂即有不可收拾之日矣。

〔清陆军部档案〕

9 张鸣岐等关于镇压镇南关起事电

光绪三十三年十一月（1907年12月）

（1）张鸣岐电 十一月初一日（12月5日）

收广西巡抚致军机处外务部电 十一月初二日

初一日电敬悉。此事二十八日戌刻，接龙济光沁电，当拟电奏稿电粤，请张督核定会衔译发。二十九日复有电奏两稿，亦电粤核发。顷计次第可达。军事、外交本总督主政，且边事动须与法人交涉，桂林无领事，是以均先电粤。边军新旧共廿营，而沿边千九百里，处处设防，备多力分。南关向只一营，驻守右军山炮台者，在南关外右偏三里许。二十七日黎明，匪千余来扑，众寡不敌遂失守。惟该台既失，南关可危。自闻有越匪来犯之谣，早经迭饬严防，竟致失守，实属异常疏忽，已饬查明失守弁兵军前正法，并添调营队，勒限即日克复。现据报：我军已围攻右军山三面，其一面系越境，难合围。昨电请张督照会法领，转致越督，准我军过界五里，否则，由越督严断接济。我军既能围攻右军三面，南关似尚未失，迭电询问。现查据复：归顺、油隘、巴口、涉口、下石等处。并据探报：匪将分股来犯，已饬一律严防，日内有无战事亦未据报。龙济光现驻龙州，边军分统陆参将荣廷已亲往前敌督饬。龙道、陆参将均向得兵心，当不至有他变。三次电奏，如尚未到，可否先将此电进呈，伏候钧裁。岐肃。东，亥。

（2）张人骏等电　十一月初一日（12月5日）

收粤督桂抚致军机处代奏电　十一月初二日

顷据太平思顺道龙济光电称：廿七日黎明，有匪千余人来扑南关，我军当与开仗，并派兵星夜驰往援剿，现在人心震惊，详情续报。等语。查越境聚匪图扰边境情形，迭经禀报。兹果有大股匪徒来扑，当经飞饬龙济光督率派出各营痛剿，沿边要隘并一面加意防堵，勿使阑入。当此人心震惊之际，所有领事馆及各属教堂，亦饬边道督属认真保护，预杜外人藉口干涉。惟本年六七月间，匪党即在越境备饷置械，潜图起事，节经电达外务部与法使交涉。其转致越督照章捕逐，法人迄未照办。今致匪党愈聚愈多。今匪来犯，虽揣度兵力，尚足驱除，而匪败即退入越境，我军不能过界追逐，即使百战百胜，匪根何能剪除，边防安有宁日。拟请饬下外务部，再与法使交涉，务令越督照章认真捕逐，以保两国边境治安。除详情密探续报外，乞代奏。人骏、鸣岐叩。东。

（3）张鸣岐电　十一月初四日（12月8日）

收广西巡抚致军机处请代奏电　十一月初五日

钦奉初三日旨，指授周详，莫名感悚。遵即恭录飞电龙济光钦遵办理。右辅山围攻三日未下，统核龙济光电报情形，我军仅注重左辅山正面，接济既难骤断，一面仰攻，无怪未能得手。昨已电饬龙济光加派两营，从间道绕出右辅山之西，以渠历岭为驻兵地攻其西，由后石山进兵攻其北。俟两路兵到，再由左辅山攻其东，同时并进，冀可一鼓而下。否则，一面仰攻，徒损精锐，挫磨士气，长寇志无益也。断接济为围攻要著，惟权操自法人，实行难必，不如仍求在己。此电计本日可到，第兵皆分布四处，抽调恐非三五日内所能齐集。目前惟有责成严扼南关及左辅山不使他窜，仍相机进攻不使休息。广西提督前督抚奏准移驻南宁。据探匪党有谋据南宁之耗，钦乱尚未大定，南宁为龙州后路，其省中权，不能不留丁槐镇慑。丁槐所部十一营，向防南宁、思恩各属，钦乱起后，多半抽赴东境助剿。岐现拟亲赴南宁督师，兼巡边境，已商令丁槐进驻忠州一带，调回赴东西军，兼顾上思，腾出驻防东路边军，策应中西两路。惟道路险要，抽调布置，亦非旬日所能集事。岐更有请者：广西频年用兵，公私如洗。自钦乱飞警接续而来，购械添兵，增费巨万，临事极苦其少，主计每患费多，艰窘情形莫可言罄。岐前清〔请〕缓解新旧洋款一年，务恳天恩特准，俾得有所藉手，无任悚切待命。岐部署略定，即赴南宁。如边事愈紧，并即驰赴前敌，力加督率，以仰副朝廷眷注南疆之意。乞代奏。鸣岐谨肃。支。

（4）张人骏等电　十一月初四日（12月8日）

收粤督桂抚致军机处请代奏电　十一月初五日

越匪图扑南关情形，业于朔日电奏。续据龙州道龙济光电禀：匪众围攻南关对汛石山顶炮台，当派李福南率队驰救。因守台兵少，被匪将营员兵勇杀毙，一拥而入，遂将在山顶南北中三炮台占据。二十八日我军与匪鏖战，自辰至申互有伤亡。经龙济光派出济军两营，左营取道连城、凭祥，援应南关，后营驰往大塘城、鸭水滩、岗龙隩、座石关等处，以防另股窜入。等语。鸣岐接报后当即电：在越界难以合围，且股匪聚集越边，革党勾串煽惑，蓄谋已久。此次攻台匪党，查有剪发留学生多人，可为明证。中越沿边，千九百里，本已防不胜防。我军又难越境剿拿，办理实形棘手。当由人骏派员面商广州法领，切电越督，断匪接济，并照对汛章程，遇有败匪回军，即由法军接追。其在越境余党，不许再令窜入我境。法领虽允转电越督，惟匪党在越聚谋，已非一日。夏间迭电外部，商请法使驱逐。今该匪仍由越起，饬边防分统陆荣廷督率各营，在于龙州、容明〔宁〕、连城三处，扼要严堵。此外，沿边要隘，亦饬各营分布严防，并商由人骏会电广西提督丁槐，将驻防广东灵山之西军调回防堵，并思腾出荣济各军拨应前敌，以厚兵力。一面迭饬龙济光将龙州、连城等处军械局认真防守，查明失守炮台弁兵，严加惩处，激厉将士，克日将台夺回。惟查该炮台山顶，界连越边，有小路可通，匪即由此袭入。现我军齐集，攻其三面。一面系大股窜入，其为越督并未据实照办可知。应请饬下外部及驻法使臣，分别切商法使及法外部，转致越督，按照对汛章程，饬令法军堵截缉拿，严断接济，以尽睦谊。除电饬龙济光等迅督各军认真防剿，并饬查明占据炮台匪首及失事详细情形，另行奏报。如果事机紧急，鸣岐当亲赴南宁督师，以资策应。谨请代奏。人骏、鸣岐。支。

〔清陆军部档案〕

10 锡良等关于镇压河口起事电

光绪三十四年四月（1908年5月）

（1）锡良电 四月二十四日（5月23日）

收滇督致军机处请代奏电 四月二十五日

昨承准电寄二十二日谕旨，仰蒙训示殷殷，于策励备至之中，仍勖以战守兼筹之义。敬谨跪诵，感悚莫名。遵即恭录传示白金柱暨前敌各军，务须迅赴戎机，同心敌忾，将所陷地方，克期规复，以稍纾朝廷南顾之忧。其责在力守要隘者，亦经申儆再三，许以事平，一体论赏，违则按律治罪，俾咸知感奋，早奏肤功。至白金柱所部，前因兵力未集，先主堵遏。现该镇已亲赴古林箐防次督师，力图进取。昨据电禀，定先兜剿中路之匪，再行会攻南溪、河口，业经奏陈在案。一得续禀，即当电闻。再奉饬查明大碓湾、大木湾、老范寨三处接仗情形。查前据白金柱电报：大碓湾之战胡得胜营当敌，而赛家斌营为之援应。自十四午前交绥，至申刻匪始败退。大木湾之战系胡兴安、荣林两营，进扼险隘联扎，俯瞰南溪匪营，匪出大股来争，势甚凶悍，为该两营击退。该处山沟复沓，跬步崎岖，轰毙之匪，无从夺级夺械，计其成数，其中路追匪至老范寨之战，匪凭地险力抗，轰击历十四五两日。又经东路白金柱派马发材、白映庚两营越山横出助战，击毙不少。匪党抢尸护伤，是其惯技，未夺级械，亦成数难举。惟遗弃牲畜粮食多起，不能复顾，受创甚巨。是役我军弁目受伤一人，兵丁伤亡各一人，合并据实陈明。谨乞代奏。锡良谨叩。二十四日。

（2）锡良电　四月二十四日（5月23日）

收滇督致军机处请代奏电　四月二十五日

本日，拜发电奏后，接据西路前敌赵金鉴电禀：该军既收复新街、龙膊两处，即于十九日率师疾进，先将南屏地方收回。探知田房踞匪甚众，当由曾国桢、柯树勋两营各简精锐百人为前导，赵金鉴亲率陆军步队周国祥一营暨陆军伍祥徵营步队为中权，马廷芳一营为后劲，整队而前。是日午初，将抵田房村口，该匪即出数百人来扑，并先占据村前之左右两山险要，势极凶猛。经我军曾、柯两营奋攻左山，周营前右两队，奋攻右山，中路全师继进，猛战至两时之久，匪始败入村内。经我军右路之师跟追入村，仍分周营左队等及曾、柯、马各营队，抢扎各山险，以防窜突会接，时陆军炮队亦赶至，并饬登扎村边左山助战，乃匪仍抵死分路抗拒，复鏖战小时，匪始由村后左山败退，然随退随抢山险，随拒我军。经周营前右两队，奋勇当先，且追且战，直追至十余里，匪乃狂奔，立将田房地方收复。各营计苦战四时之久，共毙匪百数十名，并击毙洋装匪首一名，姓名尚未查悉。周营前队，抢获生匪二名，夺获快枪五杆，首级二颗，兵丁受伤三名，阵亡一名。左队夺获快枪一杆，首级一颗。右队获首级二颗，兵丁受伤三名。伍营获首级一颗。曾营兵丁受伤一名。柯营兵丁受伤二名。当经分别赏犒恤养。讯据获匪所供，该匪首黄和顺即王和顺，此次系在河口挑选最悍先锋三百余名，率同匪首王宝才、王文波等纠合霸洒踞匪多人，迎战田房，凶焰甚炽。经赵金鉴督率各营奋勇接战，获此大捷。计三日之间，收复要隘四处，计二百数十里。此战厥功尤多。伏查西路前次蛮耗之捷，已奉谕旨饬令查明出力人员，奏请奖励，应饬并同此次尤为出力员弁，查报衔名，俟报到，先行奏恳天恩给予优奖，以酬劳勋而励军心。至田房既克，距霸洒仅三十余里，已饬乘势进攻霸洒，该处倘能得手，即可东会白金柱等进规南溪之师，下捣河口之匪，不难早日荡平。理合电陈。谨乞代奏。锡良谨叩。二十四日。

（3）锡良等电　四月廿六日（5月25日）

窃前奉谕旨，饬令龙裕光兼程到防，并蒙训示特颁，勉以和衷共济。跪聆之下，钦感同深。惟有仰体宸廑，益图加勉。现在济军李文富一营已于二十二日行抵广南，宋智焜一营已于十六日由界果迳赴开化，其余两营，计程亦应驰赴滇境，当饬迅赴前敌。惟查原派统领龙裕光先经滇省饬令在籍募带土团。该匪自蛮耗败创后，有零股被截匪窜三猛土司地方后，责成龙裕光搜剿。现大兵进攻河口，尤虑力攻之下，横逸远遁，能联络土司，熟察地利，以制匪死命者，实非龙裕光莫属，势有未能远离。经锡良与鸣岐往复电商，已由鸣岐商定龙济光改派四川候补道龙觐光驰往接统。该员历著勋劳，必能胜任。理合会同电陈。谨乞代奏。锡良、鸣岐谨肃。二十六日。

（4）锡良电　四月二十七日（5月26日）

收云贵总督致军机处请代奏电　四月二十八日

前据白金柱电称：派营会攻中路老河地踞匪，一面分路迳攻大小南溪，业经奏陈在案。兹据电称：探悉匪在马革寨、谷拔寨、马多衣、大小南溪等处据险各建碉垒为死守计。当于廿四日夜，经督带官胡兴乘夜派胡得胜营趋袭马革寨，沈正朝营趋袭谷拔寨，皆穿箐越山，潜伏而进。马文仲等营则由竹瓦房地方以奇兵先截马多衣等处贼溃去路。该督带自率王洪顺、马世珍、李国治及保卫队李朝云等营直进小南溪时，天尚未明。各路匪党惊觉力拒，经我军奋勇兜击，该匪再却再前，卒乃大溃，争奔渡河。复跟追痛剿。计攻平碉垒八座，淹毙匪党二百余名，枪毙一百余名，又枪毙伪统领焦达卿一名，从该尸搜有逆信伪令等件，生获悍匪二名，割获首级十六颗并夺获旗帜、枪械、马匹多件，立将大小南溪地方一律收复。等情。理合电陈。正译发间，复接西路赵金鉴本日捷电，据称：我军已克复河口地方。惟电文甚略，尚未得悉实在情形，特先报闻，以纾宸廑。谨乞代奏。锡良谨叩。二十七日。

（5）锡良电　四月二十七日（5月26日）

收云贵总督致军机处请代奏电　四月二十八日

窃中路前敌收复老范寨，昨已另陈在案。兹据西路赵金鉴电称：自田房大捷后，审察地势，以田房、霸洒之间小龙膊地方最为险要。二十五日率队进取，沿途见有伤毙贼尸。并据探询匪首黄和顺于田房之战，系受伤而逃。我军到小龙膊已无匪踪，尚遗有宰食牲畜，当即于二十六日进薄霸洒。该匪未敢接仗，先已狂奔。即又跟踪追剿，是晚进扎曼万地方，距河口约仅三十里，拟即直攻河口。等情。锡良查该匪在田房既受大创，且中东两路方紧逼猛攻，机势万不可失。惟匪情狡诡，偏师直抵，仍饬加意审慎。一面约会中东两路之师。至中支〔东〕两路现已将次并为一路。据南防副营务处获开化府知府陈先源报称：二十四日中路进攻泥巴黑踞匪，白金柱派军接应，该府亦自古林箐督率保卫队营官金殿举、周顺等助战。经分头痛击，是日立将泥巴黑贼垒攻克。现拟会攻第二十九启罗车河地踞匪，倘将车河地收复，距南溪不过十五六里。等情。旋据白金柱报同前情，所部督带官赛家斌生获悍匪一名，快枪一杆，营官马发林夺获首级二颗，快枪一杆，帮带白映庚亦夺取该匪号衣，均经验明给赏。现以一路会攻车河，【一】路另分两路，迳攻大小南溪。等情。惟中路如何接战详情尚未据该统领王正雅报到，自因战事方殷，且地不通电之处。理合先行电闻，以纾廑注。谨乞代奏。锡良叩。二十七日。

〔清陆军部档案〕

11 李蔚良报告福建建阳县农民抗捐暴动致帛黎函①

光绪三十四年八月二十日（1908年9月15日）

据建阳县代理供书报告称：阴历月初十日，一伙暴徒二千人自称神农会，又称五谷会，袭近城郊，将官办各学校捣毁，原因系彼等反抗征收捐税。城门关闭，守城兵士约八十人至一百人。第二天，暴徒等攻城，被击退，有伤亡。十三日，由建宁府及浦城县而来之少数兵士入城，秩序稍复。但俟由福州开来现尚在途中之援兵到达后，始能采取决定之行动。其间，城中已宣布戒严。多数居民已逃走，尚有部分居民在企图逃走时失足由城墙上跌下身死。

此　致

北京邮政总局总办帛黎阁下

福州邮政司李蔚良签字

〔清邮政总局档案〕

12 袁树勋报告镇压广州新军起事电②

宣统二年正月（1910年2月—3月）

（1）袁树勋致民政部电　正月初六日（2月15日）

民政部钧鉴：申密。粤省筹办新军，本极困难。去腊拿获三点会革命党犫供，有散票牵涉梧军情事。密饬该将领查拿，旋在

注：①此件译自清邮政总局英文档案。李蔚良系音译，原文为W·Y·Lay，英籍，时任福州邮政司。帛黎系音译，原文为T·Piry，法籍，时任北京邮政总局总办。

②袁树勋时任清两广总督。

标营起出票纸数张，正在审讯。除夕，二标兵与警兵冲突滋事，当经解散。元旦，二标兵又结党寻仇，拆毁警局，殴伤警兵，亦经弹压息事。乃凌晨，炮工辎各营及一标全营，藉报复警兵，同时谋变，炮营管带齐汝汉不从，立为排长倪映典枪毙。复逼二标全营、三标一营，幸各营枪械全缴，不致从变。协标统不能压制，经树勋持令示谕，各叛兵口出逆言，不肯回营缴械，负隅抗拒，不得已于江辰派吴道和禹督防营进剿。叛兵分路来扑，我兵枪炮齐施，当场杀毙叛兵百余名，并阵斩骑勇头目五人，生擒叛兵黄洪昆等四十余人，夺回快枪千余枝，军械子弹无算。各叛兵纷纷逃窜，复遗火焚烧一标营房，我军正在追捕，不及救护，追至狗头山一带，时已昏黑，始行收队。星夜飞檄水陆各路，四面先后拿获三百余人，复有陆续缴械来投者六百余人，余已星散。据黄洪昆供称：头目倪映典即在阵斩五人之内。现仍分饬各路搜捕余党，地方安静如常，中外商民及各国教堂，均无损害。各段巡警，亦得照常出勤。惟初一日二标营兵拆毁老新城一局、五局，并滋扰六局及东南关一局。又初三日战事方殷，竟被匪徒乘间焚毁西关六局。统计损失甚巨，刻正分别除办，料理善后，合并声明。树勋。鱼。

〔清民政部档案〕

（2）袁树勋致军机处等电　正月二十九日（3月10日）

军机处、军咨处、陆军部、民政部钧鉴：申密。粤省新军滋事，继复昌言叛变，遵旨剿抚兼施，擒获首要，解散胁从，节经电达并请代奏在案。连日将捕获各兵研讯，直认革党到各省运动，有运动章程拾条，散放票据，则刊有天运年号，不用元年二年，用己酉、庚戌字样，因尚未推定总统之故。票内并有恢复中华等四言句，并称该革党运动军界尤力，利用其有军械，且易于煽动。革党军制，亦有协统、标统各级官长名称，别有干事员名目。此次仓卒起事，以为兵警寻衅，有隙可乘，致接济不及而败。又据黄洪昆亲笔供词，均昌言悖逆不讳。似此蓄谋不轨，扰害治安，断不能不执法从事。前接在籍粤绅邓绅华熙及咨议局议长易绅学清等十余人公函，亦有该兵形同叛逆，罪无可逃之语。是当日情形，本属共闻共见。事定以后，乃复议论纷纭，报馆复为之鼓吹，自系未悉内容所致。昨由树勋将起事始末及供词大略，剀切宣告，并饬巡警道传谕各界申明不得扰害治安之定律，并筹办一切善后事宜，正在分别奏咨。窃意整军经武，原所以图自强，乃若辈无知，平素既误于独立自由之说，而外来之诱胁，得以乘之，故有触斯发，几于不可收拾。该兵等既供各省均有运动，则思患预防，自应互相稽察，严切根查，以绝祸萌，而固军志。应否由钧处、钧部密知练军各省份，严密查察。总以有革党实据，不以空言诬蔑，致启邀功为断。至粤省经此巨创，惩前毖后，仍应于力图恢复之中，严加选练，参照定章，另案奏咨办理。知关荩念，谨合电达。树勋叩。艳。印。

〔清陆军部档案〕

13　张鸣岐为剿办广西南丹抗查户口折①

宣统二年二月十八日（1910年3月28日）

头品顶戴广西巡抚臣张鸣岐跪奏，为南丹土民抗查户口，土匪乘机煽惑，焚署戕官，占踞州厢，旋即剿散，分别抚恤，并将酿事之员据实纠参，恭折具陈，仰祈圣鉴事：窃庆远府属南丹土

注：①此件系宣统二年三月初二日张鸣岐致清民政部咨的附件。其后该部在此件上注明：宣统二年三月十九日，奉硃批：著照所请，该部知道。钦此。

州，地居边鄙，人多愚顽，土民自为风气，最难开化。宣统元年冬间，调查户口，土民见门牌式样不同，致生疑虑。该土州弹压委员易振鹏又不善劝开导，土棍杨天喜造谣煽惑，倡义抗官，土民附和，不服调查，外匪沈槐山乘机勾串弹压亲兵韦有秀等，同谋起事。十二月二十五夜，易振鹏带同亲兵九人查街，巡至三界庙地方，适沈槐山聚党该处，以为官兵闻信来拿，先出放枪，致毙亲兵二人。易振鹏众寡不敌，退入庙后山岗，死守隘口。南丹本无城池，又无街栅，居民散处，乱党遂入弹压衙署，戕害查烟委员余天随及易振鹏之兄易海鹏并家丁三人，焚毁衙署，关防案卷一并毁失。随到调查局绅莫春桂家杀毙二命，并枪毙土膏分卡司事、厨丁各一人，民居铺户，尚无杀掠。二十七日，杨天喜率众来会，占踞州厢。据该管道府及承审州电禀到省，臣立饬署右江道沈秉炎丁忧、庆远府知府李春溥、署河池州知州蹇先陶各率营队，分途驰往，相机剿抚。宣统二年正月初三日，蹇先陶会同营队先到南丹，沿途迭破要隘，毙匪多名，攻进州厢，各匪败窜，遂将州厢收复。沈秉炎、李春溥先后亦到，连日安抚居民，解散胁从。一面派出兵队跟踪搜捕，专拿首要。各员弁兵练等均能协力剿办，连接数仗，毙匪多名，并夺获枪械多件，先后擒获逆首沈槐山、杨天喜、黄三，叛兵韦有秀，土匪胡老闰等，由道府督同提讯。据沈槐山供认，首先谋逆，勾结叛兵，焚署戕官，占踞州厢。据杨天喜供认，首先发难，倡议抗查，事后复容留逆党，拒敌官兵。据黄三供认，首先从逆，动手戕害委员余天随，及官亲易海鹏，另枪毙多命。据叛兵韦有秀、蒋遗泷、曹日星与蒋贵清、李春奎、刘得贵，土匪胡老闰、邓四、韦老八、卢桂福、陈金保、罗老毛、吴老改、谭有发、张亚城、李五、苏大、王三壳子、卜二、邓老五、刘福佑、姜有福、周林标均供认，甘心从逆，帮同拒敌，各不讳。以上首要匪犯廿六名均属罪不容诛，饬照惩办土匪章程，一并军前正法，以昭炯戒。余犯饬讯确供，分别惩办。一面由道府督同新委弹压委员劝导土民，宽其既往，务令遵照调查，仍酌留兵队弹压，以安人心，并饬严缉本案余匪，务获究办，以绝根株。现在该处地方已一律安谧，堪以仰慰宸廑。此案委员易振鹏办理不善，几酿巨患，实属咎无可辞。相应请旨将弹压南丹土州委员试用布库大使易振鹏即行革职，以示惩戒。截取知县余天随奉委查烟，因公被戕，情殊可悯，拟恳天恩敕部从优议恤，以慰死事。除查明出力文武各员弁分别奏请奖励，以策将来，并分咨查照外，所有南丹土民抗查户口，匪人乘机煽诱，焚署戕官，占据州厢，旋即剿散，分别抚恤，并将酿事各员据实纠参各缘由，谨会同署两广总督臣袁树勋恭折具陈，伏乞皇上圣鉴训示。谨奏。二月十八日。

〔清民政部档案〕

14 杨晋报告长沙饥民焚毁官署教堂电

宣统二年三月（1910年4月）

（1）三月五日（4月14日）电

加急。北京。军咨处、陆军部堂宪钧鉴：初四日晚七点钟，湘省南门外群徒煽动饥民，藉口米贵聚众滋事。巡警道前往弹压，突被殴伤，随即哄入巡抚衙门，岑抚督同司道再三开导，出示平价并允开仓平粜，不忍误伤饥民。讵匪徒不知开悟，逞凶毁坏抚署头门。同时将臬署大门捣毁，大清银行、各教堂均被毁坏。英、日领事经协统护送上船，及美国教士胡美丁人护送到协司令处，初五日早护上轮船。该时匪徒乘此将日领事署捣毁，又复迫令商民罢市，聚众焚毁抚署，抗抵逞凶。不得已始开枪格退，死伤乱党数人，弁兵亦有负伤。排长一人因保护日领事，被乱党击至将毙。

现正力求解散胁从，由岑抚赶办平粜，抚恤伤亡，并筹防御善后事宜。谨先电禀，余续陈。第廿五混成协统领杨晋禀。歌。印。

（ 2 ）三月十一日（ 4 月20日）电

军咨处、陆军部堂宪钧鉴：海密。湘省变起仓卒，前电略呈其究竟原因，不避嫌怨，谨为宪台陈之。初三日清晨，痞徒焚毁抚署，卑军开枪击退，使追踪各处格杀，尚不至十分糜烂，此至显易见之情形。惟卑军开枪后，护院庄藩司与各绅大加反对，不惟不准开枪，且出示严禁。并将拿获当场放火之痞徒多名，勒令交绅发县当时释放，以至势焰益张，先后将西门外新关各洋行、北门外天主教堂、城内外学堂数处焚毁，损失尤多。初六日清晨，乱党抢劫美孚洋行煤油，扬声夜间焚夺军装局、火药库、兵房及公共局所，经卑协统先已派兵在各处严加保护，并于兵房附近山沟内搜出洋油多箱，幸各安全。本日午前十时，复经营队于无数痞徒中拿获放火者二名，立时正法。痞徒纷纷四散，此后稍就安静。护抚庄始下格杀勿论之示，本日夜间遂无一处火起。现在痞徒分窜各乡及宁乡、益阳一带，捣毁学堂、钱局，已由各营队分途查拿。并由卑协派兵分驻宁乡、湘潭、常德、益阳等府县，认真兜缉。卑协正月办理退伍，新兵居半，本已不敷分布，兼奉不准开枪之事，措置尤难。目下省城市易如常，人心稍定，以后情形容续禀。专复。虔请钧安。廿五混成协统领官杨晋谨禀。印。

〔清陆军部档案〕

15 瑞澂派兵弹压湖南饥民暴动电①

宣统二年三月初六日（1910年4月15日）

北京。军咨处、海军筹办处、外务部、陆军部、度支部钧鉴：洪。湘省莠民滋事，昨奉外务部钧电查询，当即电复。本日又将鄂省派兵赴湘弹压情形，电请军机处代奏。各在案。至滋事详情，现已选派干员驰往密查，俟得报告，再行电陈。查兵队由鄂至湘，驿路过缓，水道较捷。此次鄂兵备船载运，饬由驻鄂之楚豫兵船拖带赴湘，并藉水兵相辅。乃该管带官陈鹏翥种种延宕，勒令而后成行，实属畏葸无能。已电上海沈统领寿堃将该管带撤差，另选干员前来接带，并请加派两艘，以备缓急。查六楚饷糈出自鄂省，陈前督曾经奏明，遇有缓急，仍归鄂督节制调遣有案。应请钧处迅饬沈统领遵办，尤为纫感。瑞澂谨肃。麻。印。

〔清陆军部档案〕

16 岑春蓂等关于弹压长沙等地饥民暴动电②

宣统二年三月（1910年4月）

（1）三月初九日（4月18日）电

外务部、军咨处、陆军部、海军处、民政部、瑞制台钧鉴：申。初九日，鄂、湘会衔电奏，文曰：初五日电、初六日电计邀钧览。湘省痞徒滋事，烧拆教堂、学堂，春蓂歌、鱼两电已约略

注：①瑞澂时任清广总督。

②岑春蓂时任清湖南巡抚。

陈明。先后饬派鄂军赴湘弹压，亦经瀓陈请代奏在案。兹据布政使庄赓良等查得城内北门正街圣公会、道门口信义会、北门外两天主堂、大西门外太古码头趸船、傍栈、怡和趸船均被焚毁。城区西长街东牌楼两福音堂、黎家坡女医院、日本领事住屋、学院街内地会、北门外湘春街南门外社坛街两福音堂各被拆毁。西长街教堂木料被拆后，连他件一并焚毁。大西门外长沙新关蒙养院、城内府中学、南门外中路师范及铁道各学堂亦被烧毁。西门街大清银行门扇玻璃窗格打坏，银钱并无损失。美商美孚、英商怡和、德商瑞记、日本商东信三井各洋行、日本邮便局、长沙关官银号、工程巡捕各局，皆被打毁。各洋行什物，多有抢失。宝剂街、福庆街、天心阁各教堂并西牌楼玺礼学堂医院、南正街雅礼医院、晏家塘医院均经弁兵竭力保护，并无损伤。各国官商教士眷属共六十余人，一律保护上轮，乘坐民船赴汉。伏查此次该痞等怀挟私忿，胆敢藉口米贵饥荒，聚众殴官焚署，烧毁各教堂学堂，实属不法已极。亟应严拿首要，尽数惩办，以昭炯戒。先是该痞等日夜间在善化县南门外鳌山庙警察分局围闹。经该局警察官周腾开导，旋聚旋散。初三日下午，复聚千余人，地方营县标消防所长闻信驰往，在当场拿获刘永福一名送巡警公所审讯。巡警道赖承裕前往解散，该痞等不服理论，逞凶将该道殴伤，遂与城内各匪，合通一气，分至抚臬各署前滋闹。先行焚毁各教堂，致成交涉巨案，实堪痛恨。刘永福素在群匪徒中构煽，已于初六日正法。善化县郭中广、警察委员知县周腾于该痞等初闹时，但称业已解散，并将凶狠情形，切实禀报预防。郭中广及长沙县余屏垣于平粜事宜毫无筹划，迨至初四日，聚人愈多，而临时又不能善为开导解散，均属咎无可辞。相应请旨将郭中广、余屏垣、周腾、长沙协都司贵龄、抚标左营守备周赞泰、消防所所长游击龚培林一并革职。巡警道赖承裕、长沙关道朱延熙、长沙府汪凤瀛均有地方之责，不能先事预防，应请分别交部议处。署长沙协副将杨明远缉捕向称认真，此次保护各国官商，异常出力，功过尚足相抵。抚标中军参将连升先期即赴岳州查禁米谷出口，均请免议。仍责令杨明远赶紧拿获惩办，以策后效。赖承裕先行撤任，委试用道张鸿年署理。除檄饬遵照并仍督饬文武各员严拿首要各犯，务获惩办，并派员将各教堂洋行毁拆房屋，损失财物，详细查勘估计，以备议偿外，谨乞代奏。再英国现到小兵轮一艘前来保护商务，闻尚有兵舰续来，已饬长沙关道朱延熙与候补道胡得立、卢守盂往拜英国兵船管带，慰劳道歉。一面出示晓谕居民，告以新兵轮专为保护洋商财产而来，毋庸惊慌疑惑。衡州、湘潭等处痞徒，狃因米谷价贵，打毁砻坊生事，诚恐各属闻风滋生事端，迭经电饬各属严密防范，将教堂及游历洋人切实保护，合并声明。等语。谨电达。瑞澂、岑春蓂叩。初九日。

（2）三月十一日（4月20日）电

外务部、军咨处、海军处、陆军部、民政部钧鉴：瑞制台、署湖南抚台杨鉴：致枢电代奏，文曰：洪。初九日电，计邀鉴。顷据代理宁乡县长〔长字衍〕张致安禀称：初三日午刻，闻善化西乡有痞徒滋扰情事。该县与之毗连，即督警勇并谕都团严密防范，一面分派差役保护教堂。讵傍晚南门外陡聚三百余人，该县据报后，立即前往弹压。该痞等将南门外信义会堂及震东学堂，放火焚烧。该县到堂救护，势已燎原，即往北门保护福音教堂，痞徒已将福音堂门窗器具打毁，并及崇实、玉潭两小学堂，巡警局房屋亦被烧毁。幸该教士并眷属先已派兵保护出险，其余堂中人等亦已逃避，尚无伤损。该乱等内有多人，头扎白巾，称系由省城赶来，变起仓卒，该县兵勇无多，力难堵御，致被滋扰。但于烧毁教堂学堂外，尚无抢劫财物害及商民情事。此时匪毒虽散，扬言有赴益阳毁堂之谣，请派队赴县协拿。等情。当经春蓂派拨陆军三队，以一队前赴该县，二队驰往益阳，会同各该县协力兜拿。凡有捕获审明立即正法。倘敢逞凶抗拒，即行相机迎击，勿使蔓延。正在电奏间，续据该县禀：拿获周财运一名，讯系湖北人，二月间，在湘阴县虾蟆港地方，晤山东义和团匪罗蜈蚣，纠邀入伙。该匪等共有二十四人。伊只认得罗蜈蚣，山东人，张侠客，江西人，吴虾蟆，安徽人，孙鸡公、高宝同，湖北人，并胡进三步等六人。该匪均著青衣青裤，名曰青押。于二月来湘观隙而动，适值贫民聚众求减米价，乘机窃发。而省城抚署教堂烧毁后，分赴各州厅县，以图烧堂滋事。至该县者即系罗蜈蚣等六人，现赴益阳及西路各处。已于审明后将该匪周财运正法。并据署长沙协副将杨明远转据驻扎益阳县地方水师前营管带刘德芳报：初八日，该县官钱分局兑钱之人甚挤。是日傍晚，派往陆军尚未到县，适局邻蒙育米店无故运米下河，地方痞棍群相争运，将米抢散，乘势放火，抢劫钱局铜元银钱各票。先后禀报前来。伏查省城前被焚署烧堂时，现查实有穿青衣裤之人在内。证以该县所禀，是此次匪徒滋闹系山东义和团匪勾引所致。但该匪等既来湖南，难保不往他省。除分电外，相应请旨敕下山东巡抚饬查该匪党与隐匿他方，速拿严办，务绝根株，并请敕令各督抚一面饬属严密稽查防维，遇有形迹可疑之人，立拿研审惩办。省外常德府城为西路巨埠，五方杂处，良莠不齐。安化县茶庄最盛，每届开市，做茶人等常聚数万人，宜尤当防范。已分派陆军驰往，会同各地方官及原驻营队认真巡防。一面分别电饬各属督率团绅，加意稽查巡防，缉拿前项匪徒，务获严办。如有煽惑不法情事，准予格杀勿论。并将各教堂教士及游历经商洋人财产，随时认真保护，不准稍有疏虞。乞代奏。再，鄂军第十五协统领官王得胜，所带步队三营、炮队一队，均已到湘，以一营分驻内外海军处。楚豫兵缋〔舰〕装送鄂省兵队来湘，电商海军处暂留该舰在湘，俾资镇慑。顷据该署副将杨明远禀，拿获在场滋事数犯内曾润生系放火焚署、王正南系捣毁美孚洋行要犯，现饬审明严办，合并声明。岑春蓂叩。真。等语。敬闻。春蓂。真。

（3）三月十五日（4月24日）电

外务部、军咨处、海军处、陆军部、民政部、瑞制台钧鉴：致枢电文曰：洪。文电计达。日来省城市面，安靖如常，惟谣言未息。昨日查夜委员拾获匿名揭帖一纸，称系前年浏醴会匪余党，意图复仇并杀害洋人，语极狂悖，虽不免虚词恫喝，然即此可见前次滋事之非饥民。现饬地方文武严密缉拿，并将各国官商教士实力保护，不准稍有疏虞。益阳县地并安化茶市前已派湘军二队前往驻防。兹查宝庆、新化二处亦关紧要，饬调原驻安化两队，以一队赴新化，一队赴宝庆驻扎，即以益阳所驻两队填扎安化。并调鄂军一营，以二队添防安化，一队驻益阳，一队驻宁乡。将原驻宁乡一队，由陆路开赴常德。饬令该管带等察度地方情形，何处有事，即行就近相机驰往拿办，不拘守一隅，以昭周密。一面电商署总督添派一营来湘，俾资镇慑。常德外城因民间向官钱分局对〔兑〕钱之人甚多，几滋事端，幸地方文武竭力弹压，始就平靖。现在派往陆军，已先后到郡，可免他虞。昨接署巡抚杨文鼎电，定于十三日动身。春蓂未交卸以前，仍当督饬司道，及地方文武各官，妥慎办理，不敢稍涉疏忽。乞代奏。再，长江水师提督程文炳于今日乘轮下驶。英国到兵轮二艘，法国一艘。鄂督亦添派楚谦舰一艘，俱泊省会，合并陈明。岑春蓂叩。寒。等语。谨闻。春蓂。咸。

（4）三月十七日（4月26日）电

外务部、军咨处、海军处、陆军部、民政部、瑞制台钧鉴：致枢电文曰：洪。窃署巡抚杨文鼎于十五日昼到湘。十七日将湖南巡抚关防暨王命旗牌派员赍送杨文鼎接收任事，春蓂即于是日交卸。伏念春蓂在湘数年，毫无报称。连年澧、安等属被水成灾，迭经电乞恩施，竭力办理赈抚。原以湘省伏莽甚多，诚恐不逞之徒，勾结饥民生事，不得不设法筹款拊循，以靖地方。而省垣痞徒藉口米贵，煽惑滋事，波及教堂，实非意料所及。总由春蓂未能先事预防，办理不善，咎无可辞。蒙恩开缺，感激涕零。现拟赴湖北暂住，听候查办。所有交卸日期，叩谢天恩，谨乞代奏。再，连日地方文武拿获紧要凶犯黄大汉等，审据供认殴官毁署，焚烧教堂学堂不讳，应由署巡抚饬令一并审明，分别惩办，合并陈明。岑春蓂叩。篠。等语。敬闻。春蓂，篠。

〔清民政部档案〕

17 寿勋关于湖南饥民暴动与荫昌来往函

宣统二年三月（1910年4月—5月）

（1）寿勋致荫昌函稿 三月十一日（4月20日）

复荫部堂

前寄两械，计登掌记。日昨续奉手示，藉审台端返旗，乃在夏秋之交，殊以太迟为憾。前函奉陈，定邀鉴督。如能从速，实感盛情。嘱觅房间刻已极力张罗，冀早报命，惟拘定地方颇不易办耳。顷闻湘省饥民藉端肇事，焚毁抚、臬署并教堂四、学堂二、领事馆、银行各一，警道被殴，商民罢市。鄂督已派兵三营入湘策应，江督亦电调兵轮巡护，相机镇抚，或当不致燎原。惟粤、苏两省，兵变甫息，近日江西萍乡又获革党，骈戮多名。甚至辇毂重地，亦出有安设地雷发觉被捕之案。上年各省灾荒迭见，哀鸿遍野，匪党繁滋，杞人之忧，能无惴惴。我辈身膺重寄，责有专归。究应如何防范维持，共支危局，统俟公归，从长

计议耳。专复。祇请

五楼老弟大人台安　　如兄　　顿首

宣统二年三月十一日发

（2）荫昌复寿勋函① 三月廿八日（5月7日）

顷接本月十一日大柬，敬悉种切。提早起行，万作不到。非俟涛邸竣事后与交卸使事毕，不能脱离此地。焦灼万分，而无他法可施，怅歉交集。蒙代觅房，感谢之至。饥民肇事，军队变乱，理所必然。公道二字不讲，诸事不行。至防范一节，非仅军部之责成，亦非仅由军部所能办到者。文官当差，武官混事，只顾目前之威福，不管将来之祸患，一味敷衍塞责，所谓过了一天是一天，如此何国不衰，何民不朽。打官话则声韵调和，平平仄仄，有条不紊。办实事则畏首畏尾，怕难苟安。随用半空盖房之手段，以求维新自强之名，而期暗获其利。如此，欲治国欲平天下可乎。内外臣工不乏忠勇之士，而杯水车薪将奈何。我国目下正在崎岖泥泞危险路上，非大众和衷共济努力前进不可。倘竟火烧眉毛顾眼前，遇事缩头，不担沉重，则我国之前途，不堪想矣。就目下而论，最可怜者上是摄政王，下是百姓。然耶。否耶。以上胡言乱语，望勿见责，并祈阅后付之丙丁为祷。此复。即请

揖青大哥大人台安　　　如弟制荫昌顿首　三月廿八日

〔清陆军部档案〕

注：①时荫昌出使德国驻柏林，函自柏林发。

18　张人骏关于江苏宿迁饥民焚抢永丰面粉公司与黎经诰往来札禀

宣统二年三月（1910年5月）

（1）张人骏致黎经诰札　三月二十二日（5月1日）

督宪张为札委事：本年三月二十日，据宿迁面厂刘道更年十九电称：今日午刻，本邑匪徒竟将永丰两厂机器房屋焚毁，抢掠一空。事前职道面允汪令，将存麦七千余石如数发出，交县平粜。该令迁延不领，即至衅起时，营县到场弹压，又不禁止抢掠，以致酿此巨祸。除容来省面禀外，理合电闻。等情。据此。查此事先据徐防马队龚统领炳魁、宿迁县汪令保增电禀：宿迁粮贵，贫民归咎永丰面厂，请饬缓开机暨将存麦发售，以定人心。并据该面厂刘道更年以匪徒藉端广告，焚毁面厂电请营县保护。各等情。当经电饬刘道遵照办理。并饬〔据〕龚统领等电称，贫民麇聚永丰要求借麦，纵火肆扰，事机危迫，乞电江北提台派队迅诣镇压前来，亦经电请王提台拨队驰往弹压解散在案。据禀前情，究竟该县贫民如何将该面厂焚抢，因何起衅，刘道果否允将存麦交县平粜，汪令是否迁延不领，营县既经到场弹压，是否坐视并不禁止抢掠，其中系何情形，亟应派员彻查核办。除札宁藩司查照外，合就札委。札到，该员即便遵照，刻日束装驰往宿迁县，按照指饬各节，详细查访，务得确情，据实禀复察夺，毋稍偏徇。切切，特札。

右札

徐海道黎

宣统二年三月二十二日

（2）黎经诰复禀　三月（5月）

奉查禀复督宪张。敬禀者：窃职道于三月二十二日，在清河县奉督宪札，饬访查宿迁永丰面粉公司被毁各情形，按照指饬各节，详细访查，务得确情，据实禀复，无稍偏徇等因。奉此。职道遵即由海州前来宿迁，逐一细访。并至该厂踏勘，计焚毁面栈房五间、麦栈房六间、四层洋楼四十间，仅存麦栈房四间、公司房三间、锅炉房三间，毁麦及爬麦近五千余石，尚存别屋麦一百五十余石。该厂留有经理帐房江苏候补知县陈令起看守余屋。该令呈阅被毁机器房照片图，职道略问先后情形，旋至县署调阅有关该厂各案卷，又细访居民隐情，其蓄怨有不自今日始者。查该厂自禀准开办，去冬即有本地土民张希曾等数十人具禀县令，谓宿迁素以麦为养命之源，同、光以来，小麦每石仅售钱二千数百文，民生犹不堪困苦，今价涨至五六千文，推原其故，尽行运赴外洋，致粉麦两空。宿迁商务分会又照会县令，谓振兴商业，不能以个人之利，贻千万人之害云云。其祸机已伏于此。迄至今春三月，麦价又涨至每石八千数百文，无不谓该厂广为收买，以致粮价日巨。谣传该厂囤积各卖户家有数万石之多，兼有任长春、徐洪举为该厂在本地定购青苗先给半价之说，群情益形惶惑。于是城乡遍贴广告，有准定于三月廿五日在城隍庙内齐集，各携火油一瓶、洋火一匣，前赴焚毁该厂之说。其广告标目有曰除一大害者，是土民已蓄意焚毁矣。二月十七日，汪令已照会该厂请暂缓开机。自广告贴后，又向该厂恳将存麦发售，以折服居民。该厂未允。三月十八日午后，适有清江大丰面厂麦船五隻计装麦四百余石，停泊宿关，饥民误认为永丰麦船，被爬一空。同时周、王二户囤麦亦被爬。祸机已动。汪令先因三堡筑堤争斗，于十五日赴洋河弹压，至是日午刻始回署，即与龚统领及绅董亲至该厂，切求刘道借麦，始允借一千石，多借仍待续商。时已夜深，汪令回署，即出示晓谕，以安人心，并派营役防范。不料十九日巳刻，忽有棍徒向宿关迤东亚细亚火油公司取去火油二听，五谷庙美孚火油公司取去火油六听，一拥而往，直达该厂，闯进厂门，将火油倾入机器房等处，加以木皮燃烧，一时火焰冲天，无可扑救。入厂之时，领首者手无一物，向弹压兵叩头请勿放枪。传闻巡兵中有与之熟识者，访无实据。该厂见来势汹汹，即喝令放枪，管带及巡兵不敢施放。携火油者约十余人，火起后拍掌一笑而散。厂设城外井龙头地方，距县城十里之遥。龚统领与汪令闻信赶到，约在未刻，而机器各屋之焚毁，已及其半。访闻巳刻纵火时，有贫民千余人随之而来，比即愈聚愈众，约有贫民万余人，乘机肆扰，取石撞破围墙，并拆毁窗户。计挖洞十余处，有由洞口入内爬麦者，亦有将所爬之麦由洞口运出者，经拿获四人，始渐星散。徐州田守抵宿后，商令该厂经理帐房陈令，将存麦一百五十余石仍交县平粜，地方遂安。查询损失数目，据该经理帐房陈令云：计毁去机器、屋、麦石等约值十余万之谱，帐目均在上海，现无实数。此职道查勘之实在情形也。据刘道禀称：事前面允汪令，将存麦七千余石发出交县平粜，该令迁延不领。今查悉三月十八日，刘道仅允借麦一千石，并未允借七千石之多。十九日巳刻肇事，则所允借之千石已不及运散，其非汪令延误可知矣。刘道又称：即至衅起时，营县到场弹压，又不禁止抢掠，以致酿此巨祸。今查悉龚统领与汪令于未巳到场，均有地方之责，皆竭力弹压。刘道比欲开枪，营县不肯轻率动手，因耀徐玻璃公司近在咫尺，恐开枪又殃及他处。如以营县不允放枪，遂谓其弹压不力，亦未免过矣。现在汪令访拿首要，职道亦以首要亟宜严办，庶可以服商人靖地方杜后患矣。所有职道访查宿迁永丰面粉公司被毁各情由，理合缮具清折，呈请宪台电鉴，伏乞核夺施行。职道经诰谨禀。

宣统二年三月

〔清农工商部档案〕

19　樊增祥关于江苏海州饥民焚抢海丰面粉公司移①

宣统二年三月（1910年5月）

藩司樊为移知事：奉督宪张批贵道禀遵饬访查海州新浦海丰面粉公司被饥民滋闹实情由。奉批：饥民非盗贼可比。此次聚众向海丰公司求食，该公司理应善为理遣，乃辄轻率放枪，致毙九人，伤廿二人，又凫水逃避被淹身死者七人。小民何辜，遭此荼毒。既据查明饥民悉系徒手，亦未翻越墙垣，洋匠罗普先仅放一枪，而厂勇刘兴贵等竟在洋楼平台连放数十枪之多。是伤毙各人，悉系勇丁所放之枪已无疑义。其蒋长胜自放转轮枪子回击伤腿，更何得谓饥民放枪伤勇。案关致毙平民多命，断难含糊了事。仰宁藩司会同苏臬司即饬海州勒限该公司速将凶犯悉数交出，讯明详办，毋得徇纵。至饥民藉端滋闹，强取万全酒坊所运豆饼，复夺该公司麻袋用火烧毁，亦属强蛮，并应由州查拿为首滋事及煽惑主使之人，一并惩究，以儆效尤。仍移该道知照。折单均抄发。等因到司。奉此。查此案前奉督宪札司，当经转饬。嗣据该州禀复，又经批示。各在案。兹奉前因，除分别移行外，合就移知。为此合移贵道请烦查照施行。须至移者。

右移

徐海道黎

宣统二年三月

〔清农工商部档案〕

注：①樊增祥时任清江苏藩司。

20 江苏海州知州查报饥民暴动禀①

宣统二年三月（1910年5月）

督抚提各宪禀。敬禀者：窃知州州境上年大水为灾，小民困苦。幸蒙拨帑购粟，赈粜兼施，今春又加挑河工赈并义赈，各项同举，赖以全活者固属不少。惟今春青黄不接，为日过远，虽经招来商粮与粜粮，互相接济，而粮价仍贵，谋食维艰。城绅发起捐集款项，请设粥厂，以救饥饿待毙之人。三月初三日，电奉宪台督宪歌电允准。知州以城内有此义举，四乡亦应仿行，即令各镇董事一律筹设，同时并举。城厂设在南门外碧霞宫，专顾城厢内外，早已示谕分明。其新浦、板浦、大伊、张店、新安、铁牛、湖坊、南城等镇，亦均开设，惟其余各镇，尚未办齐。讵匪徒希图乘机起事，四路布散谣言，谓城厂系属普济，煽惑各乡饥民，蜂拥来城就食，邻境安东、沭阳一带，亦闻风而至。初十日，开厂放票，即至挤毙小孩六名、妇女二口，各尸亲均请免验，当经酌给抚恤棺殓领埋。次日及十二两昼夜，突来数万之多，其间即多匪徒夹杂，不但粥厂被围，西南城外遍地皆满。十三日早晨，将已发票者暂散粟粉，未给票者，委员设局分三路资遣，谕令各回本镇，即饬未经开办各镇董事赶紧速放粥，俾得就近领食，饥民本已乐从，已经设立资遣局。殊匪徒等怂恿饥民，忽拥往新浦。此本匪徒恐饥民解散后，无从起事之恫喝。该饥民等受匪愚弄，遂同声前去，爬抢海丰面粉公司。知州闻知，立即派州署前后营两哨驰往保护。俄闻公司被围，复商海州营李参将带领全队，并调东海营兵赶去救援。知州同吏目带差在厂。

注：①江苏海州知州系施焕。

旋闻饥民欲趋进城，恐城内出事，只得赶回城来。适聚〔据〕探报，匪等率饥民毁越公司墙垣，经公司用枪格毙数人，众始暂退，尚欲进城，不得【已】暂闭城门，电请宪台督提宪派兵保护，发电后，即驰往新浦，在路海丰公司函报略称：本日巳刻，突有饥民无数，并有匪徒溷迹其间，来围面粉厂，扬言烧抢，立时将厂门关闭。幸荷派来营队，并参府带队弹压开导。讵匪徒之扒墙者，陡然开枪，向内施放，弹伤公司勇丁蒋长胜一名，楼上司机洋匠目睹危险，还放数枪。时正值匪等在后厂门纵火，幸厂中水龙人众齐救，立时扑息，而海厂院墙，已被冲倒三段，栅栏门被搬拆，务请调兵弹压等语。当至该处，众犹退聚左近，即经知州会同营员，竭力驱逐解散。查点被格受伤者二十二人，因伤身死者七人，误伤致死者二人，公司勇丁受伤一名，天晚不及相验，留队保护。回署后，即据平明镇人胡春三呈称：身胞兄元三本日往新浦买粟，适饥民在河南寻萧善士求赈。讵有海丰公司领事许四，即许鼎馨，恐饥民入伊公司，手执拐乱放，致将身兄轰伤殒命，叩乞验究。又据申明亭镇民人李树楼呈称：身胞兄树梁在新浦后街刘振骑家教读。本日，身至树梁学堂支取学钱，晌午回归。身兄送身至街口，不料河南有许绅鼎霖之胞兄弟许四，领办海丰公司，开炮将身兄轰伤身死，报叩验究。各等情。据此。知州即于十四日清晨，带领刑仵稳婆，会同海州营房山汛千总朱秉权前往勘验。讵匪民又复麇聚，公司三面被围，遍山人满，街亦壅塞，约有二三万人。正弹压间，据报公司机器麻袋船被抢，并用洋油放火纵烧。知州立即亲督营队当场拿获数名，始渐解散。随勘得新浦街南有东西岔河一道，河南有海丰面粉公司房屋一所，四面皆有围墙，南开大门，北设后门，西面亦设大门一座。又设〔该〕厂后门一座，墙内平楼房屋甚多，墙外有围沟一道，沟之西北角有小桥一座，楼东有牌楼一座。据公司执事人许鼎馨指称：昨来饥民无数，杂有匪徒，声言烧抢，立将厂门关闭，被匪砸毁牌楼栅栏门，分撞大门未开，厂门撞穿，后门纵火焚烧，幸有水龙立时救息。匪又扒越厂门，院墙扒毁三段，匪由毁墙处拥起，开枪向内施放，并用石块掷击，勇丁蒋长陛中弹倒地。维【时】厂内人工，均往后门救火，楼上司机洋匠见势危险，还枪抵格，匪始渐退。今日河下运到机器麻袋一船，又被烧抢。等语。查看大门、西大门均有撞损痕迹，厂门撞穿一洞，后门毁坏，内有烧毁麻袋，厂门院墙扒毁三段，栅栏门拆尽无存，牌楼有砸毁痕迹。厂北潮河南岸，泊有板船一隻，量长十丈，宽九尺，船内什物，散乱岸上，有烧毁起存麻袋一堆，围圆六丈余。该处距城十二里，离汛八十里，附近并无墩防。据各尸亲认明，被格已死之王轩茂、潘必迁、邵金传、孙开道、陈汝江、李锡林、陈龚氏等七人尸身，均仰卧沟北桥边地上，头西北不等，脚东南不等，均光头，身穿衣履。误伤身死之胡元三、李树梁尸身，均仰卧岔河北岸地上。胡元三头南脚北，光头，身穿蓝布大褂，内衬蓝布小棉袄，蓝布小褂，白布裤，青洋缎套裤，足穿白布袜、青布鞋。李树梁头西脚东，光头，身穿蓝洋布大夹袄，外穿青布马褂，内衬白布小褂，蓝布棉裤，足穿白布袜、青布鞋。勘毕绘图，饬将各尸均移平地，对众去衣，如法相验。……讯据公司执事及尸亲乡团人等供与各报词略同。失赃未据公司查明开报。所获匪徒刘振松、黄中传、黄生和等，押带回署，讯供狡展，分别收押。先后电禀在案。所有聚集粥厂一带各处饥民，十四日，添设一局分四路资遣。十五日，又添二局，今日遣完撤局。除匪类潜逃不计外，共遣去四万一千余丁口。各镇粥厂均已饬即开设。蒙拨马步营队，亦已到州，人心大定。惟此案伤毙多人，案情重大，是否先由扒墙匪徒开枪向内施放，洋匠见势危急还枪抵格，胡元三、李树梁二人是否实系事外误伤，有无随同前往事后捏报各情事，当时旁无确证。初次委员密查未得确实，现又另委详访。除俟访查确切，并悬赏购拿首要各匪务获，提问现犯，传集通案人证，讯明确情，催令公司开单补报估赃、造册填格，录供通详，并将善后事宜，随时禀办外，合将大略情形，先肃驰禀，仰祈大人鉴核。恭请勋安。伏乞垂鉴。除禀督宪、抚宪、提宪暨江藩宪、苏藩宪、臬宪、巡宪外，知州谨禀。

〔清农工商部档案〕

21 张人骏等陈报弹压徐海饥民焚抢面粉公司酌拟善后办法折

宣统二年四月二十六日（1910年6月3日）

南洋大臣两江总督臣张人骏、护理江苏巡抚臣陆钟琦跪奏，为面粉公司专利病民，迭滋事端，拟请酌定限制，以顺舆情而维民食，恭折仰祈圣鉴事：窃照江北一带，地瘠民贫，土人多食杂粮，向以秫麦为大宗。近年洋面进口者多，富户殷商设立公司，仿外洋制面之法，购置机器，制成面粉，贩运行销，以为抵制之计。于是海州设有海丰公司，宿迁设有永丰公司，清江设有大丰公司，扬州设有裕亨公司，泰州设有泰来公司，皆赴农工商部呈准开办。江北数百里间，公司林立，采麦既多，麦价日涨，贫民艰于购食，不免丛怨积愤。上年，海州等属被水成灾，今春粮缺价昂，迭经臣人骏督同司局筹办赈粜，加意安抚，虽海丰公司商人，亦有捐助，究难餍人之求。本年三月中旬，海州饥民聚众万余，前赴海丰面粉公司求食滋闹。该公司司事人等关闭厂门，喝令厂勇放枪，击毙九人，伤二十二人，又凫水逃避被淹身死者七人。经该受〔管〕文武闻信驰往弹压，分别资遣抚恤，众始解散。该饥民途遇万全酒坊豆饼船只，疑为该公司所运，登船取食一空，复将该公司路运麻袋夺取烧毁，以泄愤恨。另有赣丰饼油公司豆船八艘，泊于永丰口地方，亦先被饥民爬抢净尽。又清江贫民亦聚众千余，向大丰面厂索麦，捣毁楼房机器，经营县到场解劝，并由江北提臣王士珍谕令淮扬海道奭良查明该厂存麦数目，速制成粗面，饬令尽数发出平粜，事始寝息。嗣有该厂麦船五艘，停泊宿关之前，复被饥民爬抢，并将周、王二姓囤麦，一并攫去。又宿迁贫民亦聚众万余，向永丰面粉公司纵火，焚毁楼房，爬取存麦，亦由营县驰赴救护，并经徐州府知府田庚亲往劝谕，饬令该厂司事，将存麦交县平粜，群情始服。节据各该州县电禀，均经臣人骏分别调营派员前往弹压抚辑。兹据委员查明实在情形，禀复前来。臣等伏查饥民爬抢粮食，本干例究。然公司制面外运，耗麦过多，亦不免专利病民。固知中国兴商贾，为当今要务，惟五谷乃民食所关，迥非他项物产可比，私运出口，例禁綦严，且并载各国条约，原欲使民间稍有盖藏，以为凶荒之备。比岁江北洊饥，民情异常困苦，朝不保暮，方购粮接济之不暇，更何堪增此漏卮。淮扬、徐海等属，俗悍民强，其蓄恨于各公司者非伊朝夕。此次连日滋闹，尚幸弹压迅速，未酿大变。然惩前毖后，亟宜妥为消弭，以免再生事端。迭据绅民禀请勒令各公司停机，如能一律停办，固足以顺人心而重民食，但各公司成本较巨，骤令歇业，亏损必多，亦不得不体恤商情，通融办理。拟请明定限制，嗣后各公司制成面粉，只准行销内地，不准贩运出洋。如遇荒年，则无论购存之麦及已制之面粉、面麸，悉尽本地售卖不许出境。一面责成各关稽察，如有偷运出口者即行扣留，分别充公充赏，俾示惩劝。相应请旨敕下农工商部札行各公司一体遵照。至海丰公司虽因饥民麇聚，防卫情急，惟轻率放枪，伤毙多人，实属咎无可辞，仍应饬行该管地方官勒令交凶究办。其焚抢公司及豆麦船只为首滋事之犯，亦应严拿惩治，以儆效尤。所有饥民滋闹面粉公司，弹压息事，酌拟善后办法缘由，谨合词恭折具奏，伏乞皇上圣鉴训示。谨奏。

宣统二年四月二十六日。

宣统二年五月十九日，奉硃批：著止所请，该部知道。钦此。

〔清农工商部档案〕

22 袁树勋奏报办理广东三点会等会党片

宣统二年五月初二日 （1910年6月8日）①

再：粤东会匪，向止三点会，系于洪逆乱平之后，其遗党暗用洪字偏旁，互相勾结，踪迹甚为诡秘。近年，此风日炽，胆敢设立堂名，分派头目，到处纠邀，不从者肆行逼胁，开台拜会，夜聚晓散，习以为常。为首坐台者，曰东主，曰老母。转纠伙党者，曰保母，【曰】保舅。赞助谋画者，曰白扇。供奔走者，曰铁棍，曰草鞋。其资格转深者，曰金花，曰双金花。名目不一。大抵初则惑众敛钱，继则纠党抢劫，劫财不足，复虏人勒赎。计一省之中，勾结日广，几于无处蔑有，而以惠、潮、高、廉各属为最多。近来附省之顺德、东莞、新会等县，亦蔓延遍地。此外，有小刀会、剑仔会诸名目，皆与三点会联成一气。小刀会系各携一小刀以为记号，十余年前，惟惠、潮等府有之。剑仔会系以东洋小剑为记，近于数年，始行发见。并有革党从中勾串，恃港、澳为逋逃薮，一经劫得巨资，购买洋枪，甚为便捷。是以粤中盗匪，无不身藏利器，徒党日繁，一呼麇集。从前劫案伙党，不过

注：①此件据两广总督袁树勋宣统二年五月二十八日致清民政部咨文，具片日期为五月初二日。

一二十人，近年劫匪动逾数百，缉捕之难已较他省迥别，捕获之后讯办稍迟，往往乘机纠党越狱。盖别省之盗不过劫财，粤东之盗多属会匪，实有滋蔓难图之忧。现在省城外堤岸修筑完竣，商贾云集，会匪亦多溷迹其中。本年春间，乘机聚众，纵火掷石，不止一次。业经捕获数人，酌拟监禁，以示薄惩。惟会匪日多，若不及早剪除，为患实非浅鲜。除饬广东按察司、营务处遵照法部奏准通行边省盗匪凡系会匪马贼攻扑城池，抗拒官兵仍准就地正法章程，审系实在会匪即行正法，以杜后患外，并饬巡警道及地方文武各员，在堤岸一带严密稽查，实力侦缉。并一面出示晓谕，准已经入会并未从劫者至〔自〕首注册免罪，以期解散胁从。所有广东会匪日众，现拟办理情形，理合附片陈明。伏乞圣鉴训示。谨奏。

宣统二年五月三十日，奉硃批：览。钦此。

〔清民政部档案〕

23　孙宝琦等请派兵弹压山东莱海两地抗捐折片

宣统二年五月—六月（1910年7月—8月）

（1）孙宝琦片　五月十四日（6月20日）①

再：登州府属之莱阳、海阳等县，地近海滨，民情强悍。近来筹备各项新政，非财莫举。地方官绅，自不得不酌取之于民，乡曲愚氓，罔知公益，每多误会，致结怨于官绅者甚深。本年四月间，莱阳县民以清算积谷为词，拥众入城，并有僧道多人，要

注：①此件据山东巡抚孙宝琦宣统二年六月初三日致清陆军部咨文，具片日期为五月十四日。

求免提庙产。又海阳县宋煊文父子倡言钱粮及戏捐等项，有浮收滥支等弊，纠集无赖，鼓动四乡愚民，至县署滋闹，要挟多端，均经地方文武，先后弹压解散。正在查拿首要筹办善后间，讵莱阳旌旗乡土棍又于本月初五六等日，胁迫多人，肆行无忌，将王景岳等家房屋拆毁焚烧。虽现已一律解散，而绅富惑不自安。迭据省城绅士禀诉前来。臣闻信后，当即派委道员杨耀林前往莱阳、海阳两县查办，示以机宜，饬令妥办。并分电该镇道府县相机妥为防范，以遏乱萌。至该县令等究竟有无苛扰，酿成民变情事，必须确查。其蛊惑乡愚之地方土棍尤应严拿胁〔首〕要惩办，以儆将来。除俟该员等查复详慎核办外，理合附片陈明。伏乞圣鉴。谨奏。

（2）"军咨处陆军部会奏折　六月（7月）

奏为会同奏闻事：窃臣处臣部于五月二十八日，接准山东巡抚孙宝琦电称：登州府属莱阳、海阳两县，先后民变，时聚时散，抢掠频闻。东省巡防各营不敷匀拨，拟将陆军第五镇原驻潍县之步队，就近调拨一营，并由省拨马队二队、炮队一队，酌配工程、辎重迅往择要填扎，以资镇慑。等因。并据该镇统制张永成电请核饬前来。臣等伏查莱、海一带地近胶州，既据称有民变抢掠情形，自应迅派得力营队前往弹压，以冀克期底定。当经会商电复照准，并饬该镇统制将所调营队妥为编配。派由第十协统领叶长胜充支队司令官，即日开拔，暂归山东巡抚节制调遣。二十九日，复准该抚电商，以莱阳匪势甚炽，拟多调步队一营，以厚兵力等因。并经会商即日复准饬镇遵照。除地方一切情形应由该抚随时奏报外，事关调拨军队，谨会同缮折奏闻。伏乞皇上圣鉴。谨奏。

宣统二年六月　日

〔清陆军部档案〕

24 陆军部议复陈夔龙为时局阽危敬陈管见折

宣统二年五月十八日（1910年6月24日）①

奏为遵旨查核具奏，恭折仰祈圣鉴事：四月初七日准军机处钞交直隶总督陈夔龙奏敬陈管见一折，奉硃批：各该部按照所陈查核情形具奏，候朕裁酌。钦此。钦遵钞交到部。原奏内称：各省编练新军原以整军经武，乃军人既难合格，将领又复乏才，于是干城腹心之任，半以出洋学生承其乏。其中品地不齐，其不肖者无论矣，即有一二贤者，亦于军事毫无历练。坐此弊端百出，不可胜言。自前年安庆兵变后，曾几何时，而新军滋闹之案，见于粤，见于苏，又见于江北。虽肇事轻重不同，而军心不靖，其象显然。不有以整齐之，恐祸乱之萌，正有未已。窃谓目下兵学未兴，将才尤少。兼之各省饷力，大都勉强支持。与其多养冗兵酿不戢自焚之患，不如精练劲旅收以一当百之功。应请就各省已有兵队，加意训练。其尚未照章编足之处，暂勿迫以所难。至约束各营士卒，责在营官。督率各营官长，责在协镇。拟请饬由陆军部申明定章，会同督抚，切实考核，随时奏请劝惩，持之以信赏必罚，而戎行肃然矣。此军纪之亟宜整顿者。等语。伏查近年防营练军渐就窳败，旗绿营伍徒具空名。自非精练陆军，无以振兴戎备。而用人筹饷，尤为军队命脉所关。现在新政待兴，度支竭蹶，练兵经费，筹措为难。各省编练新军，更以人才缺乏，委用不免迁就，诚有如该督所虑者。臣等以该督奏陈各节，关系国防计划。当经咨行军咨处查核。嗣准酌定咨复与臣等意见相同，敬为我皇上陈之。如原奏内称各省饷力，勉强支持一

注：①此系清陆军部将此件印发给所属各司的日期。

节。查军咨处前于议复九年筹备折内，业经声明：宣统四年全国三十六镇一律成立，如届时各省未能依限办理，果须展限再行奏明请旨。于议复署两广总督袁树勋奏遵办新军善后事宜折内，准于奏定五年限期应编之两镇，仅练一镇。均先后奏奉允准在案。又自上年以来，各省陆军，只奉天改编一混成协，福建添练步队两营，其余各省均未照章增练。是军咨处与臣部于练兵一事，原属体察各省情形办理，并未迫以所难。嗣后各省如果奏明有筹饷为难情形，军咨处暨臣部，自当查照前奏，酌核请旨。此似毋庸过虑者也。如原奏内称考核镇协营官一节。查各省编练军队，首在将领得人。际兹竞修武备之时，非学识与经验俱优，任事断难得力。现在各省所派陆军人员，或用毕业学生，或用旧日将领，取材既不拘于一格，臣部亦从未绳以专章。向来委任迭更，皆由各督抚自行遴选有人，分别奏咨立案。至原奏所陈皖、粤已事，一由于抚驭之不善，一由于兵习之浮嚣。苟使教育得法，将士任用得当，又何致蹈不战自焚之悔，贻养兵酿乱之讥。窃谓时局阽危，国防最关紧要。陆军势难减练，用人不可不益致慎详。练兵所以卫民，岂宜以军心不靖，授人口实。各省军事行政之权，督抚固有专责。若非平日再三审慎，将何以悉成劲旅，弭隐患于无形。相应请旨饬下各督抚臣，按照定章，力任责成，认真考核。于遴委陆军各级官长务取诚朴，严戒嚣张，以袪弊端而昭慎重。如各省拣任，一时难得其人，即由各督抚咨商臣部妥为选派，庶几内外相维，军事日有进步。此尤应严切申明者也。所有遵旨查核具奏缘由，谨缮折具陈。伏乞皇上圣鉴训示。谨奏。

〔清陆军部档案〕

25 张永成报告山东莱阳反绅抗粮致陆军部呈

宣统二年五月——六月（1910年6月—8月）

（1）张永成呈 五月（6月）

署理近畿陆军第五镇统制官张永成为呈报事：窃照山东登州府属莱阳县有绅民聚众入城，硬将仓米变价公用，业经列折呈报在案。兹查五月初间，该县复有乡民二次聚众，并查海阳县亦有乡民聚众情事。又闻曹州府属曹县以南现有匪徒聚居，除已派弁分投密探，乃俟探报确实，详情再行呈报外，理合先将大概情形缮开清折，具文呈报钧部鉴核。为此具呈，伏乞照验施行。须至呈者。详呈清折一扣。

右呈

陆军部

宣统二年五月十九日

清折

署理近畿陆军第五镇统制官张永成谨将山东登州、曹州等府属乡民聚众滋事及土匪聚居大概情形，缮开清折，恭呈钧鉴。

计开：

一、闻登州府莱阳县民二次聚众，向绅追索前二十年所卖仓谷，有旌旗乡土棍曲士文、曲贵舟与王景岳挟嫌，藉势结党执械，于五月初四日，勒胁至二千余人，将王景岳住房拆毁，物件焚烧。初六日，将高丹斋住房拆毁，逼勒各户管饭，已在城西截劫来往行人，又烧毁陈姓两家住房。

现查登州府知府于五月十四日电禀抚台云：抚宪鉴：元秘电谨遵。今杜弁来禀：朱令委王把总凤袍、富户姜尔寿与各乡社长见曲士文婉说，邀求各款，朱令均允，已出示晓谕。初九日，乡民解散。文祺寒禀。又莱阳县知县朱槐之电禀抚台云：乡民二次聚众，并未进城，现已妥为解散，安谧如常，堪纾宪廑。一切情形，容另禀详陈。

一、登州府海阳县有土棍宋煊文父子，纠民抗粮，经县先后拿办，禀请监禁。该县乡民亦聚众，于四月廿九日有拆毁县署情事。现查登州府知府于五月十五日电抚台云：抚宪鉴：适得委员禀：海阳聚众，虽已解散，现向四乡富户索赴县川费。方令畏葸无能，难善其后，请速饬殷令来任。仍请拨登州镇兵八棚驻扎县境，以为声势。文祺禀。删。

一、闻曹州府有一匪目朱姓，据称系前明之后，拥多数军火，现据山东、河南交界曹县之南约八九十里，地名老君寨，聚有二三百人。该处地方绅董百姓致贺该匪目，演剧八日。并闻系由攻打河南归德府不成而归，聚于此，未知确否。

宣统二年五月　　日

（2）张永成呈　六月初九日（7月15日）

署理近畿陆军第五镇统制官张永成为呈报事：窃照职镇派赴莱阳营队，行抵姜山，该县绅民求缓进兵，愿任劝解。叶统领官长盛、李镇安堂等示限解散，并禀经东抚酌商预备添队各情形，业于六月初七日电禀在案。旋奉钧部会同军咨处阳电内开：莱事未定，将来事机紧急，可由五镇添调两营，望与孙抚随时商办。等因。奉此。统制官遵经拟派步十九标第一、第二两营，并加马队两队、山炮四尊，一切配备齐全，由施统带官从滨候调带往。现时莱事尚未据报紧急，所有迭据叶统领官报告情形除呈报军咨处外，理合照缮清折，具文呈报钧部鉴核。为此具呈，伏乞照验施行。须至呈者。计呈清折一扣。

右呈

陆军部

宣统二年六月初九日

清折

署理近畿陆军第五镇统制官张永成，谨将叶统领官长盛迭次报告情形，照缮清折，呈请鉴核。

计开：

一、六月初五日，据步十协叶统领官第一次报告：

统领官于六月初三日，率队行抵即墨县。据该县严令面称：县境东北金家口与青岛、烟台仅隔一水，为海口扼要。又正北庞家岚，当莱境要冲之地，拟留兵队驻扎。当电禀经抚宪电饬统领官酌办。查金家口一处，现尚无匪，不过预为防范情形，尚可稍缓。且恐分防各处，兵力单薄，实有不便。惟庞家岚村系当莱境之要区，拟由步十九标第三营派一队驻扎。该处距城七十里，冯丞即于此处设转运局，藉可护局兼可作我前进队之备分。初四日，饬该营潘管带除拨留一队驻扎庞家岚村外，馀均暂住即墨县城候调。统领官率带步二十标第一营并马炮队进抵即墨边境灵山集。过此六十余里，即是莱境之水沟头。昨今迭据即墨严令探报：水沟头匪徒甚多，来往人等盘查甚急。莱城四门紧闭，惟东门可容一人出入。等语。遥揣其情，谅是兵到为民，兵去为匪。统领官于是日晚间，率带李管带步队一营并马炮队由灵山集开拔，行抵莱境姜山驻扎。俟探有实情，再行禀报。六月初四日。

一、六月初八日上午，据步十协叶统领官第二次报告：

查姜山距莱城百里，过姜山十里即遍地皆匪。进城各路，阻隔不通。如有来往之人，盘查甚急，城门皆匪把持盘查。昨致杨道台燿林之信，将芦苇作成一簪，簪内藏信，插于发辫，雇百姓送去。未知路中有无阻隔，尚无回信。拟即督队前进，因大雨时行，路途泥泞，炮队辎重，均尚未到。必至初六七日，方能齐集。适有绅民前来恳求暂缓进兵，愿任劝解，自未便不教而诛。遂会同李镇台安堂多贴告示，剀切劝谕。并发劝导曲士文谕单，限定三日内一律解散，届期不散，即行进剿。此系初五日之事，进剿之期，尚在初八日。有此三日限期，卑协各队均已齐集，后路亦即布置妥协。倘进剿时，匪众兵单，再看如何情形，电禀添队以护后路。拟请早为筹画步两营，以备禀调。再曲士文虽是首匪，传闻伊之力量不足号召四乡，因有社长于姓为之参画，故从乱者日多一日。现在虽有百姓愿任劝解，然必有要求之事，断难遂其所求。伊若执迷不悟，愍不畏法，势必钦遵电旨赶即扑灭，并遵抚宪电饬相机进剿，如进剿时，除前禀明预备两营外，并须预备炮队四尊、马队两队，统祈先为筹定，以便统领官届时禀调。惟兵进莱境，所有吃食菜蔬并草料，百姓齐心不卖，且遍地禾稼，障碍甚多，最为用兵所忌，似属可虑。但必须筹划尽善，期免疏虞。杨道台在城内不知我各队情形，今又将进剿日期暨劝解各节，并请守城以待等语，写于篦扇各竹股上，仍插旧扇面，密雇百姓送去。如其送到，则彼此可通消息矣。六月初五日。

一、六月初八日下午，据步十协叶统领官第三次报告：

查前在姜山有绅民恳缓进兵，愿任劝解，此项绅民，均系住在水沟头附近。该处距姜山五十里，原先本有匪徒麇集，自统领官暨李镇台商同饬令解散，初五日复据乡民回称：水沟头众已解散，请即进兵。李镇台因先饬巡防中路马队前进，向晚至水沟头西南沙河边，竟有曲士文支党李秀山率馀匪开枪，该队亦即开枪回击，匪受伤一名，及我支队赶到，而李匪已先奔退藏匿。初六日，统领官与李镇台即督大队进抵水沟头。此由姜山至水沟头一路众已解散之情形也。现拟即由水沟头进达莱阳，以解城围。日前所发传饬曲士文谕单，晓以利害，该匪颇为胆寒。俟到莱阳后，如何情形，再为禀报。六月初六日。

宣统二年六月

〔清陆军部档案〕

26 陈崇实等关于浙江仙居县盐商刻剥激起民变电

宣统二年六月（1910年7月）

（1）陈崇实等电 六月十七日（7月23日）

军机王大臣暨各部宪钧鉴：仙居盐贾黄崇威刻剥激变，官兵擅杀男女老幼二十三人，烧民房五百余间，枭二烧死老妪一，请电浙抚彻究。并代奏。台州旅苏学界陈崇实等公叩。

（2）增韫电① 六月廿四日（7月30日）

民政部钧鉴：洪。电悉。案查仙居县属埠头王朱溪等处地方，于去腊二十七、八、九等日，有土匪将盐商黄崇威所设盐号抢毁，防哨闻风剿捕，该匪恃众抗拒，被戕弁勇十余名，并弹毙栈丁二人，匪党聚众至二千余人。嗣经调集大军，始克击散，并毁其巢穴，夺获令旗、火炮、前后膛枪、子药、刀械多件，并有票布，其为土匪，自可无疑。业经增韫于二月间，附片奏明在案。惟兵燹之余，玉石俱焚，无辜被累，亦自难免。此案事后并经迭次派员查明，其大旨在盐号往日不免敛怨于民，土匪图劫盐厘，藉端肆抢。防勇有缉捕之责，被匪伤毙多名，哨弁并遭破腹，似此凶暴，安得不痛加剿洗。然覆巢之下，自无完卵，均为一定之理。前并饬宁巡道亲往查明被枭良民，设法抚恤。盖惩匪恤民，两持其平，增韫之宗旨，固如是矣。谨此电复，乞垂詧焉。增韫。敬。

〔清民政部档案〕

注：①增韫时任浙江巡抚。

27 张哲培等关于广东新军起事经过的供词及呈稿

宣统二年六月(1910年8月)

(1)张哲培在大理院供词 六月二十八日(8月3日)

具亲供：前广东新军协统、选用知县张哲培，年三十四岁，福建福州府侯官县人。父早故，无兄弟。肄业本省船政水师学堂，派赴日本士官学校毕业，派充联队见习期满，奉前闽浙督许调回本省，充营务处测绘委员。光绪二十九年，蒙前粤督岑咨调来粤，历充教练官、指挥官并陆军速成学堂监督、顾问员、统带等差。于宣统元年十月初五日，蒙粤督袁札委新军协统。到差后，恪遵陆军部新章，督率官长，训练兵士，竭力整顿。计广东步队第一标、第二标、第三标一营并炮工辎重各营分扎处所：协司令部设在炮工辎营内，毗连一标，同在燕塘，二标及三标一营在北较场，两处相距，约十余里。哲培虽接统仅数十日之久，无不时日暗派诚实可靠之员严密查察。嗣经察出，各营兵士颇多形迹可疑。每值星期放假之日，结队成群，行踪诡秘。由是更加兢惕，不敢同日放假，因计人少较易防患。遂于每星期内，逐日挨营轮流放假，并加派官长，外托带领游散为词，内实稽察各兵行藏奚若。哲培则于各兵尽出之后，亲赴各兵房，密行检察，习以为常。十一月下旬，曾于一标第三营房门口，拾得天运年号同盟票纸一张。哲培未遽声张，即重行密访，复察得官长数人，虽无实据，状似知情。细按其平日行为，亦复不甚安分。立即禀明粤督，谕将该官长等撤换。嗣据所派暗查之员声称：查得二标兵士刘茂昌，身有票片。哲培复验，证据确凿，立将该兵刘茂昌送交督练公所核办有案。此去年十二月二十九日事也。先是营县捕获匪犯李洪、卢子卿二名，讯供结会同盟，语涉新军兵士。省会谣言四起，谓匪党乘征兵之机，潜布军界。讹言虽未可尽信，防范究不容稍疏。迭谕各统带、管带等严密防范，并须要结兵心。又值腊尽停操，因并饬各标营将全营子弹除酌留警备外，克期尽数汇缴城内军械局存储，共计缴送子弹十二万余颗。此举实为预防不测地也。不意三十晚，二标兵士吴英元托同营兵士华宸衷到城隍庙前秀文斋刻字铺代取名片，因争价口角，警兵向前干涉，加以非礼。适有假出目兵王冠文等经过该处，眼见不服，帮同理论。警兵鸣哨集众，举棍乱殴。兵士皆属空手，多被殴伤。警兵又将兵士数人拘入第一分局，巡官陈庆恭遽行锁练。假出兵士闻信，悉抱不平，麇集警局前喧闹，以上俱二标兵士。哲培在协司令部闻信，即电饬该标统带王余庆飞速前往解散，并领回受伤之兵，妥送军医局医治，争闹各息。复分饬各统带管带等于明早各兵放假后，分派下级官长，于各城沿路巡绰，俾免滋生事端。此三十日夜二标肇衅后办理一切之实在情形也。初一元旦，例须放假。当饬各标营统带、管带等特行团拜之礼，就官长暨兵士集合团拜时，藉演说为诰诫，略谓兵警失和，是非自有公论。此后切勿再生事端，致损军人名誉等语。哲培即在炮工辎营内亲自演说，劝慰诰诫，反复详明，各兵环听，均无异词。散队后，少顷，闻报城内育贤坊巡警一局、大东门巡警五局，又有二标兵士与警兵斗殴。警兵开枪轰击，互有殴伤。哲培闻警，即由协司令部飞驰进城弹压，行至东明寺，遇二标王统带报告：兵士有回标抢枪进城复仇之举。哲培即先赴二标，竭力拦阻，幸抢去枪枝，只有数枝。在营各兵经哲培等剀切晓谕，尚属平静。即饬王统带妥为镇抚未出兵士。哲培亲自驰赴闹事巡警局，与署巡警道高觐昌协力弹压解散各兵后，即赴督辕禀报情形。时水提李准、督练公所参议吴锡永、教练处总办吴晋等已先在。哲培面奉督谕，与吴锡永、吴晋二人同往安抚。即同赴二标及三标一营，集合官长目兵，苦口规戒，痛陈利害。各兵士尚肯听从，即将所抢枪枝，尽数缴出。哲培仍恐兵士阳奉阴违，暗派营员乘各兵集队听演之时，密将各营枪机卸下，并将年内所余警备子弹，一并妥送城内督练公所，即赶回协司令部。行至协部门口，以一标与协毗连，意欲入标，如法照办，继思三十、初一两天，兵警交哄，一标兵士均已闻知。倘哲培深夜入标，卸取枪机，反启兵士警疑，转滋误会，再四思维，不如传集官长，饬令照办，较为无形。立进协部，密传刘统带及炮工辎各管带到协，谕令拆卸枪机，并速将余存警备子弹，呈缴城内，转饬统带及管带等以已奉督宪面谕，明日暂勿放假，俾免出营滋事等语。各官长闻令，依遵而退。此初一日兵警交哄后办理一切之实在情形也。初二早，饬令参谋官冯衡在协部镇慑，带同参军官路霖重往二标劝谕军士，正集队诰诫间接冯参谋官及刘统带电话报告：一标及炮、工、辎兵士，藉不放假为词，群起鼓噪，纠抢枪械，毁打协部，炮、工、辎各营抢掠一空，声势汹汹，已成乱势。等情前来。哲培恐二标兵士闻信惊散，未便遽动声色，先遣参军官路霖赶赴燕塘，协同冯参谋官、刘统带及各营管带等设法解散。未几，又接冯参谋官电称：该兵等业已挟枪出营，恐成滋蔓。顷刻间，电机又被砍断，通信无从。即饬二标官长，举行各种游戏运动，收束兵心。哲培此时满拟禀请督宪率领二、三标之兵前往查办，继思乱情未经目击，何敢冒昧动众，且事由二标而起，倘匪党从中煽惑，通同一气，势更蔓延，只得飞马赶赴燕塘。行至中途茶亭山脚之处，下马登高眺望，果见东沙马路外，乱兵数队，蠕动前行。此路系进城总路，距东门不及十里。哲培见事势已迫，在军言军，不难一死以塞责。顾念城中毫无准备，倘乱党乘间扑城，一有疏虞，省垣何堪设想。筹宪及此，虽碎骨粉身，不足蔽辜。是以不得不急折入城，飞禀督宪，重在防守以保安全并请方略。即奉面谕，赶赴李水提行署，调拨防兵出城镇抚，并发给缴械免死之示四道。哲培祗领后，一面派弁将示出城张贴各标营总路之处，其时城尚未闭，一面亲赴李水提行署密陈督宪面谕，调拨防兵等情。即奉提宪面谕，允即拨兵出城镇压。是时旗兵均已戒严，上城守护。哲培见城内已有防堵，心中稍安。虽防兵一时不能遽集，未得率同出城，因心悬城外，只得独自先行，冀得外边紧秘消息，匹马至大东门下，探知各城均闭，告语旗兵，不肯开放，时天色已暮，防兵尚未到，只得再回行署，恳请提宪速拨防兵，开城同往。奉谕：城内防兵无多，只敷保守城池之用，外面调兵即至，一到便可起行等语。哲培遂在行署听候指挥。此初二日哲培往返城内外筹划守御之实在情形也。初二夜四鼓后，各路防兵，先后陆续齐到。初三黎明，请得督宪大令，会同防营统带吴宗禹率队开南城，出兵至牛王庙。是处地势险要，哲培即商同吴宗禹，令各防营分占要隘。布置甫毕，侦骑飞报，革党倪映典混入炮营，枪毙管带齐汝汉，抢掠炮、工、辎各营，带领叛兵拥入一标，开枪轰击，队官胡恩深中弹身死。叛兵分作两枝，正枝由东沙马路扑向东门而来，分枝由九广铁路侧进。刘统带已赴九广铁路拦阻等情前来。哲培当即会同吴统带，饬令各营严阵以待，以防冲突。未几，果见倪逆映典统率叛兵数千余人，列阵由马路蜂拥而来，距我军约二百密达之远，即整阵平枪，作欲击状。哲培以新军训练不易，至此犹不忍不教而诛，复令防营管带童常标，放下枪械，空手向前，开诚布公，婉劝其缴械归诚，毋为戎首。讵该逆不但不因就抚，且敢在阵前，乱发狂言，反劝防军同叛，凶逆万状，难以形容。童管带只得退回本阵。蓦见叛兵队里，枪声并作，子弹飞扬，防军已伤数人，遂开机关枪还击。该叛兵仍发枪猛击，无少惧怯。哲培恐相持过久，死伤必多，计必歼厥渠魁，其胁从者，不难安抚，遽飞马向前，枪毙倪逆，割下首级，宣示大众。各叛兵见首逆伏诛，即向东乱窜。哲培即协同吴宗禹领队直进，并不再加弹击。比至协部，见各营多被拆毁，即会商吴宗禹将防兵分驻各营，以期保护。哲培当即进城，驰赴督署缴令，并禀报情形及请示善后办法。旋同吴锡永、吴晋共赴水提行署，筹商一切应办事宜。此初三日哲培与吴宗禹带队劝抚不得已与倪逆接仗之实在情形也。初四早，哲培率同各官长驰赴各营详细察看，军装杂物狼藉不堪，当面查明具报，并由各乡落收回营马五百余匹。因防兵驻扎协部，各营暂假东门外讲武堂居住，以便招集散失各官兵。旋奉粤督札饬卸差，协同新任协统任福黎办理善后，各节之事均可按日核计也。现经奏参，奉旨拿解大理院治罪。哲培治军无状，罪无可逭，惟乱机隐伏，事变仓猝，革党乘机希图大举。初一、初二两日，哲培往返各标营苦口劝诫，设法羁绊兵心，奔驰督署提辕，禀报情形请兵镇抚；奈各标相距辽远，遂致顾此失彼，负罪綦重。至七营，溃乱已成。哲培当登山巅眺望叛军时，何难从容死敌。顾念城中无备，逆焰方张，安危之机，间不容发，重在防守，不在冒昧应敌。迨城中防堵已成，大局无碍，哲培督队招抚不成，不得已还枪接仗，尚幸乱党首逆伏诛，子弹不继，狡谋难逞，小丑荡平，此皆朝廷无疆福祚，所以燎原之患，立即扑灭。今蒙堂宪讯问，理合据实供明，何敢希图饰卸，以重愆尤。所具亲供是实。须至亲供者。

（2）陆军部军法司驳会审拟判张哲培等呈稿　六月（8月）

今会审得广东新军滋事案内被告张哲培、刘雨沛所有对于本案犯罪之要点，分别开列如左：

（壹）被告张哲培对于本案犯罪之要点如左：

（一）平日提备不严，抚驭无方，致有所部军人反叛。案此。该被告于宣统二年六月二十八日，在大理院所呈递之亲供内，已供有治军无状，罪无可逭等语。虽探求此次致叛原因，在与巡警寻仇及为要求放假二者，然世未有以平日抚驭得法之兵，而能以小故激之使叛者。是该【被】告之平日抚驭无方，事既属实，供亦相符。

（二）因闻所部军人哄溃变【起】，仓皇无措，弃营托故走避。案此。该被告于初二日早，接到一标及协部报告新军哄溃情形后，既未能率二、三标未溃之兵，亲往镇抚。其行抵茶亭后，远望见有乱兵，并不前赴协司令本处，或带一标设法收抚；或用兵力弹压，又未向一标及炮、工、辎营各官下一命令，亦未知照二、三标应付，即驰入城内等情。业由该被告于本会审中供认不讳。虽据称进城系欲向制台请示，但该被告身为协统，标营溃变，协部被劫，则镇抚是其专责，即欲进城报告，或打电话，或派弁前去可矣。其即亲身驰入城内者，显系弃营托故走避。

（三）奉令出抚，观望不前。案此。该被告于初二日进城后，到下午四点多钟，偕吴参议、李军门见袁督，由袁督面交大令一支，并缴械免死牌二面，一面嘱李军门派兵接应。该被告先行，吴参议随后出来说：制台教你先出城。李军门接说：你先出去罢，我兵就来。该被告于行到东门时，因想防兵随后要出来，我何不同他们一同去更好，故又折回水师行台过夜等情。业由该被告于本会审中供认不讳。是制台本意，原以抚事责之该被告，抚恐无效。又命李军门派兵接应，并非命该被告带兵同去。乃该被告一味畏葸，必欲等候防兵同出，失此可抚之时机。延至初三，遂成逆党倪映典闯入炮营及步一标杀官胁变，并率死党数十人，与巡防队抗拒之局。

（贰）被告刘雨沛对于本案犯罪之要点如左：

（一）平日提备不严，抚驭无方，致有所部军人反叛。案此。该被告于宣统二年六月二十八日在大理院及九月三十日在陆军部军法司所呈递之亲供内，已供有治军无状，罪无可逃等语。虽据该被告尚供有此次标兵哄溃之起因，系欲与巡警寻仇及为要求放假二者，然世未有以平日抚驭得法之兵，而能以小故激之使变者。是该被告之平日抚驭无方，事既属实，供亦相符。

（二）初二日，第一次临事仓皇无措，弃营走避。案此。被告于初二日上午十一钟乱兵冲入标营时，并未下令卫兵开枪抵御，仅令将营门关闭，业由该被告于本会审中供认不讳。又该被告于初二日乱兵冲入后，虽供称曾向该乱兵等竭力用口劝导，惟不敢用武器镇压，恐因以激变。然查对证人前一标执事官刘祥汉供述书上载，当乱兵冲入标本处来，声言欲杀标统，势甚危急，因保该被告穿过二营，向后营门出走。是该被告于乱兵向标部冲来，登即离营走避无疑。更按诸该被告于宣统二年正月十一日，自己详报督练公所文内所载，当初二日早，一标兵丁哄乱时有一支尾追该被告，自背面枪刺帽发，由西梯登楼，依卫兵掩护，即由东梯下楼，至一、二、三营门，均有乱兵把守开枪，不得入，至医务室暂避后，由三营后方营门避脱等语，亦是情形恰合。并查该被告于初二日离营时，既未向在营各官长告明去向，亦未下有命令，致全标官长无所禀承。是其出走时之心慌意乱，历历如绘。此为该被告于初二日第一次之临事仓皇无措也。又该被告于初二日十钟时离营后，直至晚上八九钟，始到东关外，借电话报告公所后，即在东关外想等候明早防兵出城同行前去。旋又改念想先回到标去察看。迨回到标内时，已天明等情。业在本会审中承认不讳。兹姑假定该被告之离标在初二上午十二点钟，其回标，则在初三早六钟，而在此十八点钟之长时间中，仅奔走于二十余里地之区域内，虽据称为拦劝乱兵，经劝悟者有二三十人，然查对证人前一标执事官刘祥汉供述书上所载，并未说有此事，显系捏饰。又该被告于此十八点钟之长时间内，并未派人向标营内各官告明，自己现在何地，以后当到何地，又未向该官长等下有命令，竟将自己所统之标营，弃置度外，尤属不应。此为该被告于初二日第一次之弃营走避也。

（三）初三日，第二次临事仓皇无措，弃营走避。案此。该被告初三上午回标，在营前谕劝兵丁缴械，兵丁们已有允意。适炮营已革排长倪映典率乱党冲入标部（时在初三上午十点钟）声言：炮营齐管带业被打死，兵遂大乱。当该乱党向标部冲入时，该被告仅令卫兵闭门，未令开枪抵御，亦未下令将该逆拿住。标营兵士被胁，纷向大马路及广九铁路行去，该被告亦即离营等情。业于本会审中供认不讳。虽据该被告尚供有于是日倪映典率领乱党冲入标营之后，曾竭力用口拦劝，未即离营，后见倪映典已率众出外，标营存兵无多，始想出营拦劝等语。然查对证人前一标执事官刘祥汉、一标前队队官罗宏链、前一标二营前队一排排长罗晋卿供述书，均供有初三日倪映典率党冲入标内后，即保该被告先在二营皮匠房暂匿，旋即由后营门出走等语。是该被告初三日之离标在倪映典率党冲入标署之后，并非在该党已退去标署之后，可以推定。且该被告于是日之出走，亦未将自己将往何地告明在营官长，又未向在营官长下对于此事宜若何办理之命令，显系见乱即避并无措置。此为该被告于初三日第二次之临事仓皇无措也。又该被告初三日由标署出走，到广九铁路与番【禺】县令周汝敦、警察队长郭以春、一标一营管带胡兆琼等遇见时，该被告身上外罩蓝布大褂，并未带有军器，亦并未乘马，业由该被告于本会审中，供认不讳。虽据该被告尚供有在广九铁路与番禺县等同向乱兵劝阻之事，然是不过为该被告走避出营之后，在广九铁路上偶与番禺县等，在彼劝阻乱兵，适相会合耳。若该被告真为劝阻乱兵而来，何以外罩蓝布大褂。其弃营走避情形，至是更讳无可讳。此为该被告初三日第二次之弃营走避也。

查大清现行律不操练军士条载：守御官提备不严，抚驭无方，致有所部军人反叛者，该管官各追夺诰册，流三千里。又同条载：若因军人反叛，弃城而逃者，绞监候。又失误军事条载：临敌领兵官，已承上司调遣，而逗遛观望，不依期进兵策应，因而失误军机者，绞监候。又奏定陆军逃亡惩治章程第五条载：军人于前敌攻守时，擅离职守所在者，以逃亡论，处死刑。各等语。此次该被告所犯情节，在法律上，既各有应得罪名，自应比照定拟，方为允洽。盖军队精神，重在御侮。若该被告等均各临敌畏葸，遇事无措，弃营走避。且张哲培于奉到袁督出抚之命令后，犹复观望不前，以致失误时机。刘雨沛于初二、初三两次变起，均即离营他适。并于初三日，更有易服密行，暂避锋刃情事。如是而犹谓逃罪尚未成立者，军纪安在。如是而犹谓处罪尚可从轻者，国法又安在。用敢不惴冒昧，将此次会审拟判，不能同意之处，据实另具意见，伏候望宪训示祇遵。

〔清陆军部档案〕

28 瑞澂等为会筹湖南清乡办法折

宣统二年七月初四日（1910年8月8日）①

头品顶戴湖广总督臣瑞澂、头品顶戴湖南巡抚臣杨文鼎跪奏，为湘省匪势蔓延，根株未净，拟筹大举清乡之法，以弭隐患，而戢乱萌，恭折会陈，仰祈圣鉴事：窃臣文鼎昨将剿办湘阴沅江匪徒情形，并拟大加搜捕，分路清乡，电请军机处代奏。钦奉电传谕旨：著会同瑞澂妥筹办法，奏明办理。钦此。钦遵。伏念湖南自咸同间军兴以来，将材辈出，湘军踪迹遍天下。近年各省改练征兵，客勇渐次淘汰，撤遣回籍，游手失业者太多，而湖南亦遂为会匪之渊薮。光绪三十二年冬，洪江会匪首姜守旦等纠合浏阳、醴陵、萍乡各处匪党，揭竿倡乱，攻扑城地。当时虽经鄂、湘两省军队合力剿平，而首逆潜逃，祸根未拔，伺隙思【逞】时有蠢动之虞。本年三月，省城乱民暴动后，余波所及，宁乡、益阳、湘潭、湘阴、沅江等属匪徒，以官兵不足畏，相继犯事。前此犹仅有刀矛、旗帜、猎枪、木炮等器，至沅江之匪，竟持有鸟枪、抬枪，列陈轰击，明目张胆，猖獗异常。臣文鼎于到任后，严密布置，多派侦探，时刻防范，一闻警报，立即派兵剿捕解散。迭次办理情形，均先后电奏有案。虽幸发觉尚早，气势未成，兵力所加，旋即冰消瓦解，而东拿西窜，首要未尽歼除，此仆彼兴，羽党互相呼应。其勾结皆由土棍地痞，其窝藏率在交界遇〔边〕区。兵到则散而为民，兵去又聚而为匪。军队闻警驰剿，疲于奔命，防不胜防。地方绅富团总畏其报复，不敢举发，伏莽遍地，良民几不能安忱。此等匪徒，其始尚不过放飘敛钱，肆

注：①此系硃批日期。

行抢劫，近则公然谋叛，倡言作乱，搜获伪檄，语极悖逆。若再不大加惩创，一律肃清，诚恐煽诱日多，蔓延日广，将来酿成心腹大患，更难收拾。且值连年饥馑之余，穷民生计日艰，裹胁最易。自来匪乱大率由灾荒而起，防微杜渐，实不敢粉饰因循，苟安【旦】夕。湘省兵力单薄，借调之鄂军势难久驻，不于此时相机防遏，一旦乘机猝发，滋蔓难图，深可焦虑。因与臣瑞澂往复筹议，计惟有实力清乡一策。臣瑞澂昔在江苏藩司任内，剿办枭匪，亦系先从清乡入手。彼此商酌，意见相同。办理之法，拟分别首从。如系积匪渠魁则责成团族确查交案，就地严惩，不稍宽贷。如系被胁勉从，尚非积恶首要，则责成团族保管约束，予以自新，准免究治。但使奸宄无容留之所，庶闾阎得安靖之时。惟有鄂、湘军队防营，分路赴援，扼要屯扎，不免零星散漫，一经抽调，又虞防地空虚。因由臣瑞澂续派湖北常备军步队三十标二三两营来湘，一营驻省地之南，控澧三十〔三十两字疑误〕浏来路，一营驻省城之北，扼宁、益要冲。共〔其〕原调鄂军及本省新军之分扎各处者，则酌量归并，收散为整。以鄂军一营驻浏、澧交界之处，一营驻宁、益之区。另以湘军一营驻扎宝庆府，一营驻扎常德府，为南路之屏蔽。并于湘潭、株州分扎一营，沅江、龙阳分扎两队，以壮声援，而资策应。然后腾出平江、湘阴、巴陵等处为东路，宁乡、益阳、湘潭、安化、沅江、龙阳等处为西路，各派明干牧令数人为清乡委员，而择胆识兼优之道员各一人为清乡总办，假以事权，并派公正绅士会同办理。所有驻扎各该路之常备军、巡防队、水师营各管带员弁，悉听其节制调遣。仍各随带巡防两队，镇慑地方，指挥搜捕。每到一县，画分区域，挨乡清厘，由近及远，务使团清其团，族清其族，匪类无可匿迹，愚民不受株连，咸与维新，一劳永逸。其湘河港汊，则责成湘省飞翰、选锋水师两营及岳州长江水师营会同巡缉搜捕。俟以上各县办竣，此外各属，如遏乱于初萌，小惩足资为大戒，治乱用重典，除莠乃所以安良。兹将酌拟清乡简要章程，另缮清单，恭呈御览。此次举办清乡，在事文武各员绅果能擒渠弭乱，操纵得宜，任怨任劳，始终勤奋，应于事竣后，仰恳天恩俯准援照江苏清乡之案，择尤保奖，以资鼓励。所有臣等会筹分路清乡办法，是否有当，谨合词专折具陈，伏祈皇上圣鉴训示。谨奏。

宣统二年七月初四日，奉硃批：准其择尤酌保，不准冒滥。余著照所筹办法，切实办理，该部知道，单并发。钦此。

谨将酌拟清乡简要章程，缮具清单，恭呈御览。

计开：

一、清查户籍。凡境内居民无论土著客籍，其人有无职业，平日是否安分，本地团保族邻断无不知之理。应由地方官会同清乡委员督饬本团绅董，挨户编查造册，将某户丁口若干，作何营业、分晰注明。凡确系安分守法之良民，列为正册。其游手好闲，不务正业，打降包讼，聚赌窝赃，凡作一切不正之行为者，皆属莠民，列为附册，以示区别，而便籍查。

一、整顿团防。湘省各属向有团防，素称得力，惟日久玩生，不无废驰〔弛〕。前因匪警已通饬按照旧章，切实举办，虽为地方善后之计，实即为巡警之基础。省城所派军队断不能遍处分布，亦不能永远屯扎，各地方应即自谋保卫。查各州县城内均经开办巡警，惟乡镇尚未一律实行。此次清乡，整顿团防，即可筹备巡警，其事本属相因，而清查户口，尤为警章所最要。其法：十家为甲，甲举一长，十甲为段，段举一正，而统之于团。除巡逻守望一切均照旧章办理外，每甲之内应互相稽查，不准容留匪类及作一切违犯法律之事。有则立时举报，失察容隐，十家连坐。甲内如出有谋逆作为之人，而甲长、段正、团总并未报官查究者，一律坐罪。

一、严治痞棍。凡本地之匪，必有本地痞棍包庇，而后敢于妄为。外来之匪，必有本地勾引，而后可以寄顿。故欲清匪踪，必先严惩痞类。凡境内著名痞棍，平日扰害良善，确有劣迹可指为乡里所共知而畏祸不敢举发者，此次准本地团绅户族密报清乡委员查询确实，即照凶恶棍徒例，尽法惩办，不稍宽贷。

一、责交匪首。凡从前倡乱首逆及此次聚众起事党魁已经名捕之犯，暨虽未发觉而潜谋不轨确有凭证，与夫左道惑人，教演神拳等类，均为王法所必诛，应责成各该地方团邻户族，拘执送官，就地惩办。设先已远飏亦责令侦探踪迹所在，引导官兵前往围捕。其实在不知下落无从指交者，由团邻户族出具不敢容留甘结，声明有日潜回，立时捆送。倘或扶同隐匿，一经发觉，即将具结之人，从重治罪。其有当时包抗不服搜查者，定系知情同谋之犯，由清乡委员酌量情形，相机围捕兜拿，不得稍涉宽纵。

一、解散胁从。凡无知愚民，或误受诱惑，或强被劫持并非甘心从逆者，虽曾飘布输送资财，均准其自行首悔，将飘布、海底、伪札、邪符等物缴官销毁，即予自新，准由团邻户族出具连环保结，领回管束。如再有犯，出结人当立时禀官加等惩治，否则保人当受连坐之罪。

一、严定赏罚。此次办理清乡为弭乱销萌至计，在事文武员绅果能切实认真，不避劳怨，惩治痞匪，允当公平，足始〔使〕奸宄肃清，治安共保，自应奏请优予奖励。其或敷衍含糊，苟图见好，或偏激操切，别酿事端，亦必奏请严予处分。至团总为一团表率，即地方自治基础。得其人则百事就理，团境乂安，非其人则百弊丛生，团民怨忿。现办清乡善后，尤在慎选团绅。如原有团总，著名贪劣，素性乖张，罔利徇私，养奸纵匪，查有实据，或众论不容，应由清乡委员会同地方官，立即撤换，执法究惩。其任事实心，团务整肃，确有实效可惩〔征〕者，或褒以匾额，或奖以功牌，由地方官随时考核，禀明酌办。

宣统二年七月初四日，奉硃批：览。钦此。

〔清民政部档案〕

29 马增福报告防堵皖北饥民抢米申

宣统二年九月初十日（1910年10月12日）

陆军第二十九混成协统领官马增福为申报事：前奉宪札饬将驻扎地方情形，随时留心调查，按月呈报等因。奉此。统领到差后，业于七月份遵办在案。查八月初间，皖省电告豫抚：水灾过广，饥民甚众。本月初二日，匪首李大志纠众起事，已派营追剿，恐防旁窜，嘱派队堵截。等因。当由归德镇拨马步队各一哨前往永城驻扎。旋奉抚院札饬派步队一营开赴陈属之沈邱驻防，兼巡鹿邑一带。当即禀派步队五十八标第一营，于十三日拔队起身，业经电禀钧鉴，并拨带马兵十六名，以备侦探之用。当因连日阴雨，路途泥泞，至二十日始行到防。现接来信，地方尚属平静。同时派马队教练委员王毓秀随带学生二人，赴皖北涡、蒙、怀、凤一带，探防实情，该员等昨已回汴。据禀：匪首李大志，起自蒙城，仅百余人，逾二日聚众数千，行至凤境徐家寨即被该寨民人擒获。其党匪赵怀珍行至蒙境枣木桥，亦被圩长捆获送县。又东北移村之匪首张化朋、北路匪首胡号头并怀远、宿州等处之匪，均先后被团练官兵击散。各处正办善后事宜，谅不至窜入豫境，等语。所有八月份调查情形，除申报军咨处外，理合备文申请宪台鉴核施行。须至申者。

右　申

陆军部

宣统二年九月初十日

〔清陆军部档案〕

30　增祺报告镇压广东连州抗钉门牌电①

宣统二年十一月（1910年12月）

（1）十一月十六日（12月17日）电

民政部、外务部、军咨处、陆军部钧鉴：洪。前因八、九月间连州匪徒抗钉门牌聚众滋事一案。祺接任复据该州告急，经饬催知府吴宗禹率队三营兼程驰往，督同该州确切查明，相机妥办，前已将一切情形电闻。吴宗禹十月篠日抵连，查明绅民防务，学堂被匪焚拆多间，并毁福音堂、美国女学堂、礼拜堂计十一间，尚未伤及洋人，亦经电达在案。嗣经吴宗禹传见耆绅，反复劝谕，渐知怀畏，并拿获匪犯多名。乃旋据阳日电禀：河西堡、回万营各村，本日复聚二三千人，各携枪械，筑垒土山，暗藉火炮，游击雷镇毂单骑往谕解散。该匪首李观妹、李亚星等竟敢要求速释已获匪犯，不钉门牌，并倡言拟焚烧绅士房屋与官军决战，并有纠邀西匪入伙，等情。查连州僻在西北一隅，与湖南、广西接壤。该处民情顽悍，匪盗滋多。从前即酿有焚毁教堂伤毙教士之案，近因广西办理清乡，匪徒不免窜集连境，希图乘机作乱。据报前后聚众数千人，不止一次，其为愚民听匪煽惑，已可概见。倘办理宽严倘有未当，隐患堪虞。该处距省穹远，电线不通，消息极为迟滞。现已电饬南韶连道左绍佐就近驰往查明确实

注：①增祺时任清广州将军兼署两广总督。

情由，秉公办理，详切开导，务使一律解散。如或始终顽抗，或实有匪徒勾结，意图肇乱，万不得已，亦不能任其蔓延猖獗，专事姑息。即由该道相机会同吴宗禹一面妥为保护教堂，一面督队分别惩办。总以严拿首要，解散胁从，安抚良民，以靖地方为要义。除电奏外，谨此奉闻。祺。铣。

（2）十一月十八日（12月19日）电

军机处王爷、贝勒爷、中堂、军咨处、陆军部、外务部、民政部钧鉴：洪。铣电计呈。连匪截塞河道，势愈猖獗。篠日，据连州文武吴守宗禹等绕道韶州真电称：蒸辰，商船被劫，营官往巡至深洞口，被伏匪先放枪炮，伤勇三人，对岸匪亦断旗要击。我军派队接应并保护教堂。相持至申，我军冲占炮垒，斩匪八名，伤匪甚众，夺获枪炮多件，我军复伤四人。除获悍匪孔亚胜等六名，据供听从李观妹等纠劫拒捕，并供匪首欧金生伤逃，该匪与李亚石等四帮，在西省由李观妹约来，有道士徐士娇自言可避枪子，预备攻城起事，只假抗钉门牌为名等语，证诸侦探亦符。当提该犯等正法，其徒手胁从各给浅白告示释回，劝导解散。据探报及商会均称匪仍百十成群，分聚龙湫潭一带，凿石炮击商船截抢。又搜获匪函，有共扶疆土剿绝兵勇之语。现已飞报阳山水军，严防下窜。一面示谕胁从，回家安业，必不株连。俟其势孤，然后剿匪，庶免附从日众，伏候示遵。等情。又据连州绅民陈松年等来电，以连匪树旗，踞山塞河，放枪拒敌。吴守仍不严剿，声势甚炽，危在旦夕，乞电饬实力剿办前来。查此案先经电饬南韶连道左绍佐前往查办，计程该道尚未抵连。现据续报，匪势愈炽。该文武各员所拟办法，尚协机宜。已电饬吴守等即行相机剿捕，严拿首要，解散胁从，安抚良善，保护教堂，妥慎办理。并商李水提续拨何靖一营，刻日开赴阳山，以顾连州后路，兼扼下窜。仍由祺分电湘、桂两抚，严防边界，以杜窜扰。谨电闻。增祺。巧。印。

〔清陆军部档案〕

31　吴鸿昌呈报派兵镇压四川黔江湖北崇阳等地暴动申

宣统二年十二月（1911年1月）

（1）十二月十二日（1月12日）申

陆军部一等咨议官湖北参谋处总办吴鸿昌为申报事：窃照湖北督练公所兵备处奉督宪瑞函开：准四川赵次帅急电内开：据黔江县王令炽昌急电称：该县已革生温朝钟潜通革命逆党，在川边诱众千人，扬声三路扑城，知县已集数百人，分堵要害，禀调西军未至，事在危急，乞速电鄂军就近驰援，余另报等情。乞公飞饬就近营队驰往协剿为叩。盼复。巽。庚。印。等因。查黔江县与施南府属连界，应请电饬驻施属之兵队前往协剿，一面会商张统制。如何调兵填扎并预备防剿，以免窜入鄂、湘境界之处，即祈见复等因。奉此。比经会同该处禀明督宪，一面先行电请施鹤道曾道暨驻宜昌后路巡防营崇统领，酌派驻施防营先往，并派驻宜一营继往协剿去后。一面会同第八镇张统制派饬陆军步队第三十二标第一营官兵四百六十员名，携带真子弹二万颗，于本月初十日，乘轮迳赴宜昌填扎，以资策应。旋接宜昌复电称：已派驻宜后路巡防第二营准十三日开拔施南，继向黔江进发。其驻宜之第一营仍扎原地。其驻施后路巡防第三营，已拔队向黔江进发等语。又接湘抚电，知已电饬湖南西路巡防统领谢澍泉，酌派营队前往黔江协剿。各等因。除俟剿办有如何情形另文申报外，所有此次川电起事及鄂军开拔各情形，理合先行申报，为此申请堂宪俯赐察核，伏乞照验施行。须至申者。

右申

陆军部堂宪

宣统二年十二月十二日申

（2）十二月十九日（1月19日）申

陆军部一等咨议官湖北参谋处总办吴鸿昌为申报事：窃照川电黔江革生温朝钟聚众扑城各因，比经鄂、湘派饬军营填扎协剿及黔江县城已于初七日失陷各情形，业经报电钧鉴在案。伏查四川督部堂真电：匪首温朝钟初七日扑黔江，县本无城，登时失陷等语。暨嗣接施南曾道、张守电，据咸丰县令探悉电称：温匪初七日入黔江城，毁监狱及教堂，现踞凤凰山，恐其窜扰等语。前派王管带带兵四棚即日可到咸丰，宜昌一营二十日可到施南。咸丰无城，恐人心摇动。倭协镇另遣守备派兵四棚驻咸策应，俟宜昌兵到，再进剿。等语。又接驻扎宜昌后路巡防营统领祟欢元电称：奉督宪电欢赴援，惟战地路远，子弹宜富，请派员速解二万颗，免欢派人往返迟延，随即补呈领文，如有新式手枪，请借二枝，事竣奉缴等语。比经兵备处禀明督宪，另派王都司开甲解送七密里九快枪子弹二万颗及机关枪二杆、枪子一万颗并新式手枪二枝，已于十四日乘楚安兵轮，迳赴宜昌，交欢领用矣。惟黔江失陷后，敌情如何，尚无确耗，一俟有闻，再当飞报。又湖北武昌府属崇阳县连令炳寒急电称：崇阳革生骆寿南，……在押潜逃，往拿拒捕未获。今秋纠众行抢陈其祥家，详奉批饬勒拿，骆族大而悍，负嵎不出，迄未就获。更于昨初八夜，暗带多人，入城围陈其祥所寓之天主堂，喊称拿捉，居民大哗。知县访闻，力疾会营督役前往，拿获骆志堂等三人，并夺获尖刀一柄，其余散逸，教堂幸未稍损。提讯志堂供称，向祥索兑票钱，再三研究，实为捉虏勒挟地步，饬祥离寓，以免波及教堂。次日，会营亲往查拿，寿南避匿不出。十三日午，又同渠叔骆生香驳带二百余人，执持火器刀矛，半扎城门半进门，突拥入署，肆行凶闹，立将骆志堂等三人提出，并将原差家杂物打毁，带抢衣物，始放枪扬长而去。幸监卡别案人犯，均未敢动。窃崇民野蛮，尤以骆寿南所居之雷骆坑为最，拒捕夺犯，叠有旧案。今则公然纠众持械，入城捉人提犯，尤为猖獗，行同土匪。拟请先行拨兵百名，下县驻扎弹压，以免再生巨祸。因差役皆畏其凶势，不得不多求拨兵，以资镇慑，地方幸甚。等因。比奉督宪急致驻扎新隄右路巡防步队第二营王管带锡林删电开：崇阳连令炳来电，革生骆寿南胆敢聚众执持火器，拥入县署，将押犯骆志堂等三人抢回，实属藐法，应由该管带速带防营八棚，飞往镇慑，即行勿缓等因去后。并奉函饬督练公所兵备处内开：顷接崇阳县连令炳寒电，有革生骆寿南胆敢聚众执持火器，拥入县署，将押犯骆志堂等三人抢回等情。此等举动，几同土匪。除电饬王管带锡林刻日带兵前往弹压外，所有来往电文特即录送尊览，祈即飞移右路陈统领并加饬王管带照办为要。等因。奉此。遵即会同照办在案。除俟前二案另有如何情形再行申报外，所有黔江失陷，经鄂派送枪弹及崇阳起事各情形，理合具文申报。为此申请堂宪俯赐察核，伏乞照验施行。须至申者。

右申

陆军部堂宪

宣统二年十二月十九日申

〔清陆军部档案〕

32　张鸣岐为镇压广东会党举办清乡折

宣统三年正月二十二日（1911年2月20日）

头品顶戴署理两广总督兼管广东巡抚事臣张鸣岐跪奏，为广东匪患日炽，拟请严定赏罚，宽筹经费，分路清乡，以清盗源而弭患，谨将办理情形，恭折仰祈圣鉴事：窃广东盗匪猖獗，斗祸惨酷，迭经历任督臣奏请严办有案。臣去年在京，奉命督粤，宦京粤人多以严办斗盗两事相告。抵任后接阅文报，访查情形，近来盗劫之案日多，杀人据〔掳〕生，或焚毙全家，掳及学生稺【子】，资〔恣〕意勒索，由百千以至巨万，不遂所欲，即行杀毙。纠伙每至数百，劫掠动辄全村。加以三合、三点、小刀、剑仔等会匪，勾结革党，暗立师团，设堂打单，明目张胆，啸聚村乡，四通八达，兵多则逃散，兵少则抗拒，竟敢抢劫兵船营房，戕毙弁勇。屡于获盗讯供，佥称劫资置械，约期起事。每遇民间械斗，各匪闻风麇集，焚杀劫据〔掳〕，惨不忍闻。营县穷于捕治，绅民呼吁频闻。现在新政待举，阻碍实多。且禁赌有期，无业游手之徒更恐流而为匪。与在省司道筹商，必须分路严办清乡，方能兜缉著要之剧匪，铲除啸聚之窟穴，并设法解散胁从，俾以自新，筹兴农公〔工〕实业，安插游惰。现拟于多汇〔匪〕之区，划分五路。除前路琼崖及北路连州甫经用兵另行办理外，查中路以顺德为最，南海、番禺、香山、新会、增城、东莞、新宁、三水、开平次之。右路以罗定、信宜、阳江、阳春、恩平为最，东安、西宁、鹤山、高明次之，茂名、化州、合浦、灵山、钦州又次之。中北两路交界之匪，以英德为最，清远次之。左路之匪，以归善、博罗为最，龙川、河源、永安及潮州高属次之。体察情形，详审地势，划定区域，派委得力之员，予以特权，严办清乡，或一县一员，或一县数员，或数县一员，同时并举。防营不另添募，陆路各处，即以现有营队分别拨派。沿海及内河各属，遴拨兵轮、扒船，协同缉捕，以防窜越。广州府属咨请水师提督臣李准督办。惠州府属咨请陆路提督臣秦炳直督办。此外各属即责成该管镇道厅州随时督饬查察，以辅微臣耳目所不及。并视各属匪患之轻重，酌定限期，务须计日程功，免致老师糜饷。缉获盗匪，责成各印委详讯确供。如系土匪、会匪、游勇，有杀掳焚劫、啸聚抗拒重情，即在军前惩办。其寻常盗案各匪仍解交各州县归案讯明，照例勘转。倘仅止胁从及初犯之匪，准予缴呈会飘，出具悔结，觅保存案，或拨习工艺，或谕族量为资遣，俾其自新。此办理清乡之情形也。惟缉拿著匪，必须重悬赏格。从前缉匪花红，已经前督臣袁树勋奏请革所〔斫〕，议由官岁储一万，而无论匪多赏薄不能敷用，且支用赏款之多寡，当视获匪多寡为衡，实难预为限制。现拟先查匪名，分别等差，由官悬赏，不限定岁支一万，以期获除一巨匪，胜杀从匪百千。既为除暴安良一劳永逸起见，势难吝惜帑项。至此次大举清乡，不许骚扰绅民，苛派牧令，清乡委员责其限日图功，不能不优给薪资，加以防营长夫之费、委员舟车之费、驻乡赁屋赁舟之劳〔费〕、获匪解省饭食之费，约略计算，为数不赀。臣忝膺疆寄，目睹广东财政困难，又值奏请禁赌，益觉入不敷出，何敢稍涉靡费。但体察情形，若不从治盗入手，一切新政，均无从措置。与其酿成巨患，贻焦头烂额之忧；不如亟遏乱萌，收曲突徙薪之效。此不能不宽筹经费情形。至从前历办清乡，往往老师糜饷，委员视为例差，毫无振作。此次遴派委员，必选历练已深明于鞫盗之员，并饬将每日驻扎巡历之处如何，获匪讯供如何，清查筹办，按日填表呈核，不许稍涉敷衍。如果办有成效，匪戢民安，拟恳天恩俯准臣从优保奖，以资激劝。倘或日久无功，扰及良民，纵逸著匪，有一于此，即予严参。已通饬各委员及地方文武防营，轮扒各弁，奋勉图功，信赏必罚，以观厥成。此严定赏罚之情形也。所有办事章程已由司局公同议定，通饬遵守。至此项清乡经费，保〔系〕特别用款，未列常年预算，按照清理财政章程遇有特别重要事件，例得许其进加。拟恳天恩敕部准在本省预备金项下开支，以资藉手。臣仍当督率司道随时机核催趱竣功，不使虚糜帑项，致烦宸廑。所有分路清乡、宽筹经费、严定赏罚情形，除将章程分咨部处外，谨据实恭折具陈，伏乞皇上圣鉴训示。谨奏。正月二十二日。

宣统三年二月二十日，奉硃批：该部知道。钦此。

〔清民政部档案〕

33 田中玉报告镇压江苏川沙反抗官绅呈

宣统三年二月十三日（1911年3月13日）

暂编陆军第二十三混成协统领官田中玉为呈报事：案查职协前奉钧部札饬，以现在绿防营裁并已多，沿江一带匪党潜滋，责成各镇协于驻扎省分地方情形，随时留心调查，按月呈报备案。设有意外事变，立即专电分报查核，勿稍延缓。等因。遵经职协随时调查，将地方安静情形，按月呈报在案。兹探闻本年二月初一、二日，有苏属松江府川沙厅乡民，为争庙产，仇视自治，勾结愚民，捣毁焚烧公所、学堂、绅屋多处，官绅被击受伤，松沪兵到未能解散。并闻上海谣言四起，将入沪境滋闹，绅商惶恐，已经苏松太道及该府厅先后电禀抚宪，蒙派巡防营队及太湖水师分往川沙、上海镇压防范并解散胁从，严拿首要。近悉川沙事已平静，地方安谧，上海谣言已息，尚不致有意外之变。除仍随时调查按月具报外，所有探闻川沙乡民滋闹现已安静大概情形，理合具文呈报，仰祈钧部鉴核查考。为此呈乞照呈施行。须至呈者。

右呈

陆军部

宣统三年二月十三日呈

〔清陆军部档案〕

34　宝棻复陈河南会党情形筹办清乡折

宣统三年三月初五日(1911年4月3日)①

河南巡抚兼管河工事务臣宝棻跪奏，为复陈河南盗匪情形，现已督饬捕治，并添练营队认真搜捕，暨筹办守望社，以清盗源，恭折仰祈圣鉴事：窃臣前于宣统二年十一月初六日承准军机大臣字寄内开：宣统二年十月二十八日奉上谕：有人奏河南盗风增剧，将酿巨乱，请严捕治一折。著宝棻按照所陈各节，严督所属，认真捕治，拣派干员，切实清查，毋稍疏虞，以靖地方。原折著钞给阅看。钦此。遵旨寄信前来等因。□到。臣伏读之下，莫名惶悚。伏查河南【绾】穀〔毂〕中原，界连七省，而西南两面与山、陕、皖、鄂接壤，山径纷岐，故河陕汝一道、南阳一府，盗匪最易潜滋，缉捕极形费手。臣上年四月到任，即知匪患已深，不得不首重捕务，叠经严饬各属地方官及【各】路巡防营，将近年著名匪犯勒限捕拿，拟定捕盗功过章程，通行遵照。又以豫省盗风素盛，遏其流不若清其源，复饬司道等筹议清乡办法，令地方官绅会定守望社规章。因恐冬防期内，捕务尤为吃紧，当将中左两路巡防统领撤摸〔换〕，遴委总兵张君揀、蒋广栋接充。缉捕不力之防军统领徐厚光、管带全〔仝〕锡福等，据实参劾，并以河北镇总兵谢宝胜威望素著，奏请调署南阳镇篆，接统前路防军，兼令挑练两营专司策应。均经分别具折上陈并电请军机处代奏在案。奉谕旨饬查遵经严督所属地方文武防军上紧捕治，弁〔并〕拣派南汝光淅〔淅〕道于沧澜密赴各属，切实清查去后。现据该道确查详复各情，臣稽之案牍，证以密访所得，尚无隐饰。如原奏内开：河陕汝一道，南阳

注：①此系硃批日期。

一府，刀匪蔓延，几同流寇。上年十二月间，前抚臣虽小有捕获，盗风迄未少熄。抢劫之案始则出自黑夜见于乡村，今则出〔公〕然白昼军装劫及城市。陕、汝、唐、鄧〔邓〕、裕、叶、宝、永等州县，每日劫案十数起，午后四五点钟，即闭城门一节。查河、陕、汝、南阳四属，地处豫西，署〔界〕连鄂、陕，河流曲北〔折〕，山岭重叠，仄径陡崖，易为盗薮，盗风之炽，不自今始。从前贼匪以刀为利器，故名刀匪。今则多获快炮，犷悍更异于前，不惟乡民望而生畏，莫敢谁何；即队役亦多退缩。近年迭经营县将匪首张黑子、董万川、屈五妮极〔格〕䶮并陆续获办党羽多名，始〔无〕如地面太广，杆首甚多，来往无常，缉拿匪易。且匪等以盗为业，非饥寒驱迫可比。有时恐人盘查，即往往冒作办案兵役，身穿字号褂，手执洋枪。即如上年十月十四日嵩县车村地方劫财伤主一案，系王添从为杆首，行抢之时，即扮作兵队。内乡县过客陈觐光、马祥被抢，曾丙寅、高贵被架，系郝圪塔为首，闻亦兵式装饰。盖其意在假充兵役，乘人不备。原参所谓军装洋号，白昼行劫，即指此。若设〔谓〕势同流寇，实未免言之过甚。上年，各该属盗案以夏秋时为最多，冬间即已渐见安谧。然统计自春徂冬，多者不过十数起，少者数起，尚无每日十数起之多。至各属城门，不临大道之僻〔州〕县，每遇印官下乡勘验命盗案，或有初鼓关城尚未开〔闻〕四五点钟即行关闭，亦无【劫】及城市情事。又原奏内称，架人勒续〔赎〕，【有】肉票、快票、客票、乾票名目，始而不过失业游民贫而为盗，近则俨成一种习惯，有产业者亦以入盗籍为保家，被害之户怵于报复之酷，不敢报官一节。查掳人勒赎之风，河南府以洛阳、嵩县、永宁为最多，南阳府以内乡、裕州、邓州为最多，汝州及所属鲁山、宝丰亦复不少。推原其故，皆缘境多荒山，人迹【罕】到，伏莽易于藏匿，兵役不敢深入。兹经查明，实有肉票、快票之名，被掳之家任其勒赎，其【数】自千以至数百不等。如或违期不赎，即将所掳之人杀害，谓之撕票，其为惨毒，实较抢劫之匪，尤为痛恨。其客票、乾票名目，则访之乡间尚无所闻。又各属著名巨迹〔匪〕，有时伏匿山中，并不露面，使人持名片向绅富讹借，事主见字，即不敢不应，甚有经官访查传问，事主恐被害命，讳莫如深。其间良善绅富亦有迫于盗威，与通消息以为保全身家之计者。若谓公然甘入盗籍，尚非事实。又原奏内称，南阳一带商人，阴与盗约，勿相侵害，在襄、汉代购快枪，新设之巡警防营多与匪通，狭路相逢，彼此仰天但放空枪，且有明充兵而暗作盗线，如仝锡福营驻叶县营兵沈小建纠劫，经县获犯，讯出劫案三十六起一节。查内地匪徒，执持快枪者日见其多，最为地方巨患。防杜之法，自非在发行之商埠与经过之税关，严申禁约，不能过〔遏〕其来源。所称商人阴与盗约，代购快枪，自难保其心〔必〕无。惟此辈踪迹诡蜜〔密〕，即获犯讯供，诘以枪自何来，亦复抵死不承。是以各州县既无确据可查，乡村亦无形迹可访。且原奏未指出著〔商〕人姓名，更属无从查实。至仝锡福通匪一节，卷逫〔查〕上年七月二十一日，据前路巡防队第三营管带仝锡福上南阳镇禀内称：购线沈小建，即沈小鉴，为晒缉要匪之计。嗣接叶县知县陶炯照函称，该线被控有案，请即送县讯办。彼时甫令出外访案，未即交县，密令哨长刘中和带兵往沈小建访案处所迹拿。该哨长行至中途，即将沈小建诓获，解交叶县收审。经叶县知县给有即收回据。是沈小建系经仝锡福收作眼线访案，许以破案后以功抵罪，与在营当兵者不同，由营送县与经县拿获者，太有返〔区〕别。沈小建确系乳名，非营兵花在〔名〕字样，未便即谓该犯在营当兵，经县拿获，致有出入。至沈小建犯事案卷，供认盗案九起，经县讯明，禀由臣批饬照土匪例，就地正法。所犯各【案】均在未曾投营作线以前，并无三十六起之多。仝锡福经县函索，即派哨长诓获，送县讯明禀办，毫无偏护，似尚无通匪之事。现在乡镇巡警，已办者甚属寥寥。防营分拨驻守，多则二十名，少则十名，遇有大股匪徒，往往不能得手，是以兵勇被拒伤亡，事所时有，此由兵分【力】单所致，其情实有可原。原参谓其多与盗通，自系传闻之误。又原奏谓从前盗伙得财，均即俵分，近则闻有革党为之主谋，所劫赃物蓄积一处，为购置军火预备，在永宁、内乡、裕州各山中，经营巢穴，互相联络，志不在小，道路梗塞，南阳镇祭淮渎归，行至中途，后队马匹竟被盗抢十数骑，扰乱情形各地方官相牵〔率〕讳饰一节。查此项刀匪，结杆成群，与他处强窃盗犯有别。他处盗犯，因贫为匪，得赃即俵分各散；此则恃其党众，以强借架赎为多，而窃之案反少，得赃或散给贫人，并不即分。原参谓蓄积一处，固非无因，而逐处密访，实未闻有革党主谋之事。永宁、内乡，环境皆山，易为匪巢，而访查匪踪，仍系此拿彼窜，并无一定住处。南阳镇总兵郭殿邦，上年奉派致祭岳〔淮〕渎，所带马匹只二十骑，沿途往返经过地方，遍查实无遇匪情事。惟传闻叶县分防马队，送郭镇回南阳后，沿途访案，有两马值间惊逸，数日始行寻获。原参所始〔指〕，或即因此传讹。此拣派委员按照参款切实清查之实在情形也。臣维豫省匪患，以西南两路为甚。匪首如张黑子、董万川、屈五妮、杨幅成、王添从、丁佬八、王世莒、王八老虎、齐宣、南锦盘、邵天木最为凶悍。上年，张黑子、董万川、屈五妮、杨幅成次第歼除。齐宣、南锦盘、邵天木等名，亦经臣复饬缉拿，先后获案惩办。本年正月初旬，又将王世莒、王八老虎两股同时扑灭，业经另折具陈。惟王添从、丁佬八二人，尚在避匿，现已严饬各地方官及巡防营队将该二匪及其余著名之匪伙，悬赏购线，勒限严拿，不准一名漏网，如有搜捕不力者，即予严参。现在密查，各路防营尚无私当〔与〕匪通情弊。防营管带仝锡福，总〔虽〕曾将沈小建为眼线，追该县函索，即自行诓获送县惩究，亦无通匪确据，业经革职，应请免其再议。至于捕盗之策，珏〔欲〕求一劳永免〔逸〕，以大举清乡为正当办法。但既需先筹巨款，又需抽调重兵，始能放手开办。设组织稍未完密即往往扰累闾阎，未受其益，先承其害。目下财力既绌，兵力亦单，尚在通盘计划。目前之计，惟有督饬官绅，先将各乡守望社一律成立，为清源固本之谋。筹款挑练营队入山搜剿，以为急则治标之策。其守望社办法，大旨不外划区清厘，合力捍卫，务使官民交尽其责，暴乱无自而生，方为有效。详细章程业已通饬各属坦〔切〕实奉行。清乡事宜亦经交由咨议局议复通行。俟筹有的款，再为赓续办理。至添练营队之议，尚未奉部复准，而现在巨匪虽获，各处伏莽尚多，防缉断难稍弛。且多匪乡镇，巡警未前〔成〕以前，非慑以兵威，即守望社亦难克期举办。明知款项支绌，正当力从节樽，而腹心重地，情形若此，如不添练得力巡队，及时捕治，微闻论养痈日久，祸发愈大即长此勉强应付，而匪势此消彼长，将全省防营更无可议裁汰之时，劳费相形，亦自不能不从长计议。至新军重在操练，不能零星分队巡缉，故用以戡乱设防则又〔可〕，用以搜捕盗匪则不可。臣与司道各员再四商筹，已饬南阳镇总兵谢宝胜遴选将弁，速为挑练一营，以为入山搜捕四出游击之师，一俟匪患尽除，即当速为裁撤，不使虚糜国帑。其饷项即在减解长江巡防队饷银一万两并上年奏请追加缉捕经费内暂行开支。总期将士一心，实力捕治。吉〔去〕一匪则数村无警，除一股则数县获安。务将著名首要悉数铲除，编查户籍，匪党无自潜踪，以仰副朝廷廑念编氓除暴维〔绥〕疆之意。所有遵旨复查豫省盗匪情形，并拟添练营队认真捕治，暨办理守望社徐筹清乡各缘由，除分咨查照外，理合恭折复陈，伏乞皇上圣鉴训示。谨奏。

宣统三年三月初五日，奉硃批：著认真搜捕，勿得日久生懈，以靖地方。钦此。

〔清民政部档案〕

35　马增福报告出防河南鹿邑祥符等县饥民抢米申

宣统三年三月二十日(1911年4月18日)

陆军第二十九混成协统领官马增福为申报事：窃开宣统三年三月初九日，接奉河南巡抚宝札开：以据河北分统柴得贵禀调所属原驻修武县新店之步队改驻孟县，河内县常口之步队改驻怀庆府城内，饬令陆军步队五十七标第二营留省之前左两队，出防新店、常口两处，与前次该营出防焦作之右后两队，联络声气，兼顾操防等因。遵于本月十六日，派该营前左两队开拔前往。又因鹿邑县电禀：霪雨粮贵，匪徒煽惑，饥民纠众争抢，恐酿巨衅，请派陆军前往弹压。旋奉院饬派原驻沈邱县之步队五十八标第一营就近开往，另派一营填扎沈邱。当即禀明派该标第二营前往，于本月十八日拔队起程。又步队五十七标第一营房屋破坏，连日阴雨，坍塌过多，兵丁不敷居住，奉抚宪面谕派往省城南四十里祥符县属朱仙镇庙内暂行驻扎，缘伊处饥民甚多，恐其滋事，藉以弹压。该营于本月二十日拔队起程。所有先后派队出防缘由，除申报军咨处外，理合备文申报，为此申请宪台鉴核施行。须至申者。

右申

陆军部

宣统三年三月二十日申

〔清陆军部档案〕

36　增韫报告浙江省城饥民抢米捣毁官署密电

宣统三年四月十二日(1911年5月10日)

陆军部、民政部钧鉴：洪密。浙省民食向恃苏皖接济，近苏省亦因歉收，禁止商运，来源既窒，米价骤腾。业经电奏截漕备办平粜在案。初八日下午，省地东街居民偶因购米起衅，哄聚捣毁米铺，一唱百和，由一隅以及全地，由午后以及夜半。巡警道及地方文武闻报，督率巡警、兵役分投弹压。无如人数愈聚愈众，不服理喻，一味恃蛮，竟至打毁米铺四十七家、各区巡警派出所及巡所七处，劫去指挥刀十一把，殴伤区官三员、巡官一员、巡警四十余人，地方审判厅大门内亦被打毁，陆军警察，抢去军刀二柄，巡防队，抢去洋枪二杆，可谓不法已极。当肇事时，不过一般机户、箔匠恃凶藉端起哄，迨至毁官毁署，已有痞匪混迹其间。是时，巡警力难压服，当派陆军、警察及巡防队协同弹压，今〔令〕主和平解散，不必轻用军械。乃该痞匪等竟分投骚扰，毁伤巡防哨官一人、勇丁十七名，仍遍索米店，肆行捣毁，并将拘留所围绕，逼释拘留人犯。若不慑以重兵，恐酿大事。一面饬令拘留所晓喻，倘敢劫所抢犯，照例准予格杀勿论。一面调派八十二标新军六队入城弹压，始各纷纷逃散。综计巡警、巡防队、新军先后拿获滋事人犯一百二名，饬送地方审判厅讯理，将被诱胁从及因疑似被拘者酌予保释外，尚有三十余名再行详讯，分别情罪轻重，按律核办。查此次痞匪专与米铺为难，除拒伤兵警外，并未扰害居民。至被毁米铺，次早即由巡警劝业两道及府县同至商务总会公议，劝导开市，并令先行平减米价，以安人心。复商恳苏省查照迭次咨商，准凭护照购运米石，源源接济，以裕民食。初九日早，并调八十一标新军一营分巡城市，刻已安堵如常。除电奏外，谨电闻。增韫。文。

〔清民政部档案〕

37 孙道仁镇压福建轿夫抗捐罢工经过致陆军部呈①

宣统三年八月初一日(1911年9月22日)

窃照闽省因抽收轿捐，轿夫结团罢工滋事，已将大概情形，专电密禀在案。遵查闽省因巡警经费支绌，议抽轿捐，章程宣布，尚未实行。该轿夫等联名前赴督署恳免，正核办间，人众各怀疑虑，于七月二十四日早，结团全体罢工，遇有官绅乘坐自备肩舆辄行拦阻，甚至恃强殴击。水部门、南门等处，聚集人数颇多。统制探悉情形，深恐扰害治安，而值此多事之秋，匪党乘机窃发，奸宄溷迹生端，大局所关，尤不敢不力为防范。当即分派军队，先将省会军装所及西门外之制造厂火药库，严密防守，并派兵分巡各城门，以防外匪混入。一面饬令步队三十七标统带贺贵春率队守卫督辕，并由四十标第三营拨兵守护藩库。又以南台、仓前山一带，为各国领事、洋行住居之所，派令步队三十八标第二营管带朱贻清、四十标第三营管带卢兆翰带兵分途巡护，预防另起交涉衅端。而省城地面辽阔，尚恐布置未周，另派步队十九协统领王麒、三十八标第三营管带胡桂高督率队伍，遇有警耗，立即驰往查办。工兵则预备策应，炮兵则留守南校场营房。向驻省垣军队无多，分别遣派，实已不遗余力。其余各衙署、公所，陆军难以分布。届计尚有巡防队数十名，又捷胜营两营，分途帮同弹压，当可无虞，布置已定，二十五日尚无惊扰。二十六日上午，据侦探报称：城外南台地方审判厅被众折〔拆〕毁，派兵往救无及。午刻，城内轿夫、游民愈聚愈众，有在南街抢取食物情事，以致各店铺一律闭户自卫。狮子楼地方警察、巡士与轿夫等掷石互相殴击。

注：①孙道仁时任第十镇统制官。

巡士在楼上并有开枪恐吓。当经十九协统领王麒、三十八标第三营管带胡桂高率队驰往，巡士楼上掷石不止，致将十九协执事官陈心芹及弁兵十余人均击伤。维时如果开枪还击，人多地隘，良莠难分，更恐激成兵警冲突，致酿大乱。当由王麒、胡桂高命令队伍略退，整列以待命令。警兵民人渐散，而沿街警察岗亭亦同时悉被折〔拆〕毁。军队分途竭力弹压，幸无损伤居民抢劫大店等事。同时，探报警察道署头门等处被众折〔拆〕毁，巡士开枪抵御，相持良久，共计两处击伤数人，伤重毙命者二人。派队驰往，众已解散，扑救余烬，并将受伤之人送到陆军医院诊治。当聚众纷扰之时，督院松曲体下情，已经出示准将轿捐全免，无如仓卒不及周知，续经牌示，传谕通衢，乌合之众，逐渐解散。是夜，竟夕平静。二十七日早，店铺一律开门，照常贸易。余众一律分散，省城南台，现均尚称静谧，足纾廑注。值兹纷扰之后，巡警未能站岗，而人心浮动，难免谣诼时兴。统制为保护地方起见，仍不得不分布队伍，暂行设防，以期有备无患。惟此次遣派军队，虽由五营分拨，而该五营目兵，每营均有一二队分防在外，并悬缺待征者。综计在营之兵，不足五成之数，出队之时，尚须留守营垒，预备策应之人益觉不敷分布，是以前电曾经声明兵力单薄一节。现复酌调分防队伍回省，分区认真巡防，以靖地方，而杜后患。除受伤官兵验明伤痕尚轻饬医诊治速痊外，所有闽省因抽收轿捐，聚众滋事，分派陆军巡防，现已静谧，一切详细情形，理合报告钧部密核。须至报告者。

统制官孙道仁谨呈

〔清陆军部档案〕

38　艾忠琦报告江苏常熟昭文等县饥民抢米申

宣统三年八月初一日(1911年9月22日)

陆军协都统衔第二十三混成协统领官艾忠琦为申报事：案奉钧府、钧部会札内开：照得本府、本部总司全国陆军政令，凡关于用兵一应计划设备，均应由本府、本部会同稽核，分任施行。现在绿营、防营，裁并已多，而沿江一带，匪党潜滋，非精练陆军，无以备缓急而靖地方。尤非内外连络，消息灵通，无以迅戎机而资策应。嗣后陆军各镇及未经成镇之独立各协标，均责成该统制、统领、统带等，于驻扎省份地方情形，随时留心调查，按月呈报本府、本部备案。设有意外事变，仰即将详确情形，立即专电分报本府、本部查核，勿得稍涉延缓。其一切防守事宜，仍应听候本管督抚调遣，不得推诿贻误。除分行外，合行札饬，札到该协即便遵照办理勿违。切切。等因。遵此。奉经职协将本年闰六月份调查苏省安静情形，申报在案。兹查七月初四、五、六等日，霪雨为灾，苏属常熟、昭文等县有饥民抢米情事，旋经抚院派巡防营前往弹压，并委员查赈，现在一律安静，并无意外事变。除申报军咨府外，理合具文申报，伏乞钧部鉴核。须至申者。

右申

陆军部

宣统三年八月初一日

〔清陆军部档案〕

二、清政府预备立宪

考察政治馆厘定阁部院官制节略清单

光绪三十二年九月（1906年10月——11月）

谨拟厘定阁部院官制节略，缮具清单，恭呈御览。

谨按：此次厘定官制，自当恪遵谕旨，以廓清积弊，明定责成，为预备立宪之初步。查立宪国官制通例，中央政府即以各部行政长官会合而成。盖一国之政，至为殷繁，非有分司之官，以各任其责，则丛脞必多。而庶政之行，尤贵画一，非有合议之地，以互通其情，则纷歧可虑。故分之则为各部，合之则为内阁。出则为各部长官，而入则为内阁政务大臣。此现拟内阁官制之所由来也。内阁既总集群卿，协商要政，而万机所出，一秉圣裁，不可无承宣之人，为之枢纽，故设总理大臣一人，以资表率。总理大臣之称，初不昉于日本，我朝雍正、乾隆间固尝有之。采邻国之良规，即以复圣朝之旧制。称名至顺，取则非遥。总理大臣既禀承圣谟，平章庶政，而维新伊始，机务尤繁，不可无分任之人，为之参赞。必援立宪各国首辅一人之例，尚非其时，故设左右副大臣各一人，以宏辅弼。且夫君主神圣不可侵犯，各国宪法之通议，善则归君，过则归己，昔我先王之格言。是以发纵指示之权，操诸君上，而承旨施行之责，端在臣工，故内阁各大臣不可以不负责任。人有专事，事有专司，无兼营并骛之虞，乃有趋事赴功之效，故内阁各大臣不可以兼充繁重差缺。犹虑其权之太重也，则有集贤院以备咨询，有资政院以持公论，有都察院以任弹劾，有审计院以查滥费，有行政裁判院以待控诉。凡此五院，直隶朝廷，不为内阁所节制，而转足以监内阁，皆所以巩固大权，预防流弊。此内阁官制之大略也。行政各官，理宜独任。向例每部尚书二人、侍郎四人，问事则政出多门，画诺则动须累日。新设各部均不用此制，是其积弊已在圣明洞鉴之中。今若援立宪各国每部一长官、一次官之例，则裁缺过多，又生窒碍。故定为一尚书、二侍郎，使新旧各部，均归一律。向例各部丞参，阶级虽分，事权无别。故设承政厅，以一部总汇之事，使左右丞任之，设参议厅，以一部立法之事，使左右参议任之。每司郎中不过一人，而员外郎、主事以下，均视事务之繁简，定额缺之多寡，要使责有专归，官无滥设。此各部官制通则之大略也。若夫各部名称之所以变更，次第之所以移易，皆循名责实，务切事情，非厌故喜新，徒为纷变。列邦对峙，首重外交，外务部宜居第一。吏部旧冠六官，故次于外务部。巡警为保安行政·实内治之要纲，而清查户口、整齐民风、改正市区、振兴土木，均与保安行政息息相关，非合为一官，难期联络。故以户、礼、工各部所兼掌之户籍、风教、道路、沟渠等事并入，总为民政部，以次于吏部。户部之称，本为民部。唐人避讳，以户易民。今民政既有专官，财政自应独立，故并户部财政处，为度支部，以次为〔于〕民政部。天秩天序，典礼攸崇，太常、光禄、鸿胪三寺皆礼官也，故礼部以三寺并入，以次于度支部。科举既停，教育綦重，今已特立为部，故以学部次于礼部。兵部掌绿营兵籍徒拥虚名，近日时局非有陆海两军不能立国，而马政应隶陆军，故分兵部为陆军部，以太仆寺并入，而海军暂隶之，以次于学部。刑部为司法之行政衙门，徒名曰刑，犹嫌绀漏，故改为法部，以次于陆海军部。农工商为富国之源，现设商部，本兼掌农工，仅名曰商，义有未备，故正其名曰农工商部，以次于法部。轮电交通，邮递络绎，非设专部，则运转不灵，故变工部为邮传部，以次于农工商部。各国竞争，殖民为要，蒙藏青海，固圉防边，其行政事宜实与各部并重，故易理藩院为理藩部以殿焉。此各部职掌次序之大略也。以上各部，分负国政之责成，合为内阁之全体。至于耆臣硕望，则仿成周优礼老更之例。上备垂询，裁缺庶官，则援宋代特定祠禄之条，暂令待用，故设集贤院，以昭恩礼。欲广皇仁，宜求民瘼，上自亲贵，下及绅民，妙选通才，广蒐舆论，祛下情之壅蔽，备圣世之刍荛，故改政务处为资政院，以彰公溥。此外，审计院所以监查财用之浮糜。行政裁判院所以纠正官权之过当，大理院平反重辟，审决狱成，为全国最高之法院。军咨府赞画戎机，弼成庙算，为全国军政之要枢。此新拟五院一府之大略也。至都察院原掌纠劾官邪，条陈利弊，关系至重，惟原缺职掌与新拟部院官制参差重复者，当略加厘正，以归划一。此都察院官制更正之大略也。所有京朝行政司法各官，业经斟酌再三，妥为厘定，或删繁而就简，或舍旧以谋新，凡所更张，均有依据。廓清积弊，虽非旦夕所敢期，而明定责成，窃意权舆之在此。至各官考验、任用、升转、惩戒、奖励、俸给等项，多与外官互有牵涉，应俟外省官制一律厘定后，再行分别核议，以与官制相辅而行。是否有当，伏候圣裁。

〔清民政部档案〕

2　考察政治馆拟设资政院节略清单

光绪三十二年九月（1906年10月——11月）

谨拟设资政院节略，缮具清单，恭呈御览。

谨按：资政院设立之意，即为将来立宪预备。恭绎谕旨：大权统于朝廷，庶政公诸舆论。仁至义尽，中外同钦。惟舆论贤否不齐究以何者为标准，采取舆论之法究以何者为机枢，此各国所以有议院选举之法为国民代表也。吾国三代时，国民议政之事最多。如盘庚之诞告有众，咸造王庭。周礼小司寇致万民于外朝，而询国危国迁之类。至两汉以后，古意寝亡。虽廷臣会议有议郎博士等微员参与其间，而庶民不与焉。西国当吾东周初年已开民会，事必经民会议定始行。近世文明日进，议院林立，与周书谋及庶人之义符合。日本仿之，明治二年设集议院。凡上有所创，必付院议行，下有所陈，亦由议院达。以故君民一体，上下同心，有战事则人尽当兵，有巨费则人愿加税，富强之故有由来也。中国此时程度诚不能早设议院，但谕旨明示预备立宪，则必采择多数国民之舆论，以宣上德，而通下情。若仍用保举徵辟之法，与原设政务处无异，即与谕旨公诸舆论之意不符。且国民义务，以纳税为一大宗。现在财政艰难，举行新政，何一不资民力。若无疏通舆论之地，则抗粮闹捐之风何自而绝，营业税、所得税等法必不能行。日本明治元年岁入仅三千三百八万余元，至明治三十年岁入已二万三千八百七十余万元，三十年中，增加七八倍，而民不怨。中国岁入仅八千余万两，一言加税，阻力横生，对镜参观，其故安在。此不能不采舆论者一也。现拟官制，内阁设总理大臣一人、左右副大臣各一人。言官交章弹奏，多以政府权重为词。不知东西各国内阁只总理大臣一人，从无专权之事，因有议院持其后。舆论所是者政府不得尽非之，舆论所非者政府不得尽是之，不得已而解散议院惟君主大权可行之，虽政府无权焉。所以尊君权而抑相权，有互相维持之妙用，安有前明阁臣自作威福之事乎。此不能不采舆论者　也。近日民智渐开，收回路矿之公电，告讦督抚之公呈，纷纷不绝。若听其漫无归宿，致人人有建言之权，时阅数年政府将应接不暇。惟专设一舆论总汇之地，非经由资政院者不得上闻。则资政院以百数十人为四万万人之代表，通国欲言于政府者，移而归诸资政院，化散为整，化嚣为静。又限制该院只有建言之权，而无强政府施行之权，使资政院当舆论之冲，政府得按行其政策，而民气疏达亦不致横决难收，保全甚大。此舆论之不能不归于资政院者又其一也。仰承谕旨，俯察人情。谨拟资政院制，并陈管见，伏乞圣裁。

〔清民政部档案〕

3 考察政治馆拟具资政院官制清单

光绪三十二年九月（1906年10月——11月）

谨拟资政院官制，缮具清单，恭呈御览。

资政院以政务处改设为立宪预备，谨遵谕旨，大权统于朝廷，庶政公诸舆论之意，设此院为采取舆论之地，以宣上德，而通下情。第政府有必采舆论而施行之事，而该院无强政府以施行之权，可与政府互相维持，为他日议院之权舆焉。

第一条 资政院遴选京外才智之士，采取舆论，以通达下情，条陈治理，为立宪预备。

第二条 资政院总裁一人，即为本院议长，以王公大臣著有勋劳通达治体者，由特旨简派。

第三条 资政院副总裁二人，即为本院副议长，以曾任尚书、侍郎、督抚及出使大臣，著有才望学识者，由特旨简派。

第四条 资政院参议员以钦选、会推、保荐之法定之，共合一百三十三人。其分类如左：

一、王公世爵勋裔之已满三十五岁者，钦选十人。

二、京员已满三十岁者，会推五十四人。

三、宗室觉罗、京内外八旗士绅已满三十岁者，由宗人府、京内外将军、都统共保荐三人。

四、各省官绅士商已满三十岁者，由督抚保荐六十六人。

第五条 除上条所定员数外，其勋德闻望之绅耆或富商报效巨款至五万金以上者，均得奉特旨钦派为额外参议员。

第六条 王公世爵待选之法，由宗人府、内阁查明合格之人，缮具全单，奏请钦选。

第七条　京员会推之法，由各该衙门查明合格人员造册咨送本院，由总裁、副总裁刊印名册并选举票，先期知会本人，令各书所推一人钤印封送本院投匦定期公开，并咨请集贤院大臣监视。

第八条　宗人府、京内外将军、都统、督抚保荐之法，由下开各项处所先行公举，以被推人数最多者定之，并将得举票数榜示。

一、学务公所及劝学会。

二、商会。

三、地方官监督地方自治各局所。

第九条　下开各项，不得为本院参议员：

一、陆海军人员及军人。

二、司法各官。

三、巡警各官。

四、收税各官。

五、审计官。

六、行政裁判官。

七、学堂肄业之学生。

八、中小学堂教员。

九、管理选举事务各员。

十、有刑事及负债人员。

第十条　督抚保荐之参议员，奉天、吉林、黑龙江、直隶、山东、山西、河南、陕西、甘肃、新疆、四川、湖北、湖南、安徽、江苏、江西、浙江、福建、广东、广西、云南、贵州等二十二省合成六十六人。应视各省人数之多少，程度之高下，由总裁、副总裁会同民政部指定每省应保几人，先期电知办理。

第十一条　每年正月二十日至四月二十日，为开院之期。由总裁、副总裁请旨，特派亲贵大臣到院行开院式，宣布应议事宜。

第十二条　资政院应议事件，开列于左：

一、奉旨饬议事项。

二、新定法律事项。

三、岁出入之预算事项。

四、税法及公债事项。

五、人民陈请事项。

第十三条　前条人民陈请事件，苟有学务公所及劝学会商会并地方官监督地方自治各局所介绍代陈者，本院不得拒绝。若未经此等处所介绍者，本院得酌量批驳。

第十四条　资政院所陈事件，由总裁、副总裁咨送内阁，请旨施行。若内阁总理大臣、副大臣以为不可行，须亲临本院或派员陈明己见，本院不得强政府施行。

第十五条　资政院于政治得失关系重要事件，经本院议定后，总裁、副总裁得联衔封奏，并得请旨入对。

第十六条　资政院会议事件如由内阁交议者，应会同内阁总理大臣、左右副大臣联衔具奏。

第十七条　资政院会议，分通常、临时二种。通常会议之期日，于一个月前文电通知，并刊布官报。临时会议之期日，临时文电通知，并刊布官报。

第十八条　资政院非全院三分之二以上列席，不得开议。

第十九条　资政院开议时，由总裁、副总裁咨请民政部选派巡长、巡警，听候议长指挥。

第二十条　总裁有事故时，副总裁以次代理之。

第二十一条　资政院开议时，参议员中有违背规则扰乱秩序时，议长有戒饬禁止之权，违者扶出院外。

第二十二条　资政院开议时，如全院有扰乱秩序情形，议长得饬令暂行停议。

第二十三条　资政院各员于议事范围外，不得语涉侵侮及攻发阴私。如有以上等情，被辱之员得呈请议长惩处，不得私相报复。

第二十四条　遇有上项惩处时，本院得于参议员中选派临时审查员，定惩处之法，由议长决之。其惩处事项如左：

一、语言谴责。

二、饬该员当场谢过。

三、停止列席若干日。

四、黜退。

资政院黜退者，须以全院三分之二以上人数决之。

第二十五条　遇上条黜退时，如为王公世爵勋裔等人，应请旨办理。

第二十六条　资政院参议员，如原有专折奏事之权，于本院现行开议之事，不得陈奏。

第二十七条　资政院自行提议事件，非有参议员三十人以上同意者不得开议。

第二十八条　资政院会议之事，以参议员过半人数同意时定之。若可否同数，则由议长定之。

第二十九条　资政院用抽签法，分参议员为数科，每科设置科长一人，由科员中公推，其科目由总裁、副总裁定之。

第三十条　资政院有调查事件时，可特设调查科员调查其事，事讫呈报总裁、副总裁。

第三十一条　内阁交议事件，不经调查科之调查不得议决。但事务紧急时不在此例。

第三十二条　由内阁交议预算事件，本院应选派调查科员于一个月内，调查明确，方得开议。

第三十三条　资政院遇特派调查科员时，应咨明内阁政务大臣查照。

第三十四条　资政院议定事件，由总裁、副总裁咨明内阁。若经内阁驳令再议时，得重行开议，但以三次往复为止。

第三十五条　资政院参议员得以三十人以上之同意，呈递说帖，经总裁、副总裁咨商内阁候复。

第三十六条　资政院于第十三条陈请事件公议许可时，应附递说帖，咨送内阁候复。

第三十七条　凡涉及司法及行政审判之陈请事件，资政院不得收受。

第三十八条　资政院议事日记，由总裁、副总裁咨送内阁政务大臣查照。

第三十九条　资政院于开院期内，除内阁政务大臣外，不得与他种衙门文书往复。

第四十条　资政院不得向人民发帖告示及传唤人民。

第四十一条　资政院参议员除现犯罪案外，当开院时期，苟未经总裁、副总裁许可者，不得逮捕。

第四十二条　资政院参议员公务上之言论行为，他人不得加以诽毁侮辱或嘱托迫胁。如有以上等情，该员得实据呈控。其规条另于厘订各项法律时定之。

第四十三条　资政院应设院正、院副各一人，常川住院，监督秘书厅事务。由参议员公推正副各三人，呈由总裁、副总裁开单，请旨简派。

第四十四条　资政院置秘书厅，应设书记官长一人、书记官数人，承总裁、副总裁之命，编纂议事日记及各种文件兼理会计庶务。

第四十五条　资政院书记官长为请简官，书记官为奏补官。

第四十六条　资政院人员以二年为一任，任满时奏请钦选，并举行公推保荐。其任满仍被推荐者，仍得连任，惟连任以二次为限。

第四十七条　资政院人员遇有被检举不合资格时，由总裁、副总裁选派调查科员，查明议决。

第四十八条　资政院参议员请假时，不得逾十日。如逾十日，必经总裁、副总裁许可，惟不得请长假。

第四十九条　资政院参议员非确有正事先期呈明总裁、副总裁核定者，不得临时托故不到。

第五十条　资政院参议员以外，不经总裁、副总裁特许者，不得入座旁听。

第五十一条　资政院秘书厅办事章程，由总裁、副总裁自定之。

第五十二条　资政院制应视人民进步之迟速，每年开院前变通增减，奏请施行。

〔清民政部档案〕

4　清帝厘订官制谕

光绪三十二年九月二十日（1906年11月6日）

光绪三十二年九月二十日，内阁奉上谕：朕钦奉慈禧端佑康颐昭豫庄诚寿恭钦献崇熙皇太后懿旨：前经降旨，宣示为立宪之预备，饬令先行厘定官制，特派载泽等公同编纂，悉心妥订，并派庆亲王奕劻等总司核定，候旨遵行。兹据该王大臣等将编纂原案详核定拟，一并缮单具奏。披览之余，权衡裁择，用特明白宣谕：仰惟列圣成宪昭垂，法良意美，设官分职，莫不因时制宜。今昔情形，既有不同，自应变通尽利。其要旨惟在专责成、清积弊、求实事、去浮文，期于厘百工而熙庶绩。军机处为行政总汇，雍正年间，本由内阁分设，取其接近内廷，每日入值承旨，办事较为密速，相承至今，尚无流弊，自毋庸复改。内阁军机处一切规制，著照旧行。其各部尚书均著充参预政务大臣，轮班值日，听候召对。外务部、吏部，均著仍旧。巡警为民政之一端，著改为民政部。户部著改为度支部，以财政处并入。礼部著以太常、光禄、鸿胪三寺并入。学部仍旧。兵部著改为陆军部，以练兵处、太仆寺并入，应行设立之海军部及军咨府未设以前，均暂归陆军部办理。刑部著改为法部，专任司法。大理寺著改为大理院，专掌审判。工部著并入商部，改为农工商部。轮船、铁路、电线、邮政，应设专司，名为邮传部。理藩院著改为理藩部。除外务部堂官员缺照旧外，各部堂官均设尚书一员、侍郎二员，不分满汉。都察院本纠察行政之官，职在指陈阙失，伸理冤滞，著改为都御史一员、副都御史二员。六科给事中著改为给事中，与御史各员缺，均暂如旧。其应行增设者，资政院为博采群言，审计院为核查经费，均著以次设立。其余宗人府、内阁、翰林院、钦天监、銮仪卫、内务府、太医院、各旗营侍卫处、步军统领衙门、顺天府、仓场衙门，均著毋庸更改。原拟各部院等衙门职掌事宜及员司各缺，仍著各该堂官自行核议，悉心妥筹，会同军机大臣奏明办理。此次斟酌损益原为立宪始基实行预备。如有未尽合宜之处，仍著体察情形，随时修改，循序渐进，以臻至善。总之，时局艰危，事机迫切，非定上下共守之法不足以起衰颓，非通君民一体之情不足以伸疾苦。所有新简及原派各大臣，责无旁贷。惟当顾名思义，协力同心，尽去偏私，真任劳怨。务使志无不通，政无不举，庶几他日颁行宪法，成效可期。倘仍视为具文，因循不振，则是上负朝廷，下负国民，不能为尔等宽也。将此通谕知之。钦此。

知照

光绪三十二年十月初四日

〔清民政部档案〕

5 郑孝胥张謇等为在上海设预备立宪公会致民政部禀

光绪三十三年九月初十日（1907年10月16日）①

王爷、大人钧座：敬禀者：窃孝胥等寄居沪上交通四达之区，商工辐集，时受外界之激刺，悲忧日积，群相晤语，每至流涕。愚者千虑，皆谓非实行立宪，无以救危亡。爰于光绪三十一年，集合同志，讲求宪法。三十二年七月，奉上谕：我国政令，积久相仍，日处阽危，受患迫切，非广求知识，更订法制，上无以承祖宗缔造之心，下无以慰臣庶治平之望。及今惟有使绅民明悉国政，以预备立宪基础。着各省将军督抚晓谕士庶人等，发愤为学，合群进化，以预储立宪国民之资格。等因。钦此。益用奔走相庆，破涕为笑。旬月之间，薄海内外，欢呼庆祝之声动天地。孝胥等上承诏旨，下察舆情，感动奋发，不能自已。伏念立宪之恩命必出自宫廷，立宪之实力必望之政府，立宪之智识必责之人民。人民之智识，何由而进，则非得士农工商四民之中，撮集几许有智识之民，以发愤为学合群进化之旨，为之提倡，无以答宫廷宵旰之忧劳，无以承内外官司之训令。爰将此意，转相传播，闻者感奋，争愿为中国立宪国民之前导，因即名斯会曰预备立宪公会。期年之间，入会者计一百五十三人，皆士农工商四民

注：①此系民政部收文日期。

之中，较有智识，有志倡导国民以仰承朝廷德意者也。前者组织未备，此百数十人，果能实力倡导与否及如何倡导之法，皆未有成规，故未敢轻渎大部，率请立案。近数月来，倡导之法渐可推行，并闻革命风声远近哄起。孝胥等愚昧，以为天下希望立宪之良民多于鼓吹革命之乱党，何啻千倍。但希望立宪者多和平，和平故隐没而不彰。鼓吹革命者多暴烈，暴烈故喧嚣而易动。流风所煽，世患方滋。故为大局计，正宜利用多数希望立宪之人心，以阴消少数革命之患气。重以王爷、大人仁慈闳达，爱国则思立亿万年有道之基，布政则思饮亿万众和平之福。区区愚忠，益思自效。旋又伏读本年八月二十三日上谕，饬令臣工，亟筹教育普及地方自治并申明君主立宪政体。等因。钦此。仰见朝廷孜孜求治，实行立宪之至意。用敢渎陈钧座，仰恳察核奏明立案，俾希望立宪之人心迎机而大畅，鼓吹革命之患气不遏而自熸，似于立宪前途，不无小补。敬将会中所编地方自治应用各书及本会章程等汇呈钧鉴，伏希察核立案施行，不胜屏息待命之至。肃禀。恭请钧安，伏维垂鉴。

敬再禀者：本年八月二十三日，奉上谕：着学部通筹教育普及善法编辑精要课本，以便通行。并着民政部妥拟自治章程，请旨饬下各省督抚，择地依次试办。务使议员资格，日进高明，庶议院早日成立，宪政可期实行。等因。钦此。窃维预备立宪公会所编书籍三种：一曰地方行政制度。一曰地方自治纲要。皆取之日本，可为中国试办自治之根据者。一曰公民必读。则依据法理参以中国惯习及现行制度，以便各地方宣讲之用者。似尚切于时用，拟恳大部审定。如蒙甄录，即祈饬发通行，为增进人民智识之一助。是否有当，仍候钧酌。伏希察夺。再请钧安。环叩崇闳，诸维垂鉴。

预备立宪公会职员　郑孝胥、张　謇、汤寿潜、伍光建、
李钟钰、王清穆、张元济、沈同芳、
陆尔奎、胡　琪、李厚祐、白作霖、
刘　垣、黄继曾、李家鏊、高凤谦、
孙多森、狄葆贤、王　震、刘树森、
徐庆沅、孟昭常等谨禀

〔清民政部档案〕

6　端方等为设局筹办江南地方自治折

光绪三十四年正月初九日（1908年2月10日）①

头品顶戴两江总督臣端方、江苏巡抚臣陈启泰跪奏，为地方自治事宜，先就省城遴委官绅商设局筹办，恭折仰祈圣鉴事：光绪三十三年八月二十三日，奉上谕：钦奉皇太后懿旨：上年降旨宣布宪政，业经明白申谕，视进步之迟速，定期限久〔之〕远近。朝廷廑怀宪政，盼望至殷。近已降旨：先设资政院以立议院基础。顾议院言论之得失，全视议员程度之高下，非教育普及，则民智何由启发，非地方自治，则人才无从历练。等因。钦此。仰见朝廷讲求宪政，锐意图强，凡在臣民，同深感奋。臣等伏念地方自治之制，其名词译自日本，其经画始于欧美。自列强均势，凡政治学家之言，皆曰非立宪无以自存，非地方自治无以植立宪之基本，而疑中国数千年来，有官制而无自治。臣等以为周之闾胥比长与汉之三老啬夫，虽命自国家，事殊团体，然其受任自选举而来，其用人不出本郡，揆诸自治之义，不啻导以椎轮。必谓中外治术不同，犹非新旧沟通之论。江南地方，交通最早，士绅

注：①此系硃批日期。

智识开明。自奉明诏预备立宪，群情鼓舞，望治尤殷。诚如慈谕亟宜择地试办地方自治，以为人才历练之地，以速实行立宪之期。惟是规画自治，按之法理，宜从下级入手。中国乡遂之制既已名存实亡，人民程度又复秀野不齐，城乡互异。仍应仿照天津办法，于省会设局，以官力提倡。先议预备之方，徐为实施之地。即于江宁省城设立筹办地方自治总局，檄委调补奉锦山海道朱恩绂、盐巡道荣恒、浙江补用道宗舜年、署江宁府知府许星璧为局长，前浙江候补知府伍元芝、七品小京官善溥、署上元县知县田宝荣、署江宁县知县龙曜枢、候补知县罗良鉴为参事。拟定开办简章，分设法制、调查、文牍、庶务四课，并于总局内，附设自治研究所及实地调查所。研究所为预备之始，先徵江宁一府之士绅，入所授课，而递及于他府县。调查所为实行之始，先从上元、江宁两邑试办，而次及于他属。一面开办宣讲以晓颛愚，画定区域以行选举。选举既定，议事会与董事会，乃得次第徂〔组〕织。町村置长，近采邻邦经野之规。王道观乡，远稽三代大同之治。臣等忝为行政长官，幸际昌期，不敢不勉力倡导。仍俟民政部颁发自治章程，再行察酌地方情形，依次筹办。其办事经费本应由地方公众担任，惟目前局由官立，性质既微有不同，且就地筹款，亦非俟自治规模大备，未能遽责以义务。现在该局逐月支销之款，暂饬财政局垫拨，俟地方筹款有著，再议归偿。除开办简章分别咨送宪政编查馆、民政部外，所有江南筹办地方自治缘由，谨会同署江北提督臣王士珍合词恭折具陈，伏乞皇太后、皇上圣鉴训示。谨奏。

光绪三十四年正月初九日，奉硃批：该部知道。钦此。

〔清民政部档案〕

7　宪政编查馆拟订结社集会律折

光绪三十四年二月初九日（1908年3月11日）

臣奕　等跪奏，为遵旨拟订结社集会律，缮具清单，伏候钦定，恭折仰祈圣鉴事：光绪三十三年十一月二十日，钦奉懿旨：著宪政编查馆会同民政部将关于政事结社条规，斟酌中外，妥拟限制，迅速奏请颁行。等因。钦此。嗣经御史赵炳麟片奏：开会结社未可一概禁止等语。奉旨：宪政编查馆知道。钦此。臣等窃维结社集会种类甚夥，除秘密结社潜谋不法者应行严禁外，其讨论政学、研究事理、联合群策以成一体者，虽用意不同所务各异，而但令宗旨无悖于治安，即法令可不加以禁遏。其在欧西立宪各国，国愈进步，人民群治之力愈强，而结社集会之风亦因之日盛。良以宇宙之事理无穷，一人之才智有限，独营者常绌而众谋者易工。故自学术、艺事、宗教、实业、公益善举推而至于政治，无不可以稽合众长，研求至理。经久设立，则为结社。临时讲演，则为集会。论其功用，实足以增进文化，裨益治理。然使漫无限制，则又不能无言哤事杂之虞。是以各国既以人民结社集会之自由，明定之于宪法，而又特设各种律令以范围之。其中政治社会关系尤重，故国家之防范亦弥严。先事则有呈报以杜患于未萌，临事则有稽查以应变于俄顷。上收兼听并观之益，而下尠嚣张凌乱之风，立宪精义实存于此。中国古昔虽无政治结社集会之名，而往往有结社集会之实。周末百家竞胜，各聚朋徒，儒、兵、名、法诸家虽有道德、功利之异，而同声相应，隐与政治结社无殊。其后寓论政于讲学，善则为河汾之辨治、闽洛之谈经，足以培养人才，扶持国是。不善则为南宋之三学、晚明之诸社，驯至激发模〔谟〕议，牵制朝廷。是以经训不禁乡校之游，而王制惟严莠言之辟。臣等仰体圣谟，参酌中外，谨拟成结社集会律三十五条。除各省会党显干例禁，均属秘密结社，仍照刑律严行惩办外，其余各种结社集会凡与政治及公事无关者，皆可照常设立，毋庸呈报。其关系政治者非呈报有案不得设立，关系公事者虽不必一一呈报，而官吏谕令呈报者亦当遵照办理。如果恪守本律，办理合法，即不在禁止之列。若其宗旨不正违犯规则，或有滋生事端妨害风俗之虞者，均责成该管衙门认真稽察，轻则解散，重则罚惩，庶于提倡舆论之中，不失纳民轨物之意。国家预备立宪，必以是为基础矣。惟各直省情形不同，其稽查约束之方，如有应行酌量变通之处，由各该省督抚等体察情形，随时奏明请旨办理。所有臣等拟订结社集会律缮单具奏各缘由，谨恭折具陈，伏乞皇太后、皇上圣鉴训示。再此折系宪政编查馆主稿，会同民政部办理，合并声明。谨奏。

宪政编查馆大臣和硕庆亲王　臣奕　劻
宪政编查馆大臣和硕醇亲王　臣载　沣
宪政编查馆大臣大　学　士　臣世　续
宪政编查馆大臣大　学　士　臣张之洞
宪政编查馆大臣协办大学士　臣鹿传霖
宪政编查馆大臣外务部尚书　臣袁世凯
民　政　部尚书和硕肃亲王　臣善　耆
民　政　部　左　侍　郎　臣袁树勋
民　政　部　右　侍　郎　臣赵秉钧

光绪三十四年二月初九日具奏，奉旨：依议。钦此。

〔清民政部档案〕

8 联魁为筹备立宪新疆情况特殊拟变通办理折①

宣统元年三月初八日(1909年4月27日)

头品顶戴甘肃新疆巡抚奴才联魁跪奏，为新疆遵旨筹备立宪第一届事宜并将咨议局选举章程酌拟变通实行办法，恭折具陈，仰祈圣鉴事：窃奴才钦奉谕旨：逐年筹备立宪事宜，光绪三十四年第一届期内，各省应筹办咨议局等因。新省于上年六月已遵设咨议局，遴选官绅，承充议长、议员。旋准宪政编查馆咨送咨议局及议员选举各章程，并声明各省现设之咨议局应一律改为咨议局筹备处。俟一年筹备就绪，咨议局成立后，即将筹备处【裁撤】。其详细章程，由各省自行酌定。现在筹办人员自应官绅合用，未便遽用议长、议员。当经饬将该局改为咨议局筹备处，派藩、学、臬三司为总办，裁去议长、议员，改为委员、委绅，迭令移道饬属迅速筹办选举各事宜在案。兹据布政使王树枬、署提学使杜彤、镇迪道兼按察使衔荣霈详称：窃维咨议局制度，上以树中央议院之基，下以坐〔作〕地方议会之表。明纶迭奉，亟应钦遵办理，曷敢以地居边徼，稍涉因循。第念宪法之举废，须视民格之优劣以为准，乃天演自然之事，非人力所能强施。譬之人当幼稚之时，保护扶持，饮食教养，无一事不受成于父母。及其成立，不但不待父母之养，而且能以自养者养其父母。民格盖亦若是。今天下之立宪久而民德隆，法亦称完善者，宜莫如英，而英儒斯宾塞尔所著群学一书，乃力言其国议院之弊及宪法与民群浅深高下之由，有不能骤期之实效。此盖深明治体之言，非故为异说以阻挠朝政

注：①此折系宣统元年六月二十四日联魁致清民政部咨的附件。此折于宣统元年三月初八日由驿具奏。

也。今新疆之民，种类之杂，品格之卑，较之内地，相去奚翅倍蓰。正如人当幼稚之岁，宜受成于父母。因取咨议局选举章程，与新疆现在民格，详加比较，实有不能不因地制宜量为变通者。新疆向设义学，均归官办。近改义学为学堂，为时未久，办理学务者，亦多客籍。其他公益事务筹办尤少。欲求如第三条所载曾在本省地方办理学务及其他公益事务满三年以上著有成绩者，实无其选。此选举之难一也。新省无出洋游学生，惟省城于光绪三十一年设高等学堂，学司抵任，因学生程度过低，改为省立中学堂，迄今尚未毕业。此外，府厅州县开办初等小学堂，萌芽方始。欲求如第三条所载，曾在本国或外国中学堂及与中学同等或中学以上之学堂毕业得有文凭者，更无一人。此选举之难二也。新省乡试，向附甘肃，仅取中一名。前抚臣饶应祺奏增一名，而科举旋即停止。至全省府厅州县惟镇西、迪化、昌吉、绥来、阜康、奇台六属，设有学额。通计改设行省以后取进仅数百名，概皆流寓，名成多返其乡。又或充本省幕友，或充各学堂肄业生，或充小学堂教员，仍应按照第七、第八两条分别停止其选举权及被选举权。此选举之难三也。新省曾任实缺职官文七品以上者无人，武五品以上者亦不过数人，大半幼习戎行，不识文义。查照第六条不得有选举权及被选举权。此选举之难四也。新省迭经兵燹，地瘠民贫，无富绅巨贾。如第三条所载在本省地方有五千元以上之营【业】资本或不动产者，第四条所载凡非本省籍贯之男子在寄居地方有一万元以上之营业资本或不动产者，亦属寥寥。即间有寄居富商，然皆自营其业，与本籍人恒多隔阂。且北路回多汉少，而回汉素相水火，畛域难化。此选举之难五也。然此犹北路言之，若南路缠民较多，其性之愚顽亦较甚。言语不同，文字不同，宗教不同，饮食衣服性情嗜欲亦不同。求其能操汉语识汉字者，已未易多觏……。而遽畀以民权，与谋国是，政与习异，法与心违，则必冥然而莫知其所以然之故。而舞文之猾吏、专横之乡官，且将藉势弄权，益肆其贪污残毒之心，以蠹民而病国。前之回疆阿奇木伯克目依附官势，鱼肉同类，等于豺虎。前抚臣刘锦堂置省之初，洞悉其弊，奏请革除，言之缕切。至今二十余年，民智未开，进化无闻，略与前同。至哈萨克、布鲁特诸部落，以游牧为业，迁徙靡常，鄙野尤甚，更难与言自治。有此数难，是以不惴冒昧，谨就新民程度酌拟变通实行之法。查东西各国治理属地，多用特别之法。如英之于印度、法之于安南、日本之于台湾，皆为专制政体。而英之殖民地制度，尤详且著。约略言之，其种有三：第一，为王领殖民地。第二，具代表机关而未有责任内阁之殖民地。第三，具代表机关而且有责任内阁之殖民地。第一、第二之制，凡施行于白人少而土人多之地者皆是，即所谓王领殖民地也。第三为自治制度，凡施行于白人多而土人少之地者皆是，即自治殖民地也。自治为殖民特别制度，因母国之人移往者多，而文明程度先有自治之能力，故国家畀以自治之主权。若骤施之于土人多白人少之地，则白人不能支配土人，必有破坏秩序，扰害治安之变。故殖民地经营之次序，必先经由王领土地制度以渐达于自治制度，如英于澳州、加拿大、拿达尔是也。法国初以民选议会制度输入殖民地，但必视其地为无关重要乃用其制。德及荷兰则皆未有责任内阁之权。盖欧洲殖民地自治制度，乃专属白人同种之人，其他则未有不用专制者。诚以宪法与民品二者，消长往复，相需而成，相【交】为功。民品待宪法之美而后隆，宪法亦待民品之隆而后美。今拟查照各国属地立法、评议等会办法，官绅并用，官由司局慎选谙通法政之员呈请派委，【绅】由本省籍贯及寄居之汉民具有选举资格者公同推择，呈明地方官转呈司局详请派委。一面由学司严饬各府厅州县实心兴学，南疆一带于初等小学堂外，并多设汉语学堂。俟各学堂学生毕业，通汉语汉文者渐多，届举行第二次选举之时再体察情形，酌量办理。务期由专制而自治，由自治而统一，上副圣主孜孜图治好恶同民之至意。等情。并拟具咨议局筹备处章程详【情】奏咨前来。奴才查筹备立宪事宜，纲领宏深，条目繁重，而其初基惟在选举得人，地方自治以为推行之本。故第一届限内，尤开办咨议局选举为最要。奴才与该司王树枏等恪遵谕旨，细核定章，并时接见筹备处员绅，虚衷延访。如筹办城镇乡地方自治研究所、统设巡警、调查户口、清理财政出入总数、创立各级审判厅暨府厅州县简易识字学塾各要政，自应钦遵颁行章程，次第切实举办。惟咨议局选举一则，施之新疆，程度尚难符合。即勉强行之，亦恐成效难睹，流弊滋多。奴才倘知而不言，则依违拘泥于前，必粉饰敷衍于后，将来朝廷循名责实，引绳批根，追问偾事之由，咎将谁诿。是以督饬司局，复详考东西各国治理属地办法，斟酌变通，据实直陈，不敢稍涉欺饰。且该司局所陈选举五难，皆系新省实在情形，果能照酌拟变通办法，实事求是，历久不渝，俟民品日进，由幼稚而成立，由强迫而自然，于选举自治宗旨，尚不相背。水之朝宗，民之归极，程途远近虽殊，其期于必至则一也。况宪政编查馆本有筹备处详细章程由各省自行酌定之语，可见边腹异制，民生异俗，难以强同，亦早为中央政府所深谅。除将拟订咨议局筹办处章程咨送宪政编查馆考核外，所有新省筹立第一届事宜，并酌拟变通实行办法缘由，谨会同陕甘总督臣升允缮折具陈，伏乞皇上圣鉴训示施行。

再，前准宪政编查馆电开：奏定考核章程，所有第一届事宜，各处限于本年二月内奏咨等因。新省地广路长，文报往还，动需时日，是以奏报稍迟，合并陈明。谨奏。

宣统元年四月二十四日，奉硃批：该衙门知道。钦此。

〔清民政部档案〕

9　赵炳麟为确定行政经费推行新政折

宣统元年五月——二年四月(1909年7月—1910年5月)

(1)宣统元年五月十五日(1909年7月2日)折

掌京畿道监察御史臣赵炳麟跪奏，为请旨确定行政经费，以免误国事而促乱机，恭折仰祈圣鉴事：臣于五月初八日召见养心殿，监国摄政王询及九年筹备事宜，臣对以应从预算逐年经费下手。惟臣言语过拙，土音太重，恐面对尚未详明，谨具折为朝廷沥陈之。夫立宪国之贵有议院者，贵其以人民而协赞立法审察岁用也。法律财用必许人民参预者，盖君主行一政、出一令，必度民力察民财，法出能顺舆情，令行斯如流水。故西国政治家谓财政为无形之道路舟车，以其非此虽有良法美意，亦不能行也。九年筹备若不量度财力，逐年算定，京外官吏文牍往还，顾炎武云：明之亡国，由于法制纷扰，上下相朦，臣实惧之。臣谨将筹备单内所开需款较繁者约略计算。如巡警一项单内所开，在宣统七年厅、州、县、乡、镇一律完备。厅、州、县土地不齐，且以百里为率，每厅、州、县非练巡士五百人，不敷分布。京师巡士薪水，自八元至十元不等，犹未完备。外省薪水至少每人亦需五元，每厅、州、县，月需二千五百元，岁需三万元。小省岁略需银二百余万，大省岁略需银三百余万，而建局购器警官书记各薪俸，尚不在其内。司法一项单内所开，在宣统七年各直省、府、厅、州、县一律成立。查司法为三审制度，各省应设高等审判厅一，各府、厅应设高等审判分厅一，各州、县应设地方审判厅一，各乡至少亦必设东西南北四初级审判厅。考地方审判以上称合议制，厅分民刑两庭，每庭至少设推事三人。初级虽云单独制，然推事有不止置一员者。而各级检察官，数又半之。略计每厅、州、县，应设司法官二十余员，凡附属于司法官厅之员役，不与焉。至小省份应设司法官一千五百余员，每员薪水至少以月三十元平均算之，岁略需银五十余万，合之建造衙署、改良监狱及书记执事各人役薪水，必在百余万以外。教育一项单内所开，在宣统八年国民识字义者须得二十分之一。查现在各州、县仅设一两等小学堂，生徒多者百人，少者数十人，常年经费至少者需银三千元，而所教人数不过百余，以四万万人核算，欲得受教者二十分之一，每省非百余万之教育经费，必不敷用。自治一项单内所开，在宣统六年厅、州、县地方自治一律成立。查民政部奏颁地方自治章程，除城、镇、乡议事会为名誉员不支薪水外，其城镇董事会乡董、乡佐并文牍、庶务等员皆支薪水。且自治范围广大，需款尤繁。此外，如调查户口、改行官制、清理财政，在在非款不行。倘不分年算定，预筹的款，臣恐纸片上之政治，与事实上之政治，全不相符。从纸片上观之则百废具举；从事实上核之则百举具废。官吏之巧黠者，装袭虚文，张皇门面，以欺陛下之爵禄，而剥民间之膏血。浮薄之士从而标榜之曰：某也才，某也能。其实皆虚应故事而已。臣每言念及此，未尝不抚膺太息而继之以泣也。拟请旨饬下亲王、贝勒、贝子、大学士、尚书、侍郎、翰林、给事中、御史、各省督抚，将九年筹备单内所开各条某年某事，需款若干，从何处筹定，在何项指拨，分年列表，详议具奏。俟明年资政院开会，即将此交该院议员核议，视民力能否担任，分别轻重缓急次第施行。如此，方有实事可为，不致以空文误国，一言丧邦，大局幸甚。抑臣尤有请者：尧、舜、禹，大圣也。其授受之时，交相儆戒者惟在四海困穷而已。方今民生凋敝，物力艰难，臣于本年四月初十日呈进讲义，引魏象枢请培元气各疏及明吕坤忧危疏，略申其义。京察台〔召〕见时，又哓哓妄论于监国摄政之前。臣非敢言为民请命也，臣本迂儒，谬承德宗景皇帝及监国摄政王之知遇信用，异于寻常。臣深知民生休戚，关系国本安危。臣知不言，是负朝廷也。考吕坤在万历时上忧危疏，其时神宗加税，尚未逾一千万两，吕坤言之，明主不纳。至怀宗时，复加剿练诸饷，合计岁入不过一千六百万两，而流寇四起，外敌交侵。吕坤若逆睹之。今日四海困穷，较万历时，更有甚矣。甲午、庚子以来，新旧赔款，不下十余万万。洋货侵入，土货不销，商务漏出者，十年以来，不下二十万万。此皆输诸外国者也。近年度支所入岁逾一万万两，一切练兵之经费、新政之诛求、铜元之损失，何一非取给于民。八口之家不聊其生者，比比皆是也。孟子曰：此惟救死而恐不赡。臣不禁为中国前途悲矣。国取诸民，民取诸土。今欲为国家筹经费，尤宜先为民人谋生计，方不致竭泽而渔。臣于光绪三十二年十一月初一日请推广农林，奉上谕：著各省督抚通饬各属详查所管地方官民各荒并气候土宜，无论远近，绘图造册，悉数报部。由农工商部详定妥章，奏明办理。等因。钦此。至今数年，无一省奏报者。经农工商部两次请旨饬催，各省亦视若具文。拟请明降谕旨严催办理，并请饬令会议诸臣，详筹推广农林振兴工艺办法，分年列表奏明，认真举办。庶几民则可兴，用之不尽。孔子曰：百姓足，君孰与不足。是全在陛下之维持扶助也。凡臣所言，关系安危至计，应请旨饬交会议施行，不胜迫切待命之至。伏乞皇上圣鉴。谨奏。

宣统元年五月十五日具奏

（2）宣统二年四月十九日(1910年5月27日)折

掌京畿道监察御史臣赵炳麟跪奏，为请旨饬议事：臣于宣统元年五月十五日请确定行政经费，未蒙朝廷交议。今年长沙民变，臣省亲至湘，目睹湖北流民，不下二十余万。湖南省城，人心粗定，而乡间乏食十室九空，抢米之案，日数十起。又闻江南海州等处饥民围城，人心摇动。兼之南方久雨，又将为灾。湖南之茶损伤殆尽，湖北之麦收获无期，不知明年是何景况。百姓困穷至此，若不度量财力，以定新政次序，在上多一虚文，在下增一实祸，保民不足，扰民有余，良可虑也。拟请谕令军机大臣检出宣统元年五月十五日臣请算定行政经费一折，饬交王公、大学士、尚书、侍郎、翰林、给事中、御史、各省督抚将军将九年筹备单内所开各条，某年某事，需款若干，从何筹定，分年列表，详议具奏。俟今年资政院开会，即将此表交该院议员核议，视民力能否担任，分别缓急轻重，次第施行。抑臣尤有请者：大学言：所好好之，所恶恶之。孟子言：所欲与聚，所恶勿施。实为立宪之精意，萃万国宪法学说，莫能外范围焉。夫民之所好孰切于生，民之所恶孰甚于死。无食则饥，无衣则寒，生死所关，正治民者所当加意也。现在湘、鄂等省，流民众多，老弱转于沟壑，强暴流为盗贼，不可不预筹安插之策。臣闻东三省土旷人稀，可兴垦牧，火车便捷，移民不难，并请饬令京外诸臣，筹拨款项，详议移民之法，务使少壮有地可迁，藉收实边大利；老弱有食可给，不致饿殍塞途。此尤我国家无疆之福也。是否有当，伏乞皇上圣鉴训示。谨奏。

宣统二年四月十九日

〔清陆军部档案〕

10　宪政编查馆复议咨议局权限折片

宣统元年七月十六日(1909年8月31日)①

臣奕劻等跪奏，为遵旨议奏恭折仰祈圣鉴事：本年五月初四

注：①此系上谕日期。

日准军机处片交本日出使考察宪政大臣于式枚奏陈咨议局章程权限一折。奉旨：宪政编查馆妥议具奏。钦此。钦遵钞交前来。查阅原奏于咨议局之性质范围大小及其职任权限各节，证以普国议会之制，条分缕析，郑重详明，自为防微杜渐起见。惟臣等反复推求，该大臣所陈，有涉于过虑者，有不免误会者，请为我皇上缕晰陈之。查臣馆所拟咨议局章程，原系钦遵先朝谕旨，敬谨厘订。伏读光绪三十三年九月十三日上谕：朕钦奉慈禧端佑康颐昭豫庄诚寿恭钦献崇熙皇太后懿旨：前经降旨于京师设立资政院，以树议院基础。但各省亦应有采取舆论之所，俾其指陈通省利病，筹计地方治安，并为资政院储才之阶。著各省督抚均在省会速设咨议局，慎选公正明达官绅创办其事，即由各属合格绅民，公举贤能，作为该局议员，断不可使品行悖谬营私武断之人，滥厕其间。凡地方应兴应革事宜，议员公同集议，候本省大吏裁夺施行。遇有重大事件，由该省督抚奏明办理。将来资政院选举议员，可由该局公推递升。如资政院应需考查询问等事，一面行文该省督抚转饬，一面迳行该局具复。该局有条议事件，准其一面禀知该省督抚，一面迳禀资政院查核等因。钦此。是咨议局之范围权限，已明定于煌煌圣训之中，本非各国地方议会所得比拟。考各国地方行政除联邦各有议院外，凡本国地方，皆直隶中央政府。至分配地方官吏及其执行政务，亦均受成于内务大臣。合全国为一行政区域，而集权中央，与中国之部臣疆臣显分内外，地方行政可由督抚主持命令者，截然不同。其地方行政之范围既小，故辅助行政之机关仅有上级自治制之地方议会，而不必别立制度。中国地大政繁，久已分省而治，而督抚实立于一省行政最高之地位，求之各国，本鲜此制。督抚之权限既视各国地方行政长官为较广，则辅助行政机关之权限自应与之相称，而不能仅据各国之上级自治以为准则。咨议局之设，用意盖即在此。臣馆原奏所以有咨议局为地方自治与中央集权之枢纽一语也。故谓咨议局为联邦议会固属不符，即比之各国上级自治制，亦有区别。惟其为中国特别制度，自不能与普国地方议会相等。故其权限，悉遵谕旨中采取舆论、指陈利病、筹计治安诸大端所规定。而又恐其逾越权限也，因明定监督一章，授督抚以停会解散之权。且对于咨议局议案有裁夺施行之权。夫曰议案，是咨议局只能任决议，而不能强迫其实行。曰裁夺施行，则先裁夺，而后施行。是督抚直处主动之地，而不得视为被动。二者之间，界限固甚分明。即虑一二议员间或近于桀骜，而荀违悖法律，小则除名，大则解散停会，所以维持于事前事后者固已无微不至。臣等以为监督全省之行政以及一切之政权，实在督抚，而不在咨议局。何至如原奏所称咨议局立于一省行政惟一监督之地及一国政权落于最少数人之手。臣等所谓该大臣所陈各节，以〔有〕涉于过虑者此也。至原定咨议局章程十二章六十二条，词简意赅，不能不藉引伸以明其义。而前此所以只将条文略具按语不加笺释者，则以督抚对于兹事苟有怀疑，不妨随时电询，即如办理初复选举间有疑义，督抚之于臣馆旋询旋复，便可迎刃而解无所疑阻也。今核该大臣原奏各节曰：于财政，不特有监察权，且有承诺租税权。于督抚，不特有弹劾权，且可操其任免权。于立法，不特有参与权，且有审查权。并谓有强制执行及责问各权。其于章程条文殊多误解，遂有网罗权力完全无缺之疑。臣等细核其误解之处，要不外章程中之职任权限及监督数条。在臣馆原定范围固已严加制限，惟以该大臣既多疑虑，自应逐条发明原章意旨，以清权限，而释群疑。查咨议局章程第二十一条：一、议决本省应兴应革事件。指定本省者，以本省人议本省事，痛痒相关，利害较明。即本前年九月间谕旨指陈通省利病集议兴革事宜之意所发生也。至事关君上大权及凡属国家行政者，自非咨议局所得参预。且咨议局仅代表一省之舆论，尚非国家议院之比，何至蹈原奏以议院为主体，得以民权抵抗政府之疑。二、议决本省岁出入预算事件。诚以新政待兴，非财莫举。令人民负纳税之义务，自应令其周知每岁进出款，以激其急公好义之忱。臣馆于上年九月间咨行度支部文内已声明：咨议局预算事项，应以各省之地方办事用费为限，国家行政费不在其内。等语。则议决岁出入只限于本省行政费，无可疑也。三、议决本省岁出入决算事件。各省报部支款，往往暗有融销。今与议员以公同决算之权，原以期稽察者多，稍可杜浮冒侵蚀之弊。揆诸清理财政之义，正为必不可少之举。四、议决本省税法及公债事件。似于财政有特权矣。然税法公债均冠以本省，乃系专指地方税，与地方公债而言，与国税国债，截然两端。若国家租税，则皆定于国家之法律，本非咨议局所得议决。其得议决者仅属本省单行章程规则之征收方法而已。况宪法大纲载明：臣民现完之赋税，非经新定法律更改，悉仍照旧输纳。且臣馆核议度支部清理财政章程第十五条声明：各省岁入，当国家税地方税未分以前，咨议局不得议减现行税率。则所议决只有改良增加之事，并无议减之权。至地方公债，以本省之人，任本省之债，似更无流弊之可言。关于财政者，限制如此，则原奏所陈咨议局干预财政各节，不无过当矣。五、议决本省担任义务之增加事件。其指定本省者，譬如浚河、筑路、卫生、教育本省应担之义务为前此所无者，咨议局得视地方款项之盈虚以为推行之准。则其前此已担任者，宪法大纲载明有法律上必需之一切岁出，非与政府协议，议院不得废除减削之条。是议院之议决权，其范围尚只如此。推而至于邻省之协济、海陆军之摊派、公债之募借，凡为国家特颁之命令即皆不在议决之列。夫何至如原奏所谓有地方议会联络呼应，劫持中外大臣之疑。六、议决本省单行章程规则之增删修改事件。查全国通行法律须由钦定颁行，宪法大纲早经揭明宗旨。惟各直省之风俗习惯不同，不能无特别之单行法。如违警律中各省得定违警章程之类。而施行法律之细则，各省情形不一，亦不能不令各省自定。如地方自治等章程施行细则之类。凡根本于国家法律之单行章程规则属于督抚权限内者，自应由咨议局参与，以收集思广益之效。究其范围有限，非所谓参与国家立法之全权也。原奏所称咨议局居然有参与立法权者，未免视为范围太广矣。七、议决本省权利之存废事件。譬如全省自有之公共产业，欲为变置移易，即为关于本省之权利存废。此种事项，全省利害所系，自不得不郑重视之。至业经法律规定及奉旨允准者，自不在咨议局应议之列。此可无庸疑者。八、选举资政院议员事件。此即遵奉谕旨咨议局为资政院预备议员之阶也。臣等已会同资政院奏定院章第十一条内载明：各省咨议局议员互选后，由该省督抚复加选定，咨送资政院等语。是选举之权，虽肇端于咨议局，而仍受成于督抚。与原奏所称资政院议员即为咨议局所选举者，究属有别。况资政院议员，钦选互选各居其半，凡王公世爵及京朝官，均可由钦选为议员，各省咨议局所互选者，第居得半之数，而并非其全体。是原奏专谓为咨议局所选举者，由未详查资政院前奏章程遂有此疑。九、申复资政院咨询事件。立法之始，不能不详查各省之习俗以资参考。曰申复者，则必资政院有所咨询，该局方可建议。查资政院议员既不尽由各省咨议局推选而来，至咨议局议员更不能与资政院相为左右。组织既有不同，权限亦复互异。谓资政院即为各省咨议局之全体已不尽然，今谓咨议局即属资政院之分体，更似误会矣。十、申复督抚咨询事件。督抚对于庶政，本有主持之权，而有时或欲周咨博访者，则行政官有刍荛之询，咨议局即不能无一得之献。究之采纳与否，凭诸督抚。夫亦何至有原奏所称听地方指挥政令终至下移之虑。十一、公断和解本省自治会之争议事件。地方下级，各图自治，事势所至，或不免有权限之冲突。各国于下级自治会之争议，大都由上级自治会公断和解。现定地方自治章程，府、厅、州县之上别无统一全省之最高自治会，咨议局既为全省舆论之代表，自应归其处理。然只处理自治会之互相冲突，若自治会与地方官之冲突则仍属督抚主持。咨议局即有所见，亦但能建白以备督抚之参考。夫何至如原奏所称有裁判地方行政之权。十二、收受自治会或人民陈请建议事件。督抚为国家行政之代表，有应行专决者，如军事、外交、裁判等事，断非议员所能干涉。但以人民各具国家思想，苟实有所见，不妨上书陈请。定例：在内由都察院代奏，在外由督抚代奏。已开其例。其必以咨议局代为陈请建议者，因表示众意所在，以备督抚采择，其裁夺之权，则仍统诸督抚，咨议局固不得强督抚以执行。又何至如原奏所称有不问为国政为民事，一切均纳入范围之权。此外，如原章第二十七条所称咨议局遇有督抚侵夺权限可呈请资政院核办者，似为权之过重。不知侵夺云者只限于咨议局应行议决之事。督抚于议场不许其议决，是之谓夺其议决权。非云议决之后，督抚不与施行即谓之侵夺权限也。又如原章第二十二、二十三、二十四等条，系就咨议局所议与督抚或合或不合事件定其办法。其各执一见不能解决者，由督抚将全案咨送资政院，以待决定，而资政院议决事件均须请旨裁夺，则是可否予夺之柄仍在君上，固不出大权统于朝廷庶政公诸舆论之本旨也。且臣等会同资政院奏定院章第二十三条内载明：各省咨议局与督抚异议或此省与彼省咨议局异议事件，均由资政院核议。而关涉某省者，该省咨议局所选出之议员不得与议。等语。是于此等流弊，早已防范綦严。原奏所称咨议局与督抚相持上之资政院裁判官，乃原告所举之人，似不然矣。且以资政院核议请旨之件，遽谓之为裁判权，是混议院议决与法廷裁判为一事。裁判之真义，殆不如此。又况用人之权操之君上，议院不得干预，钦定宪法大纲中早经明定。又何至如原奏所称，有任免督抚之权。即原章第二十八条所载：本省官绅纳贿违法等事准咨议局呈控者，实因中国幅员辽阔，交通机关，又未便利，各省官绅中，固不乏束身自好之人，而或操守难信，粮税逾额之征收、公款非理之滥入以及舞弊营私骫法徇情者，皆在所难免。非得人民指摘，则害马不去，群何由安。且本条所载，有以上情节，咨议局尚须指明确据，方可呈候核办，则发动之机虽在咨议局，主持之权实在督抚。何至如原奏所称与督抚监督权力相较，轻重悬绝乎。原奏又称：议员在议场，如有轻蔑朝廷情形及有狂暴举动者，不过停会解散除名，因疑为处分过轻。不知会议时，议员言论如有失检，议长即应止其发议，违者得令退出，故仅因发言不当，未必即成法律上之犯罪，此各国议院通例。咨议局章程第三十九条即援以规定也。议员如有以所发议论在外间自行刊布者，自应照各本律治罪。至狂暴举动议长不能处理者，督抚有令其停会之权。其应治罪与否，自可以当时在场狂暴之现状为断。设于言论冲突至于殴伤，亦应照殴人律例治罪。所谓轻纵者，亦未必尽然。他如现行犯罪亦得逮捕，曾于原章第四十条内声明。是议员果有犯罪确据及为议员以后有品行悖谬营私实迹者，督抚即当凛遵前年九月间谕旨，断不可使品行悖谬营私武断之人，滥厕其间，随时斥退惩办。断不至如原奏所称假咨议局为护符使之肆无忌惮也。原奏又致虑于议院攻击政府。查宪法大纲所附议院法要领内载：行政大臣如有违法情事，议院只可指实弹劾，其用舍之权仍操之君上，不得干预朝廷黜陟之权。此又俟之议院成立以后，与今咨议局无与者也。臣等所谓该大臣原奏各节有不免误会者此也。总之，咨议局为采取舆论之机关，予以决议权者，所以冀达情通隐图省治之改良。督抚为督率行政之机关，予以监督权者，所以冀救弊补偏，期政务之统一。而二者之分际，均以法令为依归。在咨议局固不能出法令之外，为非理之要求，即督抚尤须持法令之平，为适宜之处理。官绅有相资为治之功，而无互相猜忌之患。此臣等上年拟订咨议局章程，所以恪遵历次大权统于朝廷庶政公诸舆论之旨，斟酌至再，以期无弊。而该大臣审慎迟迴，犹复过为疑虑，故不能不重申法意，以期与天下共晓也。惟是谋事最难于图始，徒法不能以自行。现届预备之第二年，尚在办理选举。今岁九月，方为各省咨议局第一次开会之期。此后按照清单，递年筹办。行得其道，则循序渐进，上理自可日臻。行失其道，则动辄龃龉，大局或虞纷扰。得失之机，间不容发。惟望凡百臣工以及士庶，均能和衷共济，开诚布公。臣馆更随时随事遇有纷歧侵越之处，力为指正，请旨办理，庶几朝野交励，上下相维。此八年中实行预备，一届颁布召集国会之期，自有实效，而无流弊。以上副圣主孜孜求治之怀，下慰薄海喁喁望治之愿。不至良法美意，徒以推行未善，而为四方万国所非议。此尤臣等殚诚竭思而愿与内外臣庶朝夕共勉者也。所有遵旨议奏缘由，谨恭折具陈，伏乞皇上圣鉴训示。谨奏。

宪政编查馆大臣和硕庆亲王　　臣奕劻
宪政编查馆大臣大学士　　臣世续
宪政编查馆大臣大学士　　臣张之洞
宪政编查馆大臣协办大学士　　臣鹿传霖
宪政编查馆大臣署大学士　　臣那桐

再，查历来法律章程内笺注解释，皆系由在事臣工纂辑，奏请钦定，方准颁行。其私家撰著律例注解之类，未经呈进者，一概不得援用。诚以立法之权，统之君上，断不容人自为说，致淆观听而紊政纲。自上年咨议局章程通行后，各省遇有疑义，皆电咨臣馆，随答随复，或推广待申之意，或驳正质难之词，皆期得所折衷，俾免阻碍。已由臣馆将节次答复电稿咨稿汇印成册，先后通咨各省，一示奉行者以率循，一资讲习者之研究。嗣后京外各衙门于奏定章程有疑义者，应以官定解释之说为据。其各处坊间所刻之私家笺注释解，均不得援以为据，以免辗转相承，致滋谬误。臣等为慎重立法起见，谨附片具陈，伏乞圣鉴。谨奏。

宣统元年七月十六日，军机大臣钦奉谕旨：宪政编查馆奏议复考察宪政大臣于式枚奏陈咨议局章程权限一折。又片奏：奏定章程有疑义者，应以官定解释之说为据，坊间私刻，不得援以为据等语。著依议。钦此。〔清陆军部档案〕

11 陈昭常奏设责任内阁折①

宣统元年十二月二十二日（1910年2月1日）

吉林巡抚陈昭常跪奏，为请旨设立责任内阁，以固邦本，而慰民望，恭折仰祈圣鉴事：窃臣伏读光绪三十二年七月十三日上谕：廓清积弊，明定责成，必从官制入手。亟应先将官制分别议定，次第更张。等因。钦此。又伏读同年九月二十日上谕：仰维列圣成宪昭垂，法良意美，设官分职，莫不因时制宜。今日情形既有不同，自应变通尽利。其要旨惟在专责成、清积弊、求实事、去浮文，期于厘百工而熙庶绩。等因。钦此。是预备立宪必先改定官制，在我孝钦显皇后、德宗景皇帝固已洞烛几先，明定国是。圣谟宏远，中外同钦。惟以当日改革之初，群情或不无疑虑，故

注：①此折系宣统二年正月十五日陈昭常致清陆军部咨的附件。此折于宣统元年十二月二十二日具奏。

有次第更张之谕，期于依次举办，毫无阻碍。军机处为一国政治总汇之地，虽至今倘〔尚〕仍其名而已，不令兼别职。且各部大臣均兼充参预政务大臣，实隐寓外国大臣同负责任之意，即以为异日责任内阁之基础。现九年预备之事逐渐推行，即改定官制一端愈无可缓。而官制中之责任内阁，辅弼君上，代负责任，尤不可不急为设立。盖责任内阁者，为全国政治之最高机关。苟机关之组织，未尽适宜，斯宪政之进行，必多扞格。近日东西各国无不设立责任内阁，其大别有二：一曰：政党内阁。一曰：帝国内阁。所谓政党内阁者，即其内阁阁员对于议会而负责任。组织内阁必用议会多数之党，英、法、奥、意诸国行之。所谓帝国内阁者，即其内阁阁员对于皇帝而负责任，组织内阁之权，操之君主，德、日诸国行之。要之，组织之方法虽各有不同，而其为负责任之机关，则无或少异。若吾国之军机处其始本由内阁分设，与英国最初之内阁其始本由枢密院分设者，正相符合。特彼之内阁，寖假而为政治最高之机关，寖假而对于政治负其责，而我之军机处，虽握有行政之实权，而因无责任之规定，故其所行而善固无功之可言，所行而不善亦无过之可指。且因责任之政府不立，纵有利民之政，亦莫能见信于人民。政府忧劳于上，人民怨咨于下。在政府固不必求助于人民，而人民亦实不谅夫政府。上下之隔阂，国是之纷纭，诚今日天下之大患也。今欲更张百度，咸与维新，莫如裁撤军机处，设立责任内阁，以各部大臣组织之，其上置一总理大臣，以统一各部。苟有失政，则全内阁之大臣连带以负责任，庶功过皆有所归，而庶绩自以日理。综其利益，厥有数端：一、政务之系统可以分明也。今日行政机关之不能改革者，其弊在于无人而尤在于无组织之法。议者或谓今日为预备立宪之时代，宜收地方之权力，集之于中央。于是学部则统辖提学司焉，农工商部则统辖劝业道焉，民政部则统辖民政司或巡警道焉，度支部则统辖度支司或藩司焉，法部则统辖提法司或臬司焉。不辨明政务之系统，而欲以中央之权力，支配各地方之官吏，在督抚固窃议其侵权，在中央亦实力有未逮。苟设立责任内阁，将全国之政务，一一区分而条理之。如陆海军行政权、外交行政权、财务行政权、司法行政权，皆宜握诸中央，其余或委诸地方官吏，或委诸自治团体。其握诸中央者由中央政府负其责，其委诸地方官吏及自治团体者由官吏及团体负其责，责任既极分明，机关自可效用矣。二、施政之方针可以确定也。国家自举行新政以来，非不雷厉风行以冀振积弱之余，而臻富强之域。然其成效卒不大著者，无他，施政无一定之方针也。此部与彼部不相习，此省与彼省不相闻，同处一国之中，俨若鸿沟之隔。从无有立大政之方针，通彼此之隔阂，挈一国之政务，而定其先后缓急之序者。故其弊也，凌躐错乱，利未著而害先形。然此犹曰：有彼此之分也。有同属一部之事而主义矛盾者矣，有同处一省之中而意见歧出者矣，是皆背于施政之方针，而为立宪前途之阻碍。且财也者，事业之源而百政之所从出也。今日新政纷繁，度支奇绌，部臣责疆臣以协助，而疆臣亦冀部臣之筹拨，卒之互相推诿，所损已多。全国之利源未开，即新政之阻力百出。长此因循，必有坐困之一日。苟设立责任内阁，将全国之政务，辨其孰为宜先，孰为可缓，然后综计全国之岁入若干、岁出若干、某事可以某项弥补、某事必须另为筹划，纲领既立，可随事以进行，秩序烂然，自有条而不紊。彼东西各国内阁之成立，必表示其施政之方针，或取积极主义，或取消极主义，或取保护政策，或取放任政策，非好为同异已也。必先有政见之标明，然后知措施之趋向。若不循其主义而行，即有舆轮〔论〕督随其后。所谓责任者，此而已矣。三、政务之执行可以敏捷也。一国大政，端赖执行，稍一蹉跌，事机即逝。况今日之时局有千钧一发之危，即令急起直追，犹恐事机之或失，顾可迁延观望虚掷此黄金之岁月乎。我国自丙午以来，改政务处为会议政务处，凡事议而后行，颇合于外国内阁会议之制度。但各部尚书虽有参预政务之权，而无署名谕旨之责。故于其所主管之事项，或尚黾勉以图功，而于关涉行政全体之问题，不免失之于淡漠。例如经营蒙、藏，为吾国今日存亡一大关键。其经营之始，必以度支部任筹饷、陆军部任练兵、邮传部任敷设铁道、农工商部任开设各种银行，实行其中央之干涉，然后有成效之可言。近日政府之对于蒙、藏，虽屡有所议论，终未见之实行。坐令藩属生心，外人窥伺，则以未集合中央之各部筹一通力合作之法也。苟设立责任内阁，凡一重要问题发生，开内阁会议决之，议决后即为执行。其权限既较会议政务处为确定，其责任亦较会议政务处为分明矣。伏查改定官制一事，既见于先朝之明谕，而考察宪政诸臣亦屡以为言，原无待于臣之哓渎。而臣顾以设立责任内阁为请者，实因目击时局之艰危日甚一日，非著手于政治之根本无以图宪政之实行，非力求夫宪政之实行无以系天下之人望。国家安危之机，决于人心之向背，若再迟疑而不决，恐非时势之所宜。臣昔尝随使欧美各国，亲睹其内阁之设施，复证以平日之闻见，然后知其国势之所以蒸蒸日上者，无不于此基之。伏愿我皇上乾纲独断，毅然施行。上成先朝未竟之志，下慰生民望治之殷。敕下枢臣，从速组织责任内阁，俟明年资政院召集之时，行政与立法之机关咸效其用，则宪政之基础既日趋于巩固，国家之郅隆亦可计日而待矣。所有拟请设立责任内阁缘由，是否有当，恭折具陈，伏乞皇上圣鉴训示。谨奏。

〔清陆军部档案〕

12 宪政编查馆呈拟行政事务权限办法折

宣统二年二月二十九日（1910年4月8日）①

臣奕劻等跪奏，为行政事务亟宜明定权限，以为筹备宪政之本，酌拟办法，恭折仰祈圣鉴事：窃维君主立宪政体，统治权属诸君上，而立法、司法、行政，则分权执行，是为立宪要义。谨案钦定宪法大纲：君上有统治国家之大权，凡立法、行政、司法，皆归总揽，而以议院协赞立法，以政府辅弼行政，以法院遵律司法。仰见朝廷博采成规，折衷至当，风声所树，观听一新。两年以来，业经筹备事项，如开设咨议局为各省采取舆论之所。开办资政院为上下议院之基。又法院编制法亦经钦定颁行。其京师、东三省所办各级审判厅先已成立，各直省亦次第筹设，克期施行。是立法、司法两大端，基础已具。若于行政机关不亟设法整理，匪惟不利推行，且恐滋生弊害。敬为我皇上缕析陈之：一曰行政权将为立法权所操纵也。三权分立固为宪政之精神，而君主立宪国则以君主统治大权冠诸其上。三权之中，惟司法机关，孑然独立。其互相维系而处于对待之地位者，则立法与行政二者而已。然徵诸实事，则二者对待，各不相下，必有一焉隐握运用之权，始剂于平。其在议院政治之国则议会操纵政府，其在大权政治之国则政府操纵议会。不于此则于彼，东西各国，有明徵矣。我国宪法既采大权政治主义，则于议院政治绝不相容。故造端之始，三权机关必须同时设立，不可偏废。否则立法之基先具，既有以磨厉其才增进其识，而行政机关袭故蹈常，不能相副，虽有人才，无从历练，优劣相形，势必成以立法权操纵行政

注：①此系上谕日期。

权之局，而君主立宪主旨将破坏而不可收拾矣。一曰行政之系统及责任之不分明也。凡国家行政，同一之事务，必以同一官府统之，统系既明，责任自专，方能定趋向而促进行。现制有一事而分隶数部者，有一官而兼辖诸务者，互相牵制则召争，互相推诿则废事。至于宫府不分，皇室事务与国家事务混而为一。职掌未定，常设机关与特设机关动行牴牾。综此数端，是行政之机关整理愈不容缓矣。一曰国家行政与地方行政界限不明也。行政事务，何者应归中央直辖，何者应归地方管理，究其性质，本有专司，不容牵混。现制每有应归中央直辖之重要事务而举以责诸地方者，相沿日久，遂难分析，以致政令不齐，无从画一。上年，各省咨议局开会亦以界限不明之故，动辄有侵越权限之虞。迭经各督抚以国家行政与地方行政作何区别电询，臣馆亦因标准未定，不能详析指明。本年，资政院召集在迩，若不先期详为规定，尤恐权限争执无已时矣。一曰行政事类不分则财政无从清理也。筹备事宜既有国家财政与地方财政之分，则国家行政事类与地方行政事类必先逐一画分。然后行政经费始有所据以分配，清理财政始能措手，预算决算乃可实行。今则内而各部之计划，外而各省之措施，俱以限于财力，不能进行。遇有要政，部臣不能为谋，所需之经费或令其自行筹措，或迳摊于各省。究其归也，往往以无款可筹之故，要政因以不行。此尤臣等所焦思而重虑者也。行政关系之巨若此，则整理机关实为本原，不容置为缓图也明矣。惟是治病者必察其源，治丝者先理其棼。方今行政之病由于职掌不清，以致权限不明，则整理之法，必先规定职掌以明权限所在，方能收整齐画一之效。是画分行政职权又为整理行政本原中之本原也。考行政之要义有二：一、区分事务之性质。二、区分执行之机关。国家行政事务，本极繁赜，必辨其类以区之而立为部以统之。行政事类，大别有五：曰内务行政。曰外务行政。曰财政。曰军政。曰司法行政。其他事务不在国家行政之列，即不属国务统系之中。至分部之法，各国多寡不同。我国现制：设有外务部掌外务行政，度支部掌财政，陆军部掌军政，法部掌司法行政，而民政部、学部、农工商部、邮传部、理藩部分掌内务行政。较之各国编制虽有异同，揆诸国情折衷已属允当。盖五类行政之机关缺一不可立国，中外固无二致也。至于执行机关约分四级：一曰直接官治，由中央政府依据法令直接管辖，或由部特设专员分赴各省办理直达于部者也。二曰间接官治，由中央政府委任各省官吏遵照法令执行，不再由部特设专员者也。三曰地方官治，由各省官吏遵照法令奉行者也。四曰地方自治，由各自治职遵照法令奉行者也。凡中央集权之国不须设地方官治一级，以事统于民部之故。凡地方分权之国不须设间接官治一级，以事分隶于地方之故。惟是我国情形不同，纯然中央集权与纯然地方分权之制均难适用。揆时度势，似以四级具备为宜。臣等再四筹维，拟以各部现行职掌为经，以四级机关为纬，分别部居，列为简表，遇有应行改并增减之处，附加按语，纂成行政纲目一编，缮具清本，恭呈御览。俟命下后，即由臣馆咨送各该衙门逐条核酌。如有尚须量为变通损益及事隶两部或数部者，由各该衙门分别会商详细签注，限两月内咨复到馆。再由臣馆详加厘订，会同内阁会议政务处复核具奏，请旨钦定实行。此后筹备事宜，如厘订官制、清理财政等项，悉据此为准的。其资政院暨咨议局权限亦即以此为范围，庶几纲举目张，有条不紊矣。如蒙俞允，即由臣馆咨行各衙门钦遵办理。所有酌拟行政事务，明定权限办法缘由，谨缮折具陈，伏乞皇上圣鉴训示。谨奏。

宪政编查馆大臣和硕庆亲王　　臣奕　劻

宪政编查馆大臣大　学　士　　臣世　续

宪政编查馆大臣大　学　士　　臣鹿传霖

宪政编查馆大臣署大学士　　臣那　桐
宪政编查馆大臣　侍　郎　　臣吴郁生

宣统二年二月二十九日，军机大臣钦奉谕旨：宪政编查馆奏行政事务，宜明定权限，酌拟办法一折。著依议。钦此。

〔清民政部档案〕

13　宪政编查馆录转提前实行立宪谕咨

宣统二年十月二十二日（1910年11月23日）

钦命宪政编查馆王大臣为恭录行知事：宣统二年十月初三日，内阁奉上谕：前据各省督抚等先后电奏，以钦颁宪法、组织内阁、开设议院为请。又据资政院奏称：据顺直各省咨议局及各省人民代表等，陈请速开国会等语。当将原折电交内阁会议政务处王大臣公同阅看。旋据该王大臣等各抒所见，具说呈进。又于本月初二日召见该王大臣等详细垂询，切实讨论，意见大致相同。溯自分年筹备立宪期限，定自先朝。朕仰承付托之重，夙夜兢惕，无时不以继志述事为心。既不敢少事迟回，亦不敢过形急切。前经都察院两次代奏呈请速开国会，均即明白剀切宣谕。彼时为郑重要政起见，诚有不得不一再审慎者。乃揆度时势，瞬息不同，危迫情形，日甚一日。朝廷宵旰焦思，亟图挽救，惟有促行宪政，俾日起而有功，不待臣庶请求，亦已计及于此。第恐民智尚未尽开通，财力又不敷分布，操之过蹙，或有欲速不达之虞。故不能不验向背于舆情，决是非于廷议。今者，人民代表吁恳既出于至诚，内外臣工强半皆主张急进，民气奋发，众论佥同，自必于人民应担之义务确有把握，应即俯顺臣民之请，用协好恶之公。惟是召集议院以前应行筹备各大端，事体重要，头绪纷繁，计非一二年所能蕆事。著缩改于宣统五年实行开设议院，先将官制厘订提前颁布试办，预即组织内阁，迅速遵照钦定宪法大纲，编定宪法条款，并将议院法、上下议院议员选举法及有关于宪法范围以内必须提前赶办事项，均著同时并举，于召集议院之前一律完备，奏请钦定颁行，不得少有延误。总之，决疑定计，惟断乃成。此次缩定期限，系采取各督抚等奏章，又由王大臣等悉心谋议，请旨定夺，洵属斟酌妥协，折衷至当，缓之固无可缓，急亦无可再急，应即作为确定年限，一经宣布，万不能再议更张。尔内外各大臣，务当协力进行，时艰共济。各省督抚领治疆圻，责任尤重。凡地方应行筹备各事宜，更当淬厉精神，督饬所属，妥速筹办，勿再有名无实，空言搪塞，必使一事有一事之成绩，一时有一时之进步，无论如何为难，总当力副委任。如或因循误事粉饰邀功，定即严惩，不少宽假。顾官吏有应顾〔循〕之考成，国民亦有应循之秩序。此后傥有无知愚氓，藉词煽惑，或希图破坏，或逾越范围，均足扰害治安，必即按法惩办，断不使于宪政前途，稍有窒碍，以期计时收效，克日观成，上慰先帝在天之灵，下慰海内喁喁之望。将此通谕知之。钦此。相应恭录咨行贵部钦遵办理可也。须至咨者。

右咨

陆军部

宣统二年十月廿二日

〔清陆军部档案〕

14　孙洪伊等请速开国会呈

宣统二年十月（1910年11月）

直省国会请愿代表孙洪伊、李长生、乔占九、文耀、雷奋、姚文枬、沈懋昭、杭祖良、余德元、陆乃翔等谨呈王爷、公爷、中堂、大人钧鉴：敬肃者：洪伊等于本月初十日呈递国会请愿呈词于察院后，现已浃旬，日夕彷徨，仰望明诏，有若云霓。今日捧读谕旨，敬悉政务处王大臣于明日会议。闻命之下，欣悚交并。夫所会议者，果为何事，虽非民间所得妄揣，然速开国会一节为国家安危所系，而王爷、公爷、中堂、大人之一言一行，亦国家安危所系，则会议时自当提议此事，精详擘画，赞助圣明，俯顺民情，速定大计。洪伊等识陋才疏，原不足讨论国政。但外考世界大势，内证中国事实，觉国会有万不能不速开者，其理由已详陈于各请愿呈词中，兹不复续。窃谓国会之果能速开与否，即于明日政务处会议卜之。倘王爷、公爷、中堂、大人能力持大体，则四海之颂声作，否则四海之泣声起。此所谓善不善千里之外应之，一言可以兴邦，一言可丧邦也。庙堂一席之讦谟，指顾间即腾播于寰球，流传于史乘，天地鉴临，鬼神瞰室，其枢机全系于政府诸公之齿颊也中〔中也〕，顾可不慎欤。夫今日朝廷之厉行宪政，取舍原无成心，惟视左右辅弼之陈议何如耳。在洪伊等既各膺代表之重任，势难中止。且近日各省督促洪伊等请愿之函电极多，皆力陈大局危迫，乱机四伏，非速开国会不能挽救，读之动魄。倘朝廷此次而不能速定大计，哀恤舆情，则洪伊等真进退两难。若再作第三次之请愿耶，则恐上触君父之严谴，若即畏难苟安耶，则下受人民之抨击。洪伊等虽死不足惜，然国事人心，从此必更难收拾。故今日疏狂无状，沥陈下情，敬恳王爷、公爷、中堂、大人俯察刍荛，力持速开国会之议，则不独宗社民生之大幸，亦洪伊等身受生死肉骨之恩也。惶懋上言，仰希钧察。附呈上政府书稿一件，伏乞垂鉴。

请愿国会咨议局代表孙洪伊、绅民代表李长生、东三省绅民代表乔占九、旗籍代表文耀、教育会代表雷奋、江苏教育会代表姚文枬、商会代表沈懋昭、上海苏州商会代表杭祖良、政治团体代表余德元、南洋暨澳洲华侨代表陆乃翔等谨上书。

敬肃者：窃中国今日之国势，其忧患危迫可谓极矣。政府棼乱于上，士民怨讟于下，各国协商协约于外。以国内之棼乱怨讟言之，则无时无事不可以亡国。以各国之协商协约言之，则无时无事不可促我以亡国。譬如孤舟遇风，生死呼吸，同舟者既束手待毙，而四面又皆敌人，安有幸存之理。观近来外人之评论吾国也，曰财政紊乱，可以亡国，吾侪当监督其财政。饥民流寇，可以亡国，吾侪当派遣舰队，以资镇压。夫外国人谓吾国之必亡，犹可言也。乃吾国人士，亦终日皇骇，奔走呼吁，若皆有汲汲顾影不可终日之概。懦者明知国之将亡，而始终存一灰冷之心，健者日求所以救亡，而遇事挫折，不获一逞，亦时萌灰冷之念。哀莫大于心死，今吾国人之于国事，其心未死者有几。呜呼。国家将亡，必有妖孽。人之将死，其言也哀。此代表等今日所以万难含默，而披鳞触忌、剖心泣血，欲与我执政诸公一痛陈之也。窃谓吾国致亡之途虽多，然其总因则首在国家政体不定。代表等所谓政体者维何，即立宪政体也。立宪政体与专制政体之区别，即首在宪法之有无，而国会者又为宪法上之最重要机关。无国会即无宪政之可言，此非代表等之私言，实世界各国极平常之见解也。此中理论，万言难宣。代表等昨呈都察院代奏之请愿书，已将吾国速开国会之利益与吾国有决可速开国会之理由，一一论列，兹更无烦复述。代表等今只就政府一面之危急情形，非速开国会不能挽救者略言两事可也。

一曰：吾国若不速开国会，则一切现行法律皆无根据不能推行也。夫国家所恃以存立者，在有法律以维系一切秩序。各立宪国之所以尊重国会，与国会之所以能维持国家者，首在国会之握有立法权以编纂一切法律法规也。今吾国无此立法机关，故政务日益繁乱，官民毫无遵守。近来宪政编查馆与各部院所颁布之现行法律规章非无妥惬者，司员中非无明达者，然颁布之后，不独无甚效力，且多置若罔闻。若因此即谓人民无研究法律之程度耶，则民间号称法政淹通之士，平日素喜研求各国法律者，今对于国中之现行法，亦多不经意。且非独在野者如此也，即主持立法之各部院与各省行政官吏，又何尝有信奉此种法律之心乎。甚成〔或〕本身行事显犯本身所订之法律，亦悍然不顾。推此原因，则由于此种法律非协赞于国会之中，无论其优劣不足以耸朝野之观听，人民必鄙屑之。此世界人类普通之性情，非独吾国为然。倘非人民所信仰之法律，而可使人民尊重耶。则欧美各国又何不召集国中人才于行政部院之中，命其编纂法律，而必斤斤设立国会畀以立法之全权耶。此其故可深长思矣。夫人民之所以要求国会者，必因目前极厌恶此种专制政体，极不信任此种官僚，故必欲参与立法，使立之独立于行政部之外。若人民所要求者在立法权，而政府则曰：我亦能立法。是人民所要求之物在此，政府所畀与之物在彼，所答非所问，其根本上已与人民之心理相反。人民走于狂热，其物之美恶不暇辨，必不任受，无怪其然。况国会既开之后，经多数之讨论，其编纂之法律，必与少数司员之讨论者较为详备乎。故吾国若一日不开国会，法律必无效力，则国家可谓为无法律之国家，官吏为无法律之官吏，人民为无法律之人民。上无道揆，下无法守，国家安得不亡。此最可痛心者。故吾国今日人民只知要求国会，对于一切不完善之法律皆可视若弁髦。政府既不授人民以立法之权利，人民即无遵守法律之义务。日后人民虽酿成大变，虽仇视政府，虽显有不法之举动，代表等亦无力可以导喻之，惟有束手以坐视宗社之墟耳。虽然，谁无祖宗庐墓，谁无室家，岂有不思患预防之理。【此】代表等今日要求速开国会之一大理由也。

一曰：吾国若不速开国会，则政府一切政策皆不能确定也。夫国家之所以能日即于强盛者，其行政上一时有一时之政策。若政策不确定，则政务不能酌别先后缓急之序，虽如何励精图治，必无裨于国福民利。甚或求治日殷，反以益国政之棼乱，促国运于危亡。此各国政府所以必有一定之政策以为行政之纲领也。政策既决定之后，则内阁各部大臣皆加入此连带责任之中，兼程并进，故百政具举，国势日隆。今吾国则不然，事事无一定之政策。全国官吏，西突东奔，渺无意识。军机按日入值，不知所值者为何事。各部堂宪、各省大吏，掌握行政，不知所行者为何事。其因循苟且不负责任者，固为溺职殃民，即恪恭尽瘁夙夜勤劳者，亦无一政绩可睹。均之无益于救亡也。此非苛论，按之现在事实，即可瞭然。例如枢府欲取中央集权政策，则各省督抚联衔电争以挠之。督抚欲取地方分权政策，则枢府可奏陈圣听以扼之。海陆军大臣欲取扩张军备政策，则度支部与各督抚皆不协筹军需。农工商部欲取整顿实业政策，则度支部既不拨给经费，而海军处又到处争拨巨款，致无余力可以经营实业。度支部欲取财政统一政策，则地方长官暗中梗议，虽清理财政一事，亦受把持。他如筹一的款，拟办一事，则各部或奏请拨充，各省或奏请截留，函电纷驰，辗转请托，竞争国帑，如攘私利，令人骇然。全国政务如乱麻，全国政策如飘蓬，扰扰纷纷，徒以召乱。夫吾国何以毫无政策一至此耶，则亦因无国会之故。盖无国会，其始也，则责任内阁无所倚重，不能成立，各部政务无连带责任之关系，故行政上各不相谋，必至各部有各部之政策，或各部均无所谓政策。其继也，因无国会以公共讨论，则所谓政策者必系政府一面之理想，不能惬于国势民情，合于世界大势。其终也，则所取之政策，无论是否，不能得全国人之信用而遇事阻挠，甚或惹起民间之激争，足以隳非常之大业，灰当国者之热心，此祸之最显著者。若既经开会之后，而共同讨论其政策，则朝野联为一气，政府始能贯彻其主张。虽一时国会程度或有不逮，然政府与国会常相接洽，出以大公，则议员亦不至轻于反对，可提携牖导，以跻于中正。且政府之苦心，亦可邀人民之共谅。国家者，为全国人之国家，其政治又何不可与国人共之也。乃吾国执政诸公，因近来国中舆论混淆，以为纵开国会恐亦无裨于国家大政，殊不知吾国今日何尝有正当之舆论乎。凡国中一大事之发生也，则民间所倡之言论，不过少数人之意见，一时一事之感触，故申甲说与乙说相反，前说与后说相违，是非难于决择。盖吾国宪政未成，既无国会，复无政党，不能集合数百千人讨论国事，其舆论原难悉当，无足深怪。而国中人才虽有卓识远见者，不能遽显其清议于社会，故其理终湮，国事易败耳。若速开国会之后，则必有伟大稳健之舆论腾布国中，而异说必见渐消，纳于一轨，政府乃可借重此等舆论，以为施政之方针。夫国会既赞成之于前，自能协助之于后。考各国历史，当未开国会之时，则舆论散布社会，辄与政府为敌，既开国会之后，则舆论集中于国会，遇事可资协赞。故代表等窃计此时若能上下一心，共趋于国利民福之一途，纵议论或有参差，情势并无隔膜，亦正不难调和之也。此代表等今日要求速开国会之一大理由也。

以上所论，吾国若不速开国会，其害之大，至易明瞭。代表等深察查国中情形，朝不保夕，觉即从速召集国会尚恐不能救亡，况并此国会亦靳而不予。窃恐人心一散，危局更难支持。观近来各省兵变民变之事，数月之间，已数十起，为前此所未闻。虽幸扑灭，未即蔓延，而祸机隐伏，有触必发。汉唐元明末造之祸，必将复见于今日。盗贼蜂起，人民涂炭，宗社邱墟，思之良可寒心。何则，各省民穷财尽，今已无可为讳，况复加之以饥馑，激之以外患，煽之以革党，而政令纷歧，官吏贪婪，又无时无事不可以速乱乎。代表等鳃鳃过计，与其俟大难已作，同遭玉石俱焚之惨，何不及今力持大体，俯顺民情，速开国会，以弭乱于无形乎。此非代表等丧心病狂，故作危耸之词，以荧执政诸公之听也。诚上迫宗社之危亡，下逼人民之委托，惶恐陈情，势难中止，故语无忌讳，不及选择。惟原其心而宽其罪，幸甚。除胪列情形，呈由都察院代奏外，合再泣陈愚悃，仰候钧裁，不胜悲悚待命之至。

〔清陆军部档案〕

15 清帝申斥陈请改组皇族内阁谕①

宣统三年六月初十日（1911年7月5日）

监国摄政王钤章。六月初十日内阁奉上谕：都察院代奏直省咨议局议员呈请另行组织内阁一折。黜陟百司，系君上大权，载在先朝钦定宪法大纲，并注明议员不得干预。值兹预备立宪之时，凡我君民上下何得稍出乎大纲范围之外。乃该议员等一再陈请，议论渐近嚣张，若不亟为申明，日久恐滋流弊。朝廷用人，审时度势，一秉大公。尔臣民等均当懔遵钦定宪法大纲，不得率行干请，以符君主立宪之本旨。钦此。

奕劻、那桐、徐世昌署名。

〔清内阁法制院档案〕

注：①此件系内阁抄送件。

16　清帝颁布立宪十九信条谕①

宣统三年九月十四日（1911年11月4日）

监国摄政王钤章。九月十四日内阁奉上谕：朕勤求治理，惟日孳孳，作新厥民，犹如不及。近因川鄂事变，下诏罪已，促进宪政，另行组织内阁，宽赦党人。昨日又俯允资政院之请，将所拟宪法重要信条十九条，宣誓太庙，颁布天下，所以期人民之进步，示好恶以大公。自今以往，凡关于政治诸端，尔人民有所陈明，朕无不斟酌国情，采纳公论。天生民而立之君，民之视听，即天之视听。其有政治弗进，热心改良，举动激烈者，列邦谓之政治改革。凡欧西列强，由专制而入于宪政，此等阶级皆所必经。今各省纷扰，祸变日深，其本意率在宪政实行，共登上理，委系激而出此，并非如前代叛民希图非望，往时逆匪荼毒生灵。惟上下睽隔，情志莫通，不得已命将出师，冀拯水火，仍将归正免究之旨申谕再三。兹复披览资政院及统制张绍曾等所奏，益信致乱之源实由政治。彷徨宵旰，良用恻然。倘再不早变计，后患何可胜言。痛切剥肤，须臾难忍。顷适据袁世凯电奏：奉到初五日恩旨四件，已令各军停进。一面出示晓谕招抚，并向武昌宣布德意解散。等语。办理甚合朕意。并著将十二日准资政院起草宪法，十三日颁布信条谕旨，一并宣示。仍恐远迩未及周知，用再谆切宣谕：有乱事省份，凡统兵大员务皆仰体朕心剀切布告，妥速安抚，俾皆晓然朝廷实心与民更始，不忍再以兵力从事之意。人同此心，心同此理，或亦可涣然冰释乎。至种族革命之谬说，容或有之，究居少数，况同在九州之近，更何有畛域可分。舜东夷而

注：①此件系内阁抄送件。

禹西羌，皆中夏之圣帝，岂忍以自相残贼，同付沦胥。总之，国步阽危，至今已极。胥赖我军民宏济艰难，互相维助，俾我四万万神明之胄，跻世界于大同。倘或负固执迷，不顾公理，恃众逞忿，不虑危亡，以人道所不容万国所不许之事，欲实行之于中土，为国民幸福计，为世界和平计，非惟朕不能姑容，我爱国军民亦必视为公敌，势难任其肆意凶杀，扰乱神州。想我爱国军民，必能共矢公心，咸登新治，无偏无倚，同我太平也。钦此。

奕劻、那桐、徐世昌署名。

〔清内阁法制院档案〕

17　清帝即行召集国会谕①

宣统三年九月十五日（1911年11月5日）

监国摄政王钤章。九月十五日内阁奉上谕：资政院奏请速开国会，以符立宪政体一折。所有议院法、选举法，著迅速拟订议决，办理选举，一俟议员选定，即行召集国会。钦此。

奕劻、那桐、徐世昌署名。

〔清内阁法制院档案〕

注：①此件系内阁抄送件。

三、四川保路运动

1　瑞澂等有关川汉路继续开工并添兵驻防电

宣统三年五月（1911年6月）

（1）瑞澂电　五月十四日（6月10日）

邮传部、度支部、陆军部、端督办均鉴：辰。川汉路工宜万一路公司设在宜昌，前由澂会合川督札派吴道锜孙、马道汝骥前往，遵照大部电饬各节清查。昨据马道、吴道电称：宜昌路工顷已查得大概。除汉、沪、成、渝、北京不计外，计自三十二年七月起至元年十月止，支出开办费三十三万余两。元年十一月开工起至三年四月止，共支出库平四百一十余万两。现存材料约值六十余万两。内有未付价者一十一万余两，购（误码一字）地亩约值一十九万余两。现存钱庄生息款一十万两。现银二万余两。宜局向无多存款，按月由沪、汉拨支，价票向由成都经管，宜无底册。又路工计由宜至归州，线长二百八十余里，分十段，均开工，计已成通车运料者三十余里。轨已成桥峒未完未通车者八十余里。道未成者六十余里。峒工通者二，未全通者八。码头、停车场、火车站、月台、气车房、水塔均全。沿路车站月台四处、有轨岔道三十余处、桥梁五十余处、洞沟百余个，均已完工。电杆线已至十段。又机厂、煤栈、工程员司住房及桥梁六十余处、洞沟六千余处，均未（误码一字）。在工夫役四万余人，每月开支约四十万之谱。俟接收工程之员到宜，方能截数汇总，造具简明清册，赍呈鉴核。再报载签字合同，喧传到宜及读申斥川湘督抚之谕，驻宜川董闻有得各处止款之电，李参议颇不谓然，力为担任。倘果出此，工役繁杂，包工十居八九，万难中止。且由宜至归，工师早经勘定，包工开造。若遽易洋师，无论轨线恐多改易，即以包工之财产生命，散布各段者，当亦巨万。关系彼时人心愤激，危险不堪设想。而公家损失，尽弃前工，尤为可虑。拟请电商大部及督办可否将已包未完至归州之工，责成现在工师一手办竣。其归州以上则归洋工师接手，庶可两全。是否，伏候钧裁。再查路线所经，匪多案杂，防军一营只敷保护城市商场，万难分布。拟援京汉成例，添募数营，在路款开支，应由筠孙另禀请示云。复据李参议稷勋折称：幸路收归国有，并准部示毋庸停工，自应遵办。惟报载宜夔路线，部定合同用美总工程司，川路股东董事异常惶惑，闻有函电各处止款之事。查本路股款，向存成、渝、沪、汉各办事处。自开工以来，均系各处拨来支应，公司向无大项存款。现在工役约四万余人，每月开支并购料应付各洋行货价，需款甚巨。万一款止工停，倘有不虞，万难任咎。至本路各项工程向系投标包工，视工程之大小，各包工应交押款，一经开工，每月由工程司验收后，照所作工程，按方酌给六成，俟工竣再行清价还押，所以防中辍、杜潜逃也。包工息借垫款，本多借自钱庄、商号，工竣领款，自行归结。今闻路将改工，庄号不特不再挪借，反索前借之款，众情不免震动，故各包工遂有禀求将现筑各工，按方验收，给价还押情事。当经剀切开谕并传电各段工程司，一律劝导，惟人心浮动，隐患堪虞。吴道、马道洞悉情形，是以电请拟将宜昌至归州已开各工二百余里，仍责成现在工程司六月底办竣。再查本路部派总工程司詹天佑，兼管张绥、粤汉，到宜不过数月。两年以来，全系部派副总工程司邮传部郎中顾德庆一手经理。该郎中现因事局变更，即拟交工他往，屡与吴道、马道会商，均以总工程司既用外人，副总工程司以下各工程司必须多用万人，以资维系。如能将该郎中以下各员，酌量留用，地方幸甚。澂详核李参议来折、吴道、马道来电，语切机危，所陈办法亦有可采，惟关路政应由邮部督办主持，鄙意拟请电饬川路公司，申明毋庸停工，原用员工一概仍旧之宗旨，以安群情。至吴道、马道电请援京汉成例，添募数营，款由路支一节，鄙意添募万来不及。宜昌处鄂、蜀之间，地方本多伏莽，果工款两项，一不应手，变即随之，非藉兵力，万难弹压。拟即调用混成协一营，前往填扎，用资镇慑。惟该营一经调用，薪饷、公费、柴草，均须加成发给，固应由鄂担认。至来往川资及到宜驻扎营房等费，请由路款项下支拨。因预算款多规定，俾免独任其难。此虽思患预防，时不可缓。请即电复，以便分别饬行。盼切。瑞澂。盐。印。

（2）陆军部复电　五月十七日（6月13日）

武昌瑞制台鉴：盐电悉。川汉路事为难，拟调混成协一营填扎镇慑各节，自可照办。陆军部。印。

〔清陆军部档案〕

2　朱庆澜报告川民争路实行罢市密电

宣统三年七月（1911年8月）

（1）七月二日（8月25日）电

军咨府宪、陆军部堂宪钧鉴：靖密。成都路事，昨因宜昌来电，谓邮传部已请旨奏派李稷勋为综〔总〕理，突于午后二钟，在铁路公司开临时同志大会。其分发传单内载：政府抢路劫权，自明日起，全川一律罢市罢课，一切厘税杂捐，概行不纳，要求收回成命等语。一时人心惶惶，至五钟，城内铺户，关闭过半，巡警巡防到处弹压，本镇因多数军队，明游市井，益滋惶惑，当即密令驻省每营派官长一员，带兵六名，便服分巡交通街巷，以防意外。夜间，统制官亲诣街市，尚称安谧。今晨实行全罢，冀达要求督宪代奏收回成命之目的。教堂、领事署、邮政电政局、大清银行，分外注意，刻无暴动情状。本镇目兵，不干路事，均各相安。军界各学堂，照常上课，堪释廑念。余容续禀。署十七镇统制官朱庆澜禀。冬。印。

（2）七月初三日（8月26日）电

军咨府、陆军部堂宪钧鉴：靖密。罢市米油铺仍开，各户均贴先皇帝神位，旁注：庶政公诸舆论，川路准归商办二语。今午，有幼年学生七八十人哭诉督署，约二时始散。本镇于昨晚，遵奉督宪札谕，明装与巡防划区巡视。风闻附郭之温江、新都各县，先后罢市，均未暴动，惟有造谣生事之人，恪遵督谕严密查拿。一面派出马兵官长侦探，得实续报。署十七镇统制官朱庆澜禀。江。印。

〔清陆军部档案〕

3 徐樾请将川路暂归商办以维川局电

宣统三年七月（1911年9月）

（1）七月初十日（9月2日）电

民政部堂宪钧鉴：川人因争路事，群情激烈，愈持愈坚，有非空言所能解释者。自初一日起，罢学罢市。职道有保卫治安之责，随同督院司道等竭力维持。旬日以来，虽省城尚守秩序，而省外州县闻已有相继罢市并打毁各局所者。万一匪徒乘机窃发，将为大患。军督陈奏请将路事交资政院议，法律应照未议之前暂归商办。如蒙朝旨允许，川患立弭。如仍任邮部主持，众情愈愤。现又将实行罢税抗粮之举，入款全停，大局何堪设想。省城巡警千余，各属人数甚少，一有变故，恐不足恃。川局占〔阽〕危，不敢再安缄默。拟恳商请内阁设法拯救，不胜惶悚之至。四川巡警道徐树〔樾〕叩。灰。

（2）七月十三日（9月5日）电

民政部堂宪钧鉴：洪。文电敬悉。川省因争路罢学罢市情形，已有灰电上陈。蒙询因何而起，缘川人以铁路收归国有，借外债、立合同损失利权，恳请更正，仍归商办。前后督宪代奏，在舆情深盼挽回。且方参盛大臣及驻宜总理李稷勋，而邮部主持未许，又将李稷勋改为钦派，遂致群情大愤。半日之间全城学市同罢，延至今日，属之罢学市者屺〔已〕三十余处。并有匪徒乘机打毁局所，抢夺银物，经督宪率司道多方设法开导维持，迄未开市。且又罢税抗粮，为患日甚，大局岌岌可危。昨又再为奏请，如奉恩纶，事机立转。伏乞大部鉴援，早弭川乱为幸。四川巡警道徐樾叩。元。

〔清民政部档案〕

4 端方报告川民争路罢市罢课拥入督署等情致内阁密电①

宣统三年七月十六日(1911年9月8日)

内阁总协理大臣钧鉴：军咨府涛王爷、朗贝勒爷钧鉴：陆军部荫大臣、寿副大臣鉴：外务部邹大臣鉴：申密。昨据成都余道鸿大阮电称：官场对路事表同情者以周提法为最，王参盛折及近日代奏均伊主稿。初六日并代表季帅莅会。谓阖城各员愿以争路罢官。等语。季帅似甚镇静，对司道无议。特罢市后，除饮食店照常外余亦密售。省外灌、彭两县局所均毁。学生用语言煽惑，以铁路学堂为最。至有无乱党，亦难臆定。军警多助同志会，警尤难恃，巡防稍可用，现酌调来省。正绅对同志会意在避祸。抗税已议决实行，解省之款，有被阻者。学生亦密议回籍办团。昨该会闻铁路改道，忽谓川人争借约，非争路线。该会最激烈者为罗纶，颜、张等仅为利用。等语。顷又准川督赵咸电开：川省保路同志会因路事争执，遍结徒党。始则罢市罢课，继则乘机图逞。一般争路

注：①端方时任督办粤汉、川汉铁路大臣。

之人，为其牢笼，抗粮抗捐不完厘税，均已决议。晚，竟刊布四川自保传单，开载：自收租税，自办民团，并潜聚匪徒，定期本月十六日扑攻督署，幸先为预备，于今晨十点钟前后，将首要设法诱擒。旋于午间，猝有各协会匪徒数千人，麇集督署，先将驻扎街口马步各兵队冲破，拥至辕门，砍伤弁兵多人，直冲入头二门，将上大堂。在前者均挟有器具，并分扑廊房。兵队开枪伤毙十余人，始行退散。旋又扑攻后门，希图包抄，幸已立时击退。现在各街鸣锣聚众，与兵队互攻，恐二三日内，未必能定。省外州县，亦到处蜂起，自流井等处井灶徒众，不下数十万人，此次亦并罢市停工，抗纳厘税。深恐处处响应，兵分力弱。务望贵大臣多带得力兵队，迅速起程。等语。又成都英国人致汉口领事电云：成都店铺关闭，新军似不可靠。总督业拿首要，并出示劝谕开市。英人多避难至重庆、宜昌。重庆现甚平靖，商人不肯罢市。绥定、叙州、嘉定均有罢市情形。资州邻近，有美国教士被殴。等语。谨禀闻。方。铣。印。

〔清陆军部档案〕

5　瑞澂报告川督枪杀围署群众会党围城派兵剿办电

宣统三年七月二十一日（1911年9月13日）

北京。内阁、军咨府、海军部、陆军部、度支部、邮传部均鉴：辰。成都至资州电自十六日午后五钟不通，当经分电重庆、泸州、资州，探听消息。迨昨接赵督一电，仍系十六日所发，大致与十五日夜电意相同。惟多拿获首要均系职官一语，乃通电各省督抚者。此电谅系电线断后由成都专人至资州拍发，故迟至四日甫到，正电达间，昨夜戌亥两刻连接重庆朱道有基、钮守传善、泸州刘道朝望、郭牧钟义、资州朱牧景岳电称：十五日川督枪毙围署匪徒后，匪即在街放火。因将各城紧闭，邮电不通。现在城外民团会党，聚集乱民约数万人，四路围攻。城内派巡防军攻击，连日接战，死亡不少，去者尚络绎不绝。牛市口、大面铺一带道路不通，进城者行至龙泉驿即被挡住搜索，城内确信无从探问云。除饬步队一标克日出发西上遵旨暂归端大臣节制调遣相机剿办外，谨闻。瑞澂。马。印。

〔清陆军部档案〕

6 易昌楫等劾举赵尔丰屠杀川民十大罪状致资政院说帖

宣统三年七月(1911年8月—9月)

具说帖人：四川绅民易昌楫、李新琪，富顺县人，何湘，彭县人，王倬，巴县人，黄以镛，长宁县人，邓雨苍、熊政肃，奉节县人，文鸿雅，万县人等谨呈。为陈请事：窃绅民等现拟具为赵尔丰挟嫌诬陷、欺君殃民、希功激变陈请建议说帖一件。谨照资政院章第二十四条取具同乡议员保结，呈请钧院核办。谨呈。

陈请人：易昌楫等，共八名

保　结：议员万慎。

拟具为赵尔丰挟嫌诬陷、欺君殃民、希功激变，陈请建议说帖一件。

为挟嫌诬陷、欺君殃民、希功激变陈请建议事：缘川路收归国有，川民初本无异议。嗣见借款合同失败，名为国有，实为外人所有，路亡国亡，人心惶恐。自五月设立保路同志会，当有宣言书布告天下，非不承认国有及借用外债，惟收路关于本省权利兴废应交咨议局议决，公债应交资政院议决，皆先朝颁定专章，人民不能不遵崇法律。同志会开办将及三月，虽一面请政府交院局协议，一面仍谨守秩序，毫无暴动，有保路同志会报告可查。且赵尔丰到川督任，对于绅民争路意见，无不赞成，于七月初屡次代奏，皆谓此次争路，宗旨纯正，系法律上之请求等语。批股东会公呈称：就近查实，其中并无不公正绅董云云。讵代奏无效，朝旨切责，赵尔丰遽尔变计，突有十五日横暴之变。前后如出两人，种种残毒，惨不忍言，而邮电梗阻，交通不便，故川中沉冤浩劫，外间恐难悉其真相。绅民等始星夜奔驰，144来京。伏思钧院为全国舆论代表机关，疆吏横残至此，责任当有所归。兹特缕呈赵尔丰十大罪状，伏乞垂鉴焉。

一、川民此次争路，以为川路系奉先朝谕旨准归商办，且资政院章有议决公债之权，咨议局章有议决本省权利兴废之权，盛宣怀借债收路，不交院局协议，蹂躏法权，关系国家存亡。人民循分守理，惟有遵崇先朝颁定法律，比户及沿街搭盖席篷，供奉德宗景皇帝神牌。嗣奉阁电饬赵尔丰敬谨移会府。讵赵尔丰不遵，于七月十五日命巡兵不分轻重，沿街用枪轰击席篷，至先皇神牌亦多污入泥中。此赵尔丰干犯大不敬。其欺君殃民之罪一。

一、七月十五日，帖请蒲殿俊等至署被拘，各街商民头顶先皇神牌，跪于辕门内外，哀求释人。赵尔丰即命开枪，当毙商民数十人，伤者甚众，流血满地，染红先皇神牌，惨不忍睹，而赵尔丰尚命示众三日，死者犹紧抱先皇神牌，民心爱戴，于此可见。乃赵尔丰反诬为匪，反诬为叛，竟成斯奇冤大狱，言之无不发指。此赵尔丰干犯大不敬。其欺君殃民之罪二。

一、商民赴辕，顶牌捧香，跪求释人，手无寸铁。乃赵尔丰朦奏凶扑督署，肆行烧毁，伤毙兵弁等语，皆属虚妄，实无其事。现今督署巍然无恙，有目共睹。且十五日，赵尔丰沿街出示有聚众入署，格杀勿论等语。是无论有罪无罪，入署即杀，早已大张告示。赵尔丰前在四川永宁道，杀人无算，原有屠户之名。在西藏嗜杀，言者切齿痛恨。今又草菅人命，上负国恩，下为民贼，使天下人心解体，国本动摇，宪政将永无成立之望。此赵尔丰欺君殃民之罪三。

一、咨议局议长蒲殿俊、罗纶，议员江三乘，股东会长颜楷、张澜，川路董事彭兰芬，铁道学堂监督王铭新，股东代表邓孝可、叶炳成、蒙裁成，前电报局总办胡嵘皆系受法律保护之人，无故不得逮捕，朝廷定有明章。乃因督练公所道员王棪、田征葵，督署幕友饶凤藻暨司道各员，挟咨议局纠举之嫌，怂恿赵尔丰任意妄拿，视朝廷法律如弁髦，违法诬枉，古今罕见。此赵尔丰欺君殃民之罪四。

一、十五日，罗、蒲诸人被拘后，赵尔丰即一面派弁兵至各家搜查信件，一切文字，皆尽搜去，并无谋逆之据。彼时赵尔丰电奏并电京省外各州县暨对各绅宣言，硬指自保商権书系被拘诸人所为，意图独立云云。至十六日查悉匿名之自保商榷书，系幸自雄一二私人刊布，绝不足以诬被拘诸人。时赵尔丰势成骑虎，不得已又复变计，于十七日复令弁兵又搜查各家信件，并要诸人平日信用图章，其书卷课本，均已卷去。十八日始对众绅云：商榷书者，不过文字之狱，我今已不注意。一面即出示，谓被拘诸人，谋为不轨，查有实据等语。窃十五日既搜查一次，何以无据，如果有据，岂其家人尚不烧毁之理，何至待十七复查，十八始云有不轨之据，显系带赃栽诬，并要信用图章，其捏造诬陷之心，路人皆见。且电汉妄拿咨议局副议长萧湘，又电京请拿在京川人，务必罗致成狱，以期一网打尽。所有迭次朦奏，无非欲多杀生灵，以为固位掩过之计。此赵尔丰欺君殃民之罪五。

一、十五日商民被炮轰毙数十人，余皆散归，阖城号泣，惟始终谨守秩序，毫无暴动。赵尔丰复勒令枪毙之亲属，具一误入匪徒之结领恤银数十两，只有一家，因极贫无知，前去照领，余皆云宁饿死而不遵。后数日，赵尔丰出示谓十五日匪首引匪徒数千人，手执引火之物入署烧毁，始令开枪等语。继知此示欲盖弥张，过于虚伪，又复饬令收回。讵成都日报，未悉其意，次日登载，已散出二三百张。赵尔丰知之，严斥该报总办，下紧急命令将该报收回，另出一张，是日该报竟出两次，其颠倒黑白，可以想见。赵尔丰尚谎奏围署烧毁，反谓人民运动各省咨议局，意图淆乱是非。是欲以一人手掩天下之耳目，而关其口舌矣。此赵尔丰欺君殃民之罪六。

一、十五日赵尔丰即令将城门紧闭。十六日城外风传被拘诸人被杀，各乡民披麻赤手，集泣城下称：被拘诸人，如未死，哀求释放，如已死，我等来吊香，别无他意。讵巡防兵出城开枪，又毙乡民数十人，余即散归。十七、八，殊巡防兵出城，肆行枪杀，蹂躏不堪，各场始集团自卫，以防官兵之惨毒。然集团系距城数十里之各场，亦无围城环攻之事。成都将军于十八日曾经阅城，近城一带实安堵如常。乃赵尔丰谎奏万众围城等语，实系张大其词，藉为希功滥保之地。此赵尔丰欺君殃民之罪七。

一、十七、八日以后，各场集团初不过遵自治章程，图保公共安宁之意。讵王棪、田征葵、饶凤藻等，欲生事邀功，认团为匪，饬官兵四出杀戮，巡防复任意抢劫，人民愤极，无策自卫，乃书木板投河，告急求救。此系官兵逼之使然，非川民有意为乱。惟民怨既深，匪徒乃乘机窃发，此十八、九以后之事。乃赵尔丰谎奏，谓木签系罗、蒲等通匪调兵之据。查该木板沿河皆是，有流至宜昌、汉口者。试问罗、蒲诸人，被拘在署，何能为此。赵尔丰纵兵虐杀，激变良民，乃反颠倒前后情节，故入人罪，煅炼成狱，以为杀戮之证。此赵尔丰欺君殃民之罪八。

一、十七、八日以后，官兵在各场所得器械，皆系数十年前练团之物，腐锈不堪。赵尔丰妄指为谋逆兵器，且拿获之人口供，皆称系乡间田夫，集团争路，并请求释放诸代表等语。赵尔丰见系乡愚，给银释归，乃谎奏称系罗、蒲诸大人调来者。窃以如果供系调来，何以不令与罗、蒲诸人对质，反给银释放。其任意诬陷，自相矛盾，何待辩而始明。此赵尔丰欺君殃民之罪九。

一、自岑春煊奉命入川，并见岑示，全川欢声雷动者，以为沉冤可伸，庶能重见天日。各州县一律安静，惟拟讼冤公呈者，千里奔驰，所在皆是。讵赵尔丰大不以岑示为然。及岑以疾辞，而赵因妒生恨，迁怒川民，令官兵肆行惨杀，生灵涂炭，动以万计。于是愈激愈变，始有今日不可收拾之势。乃赵尔丰尚敢种种谎奏，既嫁祸于少数之绅，复嫁祸于多数之民。荒谬绝伦，莫可言喻。屡奉朝旨，相机抚剿。乃赵尔丰有剿而无抚，绝不宣布朝廷德意，以致大失人心，牵动全局。此赵尔丰欺君殃民之罪十。

综论以上十款，不过就其大者言之。如遍封各报馆，遍封印刷店，解散股东会，干涉商办公司，种种不法行为，尚难细述。总之，四川铁路股款，出自租股，富贵贫贱，无人不有，故其争路拒约，均为保卫财产，防备外患起见。至议长、会长及董事、股东代表，皆人望所归，为全省公举，又义不容辞，势匪得已。其设保路同志会系遵照集会结社律，其开设特别股东会系遵照商律，其请求代奏交院议决，系遵照资政院章。以秩序之行动，为法律之要求。赵尔丰可任意诬之为匪，则四川七千万人，何者非匪。中国四万万人，又何者非匪。川省长官挟议局纠举之嫌可以任意诬陷，他省官长挟议局纠举之嫌又何不可任意诬陷。川人生命可以供官长为惨杀邀功之具，他省生命又何不可以供官长为惨杀邀功之具。使天下人人自危，往后无人敢认议员，宪政何由成立。况人心瓦解，不可收拾。民为邦本，古有明训，无民尚可以立国乎。是赵尔丰残忍性成，惨无人理，不但川绅被其诬陷，川民被其荼毒，各省闻之寒心，谁不解体。此又赵尔丰欺君误国之罪而尤甚者也。此次川民激变，事属因公受祸，加以黑暗冤狱呼吁无门，惟有仰恳钧院照章建议，应如何维持法律、保护议绅、通达民隐、解救倒悬之处，出自钧院公论，不胜迫切哀愤祷恳待命之至。谨此具呈，伏乞钧鉴。

宣统三年七月　　〔清陆军部档案〕

7 冉棣懋等请杀赵尔丰以维川局致资政院说帖

宣统三年七月（1911年8月—9月）

具说帖人：四川京官法部主事冉棣懋、涂熙雯、胡为楷、唐维骕、李承烈、童培楫、戴锡章，陆军部主事刘懋勋、刘光滢，农工商部郎中吴桐林，员外郎胡达章，度支部主事杜德舆、秦允中、孙尔康、何尔灯、戴铨湘、李模、谢树璧，法部郎中王咸宾，民政部主事胡琳章，员外郎何洞仁，五品警官周先登，六品警官陈家驹，小京官胡国洸，学部主事彭聚星，裁缺吏部主事傅鸿铨，裁缺内阁中书范天杰、李昌宣等谨呈。为陈请事：窃职等现拟具陈请赵尔丰挟嫌诬害、违法邀功、惨杀激变、欺君误国恳清冤狱而维大局事说帖一件。谨遵照资政院章第二十四条取具同乡议员保结，呈请钧院核办。谨呈。

陈请人：冉棣懋等二十八名。

保　结：议员高凌霄。

拟具陈请赵尔丰挟嫌诬害、违法邀功、惨杀激变、欺君误国恳清冤狱而维大局事说帖一件。为挟嫌诬害、违法邀功、惨杀激变、欺君误国恳清冤狱而维大局事：缘铁路收归国有，朝廷定为政策，初川民并无异议，嗣见借款合同失贩〔败〕，关系国家存亡，名为国有，实为外人所有。川民自卫地方财产起见，始设立保路同志会。以资政院章有议决公债之权，咨议局章有议决本省权利兴废之权，迭恳长官代奏，请将借债收路一事交院局协议。

此系遵宗法律，非不承认铁路国有及借用外债，惟不承认失贩〔败〕借款之合同，恐路亡国亡，意在修正合同，即可相安无事。虽同志会开办数月，一面请求政府，一面谨守秩序，毫无暴动，有该会报告暨川督前后奏案可查。且赵尔丰曾电前护院王人文称：保路会公既提倡于先，丰当维持于后。至七月初，罢市罢课，保路会意欲解散，赵尔丰又坚持不允。藩司尹良等每次到会，于争路破约，极表同情。提法司周善培等叠次演说，谓借款合同，政府办坏，我辈不能代政府受过，必为人民力争。全体官长代奏，虽至十次八次，必求朝廷转圜，否则全体辞职而后已。是官长如斯赞成，民心更异常团结。讵各司道等皆因挟咨议局纠举官长之嫌，人面兽心，险诈莫测。既纵使人民奋争于外，复与督练公所道员王棪、田征葵督幕饶凤藻等怂恿赵督于内，于七月十五日帖请咨议局议长蒲殿俊、副议长罗纶、议员江三乘、股东会会长颜楷、副议长张澜及绅士胡嵘、邓孝可、叶茂林、王铭新、蒙裁成、彭兰芬等到署商议要公，随即四城张贴木刻告示，称系倡乱要首，业已悉数就擒。青天霹雳，万众骇愕。嗣乃探得赵督于未拘人以前，已有电到京称：川省此次不过借争路为名，实则匪党潜谋不轨，以抗粮抗捐之名目，为川人煽乱之罪证。并据匿名发布之目〔自〕保商榷书，指为意图独立，请旨拿办，遂乃构成此狱。惟是赵督发出之文告所指各节，以与当日情形相核实有绝不相合者，谨对质之具如左：第一、诬蒲、罗诸人，为煽乱之首要。顾其如何煽乱之处，非能由官府任意指定，要必查获有确实之证据，乃可坐以煽乱之罪，此不待言。今据赵督所以入告者，如抗粮抗捐暨传布匿名之自保商榷书，即其铁证。姑无论股东会议决请勿庸展办新常捐输、宽筹路款并提议以股息抵大粮两件，皆属陈请咨议局建议，公呈督院核夺施行，准驳之权在官，自非抗粮抗捐者可比。且此实系股东会议决，何得独归罪于蒲、罗诸人。至商榷书一层，本系匿名传布，而赵督硬指为蒲、罗诸人所作，初即谓系谋逆之证。至十六日，查悉商榷书实幸自雄一二私人刊布，绝不足以诬蒲、罗诸人，乃赵督势成骑虎，不得不变计捏造，希图掩过。自十五日，蒲、罗诸人被拘后，赵督即命弁兵至各家搜查，信件文字悉行卷去，实无不正之据。于十七日，又派弁兵至蒲、罗、邓、颜各家，复行搜查并要信用图章。十八日，始对众绅宣言，商榷书者不过文字之狱，我今颇不注意。一面竟出示，谓被拘诸人谋为不轨，查有实据云云。窃十五日搜查无据，如果有别据，家人岂不烧毁。何至十七日复查，十八日始云有不轨之据，显系带赃栽诬，不辩自明。古语云：欲加之罪，何患无辞。今欲捏造其赃又何患无据。此全川人所不〔以〕冤声震天，无不切齿痛恨者也。第二、赵督既以蒲、罗诸人为煽乱，即不可不有倡乱之事以实其言也。则称并有约期起事之举，经其先期侦悉，将首要擒获，当即有数千人，凶扑督署，肆行烧杀，伤毙弁兵等情。此与事实，不相符合，试为别〔剖〕白言之。先是七月十一、二日，官场纷纷传说，近有匿名揭帖称张献忠曩以七月十五日起事，今欲应期，定十五日四城起火为号，便袭击督署云云。此类揭帖，省城沿街固未之见，惟据官场纷传如是。蒲、罗等果系主谋，既见事机泄露，尚安能坐以待请耶。至于蒲、罗诸人被拘即有数千人凶扑督署一节，实则省城之各街铺户，徒闻蒲、罗诸绅得罪，以破约保路之同事人各持香三柱，恭捧德宗景皇帝牌位，排列行赴督辕，欲为哀恳申诉。赵督即令开炮，人民长跪受死，毙者数十余名，伤者不计其数，百姓纷纷逃窜哀呼，巡军辄复开枪击杀。如南门大街、东大街等处，皆有死尸横陈。当兹兵警肆行杀戮之际，商民犹力保秩序，绝无一人稍涉暴动者。然则各街铺户之持香捧主，依次行赴督辕，欲为蒲、罗等请命，即不得谓之凶扑督署。又人民方长跪乞哀，而炮复自总督衙门发出，伤毙多人，则官府之恣意杀戮，即不得谓之百姓犯上作乱。此固可以调查而得者。请验总督衙门，至今未损毁一瓦一本〔木〕，则其所谓凶扑也可知矣。到处横列之死人，无非商民铺户等，并未伤及一官一兵，则其所谓肆行烧杀，伤毙弁兵也又可知矣。光天化日之下，万目共睹之事，此而尚可以诬害，又孰不可以诬害。第三、七月二十三日，电传上谕：现据瑞澂及重庆等处电陈，四川省城外聚有乱党数万人，四面围攻，势在危急等语。哀哉小民，就使之陷于逆乱耶。当七月十五日，赵督一面拿人一面即令闭城。十六日，大雨如注。各乡民闻昨日城内之惨祸，扶老携幼，有七十余岁者披麻带孝，赤手空拳，而来泣集城下，哀恸云：闻蒲、罗诸人被杀，如已死我等来吊香，如未死即请求释放，别无他意等语。殊赵督即诬为匪攻城，令巡防兵出城，开枪乱击，又毙数十人，伤者尤众，余即纷纷散归。十七、八日，巡兵至城外各场，肆行抢劫，任意杀戮。各场始集团自卫，然终无力抵御，被巡兵蹂躏不堪。一经枪杀之后，复搜集昔年练团各物，并拿乡民进城，报获胜仗，夺回军械无算云云。十九日，被拿之乡民与乡团各物至督署时，值老绅士罗云五、叶大可等到院，代被拘诸人求情，与王棪辈同见所拿之人，泥手泥足，多系乡间田夫，搜获之物，锈刀锈叉，及团练号褂而已。赵督复严密审讯，口供皆称各场集团系自卫地方，以防官兵抢杀，并无别意云云。嗣赵督以难掩诸绅耳目，给钱释归。可见川民只有受官兵之惨毒，绝无谋叛逆之情事。然又何以诬川绅之图谋不轨。于是赵督日日张大其词，谓城外匪徒麇集，大有危在旦夕之势，而众绅至城上四望，不但无匪，并行人稀少。成都将军玉昆，亦于十八日阅城，均谓城外安堵如故。乃赵尔丰欲固位掩过，司道等欲邀功滥保，不惜万众生命之惨，以图一己禄秩之高，丧心病狂，心劳日拙。夜则派兵守城放枪示警，昼则派弁报捷妄杀无辜。如东门外大桥与石杨场保正二人，系奉县官命令劝导乡民解散者，亦被巡兵枪毙。闻已在审判厅起诉，有案可查。是赵督纵兵惨杀，川民日在水火危急之中，无策自卫，乃有书木板投河告急求救者，匪徒亦有乘间窃发者，皆系十八、九以后之事。其木板有流自宜昌、汉口者，显系官逼兵〔民〕变，铤而走险，迫之使然也。且赵督又虑省外川民或有鸣冤之举，竟电鄂拿咨议局副议长萧湘，并电政府请拿在京川人，务必罗织成狱，以期一网打尽。此赵尔丰之野蛮横暴，残忍性成，真狗彘不食其肉矣。第四、自岑春煊宫保〔？〕奉命入川并电告父老一文，全川欢声雷动，无不感泣者，皆以为沉冤可伸耳。各州县虽一律安静，而拟递公呈讼冤者千里奔驰，所在皆是。时赵督及各司道等，深恐岑公到川，其一切诬陷虚谬之奏，必经败露。故前恐诬枉之词不大未足以邀功，继恐收束之计不早反难以固位。速即奏报川乱渐平等语，其前日谎奏各情，已可想见。且大以岑示为不然，及岑以疾辞，赵督因忌生根，迁怒川民，令巡兵四路惨杀，生灵涂炭，动以万计，以致愈激愈变，始有今日地方糜烂不可收拾之势。赵督自知情虚，意图掩过。于十九日出示，谓十五日匪首带匪徒数千人，手执引火之物，入署烧毁云云。继知此示欲盖弥张，虚妄已甚，即行取消，官报登出，又复收回。此赵督之颠倒黑白，无微不至。乃反奏称川民运动各省咨议局，意图淆乱是非等语。果一手而能掩尽天下耳目乎。查赵督前在四川永宁道及边防西藏时，皆以嗜杀为能，早已民怨甚深，故有赵屠户之名号。此次在川，横蛮暴虐，惨无人理，虽食赵尔丰之肉，不足以泄四川人民之恨。言者发指，谁不痛心疾首乎。以上四端不过述赵督罪大恶极之尤甚者，其余种种不法行为，尚难细诉。然十五日，帖请诸绅被拘，乃赵督谎奏擒获首要。其欺君者一。商民顶牌捧香，跪求释人，竟被枪毙，死伤甚多。乃赵督谎奏为匪徒数千人，凶扑督署，肆行烧毁，伤毙弁兵等语。其欺君者二。自保商榷书系辛自雄刊布，绝非被拘诸人所作，且有保朝廷万世一系之语，亦无独立字样，乃赵督谎奏自保商榷书意图独立，系被拘诸人所作。其欺君者三。十五、十七，在各家搜查实无不正之据。乃赵督捏造诬陷，谎奏称：谋为不轨，查有实据。其欺君者四。书木板投河，求救数千里，漂流甚多，显系官逼民变不得已而为此，乃赵督谎奏为蒲、罗诸人调兵之据。其欺君者五。议长、会长诸人为全省公举，自系人望所归，乃赵督谎奏诬为通匪。其欺君者六。被拿田夫给钱释归者口供系团防兵害，乃赵督谎奏，供系蒲、罗诸大人调来者。其欺君者七。近城一带，安堵如常。乃赵督谎奏万众围城，攻势甚急。其欺君者八。各场集团以防兵害，实计团民亦属无多。乃赵督谎奏龙泉驿破匪万众，夺械无算等情。其欺君者九。少数士绅诬为匪首，多数良民诬为匪徒，屡奉朝旨，相机剿抚，乃赵督有剿无抚。其欺君者十。不但此也。赵督不遵阁电，敬谨移奉先皇神牌。十五日，听其弁兵污弃泥中，干犯大不敬。此违法者一也。先朝颁定宪法大纲及咨议局章皆有人民权利，无故不得逮捕之条，乃赵督竟敢惨杀良民，并将咨议局议长议员无故逮捕。此违法者二也。股东特别会系遵商律成立，而赵督无故将会长逮捕，并解散股东会。此违法者三也。铁道学堂系遵学部章程，川路董事局及股东代理人系遵公司律，保路同志会系遵集会结社律。依据条文，铁校监督、川路董事、股东代理、保路会长诸人，皆应受法律保护。乃赵督均无故逮捕。此违法者四也。报馆系遵报律，而赵督竟将成都各报馆，不论有无罪过，一律封闭。此违法者五也。印刷店系遵商会注册章程，乃赵督将成都印刷店，无故封尽。此违法者六也。先朝准归商办之川路公司，乃赵督自十五日以后，派兵驻守，不许股东人等出入，并干涉及银钱帐目。此违法者七也。匿名书件，不生效力，民家无故不得查抄，皆律有明条。乃赵督对于缙绅之家，肆行妄为。此违法者八也。综此欺君者十，违法者八，实属上负国恩，下为民贼，使天下人人自危，民心解体，时局危急，国本动摇，宪政将永无成立之望。赵尔丰之误国殃民，尚得谓之曰人臣乎。民为邦本，无民尚足以立国乎。朝廷如果欲弃失人民，永不立宪则已，倘欲君民一体，上下一气，不斩赵尔丰，以谢天下，何以收民心而固国本。不释川绅，以雪冤狱，又何以崇法律而维宪政。川绅困在倒悬，川民急于汤火，而奇冤大狱，呼天无路，吁地无门。兹钧院幸值开会，惟有仰恳主持公论，设法平反冤狱，保护议绅，以舒民愤，而救生灵，不惟四川之幸，亦中国大局之福。惨痛哀鸣，语无伦次。临楮悲愤，不胜迫切待命之至。谨呈。

宣统三年七月

〔清陆军部档案〕

8 张鸣岐派兵携械入川请饬各关放行电

宣统三年八月初七日（1911年9月28日）

加急。北京。陆军部鉴：遵旨派滇军入川。本日先派统带黎天才率领济字左营一营，乘广利赴沪，转江轮至鄂，带有七米里九枪五百四十五枝，码五万四千五百颗，无烟马枪三十一枝，长枪一枝，七响手枪一枝，码六千六百颗。请速知会税务处电饬沿途各关查验放行。为盼。岐。阳。印。

〔清陆军部档案〕

9　赵尔丰请转知放行运川枪械密电①

宣统三年八月十三日（1911年10月4日）

极急。北京。陆军部鉴：洪。川省匪乱，重庆朱道向鄂借用枪三百枝，配带子弹，现接鄂电，派江元舰运宜，请照章知照税务处转饬各海关验放，以应急需为盼。丰。元。印。

〔清陆军部档案〕

10　赵尔丰请派湘军援川电

宣统三年八月十四日（1911年10月5日）

加急。军咨府、陆军部钧鉴：申。川省因路事肇乱，前蒙派六省援军赴川。嗣奉旨：滇、湘两军，暂缓候调。彼时只成属民匪混杂，藉端滋扰。本省陆防两军更番调遣，剿抚兼施，或可早就敉平，即不劳邻省兵力。近日省外各处匪徒到处勾结，如江安、彭山、眉州、仁寿、嘉定、井研、威远、荣县、灌县，皆有聚匪，而尤以新津一股为最悍。昨据陆军统制官朱庆澜报告：十一日由牧马山攻过花桥场，进驻新津对河旧县。该地新修未竣工之营舍暨所购存之工程桥料等器具，早被焚毁。该匪等依山凭河，恃险抗拒，并有快枪外接。现正准备架桥进攻。惟绵亘邛、雅数百里，皆系匪徒，山路崎岖，进兵殊为困难。俟规复新津后，当再相机进剿。鄂军尚未到万县。前电鄂增拨一标，未能拨派。粤军不知何时由粤开拔。陕军只自守陕境。现止黔军到永川，暂令分扎泸、叙。查川省接壤除鄂、黔外，惟滇、湘两省。滇方有事，兵

注：①赵尔丰时任四川总督。

队或难抽调，可否恳请大府部电饬湘抚，于川、湘接近攻击，选派得力兵队三两营，迅速由酉阳、秀山前赴重庆，听候调用，子弹务须多带。川兵果足自顾，必不愿为无厌之请。尚祈大府部力与维持，不胜盼祷之至。尔丰叩。盐。印。

〔清陆军部档案〕

11 李经羲为滇军援川困难请代奏电及清帝谕旨

宣统三年八月（1911年10月）

（1）李经羲电 八月二十四日（10月15日）

云贵总督李经羲请内阁代奏电

窃维鄂乱由兵变，川乱则会匪乘机假名附合民团而起。川匪能力逊鄂，兵强则治。今则成都十六属与西南皆炽，此遏彼兴，防军疲命。所恃川东一路，人思保商，匪虞鄂助，以为饷源。今鄂耗骤传，匪胆更张，入川鄂军，不无隐虑。川中鄂援忽断，益切恐慌。犍为匪虽败挫，趋集愈众，械弹虽缺，人数过众。叙泸来电，均称危迫。川、滇边匪，则已击散。据探民愤匪众，兵单官窘，向治匪恃团与兵，兹兵疲团多反抗。沿途兵难买食，即专论治标，已难速了。愚以为川乱与鄂乱不同，标本兼治，得入收拾民心，朝廷审时洞隐，当已默定权宜，因时发布。昨接赵督急电谓川事益危，求派援兵接应，意在防营子弹。川、滇唇齿，力所能救，敢分畛域。若在去年未裁十余营时，自可顾援一路，即在鄂变以前，协饷子弹可来，新军又未届退伍，亦可抽拨一标驻叙。今则防营无从抽调，鹤丽镇张继良近在迤西，饬添四五营，以饷匮费筹，甫招未集。迤南临匪厂只苗匪猛匪，日劳捕治。两防相去二千里，共计不足三十营，将领日言防单，强为慰勉。所望辖界安静，有三数月，张继良五营勉可移防，长时急何能待。近川防军仅五小营，现派昭通镇苏抡元带两哨、巡防管带李海厚一营，扼守边要，均系于万难筹拨中设法。省防营队已空，招募缓不济急，只能饬李海厚营到边，相机移驻，孤营再进，难为劲援。滇舍新军无可应备，远调为客，在在宜慎，尤须与川督熟计，势难猝应。总之，经羲竭力防边，力能兼顾即当一面派拨，一面奏闻，决不敢观望延诿。谨遵旨随时电陈，乞代奏。李经羲叩。二十四日。

（2）清帝谕旨　八月三十日（10月21日）

八月三十日，内阁奉旨：李经羲电奏悉。滇边关系紧要。著即饬所派兵队，认真防守。惟川省待援甚急，如力能兼顾，即酌量派拨数营，赶速前进。钦此。

〔清陆军部档案〕

12　清帝著岑春煊力疾带兵入川谕旨

宣统三年八月二十五日（1911年10月16日）

八月二十五日，内阁奉旨：岑春煊电奏：由鄂抵沪，病益加剧，请另简贤员督师入川等语。现在鄂乱万急，川事更紧。该督秉性忠诚，威望素著。当此危急之时，尤当念朝廷倚任之殷，川人盼望之切，勉任其难，力顾大局。着即力疾束装就道，毋再固辞。前调粤兵两营，著仍督率入川。钦此。

〔清陆军部档案〕

13　岑春煊为恳辞川督请代奏电

宣统三年九月初八日（1911年10月29日）

岑春煊请内阁代奏电

奉初六电旨：著迅速起行，酌带兵队，由豫、陕入川。陕省尚有兵乱，并著迎头击散等因。钦此。前调粤军两营，只来一营。现在广州将军凤山被刺，粤防吃紧，已来之一营，屡经电催，恐难开拔。准调提督丁槐甫于初三日自鄂赴京，尚未到沪。请饷百万，奉旨饬拨，至今未接部电。枪炮子码，派员赴江督及江南制造局商议均云无可匀拨。军咨府、陆军部电令自行订购。现在上海洋行，均无存货，外洋购办，至速需两月运到。又派员往谒江督，拟借分张勋所统数营，辞以江南现尚添募，何能分拨。复电粤督，调水师提督李准，令带三数营随同入川。旋得复电，谓曾赞成铁路国有，颇为川人赀议，辞不愿往。凡此设法借调，实欲赴机迅速，冀省招募之数，乃均与愿违。春煊生性偏急，自膺督川之命，扶病筹划，恨不能即日前进。无如兵队只有粤来一营，且无的饷，乱机四伏，实未敢冒昧轻进。况咯血、气逆、心悸诸症，心性愈急，医药愈难见效。现因筹划均不就手，病势又增。川陕之乱，均宜速定。若待春煊招齐队伍，取道迎击，势恐蔓延难图。惟有叩恳天恩，开去四川总督缺，另简贤能，酌带近地军队，分别因应，免误事机。谨请据实代奏，伏候训示。春煊叩。阳。

〔清陆军部档案〕

14　清帝著岑春煊不得固辞川督谕旨

宣统三年九月初九日（1911年10月30日）

九月初九日，内阁奉旨：岑春煊电奏悉。各省兵队，不敷分布，饷械无可匀拨，以至该督筹划，均不得手，自系实情。此中为难之处，朝廷无不深悉。惟现在鄂匪蔓延数省，川省乱事等情，该督前往剿办，所有应需饷项，著度支部迅速筹拨。军械亦需用甚急，著军咨府、陆军部设法匀拨，以应要需。并准其自行购买，所需款项，著度支部另行筹给。该督务力疾就道，就近在山东、河南地方，迅速招募兵队。值此大局艰危，该督世受国恩，毋得固辞。钦此。

〔清陆军部档案〕

附：湖南保路运动传单①

1 湖南人民反对出卖路权传单

宣统三年四月（1911年5月）

瓜分中国	今已实行	烟酒新税	钱粮厘金	一概典押
权操外人	硬将铁路	卖与强邻	粤汉川汉	国之命根
收回自办	几历艰辛	煌煌谕旨	远近共闻	邮部盛贼
买卖交情	利归己有	扣头坐分	假传圣旨	恐吓愚民
实利归外	国有虚名	国债借入	千兆万金	我辈担荷
真是不轻	永为牛马	子子孙孙	用告各界	兵商农工
田房抽股	又抽俸薪	募款凑集	血泪纵横	近年赶筑
着着进行	今遭盛贼	拍卖无存	股本丧失	何问红成
嗟嗟此贼	揖盗开门	从此乡土	鸡犬不宁	妻离子散
强掘祖坟	为今之计	万众一心	誓死不二	斩此奸臣
先请大宪	电奏九重	如果不理	动以血忱	大家拚命
与贼力争	保全商办	分段兴工	大家入股	克日告成
以保桑梓	以答圣明			

全湘人民公白

〔清邮政总局档案〕

注：①湖南保路运动传单三件，系清邮政总局与湖南邮局业务联系英文档案中的附件。皆无年月日，根据《国风报》第二年第九期94—95页所载《湘省反对干路国有风潮记》一文，该传单当在宣统三年四月间（1911年5月）刊发。

2　湖南人民反对借外债包办铁路传单

宣统三年四月(1911年5月)

铁路苦状告我同胞

哎哟我们湖南全省人的死期到了　要和我全省的父老兄弟赶急商量一个救死的法子　这法子要我们湖南全省的人　大家拚了一条性命　和那卖路的奸贼　轰轰烈烈　大闹一场　这话怎讲　就是为的湖南这一条铁路　被那几个卖路的贼子　断送在洋人手里了　在下的记得这条路十年前已经被那盛宣怀　卖与美国　是我们湖南人舍生忘死　争了转来　赎路的银子　湖南派七百多万　这项银子　都是百姓辛辛苦苦挣来的钱　为什么肯拿去赎路呢　要晓得这所争的　就是湖南的生死关头　待在下的把那洋人在中国办路的利害　说就出来　我们云南省的铁路　是法国人在那块儿修的　铁路经过地方　他就筑起炮台　屯扎洋兵　捉了云南的百姓　充当苦工　那种惨毒的手段　说起来人人要咬牙切齿的　我们东三省的铁路　是俄国人在那块儿修　他就趁铁路修成时　硬行霸占东三省地方　烧毁百姓的房屋　抢掠百姓的银钱　有一天俄兵出来　把一个庄子上住的一群百姓　活活的淹死在那湖中　说起来寒心不寒心呢　到了这个时候　那一班卖路的贼子　他来管别人的死活么　我们湖南人看了这个榜样　晓得外国人来承修铁路　不是一桩好事　故人人甘心拿几个钱赎了回来　自己开办　历年所入的商股　款也不少　又大家想些集股的法子　把那租股房股办成　在下的看我湖南人入股的情形　算得踊跃已极了　因为铁路一亡　不但湖南省的地方保他不住　就是我们百姓的性命财产　都要落在虎口里的　人人抱了这个念头　故后湖南每年的路股　总有五百万元上下　不过五六年　就可把湖南的全路一千

三百里修成　湖南人也算得万分争气了　偏那卖路的奸贼　他只顾赚那借洋款的九五扣头　就不顾我湖南人日后的死活　瞒了湖南人就与那英德法美四国　订了借款的草合同　我们湖南这条铁路　本是赎回的时节　就奉了光绪皇帝的上谕商办的　去年春间湖南这拒款的事　咨议局就举四个代表进京　有位粟戡时议员他也上个血书到邮传部　当时已把我们湖南人的公呈批准　许照旧归湖南的商办　随后又有在籍的制台魏午庄　上过一个奏折硃批下来的时节　是着邮传部知道几个字　我们湖南人的铁路归湖南商办　已奉过两朝的谕旨允准　还算不得一个铁案么　到了今日　忽然又变卦起来　那盛宣怀卖路的奸贼　违背先帝圣旨仍旧借了洋款来　闻听得已和四国的代表　把借款合同签好　把全国的厘金关税及漕粮等款尽行抵押　是活活的送一条铁路把外国人　我们湖南人费了十年的气力　费了数百万的银钱　自己指日可成的路　一旦落在洋人手中　到了日后　人人有那身家性命的危险　我们湖南人倘不把团体结成　大家拚了这条性命　设个法子抵制他　眼见得就要刀加颈上了　但我们的抵制他法子　一面人人多拿几个钱出来　分途开工　赶紧办路　修一尺是一尺修一丈是一丈　一面请抚台出奏　要外务部即日把湖南借款的事情　一笔勾销　在下的想那班卖路的奸贼　一块肉落在口中　要他吐出来　是难得望的　我们只好拿定一个主意　我们办我们的路　他借他洋人的钱　我不去管他　也不许他来管我　万一我们修路的时节　有谁来用强迫手段压制我们　那时我们做百姓的人横直是一条死路　大家把这条性命　与他拚一场　在学堂的人大家散学　做生意的人　大家闭市　湖南全省的粮饷　大家是不肯完的　看他把我们湖南的百姓　怎样办法呢

〔清邮政总局档案〕

3 湖南人民订立自救保路办法传单

宣统三年四月(1911年5月)

铁路为全省命脉　路权失则命脉绝　夺我路权　即不啻置全省人民于死地　前此卖国奴盛宣怀与美国合兴公司　订立合同将粤汉铁路　送与外人　其时我三省人民　知路权不可失　故出死力以争　幸得收回　奉有谕旨　允归商办　宣统纪元　张之洞倡议借款兴筑　两湖人士　函电力争　拒款代表　络绎于道　诚以父母之邦　生命财产所系　故不惜竭心力以争之　我政府知民心之不可失　众怒之不可犯也　于湘抚电奏时　奉旨俞允　是两朝卫顾我湘人　亦既厚矣　乃盛宣怀自奉命入都　即日夜与私人谋借外债　欲借此以饱私囊　四国借款　日本借款之约遂以成立将中国各省厘金漕粮　及烟酒盐税等款　作为抵押　阳假铁道国有之名义　实将粤汉干路　断送于外人　于时订约　不在衙署而在私宅　擅权罔利　卖国贼民　欺蒙朝廷　违藐谕旨　综观四月十一日上谕　出尔反尔　必非断自宸衷　其为盛之矫诬也可知夫以一人嗜利之私　不惜举国家之土地　人民之生命财产　拱手授之于外人　复陷我皇上于不孝　历观载籍　卖国贼民之逆臣无有敢明目张胆至于此极者　凡我父老兄弟　当竭群策合群力求一生于九死之中　与逆臣誓不并立于光天化日之下　上以冀圣明之感悟　外以销荐食之恶氛　爱国诸君　其有投袂而起者乎是则同人所涕泣以俟命者也　谨将保路办法　条列于左

一　万众一心　恪遵先朝谕旨及宣统二年上谕　完全商办实力进行

二　由各团体代表呈请抚宪电奏　收回成命

三　召集开正式股东会

四　添举有名望之绅耆四人　充任协理　辅助总理　猛力进行

五　将全线千二百数十里（除长株百里在外）划作一百二十五段　每段十里　招人包修　限宣统四年五月以前　一律竣工　所有包修章程　容另详拟

六　修路费用　由各承包人垫出　匀作六年偿还　愿入股者作为股本

七　聘用总工程司一人　副工程司十数人　购地员数十人　分途测购　刻日开工

八　湖南铁路学生　无论在外国本国毕业　一律派用　或司管理　或司机关　或充副工程　或充监工　量材委任　责尽义务　不受薪金

九　湖南各界热心路政之士　全体团集　分作四部　甲部筹集股款　乙部进行建设　丙部联络人心　共谋抵制　丁部担任文墨　鼓动舆情

十　如有反对湘路之完全商办　妨碍湘路建筑之进行者　湘人认为公敌　以强硬手段对付之

十一　租股房股薪股　照旧收集　但房股租股　归各地方自治局代收汇缴　不借行政官厅之力

十二　铁路公司发钱处　改为铁路银行　吸收存款　广行钞票　湘人共负维持义务　一律流通

十三　部派督办来湘　强事修筑　湘人必集合全体　共谋抵制　无论酿成如何巨案　在所不顾

十四　政府如不以湘人之自卫为然　妄肆刑拘　湘人必集合全体　共赴行政衙署　请其一体治罪

十五　政府如能收回成命　仍归商办　则圣朝厚恩　湘人自当感激　力图报称　如不顾先朝谕旨　及宣统二年上谕　纯以人

民权利为牺牲　则我辈定以死力争之　闭市停课抗租　均确定为最后之办法

湖南全省人民公启

〔清邮政总局档案〕

四、武昌起义及各省响应

1 瑞澂报告破获汉口俄租界革党组织电

宣统三年八月十九日（1911年10月10日）

加急。北京。内阁总协理大臣、军咨府陆军大臣钧鉴：申。窃瑞澂于本月初旬，即探闻有革命党匪多人，潜匿武昌、汉口地方，意图乘隙起事，当即严饬军警密为防缉。虽时传有扑攻督署之谣，瑞澂不动声色，一意以镇定处之。所辖地方则密派侦探，不敢一刻稍懈。昨夜七点钟，据侦探报称：本夜十二钟，该匪准定在武昌为变，并探知该匪潜匿各地。正饬防拿，复据江汉关道齐耀珊电称：于汉口俄租界宗兴里查获匪巢，并拿获要匪刘耀璋一名，起获伪钞伪印伪示伪照会等件及银行支簿、伪用钞票并查有制造炸药形迹，当派荆襄水师巡防队与徐提来署审讯。遂与统制张彪、军事参议官铁忠、巡警道王履康督派弁勇警兵前往城内大朝街、小朝街、保安门等处查明该匪潜匿之地，先后拿获匪目匪党计共三十二名，并起获军火炸弹多件。内有刘汝夔开枪拒捕，抛掷炸弹，杨宏勋私藏军械，并有演试炸弹面部受伤确据。当即派员提讯。内有彭楚藩一名，语尤狂悖，直供不讳。查彭楚藩系已革宪兵，杨宏勋首充炮队及三十标兵目，甘心从逆，与刘汝夔之狂悖，均属法无可贷，如不即加显诛，无以彰国宪，而昭炯戒。当将该事犯讯供确凿，恭请王命，即行正法。其余已获在讯之匪，一俟研鞫得实，当分别重轻定罪，果情节重大，应请即行立正典刑。在逃各匪严饬军警及各属地方文武一体严密查拿，务获究办。一面剀切出示晓谕，如有被胁勉从者，准其首悔，予令自新。此次革匪在鄂创乱，意图大举，将以鄂为根据，沿江各省皆将伺隙而动，湘省尤为注意。且党羽纷布，私藏军械炸弹甚夥，所幸发觉在先，得令即时扑灭。当逮捕之时，悍匪抛掷炸弹，亦幸未经触裂。张彪、铁忠、王履康、齐耀珊各员以及各弁警兵，无不忠诚奋发，迅赴事机，俾得弭患于初萌，定乱于俄顷。驻汉俄总领事于租界拿匪极为协助，用得先破匪巢，以寒匪胆。此皆仰赖朝廷威德所致，瑞澂藉免陨越，惭幸交并。现在武昌、汉口地方一律安谧，商民并无惊扰，租界、教堂均已严饬保护，堪以上慰宸廑。此次破获尚早，地方并未受害，所有失察之巡警及地方文武，均经随同协拿出力，应请宽免置议。在事异常出力员弁，容照例择尤请奖，以示鼓励。俄总领事处已由瑞澂先行致函申谢。除善后情形随时续奏外，谨摘要电陈。乞代奏。瑞澂叩。十九日。印。

〔清陆军部档案〕

2 余诚格拟设营务处统率巡防各军控制湘局请代奏电及清帝谕旨

宣统三年八月（1911年10月）

（1）余诚格电 八月二十日（10月11日）

收湖南巡抚致内阁陆军部请代奏电 八月二十二日

窃查陆军部前奏复江督等变通六所纲要折内，有各省原设之营务处及粮饷军械各局，如实有难以遽行归并之处，应准咨明陆军部，暂予通融办理等因。查湖南原募巡防各队，酌分五路，弹压缉捕事务，本极简单，刻因铁路风潮未定，下游灾民遍野，人心思乱，伏莽尤多，已浸成军务省份，援蜀之师甫出，而鄂警又来。顷请旨添募四队，实系万不得已。但事变正不可知，非得老于行阵，于兵事极有阅历之员，全局在握，居中策应，窃恐偶一失机，贻误滋大。拟请遵照陆军部暂准变通办理前议，所有巡防各军，暂不归并六所，由格另设营务处，特选知兵大员，综理其事，以资钤辖，而一事权。军机瞬息千变，格忝任疆圻，责无旁贷，迫切请命，务祈照准，乞代奏。诚格肃。号。

（2）清帝谕旨

奉旨：余诚格电奏：请照部议，所有巡防各军暂另设营务处等语。著照所请，该衙门知道。钦此。

原件交外务部。八月二十三日

〔清陆军部档案〕

3 瑞澂等报告武昌失守请派援兵电

宣统三年八月二十一日(1911年10月12日)

（1）瑞澂密电

火急。北京。内阁、军咨府、海陆军部、度支部、邮传部钧鉴：辰。窃照鄂省兵匪构乱一案，业经两次电陈，计已上邀圣鉴。二十日三点钟，瑞澂亲率兵轮雷艇进攻省城，因无陆防，迄未得手。夜间，派该兵轮等上下梭巡，以防省匪偷渡。不料是夜驻防兵工厂之新军一营，乘夜复变，围踞该厂。复有派往沔阳洲〔州〕弹压饥民之新军一营，无故潜回，与之相应，竟将龟山占据，安设炮座，以为久守之计。又驻扎汉镇桥口之新军一营，内有两队亦叛，分窜滋扰。探闻省中另有新军二营，当时冀未同叛，嗣彼〔被〕兵匪围逼始从。该营旗兵，全遭惨杀，实行排满主义。刻由匪党与湖北咨议局公推原派混成协统领黎元洪为首，并由议员为之主谋，安民告示即用鄂省大都督称，并悬白旗，上曳举汉灭满悬赏拿官字样。叛兵约有四五千人，益以党匪，当以万计，现在兵工厂军械库、藩盐各库、官钱局悉被占据。综计全省新军除去调赴川省暨分防宜昌、郧阳、施南各处外，其未叛者仅此辎重营一营、步队一队、马队一队而已。此皆升任总督张之洞费十数载之经营，縻数千万之库帑，辛苦选练，而不料其均为匪用也。今日湘、豫两军均赶到，分派豫军，其统带张永汉率带两队，严防车站。张彪率带辎重营，会合湘军相机进攻汉阳龟山，期复长江北岸。瑞澂亲率兵轮由水路进攻，兼顾江面及汉口车站，匪众我寡，利钝难料。惟有竭尽血诚，继之以死，以待援军之至。近接部电，已蒙钦派荫昌率带一镇来剿，该匪闻之，自当气慑。第叛兵系久练之卒，为数甚众，兼有乱匪为之四应，若非厚集兵力，似难迅速扑灭。合无仰恳天恩加派劲旅，多带山野炮营及机关枪队，随同荫昌来鄂剿办，并饬海军部转饬萨镇冰，多带得力兵轮雷艇会剿，庶可一举荡平。一面请饬度支部筹拨银二三百万，以备饷械犒赏等项之用。再第八镇统制张彪于所部标兵作乱，事前既毫无防范，临时又种种畏葸，应如何严加惩处，伏俟圣裁。又湖北布政使连甲，提学司王寿彭，交涉使施炳燮，巡警道王履康，均已微服出城。提法司马吉樟，劝业道高松如，盐道黄祖徽尚无的耗。合并陈明，谨乞代奏。瑞澂叩。二十一日。印。

（2）陈夔龙密电

极急。内阁、军咨府、陆军部鉴：辰。昨呈两电，谅邀钧察。顷接莘帅电称：昨晚叛兵攻楚望台，守兵力不能支，军械库遂失。督、藩及铁参议、张统制，现均在楚豫舰，督我兵轮梭巡，以堵叛兵渡汉，专候各路兵到，再图恢复。北军出发时，请加派山野炮各一营，并恳就近电商府部，于秋操军内抽派山野炮、机关炮，缘叛兵据有山野炮，且楚望台军械库已被占据，子弹甚富等语。现闻钧府大部已调六营赴援，谅可克期前往。惟鄂事万分危迫，加以叛兵据有军械，变出非常，似非厚集兵力，未易扑灭，拟请迅速抽拨山野炮、机关炮各营队，并酌量加派军队，驰往助剿，以期得力，尚祈钧筹，速赐酌夺施行是幸。龙。

箇。印。

〔清陆军部档案〕

4　朱家宝以安庆危急请调兵轮来省并添募巡勇电①

宣统三年八月二十一日(1911年10月12日)

极急。陆军部钧鉴：洪。顷接湖北瑞督院电称：武昌兵匪猝变，瑞已退登兵轮，移驻汉口，请派援兵规复等情。查武昌居长江上游，为川楚咽喉重地，库存军械，最为充足，一旦被其占踞，其势愈张。皖省滨临大江，逼近武汉，英霍等县，又与鄂境毗连。自昔武汉用兵，必先注意安庆。盖固安庆而后可保江苏一带也。皖省新军，现止混成一协，防军共止廿营，平时无事，已苦不敷分布，今值武昌此变，建瓴独下，皖实岌岌可危，自非厚集兵力，水陆兼防，不足以资抵御。家宝身任封疆，责无旁贷，亟应速筹守备，惟兵轮向非所辖，陆军又苦太单，实觉难于布置，拟请海军部迅速电饬长江兵轮，添拨数艘，防堵九江，以杜下窜。除饬安庆、大通、芜湖原驻兵轮，加意防范外，并请饬各轮管带，暂行听家宝随时调遣节制，以应事机。又拟添募防勇四五营，分扎内地，以便抽调各军分赴各处，扼要驻扎，堵其旁窜，一俟事平，即行裁撤。家宝为防务吃紧，维持危局起见，乞速赐示遵行为祷。家宝。箇。印。

〔清陆军部档案〕

注：①朱家宝时任清安徽巡抚。

5　张鸣岐为省城兵力单薄拟添募防营截留京饷请代奏电及清帝谕旨

宣统三年八月（1911年10月）

（1）张鸣岐电　八月二十一日（10月12日）

收两广总督致内阁请代奏电

接邮传大臣盛宣怀电称：十九夜，武昌为革命党占据，兵变城失，鄂督上兵船泊汉口。【革】党请领事中立，伪示专主革命，不碍洋人，不杀不掠，举动非常。务望各省认真侦探，防守军械，严查接济，以备不虞。铁路电线，有关征调，均请设法保护。等因。粤省为革党窥伺已久，鄂乱既成，必更大受影响。现已密饬各路军警，加意严密防范，省城为根本重地，尤当妥为布置，格外严防。惟粤省匪踪遍地，虽经迭次添募防营，均已陆续派往各属，分投剿捕。省城现有兵力，仍属单薄。以之分布防守军械、粮饷、制造各库局及附省要隘暨铁路等处，业已异常竭蹶，无事尚可勉强镇慑。设有意外变动，扞御实无把握。现拟再行添募数营，以应目前急需。倘事机急迫，再将各属防营，酌量抽调回省，务期省防巩固，根本不致动摇。第此时各属匪风尚炽，防营一经抽动，难免顾此失彼。但求省垣治安，尚能保守，则各属纵有意外之事，尚可徐图规复，不致全局糜烂。此实事势所迫，无可如何，不敢不先事奏陈，当蒙圣明曲谅。所有添募防营一节，并恳天恩特予照准，并求不予限制。相事机之缓急，定增兵之多寡。俟招募成军，随时陆续具报。总之，鸣岐身膺疆寄，受国厚恩，固不敢不力求绥靖，上慰宸廑，亦断不忍虚糜饷项，枉事铺张。至粤省数月以来，筹办善后，大举清乡，用度日增，而岁入各款，多半虚悬无着，财力异常艰窘。际此乱机四伏，人心浮动之时，又未便设法增筹，并恳天恩准其应解京部各款，酌量截留，以济目前之急，俾免遇事束手，乞代奏。鸣岐谨肃。箇。

（2）清帝谕旨　八月二十三日（10月14日）

奉旨：张鸣岐电奏：鄂乱既成，粤省必大受影响。现已密饬军警，加意防范，惟匪踪遍地，迭次添募防营，均陆续派往各属，分投剿捕。省城现有兵力，仍属单薄，不敷分布，请再添募数营，并于应解京部各款，酌量截留等语。著准其再添数营，以资防守。至所请截留京饷一节，著度支部议奏。钦此。

〔清陆军部档案〕

6　增韫为省防空虚拟准添募陆师巡防队请代奏电及清帝谕旨

宣统三年八月（1911年10月）

（1）增韫电　八月二十三日（10月14日）

收浙江巡抚致内阁请代奏电八月二十四日

浙省地属海疆，伏莽潜滋，加以温台土匪，嘉湖私枭，素称猖獗，弹压剿捕，无日不费兵力。今年水灾遍地，匪徒不时蠢动，到处抢掳滋事，仅藉各路防营，分头拿办，幅员辽阔，实已不敷调遣。而各绅民纷纷请兵，尚一日数至，且省防亦经派出，会垣重地，尤觉空虚。前准陆军部电称：阁议将浙省防营，再减四成，业将安危所关，万难裁减情形，详细电复在案。现在鄂变又起，沿江一带戒严，浙省自应预为防范，拟请暂时添募陆师巡防队三营，驻扎省城，以资镇慑，即各属有事亦可随时策应。增韫为保卫地方起见，除电咨军咨府、陆军部外，谨请代奏。增韫。漾。

（2）清帝谕旨

奉旨：增韫电奏：浙省地属海疆，土匪私枭，素称猖獗。今年水灾遍地，匪徒不时蠢动，各路防营，分头拿办，实已不敷调遣。现在鄂变又起，沿江戒严，拟暂添募陆师巡防队三营，驻扎省城，以资镇慑等语。著照所请。该衙门知道。钦此。

钤章著〔署〕名原件交外务部　　八月廿五日

〔清陆军部档案〕

7　军咨府等关于反扑武昌函电

宣统三年八月—九月(1911年10月——11月)

（1）军咨府等致荫昌函　八月二十三日(10月14日)

敬启者：此次大驾抵鄂进攻匪巢时，千祈随时知照萨大臣，同力合作，切勿两歧为要。业经照电萨大臣矣。此布。顺颂日祉。

军咨府
海军部　公启

萨军门乘楚有兵轮。并闻。

（2）军咨府致萨镇冰函稿　八月二十三日(10月14日)

敬启者：湖北事机危迫，时期万不可缓。贵大臣所辖之军队，务令迅赴汉口，攻击匪徒，沿途万勿延误为要。此颂日祺。

军咨府启

（3）载涛密电　八月二十四日(10月15日)

急。彰德。袁宫保转荫大臣鉴：果密。下车地点，千万饬护防详细侦察，多派侦探，分道探防。进攻一层，俟海军到后，协力开始动作。现海部已严令萨提督多带海军攻城炮弹，海筹日内可到汉口。总期海军联络协合进攻，军炮似无甚用处。顷谈借用禁军德炮一营，与寿副大臣再四筹商，地形既多不便，管退机械第三协炮兵又未练习，与其运去不能用，不如缓运为妥，尊意以为何如。慰庭何日启行。极念。涛。敬亥。印。

（4）荫昌密电　八月二十六日（10月17日）

加急。陆军部鉴：辰。前闻礼和行有攻城炮两尊，一在辛店，一在天津，当由易司长将详单交罗处长、李司长，与该行商办。请即饬办妥，编运南来，以备攻坚之用，恐仅恃海军仍虑不足耳。荫昌。宥。印。

（5）陆军部密电稿　八月二十六日（10月17日）

荫大人鉴：○秘。攻城炮两尊，已饬罗、苏、李司长向该行订妥，接收编成后，立即南下。陆军部。

（6）荫昌密电　八月二十七日（10月18日）

军咨府、陆军部鉴：洪。据廿二标统马继增由刘家庙报告：廿五午后，接驻滠口第一营右队报称：乘马匪徒三四十名，欲破坏该口南端铁桥，当即击退。又接统制张彪通报：匪徒廿余名由武昌渡江，向戴家山前进。增即率第三营第十营前队及机关枪一队，乘车往滠口布置警戒。午后十一钟，见乘马匪徒一百余名，向警戒线袭击，当即击退，获叛匪三名，夺获战马三十四并服装若干，我军目兵皆无伤亡等语。特闻。荫昌。感。印。

（7）军咨府密电　八月二十八日（10月19日）

荫大臣鉴：辰。信到汉空车，请即饬令北返，以备陆续运兵。并请训告将领，婉谕兵士，与管车人员交涉，遇事务须和平融洽，免碍交通。至车一面，亦钞告邮部转饬融和矣。军咨府。俭。印。

（8）荫昌密电　九月初六日（10月27日）

军咨府、陆军部鉴：洪。我军今日由滠口进攻，通过四道桥，匪势败退，我军奋勇攻击，毙匪甚多，夺获枪炮多件。既得刘家庙，乘胜前进，遂占领汉口大智门。俟得详报，立即驰陈。前昨两日大雨，兵士在战地露营，倍形勇奋，尤属可嘉。合并附及。荫昌。鱼。印。

（9）袁世凯密电　九月初七日（10月28日）

荫大臣、冯总统：肃。虞电悉。喜甚。曾交华甫赏格单，枪炮一尊，赏银一千两，现共计需三万两，请午帅即垫发，俟凯到奉还。凯初九行。凯。阳。

（10）荫昌密电　九月初八日（10月29日）

内阁总协理大臣、军咨府钧鉴：陆军部鉴：彰德袁宫保鉴：洪。荫昌行抵信阳，业将军队抵汉情形，电奏在案。查步队第二十二标暨混成第三协军队，在汉口江岸，于八月二十七日，被匪用炮火攻击。我军炮队尚未运至阵地，匪炮过猛，难以久支，遂依江岸退至滠口地方，连日与匪相持，我军时有斩获。初一日，荫昌行抵孝感县，督率迅筹布置，当将炮队炮弹陆续运赴前敌，粮秣子弹筹备充足。于初六日黎明，以混成第四镇之第七协暨混成第三协为前队，第八协为预备队，向前进攻，行抵洋油厂西方，遇匪步队约千数百人，炮约数十尊，向我射击。我军步炮队协力猛攻，萨镇冰所统兵舰，并在附近援助，匪势不支，我军逐节进战，匪仍据刘家庙东北端，力行抗拒。嗣因我步炮队火力剧烈，遂狼狈向大智门纷纷溃散，我军乘胜追击至跑马厂，与匪相距约五百密达，匪凭据坚垒，利用巨炮，形势极难摧陷，时已昏暮，战斗中止。初七早，我军复以第六镇之混成十一协炮队增援，用山炮极力猛烈侧攻，互击至三小时之久，匪步队渐不能支，炮队亦相继溃退。我军追纵〔踪〕扫荡，直至汉口街市，因匪据龟山，安设炮位，凭高远射，势至利便。我军在战地露营，已逾十日，连日转战苦攻，兵力实已过劳，拟稍事休养，即进夺汉阳，迅图扑灭。伏查此次进攻汉口，毙匪约千数百人，夺获山炮三十六尊暨军械多件。匪坚筑要塞数处，死力据守，虽被大兵猛攻，不少退却，其狠鸷抗逆，已可概见。今门户已破，逆胆渐寒，进规当易着手。我军官兵阵亡十数员名，负伤百数十余人。当匪炮猛击之时，艰险异常，乃均能奋不顾身，肉搏争先，忠勇用命，实堪嘉许。正据前敌军队报告间，适准内阁电传钦奉上谕：冯国璋着总统第一军，归袁世凯节制调遣。又奉上谕：着即将第一军交冯国璋统率，俟袁世凯到后，荫昌再行回京供职。各等因。钦此。冯国璋已于初七日，行抵孝感，前赴战地。钦遵将第一军军队交其统率。俟袁世凯到后，荫昌即遵旨北上。合先电陈，乞代禀。荫昌叩。齐。印。

(11) 陆军部电　九月初九日 (10月30日)

万万急。信阳州。行营荫大臣鉴：内阁片交。九月初九日奉旨：荫昌电奏：官军在滠口地方，连日与匪相持，时有斩获。初六日，向前进攻，行抵洋油厂西方，遇匪约千数百人，官军协力猛攻。又萨镇冰所统兵舰，并在附近援助，逐节进占，匪仍力行抗拒。嗣因我炮力剧烈，匪遂向大智门纷纷溃散，官军乘胜追击至跑马厂，匪凭据坚垒，极难摧险。初七日早，官军用山炮侧攻互击，匪势不支，相继溃退，官军追踪扫荡，直至汉口街市，因兵力过劳，稍事休养，即进夺汉阳，迅图扑灭等语。此次进攻汉口，毙匪千数百人，夺获山炮三十六尊、军械多件。当匪炮猛击之时，艰险异常，该将士等奋不顾身，争先用命，实属忠勇可嘉。该大臣督率有方，尤堪嘉尚。仍著该大臣督饬将士，一鼓作气，收复武汉。俟袁世凯到后，再行回京供职。钦此。钦遵电达。陆军部。佳。印。

(12) 易迺谦密电　九月初九日 (10月30日)

陆军部堂宪钧鉴：果密。我军于初八日全复汉口，右翼已过玉带门，街市余匪业经搜索净尽，并炮击汉阳龟山、黑山重要地点，为渡河进规之准备。是日午后，冯军统抵汉，奉荫大臣命令第一军军队遵旨归其统率。章京于即晚回至孝感。嗣后军情，由冯军统随时电报。章京迺谦禀。佳。印。

(13) 荫昌致荆州将军函稿　九月十六日(11月6日)

复荆州将军　九月十六日

敬复者：昌在孝感行营奉旨饬即回京供职，遵于初十日启程北上，赴鄂军队均归袁大臣节制调遣。昨由第六镇统制李纯寄到十一日大函，倍深焦急。前因宜昌失守，奉旨拨兵赴援，当经会同袁大臣奏明赴鄂北军，未能分拨，商由豫抚抽调陆军炮步四营，驻防襄樊，相机前进。二十日，尊处电奏到京，奉旨：各省军情，同一吃紧，库款又值奇绌，著袁世凯、王士珍就近妥筹兼顾等因。钦此。计已由阁电达。荆防饷竭无援，孤处上游，实属万分危急，一俟袁大臣日内到京，即当由昌会商，设法筹拨军队赴荆，以期早解危局。临颖南望，无任忧灼之至。匆泐奉复。敬请台安。

荫顿首

〔清陆军部档案〕

8　盛宣怀为保汉阳钱厂枪炮厂愿出重犒致荫昌函

宣统三年八月二十四日(1911年10月15日)

午帅仁兄大人麾下：敬启者：汉阳钱厂、枪炮厂关系国家实业、军事前途，十分重大，自在鉴中。此次用兵，如能力达保全目的，厥功之伟，直与戡乱无殊。事平之后，两厂当合筹十万银元，重犒麾下有功将领士卒，决不食言。祈即酌夺，预行宣示，以资激励。重赏之下，必有勇夫，古有明训，台端当以为然也。钱厂协理李郎中维格晋谒节右，望有以教之。幸甚。专此。敬请勋安。

愚弟盛宣怀顿首　八月廿四日

〔清陆军部档案〕

9　清海军部关于将各路炮台大炮炮闩暂行卸下派船存储与张人骏等往来密电

宣统三年八月(1911年10月)

（1）军咨府等致张人骏电　八月二十四日（10月15日）

南京。张制台鉴：海密。武昌失守，匪党于龟山、蛇山安设快炮，妨碍水陆交通。他路炮台万一被匪占据，障碍尤大。查匪党现无大炮，各路炮台似无需大炮，以攻乱匪。现经军咨府、陆军、海军部公同商议所有炮台各炮，除十二生及五寸口径以下各炮留用以资防守外，其十二生半及五寸七口径以上各炮，均暂将炮闩卸下，另觅严密之处存储，以昭慎重。惟详加酌核此项炮闩，若存于炮台左近，究仍恐有疏虞。兹经议定：由海军部电饬各舰队统领，在四路炮台附近，各拨一船驻泊，存储此项炮闩。兹由四路炮台，各派一炮弁分驻各船照料，如查匪党倘有大炮，再行随时将相当炮闩取回应用。似此办理，尊意当必谓然。除由海军部电达萨统制、吴、沈统领派船分路驻泊外，希即饬各路炮台长官与各船管带接洽，遵照办理。军咨府、陆军部、海军部。迥。

（2）张人骏复电　八月二十五日（10月16日）

海军部钧鉴：海密。敬电及有日二电敬悉。已录电飞饬四路炮台总理转饬遵照。人骏。径。

（3）吴应科沈寿堃复电　八月二十六日（10月17日）

照录巡洋长江舰队吴沈统领来电

海密。迥电谨悉。四路炮台炮闩，暂行卸下，派船存储一节，查沪无一船，先饬驻宁之楚谦，驻镇之登瀛洲，并派南琛赴澄，策电赴淞，与各台官接洽办理。俟各船到沪，再当加派。海筹、海容一到即饬开宁。应科、寿堃谨禀。宥。

〔清陆军部档案〕

10　张锡元关于在刘家庙反扑武汉战败情形报告

宣统三年八月——九月（1911年10月）

（1）八月二十四日（10月15日）报告

陆军步队第五十八标统带官张锡元为报告事：窃卑标第三营于八月二十日由开封出发，二十一日午前三点抵滠口。风闻武昌一带陆军全行兵变，惟汉镇尚平安。瑞制军移住楚豫兵轮，统带遂至兵轮请示命令。奉谕驻扎刘家庙，保护车站。二十一日午后，驻扎汉口之步队亦变，当夜叛兵抢夺并烧坏市房数百家。现下武汉三镇，全被叛兵占踞。汉口虽有贸易者，亦系叛兵逼迫。刘家庙现下兵力，本标第三营，湖南巡防两营，由武昌逃出辎重队一营、步马各一队。刘家庙一带粮米缺少，无处购买。本标第三营尚可派员至信阳州办买粮米。至于湖南巡防暨辎重步马各队，均无帐棚居处，粮米亦不相济，恐日久可虑。统带既奉命令保护车站，自应昼夜严防叛兵。至于邻队，亦要防范。近数日间，官长目兵不得轮替休息，兵力疲劳已极。幸帅宪①带队来鄂，剿办叛匪。统带日盼援兵，所以急着三营左队排长李绳远携带报告，沿路迎呈

帅宪钧鉴

宣统三年八月二十四日

（2）九月初三日（10月24日）呈

八月二十日午前十点，率本标第三营及五十七标第三营左

注：①帅宪系指清陆军部大臣荫昌。

队，共官长目兵五百一十五员名，由开封出发，二十一日午前三点，至滠口。奉瑞帅谕，驻扎刘家庙。八点，至刘家庙，此时武汉三镇已失守。二十二日，湖北辎重第八营由武昌逃至刘家庙，湖南巡防两营亦于是日至刘家庙。二十三日，奉第八镇张统制命令，铁路以东归五十八标第三营及五十七标左队防守，铁路以西归辎重第八营防守，湖南巡防防守江岸。二十四日，有湖北巡防一营，至戴家山驻扎。二十五日，二十二标步队六队、机关炮一队，亦至刘家庙。二十七日午前六点钟，得第八镇统制命令：(一)敌人由跑马厂方向，向我前进。(二)五十八标第三营，接辎重队左翼防御。随给本标第三营命令同前。六点二十分，该营朱管带命本营前队向铁路西展开，其余在铁路东待令。六点四十分，敌人约有一千六七百人，红旗两面，白旗一面，由铁路西向我进攻。敌人阵线约有一千六七百米达长。七点钟，辎重队退却。二十二标第二营因在辎重队右翼，与本营亦失联络，随命本营左队及五十七标左队，速接前队右翼展开。当此时机，敌人向我猛力进攻，又有敌人约三四百人，由西北方围攻，幸有北洋步队一营抵住。七点五十分，与敌人相距一百五十米达，各占有利地势，互相射击，随命右后队沿铁路展开，击敌侧面。当此时机，敌人似有动意。本标朱管带乘机随命本营前左队及五十七标左队，猛力冲锋，敌人随向汉口方向退却。九点，战斗结局。十点三十分，奉第八镇统制追击命令，统带率左后队，沿铁路前进。本标朱管带率其余各队，向跑马厂西端前进。距跑马厂约有一千五百米达，见有敌人大队来援，山炮五六尊，步队约有一标。此时只有本标第三营及五十七标左队，因众寡不敌，第八镇统制又命仍退守刘家庙。午后五点三十分，敌人炮队由跑马厂方向，向我宿营地射击，长江炮船还击。六点，敌人步队，约有一千余人，由汉口方向，向我射击，至七点，除本标第三营及五十七标左队外，并无他队还击。统带随寻张统制，请派兵来援，适遇辎重第八营安督队官声称：统制亦上江轮，各队业已全行退却。统带黑夜之间，对敌猛裂〔烈〕炮火之下，本标原用枪枝，系十响老毛瑟，此时已有多数子壳卡入枪膛，总有未损坏枪枝，因发枪太多，机件已开关不灵。统带随命半数抵敌，半数在刘家庙北端为收容队，更番退却。是晚，退至滠口露营。二十八日午后三点，至祁家湾。二十九日，至孝感县。二十七日早晚两役，子弹消耗十分之八，阵亡排长一员、目兵二名，受伤排长二员、目兵十二名。二十七日午前一役，本营阵线前毙敌七十三名，内有排长二员，并由身上搜有伪凭，得敌枪三十二杆。本标及五十七标左队，凡受重伤目兵已送孝感城内仁济医院医治外，余均已到齐。现探得本处系汉口北上水旱要路。本标现住孝感县小东门外文昌庙内，日夜向汉口方向防堵。惟现用枪枝不利，损坏过半，子弹所余无几，目兵布靴，均已破坏。现已派员禀知豫抚，设法更换枪枝，输送靴鞋，以备抵敌行军之用。

陆军步队第五十八标统带官张锡元呈

宣统三年九月初三日

〔清陆军部档案〕

11　荫昌关于拟借外债充军费饬军需司手谕

宣统三年八月二十六日（1911年10月17日）

臣昨晤度支大臣载，叙及财用艰窘情形，知部库仅存现银数百万。现在出征军费，需用方钜，正拟向外国银行借款，尚不知能否办到。当此筹措万难之际，虽锱铢亦应顾惜，总期涓滴均归实用，不使稍有虚糜，方足以仰答君父，下对国民。惟此次军务恐非旦夕所能蒇事，即用款亦恐非千余万不可。臣以薄劣之资，当此倥偬之际，即筹备后方之责，已觉千条万绪应接不暇，时形竭蹶，倘再分心于稽核款目，万万无此能力等语。……大意如此。

奉上三纸，系大指而已。鄙意应叙入折内者。望即参酌叙入为属。

慕东兄①

〔清陆军部档案〕

12 冯汝骙派张检督办九江防务请代奏电及清帝谕旨

宣统三年八月（1911年10月）

（1）冯汝骙电 八月二十八日（10月19日）

收江西巡抚致内阁海军部军咨府陆军部请代奏电 八月廿九日

据九江道保恒电请派知兵大员，督办浔防。查浔道兼管关务，事本系重，难以兼顾，系属实情。该处现驻两标统带并各路炮台暨兵轮，必须特派大员，统一事权。署提法使张检，识裕才长，勇于任事。兹已派往九江督办防务。谨请代奏。汝骙。勘。

（2）清帝谕旨 八月三十日（10月21日）

八月三十日，内阁奉旨：冯汝骙电奏：江西财政奇窘，近日商家竞提存款，民间争兑现银，市面支空，非现银不能挽救。请饬部电沪分银行，先借二十万两来赣。至赣省额解各款，请俟防务稍松，再行照解。惟赔款关系国际，应请饬部将九月应解赔款十六万零，暂行代筹等语。著度支部速议具奏。又奏，派张检督办

注：①此件为荫昌亲笔手谕。慕东系清陆军部军需司司长苏锡弟别号。

浔防事宜。知道了。九江地方，关系重要，着即督饬认真防守，预堵鄂匪下窜，毋稍疏懈。现在作战兵舰，需用煤米甚急。著该抚饬令九江道，迅速采购，源源接济。所有应需款项，先行酌筹垫办。钦此。

〔清陆军部档案〕

13　清内阁寄荫昌等妥慎筹办反扑武汉谕旨

宣统三年八月二十九日(1911年10月20日)

陆军大臣荫：申奉旨：余诚格电奏：鄂省大兵云集，须并用兜剿解散两法，否则武汉用兵得手，势穷四窜，湖南、安徽、江西立溃。宜饬督兵大臣，先将武汉东岸布置以杜其窜湘窜赣，汉阳西岸布置以杜其出皖、出荆襄、图蜀豫，再由海军上下游往来攻击，以绝其水路逃窜。连日侦得各匪死党固多，胁从实亦不少，时有弃械而逃者，亦有意存观望者，须善用间谍，无论首要，投诚免死，武昌一下，大局立定。否则，顿兵坚城，彼据形势，亦殊可危。又紧接租界，诸多牵掣。并宜于火车附近，设立粮台，多购杂粮。长江一带，水灾失收，湖南上游，亦只薄收，且恐运道不通，能否接济，殊无把握，应请及早筹备等语。所陈不为无见，著荫昌、袁世凯、岑春煊、端方、宝棻、朱家宝、冯汝骙、萨镇冰，分别妥慎筹办。钦此。阁。二十九日。印。

〔清陆军部档案〕

14 松寿关于变通编练福建巡防队请代奏电及清帝谕旨

宣统三年九月(1911年10月)

(1)松寿电 九月初一日(10月22日)

收闽浙总督致内阁电 九月初一日

窃自川鄂扰乱以来，谣言纷传，人心浮动。闽省上游会匪出没，下游械斗频仍，时事日非，大有防不胜防之势。上年奏请编练巡防队十六营，经军咨处电商，准练十二营，现在先后已成九营，察看现时情形，十二营实难分布，各处请兵之文，纷纷而至，若不预筹布置，何以弭患未萌，再四熟筹，不能不允其所急，变通办理。查陆军步队四十标一、二两营，分防在外多年，早具巡防性质，拟以该两营改编巡防五营，以应目前之急。核计巡防五营饷额，除以两营拨抵外，每月只需添饷五百余两，兵额约添兵夫二百名，所费少而获益多。有此五营，合之已编九营，共十四营，拟以两营驻省城，两营驻厦门，两营驻泉州兼顾永春，两营驻漳州兼顾龙岩，两营分驻延建，以一营驻汀州，一营驻邵武，一营驻兴化，一营驻福宁。似此布置，虽云处处有防，仍不免地广兵单之虑。再以陆军一协驻漳泉一带，以为各路声援。时局危迫，不得不移缓就急。已飞饬赶紧改编分扎，以资镇慑。合将变通编练严密布置情形，据实奏闻。谨请代奏。松寿。东。

(2)清帝谕旨 九月初三日(10月24日)

九月初三日，内阁奉旨：松寿电奏：闽省上年奏准编练巡防队十二营，现在已成九营，察看情形，实难分布，拟将陆军步队四十标一、二两营，改编巡防五营，合共十四营，分驻省城各处，以资镇慑等语。著照所请。该衙门知道。钦此。

〔清陆军部档案〕

15 沈秉堃拟援湘保桂并以周先稷充北路巡防队统领请代奏电及清帝谕旨

宣统三年九月（1911年10月）

（1）沈秉堃电 九月初二日（10月23日）

收广西巡抚致内阁请代奏电

武汉变乱，奉旨严防勾结响应，业将筹防情形，由电奏陈，钦奉传旨钦遵在案。近日水陆大军，先后到鄂，分道夹攻，不难克期扑灭。惟鄂省叛军，人数甚众，地痞游匪，裹胁必多，击败之后，势必窜扰。湘与鄂接，桂与湘接，实当其冲。湘习浮嚣，桂多盗匪，更恐乘机响应，及时备御，惟有援湘以保桂，庶能制寇于境外，防患于未然。惟桂省固有防军，分扎各属，本觉不敷，北路尚属阙如。兹查有内阁中书周先稷，朴诚勇敢，练习军务，历充广东防军、江西水师各统领，经验颇深，拟恳天恩准予调充广西北路巡防队统领。该员现在衡州本籍，衡永一带，向多健卒，拟即檄饬就地募足三营，遵照部定巡防队营制饷章编定，克日成军，直趋长沙，藉助防守，电商湘抚，甚盼赴援，且免余匪上窜，扰及桂境。此项经费系属临时发生，约计购置枪枝逼码，制备旗帜号衣一切军装及本年应发月饷，共需银伍万两，为本年预算所无，应请饬部照数追加备支，合并声明。伏乞代奏请旨。秉堃谨肃。冬。

（2）清帝谕旨 九月初三日（10月24日）

九月初三日，内阁奉旨：沈秉堃电奏：拟援湘保桂，桂省防军分扎，本不敷用，请调内阁中书周先稷充北路巡防队统领，在衡永一带，募足三营，克日成军，直趋长沙，藉助防守。应需经费五万两，请饬部照数追加备支。等语。著照所请。该衙门知道。

钦此。

〔清陆军部档案〕

16 岑春煊要求添招军队配备枪炮筹拨饷项请代奏电及清帝谕旨

宣统三年九月(1911年10月)

（1）岑春煊电 九月初二日（10月23日）

新授四川总督致内阁请代奏电 九月初二日

东电请先谢恩，谅邀转陈，煊勉起筹度，恨莫奋飞。鄂既有乱，川事必更鸱张，江路梗阻情形，与前迥异，所调粤军两营，断不足用，应请添招八营，共成十营，庶可调度设施。枪炮子弹请饬军咨府、陆军部、两江总督由南洋匀拨配用，并恳饬度支部电由上海大清银行筹拨饷项现银一百万两，俾煊赶速筹办一切，不胜祷盼之至。谨请代奏请旨。春煊叩。冬。

（2）清帝谕旨 九月初四日（10月25日）

九月初四日，内阁奉旨：岑春煊电奏：所调粤军两营，断不足用，应请添招八营等语。著照所请，迅速招募成军，克日前进。所需枪炮子弹，著军咨府、陆军部、两江总督迅即设法匀拨配用。至请拨饷银一百万两一节，著度支部迅速筹拨。钦此。

〔清陆军部档案〕

17 铁良等要求迅速拨款增募军队请代奏电及清帝谕旨

宣统三年九月(1911年10月)

（1）铁良电 九月初二日（10月23日）

收两江总督江宁将军江南提督致内阁请代奏电 九月初四日

钦奉二十七日谕旨：著铁良、张人骏、张勋会商，再行酌量添募。惟所需饷项，必须预为筹备，方能济用。现值部库支绌，无款可拨，并著由该督移缓就急，设法筹措，以应急需等因。钦此。遵即会同确商：铁良镇守金陵，非招营无以资防御。勋身膺江防，非增兵无以资战守。东南大局安危，关系最重。且现准军咨府电嘱，派得力军队赴鄂连合。袁世凯亦电达调营应援。若不筹备应付，则武汉久被匪踞，大局必至瓦解，非铁良等所敢忍言。且长江伏莽素多，蠢蠢欲动，若不增加兵力，实不足以资镇慑。再四商酌，拟由铁良招募十营，每营暂以二百五十人为额，江防原有十八营，每营只二百五十人，拟由勋每营招足五百人，并另招两营，合共二十营，应可稍资策应。倘匪警日急，仍请照铁良、张勋前电办理。惟所需饷项，诚如圣谕，应须预为筹备，方能济用。惟江南财政困难，至今已极，实无可移之款，息借之外债，经分别抵还，已所余无几，即人骏所招之十营，亦尚在筹措。前项勇饷，惟有仰恳天恩，仍饬度支部保全东南大局，无论如何为难，迅即先筹的款银一百三十万两，分拨应用，不胜迫切待命之至。谨请代奏。铁良、人骏、勋同叩。冬。

（2）清帝谕旨 九月初五日（10月26日）

九月初五日，内阁奉旨：铁良、张人骏、张勋电奏：现准军咨府电嘱派得力军队赴鄂。袁世凯亦电达调营应援。且长江伏莽素多，不增加兵力，实不足以资策应，拟由铁良招募十营，每营二百五十人，江防原有十八营，拟由张勋每营招足五百人，并另招两营，合共二十营。请仍饬部先筹的款一百三十万两，分拨应用。等语。著照所拟，迅即招募添练。请拨的款一百三十万两一节，著度支部速议具奏。钦此。

〔清陆军部档案〕

18 冯汝骙报告新军起义攻占九江电

宣统三年九月初三日(1911年10月24日)

张制台、朱抚台、宝抚台，并探投袁宫保、荫大臣、萨军门、刘道台鉴：辰。顷电奏文曰：初三酉刻，据署法司张检禀：初二，九江传闻湘省已失，讹言自起，一日数惊，当饬该统带等加意防范。正在严密布置，忽于十钟，闻炮三声，四路火起，袖缠白布，口称同心协力，枪声贯耳。查系五十三标营队，即饬五十五标统带庄守志率兵抵御，当以众寡不敌，虽奋力猛扑，未能顺手，道府县尚未查明下落等情。查九江为通商巨埠，轮船上下，肆行无阻，匪竟来往飘忽，行踪诡秘，暗中勾煽，最为腹心之患。叠经奏请饬部与各国公使，严行取缔，一面督饬该道，会同租界，认真防查。不料变生仓猝，实属□防无术。罪有应得，应请先将汝骙，从严惩处，协统吴介璋、五十三标统带马□宝，训练无方，应一并先予严惩责问，带罪效力。署法司张检甫经到防，统带庄守忠奋力抵御，众寡不敌，应请免予置议，仍责成张检督率庄守忠等，设法攻击，并请饬海军部电饬驻浔兵轮会剿，力图规复。谨□。骙。江。印。

〔清陆军部档案〕

19 袁世凯等主张对武汉革军暂缓进攻函电

宣统三年九月(1911年10月)

(1)冯国璋致寿勋函① 九月初四日(10月25日)

颐卿大哥鉴：弟别后，初二日抵彰，奉宫保奏派改统第一

注：①此函自彰德发。

军，材轻任重，深惧弗胜。载赋即须，何以教我。此次战事全局，在宫保意见，以为乱党颇有知识，与寻常土匪为乱，情势迥有不同。且占据武汉，是负嵎之势已成。又兼厂工未停，火器日出不穷，势力如此之大，诚有不可轻视者。而在我军饷械未到，人员未齐，脱令出师太骤，万一偶有失利之处，则关系大局，实非浅尠。是非筹备周妥，计出万全，断难督师进攻。观于第一军兵士在滠口、刘家庙等处遇匪接仗情形，可以想见。在荫大臣智勇兼优，确有治军谋略。第以大臣而统数军则可，若兼统一军，躬莅戎行，则非其责矣。所以宫保奏派弟改统第一军，盖亦揆情度势，万不得已之举也。至弟管窥之见，以为匪党叛兵居多，我师进剿，则是以兵攻兵，未必遂肯用命。弟拟即赴战地先行查看情形，择一合宜地点，暂作守势，使将士精锐之气，蓄而待发。一面设法安慰，多方劝励，以固兵心，而作士气。俟弟赴前敌查明一切情势，应如何布置之处，当再驰函奉闻。肃此。祗请荩安。不尽百一。　　　　小弟国璋顿首。九月四日。

再，第二军前领饷银十万两，现在用去若干，正在筹备中，一时势难结算。顷已电饬全处人员，搭四十协兵车前来应候。芝泉接统晤面商酌办法，届时再为奉达。又及。

（2）袁世凯致荫昌电　九月初五日（10月26日）

荫大臣鉴：肃。支电悉。王师宜策万全，稍有失利，大局益危。必须筹备完全，厚集兵力，知彼知己，一鼓荡平。已一再将此议陈于朝廷，尚蒙采纳，正与尊论相合。荩筹精当，莫名钦佩。凯。微。

〔清陆军部档案〕

20　陆钟琦等防堵陕西革命军起义有关函电

宣统三年九月——十二月(1911年10月——1912年1月)

（1）陆钟琦电　九月初五日（10月26日）

山西巡抚电　九月初六日

内阁总协理大臣、军咨府、陆军部钧鉴：申。现在鄂变未平，陕变又作。据潼关道来电：匪踪已过临潼，东窜晋省平蒲等处，防务万分吃紧。省南巡防队，昨已电奏派陈守政诗接统。但该路防营，仅有七队，不敷分布，拟再添招五营，以资调遣。秦晋仅一河之隔，渡口林立，若划河为守，缓急断不足恃。兹令谢镇就现有防营，先带数队渡河，至同华一带，相机防剿。另由省派拨新军步队两营、马炮各一队，即日开赴蒲州一带协防。惟新军逐渐开拔，省境空虚，拟就驻省防队，并于中前两路，酌调营队，编练两营，立为省防，新军薪饷，均照部章拨给。查有现办陆军小学堂候选主事刘冠军，谙习军事，即派为该军统带，专顾省城之防。所有该军官佐即由统带自行遴委，以期情谊融洽。以上应需款项，均由司运两库通融筹拨。现在匪踪靡定，若循渭而东，则趋洛潼，如渡渭而北，则逼平蒲。河防上下千余里，处处可虞。转瞬冰冻，则北路保德等处，更属可虑。若至匪势�重，恐晋省所有兵队，不敷策应，亟须另筹防堵之策。所有近日部署防务情形，专电奉陈，谨请代奏。钟琦叩。歌。印。

（2）广福密电①　九月初七日（10月28日）

申密。昨接尊电，当转电陕甘新各督抚，西安线已断阻。兹接甘督长制军电开：初五日下午十一钟，接泾电局转到陕西西路

注：①广福时任伊犁将军。

州县印电称：朔日，省城兵变，省陷，旗营受害尤惨，各官不知下落，省报不通数日。复刻已选派妥员前往侦探，一面派队救援，一面迅饬得力防营保卫地方。现拟电请内阁代奏，惟陕电不通，须由俄线转京，电到乞饬速发为荷。甘省地方，现在安谧等语。除俟续得确情再电闻并分电内阁外，谨此电闻。广福。初七日。

（3）宝棻密电　九月二十二日（11月12日）

探投袁宫保、军咨府、陆军部钧鉴：辰。潼关兵力太单，迭经电达，迄无大枝军队开往，正在忧虑。顷据陕州道牧电禀：潼关全敌相持，自廿下午战至二十一日下午四钟，寡不敌众，失守，防军退守夕〔阌〕乡，陆军东退。又据东路各州县纷纷电禀：皖中溃兵土匪，互相勾结。寿州、颍上、正阳、凤名〔阳〕相继失陷，先后请兵防堵。各等语。此时豫中已无可调之兵，守桥守路各军早经抽赴他处。似此东西相逼，棻实束手无策。万一两面内窜，南北交通，鄂中后路，均为可虑。务乞速赐抽拨大枝军队，遴派知兵大员督率，即日分赴陕、皖防剿，俾免扰乱大局。豫中五生的七炮弹业已用罄，闻信阳尚存有自鄂军夺来此弹甚多，并悬〔恳〕宫保酌拨若干应急，千万恳祷。立待电示。棻。二十二日。印。

（4）马金叙电　十月初二日（11月22日）

河南马领来电　十月初三日

顷据河陕马道电开：潼关连日苦战，匪势愈打愈增，赵军兵力太单，请速星夜添兵接应等因。现在后路仅有巡防三营，一营守陕州，一营守灵宝、阌乡，一营赴永宁。叙昨抽马步两营，星夜赴西援应。韩统领今已由洛西进。可否转达宫保，请再饬得力军队二三营来潼援助。祈即电复。金叙。冬。

（5）赵倜等密电　十月十四日（12月4日）

抄赵统领韩统领来电　十月十六日

江密。十三日，马军门到灵时，西军分三路来攻，我军奋力击退，追十余里，夺获枪枝旗帜，毙敌二百余名。当夜敌二次暗袭，我军防御綦严，迭击退去。天明，接陕州信称：运城于十三日失守，敌逼茅津，陕州戒严。十四，敌又分两翼猛攻灵城，较昨尤悍，相持一日，彼不退，我亦不能进。查此情形，敌系已知茅津吃紧，故用轮战法以疲我军，使我不能后顾。倘陕州少有疏虞，则我军危矣。马镇已饬留陕三营，严防河岸，并分队击其由南路抄陕之匪及乡镇各土匪，然彼众我寡，究属不敷分布。周协统尚未来，务望速添军队为要。今晨奉内阁真电，内有令军队退出百里外一条。查西军此次来攻灵宝，昼夜不息，我军何法可退。祈示遵。倜、大武。盐。

（6）军咨府致陆军部函　十二月十二日（1912年1月30日）

迳启者：据王统制占元佳电称：平陆等处，匪势日增，拟将援潼营队调回，由陕进攻，候示等因。业由该统制分电贵部在案。特此函请会阁酌核筹办汇电赵、周两统领可也。此颂政绥。

〔清陆军部档案〕

21　连魁等为荆襄危急请拨兵筹饷折

宣统三年九月初六日（1911年10月27日）

兼署荆州将军左翼副都统臣连魁、右翼副都统臣松鹤跪奏：为荆襄地方重要，危急万分，恳请迅速拨兵援助并筹拨的饷，以资接济，恭折仰祈圣鉴事：窃自武昌变乱，荆州戒严，业将防守情形电奏在案。讵料八月二十八日，宜昌府陆军又叛，被匪占据。复接署襄阳道喜源、署荆门直隶州知州周嘉琛先后飞电告急，当经派委佐领广泽率常备步队左营驰赴荆门州所属之建阳驿一带，相机堵剿，一面加派兵队扼要防守。现在上游各处，除荆州有旗营练军暨襄阳有巡防数营外，余均无兵。该党匪逆谋甚大，暗遣心腹，分赴长江上下游一带，到处煽惑，勾结兵匪，要结商民，随地隐伏，防不胜防，并探闻仍有联合川匪情事。刻下人心浮动，土匪四起，荆江襄河一带城镇多为占据。荆襄孤立，四面受敌，且荆州驻有旗兵，尤为该匪必争之地。兵单饷竭，不敷分布，危急万分，曾经连呈五电告急，恳请内阁代奏，谅已上达宸聪。惟邮电梗阻，消息不灵，倘有疏虞，大局何堪设想。只有坚守待援，再图规复各处。再荆旗饷银米粮，向赖湖北藩、盐两库供支。今武昌、宜昌相继失陷，饷源已绝。九月饷银会商荆宜道设法筹集，如数散放。嗣经陆军部电饬荆宜道筹办旗饷，以定军心。兹据该道吴筠骏面禀，道关两处存款无多，交通阻滞，市面紧急，筹款不易。且军务方兴，支用浩繁，恐难持久。目前旗营俸饷米粮二项，每月约需银四万二千余两，尚无着落。惟有仰恳天恩，饬下陆军、度支两部迅派劲旅，筹拨的款，设法运输，以资接济，而免坐困，无任迫切待命之至。所有荆襄危急情形，谨恭折由驿六百里驰陈，伏乞皇上圣鉴训示。谨奏。

宣统三年九月初六日

宣统三年九月十六日，奉硃批：该部迅速筹办，片并发。钦此。

〔清陆军部档案〕

22 山西新军起义及吴禄贞被刺有关文电

宣统三年九月——十月（1911年10月——11月）

（1）陆军部电稿 九月（10月）

万万急。保定。第六镇第十二协吴统领鸿昌鉴：密。军咨府训令，当已接领。本部霁电（本日下午所发致吴鸿昌电，是否霁字，希查明。）由藩库拨银十万两，并子弹补充，当亦办妥。现闻太原紧急万分，匪乘车东向正定。贵协务于今明早迅即开拔，前往防剿，愈速愈妙。火车已由府饬交通处预备，请就近接洽。何时由保开车，希电复。陆军部○印。

（2）邮传部致陆军部函 九月初十日（10月31日）

迳启者：顷接正太路局丁总办电称：吴协统第一套车，带兵一营，本晚十一点半钟到石。拟俟第二套车到后，改乘卑路火车前进。米总工程司已将地势面告，并拟同行车辆早经备便。匪党仍守娘子关。新乐磁州兵尚未到。等语。用特述闻，希察照为盼。顺颂勋祺。

邮传部启 九月初十日

（3）陈夔龙电 九月初十日（10月31日）

万急。军咨府、陆军部鉴：武。顷据井陉县电知：晋变兵现据守娘子关与直境峪南口，共约千数人，已安定炮位，以防我军。现驻井陉，只有正定镇派来马步兵约近百名，不足抵御。缘该变兵本无多，惟闻与陕匪联合，预定约来援，三五日可到，宜速剿。娘子关能破，晋省随手可以克复等语。查敝处所派龚声扬步队一营、王怀庆马队一营，现已饬令统归正定镇徐镇节制，连同该镇所部军队，责成防守正定、石家庄一带。此外，无兵可调。且零星小营，亦无济于事。应请飞电催促第十二协，连夜进剿，迅速扑灭。如能续派炮队前往，更易得手。尚希卓夺施行，愈速愈妙。龙。蒸。印。

（4）吴禄贞致内阁电　九月十三日（11月3日）

敬肃者：山西变乱情形，日内接到确实探报：晋抚因陕西兵变，于初七日派步队两营，发给子弹，赴蒲州出防，尚未出发，乃勾通各营于是日黎明谋变，协统谭振德不从，顿时枪毙，遂直扑抚署，巡抚陆钟琦出署弹压，被叛兵枪杀，其子翰林院侍讲光熙出卫，亦被枪毙，城守尉、巡警道先后殉难，省城秩序因之大乱，土豪痞棍乘时窃发。此省城兵变抚臣等殉节之大概情形也。初九日，革军占领大军意图外窜，进扑京师，行抵井陉，适我军十二混成协赶到正定，因知井陉为燕晋咽喉，极为险要，若被革军占据，殊难措手。协统吴鸿昌率领马步各队星夜奋进，正定管带何立朝竭力相助，遂于初十日据有井陉。十一日，禄贞亲赴井陉，督师进剿，占领蔡庄，革军退守滑驴岭。十二日，与革党接战，地势极险，悬崖绝壁，难以骑行，我军坚忍不拔，相持一日夜之久，革军不支，退守娘子关。连日获虏革军官兵数十人，卸其军械，开诚劝导，即行释放。所伤革军，为其医治，以广皇仁。再改良政治上谕，已由禄贞印刷多份，饬令俘虏带回布散。又派参谋官朱鼎勋手执白旗，驰入敌阵，谒见叛官，广为开导，以示朝廷不得已而用兵之意。顷接谍报：革军顽强，尚不知悔，又将全省防营五千人及警兵联为一气，并与陕西叛兵联合，以为声援。前线兵力，日见增加，若不迅速进攻，深恐阻丧士气。惟娘子关地势极险，革军以步队一标，炮二十余尊固守，颇难克复。查由井陉至太原，原有驿路，其间固关虽属天险，闻守兵尚不甚多。现派宫管带率其全部，猛扑固关，并饬吴统领攻击娘子关，牵制敌军，使彼不能兼顾，或可收批吭捣虚之效。惟地势崎岖，非有山炮不可。且既分两路进攻，兵力太弱，恐蹈危险，务恳设法筹拨山炮一营、步队一标，火速前来，无任祷盼。再巡抚被戕，地方无主，人心惊恐，似宜请简贤员来晋，以安民心，而挽危局。是否有当，伏候钧裁。并乞代奏。统制吴禄贞谨肃。元。

（5）清帝谕旨　九月十五日（11月5日）

九月十五日，内阁奉旨：吴禄贞电奏：初九日，革军行抵井陉，适我军十二混成协赶到正定。协统吴鸿昌率领马步各队星夜奋进，正定管带何立朝竭力相助，遂于初十日据有井陉。十一日，亲赴井陉督师进剿，占领蔡庄，革军退滑驴岭。十二日，与革军接战，相持一日夜之久，革军不支，退守娘子关。虏获数十人，卸其军械，开诚劝导，即行释放。并将改良政治谕旨，印刷多张，饬俘虏带回布散。又派参谋官朱鼎勋驰入敌阵，广为开导，以示朝廷不得已用兵之意。又电奏：我军两路进攻，颇获胜利，当派副官知府周维桢等驰入敌军，晓以国家艰危之大局及改良政治之苦心，已允输诚。顷已下令停止攻击，并即单骑赴娘子关抚慰。各等语。办理均合机宜，应即照所拟办理。该署抚单骑往抚晋军，尤属忠勇可嘉。著将抚慰情形，随时迅速电奏。钦此。

（6）吴鸿昌电　九月十九日（11月9日）

内阁、军咨府、陆军部、资政院钧鉴：新简晋抚吴禄贞被刺后，招抚革军运到石家庄步马炮工部队甚多，其后方军队，亦急输送来石，向本协要求，连合破坏京汉铁路、黄河桥、滹沱河桥，逼迫本协连合，速行北上。革匪闲言四布，摇动军心。统领不遂其欲，兵力又薄，深恐陷于危险，以及兵士震动，将来更难收拾。迫不得已，率领本协急到栾城县，拟绕到正定，补充兵力，再行迎击。统领侦知革军将存储石家庄之弹药、粮秣、被服等项，运送娘子关，兵力亦渐退。统领垂夜率本协急进，现已复占石家庄。该处商民安静，兵心镇静，请释廑念。鸿昌叩。皓。

（7）周符麟电① 九月十九日（11月9日）

军咨府、陆军部大臣鉴：麟于本日下午到石家庄，详询部将。佥称：一六两镇，并未交哄，不过以吴抚遇害之事，互相猜疑。一镇偶发数枪，廿三标兵并未还手，当称慎重。麟到石后，将士壮气，均以准备杀敌为乐。所有前存粮饷子弹，并未丢失，惟吴抚所截留军火军米，均被革匪劫去赴晋矣。麟叩。皓。印。

（8）吴鸿昌致陆军部呈文 九月二十九日（11月19日）②

敬禀者：窃统带官前于署理十二协统领任内，于九月初八日晚，奉到军咨大臣训令：现在山西太原变乱，亟应派兵援剿。著派该混成协迅即开拔，星夜赶至太原附近，相机防剿等因。奉此。是日，又奉陆军部电，饬同前因。遵即编成步队二十三标二三两营、马队一营、陆炮两队、工程半队，赶急于初九日下午六点由保定开拔，是晚十一点半钟到石家庄。初十日早换车西进。前头部队运至五里铺下车，搜索前进，直达井陉县。山西革匪已占领乏〔滑〕驴岭及娘子关、固关等处。本协决定由井陉节节前进剿击，直达太原。当日，已故新简晋抚前第六镇统制吴禄贞乘车到石家庄，命令统带登时回石，面谕已派镇副官周维桢、本协一等参谋官朱鼎勋前往山西招抚革匪。统带当即回明所领受军咨府训令，系相机防剿等情。已故吴统制谓已呈请内阁、军咨府、陆军部代奏，准其招抚，不动枪火，民生自不受涂炭之灾，岂不甚善。统带一面分别电禀其情，一面督饬所有军队，运到五里铺、井陉一带驻扎，以图进击。其前哨配置蔡庄一带，与乏〔滑〕驴岭之敌相对峙，惟留炮队一队、马队三队，驻守石家庄铁道附近，以保交通。于是协部二等参谋官何绪基与山西革匪相通声气，谣言四

注：①周符麟时任十二协统领。

②此系清陆军部军衡司收文日期。

布，煽惑军心。该参谋驰入娘子关，约定革匪输诚，克期东运至石家庄，与我军相见。已故吴统制于十四日下令停止攻击，即乘火车入娘子关，至太原抚慰革匪，招其来石。十四日饬本协先将驻扎井陉及五里铺各队运回石家庄。十五、十六两日，火车运到革匪步队一标、巡防两营，均在石家庄以西驻扎。其官长服装不一，器械不齐，种种情形，不堪入目。已故吴统制登时犒赏革匪猪肉馒首，并允另给新式服装。至十六日夜一点半钟，已故吴统制被刺身死，副官周维桢、来宾张世膺，亦均同时被杀。由是枪声四起，统带驰往察视，始悉前情，当即飞电禀陈。十七日，统带一面严禁革匪续送来石，一面镇静本协军士。至午后三点，革匪运来步马炮各队甚多。其参谋长仇亮、参谋姚洪昉、景晟、史宗法、马龙章、倪得勋等与何参谋绪基，共向统带要求，连合破坏京汉铁路、黄河桥及滹沱河桥，并逼迫统带与之连合，速行北上。于是闲言四起，摇动军心。当此时何参谋与革匪参谋长仇亮等共七人，均身带手枪，立逼统带一人，门首内外携刀持枪，排列两旁之革匪，尚有一百余人。统带明知其谋为不轨，心虽焦灼，而外貌又不能出以激烈。际此危险之地，统带始终不遂其欲，只得设法开脱，否则统带一人原不足惜，诚恐兵力甚薄，若一陷于危险，将来更不可收拾。迫不得已，率领本协乘夜急赴栾城。拟再绕道到正定，补充兵力，即行迎击。十八日，统带侦知革匪将石家庄存之储〔储之〕弹药、粮秣、服装等项，运送太原，革匪亦渐退去。统带复率本协，乘夜急进，于十九日复占石家庄。此自本协出发后经过之大概情形也。除禀军咨府暨本协统领外，肃此谨禀。恭请钧安。伏乞垂鉴。统带鸿昌谨禀。

（9） 王得胜折　九月二十七日（11月17日）

山西大同镇总兵雄勇巴图鲁臣王得胜跪奏，为敬陈山西关北大概情形，并请发给枪枝饷银，恭折仰祈圣鉴事：窍臣于宣统三年九月二十五日，由铁路工局，电传谕旨：王得胜电奏太原省城及雁门关北匪情。并称，此次变故，到处人心浮动，非有得【力】兵队剿除，不足以安地方等语。现已著姜桂题拨军一营前往。所有雁门一带，仍著该总兵妥筹防堵，毋稍疏虞。钦此。钦遵在案。查臣所统山西中路巡防队马队四队、步队三队，共□〔七〕队，统计不过千五百余人。马一队驻扎代州，马二队驻扎杀虎口，马四队驻扎天镇、阳高二县，马三队驻扎灵武关。现在惟山阴、应州、浑源一带，尚属空虚。自此次省城变起，臣即以雁门关为晋北全境咽喉，又派步二队、步三队屯扎堵御。嗣经警报叠传，又复节节布置，奈兵力无多，顾此遗彼，而各队所用枪械，又皆前膛及老毛瑟枪。当此全省无主，到处人心浮动。刻据探报：口外马贼，已聚集数百人。又归绥兵变两营，由可可以力更折而东窜，到处抢劫。倘其暗与关南土匪勾结，则大同地方，腹背受敌，防范稍一不力，大势堪虞。武卫军虽经遵旨派来步队一营，只能保卫弹压。现驻天镇，尚未来同。且臣各队饷银，自十月份即无着落，虽经大同府县竭力筹措，仅敷一月分散。至于十一、十二两【月】，尚属无措。臣左右筹思，万分焦急，兵力既不敷调遣，饷项又无所出。可否仰恳天恩俯念大同情形万分危急，准再招募巡防步队两队，请由军咨府发给快枪四百杆，随带子弹。所有各队饷乾银两，核计旧有步马七队及新募两队，每月约需银一万二千两十一、十二两月，共需银二万四千两，请由度支部照数核发，如蒙允准，请饬军咨府、度支部知照遵办。臣为保守地方起见，是否有当，伏乞皇上圣鉴迅示遵行。谨奏。九月二十七日。

宣统三年十月初一日，奉硃批：着军咨府、度支部酌量筹拨。钦此。

（10）陆军部电　十月一日（11月21日）

大同镇总兵王：奏请拨枪枝子弹一节，已饬备枪四百支，每枝带子四百颗，仰即派员赴部领取。陆军部。董。印。

（11）关冕钧电①　十月十二日（12月2日）

内阁总理袁宫保、军咨府、陆军部、邮传部宪钧鉴：据驻大同之张绥第十段工程司俞守人凤电称：初十晚两点钟，革党占据大同府城，遵宪详细将肇事情形调查。占据大同之革军，并非由雁门进攻之大股，乃自初八日扮作土人陆续进城之数百人，暗合官军起事，专击镇署，王镇军幸得脱身，至府县均未加害，但索款项而已等语。理合禀闻。冕钧肃。文。

〔清陆军部档案〕

23　清帝为变端四起人心动摇引咎罪己谕②

宣统三年九月初九日（1911年10月30日）

监国摄政王钤章。九月初九日内阁奉上谕：朕缵承大统，于今三载，兢兢业业，期与士庶同登上理。而用人无方，施治寡术。政地多用亲贵，则显戾宪章。路事朦于佥壬，则动违舆论。促行新治，而官绅或藉为网利之图。更改旧制，而权豪或只为自便之计。民财之取已多，而未办一利民之事，司法之诏屡下，而实无一守法之人。驯致怨积于下而朕不知，祸迫于前而朕不觉。川乱首发，鄂乱继之。今则陕湘警报迭闻，广赣变端又见。区夏腾沸，人心动摇。九庙神灵不安歆飨，无限蒸庶涂炭可虞。此皆朕一人之咎也。兹特布告天下，誓与我国军民维新更始，实行宪政。凡

注：①关冕钧时任京张路局总办、张绥路局会办。

②此件系内阁抄送件。

法制之损益，利病之兴革，皆博采舆论，定其从违。以前旧制旧法，有不合于宪法者，悉皆除罢。化除旗汉，屡奉先朝谕旨，务即实行。鄂湘乱事虽涉军队，实由瑞澂等乖于抚驭，激变弃军，与无端构乱者不同。朕惟自咎用瑞澂之不宜，军民何罪，果能翻然归正，决不追咎既往。朕以眇眇之躬，立于臣民之上，祸变至此，几使列圣之伟烈贻谋，颠坠于地，悼心失图，悔其何及。尚赖国民扶持，军人翼戴，期纳我亿兆生灵之幸福，而巩我万世一系之皇基。使宪政成立，因乱而图存，转危而为安，端恃全国军民之忠诚，朕实嘉赖于无穷。此时财政外交，困难已极，我军民同心一德，犹惧颠危。倘我人民不顾大局，轻听匪徒煽惑，致酿滔天之祸，我中国前途，更复何堪设想。朕深忧极虑，夙夜旁皇，惟望天下臣民，共喻此意。将此通谕知之。钦此。

奕劻、那桐、徐世昌署名。

〔清陆军部档案〕

24　清帝一再促袁世凯为内阁总理大臣以图挽回危局谕①

宣统三年九月（1911年11月）

（1）清帝谕旨　九月十一日（11月1日）

监国摄政王钤章。九月十一日内阁奉上谕：袁世凯现授内阁总理大臣，所有派赴湖北陆海各军及长江水师，仍归袁世凯节制调遣。钦此。

（2）清帝谕旨　九月十四日（11月4日）

监国摄政王钤章。九月十四日内阁奉上谕：袁世凯电奏：内阁总理，任极重大，深虑弗克负荷，恳请收回成命等语。现因时

注：①此件系内阁抄送件。

局阽危，群情傚扰，非实行改良政治，无以弭乱源而维邦本。故俯从臣民之请，另行组织内阁，与民更始。该大臣久历中外，诚信素孚，且世受国恩，秉性忠亮，必能竭诚赞助，力顾大局，故特授为内阁总理大臣。该大臣务宜追念先朝倚畀之隆，体念时事艰危之极，勉为其难，毋再固辞，并著迅速来京任事。钦此。

（3）清帝谕旨　九月二十四日（11月14日）

监国摄政王钤章。九月二十四日内阁奉上谕：前据袁世凯电奏：再辞内阁总理大臣。该大臣现已到京，本日召见，复经面奏恳辞，情词肫切。经朕晓以大义，并勉其力任艰难。该大臣公忠体国。时局至此，当亦不忍再辞。著即到阁办事，悉心筹画，保全大局，用副朝野之望。钦此。

奕劻、那桐、徐世昌署名。

〔清内阁法制院档案〕

25　张士珩报告革命军进攻上海制造局电①

宣统三年九月十三日(1911年11月3日)

陆军部堂宪钧鉴：宝。十三日五点钟，有革党二百余人，均袖扎白布，一人持白旗，一人持红旗白角并白令箭跳跃率领，趁工人放工之际，直冲入局门，分半由船坞便门闯进，开放排枪，并放炸弹轰击，经士珩与张道锡藩、李守寿、提调陈本端、咸守瑶圃、赵直牧安国、方委员惟庸等督饬哨弁谢华国，巡警刘万祥、高孔铸及弁兵等，奋勇扼御。彼此放枪一点余钟，革党连放炸弹二十余枚，各弁勇凭土袋拚死抵拒，当放排枪，将该党击毙多人，始退至局门，摇旗复战。又经总巡、参将绪谟带领哨弁

注：①张士珩时任上海制造局总办。

卢家有、荆秀友挑领新募奋勇二十名，会同刘万祥，开放连环排枪，革党始逃。因局外民人太多，疾饬收队，击毙四人，毙伤五人，现局内均属平靖。查该革党袖扎白巾，手持白旗，闯入局中，直抢总公务厅，并捉工人嘱带赴军火处，施放洋枪炸弹，幸员弁兵丁等拚命血战相抗，至一时之久，尚属异常奋勇。除由士珩先发赏号以示鼓励外，惟局防单薄，龙华、浦东均属空虚，船坞无人，沿江处处可登，防不胜防。虽由士珩等督委士弁，勉励严防。除飞电江督迅调沿江得力巡防营队来沪，以救危局。再局内巡警禹晋元、高玉山、满玉德三名，工夫一名，均受伤，已饬医调治。士珩谨禀。元。印。

〔清陆军部档案〕

26 袁世凯奏报兵力不足暂停反攻武昌汉阳及清帝谕旨

宣统三年九月(1911年11月)

(1) 袁世凯电 九月十四日(11月4日)

收内阁总理袁请代奏电 九月十五日

今日赴滠口，与萨镇冰、冯国璋及各统将详细筹商。匪在武昌、汉阳夹岸列炮，师舰稍逼，即有损伤。匪炮隐伏岸后，船炮命中綦难，只可扰击，助陆军声势，难大得效。陆军出发仅万余人，除拨守后路及伤亡外，应敌仅及万人，苦战七八日，坚守又数日，以万人分守江岸廿余里。匪占汉阳龟、黑、榆、梅子等山，罗列多炮临下，与汉口只隔一河，宽仅三四十丈，时备船只，乘隙偷渡。武昌距汉口江面，不过四里，蛇凤青等山，设炮对轰。汉口地居洼下，士卒守岸，两面受敌，日有伤亡，且日夜防守，兵力颇难支持。迭催第二军速来接应，迄未到防，后路阻挠迟延，未知是何居心。然照此防守，兵力日疲，久恐生险。现拟就此兵力，谋攻汉阳，而顾此失彼，亦多涉险。两险并计，宜从其轻。反复筹思，策难万全。已饬令统将赶备粮弹，探查路径，并密授进攻方略。如黎逆数日后仍无降服确情，拟即督饬进取汉阳。若复此处，汉口自固。匪断接济，进图武昌，较易措手。是否有当，伏祈圣裁。谨请代奏。世凯谨肃。寒。印。

（2）清帝谕旨　九月十六日（11月6日）

奉旨：袁世凯电奏筹商武昌、汉阳各情形等语。前据该大臣奏，已饬令各军停进，一面出示晓谕招抚，并向武昌宣布德意解散，自应扼要防守，观其动静。现在事机危迫，一切事宜均俟该大臣到京筹商，刻不容缓。即著迅速起程来京，所有前敌事宜，著先交署湖广总督王士珍接办。钦此。九月十六日。

〔清陆军部档案〕

27　清帝宣示对满汉军民不加歧视谕

宣统三年九月二十日（1911年11月10日）

谕旨监国摄政王钤章。九月廿日，内阁奉上谕：近因各省纷扰，军人交哄，谣诼繁兴，并有以满汉强分界限，意在激使相仇。试思满汉皆朝廷赤子，一视同仁。尔军民人等，群居州处，近三百年，亦并无丝毫芥蒂，有何猜嫌，致生疑忌。此等谣传，显系奸人暗中鼓煽，扰害治安。在稍明事理者，自不至为其所惑。深恐无知愚民，一唱百和，激生事端。用特明白宣示，俾知朝廷一秉大公，于满汉军民，毫无歧视。尔军民人等，务宜各矢公心，互相保卫，慎勿听信谣言，徒滋惊扰。至于满汉各营，尤宜和辑，并责成各该统兵大员，开诚布公，剀切晓谕，毋使各存意见，以维大局，而靖人心。钦此。

奕劻、那桐、徐世昌署名。　〔清内阁法制院档案〕

28 清帝饬各督抚暨统兵大员对立宪派革命党分别抚剿谕①

宣统三年九月二十三日(1911年11月13日)

监国摄政王钤章。九月二十三日,内阁奉上谕:匝月以来,各省纷扰,其中情形各有不同,应再详为分别,宣示天下。凡主张政治改革者,对于朝廷,迹虽近于要求,皆发于爱国之热诚,激而出此。朕亦有鉴于国势之阽危,实由政治之弗进,业经迭降明谕,将实行立宪,改良政本之宗旨,剀切布告,与吾民更始。并赦宥从前一切因犯政治革命嫌疑人等及此次革命党人,准其改组政党,收作国家之用。至于持种族革命之说者,意在离间满汉,激成仇衅,祸变相寻,必使大局糜烂,而后快其私心,势必至同归于尽不止,实与改革政治,力谋国利民福者,用意迥殊,判然两事。朕一秉大公,不设成见,惟以国家强盛,民生康乐为念。然必地方安堵,而后宪政可以进行。若任其鼓吹邪说,肆意扰乱,以致吾民流离转徙,死亡枕籍,四民失业,全国恐惶,生计日迫于困穷,祸患将何所废止。故不惮谆谆诰诫,俾尔士绅军民人等共晓然治乱之大原。所有关心政治,急于求效之多数人民,朕方爱之重之,推诚布公,共图上理。其背此宗旨而有心为乱者,虽属少数,实有害于公安,即为全国之公敌,当与吾民共击之。若其幡然改悟,仍应悉予宽容,不咎既往。至乘机作乱之各路土匪,毫无宗旨,专以焚杀淫掠为事,尤为情法所不容,亟宜及时痛剿,迅予扫除,以安良善。各将军、都统、督抚等暨各路统兵大员,务各仰体朕意,分明党派,相机因应。尔士绅军民人等亦当共明此旨,审择利害,上下一心,共谋政治之进步,则吾国

注:①此件系内阁抄送件。

幸福，庶永赖于无穷。著各省将军、都统、督抚即将此旨，与本月十四日谕旨，一并刊刻誊黄，通谕知之。钦此。

奕劻、那桐、徐世昌署名。

〔清内阁法制院档案〕

29　袁世凯等关于清军在汉口大肆焚掠致冯国璋密电

宣统三年九月(1911年11月)

（1）袁世凯致冯国璋密电　九月（11月）

宫保来电　九月

军统：晋。顷接政府元电开：据留比留法学界及沪商会致资政院电称：汉口自经鄂变，库廛无损，官军大肆焚掠，商民受害，欧报痛诋等语。该兵士等奋勇苦战，颇为各国嘉许，若因数三败类，玷辱军人名誉，尽弃前攻〔功〕，讵不可惜。望通饬各营，整顿纪律，谆详诰诫为要。

（2）崔作模致冯国璋密电①　九月（11月）

北京崔作谟来电　九月

军统钧鉴：胜密。资政院、报界谓官军在汉口惨杀焚烧，公讥甚裂〔烈〕。闻资政院已派四人密查，请速上疏辩解。模禀。

〔清陆军部档案〕

30　宝棻请派袁克定办团练乞代奏电

宣统三年十月初七日（1911年11月27日）

急。北京。内阁、军咨府钧鉴：辰。窃豫省为南北枢纽，用武

注：①崔作模系军咨府第一科科员。

之时，势所必争。平日为预算所限，新军只混成一协，枪械尚系旧式，防军虽原有四十二营，大率专以搜捕巡缉为事。自山陕相继告警，东驰西击，新军业已尽数出防，防军精锐均由各路统领调守要隘。新募虽已有十五营，未经训练，只能零星分填内地，藉壮声势。目前设有缓急，已无大宗可恃军队。宝军旅之事，未尝学问，无饷无械，支持将及一月，实已心力交瘁。而默揣大局，枝节横生，风潮未已，恐非克期所能奠定，惩前毖后，亟应添练正枝劲旅，以为准备。因思粤匪之变，以湘军为最得力，一时中兴名将，大率皆自倡办乡团始。盖保卫桑梓，其范围虽狭，有此基础，即不难扩充，大举成效自可明证。查有农工商右丞袁克定，器识宏深，忠诚素著，治兵尤其家学，可否仰恳天恩俯念豫省关系较大，准其先在河北一带招募防军，办理团练，俟训练成军，再图进取之处，出自逾格鸿施。至所需枪弹粮饷，应俟仰蒙俞允，再由宝与之妥筹商办，伏乞代奏请旨施行。宝谨叩。印。十月初七日。

〔清陆军部档案〕

31 清陆军第二镇正军需官报告武汉前线军事情况折①

宣统三年十月（1911年12月）

谨将九月十六日起至十月十三日止，前敌军队布置地段并战况，缮折呈请宪鉴。

计开：

一、二镇步五标统带为沿江警戒司令官，带去步队两营，驻

注：①此件系清军第二镇正军需官呈陆军部军需司长苏锡第折，自汉口大智门发。

扎刘家庙。二镇步六标统带督第三营，驻彩票局，防御沿江一带。其六标第三营一营，调驻大智门车站，护卫大接济。敌人由大别山，日夜枪炮乱击，官长受伤者甚众。

一、九月二十二日，有九江已变之兵轮三只，来至刘家庙江心一带，向我阵地炮击。经我炮队还击，坏其兵轮一只，其余二只，避藏江岔，向三道桥射击。现又派二镇六标第二营前往防御。

一、二十七日，有匪千余名，由大黑山，以船搭浮桥。然岸经四镇八协侦知，奋力抵御，毙匪数百名，余众退散。

一、十月初三日，李统制带一标队伍，攻击敌之左翼。六镇吴统带带一标队伍攻击敌之右翼。又由四镇挑奋勇队官兵二百员名，三协挑奋勇队官兵三百员名，炮队第三营一营，炮三尊，于十月初五日夺占四平山。初六日占据大黑山，计官长死伤数十名。

一、汉口民中有匪，防不胜防。十月初四、五日，大智门附近连次起火，以期焚我枪炮子弹，均经派人救息。

一、汉口天屡降雨，动辄五六日，兵丁因而多患泄肚者，现已医治全愈。

一、十月初六日，二镇六标第二营在刘家庙北二、三道桥之间防御，有匪千名，由青山渡江，至杨罗上陆，向我第二营攻击，一经还击，匪即退却逃走渡江，毙匪百余名。

一、十月初七日，六镇两支队、四镇一标及三协奋勇队，由大黑山进攻梅子山，得获大捷。于是午刻，占据大别山。午后二点，克复汉阳。敌众溃败，纷纷乘船逃窜。经我步炮机关枪各队猛烈射击，毙敌数千，船沉亦多，子药库、兵工厂无损，计得炮三十余尊。

一、五标一营乘大黑山夺占之后向梅子山进攻时，顺势至湘河，夺获步枪二百余杆、枪子六十余箱、炮六尊、炮弹四百余枚。

一、初八日，有匪数百名，致黄陂县失守，去五镇一标、二镇一营、机关炮一队，于初十日早克复，匪向东北方逃走。

一、现在停战三天，将来仍否进攻，军需不日回保，俟回保再为祥禀。

〔清陆军部档案〕

32 清帝准监国摄政王退归藩邸不再予政谕

宣统三年十月十六日（1911年12月6日）

十月十六日，内阁奉上谕：监国摄政王尚〔面〕奉隆裕皇太后懿旨：据监国摄政王面奏：自摄政以来，於今三载，用人行政多拂舆情，立宪徒托空言，弊蠹因而丛积，驯至人心瓦解，国势土崩。以一人措施失当，而令全国生灵横罹惨祸。痛心疾首，追悔已迟。倘再拥护大权，不思退避，既失国民之信用，则虽摄行国政，诏令已鲜效力，政治安望改良。泣请辞退监国摄政王之位，不再干予政事。情词肫切，出于至诚。予深处宫闱，未闻大计。惟自武汉事起，各省响应，兵速〔连〕祸结，满目疮痍，交邦商业并受影响。每一念及，寝馈难安。亟宜查内外之情形，定安邦之至计，监国摄政王性情宽厚，谨慎小心，维求治綦殷而济变乏术，以至受人朦蔽，贻害群生。自应俯如所请，准退监国摄政王之位。所钤监国摄政王章，著即缴销。仍以醇亲王退归藩邸，不再预政。著赏给岁俸银五万两，由皇室经费项下支出。嗣后用人行政，均责成内阁总理大臣、各国务大臣担负责任。所有颁布诏旨，应请盖用御宝，并觐见典礼予率同皇帝将事。皇帝尚在冲龄，保卫圣躬，应有专责。世续、徐世昌著授为太保，尽心卫护。现在四方多难，国步阽危，诸王公等谊同休戚，各宜体念时艰，恪遵家法，束身自爱，罔越范围。诸大臣瘠〔膺〕兹重任，尤宜共矢公忠，精白乃心，力除痼弊，以谋国利民福。凡我国民，当知朝廷不私君权，实行与民更始。务须谨守秩序，各安生业，庶免纷争割裂之祸，而登熙皞大同之治。予有厚望焉。钦此。

〔清陆军部档案〕

33 张勋等关于革命军进攻徐淮请派援兵有关函电

宣统三年十一月——十二月（1911年12月——1912年1月）

（1）张勋电 十一月十五日（1月3日）

内阁总理大臣、军咨府、陆军部大臣钧鉴：靖密，咸电敬悉。顷获革匪侦探，讯知匪党拟避越徐州，由东路迳犯山东。如果确，勋必当抄击其后，一鼓歼之。至允拨各项步枪，须拨二千根，每枪配子四百粒，机关及过山等快炮，须拨十数尊，配足各弹，援兵须拨万人，一并即日出发，悉数出发，以期缓急，足恃。至盼。勋。翰。

（2）军咨府致陆军部函 十二月初八日（1912年1月26日）

迳启者：昨接田镇中玉来电，内称：停战期内，革军违约，侵占登州、黄县，并在宿迁添兵，扰害和平，殊堪骇愤。职辖境为津浦要路，控制南北，屏卫京畿，若不躬率士卒，身任锋镝，何以报朝廷及列宪恩遇之隆。惟所统防军九小营，分防十七属，地面伏莽滋多，断难悉数招集，而张军驻徐，亦难兼顾他处。兵分力薄，难资进取，荷戈四望，焦灼万分。合无仰恳垂鉴愚诚，准职添兵五千专供前敌需用。饷项月约三万金之谱，明知库款奇艰，筹拨非易，乃军情紧急，空拳无补，万一贻误，大局攸关。况革军要求过甚，恐难和平解决。倘一决裂，速战为上。湖北兵力颇厚，武昌不难克复。徐淮一带，兵力尚单。为克复南京计，必须由各路徵集军队，简派大员，节制统一，方易收功。职将辖境布置周妥，亲率淮添之五千人，编入战团，节节进攻，并密编敢死队，分赴南省，相机行事，以图规复南京。职今夏交卸苏军，尚悉彼军性质。其被胁官兵，尚可随时招抚，以解敌势。惟望坚持君主立宪政体，永奠民生。区区管窥，伏乞采择等因。用特抄录全电函达，应请贵部酌核会同电复可也。此颂勋祺。

军咨府启　十二月初八日

（3）军咨府致陆军部函　十二月十一日（1月29日）

迳启者：准直督电称：直省已备援军十营，候令开拔。停战是否展限乞电示等因。业经分电贵部在案。应请酌核速复可也。此布。顺颂时绥。

军咨府启　十二月十一日

（4）军咨府致陆军部函　十二月十二日（1月30日）

迳启者：准直隶总督尤电称：刻下津沽防务吃紧，望即酌调数营填扎直隶，以便援徐防营开拔。盼复。等因。并由该督分电贵部在案。即希会阁酌核电复可也。此颂时绥。

军咨府启　十二月十二日

（5）寿勋复军咨府函稿　十二月（1月——2月）

敬肃者：昨准来函，并钞示直督电文，均已备悉。江宁为南北要冲，张勋一军，孤处无援，事诚可虑。派兵援助一节，鄙见惟有速调第五镇留东军队南下，就近赴援，极为便利。惟刻下该省情形，能否调往，尚无把握。此外，实无大枝队伍，可以抽拨。顷经面陈〇相座在案。专此肃复，祗候钧裁。敬请台安。不备。

寿〇谨肃

〔清陆军部档案〕

34　冯国璋为催发重占汉口汉阳赏银电

宣统三年十一月二十日（1912年1月8日）

军咨府荫大臣：辰密。前奉钧传第一军各镇协标营克复汉口汉阳后，赏银元拾万元。究竟此款，应如何核发，以昭信实，请速示遵。璋叩。二十日。印。

〔清陆军部档案〕

35　清度支部为筹拨攻占汉口汉阳冯国璋部犒赏银洋札及知照

宣统三年十一月（1911年12月——1912年1月）①

呈〔呈字衍〕为札知事：准钦差大臣袁咨：本月初八日，准前总统第一军冯咨开：窃照前由荫大臣酌定，克复汉口汉阳，赏给银洋十万元，以资鼓励，当经通饬各镇协遵照在案。又汉阳一役，挑选奋勇二、四两镇，共官三十七员，兵八百零七名，业于十月二十二日秘密咨呈。嗣以第六镇同时挑有奋勇，共官兵六百八十员名，呈报较迟，致滋歧误，复于十月二十四日电陈。各在案。兹将二、四两镇暨十九标原呈挑选奋勇清折，呈送行辕，其第六镇奋勇清折，查催未到，一俟送到之日，再行呈送。兹已公同议定：二、四两镇，系先发命令，然后挑选，应即照数发给，共应发银五万八千八百五十两。第六镇系临时挑选，清折复未送到，应发银四万两，以资犒赏。而四镇附于该镇之中为援助者，应给犒赏，即于此款中匀拨。十九标系黄陂战地挑选，先未呈明，而奋勇可

注：①此件系抄件，无年月，按其内容，形成时间当在十一月以后。

嘉，亦即发银万两，同资犒赏。应请饬行大清银行，即拨银洋十万元，以给克复汉口、汉阳之赏。另开每张五百两银票三十七张，每张五十两银票八百零七张，以给二、四两镇之赏。其第六镇之四万两，十九标之一万两，均请发给现银，或以银洋折合，俾易散给。以上各款，均解赴前敌，饬其分别具领。查此项赏银，即应解往前敌各营散放，咨部查照，迅速饬发，以便派员具领解运等因前来。相应札知金银库司员，在于库存项下，提二两平银五万八千八百五十两，交总银行开五百两一张银票三十七张，五十两一张银票八百零七张，共合前数，再提二两平现银五万两，提银元十万元，一并发交该委员承领，并知照钦差大臣袁出具印领，派员赴部关支可也。

札金银库知照钦差大臣

〔清陆军部档案〕

36 清军咨府等关于山东登州各地起义函电

宣统三年十一月——十二月（1912年1月——2月）

（1）军咨府致陆军部函　十一月二十一日（1912年1月9日）

逕启者：顷据济南电称：民军拆毁桥梁、轨道、电杆，及军队分道进行。等因到府。相应钞录原电，函请贵部查照可也。此颂时祉。计钞电〔缺〕

军咨府启　十一月二十一日

（2）军咨府致陆军部函　十一月二十八日（1月16日）

逕启者：顷据登州公电：登州已于二十八日午前八时，被革军占有。应如何筹办之处，用特函达，希贵部查照酌办可也。此颂勋安。

军咨府启　十一月二十九日

（3）军咨府致陆军部函　十一月三十日（1月18日）

迳启者：顷据山东巡抚电称：民军攻克登州乘势略黄县，昨已入城。绅民欢迎，攻击极难著手。等因。用特函请贵部核夺可也。此颂勋祺。

军咨府启　十一月三十日

（4）黄县电局　十二月初四日（1月22日）

邮传部收黄县电局电　十二月初四日

邮传部堂宪、总局宪、各局鉴：民清两军，今早在黄开战。民军固守，清军攻击，危险之极。黄叩。

（5）即墨电局电　十二月十四日（2月1日）

邮传部收即墨电　十二月十四日

各局均鉴：即墨今日开战，铺户均闭，商报暂不能送。即墨叩。

（6）张广建电　十二月十六日（2月3日）

内阁宫太保，军咨府太保，陆军部大堂钧鉴：查即墨县被匪占据，当经饬派参议官张树元带兵往剿，已将克复大概情形电陈在案。兹复据该参议官电称：窃参议奉谕，以即墨匪党，冒充革军，拘官劫库，立旗占城，饬参议督兵前往，相机办理。等因。遵即督师前进。今早十点半抵城阳下车，晤德人庶爷次并马司夫尔德，始知德兵昨已由即调回青岛。并据各密探报告，匪党占城约七八百人。其告示饬随员等张贴，晓以利害，并与德教士接洽，嘱其暂避。而该匪等竟闭城接〔抗〕拒，先行开枪。我军亦即还击，并三面扒城。顷刻间，参议率兵登城，拔去匪旗。其余两面兵丁，相继而上。受伤兵一名，右眼轰瞎。匪党见兵登城，知势不敌，遂分路潜逃。参议自城上观之，精锐不过四五百人，若速击之尚易攻破。斯时甫下火车，辎重炮弹均无大车可载。托民雇觅，又需多时。参议遂派步兵一队，掩护炮队辎重，随后雇车前进。其余各队，督率先行，随员人等徒步随进，并有德人随队参观。至下午两点，队抵即城。因居民栉比，若于城上施枪，居高临下，匪党虽无可逃，然玉石俱焚，殊堪悯恻。遂禁止施枪，饬兵分路擒杀，并饬炮在城外隙地截击较易，计擒匪四十余名，斩匪十名，夺获炸弹七颗、子弹二千余粒、枪炮百余杆、火药甚多，城遂克复，毫未骚扰，并先出示安息。又将被拘张令同皋、巡官朱庆彝释出。地丁正杂约银一万三千余两，早已被匪劫去。除生擒各匪交县讯明惩办外，是役中，将士随员等均皆同心戮力，奋勇争先，以至迅速成功，生灵免遭涂炭。至兵丁恪遵命令，无犯秋毫，尤属可嘉。拟请宪恩，予以重赏，受伤兵一名，另加优赏。并赏给六品功牌卅张，五品奖札廿张，以资分给。其在事出力文武各官，可否破格奏奖，出自鸿慈。树元叩。十四。等情。据此。查此次即墨县匪党，假冒民军名义，胆敢拘官劫库，占据城池，实属扰害治安，形同流寇。该参议官张树元带队驰往督率将士，奋勇争先，立即收复，办理甚合机宜。除重赏银两照给照札并俟查明在事出力文武各官另案奏奖外，理合据情电陈。广建叩。铣。印。

〔清陆军部档案〕

37 清帝关于袁世凯托词时局阽危坚辞受封侯爵谕

宣统三年十二月（1912年1月）

（1）清帝谕旨 十二月初八日（1月26日）

十二月初八日，内阁奉旨：朕钦奉隆裕皇太后懿旨：内阁总理大臣袁世凯，公忠体国，懋著勤劳。自受任以来，筹画国谟，匡襄大局，厥功尤伟。著锡封一等侯爵，以昭殊奖，毋许固辞。钦此。

（2）清帝谕旨　十二月十三日（1月31日）

十二月十三日，内阁奉旨：朕钦奉隆裕皇太后懿旨：袁世凯奏：迭奉恩旨，未敢坚辞。恳俟时局稍定，再行受封一折。知道了。钦此。

宣统三年十二月十三日。盖用御宝。

内阁总理大臣袁世凯、署外务大臣胡惟德、民政大臣赵秉钧、署度支大臣绍英、学务大臣唐景崇假、陆军大臣王士珍假、署海军大臣谭学衡、司法大臣沈家本假、农工商大臣熙彦、邮传大臣梁士诒、理藩大臣逵寿假署名。

〔清陆军部档案〕

38　清帝退位授袁世凯全权组织临时共和政府谕

宣统三年十二月二十五日（1912年2月12日）

奉旨：朕钦奉隆裕皇太后懿旨：前因民军起事各省响应，九夏沸腾、生灵涂炭，特命袁世凯遣员与民军代表讨论大局，议开国会，公决政体，两月以来，尚无确当办法。南北睽隔，彼此相持，商辍于途，士露于野。徒以国体一日不决，故民生一日不安。今全国人民心理，多倾向共和。南中各省既倡议于前，北方诸将亦主张于后。人心所向天命可知。予亦何忍因一姓之尊荣，拂兆民之好恶。是用外观大势，内审舆情，特率皇帝，将统治权公诸全国，定为共和立宪国体。近慰海内厌乱望治之心，远协古圣天下为公之义。袁世凯前经资政院选举为总理大臣，当兹新旧代谢之际，宜有南北统一之方。即由袁世凯以全权组织临时共和政府与民军协商统一办法。总期人民安堵，海宇乂安，仍合满汉蒙回藏五族完全领土，为一大中华民国。予与皇帝得以退处宽闲，优游岁月，长受国民之优礼，亲见郅治之告成。岂不懿欤。钦此。

宣统三年十二月二十五日。盖用御宝。

内阁总理大臣袁世凯、署外务大臣胡惟德、民政大臣赵秉钧、署度支大臣绍英假、学务大臣唐景崇假、陆军大臣王士珍假、署海军大臣谭学衡、司法大臣沈家本假、署农工商大臣熙彦、署邮传大臣梁士诒、理藩大臣達寿署名。

〔清内阁法制院档案〕

编　后

一、　本辑所收集《辛亥革命》档案资料共110题，计192件，其中上谕26件虽然已见《光绪朝东华录》、《宣统政纪》及《大清宣统新法令》，但本书所载上谕在选材时，保有了原件的面貌，因此仍然选入。

二、　在编辑这辑档案资料时，北京故宫博物院明清档案部给予大力支持，在此谨表感谢。

说　明

为了适应中国近现代史的科学研究和教学工作的需要，我们
馆藏中具有一定史料价值的档案，在原我馆副馆长王可风同志
前主持编辑的《中国现代政治史资料汇编》（1919—1949年）
稿的基础上，加以修订，并补充一九一九年五四运动以前的档
资料，编辑成一套《中华民国史档案资料汇编》（1911—1949
），供史学工作者和有关部门参考使用。

这一套历史档案资料：第一辑为《辛亥革命》（1911年）。
二辑为《南京临时政府》（1912年）。第三辑开始，按北洋政
、国民党政府两个时期的政治、军事、经济、外交、文教、民
运动等大类分为若干辑，每辑分为若干册。自一九七九年起陆
出版。

这一套历史档案资料篇幅巨大，涉及面广。我们限于水平，
选材、加工、编排等方面，错误和缺点在所难免，敬请史学工
者提出批评和建议，帮助我们不断提高质量。

本辑《南京临时政府》收集档案和部分公报资料268题计439
附图片7幅。

本辑在编辑过程中得到中国第一历史档案馆的支持，谨致谢

本辑主编：唐彪、王涛。审阅者：陈鸣钟。选编者：李安庆、
鸣源、孙必有。

编　例

一、本汇编所选资料，为保存原貌，一般原文照录。其中间有内容重复及与主题无关部分，则略加删节。原有对人民对革命的污蔑之词，不予改动。资料出处，在资料后说明。

二、本汇编所选资料，按类项并依形成时间先后顺序排列。凡属综合性或追述性的资料，按其内容，酌加调整。

三、本汇编所选资料，一般以一件为一题。凡同属一事彼此间又有直接联系的成组资料，以一事为一题。

四、本汇编所选资料，一般由编者另拟标题并另加标点。沿用原标题、原标点者，加注说明。

五、本汇编所选资料，在排印时一般用简体字，遇有可能引起文义歧异之处，保留原有的繁体字。

六、本汇编所选资料，遇有缺漏损坏或字迹不清者，以□号代之。错字、别字和衍文的校勘以及其他简单注释，均加在正文之内以〔 〕号标明。较长的注释列在正文之后。增补的字以【 】号标明。全段删节者以…………号标明，段内部分删节者以……号标明。

南京临时政府

中华民国史档案资料汇编

第二辑

南京临时政府

目　　录

一、政　　治

〔一〕南京临时政府的成立及其政策法令

〔二〕南　北　议　和

〔三〕临时总统改选和临时约法公布

（一）孙文辞职　袁世凯当选

(二)北 京 兵 变

(三)袁世凯在北京就任　孙文公布临时约法

（四）孙文宣告解职

〔四〕临时政府的北迁与南京留守府的设置

（一）临时政府北迁

（二）南京留守府的设置

二、军　事

〔一〕章　程　法　令

〔二〕军事组织和人员任免

〔三〕奖　恤

三、财政金融

〔一〕财　政

（一）经　费

（二）内　　债

(三)外　债

（四）赋　　税

〔二〕金　　融

（一）货　　币

（二）银　　行

四、教　育

一、政　　治

〔一〕南京临时政府的成立及其政策法令

1 临时大总统誓词

（1912年1月1日）

颠覆满清专制政府，巩固中华民国，图谋民生幸福，此国民之公意，文实遵之，以忠於国，为众服务。至专制政府既倒，国内无变乱，民国卓立於世界，为列邦公认，斯时文当解临时大总统之职。谨以此誓于国民。

〔临时政府公报第一号〕

2 临时大总统就职宣言书

（1912年1月1日）

中华民国缔造之始，而文以不德，膺临时大总统之任，夙夜戒惧，虑无以副国民之望。夫中国专制政治之毒，至二百余年来而滋甚，一旦以国民之力踣而去之，起事不过数旬，光复已十余行省，自有历史以来，成功未有如是之速也。国民以为於内无统一之机关，於外无对待之主体，建设之事，更不容缓，於是以组织政府之责相属。自推功让能之观念以言，文所不敢任也。自服务尽实〔责〕之观念以言，则文所不敢辞也。是用勉黾从国民之后，能尽扫专制之流毒，确定共和，以达革命宗旨，完国民之志愿，端在今日。敢披沥肝胆，为国民告：国家之本，在於人民，合汉、满、蒙、回、藏诸地为一国，即合汉、满、蒙、回、藏诸族为一人。是曰民族之统一。武汉首义，十数行省先后独立。所谓独立，对於清廷为脱离，对於各省为联合，蒙古、西藏意亦同此行动既一，决无歧趋，机枢成於中央，斯经纬周於四至。是曰领土之统一。血钟一鸣，义旗四起，拥甲带戈之士，遍於十余行省。虽编制或不一，号令或不齐，而目的所在则无不同。由共同之目的，以为共同之行动，整齐画一，夫岂其难。是曰军政之统一。国家幅员辽阔，各省自有其风气所宜。前此清廷强以中央集权之法行之，以遂其伪立宪之术。今者各省联合互谋自治，此后行政期於中央政府与各省之关系，调剂得宜，大纲既挈，条目自举。是曰内治之统一。满清时代藉立宪之名，行敛财之实，杂捐苛细，民不聊生。此后国家经费，取给於民，必期合於理财学理，而尤在改良社会经济组织，使人民知有生之乐。是曰财政之统一。以上数者，为政务之方针，持此进行，庶无大过。若夫革命主义，为吾侪所昌言，万国所同喻。前此虽屡起屡颠，外人无不鉴其用心。弥月以来，义旗飙发，诸友邦对之抱和平之望，持中立之态，而报纸及舆论尤每表其同情，邻谊之笃，良足深谢。临时政府成立以后，当尽文明国应尽之义务，以期享文明国应享之权利。满清时代辱国之举措，与排外之心理，务一洗而去之。持和平主义与我友邦益增睦谊，将使中国见重于国际社会，且将使世界渐趋於大同。循序以进，不为侥获。对外方针，实在于是。夫民国新建，外交内政，百绪繁生。文自顾何人，而克胜此。然而临时之政府革命时代之政府也。十余年来，从事於革命者，皆以诚挚纯洁之精神，战胜其所遇之艰难。即使后此之艰难，远逾於前日，而吾人惟保此革命之精神，一往而莫之能阻，必使中华民国之基础确立於大地，然后临时政府之职务始尽，而吾人始可告无罪於国民也。今以与我国民初相见之日，披布腹心，惟我四万万同胞共鉴之。

〔临时政府公报第一号〕

3 临时大总统告海陆军将士文

（1912年1月1日）

中华民国临时大总统孙文敬告我全国海陆军将士：盖闻捍族卫民者，军人之天职，朝乾夕惕者，君子之用心。自逆胡猾夏，盗据神州，奴使吾民，驱天下俊杰勇健之士而入卒伍，以固其专制自恣之谋。我军人之俯首戢耳，以听其鞭策者，亦既二百六十有余年。岂诚甘心为异族效命哉，势劫於淫威，则本心之良能无由发见也。乃者义师起於武汉，旬月之间，天下响应。虽北寇崛强，困兽有犹斗之念，遗孽负固，瘈犬存反噬之心，赖诸将士之灵，力征经营，卒复旧都，保据天堑，民国新基，於是始奠。此不独历风霜冒弹雨致命疆场之士，其毅魄为可矜；即凡以一成一旅脱离满清之羁线，以趋光复之旗下者，其有造於汉族，皆吾国四万万人所不能忘也。旷观世界历史，其能成改革大业者，皆必有甲胄之士反戈内向，若土若葡，其前例矣。吾国军人伏处异族专制之下最久，慷慨激烈之气，蓄之也深，则其发之也速。同一军也，为汉战则奋，为满战则溃。同一舰也，为汉用则勇，为满用则怯。凡此攻城克敌之丰功，皆吾将士有勇知方之表证。内外觇国者，徒致叹於吾国成功之迅速，为从来所未有，文独有以知吾海陆军将士皆深明乎民族民种之大义，故能一致进行，知死不避，以成此烈也。文奔走海外垂二十年，心怀万端，百未偿一，赖国人之力得返故土，重睹汉仪。诸君子以北虏未灭，志切同仇，不以文为无似，责以临时大总统之任。文内顾菲材，惧无以当。顾观於吾陆海军将士之同心戮力，功成不居，而有以知共和民国之必将有成也。用敢勉策驽钝，以从吾人之后。愿吾海陆将士上下军人共励初心，守之勿失。弗婴心小忿而酿阋墙之讥，弗藉口共和而昧服从之义，弗怠弛以遗远寇，弗骄矜以误事机，拥树民国，立於泰山磐石之安，则不独克尽军人之天职；而吾黄汉民族之精神，且发扬流行於无极。文之望也。敢布腹心，惟共鉴之。

〔临时政府公报第一号〕

4 临时大总统劝告北军将士宣言书

（1912年1月1日）

民国光复，十有七省，义旗虽举，政体未立，凡对内对外诸问题，举非有统一之机关，无以达革新之目的，此临时政府所以不得不亟为组织者也。文以薄德，谬承公选，效忠服务，义不容辞。用是不揣绵薄，暂就临时之任，藉以维秩序而图进行。一俟民国会议举行之后，政体解决，大局略定，敬当逊位，以待贤明。区区此心，天日共鉴。凡我同胞，备闻此言。惟是和平虽有可望，战局尚未终结。凡我籍隶北军诸同胞，同为汉族，同是军人，举足重轻，动关大局，窃以为有不可不注意者数事，敢就鄙吝，为我诸同胞正告之：此次战事迁延，亦既数月，涂炭之惨，延亘各地。以满人窃位之私心，开汉族仇杀之惨祸，操戈同室，贻笑外人。我诸同胞不可不注意者此其一。古语云：民之所欲，天必从之。是知民心之所趋，即国体之所由定也。今禹域三分，光复逾二，虽有孙吴之智，贲育之勇，亦讵能为满廷挽此既倒之狂澜乎。我诸同胞不可不注意者此其二。民国新成，时方多事，执干戈以卫社稷，正有志者建功树业之时。我诸同胞如不明烛几先，即时反正，他日若大功既定，效用无门，岂不可惜。我诸同胞不可不注意者此其三。要之，义师之起，应天顺人，扫专制之余威，登国民於衽席，此功此责，乃文与诸同胞共之者也。如其洞观大势，消释嫌疑，同举义旗，言归於好，行见南北无冲突之忧，国民蒙共和之福。国基一定，选贤任能，一秉至公，南北军人，同为民国干城，决无歧视。我诸同胞当审斯义，早定方针，无再观望，以贻后日之悔。敢布腹心，唯图利之。

〔临时政府公报第一号〕

5 修正中华民国临时政府组织大纲

（1912年1月2日）

第一章　临时大总统、副总统

第一条　临时大总统、副总统，由各省代表选举之，以得票满投票总数三分之二以上者为当选。代表投票权，每省以【一】票为限。

第二条　临时大总统有统治全国之权。

第三条　临时大总统有统率海陆军之权。

第四条　临时大总统得参议院之同意，有宣战、媾和、缔结条约之权。

第五条　临时大总统得制定官制、官规兼任免文武职员，但制定官制暨任免国务各员及外交专使，须参议院之同意。

第六条　临时大总统得参议院之同意，有设立临时中央审判所之权。

第七条　临时副总统于大总统因故去职时，得升任之。但于大总统有故障不能视事时，得受大总统之委任，代行其职权。

第二章　参　议　院

第八条　参议院以各省都督府所派之参议员组织之。

第九条　参议员每省以三人为限，其派遣方法，由各省都督府自定之。

第十条　参议开会议时，各参议员有一表决权。

第十一条 参议院之职权如左：

一、议第四条及第六条事件。

二、承诺第五条事件。

三、议决临时政府之预算。

四、检查临时政府之出纳。

五、议决全国统一之税法、币制及发行公债事件。

六、议决暂行法律。

七、议决临时大总统交议事件。

八、答复临时大总统咨询事件。

第十二条 参议院会议时，以到会参议员过半数之所决为准。但关于第四条事条〔件〕，非有到会议员三分之二之同意，不得决议。

第十三条 参议院议决事件，由议长具报，经临时大总统盖印，发交行政各部执行之。

第十四条 临时大总统对于参议院议决事件，如不以为然，得于呈报后十日内声明理由，交令复议。参议院对于复议事件，如有到会参议员三分之二以上之同意，仍执前议时，应仍照前条办理。

第十五条 参议院议长，由参议员用记名投票法互选之，以得票满投票总数之半者为当选。

第十六条 参议院办事规则，由参议院议定之。

第十七条 参议院未成立以前，暂由各省都督府代表会代行其职权，但表决权每【省】以一票为限。

第三章 行 政 各 部

第十八条 各部设部长一人，总理本部事务。

第十九条 各部所属职员之编制及其权限，由部长规定，经临时大总统核准施行。

第四章 附 则

第二十条 临时政府成立后，六个月以内，由临时大总统召集国民会议。其召集方法，由参议院议决事〔之〕。

第二十一条 临时政府组织大纲施行期限，以中华民国宪法成立之日为止。

〔临时政府公报第三号〕

6 南京临时政府内阁简任员名单

（1912年1月3日）

陆军部总长兼参谋部总长	黄 兴
海军部总长	黄钟瑛
司法部总长兼议和全权大使	伍廷芳
外交部总长	王宠惠
财政部总长	陈锦涛
内务部总长	程德全
教育部总长	蔡元培
实业部总长	张 謇
交通部总长	汤寿潜
陆军部次长	蒋作宾
海军部次长兼北伐海军总司令	汤芗铭
司法部次长	吕志伊
外交部次长	魏宸组
财政部次长	王鸿猷
内务部次长	居 正
教育部次长	景耀月

实业部次长	马君武
交通部次长	于右任
南京卫戍总督	徐绍桢
关外都督兼北伐第二军总司令	蓝天蔚
参谋部次长兼议和参赞	钮永建
上海通商交涉使兼议和参赞	温宗尧
议和参赞	汪兆铭
议和参赞	王正廷
议和参赞	胡　瑛
法制顾问	寺尾亨
法制顾问	副岛义一
法制顾问	章宗祥
政治顾问	犬养毅

〔临时政府公报第三号〕

7 中华民国临时政府中央行政各部及其权限

（1912年1月3日）

第一条 中央行政各部如左：

陆军部　海军部　外交部　司法部　财政部　内务部　教育部　实业部　交通部。

第二条 各部设总长一人，次长一人。

次长由大总统简任。次长以下各员，由各部部长按事之繁简，酌定人数。

第三条 各部局长以下各员，均由各部总长分别荐任、委任。

第四条 各部部长管理事务如下：

陆军部长　管理陆军经理、军事、教育、卫生、警察、司法并编制军队事务，监督所辖军人军佐。

海军部长　管理海军一切军政事务，监督所辖军人军佐。

外交部长　管理外国交涉及关于外人事务，并在外侨民事，保护在外商业，监督外交官及领事。

司法部长　关于民事、刑事诉讼事件、户籍、监狱、保护出狱人事务，并其他一切司法行政事务，监督法官　。

财政部长　管理会计、库币、赋税、公债、钱币、银行、官产事务，监督所辖各官署及府县与公共之会之财产。

内务部长　管理警察、卫生、宗教、礼俗、户口、田土、水利工程，若举公益及行政事务，监督所辖各官署及地方官。

教育部长　管理教育、学艺及历象事务，监督所辖各官署学校，统辖学士教员。

实业部长　管理农、工、商、矿、渔、林、牧、猪及度量衡事务，监督所辖各官署。

交通部长　管理道路、铁道、航路、邮信、电报、航船并运输、造船事务，统辖船员。

第五条　次长辅佐部长，整理部务，监督各局职员。

〔临时政府公报第二号〕

8 云南军都督府关于中华民国对于租界应守之规则札

（1912年1月12日）

大中华国云南军都督府为札饬事：案准中华民国外交总长伍照会内开：查自海禁开后，始与各国互订条约。当时满清官吏昔无知识，不知外交为何物，每遇交涉，始则用无谓之强硬，继则任外人之要求，复于条约之外，丧失主权不少，种种失败，日久变成例案，言之殊可痛心。新政府兴，自当亟图挽救。惟现值军书旁午，不宜多起交涉，重大事件虽断不可退让，其余自应暂仍贯，留待后图，此亦不得不然之势也。光复以来，各省自行办外交，每有过与不及之弊。太过无益，且伤感情，不及失权，贻后患。时势所迫，讵能责备以求全。今东南大局鬣定，外交部份，宜求统一，其关于全国重大交涉，本部已担任，逐渐理。惟上海为外交重要地点，亟应暂定办法数条，以免凌躐弊，而收改良之效。此外，通商各埠凡有外国租界者，亦可仿办理。除分别照会各都督外，为此开列应守之规则，照会请烦照，通谕军民人等一体遵照等由。准此。合行札饬。为此札仰司遵照，并转饬所属一体遵照勿违。切切。特札。

札外交司

计札发规则一分

大中华国四千六百零九年十一月二十四日札

中华民国对于租界应守之规则

一、上海公共租界、法租界二处行政、警察等权，均操于人之手，应俟大局底定，再行设法收回。现时华人在租界内，不可率行抵抗或卤莽从事。

二、如遇犯人逃入租界，或在租界私运禁物等事，应通知交部与领事交涉，妥为办理。如事关捕拿，须由外交部照会领领事，在提票上签押后方可拿人，各部及军民人等，不可自行会或遽行缉捕。

三、华人不论何项人员，不可携带军械入租界行走。如须械过租界时，应由都督府知照外交部，将路程人数械数开明，工部局领有准照，方可自由行动。

四、上海会审公堂，前此所派清廷官吏，大半阘冗，是以败不堪。上海光复后，该公堂竟成独立，不复受我节制。此种动，理所必争，尤宜急图挽救，外交部自当向各领事交涉使必争回，然后选派妥员接管，徐图改革。但交涉未妥之前，我军民不可从旁抗辩，致生枝节。

五、在租界内，无论华洋住宅铺户，均不得无故搜查，即或有必须搜查之处，须由外交部照会领事，取有正式签押票据，方可随同租界差捕前往搜查。

六、现在存储上海之军火，不可滥行搜查致生纷扰，应由外交部调查该军火原主，或军政府能悉其底蕴，即行知照外交部向该原主索取不运出口之凭证，照会该管领事存案。嗣后，如有私运出口情事，则可俟其装运之船离埠，在港口外检查，并应速行通知外交部，照会该管领事，派员随同前往扣留，再送捕获裁判所发落。

七、凡在通商口岸之中立国商船，业经进口在港内时，均免检查。如确知其私运军火，应知照外交部向领事交涉。

八、万国公法，所有外国兵舰及他种国有船，并其所有之驳船，均不得搜查留难，自当按照办理。

九、各国轮船进口，凡使馆所用物件，按照通例向不纳税，亦不得留难．如查明确有夹带违禁品物，亦不可扣留，只可将情形通知外交部与该管领事交涉。

十、凡有外国租界各埠，应仿照上列各条办理。如各地风俗习惯及条约上有不同之处，仍可变通，但必须先将详细情形通告本部，另定特别办法。

〔外交部驻云南特派员公署档案〕

9 孙文关于对康有为与章太炎等应分别对待复蔡元培函

（1912年1月12日）

孑民先生大鉴：来示敬悉。关于内阁之设备及其组织用人之道，弟意亦如是，惟才能是称，不问其党与省也。但此时则不能不收罗海内名宿，来教所论甚的。然其间尚有当分别论者。康氏至今犹反对民国之旨，前登报之手迹，可见一班。倘合一炉而冶之，恐不足以服人心，且招天下之反对。至于太炎君等，则不过偶於友谊小嫌，决不能与反对民国者作比例。尊隆之道，在所必讲，弟无世俗睚眦之见也。专此即颂

道安。并覆。

孙文谨覆　十二日

〔南京临时政府档案〕

10 临时大总统为协调同盟会与光复会关系致陈炯明等电

（1912年1月28日）

广东陈竞存都督及中国同盟会公鉴：近闻在岭东之同盟会、光复会不能调和，日生轧轹。按同盟、光复二会，在昔同为革命党之团体。光复会初设，实在上海，无过四五十人。其后同盟会兴于东京，光复会亦渐涣散。二党宗旨，初无大异，特民生主义之说稍殊耳。最后同盟会行及岭外，会暨南洋，光复会亦继续前迹，以南部为根基，推东京为主干。当其初兴，入会者本无争竞。不意推行岭表，渐有差池。盖不图其实际，惟以名号为争端，则二会之公咎也。同盟会实行革命之历史，粤人知之较详，不待论述。光复会则有徐锡麟之杀恩铭，熊成基之袭安庆，近者

攻上海，复浙江，下金陵，则光复会新旧部人皆与有力，其功表见于天下。两会欣戴宗国，同仇建虏，非只良友，有如弟昆。纵前兹一二首领政见稍殊，初无关於全体。今兹民国新立，建虏未平，正宜协力同心，以达共同之目的，岂有猜贰而生阋墙。为此，驰电传知，应随时由贵都督解释调处。同盟、光复二会会员尤宜共知此义。虽或有少数人之冲突，亦不可不慎其微渐，以免党见横生，而负一般社会之期许。切切。总统孙文。勘。

〔临时政府公报第一号〕

11 临时大部总统禁仇杀保皇党人致陈炯明等电

（1912年1月28日）

广东陈都督及各省都督鉴：近闻各省时有仇杀保皇党人事。彼党以康、梁为魁首，弃明趋暗，众所周知。然皆系受康、梁三数人之蛊惑，故附和入会者，尚不能解保皇党名义。犹之赤子陷井，自有推堕之人。受人欺者，自在可矜之列。今兹南纪肃，清天下旷荡，旧染污俗，咸与维新。法令所加，只问其现在有无违犯，不得执既往之名称以为罪罚。至于挟私复怨，藉是为名擅行仇杀者，本法之所不恕。亟宜申明禁令，庶几海隅苍生，咸得安堵。特此电告。总统孙文。勘。

〔临时政府公报第一号〕

12 内务部通饬保护人民财产文电

（1912年1月28日）

（1）内务部咨

内务部总长程德全为咨行事：顷奉大总统令开：江宁克复之

际，各军封存房屋，作为办公驻军之用，原为取便于一时，并非让以为利。临时政府成立以来，即以保护人民财产为急务。贵部职司民政，尤属责无旁贷。仰即通饬所属，共体此意。凡人民财产房屋，除经正式裁判宣告充公者外，勿得擅行查封，以安闾阎，并将此意出示通告。等因。奉此。查各处审判厅多未完全成立，正式裁判宣告，一时尚难举行。而于保护人民财产一事，苟非设有专条，恐显系民国之公敌违犯民国之禁令者，藉为口实，得以拥护其逆产，而并无过犯之人民，及终未反抗民国之官吏，反被侵害其私业，殊非民国吊民伐罪之宗旨。本部对于人民财产，负完全保护之责，何敢瞻徇玩忽，至使吾国民于干戈之后，再有剥削之虞。因特规定保护人民财产令五条，除饬京内各地方官切实遵行外，应即咨请贵都督通饬所属，一律照办，以安民心而维大局。须至咨者。附保护人民财产令五条：

（一）凡在民国势力范围之人民，所有一切私产，均应归人民享有。

（二）前为清政府官产，现入民国势力范围者，应归民国政府享有。

（三）前为清政府官吏所得之私产，现无确实反对民国证据，已在民国保护之下者，应归该私人享有。

（四）现虽为清政府官吏，其本人确无反对民国之实据，而其财产在民国势力范围下者，应归民国政府保护，俟该本人投归民国时，将其财产交该本人享有。

（五）现为清政府官吏，而又为清政府出力反对民国政府，虐杀民国人民，其财产在民国势力范围内者，应一律查抄，归民国政府享有。

〔临时政府公报第六号〕

（2）内务部致各省都督等电稿①

各省都督、各军政分府鉴：案奉大总统令开：规定保护人民财产令五条如下：

计开：　　　　本部抄

（一）凡在民国势力范围以内之人民，所有一切私产，均应归人民享有。

（二）前为清政府官产，现入民国势力范围内者，应归民国政府享有。

（三）前为清政府官吏所得之私产，现无确实反对民国之证据，已在民国保护之下者，应归该私人享有。

（四）现虽为清政府官吏，其本人确无反对民国之实据，而其财产在民国势力范围内者，应归民国政府管理，俟该私人投归民国时，将其财产交该本人享有。

（五）现为清政府官吏，而又为清政府出力，反对民国政府，虐杀民国人民，其财产在民国势力范围内者，应一律查抄，归民国政府享有。

〔南京临时政府档案〕

13 临时大总统关于各族团结一心防俄侵蒙致喀尔沁亲王等电

（1912年1月28日）

北京。喀尔沁亲王、喀尔喀扎萨克和硕亲王那(名彦图)、科尔沁辅国公（迪苏）博暨蒙古诸王公、各台吉钧鉴：汉蒙本属同种，人权原自天赋，自宜结合团体，共谋幸福。况世界潮流所趋，几于大同，若以芸芸众生，长听安危于一人，既非人道之平，抑

注：①此电稿前公文上有内务部次长居正批：“行。廿八日。”

亦放弃天职。今全国同胞见及于此，群起解除专制，并非仇满，实欲合全国人民，无分汉、满、蒙、回、藏，相与共享人类之自由。究之政体虽更，国犹是国。故稍有知识之满人，亦莫不赞同恐后。谅诸公明达，必表同情。文以薄德，谬膺临时总统之举，上述各意，已一再宣布，蒙地辽远，或未尽悉。而俄人野心勃勃，乘机待发，蒙古情形，尤为艰险，非群策群力，奚以图存。夙仰贵王公等关怀时局，眷念桑梓，际兹国势阽危，浮言四煽，西北秩序，端赖维持。祈将区区之意，通告蒙古同胞，戮力一心，共图大计，务坚忍以底成，勿误会而偾事，并请速举代表来宁，参议政要，不胜厚望。中华民国大总统孙文。勘。

〔临时政府公报第四号〕

14 唐彦保等为强国筹边防杜外人致驻京蒙古王公电

（1912年1月28日）

北京。驻京蒙古那王、博公两先生钧鉴：中国困于专制，国势日僭，外侮频仍，边疆日蹙。先生有鉴于此，以为强国必先筹边，故在蒙古办理实业公司，提倡小学教育，在北京组织殖边学堂，为蒙藏作人材。爱国爱乡，至肫至挚。生等沐教三年，愧无以报。方今革故鼎新，合汉、满、蒙、回、藏五大民族为一共和国家，各省民志已趋于同，惟蒙藏地阻情歧，尚未联合。近闻外人对于两地。狡焉思逞。际此危急，正先生所以报国家，而生等所以报先生之时。现新政府联合蒙藏，一视同仁，取消旧时理藩不意之名，而组织一蒙藏经理局于内务部，为对蒙藏中央行政机关。一面以保全领土，为国际宣言，杜外人之野心。务望本爱国初意，劝导蒙藏同人，戮力齐心，共谋幸福。窃思清廷自且不保，遑可恃以为安。西北安危，生等固当与先生共之。闻政府特派有联络使来蒙，蒙亦应速派代表南来，双方结合，始为完善。中国前途幸甚。殖边学生团受业唐彦保、肖微、燕丕基、肖飏曾等叩。勘。

〔临时政府公报第四号〕

15 临时大总统祝参议院成立文

（1912年1月29日）①

中华民国既建，越二十有八日，参议机关乃得正式成立，文诚忻喜庆慰，谨掬中怀之希望，告诸参议诸君子之前，而为之辞曰：人有恒言，革命之事，破坏难，建设尤难。夫破坏云者，仁人志士，任使勇夫，苦心焦虑于隐奥之中，而丧元断脰於危难之际，此其艰难困苦之状，诚有人所不及知者。及一旦事机成熟，倏然而发，若洪波之决危堤，一泻千里，虽欲御之而不可得，然后知其事似难而实易也。若夫建设之事，则不然。建一议，赞助者居其前，则反对者居其后矣。立一法，今日见为利，则明日见为弊矣。又况所议者，国家无穷之基，所创者，亘古未有之制，其得也，五族之人受其福，其失也，五族之人受其祸。呜呼。破坏之难，各省志士先之矣。建设之难，则自今日以往，诸君子与文所亟勉仔肩而弗敢推谢者也。矧为北虏未灭，战云方急，立法事业，在与戎机相待为用。破坏、建设之二难，毕萃于兹。诸君子勉哉！各尽乃智，竭乃力，以固民国之始基，以扬我族之大烈，则不徒文一人之颂祷，其四万万人实嘉赖之。

〔临时政府公报第一号〕

注：①此系临时政府公报刊载日期。

16　外交部为保护外人致各省都督电

（1912年1月31日）

各省都督鉴：停战期满，军事再兴，恐有不法之徒，乘机滋扰，害及外人生命财产。顷奉大总统命，通电各省都督，加意保护。此布。外交部。三十一。

（附）九江司令官朱汉涛覆电保护外人文

中央外交部鉴：三十一电悉。除遵照来电，通知各军队转电南昌马都督一体照办，暨由浔外交局示谕城庙，并移知九江府警务部，妥饬兵差认真防范，保护外人生命财产外，特此电覆。九江司令官朱汉涛。东。

〔临时政府公报第七号〕

17　临时大总统关于颁布历书令①

（1912年1月）

中华民国临时大总统令：

按照改用阳历，前经本总统派员交参议院公议，当由该院全员议决，并通电各省在案。兹准参议院缄称：应即颁布历书，以崇正朔，而便日用，并由该院开会议决编历办法四条等因到府。合即令行贵部查照，斟酌美备，赶于阴历十二月前编印成书，以便颁发各省施行至要。此令。

内务部知照

计抄发参议院原缄一件

敬启者：改用阳历，前经大总统派员交议，当经本院议决，

注：①此件选自大总统批准、内务部颁行的《中华民国元年历书》。

并通电各省，令即应颁布历书，以崇正朔，而便日用。兹经本院开会议决如下：

一、由政府于阴历十二月前制定历书，颁发各省。

二、新旧二历并存。

三、新历下附星期，旧历下附节气。

四、旧时习惯可存者，择要附录，吉凶神宿一律删除。

以上四条，既取决多数，相应函请饬部施行。

〔外交部驻云南特派员公署档案〕

18 内务部关于公文程式咨

（1912年1月）

为咨行事：案奉大总统令开：现今临时政府业已成立，所有行用公文，亟应规定程式，以期划一，而利推行。兹据法制院呈拟公文程式五条，详加察阅，尚属可行。合就令行贵总长，希即分别咨令京内外一体遵照办理。并发公文程式。等因。奉此。相应备文咨行京内各部及通令所属，以后行用公文，其程式均应一体遵照办理。此咨

公文程式

第一条 凡自大总统以下各公署职员及人民，一切行用公文，俱照以下程式办理。

第二条 行用公文，分为左五种：

甲、上级公署职员行用于下级公署职员曰：令。公署职员行用于人民者曰：令，或谕。

乙、同级公署职员互相行用曰：咨。

丙、下级公署职员行用于上级公署职员及人民行用于公署职员者曰：呈。

丁、公署职员公告一般人民者曰：示。但经参议院议决之法规，应由大总统宣布者曰：公布。

戊、任用职员及授赏徽章之证书曰：状。

第三条 凡公文皆须盖印签名并署年月日，但人民行用于公署职员之呈文，得免其盖印。

第四条 各公署行用于外国之公文，仍照向例办理。

第五条 凡大总统及各部所发之公文，有通行性质者，皆须登于公报。各公文除特定有施行期限者外，京城以登载临时政府公报之第五日为施行期，其余各处以公报到达公署之第五日为施行期。

〔临时政府公报第二号〕

19 吴世荣等组织华侨联合会请求立案呈及内务部谕

（1912年1月）

（1） 吴世荣等呈 （1月）

具呈海外华侨代表团吴世荣等，为组织华侨联合会，恳请批准立案，以便施行事：窃世荣等因此次祖国光复，承华侨委任，联袂归国，一方面对於政府欲补助其建设，一方面对於华侨谋未来之幸福。因念欲使此两方面之行动，能活泼而有力，非组织一完全之团体不可。兹就上海设立一会名曰华侨联合会，以为两方面进行之机关。此事对於民国前途，如外交上、实业上，及种种之政策，具有绝大关系。想我政府必乐为赞成而准予成立也。今将敝会创办章程草稿，抄具呈览，伏祈大总统查核批准立案，以便订期开会，从速进行，是为切祷。

外附章程一件

温雄飞　黄卓山　马聘三　谢碧田　曹育文　郑少升　蒋逸

玻　王少文　白平洲　冯自由　吴世荣　庄啸国　徐瑞麟

蒋玉田具

黄帝纪元四千六百零九年岁次辛亥

中华民国元年元月　日

华侨联合会创办简章

第一条　命名

本会为海外华侨归国者所发起，故定名为华侨联合会。

第二条　宗旨

本会以联合国外华侨，共同一致，协助祖国政治、经济、外交之活动，及研究侨民之利弊，解除外人之苛待为宗旨。

第三条　入会

凡旅居国外华侨，愿入本会者，有本会会员一人介绍，即得认为本会会员。

第四条　会所

本会设总会於上海，设分会於国外各埠。

第五条　选举

本会暂由发起人，假定职员，经理会务，派员到国外各埠联合设分会。俟各分会代表到齐，再开大会，行正式选举。

第六条　职员

本会设总会长、副会长各一人，分评议、干事两部若干员，以经理会务。其他各埠分会，酌察各该埠情形，另章规定。

第七条　正副会长权限

（一）正会长对外则代表全体，对内则综理会务。

（二）副会长襄助正会长一切庶务。若会长有缺席时，得代理其职权。

第八条　评议员权限

评议员对於各该会有代表言论及义务之权，对於本总会有评议协赞一切之权。

第九条 干事员职任及权限

（甲）庶务科 凡不属於他之各科者、胥归其经理。

（乙）会计科 经理会内收入支出事务。

（丙）书记科 掌理文牍及记录。

（丁）调查科 调查本总会一切事务，及征集各分会种种之报告。

第十条 会规

俟正式选举后，由评议员另订专则。

第十一条 任期

本会各职员任期以二年为限，得连举连任。

第十二条 义务

本会对于海外各埠华侨，遇有障碍通商事故，应联合内外设法排除。

第十三条 责任

本会对于民国政府一切充实财政、兵力及办理外交诸事，应尽力协助。

第十四条 进行

本会对於国外华侨商业，及关於政治、外交、教育各问题，得随时开会研究，条陈其意见於政府。

第十五条 开会

本会每月开职员会一次，若遇见有临时事故，须开会讨究者，得职员过半数以上提议，应由会长召集开会。但会员散在外埠，各分会成立时，得自定开会规则，报告本总会。

第十六条 经费

本会经费由各分会担认外，并分常捐、特别捐、名誉捐三种。

第十七条 招待

本会有招待归国华侨之义务，但该华侨例应有该侨居分会介绍为合。其招待章程另行规定。

第十八条

本会章程如有施行不便之处，得二分之一以上职员、三分之一以上会员之提议，得开大会议决修改之。

（2） 内务部谕稿 （1月26日）

为谕知事：顷奉总统府令：华侨代表吴世荣等组织联合会，恳请立案一件，应由内务部核办。等因。奉此。查贵代表等组织华侨联合会，以谋各方面公益，爱国热诚，殊堪嘉尚。所订简章十八条，宗旨既极正大，条理亦复分明，应准立案，以资保护而促进行。此谕。

右谕华侨代表吴世荣等

〔南京临时政府档案〕

20 总统府秘书处为统筹设官分职致内务部函

（1912年2月7日）

敬启者：顷奉大总统谕：各省光复以来，地方官职，各自为制，名称纷歧。兹值中央政府成立，关于设官分职，亟宜统筹全局，从新厘订，以昭划一，已由法制院编纂草案，具呈前来，先后咨交院议在案。所有中央行政各部，现定名曰部；则各省都〔督〕所属之行政各部，自应一律改称为司以示区别。此事已另文行知贵部。嗣后各省司长，当直接受贵部之监督、委任，方合法理。但现行地方官制，尚未厘订施行，即各省司长之调用、顶补，本府亦无从着手，应如何斟酌委任，贵部暂筹适当办法。此次江西政事部长贺赞元，经贵部调用，所遗之缺，贵部既认本府秘书员熊越山堪胜此任，请迳由贵部发给委状，俾早前往就职。若再由总统发给委任状，似觉碍难照办。一俟官制规定后，本府应发给何等委任状，自有完全办法。理合缄知贵部，即希查照办理可也。此致日祉。

总统府秘书处

中华民国元年二月七日

〔南京临时政府档案〕

21 伍延芳关於沙俄军队侵占胪滨致大总统电

（1912年2月7日）

孙大总统鉴：顷接唐君绍仪送来梁君士诒电文如下：周黑抚致阁部电，谨抄阅，希告伍。文如下：顷据胪滨抚张守寿增电称：十七日早八钟，俄马步炮队约八百余，蒙马步队约四百余，合围府营，当即悬旗停战，请蒙员车总管到署面商。九钟车同俄官二员到署，限十二钟交枪马，否则开炮轰击。磋商四小时之久，非交枪马不可。增等因兵力不敷，若再开战，增等一身不足惜，必至牵动外交，不得已将枪马交蒙，下午四钟带兵出署，明晚回省。等语。查呼伦䮍之变，初由俄人暗助，既则显然干涉，终则帮兵合围，该府孤悬绝徼，援断兵单，势难固守。惟该府一失，沿边二十余卡沦及吉拉林议治局均不可守，呼伦道所辖全境，已成土崩之势，间接而入俄人之手。除饬李守鸿谟将俄运蒙兵攻胪等情调查明确，以为交涉地步外，应请大部设法挽回，并盼示机宜。树谟。十八日。等语云云。特为转致。廷芳。虞四。印。

〔临时政府公报第十二号〕

22 金峙生等组织回族联合会请求立案呈及内务部批

（1912年2月）

(1)金峙生等致内务部呈（2月9日）

中华民国国民回族代表蒋新吾、刘维霖、沙仰之、杨质卿、陈沛生、政实君、白平洲、沙丹如、马和阶、艾峻齐、马鉴臣、陶润之、金峙生、马绍岭、袁钜桥、杨慈臣、马德甫、艾春圃、刘琅甫、蒋苏庵、马忠麟、孙茂如、武醒夫、沙豫立、马寿如、金俊贤、李品三、张鹤严等呈。为组织回民联合会，遵守共和，缮呈简章，公叩鉴核事：窃自省垣光复，民国告成以来，宣布之词，以汉、满、蒙、回、藏五族联合结成共和之团体，仰见帡幪广被，覆载无私，一视同仁，古今罕觏，不胜钦感之至。回族等同隶回族，信教自由，幸靓官仪，本应力图进行，用效高深之助。惟查省垣回族，散漫杂居，虽有礼拜寺以维之，除循朝礼之成规而别无表见。且回民之智识幼稺者多，苟未能策其团体之精神，窃恐於共和前途有负嘉许之厚意，是则民国以回民为重，而回民反欲自轻也，岂计之得乎。回民既幸列共和，敢不日夜孜孜共谋同举之幸福。用是一再集议，公同筹商，暂假草桥礼拜寺中，组织一回民联合会。其宗旨以团结回族，讨论共和范围为目的，断不敢莠言乱政，稍碍治安。所有立会情形，理合缮具简章，临时报告，公叩内务部总长电鉴，俯念回族等所立回民联合会、实系为共和起见，赏准立案。一俟本会成立后，再具正式报告，伏候察核施行。

附呈简章壹纸

中华民国元年二月　　　　号呈

粘呈回族联合会简章

（一）名义　中华民国共和回族联合会。

（二）宗旨　本会以维持宗教、联络声气为目的、所组织团体总不离乎共和民国政体。

（三）会员　不限额数，凡有热心公益，愿尽义务者，本会无不欢迎。如愿入会，请亲到本会所接待室签名，并不收入会费。

（四）事务　以进化为主义。本会成立后，创办学堂，考验实业，振兴工商，为禁治产者保护应享财产，为无能力者代表实在冤屈。

（五）经费　临时用款，已由发起人担认。嗣后同人量力辅助，随意乐输。现今本会无人在外捐募。

（六）职务　本会成立之时，用投票法一切章程，选举正会长、副会长、教长及各科长，或三年一次，俟后公决。

（七）品格　凡有人格，无过犯，岁成年者，皆有选举权。

（八）会所　暂假草桥礼拜寺。

附则

此系临时组织本会大旨，如有高明意见者，尽可来会演讲，无不敬服从正。一俟成立后，另有详细规则布告。

(2)内务部批稿　（2月12日）

批

呈及简章均悉。此次推翻帝制，改造民国，原合汉、满、蒙、回、藏之土地人民为立国之第一二要素，则五大民族所享之权利，所负之责任，自应一视同仁，无偏无党，庶能巩固民国之邦基，遵行共和之主旨。该回民组织联合会，以维持宗教、联络声气为目的，以组织团体不背驰共和为宗旨，并於本会成立以后，设学堂、兴实业、保护禁治产者各事，本部均极赞成，惟查回族之入中国，始於唐时，为数有限。乃因宗教流传之故，而中土之民，有其宗祖崇拜斯教，而其子孙亦自安於回族者矣。有其父兄崇拜斯教，而其子弟亦自认为回族者矣。相沿至今，回教以日播而日宽，回族遂日聚而日盛。由是论之，回族之蕃滋，因於回教，回教之范围，不止回民，故回族始有今日之结果也。往者，吾国留学日本之回教中人，曾组织新报，推阐斯旨，该回民当共喻之。今该呈於联合会仍标以回民名称，未免失实。且取义流于拘偏，足以阻害回族之发达，不如用宗教名义，改称回教联合会，尚属稳妥而正大也。盖信教自由，为中外宪法所共许，而又不背驰共和本旨，岂仅免以上数失也哉。仰该回民等即行遵覆，一俟准予立案后，速即组织成立。并仰体斯意，努力进行，广扬教旨，於共和国家实有裨益，本部有厚望焉。此批。

二月十二日

〔南京临时政府档案〕

23 临时大总统敦聘章太炎为枢密顾问函

（1912年2月11日）①

太炎先生执事：自金轮失驭，诸夏沉沦，炎黄子姓，归於台隶。天右厥衷，人神奋发，禹域所封，指顾奠安，实赖二三先达启牖之功。文亦得密勿以从於诸君子之后，惟日孜孜，犹多陨越，光复闳业，惧有蹉失。唯冀耆硕之士，为之匡襄，砥厉民德，纲维庶政，岂惟文一人有所臬臬，冠裳所及，实共赖之。执事目空五蕴，心殚九流，撷百家之精微，为并世之仪表，敢奉国民景仰之诚，屈为枢密顾问。庶几顽懦闻风，英彦景树，昭大业於无穷，

注①此系临时政府公报刊载日期。

垂型范於九有。伫盼离风，无任向往，急惠轩车，以慰饥渴。

〔临时政府公报第十三号〕

24 内务部请颁文官试验令呈及临时大总统批

（1912年2月）

（1）内务部致大总统呈（2月13日）

内务总长程德全谨呈：立国之道，在乎立本，立本之道，在乎任贤。民国初立，人才缺乏，庸俗思进，势不能免。推原其故，良由无法律以甄别之。况各省独立以来，惟军政一节，全归我有，而地方官吏，如府、县各缺，皆仍满清之旧人。彼等势利之徒，于民生疾苦无所顾虑，政治学问毫未问津。国家者，由地方集合而成者也，未有地方腐败，而国家可以健全者。革于上而不革于下，与不革者相去无几。国家危象，莫大於此。德全思从根本解决此弊，莫如速行文官试验，将其所得人才，分发各省，俾得改革之真际，而地方赖以巩固，即国本亦赖以不摇。为此，伏乞速颁文官试验之令，以便遵守而藉施行。此呈。

中华民国元年二月十三日

（2）临时大总统批（2月14日）

临时大总统批：

内务部呈请速颁文官试验令由查国家建官分职，惟任贤选能，乃懋厥职，古今中外，罔越斯旨。第考选之法，各有不同，尚公去私，庶无情弊。今当民国建立伊始，计非参酌中外，询事考言，不足以网罗天下英才，而裨治理。该部所请，诚为当今急务，应俟令行法制局，将文官试验编纂草案，咨文参议院议决后，即日颁布施行可也。此批。

孙　文

中华民国元年二月十四日

〔南京临时政府档案〕

25　云南军都督府军政部关于中华民国改用阳历札

（1912年2月17日）

大中华国云南军都督府军政部，为札饬事：案奉都督府札开：法制局案呈：查昨奉临时大总统孙电开：中华民国改用阳历，以黄帝纪元四千六百九年十一月十三日为中华民国元年元旦一案，当经行饬公布，通饬遵照在案。事关正朔制度，自应查照办理。自奉文之日起，即行一律遵用中华民国元年月日，即以旧历辛亥年十一月十三日为元年正月一日。惟正朔既改，新旧接替之间，所有公私文书，及一切关于日期计算之事件，不能不规定标准，俾免纷歧轇轕。兹定凡关于公私文契、文约、各种合同、钱债结算并司法上之罪犯处罚，及一切关于日期计算之事件，凡在改正朔以前所订，现在尚未完结者，概依旧历推算。奉文以后，新订一切契约、合同及一切关于日期计算之事件，均以新历为准。仰即通饬军民一体知照。并已制成民国元年新历月日节候一览表，兼附旧历，以资对照。合行札发，仰即遵行。为此，札仰该部知照，并通饬所属公布一体遵照。切切。特札。计发新历月日节候一览表五十张。等因。奉此。合行札饬。为此，札仰该司遵照，即便通饬所属公布一体遵照办理，并出示晓谕勿违。特札。

札外交司

计发新历月日节候一览表一张〔略〕

中华民国元年二月十七日

〔外交部驻云南特派员公署档案〕

26　临时大总统关于禁止刑讯致内务司法两部令

（1291年3月2日）①

近世文化日进，刑法之目的亦因而递嬗。昔之喝威吓报复为帜志者，今也则异。刑罚之目的在维持国权，保护公安。人民之触犯法纪，由个人之利益与社会之利益不得其平，互相抵触而起。国家之所以惩创罪人者，非快私人报复之私，亦非以示惩创，使后来相戒，盖非此不足以保持国家之生存，而成人道之均平也。故其罚之之程度，以足调剂个人之利益与社会之利益之平为准，苛暴残酷，义无取焉。前清起自草昧之族，政以贿成，视吾民族生命，曾草菅之不若，教育不兴，实业衰息，生民失业，及其罹刑网也，则又从而锻炼周纳，以成其狱。三木之下，何求不得。彼虏不察，奖杀勖残，杀人愈多者，立膺上考，超迁以去。转相师法，日糜吾民之血肉以快其淫威。试一检满清史馆之所纪载，其所谓名臣能吏者，何莫非吾民之血迹泪痕所染成者也。本总统提倡人道，注重民生，奔走国难，二十余载。对于亡清虐政，曾声其罪状，布告中外人士。而于刑讯一端，尤深恶痛绝，中夜以思，情逾剥肤。今者光复大业，幸告成功，五族一家，声威远暨。当肃清吏治，休养民生，荡涤烦苛，咸与更始。为此，令仰该部转饬所属，不论行政司法官署及何种案件，一概不准刑讯。鞫狱当视证据之充实与否，不当偏重口供。其从前不法刑具，悉令焚毁。仍不时派员巡视，如有不肖官司，日久故智复萌，重煽亡清遗毒者，除褫夺官职外，付所司治以应得之罪。吁！人权神圣，岂容弁髦。刑期无刑，古有明训。布告所司，咸喻此意。

〔临时政府公报第二十七号〕

注：①此系临时政府公报刊载日期。

27 临时大总统关于革除前清官厅称呼致内务部令

（1912年3月2日）①

官厅为治事之机关，职员乃人民之公仆，本非特殊之阶级，何取非分之名称。查前清官厅，视官等之高下，有大人、老爷等名称，受之者增惭，施之者失体，义无取焉。光复以后，闻中央地方各官厅，漫不加察，仍沿旧称殊为共和政治之玷。嗣后各官厅人员相称，咸以官职；民间普通称呼则曰先生，曰君，不得再沿前清官厅恶称。为此，令仰该部遵照，速即通知各官署，并转饬所属，咸喻此意。此令。

（临时政府公报第二十七号）

28 临时大总统关于禁烟令

（1912年3月2日）②

鸦片流毒中国，垂及百年。沉溺通于贵贱，流衍偏于全国。失业废时，耗财殒身，浸淫不止，种姓沦亡，其祸盖非敌国外患所可同语。而嗜者不察，本总统实甚惑之。自满清末年，渐知其病，种植有禁，公膏有征，亦欲铲除旧污，自盖前蛊。在下各善社复为宣扬倡导，匡引不逮，故能成效渐彰，黑籍衰减。方今民国成立，炫耀宇内，发愤为雄，斯正其时。若于旧染锢疾，不克拔涤净尽，虽有良法美制，岂能恃以图存。为此申告天下，须知保国存家，匹夫有责，束修自好，百姓与能。其有饮鸩自安，沉湎忘返者，不可为共和之民，当咨行参议院，于立法时剥夺其选举被选

注：①此系临时政府公报刊载日期。

②同上

一切公权，示不与齐民齿。并由内务部转行各省都督，通饬所属官署重申种吸各禁，勿任废弛。其有未尽事宜，仍随时筹画举办。尤望各团体讲演诸会，随分劝导，不惮勤劳，务使利害大明，趋就知向，屏绝恶习，共作新民，永雪亚东病夫之耻，长保中夏清明之风，本总统有后望焉。

〔临时政府公报第二十七号〕

29　临时大总统关于限期剪辫致内务部令

（1912年3月5日）①

满虏窃国，易于冠裳，强行编发之制，悉从腥膻之俗。当其初，高士仁人，或不屈被执，从容就义；或遁入缁流，以终余年。痛矣先民，惨罹荼毒，读史至此，辄用伤怀。嗣是而后，习焉安之，腾笑五洲，恬不为怪。矧兹缕缕，易萃霉菌，足滋疾疠之媒，殊为伤生之具。今者满廷已覆，民国成功，凡我同胞，允宜涤旧染之污，作新国之民。兹查通都大邑，剪辫者已多。至偏乡僻壤，留辫者尚复不少。仰内务部通行各省都督，转谕所属地方，一体知悉。凡未去辫者，于令到之日，限二十日一律剪除净尽。有不遵者，违法论。该地方官毋稍容隐，致干国犯。又查各地人民有已去辫尚剃其四周者，殊属不合。仰该部一并谕禁，以除虏俗，而壮观瞻。此令。

〔临时政府公报第二十九号〕

注：①此系临时政府公报刊载日期。

30　内务部为禁赌呈

（1912年3月5日）①

为呈报禁赌事：窃维赌博陋习，最为社会之害，律法在所必禁。只以光复之际，军事倥偬，未及整理。刻已南北统一，国是大定。将欲修明内治，必先革除社会陋习。矧去秋各处频告歉收，兼值军兴，人民生计，类多困难。赌博为巧取人财，既背人道主义，尤于现时民生多所妨害，亟应严切禁止，为我共和国民祛除污点。现经本部分咨各部、各都督，并饬南京巡警总监暨南京府知事切实执行，无论何项赌博，一体禁除。凡人民宴会游饮集合各场所，一概不准重蹈赌博旧习。其店铺中有售卖各种赌具者，即著自行消毁，嗣后永远不准出售。责任各该地方巡警，严密稽查。倘有违犯，各按现行律科罪，以绝赌风而肃民纪。合将禁赌缘由，具文呈报，伏乞鉴核施行。须至呈者。

〔临时政府公报第二十九号〕

31　临时大总统关于厉行禁烟法令致内务部令

（1912年3月6日）②

鸦片流毒中国，垂及百年。推其为祸之烈，小足以破业殒身，大足以亡国灭种。前清末年，禁种征膏，成效渐著，吸者渐减。民国始建，军务倥偬，未暇顾及他务，诚恐狡商猾吏，因缘为奸，弁髦旧章，复萌故态。夫明德新民，首涤污俗，矧酖毒厚

注：①此系临时政府公报刊载日期。

②同上。

疾，可怀苟安。除申告天下明示禁止外，为此令仰该部，迅查清禁烟各令，其可施行者，即转咨各都督通饬所属，仍旧厉行勿任弛废。其有应加改良及未尽事宜，并著该部悉心筹画，拟暂行条例，颁饬遵行。务使百年病根，一旦拔除，强国保种，厚望焉。切切。此令。

〔临时政府公报第三十号〕

32 临时大总统关于各部局互相咨商之件应直接办理毋庸呈请转饬致黄兴令

（1912年3月7日）

临时大总统令

查公务以敏迅为归，事权以分任为主。近来各部、局于应直接自办之件，每每呈请转饬前来。既滋旷日之嫌，复乖负责之义，殊属不合。以后除呈请核办、存案备查及呈候咨交参议院议等类，应行具呈本府外，其各该部、局等互相咨商之件，统应直接办理，以期简当，而明事权。此令。

陆军部总长黄兴知照

孙文

中华民国元年三月初七日

〔南京临时政府档案〕

33 临时大总统关于慎重农事致内务部令

（1912年3月13日）①

军兴以来，四民失业，而尤以农民为最。田野荒芜，人畜流

注：①此系临时政府公报刊载日期。

离，器具谷种之类，存者盖鲜。自近海内粗平，流亡渐集，农民夙无盖藏，将何所赖以为耕植之具。夫一夫不耕，或受之饥。若全国耕者释耒，则虽四时不害，而饥馑之数已不可免。国本所关，非细故也。方今春阳载和，正届农时，若不亟为筹画，一或懈豫，众庶艰食，永怀忧虑，无忘厥心。为此，令仰〔该〕部迅即咨行各省都督，饬下所司，劳来农民，严加保护。其有耕种之具不给者，公田由地方公款，私田由各田主设法资助，俟秋成后，计数取偿。各有司当知此事为国计民生所系，务当实力体行，不得以虚文塞责，勉尽厥职，称此意焉。切切。此令。

〔临时政府公报第三十七号〕

34　临时大总统关于劝禁缠足致内务部令

（1912年3月13日）①

缠足之俗，由来殆不可考。起于一二好尚之偏，终致滔滔莫易之烈，恶习流传，历千百岁，害家凶国，莫此为甚。夫将欲图国力之坚强，必先图国民体力之发达。至缠足一事，残毁肢体，阻阏血脉，害虽加于一人，病实施于子姓，生理所证，岂得云诬。至因缠足之故，动作竭蹶，深居简出，教育莫施，世事罔问，遑能独立谋生，共服世务。以上二者，特其大端，若他弊害，更仆难数。曩者仁人志士尝有天足会之设，开通者已见解除，固陋者犹执成见，当此除旧布新之际，此等恶俗尤宜先事革除，以培国本。为此，令仰该部速行通饬各省一体劝禁。其有故违禁令者，予其家属以相当之罚。切切。此令。

〔临时政府公报第三十七号〕

注：①此系临时政府公报刊载日期。

35 临时大总统关于严禁贩卖猪仔致广东都督令

（1912年3月19日）①

兹据荷属侨民曹运郎等呈请禁止贩卖猪仔各节。查奸徒拐贩同胞，陷人沟壑，曩在前清，草菅人命，漠不关心，致使被难人民穷而无告，岂惟有亏国体，亦本总统痛心疾首，殷念不忘。殊惨绝人道，前曾令内务部编定禁卖人口暂行条例，冀使自由博爱平等之义，实力推行。惟禁止猪仔出口，尤为刻不容缓之事。民国既成，岂忍视同胞失所，不为拯救。除令外交部妥筹办法外，合亟令行该都督严行禁止，务使奸人绝迹，以重人道而崇国体。此令。

〔临时政府公报第四十二号〕

36 临时大总统关于妥筹禁绝贩卖猪仔及保护华侨办法致外交部令

（1912年3月19日）②

兹据荷属侨民曹运郎等呈请禁止贩卖猪仔及保护华侨各节。查海疆各省，奸人拐贩猪仔，陷人涂炭，曩在清朝熟视无睹，致使被难同胞穷而无告。今民国既成，亟应拯救，以尊重人权，保全国体。又侨民散居各岛，工商自给者，亦实繁有徒，屡被外人陵虐，然含辛茹苦，挚爱宗邦。今民国人民同享自由幸福，何忍侨民向隅，不为援手。除令广东都督严行禁止猪仔出口外，合亟令行该部妥筹杜绝贩卖及保护侨民办法，务使博爱平等之义，实力推行。切切。此令。

〔临时政府公报第四十二号〕

注：①此系临时政府公报刊载日期。　　②同上。

37　临时大总统关于慎重用人致内务总长令

（1912年3月20日）

临时大总统令

满清末年，仕途腐败，已达极点。亲贵以财贿招诱于上，士夫以利禄市易于下。奔竞弋谋，相师成风，脂苇突梯，恬不知耻。以致君子在野，自好不为。事无与治，民不聊生，踵循不悛，以抵灭亡。民国成立，万端更始，旧日城社，扫除略尽，肃正吏治，时不可失。然而法制未班，考试未行。于进者，有乘时窃取之心。用人者，有高下随心之便。一或不慎，弊将有甚满洲之季者。治乱之分，端在于此，言念前途，能无竞竞。南京临时政府草创之际，各处奔走附疏来求一地位者，当不乏人。以此苟得之心，遂开诈伪之习，或本旧吏而冒称新材，或甫入校而遽号毕业，蒙混诬枉，得之为能。虽转瞬统一政府成立，此地各官署立即取消，然使不肖者得持此以为进身之具，其遗患方来，何可数计。为此，令仰该部总、次长等于用人之际，务当悉心考察，慎重铨选，勿使非才滥芋，贤能远引，是为至要。又查各部荐任各员，每有以一人而兼两职者，殊非慎重职务之道。荐者不知，是为失察；受者不白，是为冒利，胥无取焉。以后除有特别缘故外，不得兼职，以肃官方而饬吏治。切切。此令。

内务部总长程德全知照

孙文

中华民国元年三月二十日

〔南京临时政府档案〕

38 临时大总统关于伍廷芳呈请暂行沿用民律草案等法律致参议院咨

（1912年3月24日）①

据司法部总长伍廷芳呈称：窃自光复以来，前清政府之法规既失效力，中华民国之法律尚未颁行，而各省暂行规约，尤不一致。当此新旧递嬗之际，必有补救方法，始足以昭划一而示标准。本部现拟就前清制定之民律草案，第一次刑律草案、刑事民事诉讼法、法院编制法、商律、破产律、违警律中，除第一次刑律草案，关于帝室之罪全章及关于内乱罪之死刑，碍难适用外，余皆由民国政府声明继续有效，以为临时适用法律，俾司法者有所根据。谨将所拟呈请大总统咨由参议院承认，然后以命令公布，通饬全国一律遵行，俟中华民国法律颁布，即行废止。是否有当，尚乞钧裁施行。等情前来。查编纂法典，事体重大，非聚中外硕学，积多年之调查研究，不易告成。而现在民国统一，司法机关将成第次立，民刑各律及诉讼法，均关紧要。该部长所请自是切要之图，合咨贵院，请烦查照前情议决见覆可也。此咨。

〔临时政府公报第四十七号〕

39 南京临时政府内务部承政厅及各局办事规则

（1912年）

承政厅办事规则

注：①此系临时政府公报刊载日期。

第一条 承政厅置秘书长一员，承总长之命，总理厅务，并掌管机要文书。

第二条 承政厅分纂辑处、文牍处、收发处、监印处、庶务处、会计处，置秘书六员，承总长之命，分掌其事务。

第三条 纂辑处，纂辑关于本部各种文件，并编制统计。

第四条 文牍处，草拟公文函电。

第五条 收发处，收发及保存公文函电。

第六条 监印处，典守印信。

第七条 庶务处，掌管一切预算、决算、及官产、官物与夫不属于各司事务。

第八条 会计处，管理本部出入经费及稽核之事。

第九条 承政厅设一等科员若干人，二等科员若干人，三等科员若干人，由总长配置各处分掌事务。

第十条 承政厅设录事若干人，承上官之命，缮写文件，从事庶务。

第十一条 承政厅职员，得因便宜，由秘书长申请总长增减之。

警务局分科职掌规则草案

第一条 本局分设第一、第二、第三、第四四科。

第二条 第一科职掌如左：

一、关于中央或地方巡警条例之颁布，及警员之编制与经费之计划事项。

二、关于警察官吏之考绩事项。

第三条 第二科职掌如左：

一、关于集会、结社、聚众事项。

二、关于出版著作、新闻杂志事项。

第四条 第三科职掌如左：

一、关于各种行政警察事项。

二、关于消防事项。

第五条 第四科职掌如左：

一、关于中央或地方巡警教育之计划事项。

二、关于中央或地方巡警学生及其教员、职员之成绩事项。

第六条 每科设科长一人，承局长之命，办理本科事宜。

第七条 每科置一等科员一人，二等科员二人，三等科员五人，承局长、科长之命，办理本科事务。

第八条 本局设录事四人，承上官命，从事记录、缮写等事。

第九条 关于本局之不属于各科专管事项等，由局长临时委任各科办理。

第十条 本规则有须变更时，得由局长商呈部长临时修订。

民治局分科职掌规则草案

第一条 本局暂分第一、第二、第三、第四四科。

第二条 第一科职掌如左：

一、关于地方行政条例之颁布事项。

二、关于呈请核准事项。

三、关于地方官吏之指挥监督事项。

四、关于选举事项。

第三条 第二科职掌如左：

一、关于自治监督事项。

二、关于公益事业之提倡及指挥事项。

三、关于自治条例之颁发事项。

第四条 第三科职掌如左：

一、关于慈善团体事项。

二、关于抚恤事项。

第五条 第四科职掌如左：

一、户籍调查及管理。

二、户籍变更之核定。

三、移殖民之奖励及保护。

第六条 每科设科长一人，承局长之命，分掌本科事务。

第七条 每科设一等科员一人，二等科员二人，三等科员五人，承上官之命，分办本科事务。

第八条 本局设录事四人，承上官之命，从事记录、缮写等事。

第九条 关于本局不属各科专管事宜，得由局长临时委任各科办理。

第十条 本规则有须变更时，得由局长商呈部长临时修订。

土木局分科治事规则

第一条 本局分设四科。

第二条 第一科职掌如左：

一、关于本部所辖工程费用预算、结算并出入帐款事项。

二、关于各地方土木工程之经费，其有应提款补助，以及别项费用等之计算事项。

第三条 第二科职掌如左：

一、关于道路、桥梁之修整事项。

二、监督各地方经营道路、桥梁事项。

第四条 第三科职掌如左：

一、关于水利之开凿，港湾、河工之兴革，岛屿、沙滩之调查事项。

二、监督各地方经营川沙、港湾、堤防工程事项。

第五条 第四科职掌如左：

一、关于街市房屋之改良，及拟订条例事项。

二、关于古迹之保存，及庙宇之调查事项。

第六条 每科置科长一人，承局长之命令，各掌本科事务。

第七条 每科置一等科员一人，二等科员三人，三等科员四人，承上官之命令，办本科事务。

第八条 本局置录事□人，承上官之命令，司缮写、记录等事

第九条 就于本局有不属各科专管事宜，得由局长临时委任各科办理。

第十条 本简章有须变更时，得由局长商呈部长修订之。

礼教局章程

第一条 本局局长一人，承部长命令，有总理全局事务，及监督指挥各员之责。

第二条 本局置左列三科，分掌事务：

一、第一科：

（一）典守祭祀。

（二）编订历书。

（三）关于国家礼制之制定。

（四）关于民间礼制之制定。

（五）关于各种礼制旧习惯之改良。

二、第二科：

（一）管理各种宗教及其他类于宗教约束方法。

（二）关于淫祠之禁约事项。

三、第三科：

（一）关于习惯上应改良之事项。

（二）关于习惯上应维持之事项。

（三）关于习惯上应禁止之事项。

第三条　每科置科长一人，承局长命令，办理本科事务。

第四条　每科置一等科员一人，二等科员三人，三等科员四人，辅助本科科长办理一切事务。

第五条　本局置录事八人，承局长及科长之命令，从事缮写、检存及一切事务。

第六条　凡无专科管属之事项，得由局长任意委托某科办理。

第七条　凡本局事务有与本章相牴牾之事由发生或当变更增减之时，得由局长提出建议书，呈部长核定。

第八条　本局各科治事细则，由局长另行规定。

卫生局职掌规则草案

第一条　本局置局长一人，承部长命令，总理一切局务。

第二条　本局置左列各科分，掌各事务：

第一科：

(一)关于地方卫生应兴应办事项。

(二)关于卫生行政条例颁布事项。

(三)预算卫生行政之经费。

(四)考核卫生行政之成绩。

(五)编制卫生统计表。

(六)编辑卫生年报。

第二科：

(一)关于医师、药师之业务，产婆、看护人之养成，药种商及卖药营业取缔事项。

(二)关于卫生事业之提倡及指挥事项。

第三科：

(一)关于传染病、地方病、痘疮及兽疫事项。

（二）关于船舶检疫事项。

（三）关于花柳病检查事项。

（四）关于地方病院及卫生会事项。

第四科

（一）关于药品事项。

（二）关于嗜好品、香妆品着色料，及其他一切之检查事项。

（三）关于饮食物检查法之审定事项。

（四）关于卖药之检验及取缔事项。

第三条 每科置科长一人，承局长命令，办理本科事务。

第四条 每科置一等科员一人，二等科员三人，三等科员四人，分理本科事宜。

第五条 本局置录事五人，承局长及科长之命令，从事记录、缮写及一切事务。

第六条 关于本局不属各科专管之事项，得由局长临时委托某科办理。

第七条 遇一科事务繁冗时，得由局长、科长临时商派别科员帮同办理。

第八条 关于本局分科增减、职务变更，及卫生法令之事，局长得提出建议事由，申请部长定之。

疆理局分科治事规则

第一条 本局分设四科。

第二条 第一科职掌如左：

一、关于土地收用法等之具案及颁布事项。

二、关于国有、公有、私有土地之清查事项。

三、关于变更行政区划，及统计土地面积事项。

第三条 第二科职掌如左：

一、关于岛地、滩地及荒山之管理事项。

二、关于海面幅员及水面埋立事项。

三、关于外国人租界事项。

第四条 第三科职掌如左：

一、关于全国各地地图测绘审定事项。

二、关于地志之编纂事项。

第五条 第四科职掌如左：

一、关于田土之清理事项。

二、关于掘采土石事项。

三、关于土地买卖之稽核事项。

第六条 每科置科长一人，承局长之命令，各掌本科事务。

第七条 每科置一等科员一人，二等科员三人，三等科员四人，承上官之命令，分办本科事务。

第八条 本局置录事□人，承上官之命令，司记录、缮写等事。

第九条 就于本局有不属各科专管事项，得由局长临时委任各科办理。

第十条 本简章有须变更时，得由局长商呈部长修订之。

〔南京临时政府档案〕

〔二〕南 北 议 和

1 清军机处关于英使朱迩典议南北停战三日折

宣统三年十月初九日（1911年11月29日）①

英使朱迩典交来节略：汉口英总领事初九日电报：现在广西、江西、湖南、安徽、湖北各省之代表已在武昌，其江苏、浙江、福建、广东各省之代表，今日由上海可到，伊等在彼议办停战以后，前往上海会见袁宫保委派代表之事，其宗旨即每省各自独办。惟因黎元洪系此举倡，均稍有愿让之情。黎督仅能代表湖北发言，今日汉阳克复，致武昌为难守之区，其议论不无更改。又其余他代表肯让到如何地步，尚未知悉。意者大概南京省城情状与此节甚有关系，所到之诸代表必应议办各省全行停战。本总领事闻得在武昌甚保治安，湖北各兵皆深信黎元洪。湖南兵因有意见，已由管带官员开往岳州矣。本总领事拟于大停战问题未定时间，设法先办三日之停战。

〔清农工商部档案〕

2 冯国璋关于英领调停息战三日致清内阁电

宣统三年十月初九日（1911年11月29日）

收第一军总统冯国璋致内阁电　初十日

注：①此件系抄件，日期系清农工商部收文时间。

今日黄道开文面称：英领调停，息战三日。当告以英领居中调停，系属好意，殊感友谊。惟息战须定条件：一、区域。二、起止时刻。三、息战期内投匪军舰，应交何人看守。四、谁负责任。去后，旋据黄道回来面称：英领谓看守匪船及谁担责任，难以办到，好在汉阳已克服，武昌在掌握中等语。据称报：武昌革党湘匪已逃散，鄂匪所剩无多，战斗力已减少，现正整理队伍，部署一切。谨闻。国璋。初九。

〔清农工商部档案〕

3 袁世凯等关于代拟暂时停战条款致冯国璋电

宣统三年十月十日（1911年11月30日）

发第一军总统冯国璋电

我军既未渡江，英使领现出调停，按公理未可拒绝。兹代拟暂时停战条款：一、息战时各守现据界线，彼此不得稍有侵犯、窥探等情。二、息战之期订明由某日某时起至某日某时止，计三日，两军不得于此期内开战。三、军舰不得藉息战期内泊近武汉南北岸，以占优胜，须远驰武汉下游，至息战期满为止。四、停战期内，两军不得添军修垒及一切补助战力等事。五、息战之约，须有驻汉英总领事官画押为中证人，庶免彼此违背条件，以重公法。请转饬黄道与英领商办，有定议，速电示。黎党如派人来商事，可饬黄道丁士源作执事代表接洽。除奏明外，望查照。昌、凯。燕。印。

〔清农工商部档案〕

4 清军机处关于英公使续议停战折

宣统三年十月十五日（1911年12月5日）①

英公使续议停战事宜：三日停战期满，续停十五日。北军不遣兵向南，南军亦不遣兵向北。总理大臣派北方居留各省代表人前往，与南军各代表讨论大局。唐绍怡充总理大臣之代表与黎元洪或其代表人讨论大局。

〔清农工商部档案〕

5 冯国璋关于续停战条件致清内阁电

宣统三年十月十九日（1911年12月9日）②

收汉口冯军统致内阁电　十月十九日

续停战条件，由黄道呈到，已两面盖印，英总领事签押。一、停战十五日，由西历十二月初九日即十月十九日早八点钟起至二十四日即十一月初五日早八点钟止，期内除秦、晋、蜀三省另有专条外，两军于各省现在驻兵地方一律按兵不动。二、袁总理大臣派唐绍怡尚书为代表，与黎大都督或其代表人讨论大局。三、因秦、晋、蜀三省电报不通恐难即日停战，是以所有以上停战条件与该三省无涉。惟停战期内，两军于该三省各不加增兵力或军火，此条询明已有之兵力，开战及剿土匪不在此例。除通传第一军外，谨闻。

〔清农工商部档案〕

注：①此件系抄件，日期系清农工商部收文时间。

②此系内阁收电日期。

6　唐绍怡等为赴沪会议致清内阁电

宣统三年十月二十一日（1911年12月11日）①

收前邮传大臣唐绍怡等致内阁电　十月二十一日

顷由英领事介绍黎元洪代表王正廷，据称：现推总代表伍廷芳不能来汉，拟同往上海会议等语。怡已允许赴沪，仍候电示。并据面称：娘子关、大同府两处，切勿进兵，以符全国停战条款。并闻。怡、琦。

〔清农工商部档案〕

7　清内阁奏请优奖三井洋行日商人片

宣统三年十月二十一日（1911年12月11日）

内阁片：再据委派前敌招抚事宜选用道刘承恩呈称：九月内往武昌通信难以觅人，遂邀请三井洋行之日本商人高木洁松、尾喜惣太等两人过江送信。第二次又过江粘贴上谕告示，旋被扣留，九日始行释放。该洋商等，因尽义务而受此劳苦危险，拟请奏奖宝星，以示慰劳。等语。臣等查洋商著有劳勚，请赏宝星，历经办理有案。此次该日本商人两次过江，不避艰险，实与寻常劳勚不同。拟请从优赏给高木洁松、尾喜惣太二人各四等宝星，以示优奖。如蒙余允，即由内阁颁给只领，谨附片会陈，伏乞圣鉴。谨奏。

〔清农工商部档案〕

注：①此系内阁收电日期。

8 唐绍怡等关于商定在沪会议致清内阁电

宣统三年十月二十二日（1911年12月12日）

收前邮传大臣唐绍怡等致内阁电　十月二十二日

养两电敬悉。今日怡过江晤黎元洪，商定在沪会议，由黎电告上海。俟得复，即启行。同来诸公尚未全到，候会齐询明愿往否，再偕同东下。怡、琦。养。

〔清农工商部档案〕

9 唐绍怡等为赴沪会议请北军万勿再进致清内阁电

宣统三年十月二十三日（1911年12月13日）

收前邮传大臣唐绍怡等电　十月二十三日

鄂。漾电敬悉。顷晤革军外交部长称：娘子关之战，或出误会，请照停战条款，切实办理云。怡明早赴沪，北军千万勿再前进，俾免会议窒碍。望再将全国一律停战前次尊谕，飞电通饬各处为盼。

〔清农工商部档案〕

10 清内阁同意唐绍怡赴沪会议并饬北军停进电

宣统三年十月二十三日（1911年12月13日）

覆前邮传大臣唐绍怡电

箇两电均悉。请即偕王正廷赴沪讨论。已饬大同、娘子关两路停进。阁。

〔清农工商部档案〕

11　袁世凯等为革军力主共和代表请开国会奏请召集宗支王公会议折

宣统三年十一月初九日(1911年12月28日)

奏国务大臣摺革军力主共和代表请开国会拟召集宗支王公会议由十一月初九日

内阁总理大臣臣袁世凯等跪奏，为革军力主共和，代表请开国会，拟恳召集宗支王公会议请旨以决大计，恭摺仰祈圣鉴事：窃自武昌事起，全国震动，祸机爆发，势成燎原。朝廷之德意屡宣，革党之气焰仍炽。汉口既下，海军继变，汉阳虽得，金陵复失。东南财赋之区，归其掌握，西北响应各省，骤难廓清。彼之根据愈坚，我则应接不暇。重以库帑告罄，贷款无从，购械增兵，均为束手，万不得已，勉从英使朱迩典之介绍，奉旨以唐绍怡为总理大臣代表驰赴沪上，与革军代表伍廷芳会同讨论大局，一面互约停战，冀可和平解决，以纾生灵荼毒之惨，而免国家倾覆之忧。其时英使倡议，而日本、美、法、俄、德诸国亦先后赞成此举，谓有合乎人道主义。乃近日以来，连接唐绍怡电称：迭与伍廷芳会议，伍廷芳极言共和不可不成，君位不可不去，并言东南各省众志佥同，断无更易，语甚激决。经臣世凯迭饬唐绍怡与之驳辩，而彼党深闭固拒，毫不通融，必我先允认共和，彼方肯开议条件。唐绍怡又电称：各国政府投书劝和，双方并题，彼党认为已以政府见待，其气愈增。即就劝和书观之，亦只期和平了结，并无不认共和之意。唐绍怡计无所出，苦心焦思，以为只有速开国民大会，征集各省代表，将君主共和问题付之公决之一法。其最近两次来电略谓：彼党坚持共和，不认则罢议，罢议则决裂，决裂则大局必糜烂。试思战祸再起，度支何如，军费如何，岂能必操胜算。万一挫衄，敌临城下，君位贵族岂能保全，外人生命财产岂能保护。不幸分崩离析，全国沦胥，上何以对君父，下何以对国民。如召集国会，采取舆论，果能议决仍用君主国体，岂非至幸之事。就令议决共和，而皇室之待遇必极优隆，中国前途之幸福尚可希望。孰得孰失，情事较然。若再延缓，祸害立至。等语。又称：现计停战之期，仅余三日，若不得切实允开国会之谕旨，再无展限停战之望，势必决裂。惟有即日辞去代表名目，以自引罪。等语。臣等接阅之下，忧心如焚。内察民情，外观大势，实逼处此，无可转圜。言和则词说已穷，言战则饷械两绌。即俯如唐绍怡国会公决之请，而用正当选举之法，选合格代表之人，其手续与时期均非旦夕所能蒇事。革党迫不及待，尚不知能否听从。即能听从，而决定如何政体，亦难预料。事关存亡，解决非阁臣所敢擅专，惟有吁恳召集宗支王公速行会议，请旨裁夺，以定大计。臣等奉职无状，政策不能取信于民，抚衷惭惧，罔知所措，不胜忧惶待命之至。理合恭摺会陈，伏乞皇上圣鉴训示。谨奏。

宣统三年十一月初九日

内阁总理大臣　臣袁世凯
署外务大臣　臣胡惟德
民政大臣　臣赵秉钧
署度支大臣　臣绍　英
学务大臣　臣唐景崇
陆军大臣　臣王士珍
署海军大臣　臣谭学衡
司法大臣　臣沈家本
署农工商大臣　臣熙　彦
署邮传大臣　臣杨士琦
理藩大臣　臣达　寿

〔清农工商部档案〕

12　唐绍怡等辞议和代表职致清内阁电

宣统三年十一月十三日(1912年1月1日)

收上海唐绍怡来电　十一月十三日

今早已将电辞代表职任一节，面告伍代表，停止开议。至连日签定各款，均系事势所迫，万不获已。迭接阁电，不允承认，著令取销。怡等讨论已属无效，昨经率同参【与】讨论各员，公电辞职，务乞一律给予处分，即日销差。嗣后如有应商革军各事，请由英使交鄂沪英领转交前途可也。怡、琦等。元。

〔清农工商部档案〕

13　袁世凯关于议和一事直接电商致伍廷芳电

宣统三年十一月十四日(1912年1月2日)

内阁致伍代表廷芳电　十一月十四日

此次变乱，各省扰攘。本政府不忍生灵涂炭，特备文委托唐代表赴沪作为总理大臣全权代表，专为讨论大局之利害，其权限所在，只以切实讨论为范围。乃迭接唐代表电开，与贵代表会议各条，均未与本大臣商明，遽行签定。本大臣以其中有必须声明及碍难实行各节，电请唐代表转致。嗣据唐代表一再来电，请辞代表之任，未可强留，现经请旨准其辞任。至另委代表接议，一时尚难其人，且南行需时。嗣后应商事件，先由本大臣与贵代表直接往返电商，以期简捷，冀可早日和平解决。特此电达。内阁总理袁世凯。盐。

〔清农工商部档案〕

14　张怀芝为议和难成赶筹枪炮致田文烈函

宣统三年十一月二十一日(1912年1月9日)

焕亭仁兄大人阁下。敬启者：案查南省革军要求太甚，和议终归无效，势不得不以兵力从事，亟应赶为筹备，以决一战。查今战斗惟恃枪炮为利器，直省炮位甚少，不敷应用，甚为焦虑。现查驻扎马厂之陆军第四镇，前以秋操配备开赴湖北，营中留有山炮六尊，陆炮六尊，山炮营目兵三十余名，马三十余匹，陆炮营目兵三十余名，马六十余匹，并留有排长一员。查该镇所留之山陆炮各六尊，现有之官兵马匹均少，不敷操练，炮位闲置无用。兹拟暂行变通办理，请由大部加派官兵补足两哨之数，不敷马匹在四镇余马项下拨添补齐，仍就原地操练，似此一转移间，化无用为有用，设有缓急，堪资调遣，实于战备大有裨益。尊意如以为然，即祈面商聘帅核夺，迅赐示下，并行四镇以便照办。倘蒙许可，查该镇留营山陆炮各六尊，均系日本造，三十年式，并无子弹，应请筹备弹药若干，速发应用，是为至盼。专此，敬请崇安。

如弟张怀芝顿首　十一月二十一日

〔清陆军部档案〕

15　段祺瑞关于退守孝感广水一带汉口汉阳由双方协商为免战地折

宣统三年十一月二十一日(1912年1月9日)①

武昌开战，长江各兵船早属匪有，江权尽失。浙江、江西各

注：①此系抄件，日期系清农工商部收文时间。

匪，均由兵船运集杨逻司一带，人数约二万以上，拟攻黄陂，捣我左翼。汉阳府属之潜江、沔阳各匪进据蔡店附近，袭我右侧。十月内安陆府天门、京山两县为匪占据后，应城、云梦、德安、应山等处，万分吃紧。孝感站距云梦仅五六十里，广水站距应山不满四十里，此两站极受危险。十一月初，襄阳、樊城失守，枣阳即为匪占，信阳隐受抄袭之患。而孝感、广水、信阳各车站均属湖北军队，后路运线既受革匪重重包围，计长约三百余里，汉口、汉阳实为绝地，后路万一有失，大局何堪设想。故藉唐、伍两代表议定退兵之约，于本月十六日退至孝感、广水一带防堵。汉口、汉阳仍留文官巡警保护地方治安，由两面协商为免战地。谨奏。

〔清农工商部档案〕

16 温士泉揭露袁世凯阳议和暗进兵致大总统等电

（1912年1月11日）

孙大总统、黄内阁陆军部长、黎副总统暨各省都督、各军政分府钧鉴：敝省九月八日起义后，即联合吴禄贞攻取北京。奈兵单械少，吴又被害。袁贼远交近攻之策，阳与省议和，暗调第三镇全部及第六镇混成协，于十月十八日晚猛攻娘子关。连攻四日夜，终以兵单弹完，败归太原。清军乘势，进迫省城，大事杀伤。阎都督因顾全民命，分路退出。阎率兵四千余，北占大同，与巡防义军协攻归化城，以作根据。彭福龄带兵二千余，南攻河东地，已克复潞城，与秦军联合，不日进攻河南。此太原失守后之情形也。清军有意违约，袁贼居心奸险，望早日联师北伐，除彼妖孽。再晋省枪少弹完，即乞顾全大局，伏赐接济，寄由陕西转递河东为盼。晋军军务部长温士泉叩。真。

（临时政府公报第一号）

17 张怀芝关于南北议和与临时大总统往来电

（1912年1月）

（1）张怀芝电（1月12日）

万急。南京临时大总统孙鉴：艳电敬悉。段公联衔奏请共和，芝已认可，并非固执己见。但自武汉起事以来，南省商民被扰甚多，地方糜乱不堪。良由具政治思想者，意在改革政治，而假托者则以掳掠为事，此固毋庸深讳。想公之才识，人所共仰，试将吾国人民程度细加体察，自非有正当办法不可。窃谓中国今日，推倒清政府易，而平乱难，抵制列强尤难，一或不慎，则瓜分之祸立见。明公自海外归来，原为同胞谋幸福，设因此而召瓜分之祸，公岂肯出此。且兵连祸结，已非一日，若再迟延，不惟中国商民窘困不支，洋商损失亦巨，外人干涉，自在意中。审时度势，颇觉危险。当此莫若留君之口，以备化除满汉。留袁公之手，以备削平扰乱。来电谓：但图救同胞于水火。芝亦国民也，固惟以救民为急，别无他意。迩见生灵涂炭，不胜焦忧，敢布区区，惟公鉴察。所陈利害，请熟思之。公既知袁内阁为难，陷于危困，即请代筹切实办法，尚祈示知，再行商酌。帮办直东防务大臣张怀芝。文。

（2）孙文复电（1月）

帮办直东防务大臣张鉴：文电悉。初闻执事固执，今乃知其不然。南北一致赞同共和，则内忧外患无难消弭，执事所论，亦即文之所怀。然非立使清帝退位，宣布共和，更无解决之方法。

袁内阁陷于危困，乃复犹豫，于理于势，俱万不可。切实进行，惟在公等之援助耳。至彼此协商办法，日前已电袁公，文但求达我共和之目的，无所私执。公既洞明大局，于间不容发之际，请速图之。孙文叩。

〔临时政府公报第四号〕

18 谭延闿关于停战议和勿再迟延致大总统等电

（1912年1月22日）

宁大总统、陆军部长，申伍外长，武昌副总统，各省都督，金口、长沙各路总司令公鉴：昨接陈都督效电及南昌马都督巧电、福州孙都督号电，以停战议和，务在此期限内议决一切勿再迟延，敝省全体极表同情。万乞于阴历十二月十二日以前，取决宣示。若再延时日，敝省无论如何，决不承认。特此预闻。延闿叩。玛。

〔临时政府公报第三号〕

19 袁世凯关于办理国会选举暨开会地点折

宣统三年十二月七日（1912年1月25日）①

本月初六日钦奉传旨：国会选举暨开会地点，可酌量变通办理等因。臣原拟会员每州县各一人，每旗各一人，地点定为北京，磋商越二十日，伍廷芳坚持不让，遂强定为选举区二十四处，一省为一处，内外蒙为一处，前后藏为一处，每处三人。臣以人数太少，众情不服，现拟改为二十八处，一省为一处，蒙、

注：①此系清农工商部收文日期。

藏合为六处，每处六人，合共一百六十八人，与资政院额数相去不远。其国体未决以前，民党惧罹刑网，不敢来京会议，拟酌定为天津、汉口、青岛三处。如蒙余允，拟即电商伍廷芳，从速核覆。再民军所拟优待皇室条件，前曾代请面奏，此系两面派人暗中商议，如改为国会取决国体，则优待皇室条件似亦应由国会议定，能否照前优隆，臣未敢预决。谨奏请旨。

〔清农工商部档案〕

20　伍廷芳关于段祺瑞等联衔电奏请定共和政体致大总统等电

（1912年1月26日）

孙大总统、陆军部总长黄、黎副总统、各省都督及北伐联军总司令公鉴：顷接唐代表转段芝桂〔祺瑞〕来电如下：阳电悉。瑞与各路统兵大员，于今晨联衔电奏，请定共和政体。都中已有布置，切告各路民军，万勿稍有冲突，以免贻误大局。瑞。齐。特转电奉闻。廷芳。宥。

〔临时政府公报第二号〕

21　黎元洪主张停战期满议和不成不再展期致大总统等电

（1912年1月26日）

南京孙大总统、上海伍外交总长鉴：停战期限将满，和议尚未告成。闻满清已简放张勋为南京总督。揆此情形，显系满清不愿意共和，徒废时期，以疲我军士。此停战期满，彼方若不决定退位，共同组织共和民国，再议展期，决不承认。曲实在彼，即前次所提待遇从优之条件，一律取销。鄂中全体军士均已预备作战，誓不愿与满清共和。再不可听其狡展，致遏我军义勇之气。

请大总统、外交总长将种种情形通告各国是幸。元洪。廿六号。

〔临时政府公报第一号〕

22 伍廷芳关于清廷应即宣布共和逾期优待条件作废致袁世凯电①

（1912年1月27日）

佳一电悉。阁下欲取销全权代表已经签定之条款，本代表始终未尝承认。来电拟更定选举法，直是翻悔，何云让步。至前电所开优待条件，系为清廷宣布共和之对待。如阴历本月十一日上午八时以前，仍未得清廷宣布共和确报，则前交优待条件全行作废。特复。伍廷芳。感一。

一、大清皇帝仍称大清皇帝，相传不废，以待外国君主之礼待之。

二、暂居宫禁，日后退居颐和园。

三、优定大清皇帝岁俸年支若干，由新政府提交国会议决，惟不少于三百万两之数。

四、所有陵寝、宗庙得永远奉祀，并由民国妥为保护。

五、德宗崇陵未完工程及奉安经费，仍照实用数目支出。

六、保护其原有之私产。

以上优待皇室条件。

又优待满、蒙、回、藏人条件如下：

注：①此电系清陆军部收存的内阁抄件。优待皇室条件和优待满 蒙 回 藏人条件不是感电的附件，是在感电后的另一抄件，故照录。

一、与汉人平等。

二、保护其原有之私产。

三、先筹八旗生计，于未筹定以前，原有口粮暂仍其旧。

四、从前营业之限制，居住之限制，一律蠲除。

五、所有王公世爵概仍其旧。

以上条件列于正式公文，电达驻荷华使知照海牙万国和平会存贮立案。

〔清陆军部档案〕

23　伍廷芳关于段祺瑞赞同共和请黎元洪派员接洽致大总统等电

(1912年1月27日)

至急。南京孙大总统、黄陆军总长，武昌黎副总统，各省都督，北伐联军总司令公箕〔鉴〕：寝电想已达览。段祺瑞现统北洋第一、第二黎〔军〕驻扎孝感，为武汉前敌。今既联合各路统兵将帅赞同共和，似宜就近由黎副总统派员与之接洽。再寝电祺瑞二字误作芝桂，合并更正。廷芳。感。

〔临时政府公报第二号〕

24　陈其美关于清军违约围黄县致大总统电

(1912年1月27日)

南京大总统钧鉴：接黄县电内开：沪军政府转南京大总统鉴：清管带裕震违约，围我黄县，力战始解。初六、七两日，又邀同沪军与裕军血战搀北，马敌大败，杀其统领，获其除〔队〕

官，夺其枪械，死伤其兵士百余人。惟敌军扰害我地面，残杀我良民，惨无人理。现虽略退守，然犹未艾，我军为保护地方治安，自不得不以战为守。惟彼满人奚负约，请转知外交部长，可向清廷严加责问。山东军政府连、徐、刘公电。等因。合亟照转。其美叩。感。

〔临时政府公报第二号〕

25 黎宗嶽反对议和展期致大总统等电

（1912年1月27日）

大总统、陆军部总长黄、黎副总统、各省都督、各军总司令、上海各报馆公鉴：接议和代表伍廷芳君寝电：北军统兵大员联衔奠〔奏〕定共和政体，各路民军勿稍冲突等语。和议展期，已非一日。共和者，为铁血之共和，非哀求之共和。应请伍代表切实质问袁世凯：如力求共和，即与民军一致进行，推倒奄奄待毙之满政府，当易如反掌。如反对共和，即定期宣战，不必再以支吾相延宕。各军义愤填胸，总祈早为解决，以全大局，而定人心。敝军枕戈以待，毋任焦灼。大通军政分府黎宗嶽叩。沁。印。

〔临时政府公报第二号〕

26 孙道仁因袁世凯纵兵进攻山西愿率将士请命赴敌致大总统等电

（1912年1月27日）

大总统钧鉴：陆军部长黄鉴：全国光复近三月矣，幸赖福威远播，而各界亦极赞成，将士用命，诸事现已颇有头绪，道仁实无建树也。昨将编成军队，陆续开进，由沪赴宁，听候调遣，俾得稍尽义务。惟查停战期内，袁世凯又纵兵在山西进攻。似此不遵公法，涂炭生民，不胜焦愤。窃愿再选将士，亲率赴宁，请命赴敌。大局一日不定，誓牺牲此身，达我共和目的。如蒙俯允，伏乞颁发电令，仁当即日起程，恭听指挥。临电不胜盼祷。闽都督孙道仁叩。沁。印。

〔临时政府公报第二号〕

27 沈秉堃关于清军不守信约破坏议和致大总统等电

(1912年1月28日)

孙大总统、陆军部总长、上海伍代表、武昌黎副总统、各省都督、各总司令钧鉴：敌人不守信约，停战期内，利用交通梗塞，进攻西北各省，意在固守西北，控制东南，狡谋诡计，尽人能知。今太原既已失陷，陕西又在垂危，呼救电文，声嘶力竭。民国政府既已成立，倘不统筹全局，派兵救援，不独黄河以北，将非汉有，贻害不堪设想。且何以表示南北联为一气，促人民反正之心。鄙意无论和议如何，停战与否，当即出师应援，以慰西北人心之望。事机迫切，专望统筹见示。沈秉堃。勘。

〔临时政府公报第二号〕

28 伍廷芳主张与段祺瑞接洽以防外国干涉致大总统等电

(1912年1月28日)

至急。南京孙大总统、黄陆军总长，壕〔武昌〕黎副总统，各省都督，北伐联军总司令公鉴：顷唐君绍仪送来段君祺瑞电文如下：三电均悉。某国欲渔利，又岂止一某国，尚有怂恿外蒙独立为吞并计者。祸机之发，不知胡底，兄弟阋墙，外御其侮，谋国利民福者，似宜远瞻近瞩，审慎出之。瑞夙抱宗旨，不忍地方再有糜烂，涂炭生灵，且公使俱在都门，秩序一乱，是将授以干涉之柄也。联奏昨夜好到丸〔始到京〕，今日未知如何。况两军相持太近，时有冲突，已拟稍退，民军不可再进，致生恶感。孙、黄两公统祈代为致意。瑞。青。云云。现〔观〕此电段君询〔洵〕明大义，廷已屡电黎副总统，请解〔速〕派员与之接洽，黄陂等处两军尤为接近，更须妥为处置，并望大总统、陆军总长致电段君，与之联络，以期一致进行，完全达到共和目的，是所切盼。廷芳。俭。

〔临时政府公报第二号〕

29　伍廷芳关于张勋反对议和等情致大总统电

（1912年1月28日）

孙大总统鉴：沁电敬悉。停战之期，至明日上午八时为满，不再展期，已经决定。惟段祺瑞现与北京四十二将校联名电奏清廷，速行宣布共和。段现统第一、第二两军，处武汉前敌。如黎副总统与之接洽，则明日武汉方面可联为一，不复致有战争之事。至张勋一军，唐君绍仪屡电劝其赞同共和，张回电反对。唐君又电袁内阁，嘱其严饬张军，勿得暴动。倘明日停战期满，张果然跳梁，则兵衅非自我开，更可令天下万国，知曲直所在。此处得袁内阁来电，据唐言皆系表面文字，其实袁运动清帝退位，未常少辍。廷昨致袁电，谓若停战期满，尚未得清帝退位之意，以致兵衅再开，再行发表，如是则清廷以争一君位之故，不惜流全国之血，必为人道所不容，而我民国政府希望和平之意，更昭著于天下。对外可得友帮之同情，对内可激同胞之义愤，似尤为妥协。特奉复。廷芳。俭二。

〔临时政府公报第二号〕

30 蒋雁行关于北军各路大员主张共和与北军南下等情致大总统等电

（1912年1月29日）

孙总统、上海伍外交总长鉴：昨奉转到段祺瑞电称：北军各路统兵大员联衔电奏，主张共和，已抱定宗旨，不忍生灵涂炭，致招外人干涉。拟稍退却，民军不可再进，致生恶感。又接我宿迁确报：敌军已占领窑湾，正在南下各等语。前敌各队，游移观望，著著落后。请将最近交涉情状，速行宣布，以便正式作战。江北雁行。艳。

〔临时政府公报第五号〕

31 临时大总统关于与袁内阁切商清帝退位办法致王占元等电

（1912年1月29日）

信阳州统制王占元，济南统制张永成，大同府统制何宗莲、河南统领张士钰、南苑统制张殿儒、北京毅军姜桂题军门、天津张怀芝军门、颖州朱家宝、倪嗣冲、新民府潘统制公鉴：民国义军，本为四万万人谋幸福，不得已而诉诸武力。近与袁内阁切商清帝退位办法，已有成言，而为满州少数皇族所把持挟制，遂令内阁为难，陷于危困。南北本是一家，岂肯为彼少数人之私而流血。民国政府但图共和成立，救同胞于水火，他无所恋。天下之事，将与公等共之。今日段公芝泉亦联衔奏请共和，可见汉族同胞，人人同此心理，所企一致进行，无复猜贰。转敌为友，实在今日，否亦在今日，请熟思而审处之。幸甚。中华民国临时大总统孙文叩。艳。

〔临时政府公报第四号〕

32 黎元洪关于派员与段祺瑞接洽商讨共和致大总统电

（1912年1月29日）

急。宁孙大总统鉴：接伍总长感电、宥电。即于二十七日派员至孝感，与北军接洽联络，一致进行。段祺瑞派员接待，据称：段对于共和政体，允有同意。此次军队退却，实不愿与民军冲突，损伤元气。至进行方法，现已规定，请民军不必前进，致生误会云云。敝处已通饬各军，驻扎原地，暂不前进，所有一切准备，亦不得稍懈，致受老师费财之害，庶共和政体，得早日告成。下游各军请黄总长通知，相机动作是盼。元洪。艳。印。

〔临时政府公报第三号〕

33 伍廷芳关于汉口商务总会要求将汉口汉阳划作中立地点致大总统等电

（1912年1月29日）

孙大总统、黎副总统鉴：顷得袁内阁燕二电如下：据汉口商务总会全体商人电称：汉口为华洋荟萃之区，汉阳乃各厂林立之所，商务繁盛，甲于中国。自经此次兵燹，汉口房屋，几被烧尽，汉阳财产，亦多损失，糜烂情形，惨难言状。嗣因停战议和，北兵撤退，各商陆续回汉，深望和议早成，各谋善后，以图振兴。乃停战期迫，和议尚未发表。未来者率多裹足，已来者咸有戒心，商业凋残，华洋交困。且值此年关伊迩，正商人清理帐务时，若再展延，则房屋既失于前，帐款又耗于后，摧残殆尽，有不堪设想。为此，商等一再集议，拟请仿照欧西市政办法，恳两方政府，汉口、汉阳，东至长江，西至蔡甸，南至沌口，北滠口，划作中立地点，不再开战。至保护治安，则由市自募警，妥为办理。俾在汉各商，得以安业，市面亦得流通，庶阳夏民，或尚有一线生机。伏思大总理素以恤商爱民为怀，再不忍阳生灵再受涂炭之苦。用特冒渎钧听，倘蒙俯念商艰，准如商等请，将汉口、汉阳分划界限，作为中立地点，不再在此开战。并速赐电达驻沪唐代表，即日宣布，以苏商困而惠民生。等语。应转达，希查照见复为盼。云云。廷意段君祺瑞联合各路统兵大员主张共和，廷已屡电请副总统派员与之接洽，尚未得复，至为系。如彼此接洽妥协，则武汉方面，当不至再有战事。至允许处中立，由市自办巡警，于军事计划有无妨碍，请速酌复，以转电袁氏为盼。廷芳。艳。

〔临时政府公报第五号〕

34　伍廷芳关于南北议和始末致大总统等电

（1912年1月30日）

孙大总统、国务各总长、参议院、武昌黎副总统、各省都督、北伐联军总司令公鉴：自阴历十月二十八日，廷芳与清内阁袁世凯所派全权代表开和议事，所议定者：一为湖南、湖北、山西、陕西、山东、安庆、江苏、奉天各省，一律停战，彼此不得进攻。一为开国民会议，解决国体。迨既经订定国民会议选举法，而袁氏忽撤销代表，自与廷芳直接电商，并欲取消其全权代表所已经签定之条款。廷以议和非可电商，已定之条款尤不能更动，始终坚持不允。迨停战期满，解决无期，袁复提请继续停战。廷芳适接驻沪等处洋商团希望和平解决之忠告，复得临时政府之同意，再允展期十四日，并声明此后决不再展战期，以误时日。适此期内，清帝有退位之议，彼此切实筹商，先由廷以清帝退位后，优待清皇室条件及优待满、蒙、回、藏人条件，正式通告清内阁，以示民国政府优容之度；继由孙大总统以参议院之同意，通告袁氏，谓袁氏若能于清帝退位之后，发表赞同共和之政见，由驻北京外交团通告临时政府，则孙大总统当即解职，由参议院公举袁氏为大总统。凡此皆足表明民国政府希望和平之诚意，只求共和目的完全达到，别无私意于其间。乃清廷少数亲军，把持反抗。屡接北京内阁来电，谓禁卫军极力反抗，虑北京秩序扰乱，牵动外交，已密为布置，未可与于停战期满前相逼。云云。是则未能在停战期内和平解决者，咎在清廷，非民国政府始料所及也。目今段君祺瑞联合各路统兵大员四十二人，奏请清廷早日宣布共和，以定大局。段君现统第一、第二军，队〔处〕武汉前敌，廷已屡电黎副总统与之接洽，如能联为一致，则武汉方面，当不复再有战事。至于陕西、皖北、徐州等处清军屡攻违约，而反以违约责我，迭经诘驳，袁已允饬张勋、倪嗣冲勿得暴动。陕西方面，袁亦允派员绕道持函赴升允军前，禁其前进，并饬进逼潼关之军，不可再进，未知能否实行。总之，现在停战期限已满，若彼先行决裂，则非衅自我开，民国政府外对于友邦，内对于国民，均可昭示此意。谨将始末大略情形电陈，尚祈鉴察。廷芳。陷。叩。

〔临时政府公报第六号〕

35 临时大总统关于用兵方略及饷源筹划复参议院咨

（1912年1月30日）①

本日准贵院咨开：议战议和，关系军国重要，固不宜黩武以致涂炭生民，亦岂宜老师甘堕敌人奸计。除推事〔举〕参议员三员面陈外，抄折查照办理，并希先行见复施行，并开办法三条。等因。准此。查此时和局未终，停战期满。敌之一方，电求停战，不欲遽与决裂，故未及提出。且讲和一事，早经公认。此次展期，乃由此一事发生，并非另生一事，似与临时政府组织大纲尚无违反。至议和成否，于数日内解决。现在用兵方略，当以鄂、湘为第一军，由汉京铁路前进。宁、皖为第二军，向河南前进，与第一军会合于开封、郑州之间。淮、扬为第三军，烟台为第四军，向山东前进，会于济南。秦皇岛合关外之军为第五军，山、陕为第六军，向北京前进。一、二、三、四军既达第一之目的，复与第五、六军会合，共破虏巢。和议一破，本总统当亲督江、皖之师，此时毋庸另委他员。再，中央财政匮乏已极，各项租税急难整理。饷源一事，业令由财政、陆军两部，会同筹画。合并声明。特此咨复。

〔临时政府公报第二号〕

注：①此系临时政府公报刊载日期。

36 豫晋秦陇协会以袁世凯托名议和进兵秦晋反对续行停战致大总统电

(1912年1月30日)①

孙大总统鉴：袁世凯托名议和，薄我秦晋。今停战期满，万难再忍，祈速宣战，以解北危。如和不顾大局，续行停战，四省人民，死不承认。豫晋秦陇协会泣叩。

〔临时政府公报第二号〕

37 季雨霖关于南北议和北方败约我当分途北伐致大总统等电

(1912年1月31日)②

南京大总统、总理〔长〕黄，武昌副总统黎钧鉴：清廷议和，展限再三，袁贼狡诈，别有企图。初次议和，乘隙败约，破我山西，攻我陕西。今又加精兵三千，开花炮十二尊，猛攻陕军，潼关垂危。升、长二贼，扰害凤、陇。陕西三面受攻，兵寡力疲，万急三电，请援兵，求枪弹，迭有警报。窥敌阴谋，远交近攻，意以南京方锐，缓兵以老其师，北省消息隔绝，民军薄弱，若集全力攻取静阳〔？〕得手，南方共和之局，日久变多，内部或生意见，彼得伺隙而图。时日濡滞，冬尽冰合，我军艰于北伐，彼可一意略定北部。陕西不守，则四川可危，鄂省襄樊，亦生警变。外交难恃，误我正多。敌于和期内，多道四出，牵制我军，扰乱各处，我独困守不出，谁操胜算之权。纵然即一心求和，亦当分途北伐，海陆并进，使敌军不敢妄动，然后和局可成。若坚守小信，

注：①此系临时政府公报刊载日期。
②同上。

坐误时机，前途不堪设想。明公统筹全局，必有深谋。尚乞速定大计，勿堕狡谋。民国幸甚。安襄郧荆招讨使季雨霖叩。

〔临时政府公报第三号〕

38 陆军部关于张勋反对共和湘省援军应速来宁复谭延闿等电稿

(1912年2月)

(1)陆军部复谭延闿等电稿(2月1日)

长沙谭都督、程旅长钧鉴：卅一电悉。已组织一旅，恳迅开拔来宁，枪械就近补充。现段祺瑞已联合【各】军将统，要求虏政府速行退位。惟张勋极力反对，意欲抗拒。若能乘此机会，擒斩张贼，则大局可定。宁军力尚单薄，难资战守。盼颂公急来，相机策应，以速成功，无任盼祷。陆军部叩。东。

中华民国元年二月一号

(2)黄兴复谭延闿电稿(2月2日)

长沙谭都督鉴：卅一电悉。程统军队来宁，饷粮当归中央政府担任。惟自湘来宁川资，仍请尊处筹备为叩。陆军部黄兴。萧。印。

中华民国元年二月二日

〔南京临时政府档案〕

39 黎元洪关于与北军接洽情况致大总统等电

(1912年2月1日)

孙大总统、伍代表、各省都督钧鉴：顷据段军统祺瑞派来全权代表，与敝处接洽一切，并要求并敝处给与照会，以便回复。其照会文如下：为照会事：据贵军统派来全权代表吴光新、徐树铮等，本军政府代表孙武、余大鸿、张大昕等接洽。贵代表称：贵军统主张共和，拔师北上，恐敌军前道距离太近，致生冲突，妨碍进行等因。本军政府代表陈述前来，本都督甚表同情。当派本军政府代表等与贵代表共同商酌，旬日之内，必可解决。现约定阴历本年之内，敝军保持现状，其有鄂境以外者，本都督亦设法维持。如阴历年内不能解决，敝军即当前进，以资援助。为此照会贵军统查照可也。须至照会者。云云。特此电闻。再据该代表面述段军统言，凡北军退出地点，即归鄂军管理。合并声叙。元洪。先。印。

〔临时政府公报第七号〕

40 清帝授权袁世凯与民军商酌退位条件旨

宣统三年十二月十六日（1912年2月3日）

大清皇帝宣统三年十二月十六日旨一道

奉旨：朕钦奉隆裕皇太后懿旨：前据岑春煊、袁树勋等，暨出使大臣陆徵祥等，统兵大员段祺瑞等电，请速定共和国体，以免生灵荼炭等语。现在时局阽危，四民失业，朝廷亦何忍因一姓之尊荣，贻万民以实祸。惟是宗庙陵寝关系重要，以及皇室之优礼，皇族之安全，八旗之生计，蒙古、回、藏之待遇，均应预为筹划。著授袁世凯以全权，研究一切办法，先行迅速与民军商酌条件，奏明请旨。钦此。

宣统三年十二月十六日

内阁总理大臣袁世凯署名

〔临时公报辛亥年十二月二十六日〕

41　清帝宣布退位旨

宣统三年十二月二十五日（1912年2月12日）

大清皇帝宣统三年十二月二十五日旨三道并条件

奉旨：朕钦奉隆裕皇太后懿旨：前因民军起事，各省响应，九夏沸腾，生灵涂炭，特命袁世凯遣员与民军代表讨论大局，议开国会，公决政体。两月以来，尚无确当办法。南北暌隔，彼此相持，商辍於途，士露於野，徒以国体一日不决，故民生一日不安。今全国人民心理多倾向共和，南中各省既倡议於前，北方诸将亦主张於后，人心所向，天命可知。予亦何忍因一姓之尊荣，拂兆民之好恶。是用外观大势，内审舆情，特率皇帝将统治权公诸全国，定为共和立宪国体，近慰海内厌乱望治之心，远协古圣天下为公之义。袁世凯前经资政院选举为总理大臣，当兹新旧代谢之际，宜有南北统一之方，即由袁世凯以全权组织临时共和政府，与民军协商统一办法。总期人民安堵，海宇乂安，仍合满、汉、蒙、回、藏五族完全领土为一大中华民国。予与皇帝得以退处宽闲，优游岁月，长受国民之优礼，亲见郅治之告成，岂不懿欤。钦此。

宣统三年十二月二十五日　　盖用　　御宝

内阁总理大臣	袁世凯		
署外务大臣	胡惟德		
民政大臣	赵秉钧		
署度支大臣	绍英	假	
学务大臣	唐景崇	假	
陆军大臣	王士珍	假	署名
署海军大臣	谭学衡		
司法大臣	沈家本	假	

署农工商大臣　熙　彦
署邮传大臣　　梁士诒
理藩大臣　　　达　寿

奉旨：朕钦奉隆裕皇太后懿旨：前以大局阽危，兆民困苦，特饬内阁与民军商酌优待皇室各条件，以期和平解决。兹据覆奏，民军所开优礼条件，於宗庙、陵寝永远奉祀，先皇陵制如旧妥修各节，均已一律担承，皇帝但卸政权，不废尊号。并议定优待皇室八条，待遇皇族四条，待遇满、蒙、回、藏七条。览奏尚为周至。特行宣示皇族暨满、蒙、回、藏人等，此后务当化除畛域，共保治安，重睹世界之升平，胥享共和之幸福，予实有厚望焉。钦此。

宣统三年十二月二十五日　　盖用　　御宝

内阁总理大臣　袁世凯
署外务大臣　　胡惟德
民政大臣　　　赵秉钧
署度支大臣　　绍英假
学务大臣　　　唐景崇　假
陆军大臣　　　王士珍　假　　署名
署海军大臣　　谭学衡
司法大臣　　　沈家本　假
署农工商大臣　熙　彦
署邮传大臣　　梁士诒
理藩大臣　　　达　寿

甲、关於大清皇帝辞位之后优待之条件

今因大清皇帝宣布赞成共和国体，中华民国於大清皇帝辞退之后优待条件如左：

第一款

大清皇帝辞位之后，尊号仍存不废，中华民国以待各外国君主之礼相待。

第二款

大清皇帝辞位之后，岁用四百万两，俟改铸新币后改为四百万圆，此款由中华民国拨用。

第三款

大清皇帝辞位之后，暂居宫禁，日后移居颐和园，侍卫人等照常留用。

第四款

大清皇帝辞位之后，其宗庙、陵寝永远奉祀，由中华民国酌设卫兵妥慎保护。

第五款

德宗崇陵未完工程，如制妥修，其奉安典礼仍如旧制，所有实用经费，均由中华民国支出。

第六款

以前宫内所用各项执事人员可照常留用，惟以后不得再招阉人。

第七款

大清皇帝辞位之后，其原有之私产，由中华民国特别保护。

第八款

原有之禁卫军归中华民国陆军部编制，额数俸饷仍如其旧。

乙、关於清皇族待遇之条件

一、清王公世爵概仍其旧。

二、清皇族对於中华民国国家之公权及私权与国民同等。

三、清皇族私产一体保护。

四、清皇族免当兵之义务。

丙、关於满、蒙、回、藏各族待遇之条件

今因满、蒙、回、藏各民族赞同共和，中华民国所以待遇者如左：

一、与汉人平等。

二、保护其原有之私产。

三、王公世爵概仍其旧。

四、王公中有生计过艰者，设法代筹生计。

五、先筹八旗生计，於未筹定之前，八旗兵弁俸饷，仍旧支放。

六、从前营业居住等限制，一律蠲除，各州县听其自由入籍。

七、满、蒙、回、藏原有之宗教，听其自由信仰。

以上条件列于正式公文，由两方代表照会各国驻北京公使，转达各该政府。

奉旨：朕钦奉隆裕皇太后懿旨：古之君天下者，重在保全民命，不忍以养人者害人。现在新定国体，无非欲先弭大乱，期保乂安。若拂逆多数之民心，重启无穷之战祸，则大局决裂，残杀相寻，势必演成种族之惨痛，将至九庙震惊，兆民荼毒，后祸何忍复言。两害相形，惟取其轻。此正朝廷审时观变，痌瘝吾民之苦衷。凡尔京外臣民，务当善体此意，为全局熟权利害，勿得挟虚憍之意气，逞偏激之空言，致国与民两受其祸。著民政部、步军统领姜桂题、冯国璋等严密防范，剀切开导，俾皆晓然于朝廷应天顺人大公无私之意。至国家设官分职，以为民极，内列阁、府、部、院，外建督、抚、司、道，所以康保群黎，非为一人一家而设。尔京外大小各官，均宜慨念时艰，慎供职守，应即责成各长官，敦切诫劝，毋旷厥官，用副予夙昔爱抚庶民之至意。钦此。

宣统三年十二月二十五日　　盖用　　御宝

内阁总理大臣　袁世凯

署外务大臣　　胡惟德
民政大臣　　赵秉钧
署度支大臣　　绍　英　假
学务大臣　　唐景崇　假
陆军大臣　　王士珍　假　　署名
署海军大臣　　谭学衡
司法大臣　　沈家本　假
署农工商大臣　熙　彦
署邮传大臣　　梁士诒
理藩大臣　　达寿

〔临时公报辛亥年十二月二十六日〕

42　袁世凯关于组织临时共和政府布告

宣统三年十二月二十六日（1912年2月13日）

（1）袁世凯致各官署布告

全权组织临时共和政府袁　布告内外大小文武官衙

现在共和国体，业经宣布，世凯忝膺组织临时政府之任，力小荷重，深惧弗胜。窃念政府机关，不容有一日之间断。现值组织临时政府，所有旧日政务，目下仍当继续进行。庶政方新，百端待举，全赖群策群力，互相匡济，务以保全治安，共维大局为要著。在新官制未定以前，凡现有内外大小文武各项官署人员，均应照旧供职，毋旷厥官。所有各官署应行之公务，应司之职掌，以及公款、公物，均应照常办理，切实保管，不容稍懈。倘有借端规避，旷厥职守者，不独违背官规，抑且放弃国民义务。窃愿在官诸君子，共凛此意。此令。

（2）袁世凯致军警布告

全权组织临时共和政府袁　布告军警

现在共和政体，业经宣布，本政府组织伊始，地方治安关系至重，全赖军警协同维护，免使居民惊扰。现军警各界赞成共和，早经联合一致，尤应各尽义务，合力维持。所有旧定之军纪警章，仍当继续施行，藉以统一政权，保持秩序。倘有不逞之徒，藉端生事，扰乱治安者，定当按法惩治，以维大局。凡各级长官务当共申此情，认真约束，勿得稍有疏懈致干咎戾。此令。

〔临时公报辛亥年十二月二十七日〕

43　袁世凯等为改定国体致各督抚等电

宣统三年十二月二十六日（1912年2月13日）

（1）致各督抚电

世凯卧病三年，无志问世。朝旨敦促，迭辞弗获。自督师洎入朝，抱定君宪宗旨。乃大势推迁，内外牵逼，东南区域，既皆瓦解，西北各省，时复响应。资政院及各谘议局，并商学各界，均主不以兵力平乱。又库储奇绌，借款为难，械不能购，兵不能增，以致汉口复而海军继变，汉阳克而南京旋失。江海之权亡，财赋之源绝。虽设法激励将士，取销山东独立，规复山西省垣，力保陕洛，收抚大同一带，勉为支撑，北方赖以粗安。而潮流剧烈，到处灌输，民党散布京津，时谋举动，土匪又所在蜂起，分兵布置，防不胜防。重以六国调停，以尊重人道，息战和商为请，不得已始有代表讨论之行，继有公决国体之诏，磋商多日，迄无成议。迁延愈久，险象环生，外人以商务赔款时有责言，会匪土匪焚掠淫杀，均以大局未定，难於剿办。近则库伦、伊犁、呼伦各处纷告独立，西藏变动屡见，内多糜烂之患，外动干涉之机。民军时复分道北攻，齐豫则警报频来，徐颍又援师莫继。兵饷多方凑发，异常竭蹶，年内非有百万，不克度岁。而军心摇动，政见变迁，若再相持，转瞬春融冰解，民军北来，欲战不能，欲和不及，非但生灵涂炭，必至京师震惊，何以安宫廷而保陵庙，何以全皇族而活旗民。世凯遭此困难，祈死不得，求去不允，与惟德等私忧窃叹，辄至相向泣下。近者各国驻使、各埠商团、各处议会、各路军队、各省督抚纷纷来电，咸谓人心趋向共和，断难逆遏，事机危迫，呼吸存亡，与其为城下盟，后祸不堪设想，何如恩出自上，早日宣布共和。俾君上不失尊荣，国民乐为酬报，并责以不应以两宫及北方生命财产为孤注，侥幸一战，不虑万全。慈宫亲贵，鉴观大势，默察舆情，迭次召集会议，均主万无可战之理。世凯等复屡荷慈谕，谆谆以保全宗庙、陵寝，及安全两宫相训勉，并谓万不可激成种族之惨祸。闻命惴慄，惧莫能副，心力既竭，计无复之，祇得以国家为前提，以安上全下为目的，以多数舆论为从违。当奉懿旨，与民军先商优礼皇室，暨待遇满、蒙、回、藏等条件，此实朝廷两害取轻，万不得已之苦衷，果能双方同意和平解决，皇室既可永享尊荣，为前代所未有，而满、蒙、回、藏世爵各旗俸饷均可照旧，不致停废，以视决裂之后，受祸不测者，其安危苦乐，殆不可同年而语。磋商数四，朝廷比较利害，斟酌定议，遂有今日之局。诸公热心求治，伟略匡时，渴望和平，定徵同意。惟於此中原委，或尚恐未知其详，用敢略述奉达，伏乞亮鉴。袁世凯、胡惟德、赵秉钧、绍英、唐景崇、王士珍、谭学衡、沈家本、熙彦、梁士诒、达寿同叩。

（2）致北方各督抚及所辖各军队电

从前政体未定，革命党人为改良政治起见，多持激烈主义，以致地方不靖，各省官吏不免有捕拿党人之事。现已宣布共和，端赖组织政党，建设一切。嗣后各省及带兵官，务饬所属，勿得再拿党人。其已拿者，均须一律释放。至实系土匪扰害地方，既不得藉党人为名，自应从严惩治，以维秩序。全权袁。

（3）致北方各督抚各府州县电

现在改定国体，采用共和，业经大清皇帝明白宣布。凡我国民，须知此次改革，为我国从来未有之縆局。非舍故君而代以新君，乃由帝政而变为民政。自兹以往，我中国之统治权，非复一姓所独擅，而为四百兆人所公有。我中华国民，不论满、汉、蒙、回、藏何种民族，均由专制朝廷之臣仆，一跃而为共和平等之人民，实我中华无上之光荣，亦世界罕闻之盛举。惟当新陈代谢之交，正祸福攸分之日，始基不慎，遗害何穷。吾人同属国民，各有天职，艰难缔造，义不容辞。凯以非才，谬膺组织临时政府之任，力小荷重，其何能堪。所赖我贤士大夫各竭知能，共谋匡济。诸公久膺疆寄，外观世局，内察民情，必有以慰同胞望治之心，方不负大清皇帝致政之意。其或愚氓无识，胥动浮言，亦宜剀切详明，广为劝导，务令各安生业，不酿事端，是为至要。至地方有司，在新官制未定以前，一切暂仍旧贯，所有各官署，应行之公务，应司之职掌，以及公款、公物，均应赓续进行，切实保管，不可稍懈。总之，共和国家舆论即为法律之母，国是一定，万难再事动摇，无论何人，均有服从国法之义务。凯虽不敏，愿与诸公努力行之。敬布腹心，即希亮察。全权袁。

〔临时公报辛亥年十二月二十七日〕

〔三〕临时总统改选和临时约法公布

（一）孙文辞职　袁世凯当选

1　孙文为辞职引退致参议院咨

（1912年2月13日）

前后和议情形，并昨日伍代表得北京一电，本处又接北京一电，又接唐绍仪电，均经咨明贵院在案。本总统以为我国民之志，在建设共和，倾覆专制，义师大起，全国景从。清帝鉴於大势，知保全君位必然无效，遂有退位之议。今既宣布退位，赞成共和，承认中华民国，从此帝制永不留存於中国之内，民国目的亦已达到。当缔造民国之始，本总统被选为公仆，宣言誓书，实以倾覆专制，巩固民国，图谋民生幸福为任。誓至专制政府既倒，国内无变乱，民国卓立於世界为列邦公认，本总统即行解职。现在清帝退位，专制已除，南北一心，更无变乱，民国为各国承认，日夕可期。本总统当践誓言，辞职引退。为此，咨告贵院，应代表国民之公意，速举贤能，来南京接事，以便解职。附办法条件如左：

一、临时政府地点设於南京，为各省代表所议定，不能更改。

一、辞职后，俟参议院举定新总统亲到南京受任之时，大总统及国务各员乃行辞〔解〕职。

一、临时政府约法为参议院所制定，新总统必须遵守颁布之一切法制章程。此咨。

〔临时政府公报第十七号〕

2 孙文为推荐袁世凯致参议院咨

（1912年2月13日）

今日本总统提出辞职，要求改选贤能。选举之事，原国民公权，本总统实无容喙之地。惟前使伍代表电北京，有约以清帝实行退位，袁世凯君宣布政见，赞成共和，即当推让，提议於贵院，亦表同情。此次清帝逊位，南北统一，袁君之力实多，发表政见，更为绝对赞同，举为公仆，必能尽忠民国。且袁君富於经验，民国统一，赖有建设之才，故敢以私见贡荐於贵院。请为民国前途熟计，无失当选之人。大局幸甚。此咨。

〔临时政府公报第十七号〕

3 孙文为引退复袁世凯电

（1912年2月13日）

袁慰亭先生鉴：电悉。文以非才，辱膺国民推戴。受任以来，拮据张皇，力不副愿，犹恐覆悚贻羞，负国民委托之重。自惭受任无状，日夜希冀推贤让能，苟得如公者举而自代，其缔造国民幸福，尚非意料所能预揣，文即行引躬退在荒野，为一共和国民，於愿已非常满足。无如时势，未来，形格势禁，致公未得即遂共和进行之愿，文实尸位至今。今幸清帝逊位，民国确立，维持北方各部，统一南北，实惟公一人是赖。谚云：英雄造时势。盖谓是也。文复何功，过蒙奖誉，曷胜媿汗。新旧交替，万机待举，遗大投艰，非公莫办。谨虚左位，以俟明哲，曷胜伫立翘望之至。孙文。元。印。

〔临时公报壬子年正月初一日〕

4 孙文为荐袁自代与袁世凯往来电

（1912年2月）

（1）孙文致袁世凯电（2月14日）

今日文偕各部总正长到参议院辞职，已得承诺，以新总统接事为解职期。同时文推荐执事为临时大总统，明日二时参议院开选举会。先此电闻。伍秩庸、唐少川已到宁。孙文叩。

（2）袁世凯复孙文电（2月15日）

孙大总统鉴：惠电拜悉，惭悚万状。执事谦冲，莫名钦佩。但时艰方殷，万端待理，断非衰庸如凯者所堪胜任。倘不量而入，恐无以副国民付托之重及执事推荐之殷。切盼参议院另举贤能，使凯得徜徉山林，长作共和之国民，斯愿足矣。不尽下情，已託唐少川转达一切。袁世凯。咸。

〔临时公报辛亥年十二月二十九日〕

5 黎元洪为请速派代表推定大总统等事项与袁世凯往来电

（1912年2月）

（1）黎元洪致袁世凯电（2月14日）

真电敬悉。民国成立，万众欢呼。去帝制而进共和，化干戈而讲揖让，大功所在，国人皆称道我公不置。电示不能南来情形，仰见老谋硕画，无日不为民国前途计安全，钦佩曷已。惟人心所属，众望所归，亦须别筹办法，以顺舆情。现在组织中央政府为刻不容缓之秋，而汇集之区，似以汉口为适中之地。前电段军统祈转达此意，倘以为然，敬请速派北方各处代表，会同推定大总统，及中央政府各重要人员，与确定政府所在地点。俟得覆电后，即由敝处电告南京临时政府，派定南方各省代表，以便会商。国利民福，关系匪轻，区区愚忱，诸惟鉴察。元洪。寒。

（2）袁世凯复黎元洪电（2月15日）

寒电悉。伟论深佩。现在国体已定，我辈既幸得为共和国民，自当服从舆论。然凯所注目者，急在外交。旧政府业经消灭，新政府尚未得承认，交际大局，日益危险。尊论在汉口会议办法，窃虑缓不济急。昨孙、黄二公及同盟会员电约鄙人赴宁，惟北方情形复杂，递引互牵，若因凯一去变端立见，殊非爱国救民之素志。反复思维，与其孙大总统辞职，不如世凯释权。盖就已成之局而谋统一，其事较便。总之，共和既定之后，当以爱国为前提，万不愿以个人地位致坏全局。已请唐君绍怡代表此意，赴宁协商。兹先将鄙意电达，尊见如何，仍祈随时电示。袁世凯。咸。印。

〔临时公报辛亥年十二月三十日〕

6 参议院为选定临时大总统致袁世凯电

（1912年2月15日）

袁慰亭先生鉴：昨孙大总统辞职，经本院承许，业已电知尊处。本日开临时大总统选举会，满场一致选定先生为临时大总统。查世界历史，选举大总统满场一致者，只华盛顿一人，公为再见，同人深幸公为世界之第二华盛顿，我中华民国之第一华盛顿。统一之伟业，共和之幸福，实基此日。务请得电后，即日驾莅南京参议院受职，以慰全国之望。共和万岁。中华民国万岁。参议院叩。删。

〔临时公报辛亥年十二月三十日〕

7 孙文等贺袁世凯当选为临时大总统电

（1912年2月15日）

（1）孙文致袁世凯电

袁大总统慰亭先生鉴：今日三点钟，由参议院举公为临时大总统。临时政府地点定在南京。现派专使奉请我公来宁接事。民国大定，选举得人。敬贺。孙文叩。印。

（2）黄兴致袁世凯电

袁大总统钧鉴：本日午后二时，参议院全体一致公举先生为中华民国临时大总统，亿众腾欢，民国初基，赖公巩固。谨贺。黄兴叩。删。印。

〔临时公报壬子年正月初一日〕

8 孙文为促袁南下致袁世凯函

（1912年2月15日）①

慰廷先生鉴：文服务竭蹶艰大之任，旦夕望公。以文个人之初愿，本欲藉交代国务，薄游河朔。嗣以国民同意挽公南来，文遂亦以为公之此行，易新国之视听，副舆人之想望，所关颇巨。於是已申命所司，缮治馆舍，谨陈章绶，静待轩车。现在海内统一，南北皆有重要将帅为国民之心膂，维持秩序之任均有所委付，不必我辈簿书公仆躬亲督率。今所急要者，但以新国民暂时

注：①此系临时政府公报刊载日期。

中央机关之所在，系乎中外之具瞻，勿任天下怀庙宫未改之嫌，而使官僚有城社尚存之感。则燕京暂置为闲邑，宁府首建为新都，非特公之与文必表同意於国民，即凡南北主张共和疾首於旧日腐败官僚政治之群公，宁有间焉。至於异日久定之都会，地点之所宜，俟大局既奠，决之正式国论，今且勿预计也。总之，文之志愿，但求作新邦国，公之心迹，更愿戮力人民，故知南北奔驰，公必忘其自暇。嗟乎！我辈之国民，为世界贱视久矣。能就新民国之发达，登我民於世界人道之林，此外岂尚有所恤乎？公之旋转之劳，消磨其盛年，文亦忽忽其将衰。耿耿我辈之心，所足以质无穷之方来者，惟尽瘁於大多数幸福之公道而已。公其毋以道途为苦，以为强勉服务者倡。公旆南莅，文当依末光，左右起居，俾公安愉，俟公受事而文退，翘盼不尽。

〔临时政府公报第二十五号〕

9　袁世凯请南京专使到北京商拟办法复参议院等电

（1912年2月16日）

（1）袁世凯致参议院电

昨因孙大总统电知辞职，同时推荐凯，当经覆电力辞，并切盼贵院另举贤能。又将北方危险情形，暨南去为难各节，详细电达，想蒙鉴及。兹奉删电，惶悚万分。现在大局初定，头绪纷繁，如凯衰庸，岂能肩此巨任。乃承贵院全体一致正式选举，凯之私愿，始终以国利民福为归，当此危急存亡之际，国民既以公义相责难，凯何敢以一己之意见，辜全国之厚期。惟为难各节，均系实在情形，知诸公推诚相与，不敢不披沥详陈，务希涵亮。统俟南京专使到京商拟办法，再行电闻。袁世凯。铣。

（2）袁世凯致孙文电

昨上两电想达。嗣奉尊电，惭惶万状。现在国体初定，隐患方多。凡在国民，均应共效棉薄。惟自揣才力，实难胜此重大之责任。兹更辱荷参议院正式选举，窃思公以伟略创始於前，而凯乃以轮材承乏於后，实深媿汗。凯之私愿，始终以国利民福为归，当兹危急存亡之际，国民既以公义相责难，凯敢不勉尽公仆义务。惟前陈为难各节，均系实在情形，素承厚爱，谨披沥详陈。务希涵亮。俟专使到京，再行面商一切。专使何人，并何日启程，乞先电示为盼。肃复。袁世凯。铣。

〔临时公报壬子年正月初一日〕

10　孙文再次促袁南下致袁世凯电

（1912年2月17日）

咸电谨悉。公之委曲求全，其义昭於日月。惟国民劳公以全局，德有所存，在北在南，无不可以全副精神相统摄。此间为难之处，亦非文字可尽达，已委託唐绍仪君等北赴，述陈一切，公自鉴察。至公谓目前北方秩序不能得措置各方面合宜之人，自不待言。然若分别诸要端，多电知数人，俾各受所委，同资镇摄，此亦为将来政府偏於南北东西，必当筹划之一法。公应首肯，文实竭蹶於服务，日夜翘盼卸代。孙文。篠。印。

〔临时公报元年二月二十二日〕

11　参议院等关于选黎元洪为临时副总统咨稿

（1912年2月22日）

（1）参议院致大总统咨稿

本院接黎副总统电称：中央政府已准备重新组织，副总统及大元帅之职，应先辞退。云云。本院当开会公决，谨从黎君之意，于二十日开临时副总统选举会，全体一致公举黎元洪君为临时副总统，应具正式公文，恭请受任。兹特具公文一份，敬请大总统转达为荷。此咨

大总统

(2)临时大总统致黎元洪咨稿

兹准参议院咨开：本院接黎副总统电称：中央政府已准备重新组织，副总统及大元帅之职，应先辞退。云云。本院当开会公决，谨从黎君之意，于二十日开临时副总统选举会，全体一致公举黎元洪君为临时副总统，应具正式公文，恭请受任。兹特具公文一份，敬请大总统转达。等因。准此。相应备文转咨，并特派本府参军黄大卫敬赍该项公文，前赴尊处，即希贵副总统查照接受为荷。此咨

副总统黎

〔北洋政府大总统府档案〕

12 黎元洪为出任临时副总统致袁世凯等电

(1912年2月22日)

袁大总统、各部署、军界统一会、蒙古王公联合会、各报馆鉴：箇、祃两电均悉。两日内连接南京效、皓、智三电，雅意均与尊电相孚，译读之下，殊深爱悚。窃念义军发起之初，以讫民国完全成立，皆全国同胞共同之力，洪何人斯，敢忝副职。只以力辞不获，兵事未终，勉从众志，随诸君后耳。今南北和同，兵斗永息，项城柄国，人望攸归，洪之才力，实难比肩，谨以临时大

局，暂从公等之命。仍望诸大君子，鼎助建设，尊定民国。洪待教项城，叩蒙庇荫，庶几鲜所陨越。一俟端绪就理，仍当归耕南亩，为一自由之公民。现派往尊处代表出发，旦夕必趋尊教，仍望津津惠赐教言，望洋引领，不胜驰企。元洪。祃。

〔北洋政府司法部档案〕

13　南京临时政府迎袁南下专使名单

（1912年2月）

欢迎专使

	蔡元培	孑民	浙

欢迎员

外交次长	魏宸组	注东	楚
参谋次长	钮永建	铁生	苏
海军部	刘冠雄	子英	闽
陆军军需	曾昭文	可楼	豫
卅一团长	黄恺元	葆苍	楚
法制局长	宋教仁	敦初	湘
湖北外交司	王正廷	儒堂	浙
	汪兆铭	精卫	粤
外交参事	王景春	兆昌	直

秘书员

	蔡序东	少严	粤
	曾广勷	治一	粤
	李精忠	德生	闽

庶务员

	张　魁	庆华	苏

外　　　　范熙绩　　少陔
　　　　　戴天仇
　　　以上二员系苏代表
　　　又报馆访事陈君

〔南京临时政府档案〕

（二）北京兵变

1　柯进士为乱兵抢去车马请赔偿致北京外务部函

（1912年3月1日）

照译德华报访事员柯进士来函　三月初一日

迳启者：昨晚本胡同焚烧抢掠之时，将八年老价值六十元之白马一匹令苦力带走，已过石牌楼，忽来第三镇兵丁数名，围住该苦力肆行痛打，将白马劫去（有苦力马正登译音为证）。嗣后又有第三镇兵丁数名，强入住宅，抢去脚踏车一辆，价值六十五元。并从马夫身上抢去洋五元（有厨夫黄德林马夫李元溥为证）。为此，函请贵部追还原物，或将马价六十元，脚踏车六十五元，抢去银洋五元，共计一百三十元，照数偿还。务希见复。顺颂日祉。

〔北洋政府档案〕

2　北京陆军部承政司关于京师市面乱兵暴动通饬军警防护致各司处移稿

（1912年3月2日）

承政司为移付事：三月初二日奉临时大总统袁命令：据京师总董事会呈称：市面被乱兵扰害，人心惶恐，吁恳饬下军警，速筹善后，以保治安等语。二十九日夜间，乱兵暴动，土匪继之，纵火抢劫，地面扰乱。初一日夜，西城又被焚抢多处，殊堪痛恨。昨经通饬各军队长官及地方官吏，严拿犯事各兵暨附从抢劫之土匪，一律按照军法从事。并饬将此商民损失，详细查明，筹给抚恤。再着各军队申明纪律，严加防范。并着民政部督饬内外城巡警厅区，分配守望巡警，加意防护，毋稍疏忽，以惩奸宄，而靖人心。等因。奉此。相应达付贵司处查照可也。须至移付者。

右移付

参事官

检查官

部副官

（以下略）

大中华民国元年三月初二日即壬子正月十四日

〔北洋政府陆军部档案〕

3　关于北京兵变焚掠情形函

（1912年3月2日）

静谖仁弟大人如面：十二日邮寄一函，谅已达览。是日晚六、七钟，都城驻扎第三镇九标兵变，关系因裁饷及剪发二事，直扑总统府第，未入。又攻南使馆，即南京新来唐、蔡诸人等，亦未入。遂焚掠东华门丁字街一带铺户，大街以南尽成焦土。又出崇文门将衣兜市打磨厂铺户抢毕，前门大街、大栅栏、西河沿、煤市街等处尤甚，被焚者亦有数家，随抢上火车而去，东西车栈均有。各区巡警一概逃匿。次日，烜赴西安门内保卫总局，见顺治门内大街直至四牌楼沿路寂无人行，铺户均闭户不出。回家已六钟，甫下车又闻枪声大起，天黑无月，大风惨慄，惟坐听之。次早，始知西四西单大街东西均被焚掠，直至兵部洼帘子胡同等处。是夜所抢当铺、粮店、钱铺、银楼居多数，较前夕尤甚。盖前夕乃变兵所抢，惟现银现洋，不要衣物，次夕乃土匪，故细大不指也。刻闻毅军全队弹压地面，闻在京军队、巡警皆归姜军门统辖，拿获土匪百数人，在天桥正法，不知果镇慑否。幸变兵未抢住户，亦未伤人，枪声终夜不止，然皆向白天施放，希图威吓，有误中者，土匪亦然。一阅报纸，所重则袁总统锡拉胡同旧第被焚，南使馆亦被掠尽。南使原住贵胄法政学堂，均避入使馆洋界矣。自庚子而后，商界又遭此浩劫，连日城中菜蔬、猪羊肉均无从购买，作小生意者亦不上街，不知何日始能恢复秩序也。最可笑者，都城方开提灯会，各戏园亦演电影，骤尔发难，街衢游客抱头乱窜，有在馆馆①、戏园终夜不敢出者，而城门都闭，露立中霄，楚楚寒饿者多矣。盖土匪滋事久在意中，都城大兵云集，故不敢思逞，乃由兵队倡乱，故相随而起。且三镇之军乃袁总统旧部，所为腹心爪牙者乃竟如此。而人人意中素所虑者，乃在毅军，不料毅军竟能守法，并急而用之，可见兵制之不足恃也。冯男爵总统禁卫军，十二夜之变，不敢令禁卫军出发，可想见矣。惟南使甫卸行装，北都遽生乱事，九衢生计既无从恢复，而南北中外恐由此益增问题甚矣。大位之难据盛名之不易副也。惊魂未定，息息草此。顺颂侍祺。余容续陈不宣。

小兄烜顿首

新正十四

〔北洋政府总统府档案〕

注：①原文如此。

4 黄兴反对袁世凯招募新兵要求调南军填扎北省电

（1912年3月11日）

袁大总统、各部正副首领、各省都督、各省议会均鉴：顷闻北京因兵变扰乱以后，将添招新哨三十营，自为保卫治安起见。惟兵兴以来，公私交困，南北现有各军，已苦难以安插，岂容再行增兵。且新募之兵，训练装备，种种困难，又不适急用。现在正议南军调北，尤不必多此一举，转滋歧误。鄙意与其添募新兵，不如移南方业经编成之军，填扎北省，在南省可节饷需，在北方得资保卫，且一令调发，旬日可在，尚为便捷。应请大总统速发命令，将新议添募各营，即行停募，当此共和一统，必无畛域可分，维祈施行。幸甚。黄兴叩。十一。印。

〔北洋政府司法部档案〕

5 北京内务部承政厅关于京师商会损失讨论处理办法移

（1912年3月19日）

承政厅为移付事：现奉堂交商会禀帖，及胡炳奎、沈钧说帖等件，饬知各司处及两厅人员，各抒所见，切实讨论，不尚辞藻，务求实行办法，是为至要。等因。相应刷印原件，移付贵司遵照可也。须至移付者。

右移付

警政司　　　　计册一本

中华民国元年三月十九日即壬子年二月初一日

商务总会禀帖

京师商务总会总理赵玉田、协理陶宝桢暨各行商会董事等禀，为清兵焚抢损失过巨，京师市面无法恢复，公然转请大总统硕画营救，以奠畿疆事：窃京师自庚子变乱以来，商界形似一律整齐，实属外强中干，勉力措持。是以比年恐惶迭见，屡起风潮。去岁武汉事起，人心惊乱，银荒又百倍於前。经我官商出死力以维持，始幸免颠覆。延至於今，喘息未定，正在惴惴危惧，恐稍一失慎，决裂堪虞。不料焚抢奇殃，猝然发见，殷富商户，靡有孑遗，资本已丧失无余，难以数计，且有并房屋全行被焚者。其中尤以铺伙横被烧死，及查无下落者为万难料理。至受伤未死，尤其小焉者。总内外城被殃失业之铺东、铺掌、铺伙计之，当不止数万人，合其家属以赖以生存者，当不下数十万人。若不极图营救，倘俄延数月，则数十万安善生灵，有转於沟壑已矣。数百年繁富京城，有鞠为茂草已矣。处此全局糜烂，万死一生之时，乃屡奉地方官长命令，饬迅重整旧业，恢复秩序。又有俟查明酌予抚恤传□。伏思空空两手，不名一钱，不惟取拾灰烬，修理房屋，非一日所能成，非厚资不能办，即整理门窗，扫除粪秽，亦非资财不能为。况伙友皆因惊溃走，非旬日所能召集。即招致来归，若等之衣服、袱被，或烧或抢，均已无存，必须尽先全数赔偿，方能昼有以章身，夜有以覆体，非略予抚恤，所能了事。以上诸端，欲资本丧尽者为之，宪台明鉴，当亦知其万难矣。再者，论商会之大小，必须实有资本，岂能徒手蹈空，觍然於市面。今原有之货财金银，悉为乱兵所搜括，乃欲复我秩序，何以策此，此营救之所以不能缓也。惟众商愚阇，百思不得其方。夙念我袁总统旋乾转坤，富有经济扶危抚困广蕴猷，为知必早思众商空罹无妄之灾，而亟筹万全之策，且必能见诸事实，不徒托之空言。方今世界大局已定，共和中外仰瞻，思得幸福，断不能使首善之区，独不完善。惟有公恳我宪台恩准迅予转请大总统亟营救之。俾不致因失业而失所流为饿殍。谨痛心疾首饮恨含冤以待命。谨禀。

胡炳奎说帖

近邻不敢保，即本人亦不敢报，而弊窦可望一清。至于体恤办法，应作若何减成，想大总统自有定见，惟其中自有不能区别者。此次被抢各商皆有，而以银号、钱铺、当铺为尤甚。但银钱各铺损害衹于一家，而当铺一项损害有关众姓，虽其间有存款于银钱各铺同遭损害者，然有存放之赢余，究不至如典质之穹乏。故体恤当铺似宜从优，必使铺主、典主双方均得其利益，则居民人心藉此已大半可安。他若银钱各铺，衹偿其被抢之数偿存款各家照偿款多寡支配。至已发未付之银钱各票，不论多寡均归无效，诚以票无定数，又不认人，若概行给付，安想其中无被抢之票，反可公然取用，于人情亦不能容。此外，各铺平匀体恤，如是则市面平而人心即从此安矣。

沈钧说帖

大总统钧鉴：此次北京兵变，内外城商民损失甚巨。新政府初定，如何有此巨款赔偿，设不赔偿而必大失民望，此事实处两难之地。兹由职员调查九城铺商迄未开市者，其中有三大原因：一、因被焚片瓦无存，无力筑造者。一、被抢一空，无力复业者。一、因损失不多，无人开导，而意存观望冀其赔偿者，有此三大原因，非亟筹恢复市面入手办法不可。今职员不揣冒昧，敬陈管见，拟请大总统咨民政首领转饬各区，会同热心公正绅商，帮同详细调查大小铺商及住户损失总数共若干，通盘筹划，分为头二三等。其损失在若干数以下者列为三等，汇总定期一律赔偿，令速复业。其损失在头、二等者核计总数若干，速由商会出面，径向银行息借三十年或四十年长期之款，以所办实业为抵押，由新政府实行担保，即由损失商家公同会议，条陈如何改良商务与办实业之意见书，确有把握可以生利者，由官监督设立公司，附设建筑公司，即兴建被焚各商铺之房屋。一面查明该商等损失数目，分别给以股票，所得余利以若干成归还借款本利，以若干成分派股票红利。所有公司内之总协理以及办事人等，即由被损失各商家内公同选举。所陈管见，如蒙采择，职员另有改良商务、振兴实业之办法，再为缮具呈阅。再查京师炉房、银号、钱庄以现时壮〔状〕况而论，非有五六百万的款不克流通市面，亟宜在银行息借三个月或六个月短期之款，相辅商会。所借之款，互为流通，方克完善。前闻大总统命令发款一百万两，交由商会抚恤商艰之用，今特代为请示此款如何抚恤之法，因职员前曾代将左一、二区各商民损失单报告在案。现商民等闻有抚恤之信，故纷纷前来质问，是以请示此款办法，以便安服商民之心。谨呈。

职员沈钧敬叩

〔北洋政府内务部档案〕

6　内城巡警总厅关于京师兵变地方遭受损失情形移

（1912年4月9日）

内城巡警总厅为移覆事：现奉参议厅移开：准警政司片称：内城总厅申报，暂存商号各款，因兵变损失，造册申请备案等因。当经呈奉堂批：应开明何项何日所存，交参议厅查等因。复经行厅遵照去后。兹据将各项存款日期，详细造册申覆前来。相应将原申清册片呈查核等因前来。查存放款项，向有凭摺，兹准前因，相应移知贵厅，应将该号等处存摺，於三日内，迅速检齐移送本厅，以凭查核等因移知到厅。查本厅前於阳历三月二十三日申报在各银号暂存损失各款内，会源银号除抵垫款外，下共存银一万七千六百七十八两六钱五分六厘二毫二丝，又存洋一千四百六十六元九角一分，均系查照摺内原存之数开列。嗣於阳历三月三十日即阴历二月十二日，经会源银号核对存垫数目，除本厅存该号洋票一百元零零四角外，其摺内所存洋一千三百六十六元五角一分，该号按每元七钱五分折成银两核算，致与原报册内所开银数略有异同，已於此次移覆册内详细声明。兹准前因，相应另缮清册一本，连同会源银号存摺十六个、支票二本，阜通东号存摺八个，东恒肇银号存摺一个，并会源号银洋票纸七十四张，计银六百三十九两七钱六分八厘八毫，洋一百元零零四角，阜通东号票纸二十九张，计银三百十二两四钱二分零七毫，洋一百二十三元，东恒肇银号票纸七张，计银五百七十八两零八分，一并移送贵厅查照核收办理。一俟查核完竣，仍希移还，以凭与各该号商议办法可也。须至移覆者。

右移覆　计送会源号摺十六个，支票二本，银洋票七十四张；阜通东号摺八个，银洋票二十九张；东恒肇号摺一个，银票七张。〔缺〕

参议厅

大中华民国元年四月九日即壬子年二月二十二日

内城巡警总厅暂存各银号损失各款数目册

内城巡警总厅谨将暂存各银号损失各款数目列后：

计开

会源银号各项存款

薪饷经费正款　此项原报截至上年十二月底，存银三百九十六两五钱四分三厘二毫，嗣由本年正月初一日至十一日发放经费，开出支票，用银六千八百三十七两七钱九分五厘，除原存下应垫银六千四百四十一两二钱五分一厘八毫。

醇王府守卫经费　此项原报截至上年十二月底，存银二百八十六两八钱四分四厘，嗣由本年正月初一日至十一日发放经费，开出支票，用银一百八十六两三钱，除用下存银一百两零零五钱四分四厘。

军装款　此项截至上年十二月底，共存银七千八百四十五两七钱四分五厘二毫。

罚假截旷零款　此项截至上年十二月底，原报存银三千六百七十二两八钱三分，存洋八十八元，经会源号将存洋按七钱五分折合银六十六两，二共现存银三千七百三十八两八钱三分。

各项公益款　此项截至上年十二月底，原报存银三百零一两七钱七分七厘，存洋二百六十七元五角，经会源号将存洋按七钱五分折合银二百两零零六钱三分，二共现存银五百零二两四钱零七厘。

保押费款　此项截至上年十月，共存银二千五百十两零一钱三分。

官宅请愿巡饷　此项截至上年十二月底，原报存银二千六百七十一两四钱七分零八毫，又存洋一千二百三十三元五角一分，经会源银号将存洋按七钱五分折合银九百二十五两一钱三分，二共存银三千五百九十六两六钱零零八毫。嗣由正月初一日至十一日发放经费，开出支票，用银一百十五两二钱六分，除用现存银三千四百八十一两三钱四分零八毫。

武汉侦查费　此项截至上年十二月底，用存银六百四十三两四钱。

时事纪实印费　此项截至上年十二月底，用存银六百九十四两一钱九分一厘六毫。

清道经费　此项截至上年十二月份，用存银八百十四两六分九厘五毫。

清道节存零款　此项截至上年十二月分，存银二百十九两二钱五分五厘。

牌照捐　此项截至上年十二月份，共存银五千一百六十两零八钱七分三厘六毫。

卫生陈列所经费　此项截至本年正月份，存银七十一两一钱零五厘八毫。

井息罚金截留款　此项截至上年十二月份，原报垫银四百三十八两九钱二分五厘二毫五丝。嗣由正月初一日至十一日发放杂费，开出支票，用钱五十二两，二共垫银四百九十两零九钱二分五厘二毫五丝。

路灯经费　此项截至上年十二月份，共垫银十九两六钱五分九厘二毫。

马力土车经费　此款系在浮垫摺内。此项截至上年十二月份，原报垫银四百零二两四钱八分。此款系暂由会源号浮垫摺支借。

侦缉队经费　此款系在浮垫摺内。查原报垫该队经费，银一百六十四两一钱九分七厘，系该队自上年十二月初四日起，陆续共借支银一千三百四十七两六钱，又借洋二百元，均暂由会源号浮垫摺支给。嗣於十二月二十六日，经该队拨还洋一千八百二十一元一角，除还借洋二百元外，下余洋一千六百二十一元一角，因恐市价跌落，致受亏损，经本厅暂按七钱三分折合银一千一百八十三两四钱零三厘，除还前借银一千三百四十七两六钱，下仍垫银一百六十四两一钱九分七厘。此即上次申呈册内原报之数。嗣於本年二月十二日，经会源号清算款目，该号将此项存洋一千六百二十一元一角，按七钱五分折合银一千二百十五两八钱三分。现摺内除还下欠银一百三十一两七钱七分。此数较原报少三十二两四钱二分七厘，系先后以洋易银折算，互有歧异之故。

教养院代做国旗　此款系在浮垫内。此项於本年正月初十日，暂由会源号浮垫摺支借银二百两。本厅现存该号纸币，共存银六百三十九两七钱六分八厘八毫，洋一百元零零四角。

本厅自正月初一日至十一日止，开出支票。此项原报共开出支票，垫用银七千零二十四两四钱八分，又洋二百二十二元五角，该号将垫洋按七钱五分折合银一百六十六两八钱七分五厘，二共垫银七千一百九十一两三钱五分五厘。内拨归薪饷经费正款摺内用支票银六千八百三十七两七钱九分五厘，又拨归醇王府守卫经费摺内用支票银一百八十六两三钱，又拨归官宅请愿巡饷摺内用支票银一百十五两二钱六分，又拨归井息罚金截留摺内用支票银五十二两，以上拨归各摺内，计共支票银七千一百九十一两三钱五分五厘。此项支票垫款，既已拨归前项各摺，应於各摺内合并计算。

以上统共存银二万六千四百二十二两零六分一厘三毫，洋一百元零零四角

共垫银七千六百八十六两零八分六厘二毫五丝。除垫下存款银一万八千七百三十五两九钱七分五厘零五丝。此项统存银数，较原报多存银三十二两有奇，系侦缉队拨还洋元，本厅与会源号折核银两，互有歧异之故。

又存洋票一百元零零四角。

阜通东号各项存款

贫民经费　此项截至上年十二月份，原报存银二百八十七两四钱四分零七毫。此款均系该号暂存支票，未立摺据。

使馆界修路费　此项截至上年十二月份，用存洋一千七百九十六元。

路工节存零款　此项截至上年十月份，共存银一千三百六十五两六钱七分六厘。

烟照费款　此项截至上年十二月份，共存银三千一百三十九两五钱零二厘。

粪夫捐款此项截至上年十二月份，共存洋一百二十五元六角，钱二千一百三十八千〔吊〕七百八十文。

路工修道经费　此项截至上年十二月份，共垫银二千九百六十二两二钱零六厘七毫七丝。

马力土车经费　此项截至上年十一月份，共垫银二十六两七钱零四厘。

各项浮垫摺　此项截至上年十一月份，共垫银一千七百五十七两二钱一分三厘三毫。

本厅现存该号纸币　此项原报共存银票二十四两九钱八分，又存洋票一百二十三元。以上共存银四千八百十七两五钱九分八厘七毫，洋二千零四十四元六角，钱二千一百三十八吊七百八十文。

共垫银四千七百四十六两一钱二分四厘另七丝。

除垫下存银七十一两四钱七分四厘六毫三丝，洋二千零四十四元六角。钱二千一百三十八吊七百八十文。

东恒肇银号存款

各当商请愿预缴巡饷此项原报存银三千三百七十六两四钱四分。查该号存款摺，截至本年正月初十日，共应存银四千七百九十八两五钱六分，又本厅共存该号银票五百七十八两零八分。二共存银五千三百七十六两六钱四分。嗣与该号商人刘禹臣磋商，於阳历三月初十日，设法拨还银二千两，除还下仍存银三千三百七十六两六钱四分。

大中华民国元年四月九日即壬子年二月二十二日

〔北洋政府内务部档案〕

7 北京国务院关于京师兵变难商请恤致内务部函稿

（1912年12月30日）

迳启者：奉大总统发下京师商务总会呈称：请迅予赔偿以恤难商而定人心等因。奉谕：应由内务部议办。相应钞录原呈，送交贵部查照办理可也。此致

内务总长

京师商务总会总理冯麟霈，协理陶宝桢及京师众商等呈，为众商呼吁迅予赔偿，以恤难商而定人心事：窃自旧历正月十二、十三等日之变，京师市面破坏情形，屡经具呈，上尘清听。最后奉批：据呈均悉。京师市面自遭蹂躏以来，倏经二月。本大总统与各部迭筹维持之策，每愧款项无出，无以应闤阓之求，慰市廛之望。早夜以思，惄焉如梼。尚赖该两会极力支撑，勉力补救，使商情不致涣散，市面渐已开通。此该两会有造于首善之商民，本大总统所深为嘉慰者也。京城商力，近年迫于时势，早称竭蹶，何况猝遭奇殃，刻下街市毁者未修，闭者未启，萧条景况，不忍极目。视商民之困累，如疾痛之在躬，所欲亟为救济者，实较商民为尤迫切。无如自上年军兴而后，各省京协等饷未解丝毫，库空如洗，每层月饷，皆系向外国银行匀挪垫支，随到随尽，度日如年，常苦不给，欲求少数，有以稍副该商会等请愿者，竟不可得。加之北方津保及南方各省，其受害情况又多与京城相仿。以京城一处计之，即但就抚恤言，已非巨款不办，合各处计之，又岂此时国力所堪。言念及兹，莫名愧疚。现在政府成立，万方商旅辐辏于斯，但使市面不摇，吸收灌输，尚有凭藉，需以时日，似不难渐变旧观。惟望该两会始终调护，情谕晓理。务令有赀者毋存观望，力薄者合众扶持，生理稍谋共维大局。一俟公款稍有转机，自必亟为酌量筹济，由该两会协商妥善办法，以资挽救，决不置

之度外也。即传知各商为要。等因。奉此。当即开会，当众宣读。众商感佩德音，即困苦颠连，莫不忍死以待，迄今已将近一年。兹稔知我公筹得巨资，环恳上书吁陈，谓公款稍有转机，自必亟为筹济一语，言犹在耳。幸我公亟践前言，则定人心而恤难商，在此一举。恳乞立沛膏泽，自当欢声雷动。共和纪念在迩，京师全局定呈欣欣向荣之致，较胜于点染年华。惟我公俯鉴舆情，实利图之。拜手上言，鞠待命令。谨呈。

中华民国元年十二月三十日

〔北洋政府内务部档案〕

8　北京钱当首饰等商会请发壬子兵变被灾各商抚恤禀及平政院批

（1915年6—7月）

（1）钱业等商会致平政院禀　（6月25日）

首饰行商会
钱业商会
当行商会　为商业被灾已久，支持维艰，吁恳拯助，以苏民命事：窃查北京自壬子兵燹后，商界被焚被抢，以钱、当、首饰三行损失最为巨重，迄今元气难复。盖此三行有功於世，一为接济人民，缓急相济，一为调剂金融，辅助库度。追原搬始，不独巨赀投集於前，抑且通人筹度於后。是以规模完备，沥久不渝，裨益市政，良非浅鲜。由是钱、当、首饰三业，匪徒异常注意，故受掳毁，百无一存，惨烈情形，早邀洞鉴。忝自遵奉官府劝勉，责以大义，并有明令，抚恤赔偿。凡属食毛践土，无不努力支持，希生机之一线。讵知今非昔比，市面凋零，既获利之无方，而宿债之索讨，其起而复跌者，指难胜计。今又公债、储蓄、印花，接踵施行。因济国危，莫不自量棉薄，以尽国民分子之忱。是民之忠国，未尝稍缓，而国之恤民，焉可反是。所有被难商民，盼此抚恤，今已三载，不惟未获一文，虽经迭次要求，积久生厌，视为固然。请者自请，听者自听，至今仍无办法。商民困苦，罄竹难书。以故坐受债权箝制，一波未平，一波又起，无何而各往来之户纷纷起诉矣，无何先与官款纠葛者押追矣，无何而与外国银行断绝交往矣。甚且外人认为间接损害，列入善后借款扣除者，官厅因关外交一力追偿矣。商等处此境中，惟有破产还帐，别无他法。乃社团法人大半消灭於兵灾，而司法官厅，率据片函理由，勒为个人债务。商等至此，真有情形不堪言状者。近闻江苏等省，抚偿各款，业奉给发。而京师首善，商民所遭损失，更甚於彼。所有前奉明令，准予抚恤之款，自应事同一律，不使稍有歧异，以期令出必行，各坚信实。商等辗转思维，急则治标，害取其轻。合无仰恳鸿施逾格，据此最后之陈请，俯赐维持，转呈大总统饬下主管各官署，详加核议，速发抚恤金。如国库现货不足，酌予公债票，一面稍予停止追诉各案，俟抚恤有著，再行提议，并将所欠外国银行已列入善后借款扣除者，不再追债。倘蒙余允，商等或有复苏之日，感激涕零，衔环有报。情急上渎，不胜迫切待命之至。所有呈请拯济难商办法缘由，谨合词禀请钧鉴，转呈批示遵行。临颖悚惶，无任翘盼。谨此上禀。

再：此禀稿系由当行商会呈递，合并声明。

中华民国四年六月　日

（2）平政院批稿（7月3日）

据禀：该钱业当行等商，因壬子年兵燹，损失最巨，乞转呈饬议抚恤等情均悉。查行政诉讼法第三条，平政院不得受理要求损害赔偿之诉讼等语。该商等所请转呈议恤之处，应勿庸议。此批。

〔北洋政府大总统府档案〕

（三）袁世凯在北京就任　孙文公布临时约法

1　参议院议决袁世凯在北京受职办法六条电

（1912年3月6日）

支电悉。京乱已平，群情欣慰。惟经此次动摇，君势难即时南来，而对内对外又非君早日受职不可。本院连日得蔡专使等来电，正在筹画良策，冀巩国基。昨复得钧电，知事机更不容缓，遂於今日开会议决，允君在北京受职。决定办法六条如下：

一、由参议院电知袁大总统，允其在北京受职。二、袁大总统接电后，即电参议院宣誓。三、参议院接到宣誓之电后，即覆电认为受职，并通告全国。四、袁大总统受职后，即将拟派国务总理及各国务员姓名电知参议院，求其同意。五、国务总理及各国务员任定后，即在南京接收临时政府交代事宜。六、孙大总统於交代之日始行解职。以上各条经咨达孙大总统，并电知蔡专使等。请君接电之日迅即照办，以慰国民厚望，不胜盼祷之至。参议院。麻。

〔临时公报元年三月初九日〕

2　孙文关于参议院议决袁在北京受职复袁世凯电

（1912年3月7日）

鱼电悉。支日因专使来电，知公不能刻日南行，故有商请黎副总统到甯代公受职之电。同日接各界来电，期望至殷，言之迫切，因恐黎副总统镇守武昌不能遽来，仍稽时日，是以将专使要求各条提交参议院，当经院议决，允公在北京受职。其办法六条，除由参议院电知之外，今日一再电专使转达尊处。请黎副总统代行一节，可以取消。尤望即依参议院所开手续，正式受职，速电国务总理员名，俾参议院同意，刻日派遣来甯接收交代，早定大局，无任切盼。孙文。阳。印。

〔临时公报元年三月十一日〕

3　孙文关于袁世凯受职誓词电

（1912年3月9日）

武昌黎副总统、各省都督督抚、各司令官、全国各界团体公鉴：初六已将参议院决定统一政府组织办法六条通告各省。顷得参议院咨称：本日接到袁世凯君电传誓词，其文曰：民国建设造端，百凡待治，世凯深愿竭其能力，发扬共和之精神，涤荡专制之瑕秽，谨守宪法，依国民之愿望，蕲达国家於安全强固之域，俾五大民族同臻乐利。凡兹志愿，率履勿渝。俟召集国会，选定第一期大总统，世凯即行解职。谨掬诚悃，誓告同胞。大中华民国元年三月初八日。袁世凯。云云。谨此奏闻，并乞即行通电全国为盼。等因。为此，通电布告全国。临时大总统孙文。佳。

〔临时政府公报第三十六号〕

4　孙文关于袁世凯拟派唐绍仪为国务总理致参议院咨

（1912年3月9日）

顷接新举临时大总统袁电开：参议院拟〔议〕决第四条办法，拟派国务总理姓名电知参议院，求其同意等因。现国务总长

〔理〕拟派唐君绍仪。国基初定，万国具瞻，必须华洋信服，阅历中外者，始足膺斯艰巨，唐君此其选也。公如同意，请将此电送交参议院，求其同意。并希示复。稍俟即将拟派国务员再行电商。袁世凯。初八日。印。云云。查组织统一政府，刻不容缓。相应照录全电，咨请贵院即开临时会议决咨覆，以凭转复。此咨。

〔临时政府公报第三十七号〕

5 《中华民国临时约法》

(1912年3月10日)①

第一章 总纲

第一条 中华民国，由中华人民组织之。

第二条 中华民国之主权，属於国民全体。

第三条 中华民国领土，为二十二行省、内外蒙古、西藏，青海。

第四条 中华民国以参议院，临时大总统，国务员，法院，行使其统治权。

第二章 人民

第五条 中华民国人民，一律平等，无种族阶级宗教之区别。

第六条 人民得享有左列各项之自由权：

一、人民之身体，非依法律，不得逮捕、拘禁、审问、处罚。

二、人民之家宅，非依法律，不得侵入，或搜索。

注：①该约法于3月10日经参议院通过，11日由临时大总统公布。

三、人民有保有财产，及营业之自由。

四、人民有言论、著作、刊行及集会、结社之自由。

五、人民有书信秘密之自由。

六、人民有居住迁徙之自由。

七、人民有信教之自由。

第七条 人民有请愿於议会之权。

第八条 人民有陈诉於行政官署之权。

第九条 人民有诉讼於法院，受其审判之权。

第十条 人民对於官吏违法损害权利之行为，有陈诉於平政院之权。

第十一条 人民有应任官考试之权。

第十二条 人民有选举及被选举之权。

第十三条 人民依法律有纳税之义务。

第十四条 人民依法律有服兵之义务。

第十五条 本章所载人民之权利，有认为增进公益，维持治安，或非常紧急必要时，得依法律限制之。

第三章 参议院

第十六条 中华民国之立法权，以参议院行之。

第十七条 参议院，以第十八条所定各地方选派之参议员组织之。

第十八条 参议员，每行省、内蒙古、外蒙古、西藏各选派五人，青海选派一人。其选派方法，由各地方自定之。参议院会议时，每参议员有一表决权。

第十九条 参议院之职权如左：

一、议决一切法律案。

二、议决临时政府之预算决算。

三、议决全国之税法、币制，及度量衡之准则。

四、议决公债之募集，及国库有负担之契约。

五、承诺第三十四条、三十五条、四十条事件。

六、答复临时政府咨询事件。

七、受理人民之请愿。

八、得以关於法律及其他事件之意见，建议於政府。

九、得提出质问书於国务员，并要求其出席答复。

十、得咨请临时政府，查办官吏纳贿违法事件。

十一、参议院对於临时大总统，认为有谋叛行为时，得以总员五分四以上之出席，出席员四分三以上之可决弹劾之。

十二、参议院对於国务员，认为失职或违法时，得以总员四分三以上之出席，出席员三分二以上之可决弹劾之。

第二十条 参议院得自行集会，开会闭会。

第二十一条 参议院之会议，须公开之。但有国务员之要求，或出席参议院过半数之可决者，得秘密之。

第二十二条 参议院议决事件，咨由临时大总统公布施行。

第二十三条 临时大总统对於参议院议决事件，如否认时，得於咨达后十日内，声明理由，咨院覆议。但参议院对於覆议事件，如有到会参议员三分二以上仍执前议时，仍照第二十二条办理。

第二十四条 参议院议长，由参议员用记名投票法互选之，以得票满投票总数之半者为当选。

第二十五条 参议院参议员，於院内之言论及表决，对於院外不负责任。

第二十六条 参议院参议员，除现行犯及关于内乱外患之犯罪外，会期中非得本院许可，不得逮捕。

第二十七条 参议院法，由参议院自定之。

第二十八条 参议院以国会成立之日解散，其职权由国会行之。

第四章　临时大总统副总统

第二十九条　临时大总统副总统，由参议院选举之，以总员四分三以上之出席，得票满投票总数三分二以上者为当选。

第三十条　临时大总统，代表临时政府，总揽政务，公布法律。

第三十一条　临时大总统，为执行法律，或基於法律之委任，得发布命令，并得使发布之。

第三十二条　临时大总统，统帅全国海陆军队。

第三十三条　临时大总统，得制定官制、官规，但须提交参议院议决。

第三十四条　临时大总统，得任免文武职员，但任命国务员及外交大使公使，须得参议院之同意。

第三十五条　临时大总统，经参议院之同意，得宣战媾和，及缔结条约。

第三十六条　临时大总统，得依法律宣告戒严。

第三十七条　临时大总统，代表全国，接受外国之大使公使。

第三十八条　临时大总统，得提出法律案於参议院。

第三十九条　临时大总统，得颁给勋章，并其他荣典。

第四十条　临时大总统，得宣告大赦、特赦、减刑、复权，但大赦须经参议院之同意。

第四十一条　临时大总统受参议院弹劾后，由最高法院全院审判官互选九人，组织特别法庭审判之。

第四十二条　临时副总统，於临时大总统因故去职，或不能视事时，得代行其职权。

第五章　国务员

第四十三条　国务总理及各部总长，均称为国务员。

第四十四条　国务员辅佐临时大总统负其责任。

第四十五条　国务员於临时大总统提出法律案，公布法律，及发布命令时，须副署之。

第四十六条 国务员及其委员，得於参议院出席及发言。

第四十七条 国务员受参议院弹劾后，临时大总统应免其职，但得交参议院复议一次。

第六章 法院

第四十八条 法院以临时大总统及司法总长分别任命之法官组织之。法院之编制，及法官之资格，以法律定之。

第四十九条 法院依法律审判民事诉讼，及刑事诉讼。但关於行政诉讼，及其他特别诉讼，别以法律定之。

第五十条 法院之审判，须公开之。但有认为妨害安宁秩序者，得秘密之。

第五十一条 法官独立审判，不受上级官厅之干涉。

第五十二条 法官在任中，不得减俸或转职，非依法律受刑罚宣告，或应免职之惩戒处分，不得解职。惩戒条规，以法律定之。

第七章 附则

第五十三条 本约法施行后，限十个月内，由临时大总统召集国会。其国会之组织及选举法，由参议院定之。

第五十四条 中华民国之宪法，由国会制定。宪法未施行以前，本约法之效力与宪法等。

第五十五条 本约法由参议院参议员三分二以上，或临时大总统之提议，经参议员五分四以上之出席，出席员四分三之可决，得增修之。

第五十六条 本约法自公布之日施行。临时政府组织大纲，於本约法施行之日废止。

中华民国元年三月初十日参议院

〔南京临时政府档案〕

6　孙文等关于参议院同意唐绍仪为国务总理复袁世凯电

（1912年3月11日）

（1）孙文电

顷得参议院咨云：初九日准大总统咨称：新举临时大总统袁电开：现国务总理拟派唐君绍仪，请将此电送交参议院，求其同意。云云。咨请本院议决咨复转复等语。本日常会经将此案提出，已得多数同意。为此咨复，请转复新举临时大总统袁即行任命可也。准咨，即此电闻。孙文。真。

（2）参议院电

昨接孙总统咨称：得尊电开：国务总理拟派唐君绍仪，请送交本院，求其同意。经本院於本日常会提出公决，已得多数同意。特此电闻。参议院。十一日。

〔临时公报元年三月十七日〕

7　陆军将校联合会为成立立案咨及陆军部移

（1912年3月）

（1）陆军将校联合会致陆军部咨（3月13日）

陆军将校联合会为咨请事：窃本会联合将校多数人发起，当于二月二十五号假定会场开成立大会，将校签名赴会者近千人，当场报告开会宗旨，投票选举正副会长各一员，协理四员，并将本会简章，当众宣布公决。现在本会事务所机关已立，筹划进行，除将章程附送外，应请大部立案，并颁发关防，以资信用。为此，咨请大部鉴核施行。再，关防未颁发以前，暂用事务所图

记，合并咨明。须至咨者。右咨

陆军部

附送章程一份。

中华民国元年三月十三日

中华民国① 陆军将校联合会章程

第一章

第一条

定名：本会为陆军诸同胞联合而成，故名曰：陆军将校联合会。

第二条

宗旨：本会对于中华民国军人持联络感情，敦促进行之主义，以谋团结巩固，实行左列各端为宗旨：

一、本会会员应服从中华民国政府之命令，巩固共和之基础，如有反对共和，伪托共和，破坏团体者，皆为本会之公敌。

二、本会应维持地方安宁秩序，并保护本国人及外国人之生命财产。

三、本会应随时研究军事问题，增进军事知识，以期民国军政日益发达。

四、本会遇有战事伤亡者，酌量情形给与补助金，以示优待。

第三条

会员：本会会员无定额。凡具有军事学识，赞成本会宗旨者，由会员一人以上介绍，经评议部审查后，皆得为本会会员。

第四条

凡我国军人具入会志愿，如任职地距会所过远不克亲临者，

注： ①此件中“国”字，均为“圀”。

可託同志二人以上之介绍，函致本会报名入会。

第五条

会所：本会总会设于中华民国首都。各处皆得设立支会。暂设事务所于南京城内绫庄巷南捕厅间壁卢宅，以作筹备通信机关。

第二章

第六条

职员：本会设正、副会长各一员，协理四员，名誉会长若干员，评议部长一员，内分调查、审定两科，纠察部长一员，内分纠正、劝励两科，干事部长一员，内分交通、文牍、编译、庶务、会计五科，各科应设科长一人，科副或一人，或二人，如科中职务简单者，即由他科兼理，以节经费，另设司书四人。

第七条

权限：本会对于各军队执行机关有发表意见之权。凡陆军将校，有败坏名誉经本会察觉者，得以会体名义纠正之。倘一再不悛，当由本会咨请陆军部定以相当之处置。

第八条

职务：一、正会长代表本会全体会员总理会务，副会长襄助正会长经理一切。如正会长有事他往，或所任职守繁重，不克亲理会务者，得由副会长代掌事务。

二、部长承受正、副会长意旨，监督本部科员分科办事。

三、评议部共分两科：

(一)调查科：遇有特别重要事件，由部长派往该处调查。凡关于军队情形，均应随时报告外，设名誉调查员若干人，由各省军队将校中选任，以便就近调查一切，通报本会。

(二)审定科：凡正副会长有重要疑问及会中有提议事件，由部长集商议决，并可抒陈意见，由部长折衷解释。

四、纠察部共分两科：

(一)纠正科：对于本会会员有矫正规诫之责。凡会员有失当行为，经调查科报告确实者，近处固宜婉言矫正，远处亦应致书匡救。倘一再不悛，即报告会长处以相当之对待。

(二)劝励科：凡会员中对于本会切实维持，或对于军事学术有发明心得，及于执行职务有精神独到之处，得有确实报告，应代为表扬，以资激励。

五、干事部共分五科：

(一)交通科：主联络全国会员，广集同志，以期全体军人融洽一致。

(二)文牍科：司本会往来文牍。

(三)编译科：专任编辑各处报告，译述中外电文。将来军学报成立后，亦应归本科担任。

(四)庶务科：担任会中一切庶务。

(五)会计科：经理本会经费，每月当开会时，将出入帐目揭出核销，平时由评议员考核一切。

(六)司书，缮录各科文件。

第九条

选举：本会正、副会长及协理各员，由会员用记名投票法公举，以票数最多者为正会长，次为副会长，余以次类推。各部长由职员中公推。各科员由部长荐任，得正会长之认可，方能受职。

第十条

任期：一、职员任期以一年为限，期满后亦可由会员决留连任。

二、正会长于任期中，如有特别事故解职者，副会长得以召集会员开会选补。副会长有事解职，正会长亦得召集会员开会选补。

三、部长于任期内，因事解职，由会长集职员公推补任。

四、凡选补各员，其任期只准续满前人之任期为度。

第三章　会　期

第十一条

定期会：每年冬季开定期会一次，由会长于两月前登报布告各支会，须举代表与会。

第十二条

临时会：凡遇重大问题发生，经会员三分之二以上之请求，由会长临时召集开临时会。

第十三条

职员会：每月中旬开职员常会一次。如临时发生事件，视隶何部，由该部另行提议开临时谈话会。

第四章　经　费

第十四条

入会费：会员于初次入会时，每人缴入会费洋一元。

第十五条

常年费：由会员按月捐薪金百分之一。

第十六条

特别捐：由各界同志热心本会事业量力捐助者，本会当推为名誉赞成员。

第十七条

每年出入经费，于年终开全体大会时公布报销一次。

第五章　特别规则

第十八条

职员应择要常驻会所。

第十九条

本会俟组织成立后，拟将本会进行情形及关于军事改良方法，或会员中有发明学说编为军事杂志，月出一册，以供研究而资引导。章程另拟。

第二十条

本会附设军事研究所，区分高等、普通两班，谋为会中将校研究学术，增进知识，教官即由会员中热心教育者担任。详章另拟。

第二十一条

本会为谋实行联络将校感情，附设将校俱乐部，酌置琴歌游艺各种器具及饮膳游憩之所，专以鼓舞军人兴趣，俾彼此交谊日益亲厚。详章另拟。

第六章

第二十二条

以上各条如有未完备之处，俟开定期会时公同修改。

中华民国元年三月　　日。

（2）陆军部复将校联合会移稿（3月15日）

为移复事：顷准贵会咨开……〔咨文同上件〕查贵会成立，须用关防。经敝部核议，毋庸另行颁发，即用原有之图记。敝部准于立案，章程备查。请烦查照施行。须至移者。

右移

陆军将校联合会

中华民国元年三月　　日

〔南京临时政府档案〕

8 孙文关于袁世凯拟派国务员姓名致参议院咨

（1912年3月16日）①

兹得北京袁大总统来电云：按照初六经参议院议决第四条，受职后，将拟派各国务员姓名电知参议院，求其同意等因。国务总理经参议院电复同意。兹将拟派国务员开列於下：外交部陆征祥、内务部赵秉钧、财政部熊希龄、教育部范源濂、陆军部段祺瑞、海军部蓝天蔚、司法部王宠惠、农林部宋教仁、工业部陈棍、商业部刘炳炎、交通部陈其美、邮电部梁士诒，以上各员伏乞酌核，如不合者，即希更正，咨送参议院求其同意。等因。准此。合行咨请贵院查照办理。此咨。

〔临时政府公报第四十号〕

9 黎元洪因阁员未定就国家形势陈述五条意见电

（1912年3月22日）

袁大总统、各部首领、孙大总统、参议院、参谋团、各部总次长、都督、各省督抚、各咨议局、各议会、各军政分府、各司令、各报馆、蒙古王公联合会公鉴：前以国都未定，曾於江电披沥详陈，幸蒙嘉纳。迺总统莅职，已越浃旬，国务各员，犹未决定。夫有政府然后有国家，有部员然后有政府。若总统拥虚号，而各部无专司，是犹五月胚胎，半龄龆龀，形骸不具，其状与无政府同。方今一发千钧，存亡呼吸，直追急起，尚惧失时，十日之间，已非昔比，一之为甚，岂堪再误。敢就目前危象，请为诸公涕泣陈之。自东南各省首创义兵，外人商业损失巨万，徒以无

注：①此系临时政府公报刊载日期。

机可乘，含忍未发。迺者京畿构变，波及津保，长衢夹巷，变为邱墟。甲国增兵，乙国接踵，农地屯营，分曹巡市，自由行动，莫敢谁何。阳为街商，阴为灭国。联军之祸，复见目前。北望燕云，已成朽索。此对於外交可为痛哭者一也。南北交战，自秋徂冬，仓卒募军，卒无纪律。以罪为功，以乱为正，以嚣张为平等，以迫挟为自由。名器为植党之资，主将为护符之具。上行下傚，此系彼兴，赏罚不明，号令不饬。省自为域，军自为家。风气所传，如响斯应。始於导线，终於燎原，豆剖瓜分，全不顾恤。且长江伏莽，尚梗新朝，胜国绿林，犹沿旧帜，稍失迁就，变起萧墙。此对於军政可为痛哭者二也。满清叔世，新政繁兴，财力困难，已臻极点，借债修路，遂为让王。尔者东南军队，名目繁赜，江汉一隅，几盈十万，调查各省，亦逾曩额，饷械俱穷，公私交困。欲裁则有哗溃之惴〔惴字衍〕虞，欲留则无【应】付之策，大局之危，已如累卵。且各司建设，经纬纷繁，匪有巨资，尤难擘画。剜肉医疮，必仍借债，抵矿抵路，各不相谋。列强眈眈，蹈瑕思逞，垄断借款，监察用途，稍一失宜，已制死命，殷鉴不远，炯在波兰。此对於财政可为痛哭者三也。江淮流域，久困水灾，家无饔飧，道有饥馑。中更兵燹，荡析离居。乃届节仲春，犹未安宅。滔滔江水，已涨丈余，芜田不除，溃堤未复，及今不救，浩劫已深。弱者化为游魂，强者趋为流寇，僵尸累积，疠疫流行，骨肉相残，将无噍类。此对於民政可为痛哭者四也。四民杂处，惟士难驯，当年食客，唐宋策科，皆以羁縻，隐为消纳。乃军事初兴，学堂中辍，师徒数万，麕集省垣，餬口无资，鸣俦横议，各区党派，互相抵排，裂冕毁冠，溃坊圮表。洪潮涨湃，山谷为倾，虽有贤良，亦甘蹈引。夫国无教育则纲纪颓，士无防闲则礼义废。回纥虽灭，犹待专祠，身毒虽墟，犹传佛教，哀我神州，曾彼弗若。谁驱秀民，流为游士。其行可怵，其境可怜。鉴毁棟中，咎归主藏。此对於教育可为痛哭者五也。凡此荦荦诸端，关系存亡，彰明较著，其他险状觇数者，而扼要问题，首由於都会之纷争，继由於部员各执。感情所蔽，意见所蒙，遂致将亿兆生灵，掷诸孤注，言念及此，不寒而慄。夫我同志诸公，出生入死，万祸不辞，但为同胞谋幸福，非为各人营权位，光明磊落之心，早为天人所共瞩。中山先生号召海外，垂二十年，功成身退，皎然不污，立懦廉顽，尤堪矜式，是吾党所共认，不待元洪表暴。至义帜初张，万流仰镜，民权主义，昭然揭日月而行。倡宪党者，暨反置新猷。代义军者，亦暗输同意。现在共和成立，南北一家。起意与加功，实行与暗助，两面相权，孰轻孰重，此中亦骤难轩轾。窃谓破坏建设，才虽相异，用实相资。当此四面楚歌，事机危迫，国务各员，但须择学识经验确有专长，无论新旧南北，皆当协力赞成，以斬成立。纵万一少数部员，全才难得，亦当统权利害，稍示通融，断不能以一发之微，牵动全体。一部不职，不过失司。各部未成，立召亡国。此中关系，无待解人。况弹核〔劾〕之权，犹操国会。与断送於今日，寅补救於将来。明达如上者，谅必顾念时艰，早决大计。设再迁延不决，祸变日深，十日以外，将有复求如今而不可得者。鹬蚌相争，渔人得力〔利〕。彼时受臧获之惨痛，悔昆弟之争持，灭种已成，噬脐何及。元洪残喘尚存，初心未泯，沉机观变，战战兢兢，诚不忍大好河山，及身剖裂，心所谓险，不敢不言。昔楚庄公之训国人也，曰：祸至无日。斗廉之诫屈氏也，【曰】：师克在和。况在斯时，尤为危急。近闻满、蒙诸族，犹且力持大体，肯派议员，卓识公忠，同深钦佩。矧我同族，反事稽延，生何以谢遗黎，死何以对烈士。伏乞互相敦促，广为开导，俾民国政府，早日观成，振领提纲，方可为治，功魁祸首，争此须臾。倘得邦本奠安，主权恢复，馨香尸祝，宣仰元勋，元洪虽受妄言之罪，亦可以瞑目矣。临颖雪涕，不知所云。元洪叩。禡亥。

〔北洋政府司法部档案〕

10 孙文关于袁世凯发布大赦令致参议院咨

（1912年3月27日）①

据司法部总长伍廷芳呈称：案据江宁地方审判检察厅呈称：三月十七日，读临时政府公报电报栏内，载有大中华民国元年三月十一日袁大总统命令：今国体变更，首在荡涤烦苛，与民更始。我国民积受专制官吏之弊失罹罚，政多未平，陷於囹圄，或非其辜。当兹民国初基，正宜涤除旧染，咸与维新。凡自中华民国元年三月初十日以前，我民国不幸而罹於罪者，除真正人命及强盗外，无论轻罪重罪，已发觉未发觉，已结正未结正者，皆除免之。我国民其自纳於轨物，怀兹刑辟，毋蹈匪彝，以保我同胞之身命荣名於无极。此令。等因。查法律命令效力发生期间，前奉规定公布，无论远近各衙门，以奉到公报后五日为施行期间。所有袁大总统此项命令，所定范围是否包括南北，一律施行？现在北京政府正在组织之中，南京政府又尚存在，是否认此命令为有效？本厅所受诉讼，三月初十日以前，除真正人命盗犯不在赦免之列，已结正未结正者共计五十八人，是否应遵袁大总统此项命令，并予除免？本厅长等未便擅主，相应备文呈请示遵。等情到部。据此。查南北虽已统一，而内阁正在组织，南京临时政府尚未交卸。袁大总统此项命令，曾否咨由大总统转发临时公报，饬令南北通体遵照，本部未奉明文，不敢臆断。相应据情呈请钧核，以便饬遵施行。等情前来。查临时约法第四十条，临时大总统得宣

注：①此系临时政府公报刊载日期。

告大赦、特赦、减刑、复权，但大赦须经参议院之同意。又同法第五十六条，本约法自公布之日施行。袁总统前项命令，查系三月初十日所发布，在约法施行之前，须得贵院之追认，方能有效。合就咨请贵院，迅赐议决咨覆可也。此咨。

〔临时政府公报第四十九号〕

11　阿穆尔灵圭呼吁速任定国务员成立统一政府致孙中山等电稿

（1912年3月）

分致南京、武昌电稿

南京孙中山先生、武昌黎宋卿先生、南京参议院诸君公鉴：临时大总统就职已逾半月，而国务员尚未任定，统一政府尚未成立，名为民国共和，而实陷于无政府之地位。观听混淆，变乱滋起，外人藉口自保，增兵分驻，主权日削，岌岌危亡。统计共和宣布已逾四旬，此四旬之中，江河日下，按其状况，今日所处即已深羡昨日之安。日日如斯，丧乱何极。今兹急务，惟国务员早日宣布，政府速成，庶可补救。诸君爱国热诚，洞明大局，伏望鉴此危机，共促建设。总统任之国务员，如有意见未同，尽可随时监督。若或高蹈远行，亦宜敦劝勿辞。要之政府不成，将至亡国，迁延祸至，后悔何追。鄙人自去冬联合蒙族，同赞共和，本意冀免分崩，共谋幸福。今乃争议日滋，危机日烈，既无以自解于本族，岂易为继续之维持。瓦解之虞，尤所心怵。敢祈力维大局，勿使竟中狂言。临颖涕泣。阿穆尔灵圭。

〔北洋政府蒙藏院档案〕

12 参议院关于议决参议院法致大总统咨

（1912年3月27日）

参议院咨：查中华民国临时约法第三章第二十七条，参议院法由参议院自定之。兹由本院於本月二十七日常会议决参议院法十八章，共一百零五条，合就缮录全案，咨请大总统查照，希即公布。此咨。

计咨送参议院法一件〔略〕

〔临时政府公报第五十五号〕

13 临时大总统公布参议院法

（1912年4月1日）

兹准参议院咨送议决参议院法十八章共一百零五条前来，合行公布。

中华民国元年三月二日①

孙文印

内务总长程德全副署

参议院法目录

注：①三月二日系四月一日之误。

参议院法

第一章　总纲

第一条　参议院，设於临时政府所在地。

第二条　参议院，以约法第十八条所定各地方有五分三以上派参议员到院，即行开会。

第三条　参议院开会期间，至解散之日为止。

第四条　参议院经议长提议，参议员过半数可决，得休止开会。但休会期间不得过十五日。

休会期中，有紧急应议事件，议长得通告开会。

第二章　参议员

第五条　中华民国之男子，年龄满二十五岁以上者，得为参议员。但有左列条件之一者，即失其资格：

一、剥夺公权者及停止公权者。

二、吸食鸦片者。

三、现役海陆军人。

四、现任行政职员及现任司法职员。

第六条 参议员有不合资格之疑者，他参议员得陈请审查，由院公选委员九人审定，报告议长付院议决定。

第七条 参议员於选定通知到院后，六十日内不报到者，应即取消，由院咨请另选。但甘肃、新疆、西藏、青海、内外蒙古各处参议员，不在此限。

第八条 参议员到院，须提出委任状於议长。但原选地方先有通知者，委任状得於日后补交。

第九条 参议员既到院者，原选地方非得参议院同意，不得取消。

第十条 参议员任期，以参议院解散之日为限。

第十一条 参议员辞职，须具理由书，请参议院许可。参议院许可辞职时，应即通告该原选地方，於一定期间内另行选派。

第十二条 参议院认参议员辞职理由为不当时，得劝告留任。但劝告后七日间犹无确答者，应即解职。

第十三条 参议员非有正当理由不得请假。假期间在五日以内者，得由议长许可；五日以上者，须付院议决定。

第十四条 参议员不得任意缺席，违者分别惩罚。

第十五条 参议员不受岁费。

第三章 议长副议长

第十六条 议长维持参议院秩序，整理议事，对於院外，代表参议院。

第十七条 议长得任免秘书长及其下各职员，并指挥监督之。

第十八条 议长於常任委员会及特别委员会，均得出席发言，但无表决权。

第十九条 议长有事故时，副议长代理其职。

第二十条 议长、副议长均有事故时，得另选临时议长，行议长之职务。其选举方法，准用临时约法第二十四条。

第二一条 议长、副议长任期，与参议院同。

第二二条 议长、副议长因故请假或辞职，须提出理由书，付院议决定 但请假期间在五日以内者，不在此限。

第二三条 议长、副议长有违法徇私情节，经参议员十人以上提议，得交惩罚委员会审查后，付院议决定。如多数认为不称职时，即解职另举。

第四章 委员

第二四条 本院设全院委员、常任委员、特别委员三种。

第二五条 全院委员，以全院参议员充之。

第二六条 常任委员，分设法制、财政、庶政、请愿、惩罚五部，各担任审查本部事件，由参议员用无记名连记投票法互选之，其各部员数由院议决定。

第二七条 特别委员，担任审查特别事件，由议长指定或本院选出之。

第二八条 常任委员，得兼任特别委员。

第二九条 凡被选或被指定为委员者，非有正当理由不得辞职。

第三十条 全院委员长由本院选定，但议长、副议长不在被选之列。常任委员长及特别委员长，由各委员会互选之。

第五章 会议

第三一条 参议院除休会外，每星期一至星期五上午九时至十二时为寻常会议时间。但有紧急事件，特别开会，不在此限。

第三二条 参议院议事日程，由议长编定，先二日通知各参议员，并登载公报。

第三三条 参议院非有到院参议员过半数之出席，不得开会。但临时约法及本法关於出席员数有特别规定者，从其规定。

第三四条 参议院会议时，以出席参议员过半数之所决为准。但临时约法及本法关於表决员数有特别规定者，从其规定。

第三五条 参议院议决可否同数时，应依议长之所决。

第三六条 参议员於议案有关系本身及其亲属者，不得参预表决。

第三七条 凡未出席参议员，不得反对未出席时所议决之议案。

第三八条 关於法律、财政及重大议案，须经三读会始得议决。但依政府之要求或议长、议员之提议，经多数可决，得省略三读会之顺序。

第三九条 政府提出之议案，非经委员审查不得议决。但紧急之际，由政府要求经多数可决者，不在此限。

第四十条 政府提出之议案，未经本院议决以前，无论何时得修正或撤回之。

第四一条 议员提出法律案，须有十人以上之赞成者；其他提议除别有规定者外，须有三人以上之赞成者，会同署名，先期交议长通告各参议员。

第四二条 参议员於议场上临时动议，附议在一人以上，方成议题，得请议长付讨论。

第四三条 委员於议场得自由发表意见，不受该委员会报告之拘束。

第四四条 参议院会议须公开之。但有左列事由，经多数可决者，不在此限。

一、依政府之要求。

二、依议长或参议员之提议。

第四五条 开秘密会议时，议长得令旁听人退席。

第四六条　参议院会议之结果，按期编成速记录、议事录、决议录。惟秘密会议事件，不得宣布。

第四七条　参议院议事细则，另行规定。

第六章　委员会

第四八条　参议院遇有重要问题，由议长或参议员十人以上之提议，经多数议决者，得开全院委员会审议之。

第四九条　常任委员会遇有同一问题须有两部以上协同审查时，得由该数部之同意，开连合委员会审查之。

第五十条　全院委员会，非有委员三分一以上出席；常任委员会及特别委员会，非有该委员半数以上出席，不得开会。

第五一条　凡委员会均禁止旁听。

第五二条　常任委员会及特别委员会，得许参议员莅场旁听。但得议决禁止。

第五三条　各委员长须将委员会议决之结果，报告於参议院。

第七章　选举

第五四条　依临时约法第二十九条，选举临时大总统或副总统时，参议院应於五日前，将开选举会日期布告全国。

第五五条　施行选举之前一日，参议员以十人以上之连署，得推举临时大总统或副总统候补人。

第五六条　施行选举以前，由议长延请院外相当之行政官或司法官，届期临场，检验选举票。

第五七条　选举用无记名投票法，其对於候补人以外之投票，作为无效。

第五八条　选举会投票既毕，即将票柜封锁，以后入场者，不得投票。

第八章　弹劾

第五九条　弹劾大总统案，非参议院〔员〕二十人以上之连署；弹劾国务员案，非参议院〔员〕十人以上之连署，不得提出。

第六十条 决定弹劾案，须用无记名投票法表决。

第六一条 弹劾大总统案通过后，即日将全案通告最高法院。限五日内，互选九人组织特别法廷，定期审判。

第九章 质问

第六二条 参议员对於政治上有疑义时，得以十人以上之连署，提出质问书，由参议院转咨政府。

第六三条 关於前条之转咨，应酌量缓急，限期答覆。

第六四条 政府答覆后，如提出质问者认为不得要领时，由参议院咨请国务员，限期到院答辩。

但国务员如有不得已事故，不能到院时，得委员代理。

第十章 建议

第六五条 建议案非有参议员五人以上之连署，不得提出。

第六六条 建议案通过后，即日将全案咨告政府。

第六七条 已通过之建议案，政府不能采用时，不得再以建议方式提出於参议院。

第十一章 请愿

第六八条 国民请愿书，非有参议员三人以上之介绍，不得受理。

第六九条 请愿书当付请愿委员会审查，如委员会认为不符格式时，议长应交介绍人发还之。

第七十条 请愿委员作请愿事件表，录其要领，每七日报告一次。

请愿事件，如有委员会或参议员十人以上之要求，得提付院议。

第七一条 除法律上认为法人者外，以总代之名义请愿者，不得受理。

第七二条 请愿书对於政府或参议院有侮辱之语者，不得受理。

第七三条 参议院不受变更临时约法之请愿。

第七四条 参议院不受干预司法及行政裁判之请愿。

第十二章 国务员及政府委员

第七五条 国务员及政府委员，无论何时得到院发言，但不得因此中止议员之演说。

第七六条 国务员及政府委员，於委员会审查议案时，得到会陈述意见。

第七七条 委员会，得经议长要求国务员或政府 委 员 之 说明。

第七八条 国务员及政府委员，於各会议均不得参与表决。

第十三章 参议院与人民官厅及地方议会之关系

第七九条 参议院不得向人民发布告示。

第八条 参议院不得因审查事件，召唤人民。

第八一条 参议院为审查事件，得向政府要求报告，或调集文书。政府除事涉秘密者外不得拒绝。

第八二条 参议院审查关系地方之政务，得谘询 该 地 方 议会，令其答覆。

第十四章 警察及纪律

第八三条 参议院院内警察权，依本法及本院所定规则，由议长行之。

第八四条 参议院设守卫，警护全院，听议长指挥。

第八五条 参议员於会议时，有违背院法及议事规则或紊乱议场秩序者，议长得警告制止之，或取销其言论。若仍不听从，得禁其发言，或令退出。

第八六条 议场骚扰不能维持秩序时，议长得中止会议，或宣告散会。

第八七条 旁听人有妨害会议者，议长得勒令退席，或发交警厅。若旁听席骚扰不能制止时，议长得令旁听人全体退出。

第八八条 参议员於议场不得用无礼之言辞。

第八九条 参议员於议场或委员会受诽毁侮辱时，得诉之参议院求其处分，不得私相报复。

第十五章 惩罚

第九十条 参议院对於参议员有惩罚之权。

第九一条 凡惩罚事件，必交惩罚委员会审查，经院议决定始得宣告。

第九二条 惩罚之种类如左：

一、於公开议场谢罪。

二、一定之期间内停止发言。

三、一定之期间内停止出言〔席〕。

四、除名。

第九三条 参议员无故缺席连续至五日者，应酌定五日以上之期间停止其发言。一月内无故缺席至七日以上者除名。

第九四条 参议员携带凶器入议场者除名。

第九五条 前二条惩罚事件，得由议长提议；其他惩罚事件，须由参议员五人以上之提议，统照九十六〔二〕条规定办理。

请付惩罚之提议，须於惩罚事件发生后三日内行之。

第十六章 秘书厅

第九六条 参议院设秘书厅，掌本院文牍、会计、编制各种记录，并办理一切事务。

第九七条 参议院秘书厅，设秘书长一人。秘书员若干人。此外必要职员，由议长酌定。

第九八条 秘书长，承议长之命，管理本厅一切事宜。

第九九条 秘书员，承秘书长之命，分掌各科事务。

第一百条 秘书厅办事细则，由秘书长拟订，呈由议长核定施行。

第十七章 经费

第百一条 参议院经费由国库支出。

第百二条 参议院经费，除开办费外，其款目如下：

一、参议员公费及旅费。

二、议长副议长津贴费。

三、秘书厅经费及守卫经费。

四、杂费及预备费。

第百三条 前条所列各款经费，其数目别以支给章程定之。

第百四条 前条所列各款经费，除旅费外，由参议院按月制定预算表，咨请财政部提交参议院，分别支给。

第十八章 附则

第百五条 本法自公布之日施行。

〔临时政府公报第五十五号〕

14 参议院旁听规则

（1912年4月1日）

第一章 旁听券旁听席

第一条 参议院颁发旁听券，执此券者始得入旁听席。但券面污损不能辨认者无效。

第二条 旁听券有效期间，分为一次及长期二种，明载券面。

第三条 旁听席分为特别席、外宾席、普通席、新闻记者席。

第二章 旁听券之颁发

第四条 各官署人员请求旁听，须有所属官厅介绍；各省议会议员请求旁听，须有参议员介绍，统由秘书长承议长命，酌定员数，颁与特别席旁听券，其有效期间，由议长酌定。

第五条 外国人员请求旁听，须有外交部介绍，由秘书长承议长命，酌定员数，颁与外宾席旁听券，其有效期间，由议长酌定。

第六条 公众请求旁听，须有参议员一人介绍，即由该议员给以普通席旁听券。普通席旁听券，限一次有效。其每次应发券数，由秘书【长】承议长命，预行核定，均分於各议员。

第七条 在京各日刊新闻报馆，应颁与长期旁听券，其券总数，由秘书长承议长命核定，依各报馆协定之率分配之。京外各日刊新闻报馆，有请求旁听者，由秘书长承议长命，定其员数，颁与长期旁听券。、

第八条 颁给各报馆之旁听券，须记其馆名於券面。

第九条 参议员介绍旁听人，须将旁听人及本人姓名记於券面。

第三章 旁听人应守之纪律

第十条 凡旁听人，应以旁听券示守卫，从守卫指引就其席。

第十一条 一次旁听券入场时，应交守卫截角。长期旁听券应听守卫按日查验，并附名刺。

第十二条 凡携带凶器及酒醉者，不得入旁听席。

第十三条 在旁听席应守左列各项：

（一）不得携带雨具、洋伞、水旱烟具等物。

（二）不得饮食、吸烟及唾涕於地。

（三）不得对於议员言论表示可否，并不得互相谈笑。

（四）不得阑入议场。

第十四条 先期或临时议决禁止旁听，经本院揭示后，凡执旁听券者，均不得入席旁听。

第十五条 旁听席骚扰过甚，守卫不能即时制止时，议长得

命守卫强制旁听人一律退出。

第十六条 旁听人有妨碍议场秩序者，议长得令其退出，重者或发交警署。

〔临时政府公报第五十五号〕

15 袁世凯任命各部总长令稿

（1912年4月1日）

临时大总统袁命令

任命陆征祥为外交总长，赵秉钧为内务总长，熊希龄为理财总长，段祺瑞为陆军总长，刘冠雄为海军总长，蔡元培为教育总长，王宠惠为司法总长，宋教仁为农林总长，陈其美为工商总长，其交通总长由国务总理唐绍仪兼任。此令。

又命令

现在各部总长业经任命，除内务、陆军总长在京，及外交总长另已派署外，其余各总长未到任以前，在京原有各部事务暂行照旧办理，以待分别交替。此令。四月初一日

〔北洋政府档案〕

（四）孙文宣告解职

1 居正等请予解职致大总统呈稿

（1912年3月）

（1）居正等致大总统呈稿（3月28日）

内务部次长居正，参事田桐、于德坤、林长民、吴永珊，秘书长张大义，秘书张友栋、黄嘉梁、马伯援、洪章、张皓、郑毅权，民治司长萧翼鲲，科长锺震川、钱崇固、易象、张家镇，警

务司长孙润宇，科长沈复、朱家璧、熊开先、朱文焯，礼教司长杜关，科长林子衡、袁朝佐、杨光湛，土木司长史青，工监王庆莘，科长万葆元，疆理司长高鲁，工监程光鑫，科长李光驷，卫生司科长伍晟、赵世缙、赵燏黄、梁国栋，禁烟总理石瑛，科长朱侗、潘宗瑞等呈：窃正等前蒙总统不遗葑菲，委任今职，本不敢滥竽充数，祗以彼时革命战争成败未决，当新旧绝续之际，正危疑震撼之秋，草野哲人，即裹裹於歧路，清廷故吏，复眷恋夫旧恩，高蹈争捺，未肯效用。正等外怵敌焰，内痛疮痍，既造因发难於先，自不能不坚持力任於后。盖恐临时政府迟一日之组成，即民国前途多一日之危险。用是不揆愚蒙，遂承一时之乏。计自受任以来，互相勗励，日夜兢兢，深惧陨越。今者国务总理已经发表，人材辈出，缺乏无虞。正等自愧樗庸，敢请解职，以让贤能，俾将本部事务，得以重加整顿，无任屏营之望。此呈。当虚位以待贤能，用敢具呈，请予解职。正等幸甚。此呈。

中华民国元年三月二十八日

(2)内务总长致大总统呈稿(3月29日)

内务部总长呈

南北统一，人材迭出。本部职员，均愿退居草野，快覩新猷。除荐任各员已另具辞职书外，所有承政厅及各司委任人员亦全体辞职，即希鉴核。此呈

大总统孙

附辞职人员名册壹扣〔缺〕

中华民国元年三月二十九日

〔南京临时政府档案〕

2 唐绍仪关于孙中山交印致袁世凯电

（1912年4月2日）

昨午孙中山先生莅参议院交印，明日赴沪。仪。冬一。

〔临时公报元年四月初四日〕

3 孙文宣告解职日期致参议院咨

（1912年4月3日）①

前由贵院议决统一政府办法第六条，孙大总统於交代之日始行解职。今国务总理唐君南来，国务员已各任定，统一政府业已完全成立，於四月二〔一〕日在南京交代，本总统即於是日解职。此后国中一切政务，悉取决於统一政府。本总统受任以来，夙夜忧惧，深恐弗克负荷，有负国人付托之意。今幸南北一家，共和确定，本总统获免於戾，退居林泉，长为自由国民，为幸多矣。此咨。

〔临时政府公报第五十六号〕

4 孙文通告解职令

（1912年4月3日）②

前由参议院议决统一政府办法第六条，孙大总统於交代之日始行解职。今国务总理唐君南来，国务员已各任定，统一政府业已完全成立，於四月初一在南京交代，本总统即於是日解职，是用宣布周知。此后国中一切政务，悉取决於统一政府。本处各

注：①此系临时政府公报刊载日期。

②同上。

部办事人员，仍各照旧供职，以待新国务员接理，勿得懈怠推诿，致多旷废。本总统受任以来，慄慄危惧，深恐弗克负荷，有负付託。赖国人之力，南北一家，共和确定，本总统藉此卸责，得以退逸之身，享自由之福，私心自庆，无以逾此。所愿吾百僚执事，公忠体国，勿以私见害大局；吾海陆军士，谨守秩序，勿以共和昧服从；吾五大族人民，亲爱团结，日益巩固，奋发有为，宣扬国光，俾吾艰难缔造之民国，与天壤共立於不敝。本总统虽无似，得以公民资格勉从国人之后，为幸多矣。此令。

〔临时政府公报第五十六号〕

〔四〕临时政府的北迁与南京留守府的设置

（一）临时政府北迁

1　黎宗嶽请速在北京组织临时政府致大总统等电

（1912年3月10日）

孙大总统、各部长、参议院、袁大总统、各部首领，黎副总统、都督、各军司俄〔?〕，各报馆钧鉴：建都地点，比较利害，舍南取北，已居多数。徒以协商未定，临时政府未能组织。奸人借端煽乱，强邻伺隙进兵，大局动摇，危如骑卵。倘再争持不决，内许〔?〕外患，相逼停〔?〕来，功败垂成，亡无日矣。顷读黎副总统、蓝都督两电，载〔惊〕心动魄，焦灼万分。伏乞诸公共体时艰，化除成见，速在北京组织临时政府，以谋统一事权，整理秩序。国基一定，其余各项问题，不难迎刃而解。万勿再延，致生他变。临颍迫切，不尽欲言。黎宗嶽叩。

〔北洋政府司法部档案〕

2　蔡锷主张建都北京和革新政治致大总统等电

（1912年3月15日）

南京孙大总统、参议院、各部总长，北京袁大总统、各部首领，武昌黎副总统，各省都督鉴：共和成立，南北一致。惟建都之议未定，内则人心摇惑，外则强邻窥伺，大局岌岌可危。前陈建都北京之议，未审达否。伏望统筹全局，早定大计。至北京积弊亦诚如议者所云，应请袁公用人行政之际，破除畛域，以协群情，痛扫弊风，以新耳目，使暴政余烬不至复生，民国基础得以巩固，大局幸甚。滇都督锷叩，咸。印。

〔北洋政府陆军部档案〕

3　唐绍仪关于参议院议决迁北京办法电

（1912年4月7日）

南京唐总理致大总统电　四月初八日

参议院咨大总统文一件，谨电闻。文曰：参议院咨文，本院议决迻至北京办法。自四月初八日始，休会十五日，於二十一日齐集北京。已由歌电报告，并电请先行指定场所，并届期派员招待。各在案。查各省参议员，现在已到院共四十九员。合将全院参议员人数开列清册，注明省份，并将议长、副议长暨审议员姓名，以及审查会审查长并审查委员姓名，一并分别开列，咨请查照，以便指定相当场所，俾各员到京后，即可克期开会。此咨大总统。计咨送清册一本。清册：各省参议员到院人数、姓名如左：谷锺秀，直隶。吴景濂，奉天。李般，河南。陈景南，河南。丁廷謇，河南。张启与，河南。李载赓，河南。史泽咸，山东。于洪起，山东。陈命官，山东。彭占元，山东。刘星枏，山东。李素，山西。刘懋赏，山西。赵世钰，陕西。彭允彝，湖南。刘彦，湖南。欧阳振声，湖南。覃振，湖南。田桐，湖北。刘道仁，湖北。胡秉柯，湖北。欧阳启勋，湖北。胡绍斌，安徽。常恒芳，安徽。凌毅，安徽。文群，江西。汤漪，江西。王有兰，江西。王正渤，浙江。殷江骥〔汝骊〕，浙江。黄耦，浙江。林森，福建。潘祖荫，福建。钱树芬，广东。金章，广东。赵士北，广东。邓家彦，广西。曾彦，广西。刘崛，广西。黄树中，四川。李肇甫，四川。熊成章，四川。张耀曾，云南。席聘臣，云南。段清云，云南。文崇高，贵州。平刚，【贵州】。本院议长林森，副议长王正廷，审议长李肇甫。本院法律审查长王正廷，审查员王有兰、彭允彝、谷钟秀、赵士北、平刚、汤漪、熊成章、张耀曾。财政审查长潘祖彝，审查员李肇甫、欧阳振声、文群、殷汝骊、席聘臣、黄树中。外交审查长暂未举，审查员刘湃、钱树芬、刘星枏、吴景濂。请愿审查长暂未举，审查员李般、刘懋赏、邓家彦、曾崛。再参议院法已由本院议决咨送。其第四章第二十六条载【常】任委员，分设法制、财政、庶政、请愿、惩罚五部，各担任审查本部事件。云云。此次所开，尚系院法未经议决以前暂时规定。应俟本院移至北京后，再行查照院法，分部另举。合并声明。元年四月初六日。等语。仪。虞。印。

〔北洋政府司法部档案〕

4 尹昌衡等呼吁南北同心协力共固国基致袁世凯等电

（1912年4月15日）

万急。北京袁大总统、武昌黎副总统、南京黄留守、各省都督、唐总理、新举各部长、各报馆公鉴：读黎副总统佳电，披肝沥胆，声泪俱下，沉痛澈骨，凡有血性，靡不惊心。窃以炎黄子姓，沦为台隶垂三百年，全赖苦心略付，惨淡经营，捐躯掷颅，嘘已死之灰，竖独立之帜，振臂一呼，声响四应。旬月之间，风电变色。开旷古之奇局，为历史之光荣，不能不五体投地，崇拜我发难诸公，及一般政谋志士也。今者南北统一，共和确定之因〔日〕，竟见参差、趑趄不进，致使各部长官虚悬无纵，政府组织形式未备，遑言精神。外患交乘，内讧日起，灭国亡种，即在目前。有破坏之能力，无建设之实功，甘为山之一篑，沦全国於九几。诸公岂肯出此，诸公亦何忍出此。务希垂念大局，捐弃一切，查照暂制总统前后通电，即日束装北上，协力同心，共图进行，支撑危局，俾无倾覆。俟国基巩固，继续多材，然后高蹈选举，逍遥林下，一听诸公之所为。否则，乘衅投隙，笄机立玉，神州陆沈，谁职其咎。安危存亡，在此俄顷，唯诸公图之。川都督昌徵、鄂都督培爵叩。删。印。

〔北洋政府内务部档案〕

5　伍廷芳为接洽司法部北迁致袁世凯等电

（1912年4月17日）

袁大总统、唐总理钧鉴：现在统一政府既经成立，南京各部已遵大总统电命陆续北徙。本部以新任总次长均不在宁，而部务又不能不急於交代，思维再四，惟有派秘书长王毓炜，参事骆通、王维琛、尹骞、胡国梁，司长张轸、田荆华，偕部员携带一切文件赴京，与新任部长接洽，妥筹进行方法。庶司法行政机关，得以早日成立，本总、次长无任欣幸。谨此奉闻。南京司法部总长伍廷芳、次长吕志伊叩。篠。印。

〔北洋政府司法部档案〕

（二）南京留守府的设置

1　袁世凯任命黄兴为南京留守令

（1912年3月31日）

临时大总统令

任命黄兴为南京留守，仍统辖南洋各军。此令。

中华民国元年三月三十一日即壬子年二月十三日大总统盖印

〔临时公报元年四月初二日〕

2 袁世凯为南京留守刊用关防致各省电

（1912年4月3日）

据唐总理电称：南京留守黄兴刊用关防，文曰：南京留守统辖南方各军之关防，请通电各省等语。希即查照。大总统袁。江。印。

〔临时公报元年四月初四日〕

3 袁世凯公布南京留守条例令

（1912年4月13日）

临时大总统令

国务总理唐绍仪电呈：谨拟南京留守条例七条，请予核夺。本大总统业经认可，兹公布之。此令。

中华民国元年四月十三日即壬子年二月二十六日大总统盖印

南京留守条例

第一条 南京留守，直隶大总统，有维持整理南方各军及南京地面之责。

第二条 凡南方陆军、水师、要塞，均归留守处理，随时通报陆海军部及参谋部。

第三条 南方如有事变不及申请大总统时，留守得先调遣军队、军舰，相机处置，随即申报大总统，并通报陆海军部及参谋部。

第四条 关於南京府知事、交涉巡警所管事务，均归留守统。

第五条 南方各军及南京地方各官厅之人员，统由留守会同江苏都督任免，申报大总统。

第六条 关於留守管辖范围内所需款项，由留守咨商理财部筹解。

第七条 南京留守府，俟南方军队整理就绪，即行裁撤。

〔临时公报元年四月十四日〕

4 南京留守黄兴为剿办土匪等情致江北各军事将领电稿

（1912年4—6月）

（1）黄兴致徐宝山电稿（4月15日）

致徐军长电

扬州。第二军徐军长鉴：淮北、海州、沭阳等处土匪滋事，已由本留守电请蒋都督察看该处情形，酌核办理。贵处请不必派兵前往。南京留守黄兴。删。印。四月十四日发。

（2）黄兴致郑廷钧电稿（4月17日）

致徐州郑师长电

徐州。郑师长鉴：铣电悉。淮军枪毙山东民军官兵一节，刻已电饬陈旅长严行约束兵丁，勿使再有此等举动。仰即一面调和，一面防范。至所收枪械，应仍存尊处，暂勿分发为盼。留守黄兴。印。四月十七日。

（3）黄兴致陈干电稿（4月17日）

致徐州陈旅长电

徐州。陈旅长鉴：顷据郑师长电称：昨淮军枪毙山东民军官兵数人，该军恐其复仇，拟索分光复时所收之枪械，为防备之用，乞速酌复等语。查该旅兵丁枪毙民军官兵，殊属非是。仰即严行约束，勿使再有此等举动。至光复时所收枪械，应仍存郑师长处，勿得取用。留守黄兴。印。四月十七日发。

(4)黄兴致冷遹电稿(4月19日)

致徐州第九师长电

徐州。第九师长鉴：顷奉袁大总统电称：据兖州田镇寓电称：现有沛县警务总长桂山到夏镇，晤前路驻防管带张烈言，沛县营长伏龙拟来会哨，并商借商民粮食数船接济兵食。又称：闻沛军招纳三四千人，因湖西饥荒，有来东就食之说，商民颇多惊惶。设有冲突，有碍治安。拟恳迅赐电知黄留守、蒋都督转饬驻沛各军勿入东境，以保公安。等语。希即查照饬遵为要。等因。查此事是否属实，仰即查明饬遵为盼。南京留守黄兴。效。印。四月十八日发。

(5)黄兴致曹应龙电稿(4月19日)

致浦口第一军参谋长电

浦口。第一军参谋长鉴：篠电悉。电话移南京总汇一节，应准照办。此复。留守黄兴。效。印。四月十九日发。

(6)黄兴致柏文蔚电稿(4月24日)

致浦口柏军长电

浦口。柏军长鉴：来函悉。大通军队固未便调驻南京，亦未便调驻浦口。至再编成旅一节，尤为碍难照办。希速来宁，面商一切。黄兴。敬。印。四月二十四日发。

(7)黄兴致柏文蔚电稿(5月3日)

复柏军长电

浦口。柏军长鉴：东电悉。此项队伍北方不能安插，请斟酌情形，妥为遣散。黄兴。江。印。五月三日发。

(8)黄兴致柏文蔚电稿(5月4日)

致柏军长电

浦口。柏军长鉴：支队长葛应龙所部各队，此间未便屯驻，及未便再编各节，昨已咨行在案。兹由该支队交来尊电，藉悉一切。惟本府为整理军队起见，迭次招集在宁各军师长会议，公同议决，宁垣附近，无论如何，断不能再增驻一兵。此间军队亦将设法陆续开往他处驻扎。除谕令该支队长迅将所部开回外，用特电闻，希即饬遵为祷。黄兴。支。印。四日发。

(9)黄兴致章梓电稿(5月7日)

复第十一师师长章梓电

镇江。十一师章师长鉴：电悉。所有文件，仍责成胡参谋长代拆代行。除电达徐军长外，特此电复。黄兴。阳。印。

(10)黄兴致徐宝山电稿(5月7日)

致扬州徐军长电

扬州。徐军长鉴：据章师长电称：前月因病请假两星期，呈请徐军长批准，以参谋长胡维栋代拆代行。现假期将满，徐军长委方旅长暂行料理，并未取销胡参谋长之代拆代行。究竟如何办理，乞速示遵。等语。除电复章师长所有文件仍责成胡参谋长代拆代行外，特此电达，希即饬遵为盼。黄兴。阳。印。七日发。

(11)黄兴致徐宝山等电稿(5月11日)

致第二军徐军长、第十一师章师长电

扬州徐军长、镇江章师长梓鉴：据沭阳绅士纪树溶等电称：沭阳土匪甚炽，危在旦夕，乞派队速剿等语。希派十一师米旅长即率一旅前往沭阳、海州一带驻扎，藉资镇抚。黄兴。真。印。五月十一日发。

(12)黄兴致蒋雁行电稿（5月11日）

致江北蒋都督电

江北。蒋都督鉴：据沭阳绅士纪树溶等电称：沭阳土匪甚炽，危在旦夕，乞派队速剿等语。除电达徐军长酌派十一师米旅长即率一旅前往沭阳、海州一带驻扎，藉资镇抚外，特此奉闻。黄兴。真。印。五月十一日发。

(13)黄兴致柏文蔚电稿（5月16日）

致浦口柏军长电

浦口。柏军长鉴：蒸电悉。第二十七旅系何日开来，驻扎何处，本府无案可稽，应请贵处迅速派员妥为遣散。切盼。黄兴。铣。印。五月十六日发。

(14)黄兴致徐宝山电稿（5月17日）

致扬州徐军长电

扬州。徐军长鉴：据淮安府各议会电称：桃源北乡土匪聚众千余，结连散兵焚杀抢掳，乞急派队剿抚。等语。希令章师长转饬方旅长，督看该处情形，酌派兵力前往，相机剿抚为盼。黄兴。篠。印。

(15)黄兴致徐宝山电稿（5月21日）

致扬州徐军长电

扬州。徐军长鉴：准程都督函称：请饬米旅长办庸派兵前往海州等语。希即转饬遵照为盼。黄兴。箇。印。

(16)留守府致冷遹电稿(5月)

致徐州冷师长电

徐州。冷师长鉴：驻宿州之粤军一营，日内即行开拔回粤，请即迅派一营前往宿州接替驻扎，以资镇慑。留守府。印。

(17)黄兴致冷遹电稿(5月)

致徐州冷师长电

徐州。第九师冷师长鉴：宿州所驻广军一营，亟拟开赴回籍，希由贵师内迅派步队一营前往接替，以便该军立即开拔，是为至要。留守黄兴。印。

(18)黄兴致章梓电稿(5月)

致扬州章师长电

扬州。章师长鉴：篠电悉。假即照准。希安心调养，愈后望即行销假。第十一师长一缺，暂委参谋长胡维栋署理。黄兴。印。

(19)黄兴致徐宝山电稿(5月)

致扬州徐军长电

扬州。徐军长鉴：据第十一师章师长电称：假期届满，病仍未痊。适接家书，又丁本生父艰，病躯哀痛，孱弱难支，乞再准假一月。等语。除电复准假，并派参谋长胡维栋署理第十一师长外，合行电咨贵军长，希即查照。黄兴。印。

(20)黄兴致柏文蔚电稿（5月）

致柏军长电

安庆。柏军长鉴：据调查员报告：葛应龙尚有兵六连，不日将由皖运宁之说。确否虽不可知，宁垣不能增兵，久为贵军长所洞悉，望即转饬知照。即葛应龙所事驻宁之兵，亦务望照前议饬其即日开行为要。并希电复。黄兴。印。

(21)黄兴致米占元电稿（6月7日）

致江北米旅长电

清江。米旅长等钧鉴：电悉。此次得藉威力，挥兵痛击，以致毙匪获械，荡焚巢穴，足见谋勇兼全，剿办得法，无任欣望。嗣后於该地方防剿事宜，仍望随时加意，以保治安。至姜营长伤及右腕犹能生擒匪首，勇敢亦属可嘉，希即传谕温慰可也。留守黄兴。虞。印。

〔北洋政府陆军部档案〕

5 张謇为调蒋雁行他职并委刘之洁为师长致袁世凯电
（1912年4月24日）

上海张謇来电　四月二十五日

袁大总统钧鉴：讵承委程君督苏，万民懽腾，极感盛意。沪督不日北行，正偕苏督协商善后事宜。扬州徐宝山亦经取消军政分府，是于江苏全省统一，殊有希望。惟江北都督屹然分峙，仍不免为统一之障。前请委张绍曾继之，张似亦甚愿意。雪老意以刘之洁接任较宜。拟请将蒋雁行调任他职，即委刘之洁为师长驻扎清江，此为苏省目前正当办法。刘君品学早在洞鉴，雪老既极倚重，黄留守亦表同情，且与蒋君本系旧交，接洽更易。敢为江苏请命，鹄候复示。謇叩。敬。

〔北洋政府国务院档案〕

6　江宁自治商农教等会请明定南京留守兼任都督致袁世凯等电

（1912年4月26日）

南京自治商农教等会电一件　四月二十七日

袁大总统、内阁唐总理鉴：伏读报载复苏州临时州议会等元电，已允都督驻苏。为苏内地计诚得矣，惟江苏省制未变，都督不驻江宁，何以措制全局。宁苏密迩苏人尚惮来宁，而强江北各属之必欲赴苏，其言不顺，令必不行。江北分省之议，势将激而益烈。方今建设伊始，首重民政，留守自有职权，既不令干涉，都督偏处一隅，呼吁不灵，则事机阻阂。详察宁属民政现状，非各地自为风气，即一切废置不理，尚何统一之可望。宁人之函电交驰，敦促都督驻宁者，非为宁计也。今苏人既制之使不得自由，宁属人心大愤。惟有吁恳台端，援照湖北先例，请任命宁属民政总长直接处理宁政，并明定南京留守兼任都督军事，庶机灵捷，无虞隔阂，按之地势、人情、行政、习惯均属相宜。至於分省问题，仍以俟之国会，必然苏人矜都督为己有，而於宁属则膜视之拒弃之。宁人虽愚，决不甘受。伏乞俯顺舆情，准如所请，以维大局，并乞电复，无任迫切盼祷之至。江宁自治公所、商务总会、农会、教育会公叩。宥。印。

〔北洋政府国务院档案〕

7 袁世凯令免江北都督蒋雁行职和江北人民拟请暂留电稿

（1912年5月）

（1）袁世凯令稿（5月1日）

临时大总统令

江北都督蒋雁行著来京另有委任，所有江北军政府应即裁并。该处军政、民政均归江苏都督管辖，以一事权。此令。

中华民国元年五月一日

大总统盖印　　　　唐绍仪

（2）统一党江北支部致袁世凯等电（5月3日）

清江浦统一党支部来电　五月初四日

袁大总统、国务院鉴：江北当光复时，秩序紊乱，公举蒋都督镇慑一切，军民渐安。然土匪时思蠢动，军心常有煽惑。上月敬日人心惶惶，几于朝不保暮，正法造谣者二人，人心稍定。顷闻蒋督调京，刘之洁为江北护军使。刘之智略，未必不如蒋护军使，保护地方未必不如都督。惟当伏莽未尽，新旧交替之际，难免不乘机窃发，扰害地方。大总统首建共和，无非以国利民福为前提，断不忍置江北人民于危险之地。现外官制尚未颁布，行政区域尚未厘定，拟请暂留蒋督数月，以资抚循。俟外官制颁布，行政区域厘定后，裁并增设，自有规定，固不须支部緦緦过虑也。是否立候电复。统一党江北支部叩。江。

（3）汪承萱等致袁世凯电（5月4日）①

淮安府民人汪承萱等来电　五月初四日

注：①此系收电日期。

袁大总统钧鉴：闻电载悉取消江北都督，骇恐万状，伏思蒋都督由去年九月清江抢劫后，军士涣散，民命倒悬，市面糜烂，土匪四起，公举我蒋都督收拾军心，竭尽心力，以至呕血，犹复扶病操持民事，筹画军饷，半年于兹，民命赖以保全，地方赖以粗定。方期倚此长城，保我江北千百万生灵，永不再遭糜烂，不料今日我大总统将蒋都督调京委用也。夫江北百姓皆大总统百姓，竟不俯念江北已受之如何痛苦，复不念江北现在之如何困难，更不念江北未来之如何隐患，忍将我蒋都督迁调北京，致使我江北千百万生灵如婴儿失乳。江北百姓何辜，喘息未平，复又遭此惊恐。无论后来贤者，与我蒋都督心性若何，政治若何，惟我江北千百万生灵，绝不愿我蒋都督骤然去此也。至民政、财政归并江南，不敢干预。江南、江北分省，不敢赞词。都督名称改与不改，不敢争执。只求我大总统天高地厚，一视同仁，垂怜我江北处此残破不堪之际，暂留我蒋都督为我千百万生灵保障，求免目前苏州、江宁之惨状而已。倘大总统巡幸南来，亲见我江北种种痛楚，必当痛我哀我，断不忍使江北再遭大厄也。冒死陈词，哀求矜全。江北民人汪承萱、陶兆鍌、周润芝、王以潢九百六十二人公叩。

(4)国务院致蒋雁行电稿(5月7日)

五月初七日发

清江。蒋都督鉴：微电悉。贵都督致商会及地方各团体函，大义名言，无任钦佩。江北自光复以来，赖执事剿匪安民，整军筹饷，用能闾阎安堵，商旅不惊。彼都人士既经推举于当时，更欲挽留于今日，去思之切，悦服之诚，自可想见。惟是大局统一，江北军政府实有不得不裁并之势，所有军民政务，望即遵照大总统令，交江苏都督接收，仍迅速来京，以副大总统倚用之意，是所切祷。国务院。阳。印。

〔北洋政府国务院档案〕

8 唐绍仪为商任王芝祥为都督致黄兴电稿

（1912年5月5日）

五月初五日发

南京。黄兴留守鉴：湘王铁老①事，总统极意倚重。但先行宣布恐新督未至，旧任急于求去，地方无人镇慑，人心易致动摇，以是踌躇，别无他意。铁老一到京，即行发表，望催促北来。何日启程，并盼电复。绍仪。歌。

〔北洋政府国务院档案〕

9 黄兴关于严行取缔南北陆军经理团复袁世凯电

（1912年5月13日）

南京黄留守来电

袁大总统钧鉴：真电敬悉。军人干涉中央任免各部员之权，殊属妄诞。况且私团名义干涉政治，尤为无理。所谓南北陆军经理团，不知何人何时组织，尚未查明。如此间果有此团，即当严行取缔，勿令干犯法纪也。黄兴叩。元。

〔北洋政府大总统府档案〕

10 黄兴关于令赵恒惕兼理三十二团团长职与王芝祥往来文件

（1912年5月）

（1）黄兴谕（5月14日）

总参谋交陆军第三十二团团长何遂，朦混擅招被裁兵士，先

注：①王铁老系指王芝祥。

行撤差，遗缺由旅长赵恒惕兼理。参谋处即时办稿，并通谕各军。

五月十四日黄兴印

(2)黄兴致王芝祥咨稿(5月15日)

南京留守统辖南方各军黄兴咨

兹查有贵军第三十二团团长何遂，朦混擅招被裁兵士，着即撤差，以儆效尤。遗缺仰十六旅旅长赵恒惕暂行兼理。合行咨会请烦查照转饬遵行。此咨

第三军军长王芝祥

中华民国元年五月十五日

(3)王芝祥复黄兴呈(5月18日)

陆军第三军军长王为呈复事：案准大府咨开：兹查有贵军第三十二团团长何遂，朦混擅招被裁兵士，着即撤差，以儆效尤。遗缺仰十六旅旅长赵恒惕暂行兼理。合行咨会请烦查照转饬遵行。等因。准此。遵即转行去后，兹据赵旅长恒惕禀称：业将第三十二团团长何遂撤差，遵于本月十九日交卸，赵旅长即于是日接任兼理三十二团团长事务。理合呈复大府察核施行。须至呈者。右呈

南京留守统辖南方各军黄

中华民国元年五月十八日

〔南京临时政府档案〕

11 王芝祥呈报第三军出力人员请补实官折

(1912年5月18日)

陆军第三军军长王芝祥，谨将第三军军司令部，及三十四旅

团营异常出力，请补实官各官佐姓名列摺，呈请察核。

计　　开：

参谋长	耿　毅
参谋副长	赵正平
副官长	刘洪基
二等副官	乔毅夫
管理司副官	倪寿麟
军需司长	薛家骏
军需司副长	陈征图
金柜科长	缪嘉珍
军械科长	焦振彪
粮服科	刘福海
邮便司文官	雷大安
三十四旅旅长	宋尚杰
三十四旅参谋	倪育万
六十七团团长	钟镇藩
六十八团团长	朱超群
六十七团第一营营长	周寿崧
六十七团第二营营长	丁　耀
六十七团第二营营副官	陈珩才
六十七团第二营第五连连长	宋胜逵
六十八团第一营营长	张兆龙
六十八团第一营营副官	秦德光
六十八团第一营第一连连长	闭宝春
六十八团第一营第四连连长	黄挺坚
六十八团第二营营长	江汝胜
六十八团第二营营副官	李国梁

六十八团第三营营长　　　　莫玉林
六十八团第三营营副官　　　蔡振云
六十八团第二营第八连连长　宋华祥
宪兵第一连连长　　　　　　黄　云

中华民国元年五月十八日

〔南京临时政府档案〕

12　王芝祥经沪北上并推荐薛家骏请补实缺致黄兴函

（1912年5月21日）

克强先生钧鉴：临别诲言，至为感佩。祥十九日抵沪，约二十二日可北上到京，再当电告。薛军需家骏履历已开陈，兹特附上。此人与祥同学，在桂一切皆倚之如左右手。其爱国思想发达最早，祈予补一实缺，因祥强其在政界办事，否则亦进德会中人也。专肃布悃，临款无任依驰。祇请伟安，诸惟垂察。

王芝祥谨上（印）

薛家骏，现年三十九岁，江苏扬州府高邮人。向在河南历充衆泽县两等小学堂校长，河南模范小学堂、卫辉中学堂教习。嗣入广西法政学堂别科肄业。辛亥九月充军政府秘书员。元年二月充广西北伐联军司令部总文案，三月改充陆军第三军军司令部军需司司长，现供今职。须至履历者。

计开三代如左：曾祖国庆，祖成荣，父福昌。

〔南京临时政府档案〕

13　徐宝山关于第二军成立原委及各员编制咨

（1912年5月23日）①

陆军第二军军司令长徐宝山为咨请事：案查上年九月间，民国起义，天下响应。本军长以扬州绅商之请，担任扬州军政分府。嗣奉准前陆军部颁发关防，编为江北第二军，于阴历十一月初一日组织军司令部于扬州，是为本军创办之始。惟时军书旁午，经营缔造，备极艰辛。旋以共和告成，南北统一。本年四月二十号奉准大总统命令：扬州徐司令：本日已明发命令，准如所请，取销军政分府。惟司令素娴韬略，所有现统之军，仍照旧充长，俟陆军部案卷到京后，即饬查案加发任命状。仍望严饬所部，勤加训练，保卫地方。大总统。效。印。等因。奉此。本军长遵即专任第二军军长事。惟查本军成立之始，仓皇戎马，一切编制，未尽完全。加以财政困难，已达极端，以故军队中应用之器具，尚未十分齐备。即前准前陆军部颁发编制章程，亦未能即行遵照腊合。当此民国肇造之初，保卫地方，恢复秩序，尚非军队不能为功。本军所部诸将，虽于形式上稍欠研求，然于服从命令，保守军纪，尚能得地方之感情。本军长惟有谨遵大总统电令，严饬所部勤加训练，保卫地方，静候中央指挥，以期仰副大总统和平统一之盛意。所有本军司令部职员及军官姓名履历、军队驻扎地点、军用器械，相应分别列表备文咨请贵留守，请烦查照备案，并希转呈大总统分别核准施行。无任钦迟盼切。须至咨请者。计咨送

陆军第二军司令部职员履历册一册〔缺〕

注：①此系南京留守府参谋处收文日期。

陆军第十一师营长以上军官履历册一册〔缺〕

陆军第十二师营长以上军官履历册一册〔缺〕

陆军第二军现存枪炮子弹器具材料数目表一册〔缺〕

陆军第二军司令部职员一览表一幅〔缺〕

陆军第二军军官姓名一览表一幅〔缺〕

陆军第二军分驻地点表一幅〔缺〕

右咨

南京留守府黄

中华民国元年五月　日　　咨

〔南京临时政府档案〕

14　蒋作宾关于黄兴不日解职致袁世凯等电

（1912年5月26日）

袁大总统、唐总理、熊总长、段总长、陈参谋次长钧鉴：湘密。昨与程都督商议，已电达在案。今晨返宁，黄留守仍坚持急于取消，以谋机关统一，无论如何数日内必实行解职。究应如何办理，望速电示，以便实行。若由大总统宣布取消，必须同时命令程都督妥为接收，庶军队有所归依。惟宁垣款项支绌，又因上海收回军用钞票，各地均起恐慌，非有巨款，万难维持。若目前无现款接济，拟请中央发行不兑换券，以救眉急。情形紧迫，立盼电复。蒋作宾。印。

〔北洋政府财政部档案〕

15　黄兴奉命取消留守府并于六日解职致袁世凯电

（1912年6月3日）

南京黄兴留守来电　六月四号

大总统鉴：奉命准予取消留守府，此后行政可期统一，无任庆幸。本府交代清楚，已经办齐，兴准于本月六日实行解职，请大总统电令程都督刻日来宁接收为盼。如逾期不来，此后责任即不在兴。合先陈明，伏维鉴原。黄兴叩。江。

〔北洋政府国务院档案〕

16　谭人凤请收回取消黄留守成命致袁世凯电

（1912年6月4日）

上海谭人凤来电　六月初四日

袁总统、唐总理、国务院、参议院均鉴：政府移赴北京将及两月，除乞怜借款缔结亡国条约外，未闻别展一筹。犹复猜嫌疑忌，存中央集权之梦想，不俾地方分权，坐使各省军需困迫，累卵日危。近且许黄留守请愿取消，而且十余师两月未发饷之兵畀之老病龙钟之程都督，敢信其能维持现状乎？东南摇动，北面随之，民国前途，何堪设想。乞收回成命，或改委留守为江苏都督，则危局当尚能支持。革命党断无拥兵自卫之心，如以谗妄之言存疑虑，窃恐贻误天下也。忧危所迫，不解择言，急迫上呈，不胜惶恐待命之至。谭人凤叩。支。

〔北洋政府国务院档案〕

17 安徽驻宁同乡会龚镇鹏等请改委黄兴为苏督致袁世凯电

（1912年6月10日）

安徽驻宁同乡会龚镇鹏等来电　六月十一日

大总统暨国务院钧鉴：留守取消，固正办，惟黄公留镇以来，抚军爱民，口碑载道。现正裁军节饷，尚未就绪，遽行离宁，地方难保无糜烂。旅宁皖人生命财产，寄托攸关。恳请改任黄公为江苏都督，以慰人民之愿。安徽驻宁同乡会龚镇鹏等全体公叩。蒸。

〔北洋政府国务院档案〕

18 袁世凯为取消留守致蒋作宾电

（1912年6月10日）

致南京蒋次长电　六月十号

据同盟会宁支部电称：南京地方，全赖黄留守坐镇。现因解职，人民惶恐，军心摇动。程公年老气衰，请以黄公代程公督苏。等语。此次取消留守，本因黄留守再三电请，无计可留。又以实行统一，大义责难，不敢为盛德之累。惟望暂时小驻，维系人心。至程都督接收，即由黄留守再三力保，是以毅然决行。兹宁会支部所称各节，未免误会，应请执事剀切解释，以免怀疑，毋任盼祷。大总统。蒸。印。

〔北洋政府国务院档案〕

二、军　　事

〔一〕章程法令

1　陆军部陆军军官学校章程稿

（1912年1月15日）

陆军军官学校章程

第一章　总纲

第一条　陆军军官学校，直隶于陆军部，为战时补充军官起见，招选中华民国全国有军人气质优秀人员，速行训练，以期养成军官资格为宗旨。

第二条　陆军军官学校，先行招选入伍生、陆军中小学堂学生以及各种陆军学堂学生有志向学者，按其程度，分别教授。如此项人员不足额数，再行招选合格之学生，以谋补充。

第三条　学生额数暂定为三百人，俟将来校舍宽大及经费充足，再图扩充。

第四条　教育期限暂定为三个月，其中或应延长及缩短，均视战时情况及各科学生所学程度以为决定。

第五条　教育分为教授、训育二种。教授科目，则择战术、筑垒、兵器、地形、卫生学等，为战时最关紧，必须通知者为主。训育科目，则以教练技术、服务提要为主。

第二章　学校之组织及各队之编成

第六条　陆军军官学校，设校本部及队本部、教官处、经理处、医务处，以便办理一切事务。

第七条　校本部，校长一员，副官二员，书记一员。校长以都领官充当，副官以参领官充当（但以副官一员兼管经理处）。

第八条 队本部，队长一员、队附军官一员。队长以参领官充当，队附军官以次等官充当。各队以学生五十名编成为一队（即一教授班），照第一队、第二队次序，逐次加以号数，暂编成为六队。

第九条 教官处，暂设教官六员，以步、骑、炮、工、辎重、机关枪各专科人员充当，其阶级均为参领官。

第十条 经理处，军需官一员，庶务员正副各一员，书记二员。军需官暂以校本部副官兼充，庶务员暂以相当之官充当。校内设印刷所一处，归经理处管理，其中设书记长一名，书记二名。

第十一条 医务处，军医官一员，司药官一员，兽医官一员（暂不设），医兵四名。军医官以三等军医长充当，司药官以一等司药充当。

以上各条，系设立陆军军官学校大纲。其余未尽事宜，俟本部斟酌现时情况，再行随时追加。至陆军军官学校内务细则，以及教育管理诸规则，由本部军学局与该校随时接洽，商酌办理，以期迅速施行。

〔南京临时政府档案〕

2 临时大总统严加约束士兵令

（1912年1月）

（1）1月16日令

中华民国临时大总统令

民国除旧布新，原为救民起见。江宁光复以来，秩序紊乱，至今尚未就理。顷闻城乡内外盗贼充斥，宵小横行，夜则拦路夺物，昼则当街卖赃。或有不肖兵士，藉稽查为名，私入人家，擅行劫掠，以至行者为之戒途，居者不得高枕。此皆兵士约束不严，警察诘奸不力所致。除令卫戍总督、巡警总监外，为此令仰贵总长速筹防范方法，转饬各军一体加意约束，以靖闾阎而肃军纪。此令。

陆军部总长黄兴知照

孙 文

中华民国元年元月十六日

(2)1月20日令

中华民国临时大总统令

南京各军队纪律不整，本总统早有所闻。今阅上海泰晤士报十九日论说，其所登载，多系情实。该报向表同情于民国，今为恳切之忠告，若不切实警戒约束，不唯贻讥外人，后患何堪设想。该报所报下级军官及高级之官，终必同受其危害者，诚非过虑。除令卫戍总督外，为此令仰贵部速切颁行军令，责成各军司令以下将校切实奉行，以后各负其责任，并将下附所译论文给与各军将校阅看，俾知警省。须知纪律严明，训练有素，然后能保军人之名誉，作民国之干城。我南京军队不乏爱国男儿，亦断不容以少数不规则之行为，坏全体之名誉也。宜将此义通谕知之。此令。

陆军部知照

附抄译上海泰晤士报论文一纸

孙 文

中华民国元年正月二十日

择译上海泰晤士西报十九日论说。纪律为今日军队最要之件，执兵权者，不得逾其职权于军事之外。今南京军队多以苦力充数，是为最危险之元素，恐其一日不受约束为害无穷。吾等对于共和运动极表赞成，故对于陆军一部之共和友人，不能不尽忠告，而对于近日无纪律之现象，不能不大声疾呼以警之。世界各国兵队，无坐车游行街市、持枪向空放射者。世界各国兵队，未有与新招之兵不明纪律以枪及子弹者。世界各国，除中国外，除有一定之职务及严重之约束外，未有与兵卒以枪及子弹使得游行街市者。世界各国之兵队，无在娼寮滋闹，至于持枪相争不受严重之诘问者。而此数者，皆发见于南京。此万不可以寻常视之，而不即施强硬手腕以禁绝之也。游移者，偾事之媒。今临时政府之试行民政及军政，不但国内，万国皆注意视听之。今日之现象不早禁绝，则不但下级军官，其在高位者，必终同受其危险。凡一切兵队非有职务者不可执枪。若出街，则必缴枪于营，犯此者当以严罚惩之。其兵士之受有职务携有子弹外出者，当其归时必须检查数目，不符者必受严罚。今者南京病院受伤之人，有老者、幼者、富者、贫者，皆兵士之所伤也。时机不可失，以后有外出者，必须有特许状，是为管束之第一步，而每日必须有十时至十一时之操练。今南京内既有可练成好兵队之材料，但须有能干者，其人须强干无惧，而兵官尤不能存一毫畏惧之心。吾侪甚望有权者执行其权，而其命令必当敬望服从，不然其名号及地位终有丧失之虞也。

〔南京临时政府档案〕

3 南京卫戍总督关于委任卫戍分区司令官及拟定卫戍分区司令官条例移

（1912年1月18日）

南京卫戍总督徐为移会事：窃照南京卫戍，地面旷阔，应分区设立卫戍司令官，以保卫治安，维持秩序，昨经函陈大总统钧听在案。兹查有胡令宣堪以派充西南区卫戍司令官，陈煦亮堪以派充东区卫戍司令官，何元山堪以派充北区卫戍司令官，业由敝督分别委任。惟查城厢内外，地段亘绵，现闻抢劫频仍，亟应先就原有军队，分区布置，以资弹压。胡令宣原带练军两营，何元山原带选锋队一营，陈煦亮原有城守协练兵约三百余名，暂令各带原队分段巡逻，一面另行编制颁发遵守，并先由敝督拟定条例，饬令互相联络，认真担任，嗣后遇有地方抢劫之案，即责成各该司令官捕拿惩办，不得推诿。除呈报大总统外，，相应移会贵部，请烦查照施行。须至移者。

附条例一纸

右　移

陆军部长

中华民国元年正月十八日

南京卫戍分区司令官条例

第一条　南京卫戍，地面旷阔，应分区设立卫戍司令官，维持地方之治安及秩序。其分区如左：

（1）自汉西门经中正街，东至通济门，南至南门及各门外，为卫戍西南区。

（2）自汉西门经中正街，至卢妃巷口，北转至土街口，经新街口至丰润门，达下关江岸及各门外，为卫戍北区。

（3）自通济门，经中正街至卢妃巷口，沿北区界至丰润门，又东至朝阳门及各门外，为卫戍东区。

第二条　卫戍司令官直隶卫戍总督，担任所管区内任务。该管区内遇有事故，均归该卫戍司令官专责。

第三条　卫戍司令官因实行其任务，除直接总统带警备队外

（警备队编制另定颁布），遇必要时，得直接招集附近之警察及宪兵协助。

第四条 卫戍司令官，凡该管区内之城门稽守，归其专责。遇交界处所，各应互相办理。

第五条 卫戍司令官对于地方有骚扰时，得直接以兵力从事，同时报告总督府。遇有大帮匪徒，得直接请援于附近军队司令官协助。

第六条 卫戍司令官于其区内之暴徒、罪犯等，得有迳行捕拿之权。如遇时机紧迫，不及送总督府核办时，亦得就地按法处治。

第七条 上条所谓暴徒、罪犯，不问军民，只就其实事情节之如何，一律办理。

第八条 卫戍司令官所施行一切勤务，除遵照卫戍规则所定之外，得临时自行酌定办理，一面报告总督府。

第九条 本条例为暂行章则，遇有未尽事宜，随时增补。至戒严时，则照戒严令行之。

〔南京临时政府档案〕

4 陆军部军衡局关于人员职守及办事细则暂行章程令稿

（1912年1月23日）

为命令事：照得本局人员职守及办事细则，现已拟订暂行章程，仰各科一体知悉。此令。

计开

本局暂行章程

第一条 总 纲

一、本局掌理陆军官佐与军用文官之进退、免补暨调查各兵科人员考绩表、兵籍、战时各项名簿，以及恩赏、叙位、叙勋、记章、褒奖、废兵处置各事宜。

第二条 职 守

一、局长督率全局人员综理一切事宜，凡遇有应行损益改革及准驳等事，随时禀承总、次长办理，并有考核各科人员成绩进退之权。

一、科长分掌各科事务，服从局长命令，佐理一切事宜，并有稽查全局之责。

一、科员禀承局长，商承科长办理各项事宜。

一、副官佐理局长，掌管全局会计、庶务等事。

一、书记耑司缮写。

第三条 办事细则

一、凡总、次长命令指办之件与本局发生之件，及外来文电关于本局权限以内之事，均由副官送呈局长查阅（局长如因公出，可迳送科长）。其应迅速办理准驳存查之处，俟局长决定后，再分送各科办理。

一、局长分派之件，由各科拟定办法，送呈局长核准后，另缮存案稿纸，呈总、次长判行。

一、凡总、次长判行之件，随时交书记缮就签发。惟稿底后面，本局人员应一律署名，共负责任。

一、凡分派各科拟办之件，该科长须会同科员详慎筹画办理。

一、科员承办各事，均须赶速办理，不得互相推诿致误要公。

一、凡本局往来文电、表册等项，均由副官列号登簿，以便调查。

一、副官处应设置之簿记列左：

（甲）命令传达簿。此簿须备奉总、次长命令传达各处之用。

（乙）发命令列号簿。

（丙）局长命令簿。

（丁）收文簿。

（戊）发文簿。

（己）收电簿。

（庚）发电簿。

（辛）公费出入簿。

（壬）本局通告簿。

（癸）各局通告簿。

（子）本局人员姓名住址表。

（丑）各局职员一览表。

一、书记缮就各项文件，须互相校对一周以免错误。

一、凡遇文件过多时，书记缮写不及，各科科员可酌量帮缮。

一、凡本局往来文电有应守秘密者，本局员对于他项人员不得泄漏。

第四条　办事时间

一、办事时间：午前以九点钟到局为限，午后以八点钟退局为限（如有紧急公事须赶办者，不在此例）。

一、各科人员，如有事故或因病不到，须呈条局长请假。

一、各科人员，无故不得擅行不到。

一、本局设职员考勤簿一本，各科人员于每日到局及退局时刻，须注明簿内，以备考查。

第五条　值　　日

一、本局设值日员一员，每晚住局（如有事他往须债〔倩〕人暂代），收发一切公件。

一、科长、科员均须轮流值日，每日交接时间，以上午十二点钟为限。

第六条　会　议

一、民国各军目下正谋统一之时，凡任官受职、奖赏、惩罚、兴革等事，关系重大，须由局长命令集合全局人员开议办法，以资完善。

一、会议日期，以三、六、九日为限。本局人员均须到场（会议时刻届时酌定）。

一、遇有紧要事件，须随时开特别会议。

一、以上各条，其有未完备之处，随时增改。

（附考）现值军事旁午，休息时间未便规定，俟大局稍定，即以星期为休息日。

元年一月二十三日

〔南京临时政府档案〕

5　陆军部陆军军官学校教育方针印本

（1912年1月24日）

陆军军官学校教育方针

第一章　总　纲

第一条　军官学校教育之目的，原来在使军官候补生养充初级军官必要之基本学术，故所学各课程，诸兵种均属相同，以期造成将来在队中应用，或再入各科专门学校，或独学、自习、研究高等学术之素地，期望他日大成为限。但迫于现时之状况，为战时迅速补充军官起见，不能不缩短教育期限，宽限学生资格，变通办理。因此则各学生之程度不一，又于短少时间须造成其有军官资格，教育上即不免来种种之困难，全在各队长、教官体察各级学生之状态、程度，随时施以相当之教育，方能稍收效益。

第二条　我国人从来之习惯，一般多好大言，而不切实行，又惑于昔时多以文官指挥武官之积习，好作参谋帷幄之官，且以为能阅军事学书籍即成为军人，全是抱此理想，几非口舌所能解破。此种习癖专在各队长于术科训育时，随时随地痛加针砭，遇事责其躬行实践，令其恍然自悟，最为紧要。

第三条　现今一般状况，多误会共和主义，系为平权自由，可以漫无纪律，遂至各军队中多为所传染。凡一切指挥命令均难实行，几无军纪、风纪之可言。此为最大毒病。各队长、教官于此一层弊端，遇有事物，须不逸其时机，引喻证明，令其醒悟，尤为紧要。例如汉阳之失败，此其一也。

第四条　教育科目仍遵照部章分为教授、训育二科。凡关于教授者，谓之学科。关于训育者，谓之术科。学科则以战术学、筑城学、兵器学、地形学、马学、卫生等为主。术科则以教练技术（马术、剑术、体操）、服务提要为主。各科主任教官，可以日本士官学校教程为蓝本，选其关于现时战斗最切实用必须通知者，择要编纂，并参照以操法教范、勤务令及诸规则等书，务勉避去深远之理论及复杂之事项，以简易而能实行适合于养成初级指挥官之本领为主旨。

第五条　各科主任教官，凡关于教育之要件，须记载于教育日志。遇有教育互相关连者，则将日志彼此交换，以便互知教育之状况，且掌训育之队长与教授军事学之教官，尤当连系一致，约定豫定表，使教育同时并进为要。

第六条　教育当以术科为至要，学科从之，须顾虑各科应如何切于实用，适当连系此两科目，以求进步。至教育之要领，须先就其方法及课目研究，依其顺序，使其如所计划而进步，尤当注意于时间之利用及节约，务求于仅少时间而收绝大之效力为要。

第七条 教授之目的，在使各学生能明其意义，心中透澈，以养成其遇事有随机应变之能力也。故教官须顾虑各学生之素养与才能，用启发及注入之方法，善为训导，令其具有敢为之精神与确实之学识，以期其应用力之发达。

第八条 训育之目的，在就其各生已修之诸科更练达，其技能使之增进，以养成其能教导指挥小部队，有初级军官之能力也。但我国一般学生多半因不喜运动而体弱，以致缺乏活泼勇敢之气概。故教练一事，不独使战术能实地应用，并能发达学生之体育，以药其柔弱之病。故教练与技术须平等分配，于全学期间，步工兵至一营，其他兵科至一连，以施行各种教练，其间复兼以技术，又或摘讲操法教范，以明术科原则之要领，彼此互相补助，练成初级军官之技能为要。

第九条 军队主要之点战斗也。故军事教育亦以战斗为基准。而战斗动作之要领，在容许其适度之独断专行，以促攻击精神之发达，其他惟要求指挥之统一，动作之协同，以防其氾滥而全其成功也。故本校教授及训育，始终不外此要旨，以期养成活泼有为之军官。

第十条 凡军官之适否，不徒在其学识才能，尤重在其精神品性之如何。故教授学术之时，须常涵养其德性，鼓舞其精气，以发挥其成为忠爱民国之良质，陶冶其成为坚定军人之志操，最为紧要。

第十一条 欲教育之周到，监督之普及，自应将各学生区分为多数之学班。但现迫于校舍及教官之缺乏，只能仍以各队为教授班，各兵科学生，仍须分配于各队，以便互相交换智识，藉资同化。惟教练之时，则照各种兵科区分为各班训育。至于技术，亦须顾虑其兵科及技能之优劣为适宜之区分。

第十二条 学术授业时间，每星期概以三十五时间为标准。至自习时间，则顾虑学科之预习复习及体力保全之度以为决定。

第十三条 欲检定各学生学理之解释及应用之识力，以供教育之斟酌及考科之材料，则就其已学习之学术，时时试验亦不可缺。但不可因此而减少教育之时间，尤宜注意。至试验之成绩，则各科以由零至二十分，以定优劣。

〔南京临时政府档案〕

6 陆军部请参议院妥议取消军政分府后所设之他项机关权限申稿

（1912年2月2日）

为申请事：窃查光复各省关于地方行政制度，尚未拟定施行，以致各府州县纷立军政分府名目。所有军政、民政、财政，或由军政分府担任，或只任其一部，其权限之大小视任军政分府者之势力而为扩张，以致毫无限制。此在光复之初，秩序未定，不得不从权办理。现临时政府成立，当力求军事之统一，及地方行政制度之制定。所有各府、州、县所设军政分府亟应取消，代以他项机关，而妥定其权限，以谋军政、民政之统一。伏乞饬参议院商议妥善办法，再饬由本部遵照施行。须至申者。

右申

大总统孙

中华民国元年二月　日

〔南京临时政府档案〕

7　临时大总统颁发陆军暂行给与令令

（1912年2月6日）

中华民国临时大总统令

陆军暂行给与令，着即准此颁行。此令。

孙　文印

中华民国元年二月六日

陆军暂行给与令目次

第一章　总则
第二章　俸饷
第三章　粮食
第四章　被服
第五章　马匹
第六章　杂则
第一表　官佐俸表及附表
第二表　士兵饷
第三表　各学生津贴
第四表　官佐旅费
第五表　士兵学生旅费
第六表　人粮
第七表　马粮
第八表　各兵服装概数
第九表　军队医院预备被服
第十表　马匹诸费定额

第十一表　埋葬费

第十二表　医药费

第十三表　公费

陆军暂行给与令

第一章　总　则

第一条　凡陆军军人及军属人员，一律按章发给俸饷等项。

第二条　凡本章所定名称区分於左：

(1)军队，指宪、步、骑、炮、工、辎重各队而言。

(2)部局，指陆军部、参谋部及他项陆军各种机关、陆军学校并各局而言。

(3)军人，指各官佐、士兵及各陆军学生而言。

(4)军属，指陆军官衙、学校各种机关内所属文官夫役而言。

(5)寄宿者，指在军队、部、局、学校内寄宿者而言。

第二章　俸　饷

第三条　凡饷俸分为三种：

(1)俸饷，发给司务长以上各官佐。

(2)饷银，发给上士以下各士兵夫役。

(3)津贴，发给陆军各学生。

第四条　凡平时司务长以上各官佐俸银，均按第一表分别发给。

第五条　凡平时上士以下各士兵夫役饷银，均按第二表分别发给。各陆军学生津贴，均按第三表发给。

第六条　凡官佐、士兵、学生及军属人员，如有因公旅外者，除公给车费、船费外，每天按第四、五表发给旅费。（但已发给半票或免票者，其车费、船费宜临时核实扣除。）

第七条　凡官佐、士兵及军属人员有兼差者，不准兼俸，惟择其俸饷之优者发给。

第八条 凡官佐、士兵、学生及军属人员之俸饷津贴均按日数计算，每月分三期（十日、二十日、末日）发给。若届日适逢星期日则提前一日发给。如有免官、免役与死亡及他事故，即於其事故发生之日停止。

第九条 凡官佐、士兵、学生及军属人员，各因违犯刑罚已治罪者，或休职者，当即停止俸饷津贴。

第十条 凡官佐、士兵、学生及军属人员，如因特别勤务有应加俸饷者另外规定，但不得过原俸饷三分之一。

第十一条 凡新兵未满六个月教育者，均发给二等兵饷银。

第十二条 凡出征官佐、士兵之俸饷，均按第一、第二两表增给。

第十三条 凡将行休职、停职与将退为预备役、后备役之人员，而事务在交代中者仍按原有俸饷发给。

第十四条 凡预备役、后备役之军人及补充兵当召集中，仍按现役饷发给。

第十五条 凡新任与增俸减俸者之俸饷，悉由发令之翌日起计算。而预备役、后备役、退役、免官、免役者之俸饷，则至发令之当日止计算。

第十六条 凡召集者之俸饷，由编入部队之日至解散之日计算。

第十七条 凡死亡者之俸饷，以其当日止计算。

第十八条 凡官佐、士兵、学生，或请假逾期不归，或因病旷职，或擅离职守，或擅赴他方，或生死不明，均当酌量分别减其俸饷，或全行停止。

第十九条 凡在拘禁、留置中官佐俸银则减半额，士兵饷银则减三分之一。

附　　则

(1)凡各工匠长饷银，均按军士级发给。

(2)凡各工匠饷银，均按兵饷发给。

(3)凡各护兵马弁夫役饷银，均按第二表备考二、三条发给。

第三章　粮　　食

第二十条　凡粮食官佐均归自备，士兵概由公给（照第六表定额。）

第二十一条　凡军队及医院之粮食，在营内居住之军士以下，当按现有人员给予定额。

第二十二条　凡在拘禁、留置、惩罚中人员仍给予粮食，其定额则按第六表减五分之一。

第二十三条　凡在监狱者之粮食，当按现有人数给与，一切经理悉委任该监狱长办理，其定额按第六表减五分之一。

第二十四条　凡属委任经理之米粮炊爨经费，以概算之数给予各部队，每月末日按照实数决算，呈由直接长官报部核销。

第二十五条　凡左列之未食数，仍以实食数算入之：

(1)休假中归省外宿及受许可外出者。

(2)随从兵寄宿於官佐家宅者。

(3)炊爨业已准备而未食者。

第四章　被　　服

第二十六条　凡在外居住之司务长以上之被服均由自备。但由司务长或学习官初升右军校者，由公发给服装费八十元。

第二十七条　凡营内居住之上士以下，及召集中之预备役、后备役上士以下士兵等，均按第八表所列之被服发给或暂时借用。

第二十八条　凡军队与病院应预备第九表所列之被服。

第二十九条　凡上士以下之普通被服，宜按现在人数多寡，发交该部队分配。预备被服，则按定额多寡，发交该部队保存。

第三十条 凡军人军属，可按地方气候发给（或借用）特别被服。

第三十一条 凡第八表所列被服，或制成发给，或将原料发给，应由临时酌量办理。

第五章 马 匹

第三十二条 凡初等官佐以上之应乘马者，其乘马均由公备。但由初等官升中等官时，由公发给马具五十元，其余一切补充经费概归各官佐自备。

第三十三条 凡军队、学校所有马匹，皆按定数发给。购买、饲养、装蹄、剔毛、保存等项经费，其定额参照第七表与第十表。

第三十四条 凡军队、学校马匹，其装蹄、剔毛等器械初次发给现品，以后器械之保存款项，应由装蹄剔毛款项内开支。

第三十五条 凡装蹄每月一次，剔毛每年二次，皆按期发给现金（参照第十表）。

第六章 杂 则

第三十六条 凡各部各队之官佐及军士兵死亡时，当给埋葬费。其定额按第十一表发给。若有该亲族情愿将尸体领去者，则此费即交该亲族具凭支领。

第三十七条 凡医药费在上士以下因公伤病者，悉由陆军医院疗养，概不发给。在官佐军属因公伤病有不入陆军医院者，可按第十二表发给。

第三十八条 凡属委任经理部队，各给与上之馀款与废物卖出款、赔偿款以及各款之利息，皆积为储蓄金，悉均照储蓄金保管法管理。报销时实报实销。

第三十九条 凡转职、休职、停职人员，其俸饷及一切应发款项，由甲处发给时，应将其职官姓名及发给月日及数目等通报乙处。

第四十条　凡一切银钱给与，当於原任地发给本人。如本人派往他处时，可依本人之请愿，於其旅外前发给本人，或交於本人所指定之受领人亦可。

第四十一条　凡俸饷与一切给与款项均以银元计算。若发给数目上生出厘以下之零数，皆扣除归入储蓄款项内。

第四十二条　凡计算日数，每月均以三十日计算。

第四十三条　凡簿表计算上若生出零分零厘未满一位之数，则依五舍六入法计算。

第四十四条　凡军、师、旅、团、营、连所有一切器具、图书、纸、墨、笔、砚、茶、油、煤炭等项，均按第十三表分别发给公费。

第一表　　　　官佐俸

官名／区分	上等官佐			中等官佐			初等官佐			额外官佐
	大将军	左将军	右将军	大都尉	左都尉	右都尉	大军校	左军校	右军校	司务长
月俸	七百元	五百五十元	四百元	三百元	二百二十元	一百六十元	八十元	五十元	四十元	三十元
备考	一　出征各官佐，均按本表发给。 一　留守各官佐均按本表发给七成现金，三成公债票。 一　在部、局与学校各官佐之俸，现因时款支绌暂行减少，按附表发给。 一　军队中暂用之一二三等书记，按照左、右军校及司务长分别发给。 一　本表定额可以陆军部临时命令增减。										

附　表

各部局学校官佐俸

官名 / 区分		上等官佐			中等官佐			初等官佐		
		大将军	左将军	右将军	大都尉	左都尉	右都尉	大军校	左军校	右军校
		总长	次长	局长	科长	一等科员	二等科员	三等科员	额外	额外
月俸	现金	一百六十元	一百四十元	一百二十元	一百元	八十元	六十元	四十元	三十元	二十元
	公债	七十元	六十元	五十元	四十元	三十元	二十元	十元	五元	五元
备考		一　各省、部、局、学校官佐，均参照此表发给。 一　凡任学堂武学教官者，每月酌量加给。 一　凡各部、局、学校内司书人员，按两等发给，一等十八元，二等十四元。 一　凡各部、局、学校有参议、顾问等官．均按等级照附表发给。								

第二表　　士兵饷

职名 / 区分	军士			兵		
	上士	中士	下士	上等兵	一等兵	二等兵及输送兵
月饷	七元	六元	五元	四元五角	四元	三元五角
备考	一　出征各士兵，每人每月加饷银三元。 一　夫役每月给饷银三元。 一　护兵、马弁可按兵之饷额，分别发给， 一　上士以下伙食，均按第六表发给，不在月饷中扣除。 一　本表定额，可以陆军部临时命令增减。					

第三表　　各学生津贴

职名 / 区分	陆军学习官	陆军入伍生
月额	以上士为准	以上等兵为准
备考	一　陆军军官、军需、军医各陆军专门学堂学生津贴，均以上等兵饷额为准。 一　陆军中、小各学堂学生津贴，均以二等兵饷额为准。	

第四表　　官佐旅费

区分＼官名	上等官佐	中等官佐	初等官佐	额外官佐
日给	四元	三元	二元	一元
备考	按此表所定专为各官佐日用饮食经费。至火车、轮船经费：上等各官佐按头等坐位发给，中初等各官佐按二等坐位发给，如在交通不便利地方，难以道里远近与坐位等级计者，即以概算数发给，或实报实销。			

第五表　　士兵学生旅费

区分＼职名	军士（学习官同）	兵（入伍生同）
日给	五角	四角
备考	按此表所定专为士兵日用饮食经费。至火车、轮船经费：军士兵均按三等坐位发给，如在交通不便利地方，难以道里远近与坐位等级计者，同第四表。	

第六表　人粮

	区分	基本定量		
		品种		一人一日量
平时人粮	饭类	大米		二十一两
	菜类	肉类 鱼类	内一种	三两
		生菜 乾菜	内一种	一斤 六两
	加味品	食盐酱油等类		三钱
携带人粮		熟饭 饼乾 饭乾	内一种	十六两 十八两 十二两
		罐头肉类或他项荤菜 咸菜		四两 一两
加料	烟酒与各种点心			
注意	一　每人一日米菜代价，暂以银元一角为标准。 一　本表之外，凡薪炭代价以实价计算。			
备考	一　代用品种与输送中之减量临时酌定。 一　鱼、肉类若不每日食用，可积为星期三与星期六食用。			

第七表　马粮

区分		品种		基本定量 一马一日量
平时马粮	谷类	大麦		四斤
		麸子		三斤
	草类	谷草（粟草） 稻草	内一种	十二斤
携带马粮		大麦		四斤
		麸子		三斤
备考	一　大麦代用品用豆类时，不得过定量三分之二，用粟与高粱时，可与大麦同量。 二　每马每日饲料代价暂以二角为限。 三　凡特别状况须预备饮水时，每匹一日之量以一斗为标准。 四　马匹输送中（铁道船舶）可减少本表定量六分之一。 五　对於食慾不强之马匹，可加给食盐。			

第八表　　各兵服装概数

呢军帽	帽章在内		一
呢军衣裤	帽肩章在内		一
呢外套	风帽在内		一
卫生衣			一
衬衣			二
袜子			三
呢裹腿		工步兵	一
手套			一
长靴	马刺在内	马辎兵	一
半长靴		炮兵	一
短靴			一
毛毯			一
背包	步工兵全部炮兵半数		二
水筒			一
饭盒			一
被服修理具			一
军用手簿			一
杂囊			一
携带天幕			一

备考	一　绒衣保存期间，以地方气候寒暖为标准，或四年，或三年，或二年半，容查明规定。 一　每兵初次服装费，暂以步兵为标准，约共计一人需费四十五元，其余各兵种之初次服装费，宜按此表酌量增减。 一　本表所列军衣，暂以冬服为标准，夏服容后酌定。

第九表　　军队医院预备被服

品名	数目	品名	数目
棉衣	一	棉褥	一
衬衣	一	袷衣	一
白褥	一	枕头	一
枕头布	一	棉被(或毛氈)	一
备考	一　此表分上下两栏列入，军队医院均宜按照所列全数准备。		

第十表　　马匹诸费定额

购马费	每匹六十元
马具费	每人五十元
保存费	每年十五元
装蹄费	每月五角
剔毛费	每年一元
备考	一　剔毛时期当因各处气候而殊，容后酌定。

第十一表　　埋葬费

区分	金额
上等官佐	八十元
中等官佐	六十元
初等官佐	四十元
额外官佐	三十五元
军士 学生	三十元
兵	二十元
备考	

第十二表　　医　药　费

区分	日额
上等官佐	三元
中等官佐	二元
初等官佐	一元
额外官佐	八角
军属	五角
备考	按军人、军属因公伤病者，原宜一体入陆军医院，但因事实上有不能尽数由陆军医院疗养者，则按本表发给。

第十三表　　公　费

区分＼队号	军司令部	师司令部	旅司令部	团本部	营本部
月额	四百元	三百元	一百元	一百元	一百元
备考	一　各连公费皆归营本部支出，马队则由团本部支出，每月归营本部或团本部报销。 一　以上各公费，系办公购买消耗品及一切杂项使用，其款由各部军需官经理。 一　各处公费，每月一日发给，末日决算，呈送军或师司令部转报陆军部，据实核销。 一　各部局学校之公费，由各处预算内规定数目，按月报部，据实核销。 一　各公费每月若有赢余时，即存储该司令部及该本部，一俟年终即报部缴销。				

〔南京临时政府档案〕

8 陆军部颁布宪兵暂行服务规则令稿

（1912年2月25日）

陆军部令

兹定宪兵暂行服务规则，仰各宪兵一律遵守。

总长　黄兴　印

中华民国元年二月二十五日

宪兵暂行服务规则

第一条　宪兵总司令官，规定宪兵服务细则，呈由陆军总长核定施行。

第二条　宪兵总司令官、支部司令官及营长认为必要时，得召集所辖各营长及连长。

第三条　宪兵营长及连长掌理各该连内之军纪风纪、训练教育、内务、服装、卫生及军需等一切事务。

第四条　连长得课所辖排长之职务，且得将各排配置及转换。

第五条　宪兵连长应常巡视管区，并校阅所辖各排之军纪风纪、训练教育，及职务服行之程度。

第六条　宪兵排长得配置各军士于各班，并得将各班之宪兵应时机之必要，分作各分遣所。

第七条　宪兵排长应常监视部下之勤惰，并随时将其情况报告于各该连长。但职务上必应巡视管区时，须得各该连长之许可（分遣排长不在此限）。

第八条　宪兵班长承排长之指挥，服行一切勤务，且指挥监督部下各宪兵。

第九条　宪兵视察军人军属之行为。凡发见过误，应尽礼劝告。若认定有不法行为时，在现役中者应即通报本人所属之上官，或卫戍地长官，及要塞司令官，在续备役及后备役中者应即通报本人所辖之师团长，或团队区司令官、卫戍地司令官。

第十条 宪兵奉有长官之命令，或时机迫切不能犹豫时，得不着规定之服装，执行勤务，但必须携带勤务手摺。

第十一条 宪兵侦知地方有不静情形及事件发生时，除报告所管本长官外，得通报卫戍司令官、要塞司令官，或按其必要，通报该地行政官。

〔南京临时政府档案〕

9 陆军部拟定勋章章程申及临时大总统批

(1912年2—3月)

(1)陆军部申(2月26日)

为申请事：窃查论功行赏，各国定有专条。凡有功将士，酌量赏以各等勋章，所以示奖励也。兹共和告成，民国统一，亟应仿照各国酬庸之例，厘定赏勋办法，特制各等勋章，以备给与有功民国各将士，藉资鼓励。谨将拟定赏勋章程，缮列清摺，并绘就勋章图样，一并呈请钧鉴，伏乞核准施行。须至申者。右申

计申送清摺一扣，各种勋章图式一本。

大总统

中华民国元年二月二十六日

谨将拟定勋章章程缮折申请宣布施行。

(甲)勋章之种类

一、第一种，给与民国陆海军人之有特别战功者，曰：九鼎勋章。

二、第二种，给与民国陆海军人之有寻常战功者，曰：虎罴勋章。

三、第三种，给与民国一般为国尽瘁功劳卓著人员者，曰：醒狮勋章。

（乙）各种勋章之用法

（一）九鼎勋章

（子）九鼎勋章分九等，即自头等以迄九等。

（丑）得有九鼎勋章者，每年按照等级由国家给与年金，以至该本人死亡之日为止。

（寅）九鼎勋章，头等年金千元，二等年金八百元，三等年金六百元，四等年金五百元，五等年金四百元，六等年金三百元，七等年金二百元，八等年金百元，九等年金五十元。

（卯）头、二等九鼎勋章给与陆、海军上等军官。自三等至六等九鼎勋章，皆可给与陆海军上、中、次等军官。自六等至九等勋章，皆可给与陆、海军士兵。

（辰）给与九鼎勋章时，附给证明书，书内详载受给与者之特别战功，以后给领年金，均以此证明书为据。

（二）虎罴勋章

（子）虎罴勋章分九等，即自头等以迄九等。

（丑）得有虎罴勋章者，仅於战争结局后，给与勋金一次，其数即头等千五百元，二等千二百元，三等千元，四等八百元，五等六百元，六等四百元，七等三百元，八等二百元，九等百元。

（寅）自头等至六等虎罴勋章，皆可给与陆、海军上、中、次等军官。自六等至九等虎罴勋章，皆可给与陆、海军士兵。

（三）醒狮勋章

（子）醒狮勋章分九等，即自头等以迄九等。

（丑）醒狮勋章如系褒赏名誉者，无赏金。其他均有赏金，但其赏金数目，临时酌定，多寡不拘。

（寅）各等醒狮勋章，均可赏与为国家办事人员，及陆、海军官佐、士兵，但以民国人为限。

（四）凡既得各种勋章之人，其后更立战功，或另有功劳者，可换给同种较高等之勋章，或加赏他种勋章。

（丙）勋章之形状及取义

一、九鼎勋章中刻黄帝象，列五兵於其身旁，外围以九鼎（参看附图）〔图略，下同〕。其取义即黄帝作五兵摔斥百族定九鼎，以显扬战功是也。

二、虎罴勋章中刻虎罴两兽，外围以花纹(参看附图)。其取义即前有士师，则载虎罴以表扬佩此之军人，有如虎如罴之势也。

三、醒狮勋章中刻一狮，外围花纹上刻一古钟(参看附图)。其取义即自由钟声，惊醒全国同胞是也。

（丁）勋章之区别

各种勋章之头、二等者，佩於上衣左胸部下方，另由左肩至右胁下，悬大绶一条。头等大绶金色，二等大绶银色（参看附图）。三等者，悬於上衣正中第一扣上，其绶红色上有白花一朵（参看附图）。四等至九等者，均悬於上衣左胸部上方，四等绶红色，五等绿色，六等黄色，七等白色，八等蓝色，九等紫色（参看附图）。

（戊）勋章给与规则

一、凡在战场有下列特别战功者，给与第一种勋章：

（子）夺获敌人标旗大炮，或捕获敌军军官者。

（丑）身虽受伤，尚力疾从事战斗者。

（寅）在战场中勇敢率先，堪为他人表率者。

（卯）在战斗间，其动作及处置善良，与全军或全体有关系者。

（辰）於最困苦缺乏悲惨之时，尚能泰然从事战斗，足振起他人志气者。

（巳）冒险前进，侦探得敌人军情虚实或位置者。

（午）能冒险从事达任务中最重要之目的者。

（未）运筹得法，指挥调度适宜，致获全功者。

（申）决死进行，达目的后尚生还者。

（酉）奋不顾身，以救护长官者。

（戌）右列各条之外，其事实功绩卓著，迥异寻常者。

二、凡在战场有下列寻常战功者，给与第二或第三种勋章。

（子）力疾从事战斗者。

（丑）夺获敌军重要军械及捕获敌军目兵者。

（寅）战斗勇敢率先者。

（卯）冒险从事，虽未达目的，确经履行其任务者。

（辰）在战斗间，其动作处置极善良者。

（巳）指挥调度得法者。

（午）出征人员於同僚之中任事最为得力者。

（未）于右列条件之外，其事实功绩显著确实者。

（2）临时大总统批（3月1日）

临时大总统孙批

一件。陆军部呈报勋章式样及章程请核准施行由。

据呈已悉。勋章所以酬庸劝士，亟应制定颁行，以励有功。该部所拟勋章章程及形式，尚属妥善，应准颁行。此批。

孙　文

中华民国元年三月初一日

〔南京临时政府档案〕

10 陆军部陆军军官学校暂行条例稿

（1912年3月4日）

陆军军官学校暂行条例

第一条 本校直隶于陆军部，收集各兵科入伍生，授以初级军官应有之学术，养成爱国之精神，使具有初级军官之资格为宗旨。

第二条 本校教育期限，以一年半为毕业。

第三条 本校教育分为教授、训育二科：

一、教授科目如次：

战术学

兵器学

地形学

筑城学

军制学

军人卫生学

马学

外国语学（英、俄、德、法、日）

二、训育科目如次：

操练

马术

体操及剑术

军用文及诸勤务训诲

第四条 本校设置职员如左：

校长 右将军

副官 大（左）军校

教官　左（右）都尉　军医　兽医　文职

总队长　大都尉

队长　左（右）都尉

队附军官　大（左）军校

军医

兽医

军需官

上中下士

第五条　校长直隶于陆军部，总理全校事务。

第六条　总队长禀承校长，统属全校教育事宜。

第七条　副官掌理全校庶务及文牍。

第八条　队长担任本队内学生之训育，对于学生之成绩负完全责任。

第九条　队附军官辅佐队长，分担本队训育诸科目，监察学生日常躬行。

第十条　上士、中士、下士分管本队庶务，文牍兼充技术助教。

第十一条　兵学教官，分担教授各军事学科。每科以高级资深教官一员为科长，俾规定本科教育计划及方法，以期教育齐一。

第十二条　马学教官，担任教授马术兼任调教马匹，掌管校厩一切事宜。

第十三条　文职教官，分任教授外国语。

第十四条　军医掌管校内全体卫生事宜兼任卫生学教授。

第十五条　兽医掌管校厩卫生事宜兼任马学教授。

第十六条　军需官承校长命令，掌理全校军需事宜。

第十七条　本校学生额数，由陆军部逐年预计应行补充军官员数而定。

第十八条 学生在修学期内不准迳请退学，如有故犯校规希图退学者，除按律严惩外，仍追缴用过学费。

第十九条 学生如犯有左列事项即行开除：

一、学力缺乏难望毕业者。

二、紊乱军纪屡犯规则及品行不端者。

三、伤痍疾病不堪修学者。

四、毕业考试不及格者。

第二十条 学生如犯前开第三、第四项而被开除，尚希望充军官者，酌量准其于次学期再行入校。

第二十一条 学生如有犯第十九条各项被开除者，应否追缴学费，由校长酌量情形，呈请陆军部核办。

第二十二条 学生如因疾病或别项事故，不能于修学期内完全学习所定之学术，或不能受毕业考试者，酌量准其留校补习。

第二十三条 如有第二十、第二十二条事项，校长须将其事由申报陆军部核办。

第二十四条 学生毕业考试，先由校长拟定考试规格，呈请陆军部核准后始行考试。

第二十五条 毕业考试毕，校长督同各教官、队长调查各生成绩，定为考科序列，呈请陆军部核准后，由陆军部申请大总统莅校发给毕业文凭。

第二十六条 发给毕业文凭后，校长可命各生即归原队。

第二十七条 学生在肄业期内，除星期、庆祝日例行放假外，酌放暑假三星期，其余概不准请假。

第二十八条 其余一切内务细则及教育管理诸规则，由本校体察情形拟订呈请陆军【部】核准施行。

〔南京临时政府档案〕

〔二〕军事组织和人员任免

1　临时大总统颁布陆军编制表令稿

（1912年1月16日）

中华民国临时大总统令

陆军编制表著即准此颁行。此令。

陆军部总长黄兴知照

计发交陆军编制表十四张陆军官佐士兵阶级表一张〔缺〕

孙　文

中华民国元年元月十六日

〔南京临时政府档案〕

2　陆军部关于陆军军官学校宣布式及发给委任状并点验学生令稿

（1912年1月16日）

部长命令

陆军军官学校开办伊始，头绪纷繁，派代理军学局长郑开文于十六日午前九时，齐集官长学生到校行宣布式，发给委任状并点验学生交代，以昭慎重而专责成。须至命令者。

计　　开

日本陆军士官学校步兵科毕业生　金永炎派充陆军军官学校校长

同　　　　　　　　　　　上　黄凯元着充本校副官

同　　　　　　　上　陈经着充第一队长

同　　　　　　　上　李浚着充第二队长

同　　　　上　炮兵科毕业生　彭廷衡着充第三队长

同　　　　上　工兵科毕业生　江煌着充第四队长

同　　　　上　骑兵科毕业生　陈模着充骑兵科教官

同　　　　上　辎重兵科毕业生　吴炳元着充辎重兵科教官

德意志陆军士官学校机关枪队毕业生　陈康时着充机关枪教官

元月十六日

〔南京临时政府档案〕

3　军务局请发宪兵营副官以下委任状移稿

（1912年1月23日）

军务局为移知事：前由部长酌令增练宪兵一营，并派成国屏充该营营长，郭占元充营副官在案。兹由部长点派谭启韶等充队长、排长、特务长等职务。除营长成国【屏】已发委任状外，所有副官以下各员应一例发给委任状，以专责成，相应移知贵局查照办理可也。须至移者。

右移　附职员名单一组

军衡局

中华民国元年元月二十三日

移宪兵营副官以下职【员】名单

计　开

宪兵营军需官　谭启韶

宪兵营连长：

第一连　　叶永康

第一〔二〕连　　刘传铣

第一〔三〕连　　王铭贵

宪兵营排长：

第一连　　程志庚

第一连　　杨青山

第二连　　周宝臣

第二连　　孙宝钧

第三连　　钱慰卿

第三连　　张宗良

宪兵营本部特务长　钱本照

宪兵营第一连特务长　张启运

宪兵营第二连特务长　崔明远

宪兵营第三连特务长　倪凤怡

〔南京临时政府档案〕

4　军务局请发各师旅官佐委任状移稿

（1912年1月26日）

陆军部军务局为移请事：今有林之夏等十四员，业奉总、次长谕：分别委充各师师长及旅长等差。又第七联队、第八联队及第三旅以下各级官佐姓名清册一并移请贵局酌给委任状纸，以专责任。为此备文移请贵局烦为查照施行。须移。

右　移

军衡局

计粘单一纸

清册三份〔缺〕

中华民国元年元月二十六日

第一师师长　　林之夏
第二师师长　　杜淮川
第三师师长　　陈懋修
第四师师长　　孙　棨
第五师师长　　刘之洁
第六师师长　　朱　瑞
第三旅旅长　　李玉昆
第四旅旅长　　瞿　钧
第七旅旅长　　许殿爵
第八旅旅长　　张　是
第五团团长　　谢　时
第六团团长　　柳天鼎
第七团团长　　邓　超
第八团团长　　章　武

以上共计十四员

〔南京临时政府档案〕

5　陆军军官学校为本校职员请暂不调委他项职任呈①

（1912年1月30日）

呈

陆军军官学校为呈请立案事：窃本校创办伊始，所有各项职员，尚未足额。凡已由钧部委任者，现正深资得力。以后如有他处呈请调委本校职员者，即乞钧部察核止调，以免屡易生手，难于办理。查从前满政府用人，多不令久于其任，而各军官亦多视官职如传舍，故遇事难收实效。现新政府成立伊始，似应力矫此弊。

注：①此件收到后，当日由陆军部次长蒋作宾批示“照准”。

况军官学校为养成青年军官之所，将来军队之训练能否精良，全视乎所养成之军官如何，其关系之重要自在钧部洞鉴之中。今特将已在本校职员开呈清单，恳即饬交军学、衡两局存案，暂不调委他项职任。所有呈请将本校职员勿调他处立案缘由，是否有当，理合禀呈钧鉴，伏乞批示祗遵。须至呈者。

计粘抄一纸

右　呈

陆军部

中华民国元年元月三十日　　陆军军官学校校长金永炎

计开本校军官职员如左

校长　金永炎　副官　黄恺元，周燊儒

队长　陈　经、李　浚、江　煌

教官　陈　模、杨邦藩、陈康时、吴炳元、杨　杰

队附军官　杨　珏、毕壮飞、朱再璋、董君立、陈　英

〔南京临时政府档案〕

6　陆军部军衡局第一师至第十师任官录底册①

（1912年1—4月）

第一师

伍崇仁	充第二旅旅长	二月十四
明羽林	充第二团团长	二月十四
黄广源	充第三团团长	二月十四
卢镜寰	充第四团团长	二月六日
吴经明	充第一师参谋长	二月十四

注：①原姓名前之委任编号略。

高佐国	充第一师师长	二月十四
王　夔	充第一师司令部副官长	二月十九
杨祖谦	充第一师军械长	二月十九
瞿寿禔	充第一师二等参谋	二月十九
陈　模	充第一师一等参谋	二月十九
刘德裕	兼充第一师司令部一等参谋	二月廿一
朱元嶽	充骑兵第一团团长	二月廿四
戴绳武	充工兵第一营营长	二月廿四
陈光祖	充辎重兵第一营营长	二月廿五
赵开运	充炮兵第一团团长	二月廿五
端木璜生	充第一旅旅长	三月初二
熊德瀛	充第一师管理处长	三月初八
施锦淙	充第一师军法处长	三月初九
孙多鎏	充第一师军需处长	三月初九
邓聚奎	充第一师三等军需长	三月初九
瞿寿禔	兼充第一师军械处长	三月初九
王观海	充第一师军医处长	三月初九
周　文	充第一师二等兽医长	又
王　夔	兼充第一师参谋长	又
端木璜生	同上	又
伍崇仁	同上	又
葛应龙	兼充第一师一等参谋	又
明羽林	同上	又
黄广源	同上	又
卢镜寰	同上	又
朱元嶽	同上	又
赵开运	同上	又

陈光组〔祖〕	同上	又
戴绳武	同上	又
傅家传	充第一团团长	三月十九
陈　经	充第一师参谋	三月廿二
龙传昌	充步兵第二团三等军需长	四月四日
瞿寿禔	充第一师一等参谋	又
朱明超	充第一师二等参谋	又
吴　燚	充第一旅二等参谋	又
张安邦	第二旅二等参谋	又
刘光礼	充步兵第二团团附	又
黄百钧	步兵第二团第一营长	又
葛　豪	步兵第二团第二营长	又
张宝华	步兵第二团第三营长	又
史贵华	步兵第二团三等军需长	又
王厚基	步兵第三团团附	又
靳青松	步兵第三团第一营长	又
汪　真	步兵第三团第二营长	又
周贤之	步兵第三团第三营长	又
凌鹏飞	步兵第三团三等军需长	又
鲁师尔	步兵第三团三等军医长	又
张亚廖	步兵第四团长	又
徐　超	步兵第四团团附	又
郭寅皋	步兵第四团第一营长	又
门炳岳	步兵第四团第二营长	又
吴毓麟	步兵第四团第三营长	又
张　汉	步兵第四团三等军需长	又
张宗拭	骑兵第一团团附	四月初五

刘家基	骑兵第一团三等军医长	又
刘　震	骑兵第一团三等军需长	又
孙金胜	骑兵第一团三等兽医长	又
曾　鲁	炮兵第一团团附	又
陈巨川	炮兵第一团第一营长	又
朱元辉	炮兵第一团第二营长	又
罗声恕	炮兵第一团三等军需长	又
杨日新	工兵第一营附	又
李朝栋	辎重第一营附	又
洪　恪	第一师一等参谋	四月初五
帅德灿	第四旅参谋	又
李以祺	第七团第一营长	又
毕家珪	第七团第二营长	又
黄　翼	归二师（步兵第七团三营营长）	又
涂传德	归二师（步兵第八团第一营长）	又

第　二　师

邓　超	充第七团团长	元月廿六
章　武	充第八团团长	又
李玉昆	充第三旅旅长	又
丁志忻	充步兵第三旅二等参谋	二月十四
文　明	充步兵第五团团附	又
朱先志	充第二师师长	二月廿二
柳天鼎	充第五团团长	三月初十
李玉昆	兼理第六团团长	又
戢翼翘	充七团团长	又
顾乃铸	充步兵第八团团长	三月十二

黄祖澄	充步兵第八团团附	又
泰　锐	充步兵第八团三等军需长	又
孙　渊	充第八团第二营营长	三月十二
潘守蒸	充第二师一等参谋	三月十五
徐　卓	充第二师参谋处长	又
张金和	第二师二等参谋	又
丁志圻	第二师副官处长	又
徐宏胜	第二师管理处长	又
王镜明	第二师军法处长	三月十六
翁瑄荪	第二师军需处长	又
朱　济	第二师二等军需	又
李敏初	第二师军械处长	又
汪行恕	第二师军医处长	又
吴心田	第二师兽医处长	又
戢翼翘	第四旅旅长	又
毛遇风	第七团团长	又
洪　恪	步兵第六团团长	又
黎泽霖	步兵第五团第三营营长	三月廿八
喻鹏万	步兵第六团第三营营长	又
曾传范	步兵第六团团长	四月初五
陈裕时	充第三旅旅长	又
臧式毅	步兵第七团团附	又
黄　翼	步兵第七团第三营长	又
涂传德	步兵第八团第一营长	又

第　三　师

陈懋修	第三师师长	元月廿六

张斯麐	第六旅旅长	二月九号
蒲　鉴	第三师参谋长	又
袁殿槐	步兵第十团三等军需长	三月廿三
梅永贵	第三师副官长	又
王世忠	步兵第十团团附	又
徐　涛	步兵第十团团长	又
彭明俊	步兵第九团第三营营长	又
高毓隆	步兵第九团第二营营长	又
皮广生	步兵第九团第一营营长	又
郑遐济	步兵第九团团附	又
沈王桢	步兵第九团三营军医长	又
鲍继超	第六旅参谋	又
许燕士	第五旅参谋	又
张际春	第三师三等兽医长	又
沙世杰	第三师二等军医长	又
黄椿福	步兵第十团第二营营长	又
吴藻华	步兵第十一团团长	又
张　鹏	步兵第十一团第一营营长	又
刘　汉	步兵第十一团第三营营长	又
余长青	步兵第十团第三营营长	又
盛忠信	步兵第十团第一营营长	又
王之栋	步兵第十一团团附	又
周铭超	步兵第十一团第二营营长	又
张　熙	步兵第十二团二等军需长	三月廿四
张　钺	步兵第十二团团附	又
尹同愈	步兵第十二团团长	又
周邦俊	步兵第十二团三等军需长	又

彭龙骧	步兵第十二团第一营长	又
傅立纲	步兵第十二团第二营长	又
杨允华	充十二团第三营长	又
余晋和	骑兵第三团团附	又
吴嘉钧	充骑兵第三团三等军需长	又
张修敬	炮兵第三团团附	又
关世道	炮兵第三团三等军医长	又
祁荣祖	炮兵第三团第一营长	三月廿四
杨再宽	炮兵第三团第二营长	又
常士彝	炮兵第三团重炮连连长	又
邓质仪	第三师交通团团长	又
何堂诚	第三师交通团团附	又
方　策	第三师交通团电信营长	又
龚彦彬	步兵第九团三等军需长	又
易润余	第三师三等军需长	又
黄燵元	第三师二等参谋	又
程凤章	第三师一等参谋	又
吴镜涛	炮兵第三团三等军需长	又
邓翌华	炮兵第三团团长	又
刘　苍	骑兵第三团三等兽医长	又
传　淼	骑兵第三团三等军需长	又
传　鑫	骑兵第三团团长	又
李宝焌	第三师交通团飞行营长　交彭科长未发	又
路孝愉	工兵第三营营长	又
徐振中	辎重第三营营长	又
陶槐年	工兵第三营营附	三月廿四
汪　迈	辎重第三营营附	又

杨家骅	第三师管理长	三月廿三
翟长发	第三师军械长	又
胡培新	第三师军法处长	又
陈致忠	第三师二等军需长	又
徐　策	第三师交通团铁道营长交彭科长未发	三月廿四
姚受唐	步兵第十二团团附	廿六
关衍辉	步兵第十团三等军医长	廿八
周汝砺	步兵第十一团三等军需长	廿八
周应时	充第五旅长	四月二日
梅永贵	步兵第九团团长	初五
皮广生	第三师副官长	初五
季遇春	步兵第九团第一营长	又

第　四　师

孙　棨	第四师师长	元月廿六
袁家声	第七旅旅长	二月初六
杨冠英	第八旅旅长	又
岳相如	第十三团团长委任改399	又
廖传祺	第十四团团长	又
朱明善	第十五团团长	又
王鸿勋	第十六团团长	又
喻铭勋	骑兵第四团团长	二月廿五
凌寿昌	炮兵第四团团长	又
魏良弼	工兵第四营营长	又
冯　奇	辎重第四营营长	又

第　五　师

吴保恕	十九团第二营营长	一月卅一号

朱德明	廿团第一营营长	又
刘维桢	十九团第一营营长	又
束锼德	十九团第三营营长	又
王斌修	步队廿团第三营营长	又
李景福	步队廿团第二营营长	又
吴长胜△	第十七团第一营营长	又
曹吉征△	第十七团第三营营长	又
邱　震△	第十八团团长	又
彭启鹏△	第十八团第一营长	又
颜大镛△	十八团第三营长	又
联开英△	第十八团营长	又
宋维翰△	第十七团第二营营长	二月一号
刘　毅	第五师师长	二月七号
谢凤钧△	炮队五团第一营长	元月廿一
陈　锐	第五师一等参谋	二月廿三
万承福	第五师二等参谋	又
陆师逊	第五师管理处处长	又
戈文伟	第五师副官处处长	又
王永泉	第五师工兵营长	二月廿五
陈人坦	第五师军需处员	二月廿四
徐陈冕	第五师军需处长	又
王时润	第五师军法处长	二月廿七
李　刚	第十九团团长	二月廿六
袁华选	第十旅旅长	二月廿九
杨　杰	炮兵第五团团长	三月初四
张其瑞	炮兵第五团第二营长	又
连捷三	第五师兽医长	三月初五

姜仲烈		第五师三等军需长	三月初七
成　桄		骑兵第五团团长	又
首　斌		第五师第十旅参谋	又
陈家鎏		炮兵第五团三等兽医长	三月十二
黄复元		第五师军械处处长	三月十三
高　齐		骑兵第五团长	三月廿一
杨　杰		第五师参谋长	又
欧阳点		炮兵第五团三等军需长	三月廿五
葛成勋		第五师军医处长	廿七
张策平		工兵第五营营附	廿八
陈汉钦		第九旅旅长	四月初一
丁文涛		骑兵第五团三等军需长	初四
丁志求		骑兵第五团三等军医长	又
胡永年		骑兵第五团三等兽医长	又
朱　熙△		第九旅旅长	二月卅一①
张鼎勋△		第十七团团长	

右名册内有△符号者均改为混成第一旅

第　六　师

金华林		第六师参谋长	三月廿二
顾乃斌	取消	第六师师长	廿六
叶颂斌		第十二旅旅长	四月初三
徐则恂		第廿一团团长	又
姚　琮		第廿一团团附	又
来伟良		第廿二团团长	又

注：①原文如此。

叶　英	第廿二团团附	又
王　萼	第廿三团长	又
潘伯勋	第廿三团团附	又
童保暄	第廿四团长	又
李全义	第廿四团团附	又
谢祖康	骑兵第六团团附	又
徐乐尧	骑兵第六团团长	又
张国威	炮兵第六团团长	又
项云舫	炮兵第六团团附	又
白　钊	辎重第六营长	又
徐康圣	工兵第六营营长	四月三日

第　七　师

夏尊武	步兵第十三旅长	元月廿九
张　智	第廿七团团长	廿九
洪承点	第七师长	卅
邓文辉	步兵十四旅旅长	卅
胡守德	廿七团第一营营长	二月四日
殷志泉	第廿八团二营营长	又
张　翼	第十四旅参谋官	又
查镇洋	第十四旅参军官	又
刘玉昆	第廿七团教练官　即团附	又
孔　时	第廿八团教练官　即团附	又
陈群普	第廿八团一营营长	二月七日
伍毓瑞	第廿八团团长	二月十一
陶治民	第十三旅二等参谋	十七
赵锺琦	第廿五团团长	十七

蒋铁民	第廿五团团附	又
吴　浩	步兵第廿六团长	又
徐一清	步兵第廿六团团附	又
江鸿钧	第廿五团一营营长	又
萧倬如	第廿五团二营长	又
周　诗△消	第七师二等参谋	二月十八
锺　琦△消	第七师管理长	又
宋子扬	炮兵第七团团长	又
胡　韬	炮兵第七团团附	又
阎国钧	骑兵第七团团长	又
佘念慈	骑兵第七团团附	又
杨允恭	炮兵第七团一营营长	又
王光黄	辎重兵第七营营长	又
黄百度	第廿五团第三营营长	又
许绶培	第廿六团第二营营长	又
华　璞	第廿六团第三营营长	又
高孔式	第七师二等军械长	二月廿九
郭德玺	第七师副官长	又
陆瑞麟　重△	第七师一等参谋	又
张维圣　重△	第七师司令部参谋长	又
熊　烈	第七师军法长	又
巴泽宪	第七师二等军需长	又
彭　毅	第七师三等军需长	二月廿九
周诗祁	第七师二等军医长	又
吴　定	第七师三等兽医长	又
汪瑞钧	第七师宪兵营长	三月初八
陶治民	第廿五团第一营营长	十五

何犹兴	第廿七团第二营营长	廿四
邱滙宗	步兵第廿八团一营营长	又
董福闻	步兵第廿七团长	又
陆瑞麟	第廿八团团附	又
张维圣	第廿八团团长	廿五
伍毓瑞	第一师一等参谋	又
翁时济	第七师副官长	廿八
朱　培	第七师管理长	又
锺　琪	炮兵第七团第二营营长	又
吕汗劲	第七师二等参谋	又
赵厚生	第七师参谋	四月初三
徐康圣	工兵第六营长	又
韩景琦	工兵第七营长	初五
徐　基	工兵第七营营附	又

第八师　此师暂不设师长与十七师合为三军归王芝祥统

陈裕时	陆军混成十五旅旅长	二月初五
胡　进	混成旅第十五旅三等副官	又
萧　通	第十五旅三等军需官	又
王孝缜	步兵第卅团团长	七号
黄恺元	步兵第卅一团团长	又
李实茂	炮兵第八团团长	又
赵恒惕	第十六旅长	三月初四
杨锐锋	第廿九团第一营营长	十二
王兆銮	第廿九团第二营营长	又
余进美	第廿九团第三营营长	又
翟翰华	第卅团第一营长	又

刘峰立	第卅团第二营营长	又
曾堪宇	第卅团第三营营长	又
夏　棜	第十五混成旅炮兵第八团二营营长	三月十九
李　浚	第十五混成旅参谋处长	廿日
张乃良	第十五旅参谋	卅日
胡炳岺	步兵卅团三等军需长	廿三
陈之骥	第八师师长	廿七
锺承章	第八师一等参谋	廿九
张国权	八师二等参谋	又
彭树煌	八师副官处长	又
刘月清	八师管理处长	又
黄中垲	八师军法处长	又
马中骥	八师军需处长	又
杜承休	八师三等军需长	又
阮元基	八师军械处长	又
韦经纶	步兵卅一团团附	又
曾君典	步兵卅一团第一营营长	又
罗超元	步兵卅一团第二营营长	又
周扬亚	步兵卅一团第三营营长	又
余敬存	第八师参谋长	又
陶德瑶	第卅一团团长	又
何　遂	步兵第卅二团团长	又
刘建藩	骑兵第八团团长	三月廿九
张厚琬	炮兵第八团团长	又
吴和宣	工兵第八营长	又
徐　雄	工兵三十二团团附	又
甘振贤	步兵第卅二团第一营长	又

石焕鼎	步兵第卅二团第二营长	又
刘 稜	步兵第卅二团第三营长	又
贺 斌	骑兵第八团团附	又
戴鸿渠	炮兵第八团团附	又
邓鼎封	炮兵第八团第二营长	三月卅 又
陈建猷	工兵第八营营附	又
黄华新	辎重第八营长	又
刘世垅	第十六旅参谋	又

第 九 师

许殿爵	第卅团团长	二月六号	十五代理十七旅旅长
刘国标	第卅四团团长	又	
臧在新	第卅五团团长	又	
方 璧	第卅六团团长	又	
王 夔	第九师参谋长	二月七号	取销
谢刚德	第九师参谋长	二月十四	
许殿爵	代理第十七旅旅长	十五	
张 性	第十八旅旅长	二月廿五	
刘继星	第卅三团团长	又	
冷 菊〔遹〕	第九师师长	初五	

第 十 师 沪军改编

吴绍璘	第十师师长	元年三月十八
吴 晋	第十师参谋长	又
张朝基	第十师一等参谋	又
李人铎	第十师二等参谋	又
华振基	第十九旅旅长	又

华承德	第十九旅二等参谋	又
梁敦焯	三十七团团长	又
田应诏	第廿旅旅长	又
杨齐风	第廿旅二等参谋	三月十八
敖正邦	第三十九团长	又
陶澄孝	第四十团团长	又
龚渭霖	步兵卅八团长	又
史秉直	炮兵第十团长	又
李　铎	骑兵第十团长	又
何国梁	步兵三十七团第一营长	又
杜淑章	充步兵卅七团第二营长	又
张作本	充步兵卅七团第三营长	又
傅之凤	步兵第卅八团第一营长	又
西岳镇	充步兵卅八团第二营长	又
梅翼匡	充步兵卅八团第三营长	又
刘瑞琪	步兵卅九团第二营长	又
吴家龙	充步兵卅九团第三营长	又
何正修	步兵四十团一营营长	又
杨裕三	步兵卅九团第一营长	又
陈士隆	充步兵卅九团第二营长	又
余壮鸣	步兵四十团第三营长	又
李荣廷	炮兵第十团第一营长	又
白觐圭	充炮兵第十团第二营长	又
金　骐	工兵第十营长	又
徐定清	辎重第十营长	又
章豹文	第十师卫队营长	又
胡起卷	第廿九团三等军需长	廿日

周光濂	步兵廿九团团附	廿日
谭　昌	步兵卅团团附	又
黄恺元	步兵廿九团长	又
朱士桢	第廿旅二等参谋	三月廿四

〔南京临时政府档案〕

7　陆军部关于取消湘桂联军番号缴销关防文电

（1912年2月2日）

（1）致大总统申

为申报事：窃准湘桂联军总司令官沈秉堃由金口来电内开：秉堃被举为湘桂联军总司令官，本不知兵，力疾任事，悚惶万状。桂副都督王君芝祥，百战身经，智勇兼备。现督六大队，将临前敌，而赵恒惕一军，又属王旧部。至湘军如梅协统馨、王统领槃雷、张统领其锽，各著公忠，为将领杰出，独树一帜，绰有裕如。湘桂联军总司令名义，应即取销。堃才识虽庸。颇知国民责任，当此民国初建，安敢退避，以卸仔肩。实因军学未娴，而又事无须此，用敢缕达，乞鉴微忱。等因。准此。查本部现正亟谋统一，所有各军司令名义，其勿庸存留者，应即取消，以免纷歧，而节縻费。除电复取销司令一职，仍俟桂副都督王芝祥到后再行交代外，理合备文呈请钧鉴备案施行。须至申者。右申

大总统孙

中华民国元年二月二日

（2）复沈秉堃电稿

武昌金口。湘桂联军总司令沈鉴：艳电敬悉。谦抑之处，良用钦佩。已代达。大总统允许取销司令一职，请俟桂副都督王芝

祥到后再行交代为叩。陆军部黄兴。萧。印。

中华民国元年二月二日

〔南京临时政府档案〕

8 临时大总统关于委任宋子扬为徐州军政长职与陆军部往来令申

（1912年2月）

（1）临时大总统令（2月10日）

临时大总统令

徐州地方，现值戒严，军政长一职，亟应委员充任。查有宋子扬，前经该地方刘仁航等联名禀请委任，当经令行江苏都督查核办理在案。合行令仰该部迅即发给该员宋子扬委任状，责成该员克日受事，以重地方。至名称权限一并由该部规定饬知可也。此令。

陆军部知照

孙　文

中华民国元年二月十日

（2）陆军部申稿（2月12日）

为申复事：二月十日奉令内开：徐州地方，现值戒严，军政长一职，亟应委员充任。查有宋子扬，前经该地方刘仁航等联名禀请委任，当经令行江苏都督查核办理在案。合行令仰该部迅即发给该员宋子扬委任状，责成该员克日受事，以重地方。至名称权限一并由该部规定饬知可也。等因。奉此。窃查徐州方面军队已由柏军统文蔚节制，似未便设立军政长，以致事权不一。至该处民政事件，应由大总统饬下内务部着选派民政长一员，以重地方，或迳以宋子扬改充民政长。理合申复，伏乞钧鉴。须至申者。

右　申

大总统

中华民国元年二月　　日

南京临时政府档案〕

9　张人杰为启用军国民军关防致黄兴电①

（1912年2月10日）

陆军总长黄鉴：军国民军之关防，已于今日坐用。其文曰：军国民军正司令之关防。谨电闻。张人杰叩。

〔南京临时政府档案〕

10　陆军部关于全国军队按暂行编制编成所有官佐补授实官电稿

（1912年2月11日）

各省都督，各军、师、旅司令处、参谋处钧鉴：本部现拟将全国各军编成建制，军队亟应调查明晰，预备划分管区，以期统一而免分歧。其编成均按照部颁暂行编制办理，前已电达在案。俟编成后即将所有官佐报由本部汇呈大总统，按其职务，一律补授实官，以谋军政统一。务望迅速呈报，以便实行为盼。陆军部。尤。

中华民国元年二月　　日

〔南京临时政府档案〕

注：①张人杰时任驻沪"军国民军"正司令。

11　孙岳等关于取消联军总司令机关文电

（1912年2—3月）

（1）孙岳电（2月14日）

陆军部长黄钧鉴：共和业已成立，联军总司令机关待命取消。前请颁发关防及参谋委任状一节，请即免发。孙岳敬叩。寒。

（2）陆军部致蒋雁行咨稿（2月16日）

为咨复事：窃满清退位，南北联合，敌转为友。凡前各联军司令等名目，皆在取消之列。兹据来咨言，讨虏联军司令长孙岳电贵督转请发给联军司令关防及各参谋委任状一节，除各参谋已由本部迳电孙司令长照准饬知在案，自应补发委任状以昭信守。至联军司令关防，则不能照发。相应备文咨复。为此，合咨贵都督烦为查照施行。须至咨者。

右　咨

江北都督蒋

中华民国元年二月　　日

（3）陆军部复孙岳电稿（3月2日）

江北蒋都督转孙司令官岳鉴：现南北既已统一，海内一家。战时所编联军讨虏机关，应当裁撤。兹贵总司令自请取消，理应照允。嗣后联军交涉事件，即由本部直与蒋都督及各军接洽可也。贵司令善后办妥，恳即来部听候委任。陆军部。冬。印。

中华民国元年三月初二日

〔南京临时政府档案〕

12 法制院等关于编订陆军军官等官俸及任用免官等令草案咨申及临时大总统令

（1912年2—3月）

（1）法制院咨（2月26日）

法制院长宋教仁为咨行事：案奉二月七号大总统令开：案据临时政府中央行政各部及其权限第二条、第三条所载：任用职员分简任、荐任、委任三等。今各部成立，用人甚多。关于任用各项职员事宜，如状纸之程式，任委之手续，亟应明定规制，以期统一。为此，令仰该局长将以上三等任官之状纸程式及任官规制，妥为拟订，呈请核定，以便颁布施行。此令。等因。交到敝院。查各部官等、官俸及任用、免官等令，惟陆、海两部其内容与各部不同，其性质亦与各部大异，分科既繁，执掌自殊，非由陆、海军两部自行拟订，无由知其底蕴。兹官等、官俸及任用、免官等令草案，催呈甚急，他部均已编就，惟陆、海两部无所措手。请贵部将本部官等、官俸及任用、免官等令草案从速编订，发交敝院，以便审查，汇呈大总统核定。须至咨者。

右　咨

陆军部总长黄

中华民国元年二月二十六日咨

（2）陆军部申稿（3月10日）

为申请事：窃查南北统一，民国告成，推原其故，无非将士用命所致。自兹以往，军务正殷，将释阋室之戈，大张挞伐於世界，非亟为就职补官，不足以崇国体而专责成。谨拟定陆军人员补官任职令草案二十八〔九〕条，及陆军官佐免官免职令草案十一条。惟查现有军职出身不一，未能尽合本令所规定，是以另拟陆军官佐暂行补官简章九条，专为此次补官而拟，一俟改归一律，即将此条取销。嗣后免补事宜，即悉照陆军人员补官任职令草案执行。所有拟定陆军人员补官任职令草案及陆军官佐免官免职令草案、陆军官佐暂行补官简章，一并缮具清摺，呈请钧鉴，伏乞核准施行。须至申者。

右　申

大总统孙

中华民国元年三月　　日

（3）临时大总统令（3月10日）

中华民国临时大总统令

陆军补官任职及免官免职令着准此颁行。

孙　文印

中华民国元年三月十日

陆军人员补官任职令草案

第一节　总　纲

第一条　陆军官佐，均应终身服役，与文官解职后即退为平民者不同。故任职而外，必应补官，始能各专责成，慎厥职守。

第二条　凡已补官者，如非受免官之处分，虽停职、休职或退归续后备役，仍可保有其官位。

第三条　凡各军职，均有一定之阶级，应以相当之官，任相当之职，不得越级充任，亦不得降级充任。但规定军职有两阶级者，该二级均可充当该军职。

第四条　既受免官处分人员，不得任一切军职。

第二节　补　　官

第五条　陆军官佐补官办法分为四项：

（一）由陆军军官学校，及他项同等之陆军学堂毕业，充学习官期满，经所管团、营长出具考语堪以授官者，一律补以右军校，是为例补。

（二）由军士升额外官佐后，立有战功，具有相当之学术才具，经该管长官呈请特升（若临时官佐补充令，曾有此规定），亦得补授右军校，是为特补。

（三）自右军校以上各级军官佐於停年期满后，凡应序升或拔升人员，遇有上一级军官佐缺出，於每岁五月及各月初一日，将应升人员补以升级，宣登公报，是为升补。其停年考绩轮升拔升办法，见本令第四、五、六节。

（四）自大都尉以下各级官佐，应按本科授职。倘有改充他科军职时，应改补他科官佐（如骑兵军校改辎重兵军校，步兵都尉改宪兵都尉等），是为改补。

第六条　上等第三级以上军官佐，由大总统补授，中初等军官佐由陆军部申请大总统补授。

第七条　额外军官佐，由各该军队、学堂、局、司之高级官长考察部下应补人员，呈由陆军部补授。

第八条　各级军士，由各团长（步、骑、炮兵）、营长（工、辎重兵）考察部下应补人员，呈请各该管高级官长补授，申报陆军部存案。

第九条　各级军官佐补官之后，应授与补官证书。该证书由陆军部制备，申请大总统盖印署名，然后由部分别发给。

第三节　任　　职

第十条　凡在陆军部所定陆军官制及暂行编制内之官佐军职，从前已经委任者，均仍其旧。此令颁行之日起，如有军职缺出，须按本令手续委任。

第十一条 无论部、局、军队、学堂上等第一、二级军职（除陆军总、次长及参谋部总、次长外），均由陆军部开列胜任人员，申请大总统简任。

第十二条 无论部、局、军队、学堂上等第三级中等第一级官佐军职，均由陆军部查明合格人员，申请大总统委任。

第十三条 凡中等第二级以下官佐军职，属本部及本部直辖之军队、学堂、局、司者，由军衡局呈请总、次长委任。（本部直辖军队初等第一级以下各官佐，暂由该军长、师长委任，以归直捷。）各省都督所辖之学堂、局、司，由各省都督委任。但所委任须按本令第三条而行，如有待升级始可委任者，只可暂给予代理名目，并呈请本部，俟本部按停年考绩轮升拔升定章升补相当之级后，再行委充该军职，但中等第二级以上两阶级皆可充当之军职，虽以其第二级军官委充，仍当照第一级军官委充办法，由陆军部申请大总统简任或委任。

第十四条 凡属於各省都督，各军长、师长委任人员委任后，统由各都督、各军长、师长呈报陆军部宣布，并须由各都督，各军长、师长负完全责任。倘有中等第二级以下军职缺出，於本省或本军内无相当人员堪以胜任者，可呈请陆军部指调他省及他军人员，或直请陆军部派委亦可。

以上第十三、四两条系暂行办法，俟将来军政统一后，尚须酌量更改。

第十五条 凡任职者，均发委任书（附书式一纸）。上等第一级至中等第一级官佐军职之委任书，由陆军部办妥后呈请大总统盖印署名。中等第二级至初等第三级官佐军职军衡局请委任者，由本部发委任书。各省都督委任者，由各省都督发委任书。各军长、师长委任者，由各军长、师长发委任书。但其委任书式，须与本部委任书式同。

第十六条 凡以停职、休职人员委充军职者，须与起用例相符，经陆军部认可后，方可委任。

第四节 停年办法

第十七条 凡补官或升级人员，於补官升级之后，须充现役军职满左列所定年限者，为停年已满，始可照轮升拔升例升迁：

右军校 两年

左军校 三年

大军校 四年

右都尉 三年

左都尉 三年

大都尉 三年

右将军 四年

左将军 无定年

第十八条 停年未满人员，虽有异常劳绩，只可作为记名拔升人员，俟停年满后，归入拔升项下，尽先提升，惟於停年未满期内不得援例（战时可以酌量变通办理）。

第十九条 凡补官或升级人员，均由本部设立停年名簿，按补官或升级日期先后编号登记。嗣后停年期限，即据以起算。如有同日补官者，则以学校毕业成绩，及拔升、轮升、例补、特补考绩优劣，战功有无，以及升级前之资深资浅，为其先后次序。

第二十条 如遇有停职、休职者，须按照其解职期限，扣去停年期限。

第五节 考绩办法

第二十一条 凡全国一切现役军官佐，每年年终均由长官考绩一次，汇呈报该管长官，该管长官复出具考语判决等次汇报本部，由本部作成全国现役官佐考绩总表，以考核全国现役军官佐学识才具及其他一切。

第二十二条 考绩表记载法及有考绩权长官，如附表所列。

第二十三条 有考绩权各官，填所属官佐考绩表，应负完全责任，不得草率从事及存私徇情。

第二十四条 历年考绩均列上等者，於停年满后，如确系成绩卓著，得归入拔升项目下。倘历年考绩均列次等者，如确系成绩不良，虽停年已满，仍不得依轮升次序升级，而归入轮升次序之末，或令休职退归后备。

第六节 轮升拔升办法

第二十五条 各级军官升级，依轮升及拔升办法如左。

（一）由各〔右〕军校升左军校，轮升者三分之二，拔升者三分之一。遇有缺出，第一缺归拔升，第二、三两缺归轮升，余类推。

（二）由左军校升大军校，拔升、轮升各半。遇有缺出，第一缺归拔升，第二缺归轮升。

（三）由大军校升右都尉，拔升者六分之五，轮升者六分之一。遇有缺出，第一、二、三、四、五缺归拔升，第六缺归轮升。

（四）由右都尉升左都尉，及左都尉以上之升级，一律均系拔升。

第二十六条 停年已满人员，未经该管团、营长以上有特保，及历年考绩表未列上等或次等者，一律依停年名簿先后次序，轮流升级，是为轮升。

第二十七条 停年已满人员，当停年未满之先，如有特别战功者，归入拔升第一项。劳绩卓著，学术才具均优长，经该管长官特保者，归入拔升第二项。在陆军大学毕业者，归入拔升第三项。历年考绩均列上等者，归入拔升第四项。均不依轮升次序，提前升级时为拔升。

第二十八条 所有拔升人员於停年既满之日，一律由轮升停年名簿内摘出，列入拔升名簿内，依第一、二、三、四项次序编列，但由右、左军校升左、大军校，如拔升人员过多，拔升名次反在轮升名次之后者，可依轮升次序升级。

第二十九条 凡特保所属官佐有拔升资格者，须负完全责任，必须有确实证据，显著成绩，不得徇私滥保。

陆军官佐免官免职令草案

第一节 总纲

第一条 陆军官佐服役，应分为现役、后备役两种。

第二条 陆军各级官佐，服现役年龄须有限制，满限则应退为后备役。其服现役年龄之限制如左：

左右军校	至四十五岁
大军校	至四十八岁
右都尉	至五十岁
左都尉	至五十二岁
大都尉	至五十五岁
右将军	至五十八岁
左将军	至六十二岁
大将军	至六十五岁

第三条 陆军官佐，凡有溺职违法行为，由军法会议判决免官职等罪名，即由陆军部宣布执行。

第二节 免官

第四条 陆军官佐，遇有左列各项事故者，即行免官，削除兵籍：

（一）失去本国国籍者。

（一）有溺职违法行为，受军法会议判决免官者。

（一）受附加刑剥官之宣告者。

（一）犯重罪各刑，经军法会议判决宣告治罪者。

第五条 凡受免官处分者，一律追还补官证书，及军职委任书。

第三节 免职

（甲）停职

第六条 凡陆军官佐，遇有左列各项事故之一者，即行停职：

（一）有溺职违法行为，受军法会议判决，应得永远停职或有期停职者。

（一）考绩不良，或难胜现役军职之任，应免职退归后备役者。

（一）受免官处分者。

第七条 凡陆军官佐受有期停职处分者，於期满后，由陆军部察看，如已悔悟前非尚堪任事者，仍得派充军职。

第八条 凡陆军官佐受停职处分者，由陆军部宣布后，照补官任职令第十三、四条办法，派人接充该军职，其以前之委任状取销。

（乙）休职

第九条 凡陆军官佐，遇有左列各项事故之一者，概行休职，仍作为现役官佐：

（一）因军队遣散开去军职者。

（一）因编制变更裁去军职者。

（一）因特别职任已毕，或修学期限已满，尚未派充军职者。

（一）伤病至六个月尚无痊愈之望者。但自行辞职，或遇战事，或因任务重要，不能久派人代理者，则不以六个月为限。

（一）呈请修学或自费往旅行调查者。

第十条 凡陆军官佐，遇有左列各项事故之一者，概行休职，归入后备役：

（一）呈准辞职者。

（一）因伤痍疾病，难充现役军职者。

（一）被举为各议会议员者。

（一）改充陆军所属以外之文职者。

（一）已满现役年限，不能服现役者。

第十一条 凡陆军官佐休职者，由陆军部宣布后，照补官任职令第十三、四条办法派人接充该军职，其以前之委任状取销。

附陆军官佐暂行补官简章

第一条 民国初立，军务方殷，亟应任官受职，以资整理，而专责成。此项陆军补官办法，凡授有军职，在陆军部所定陆军官制及暂行编制内，均按其职级，一律补授实官。

第二条 上等第三级以上军官（大将军至右将军），由大总统简补。

第三条 中等军官（大都尉至右都尉），由陆军部申请大总统简补。初等军官（大军校至右军校），均由陆军部考察应补人员，申请补授。

第四条 额外军官佐，由各该军队、学堂、局、部之高级官长考察部下应补人员，呈由陆军部补授。

第五条 各级军士，由各旅长（步兵）、团长（骑兵、炮兵）、营长（工兵、辎重兵）考察部下应补人员，呈请各该官高级官长补授，申报陆军部存案。

第六条 各级军官或因他项原因不能任军职者，由陆军部考察该员能力，能否改充文职，随时斟酌办理（章程另订）。

第七条 此次所补军职，系专就陆军部所定陆军官制及暂行编制内之军官佐而言。若各省歧出之军职（如各省都督府、军政分府内之军职等），俟地方行政制度制定后，再行分别补授。

第八条 参谋部人员，应由该部将应补人员通告本部，分别核补。

第九条 各军队官衔以外之军职，须有相当之学识，始准补授。

字　　号

存根

委任状

今委任

中华民国　年　月　日

中　华　民　国

委任状

今委任

中华民国　年　月　日

名目区分	被考官佐	考绩官佐
陆军部 参谋部	局长 处长	陆军部总次长 参谋部总次长
军司令部	军长	陆军部总次长
师司令部	师长	陆军部总次长
混成旅司令部	混成旅长	陆军部总次长
步队旅司令部	旅长	师长
步团	团长	旅长
马、炮团	团长	师长
工兵营	营长	师长
辎重营	营长	师长
各项兵器工厂	总理	陆军部总次长
宪兵队	营长	军衡局长
各陆军学校	校长	陆军部总次长
测绘学校	校长	参谋部总次长
各省都督	军政司司长	都督
各要塞司令部	要塞司令长	陆军部总次长
外国驻扎武官	武官	参谋部总次长

陆军各官佐区分表

被考官佐	考绩官佐	附记
科员 科长 副官	局长 处长	1.表内所谓军职均指官佐所充者而言，至额外官佐以及军士则不在其例。
军参谋官及军司令部所属将军都尉军校各军职	军长 军参谋长	
师参谋官及师司令部所属都尉军校各军职	师长 师参谋长	
旅参谋官及旅司令部所属都尉军校各军职	旅长 旅参谋长	
都尉军校所任各军职	旅长	2.表内各职均照现有名目开列，嗣后如有增改裁减之处，自应随时申请大总统增入。
团长所属各军职	团长	
团长所属各军职	团长	
营长所属各军职	营长	
营长所属各军职	营长	
总理以次各军职	总理	
营长所属各军职	营长	
校长以次各职	校长	
校长以次各职	校长	
司长以次各职	司长	
台长、台长以次各职	要塞司令长	
随员	武官	

陆军官佐考绩表

官佐姓名	某部、某局、某师、某团、某学校、某职、某官、某人。
籍贯年龄	某省某府某县人，现年若干岁。
出　　身	某年、某月、某日，由某学校毕业、某队拔升。
补官日期	某年、某月、某日补授某官。
进　　级	某年、某月、某日委充某职。 某年、某月、某日升补某官。
战　　役	简单记载。
赏	关于补官授职以后之勋赏。
罚	关于补官授职以后之惩罚。
上官附记	考　绩　官　附　记
等	一 性质 二 志操 三 气概 四 体格 五 陆军出身前之经历

	六 陆军出身后之景况 七 勤务 八 学术 九 特长 十 义务心及品行 十一 家政及家计 十二 交际 十三 历叙今昔之变迁及逆料将来之结果 十四 考绩官之判决
备　　考	如考绩官及上官记载附记时有错误须更改者，每届均须记明更改若干字并年月日，盖印署名。

中华民国元年　月　日考绩官印

考绩官记载已毕呈于上官，上官所见，记入此格，并分别填明上中次三等字样。	考绩官填写附记不可存私徇情，须确由平日注意该员一举一动，随时记载，不准矫饰其所长，曲护其所短，务使他人一阅附记，恰如亲见其人，而得识其性质能力，知其品行学问，是以考绩官务就其人之所行所为映於心目中者，详为记载，是为至要。

〔南京临时政府档案〕

13　陆军部各单位任官录底册

（1912年2—3月）

顾问官

倪　谦		
周　诗		
耿觐文		
李书城		
吴祜贞	高等顾问	
陈　晋		
赵　丹		
凌　昭		
崔其枢		二月十三
许　适		二月十四
刘懋政		二月廿一日
路孝愉		二月廿一日
费国祥		二月廿六日
吴振黄		又
杜　俞	高等顾问官	二月廿七
龚光明		三月初六日
陈　蔚	充高等顾问官	三月一号
王芝祥	充高等顾问官	三月四日
锺毓琦	充一等顾问官	三月初八日
陈雄州	充高等顾问官	三月八日
胡令宣		三月九日
雷　飏		

宾镇远

夏国桢		三月廿二

副官处

副官长何承濬		
一等副官梅蔚南		
一等副官徐少秋		
二等副官徐乃嵩		
一等副官胡国梁		
一等副官高秉彝		
二等副官孙伯文		
二等副官傅　钧		
二等副官李　律		
三等副官王　毅		
三等副官刘　恢		
二等副官梅志和		二月十九号
二等副官徐尚忠		又
三等副官黄　异		又
胡曰林	充副官处收发员	二月廿三
张彬文	同　上	二月廿四
杨重岳	充本部绘图员	三月十六
周　复	充二等副官	三月廿日
周云青	充二等副官	廿六日

秘书官

金华祝

巴泽惠

黄中凯

汤化龙
万声扬
张铭彝

军衡局

局长仇　亮	
一等科员文锡祉	
二等科员刘潜亮	
额外科员周金科	
任官科科长彭　琦	二月廿六
三等科员花　楞	三月初二
赏赉科科长陈　虹	三月九日
一等科员胡炳焘	三月八日
二等科员周颂彝	又
三等科员倪荣黻	又
二等科员陈凤文	又
副官杨葆毅	十七
一等科员兼署理考绩科长刘文锦	又
一等科员张元骞	三月廿三
考绩科二等科员梁焕章	廿四
二等科员朱　常	廿五日
二等科员田秉衡	廿六
官其彬	

军务局

步兵科长陈　范
一等科员余晋龢

一等科员何浩然	
二等科员康毓文	
二等科员张谞文	
二等科员支士端	
三等科员沙涌潮	
三等科员张国维	
骑兵科科长张鹗翎	
工兵科科长凌元洲	二月七日
三等科员徐锡畴	又
三等科员陈守谟	二月十二日
三等科员吴镜芙	又
一等科员李华英	三月初六日
局长张孝准	三月十一日
一等科员王季梁	三月十四日
军事科长杨廷溥	
炮兵科科长韩麟春	三月二十二
二等科员陈万桢	又
副官萨贞豫	又
二等科员林燿烨	三月廿四日
骑兵科科长张华辅	廿六
二等科员萨君泰	又
三等科员罗健松	又
三等科员杨传清	又
一等科员叶华銮	廿八
三等科员汪时璟	又
额外科员刘春荣	又

军械局

局长翁之麟	
二等科员汪道生	
二等科员胡宗铨	
二等科员何鸣皋	
二等科员吴光杰	
枪炮科长刘庆恩	
一等科员李　任	
材具科科长吴和宣	二月七号
二等科员白　武	二月廿一日
三等科员冯宏殷	二月廿九
枪炮科一等科员汪　韬	三月廿四
枪炮科一等科员吴　和	又
枪炮科二等科员俞　振	廿五
副官冷秉支	又
材具科一等科员汪　略	又
材具科二等科员沈鸿钧	又

军需局

局长曾昭文

副官马宗燧

粮服科长林凤游

会计科长杨鸿昌

一等科员吴士先

一等科员胡光智

二等科员徐国亨

二等科员贺耀华

二等科员王竹怀
三等科员汪　汉
三等科员柳克厚
三等科员林　礼
三等科员张铭彝
三等科员易兆鸿
一等科员李树吾
额外科员郑瑞卿
一等科员徐乃燊

吴启　军需局购办处调查员		二月十六日
额外科员李克一		又
一等科员方汉城		二月廿四日
军需局建筑科科长漆英		三月十九
傅鸣一	充一等科员	又
谷正伦	充二等科员	又
彭　骥	充二等科员	三月十九
陈　果	充二等科员	又
李韫珩	充二等科员	又
傅维四	充二等科员	又
李大觉	充二等科员	又
潘　晋	充二等科员	又
唐叔虎	充三等科员	又
龚家仕	充三等科员	又
陈麓彬	充三等科员	又
欧阳鋆	充三等科员	又
彭启瑞	充额外科员	又
张叙忠	充军需学校校长	又

黄海岚	充三等科员	又
杨士栋	充军需学校副官长	又
刘文藻	充军需学校校务长	三月廿二日
郭占元	充军需学校副官	又
邱理孚	充军需学校学生队长兼马术教员	又
王大中	充军需学校兵学教官	三月卅
林震青	军需学校兵学教官	又
周　敞	军需学校兵学教官	又
河上林	军需学校区队员	又
宋祚允	同　　上	又
田梦春	同　　上	又
易　炜	同　　上	又
萧海鹏	同　　上	三月卅
周震鳞	军需学校一等军需员	又
苏志熙	军需学校二等军需员	又

军学局

局长张承礼
副官杨　镑
步兵科长沈尚朴
工兵科长徐家瑢
一等科员高震龙
一等科员唐义彬
一等科员李华施
三等科员李　濬
骑兵科长唐　豸
二等科员周蔚文

一等科员李德昭	二月八日
二等科员戴鸿渠	二月廿一日
三等科员王禹离	二月廿二日
教育科科长蓝任大	廿六号
炮兵科科长李实茂	又
辎重科长李云龙	二月廿八
三等科员吴洪谦	二月廿九
三等科员何裕邦	三月初一
一等科员姚受唐	三月卅一日
二等科员陆　平	又

军医局

局长方　擎		
副官姚梦虞		
卫生科长张承学		
医务科长张修爵		
一等科员张蕴忠		
二等科员吴观光		
二等科员吕文雄		
三等科员赵世晋		
三等科员徐　寅		
三等科员王观海		
一等科员华　鸿		三月五号
彭树滋	充卫生材料厂厂长	三月廿日
薛宜琪	充卫生材料厂厂员	三月廿日
吴铁诚	充卫生材料厂军需员	三月廿四

军法局

局长陈嘉会

一等法官陈登山

二等法官邱祖藩

副官傅长民

二等科员施今墨　　　　　　　　二月十二日

二等科员杨纪宇　　　　　　　　又

二等科员郭光祖　　　　　　　　二月廿七

本部宪兵营

号兵队长徐翰进

军需官谭启韶

连长刘传铣

连长王铭贵

排长杨青山

排长孙宝钧

排长钱慰卿

排长张宗良

副官叶永康　　　　　　　　三月十四

周宝臣　充第一连连长　　　　　　又

张启运　充第二连第一排长　　　　又

刘金甲　充本营二等兽医　　　　三月廿五

廿四日委

谭启韶　充宪兵营军需官

成国屏　充陆军部宪兵营长

叶永康　充宪兵营连长

刘传铣　充宪兵营连长

王铭贵　充宪兵营连长
程志康　充宪兵营连长
钱慰卿　充宪兵营排长
张宗良　　同　上

〔南京临时政府档案〕

14　陆军部关于第八第十七两师编为第三军申及大总统令

（1912年3月6日）

（1）陆军部申稿

为申请事：窃查各省现有军队，亟宜编定建制，遴派统将，以资整理。兹拟以第八、第十七两师编为第三军。查广西副都督王芝祥谙练军务，谋略优长，堪以充任第三军军长兼本部高等顾问官。所有各旅旅长，除十五旅旅长已委陈裕时充任外，查有赵恒惕堪以派充十六旅旅长，程子楷堪以派充三十三旅旅长，宋尚杰堪以派充三十四旅旅长。至该二师师长拟暂缓设，一切事宜均由旅长直接军长办理。是否有当，理合申请核夺施行。须至申者。右申

大总统孙

中华民国元年三月六日

（2）临时大总统令

临时大总统令

现在各省所有军队，亟应编定建制，俾资统一，而策进行。兹据该部申请，以第八、第十七两师编为第三军，所拟各项办法，尚属妥善，著即准此施行。其王芝祥以下各统将，并著随时认真督率训练，俾成劲旅，毋负委任为要。此令。

陆军部总长黄兴知照

孙 文

中华民国元年三月六日

〔南京临时政府档案〕

15 王芝祥等关于颁发第三军军长关防及官佐委任咨函
（1912年3—4月）

（1）王芝祥咨（3月11日）

第三军军长王为咨会事：案准大部咨开：查各省现有军队，亟应编成建制，遴派统将，以资整理。兹经本部申请大总统，以第八、第十七两师编为第三军，以广西副都督王芝祥充第三军军长兼本部高等顾问官。除第十五旅长已委陈裕时充任外，第十六旅长以赵恒惕委充，第三十三旅长以程子楷委充，第三十四旅长以宋尚杰委充。所有第八、第十七两师，均暂不设师司令部，以节省经费，一切事务由各该旅长直接军长办理。除饬军衡局颁给委任状及关防外，为此咨会贵军长转饬该旅长等遵照。等因。准此。查关防迄今未奉颁给，敝军改编在即，所有发布公牍，亟需改用军长关防，以昭信守。相应咨请饬军衡局将第三军军长关防，即日发下，以便启用。为此咨烦大部查照施行。须至咨者。

右咨

陆军部

中华民国元年三月十一日

（2）陆军部复咨稿（3月28日）

陆军部为咨行事：案查陆军第三军编制就绪，该军军长一缺，业经呈请大总统委任贵军长充任在案。所有军长委任状，亟

应填给接收，俾资信守。除由本部饬填给付外，相应咨行贵军长查照施行。此咨

第三军军长王

中华民国元年三月二十八日

（3）王芝祥致蒋作宾函（4月1日）

雨崖先生鉴：敝军现已改编，所有应请委任人员，谨开摺送览，祈加委任为祷。肃此，敬请勋安。诸惟垂察。

王芝祥谨上

初一

第三军军司令王芝祥，谨将咨请委派官长姓名开呈鉴核。

计　开

第三军军司令部参谋长耿　毅

第三军军司令部副官长刘洪基

第三军军司令部参谋副长赵正平

第三军军司令部军需司司长薛家骏

第三十四旅第六十七团团长钟镇藩

第三十四旅第六十八团团长朱超群

管理司司长李蓉镜

一等参谋岳　森

一等参谋张文通

一等副官董诒德

二等参谋端木乐益　刘天瑞

军需司副长陈徵图

金柜官缪嘉珍

军械官焦振彪

粮服官刘福海

三十四旅参谋倪万育

第六十七团团附高声震

第一营营长周寿崧

第二营营长丁　耀

第三营营长刘星曜

第六十八团团附周杨亚

第一营营长张兆龙

第二营营长江汝胜

第三营营长莫玉林

〔南京临时政府档案〕

16　临时大总统等关于商订长江水师统一编制文件

（1912年3月）

（1）临时大总统令（3月12日）

临时大总统令

兹据长江水师二十二营前荆州营副将刘炳庭，提中营副将丁得贵，簰州营参将杨守约，芜湖营游击王诗访，金陵营参将张玉心，沅江营参将钱四和，江阴营副将邵茂春，华阳营游击万时雨暨全体兵士代表杨受百、蒋克明、范顺贻、朱宝滋等禀称：为选举将才，恳请擢用，以一事权，俾有遵循事：窃自武汉义师方兴，经李传芬密授方针，兵士等莫不欢欣鼓舞，同为遥遥响应。伏念我水师原设有二十二营，分置五省江面，向归统一，层层节制，息息相通。惟现今各在一方，兵气不接，不无畛域之分。兵士等往返函商，若不禀请设一统一机关，漫无所归，然选举非人，不孚众望，悉心计议，将才难得，惟有旧恩宪李成谋之公子李传芬克当此选。其人丰富而负英才，文德而兼武备，向与水师兵将均有感情，人望素著，胆略兼长，前在云南为宦，政声远播，驭军有法，剿匪尤称得力，此人人所共知共闻也。兹值我国共和之秋，正是求贤若渴之日。兵士等是以不揣冒昧，公同选举李传芬为水师二十二营统制，实系全体承认，并非个人私见。所有兵士等公议选举缘由，理合具禀，仰恳大总统、陆、海军总长俯准，札饬李传芬到宁任事，并赏通知各省都督查照可也。全体幸甚。水师幸甚。等情前来。查长江水师亟须统一，其应如何编制委任妥员接充之处，仰该部咨商海军部核办可也。此令。

陆军部总长黄兴知照

孙　文

中华民国元年三月十二日

（2）陆军部咨稿（3月16日）

为咨请事：窃于三月十二日奉大总统令开：据长江水师云云同申文稿录至此令。等因。奉此。敝部遵即筹拟办法，将长江五省所有各项水师一律调查并入，并拟分为上下游，各设总司令长一员，以专责成，而资控制。兹经拟具会稿，相应咨请贵部查核办理，仍希将原稿给还照缮，再请会印封发，望切施行。须至咨

申大总统

计咨会稿一件

咨海军部

中华民国元年三月十六日

陆、海军部会稿

为会衔申请事：窃于三月十二日奉大总统令开：据长江水师前荆州副将刘炳庭等暨全体兵士代表杨受百等联名奉请就长江二

十二营设立统一机关等情一案。查长江水师亟须统一，其应如何编制、委任妥员接充之处，仰该部咨商海军部核办可也。此令。等因。奉此。查长江五千余里，上通滇蜀，下控海陬，地段既极绵长，巡缉最关紧要，其中尤多通商口岸，交涉频繁。前请设立水师，统以一提四镇，日久积弊亟待更张。且所辖仅二十二营，由荆州以讫江阴，其责成仅及于江面。至内河各项水师，惟江西之吴城、饶州两营划入长江，余皆分隶于各省，事权不一，声息难通。今议编制改良，似应一律并入。拟请就五省所有各项水师，除缉私船仍由盐务直辖外，如湖南之选锋水师，湖北之襄河、宜昌各水师，江西之内河水师，安徽之巢湖水师，江苏之督标、提标及狼山、福山、苏松三镇并淮扬、太湖、飞划、里河各水师等，关。凡从前不隶于长江提督者，均即调查归并，以期统一，而活机并添配浅水兵轮，遴用海陆军学生，采取欧美水上警察精义，随时变通，期于化除畛域之中，渐收因地制宜之效。至委任妥员一节，从前长江水师一切皆受成于提督，现既拟将各项水师并入，则辖地更宽，如仍前只设一员，实恐鞭长莫及。即江苏光复以后，都督程德全委任章嘉时为统制，亦只系一时权宜办法，尚未暇兼筹全局。兹经再三会议拟将长江分为上下游，各设总司令长一员，以专责成而资控制。查有前光复军总司令李燮和威望素孚，胆识兼富，堪以委任长江上游水师总司令长，凡湖南、湖北、江西三省各水师皆隶之。又查有总统府秘书员张通典器识宏通，沉毅多略，堪以委任长江下游水师总司令长，凡安徽、江苏两省各水师皆隶之。其总司令长以下应设镇守府几员及应如何参稽旧制，厘定新章，以便折中之处，均由该总司令长体察地方情形，组织改良，随时报明核办。所有遵令编制长江水师暨委任两员接充总司令长缘由，是否有当，理合会同申请大总统鉴核指令遵行。如蒙允准，希将委任状加盖印信，由部分发，以资信守。

再此件系陆军部主稿，合并声明。须至申者。

计申委任状二纸［缺］

中华民国元年三月十六日

（3）海军部函（3月17日）

敬启者：支配长江水师营制一节，敝处已派人调查，正在核议间。昨接来咨，并送会稿一件，筹划精详，组织完密，至为钦佩。兹已签字盖章，特缴候缮。惟尚有质疑者，稿中威望素符，符字似应作孚字，长江上游水师总司令之下似脱一长字，祈酌核为祷。又稿末须至申者之下似应添入再此件系某部主稿合并声明等语。是否有当，统候卓裁。专此，敬颂军安。

海军部谨启

附缴会稿一件

中华民国元年三月十七日早

（4）临时大总统批（3月21日）

临时大总统批

一件　该部呈请发给长江上下游水师总司令长委任状由呈悉。

长江上下游，联贯数千里，舳舻相接，商旅殷繁，宵小出没其间，宜有水师统一机关，不时巡逻来往，以资镇摄。兹据呈荐李燮和为长江上游水师总司令长，张通典为长江下游水师总司令长。查李燮和久膺戎寄，威望素孚，应即照准。惟张通典前已由交通部荐任为该部参事在案，民国鼎新，未便仍沿兼差恶习，致旷官职，而阻贤路。如非张通典不能胜任，应由该部先咨明交通部撤去该员张通典参事一职，再行委任，以期核实。至长江上下游既设有司令二员，不若改总司令长名称为司令长较为妥叶，委任状发还改定另呈可也。此批。

孙 文

中华民国元年三月二十一日

〔南京临时政府档案〕

17 袁世凯关于李燮和辞职与黄兴往来电

（1912年3月）

（1）袁世凯电（3月14日）

黄总长鉴：光复军总司令李燮和呈请辞职。此间莫知底蕴，究应如何，执事必有办法。袁世凯。盐。

（2）黄兴复电稿（3月15日）

北京。袁大总统鉴：盐电敬悉。李君燮和，学识优长，器量闳远。东南光复，厥功甚伟。现因民国确定，功成身退，尽解兵柄，欲返林泉。际此时局艰危，百端待理，投艰遗巨，正赖贤豪。敝处无术挽留，伏恳尊处设法维絷，以慰人心而奠大局。民国幸甚。谨先奉复。黄兴叩。删。印。

（3）袁世凯复电（3月17日）

黄陆军总长鉴：删电悉。希代转李君燮和：民国建设，正倚长才，兹闻引退，殊隗〔？〕所望。务希勉赞新沼〔治〕，勿过高尚。袁世凯。篠。印。

〔南京临时政府档案〕

18 陈其美请发第十师官佐委任状致黄兴咨

（1912年3月16日）

中华民国军政府沪军都督陈咨

据陆军第十师师长吴绍璘详称：案奉都督令开：准陆军部咨：沪上新军一师，希速饬吴绍璘迅就所部，照本部所颁编制编定一师，定名第十师，并饬将官佐花名清册造送本部，以凭发给委任状，俾专责成。等因。合亟令行该师长即便遵照部颁编制迅速编定，即改名为陆军第十师，所部各旅团，亦依此递改，一面将官佐衔名及目兵花名造册呈送转咨。此令。等因。奉此。遵即转行各旅、团、营一体遵照。惟部颁编制表及给与令，本师若一律遵照更改，按与现在情形，诸多窒碍难行之处。当由师长集合本师旅、团、营长及参谋等员会同酌议，先改名称，其内部暂行缓改，业经面禀都督及电禀军部各在案。兹将本师参谋人员及旅、团、营长造具简明履历清册，详请鉴核，转咨陆军部发给委任状，俾资遵守。再，官佐夫衔名清册，一俟汇齐，即行赍呈，合并声明。等情。据此。相应将送到履历册，咨送贵部，请烦查照，发给各员委任状，以重职守，盼切施行。此咨

陆军部总长黄兴

附送　　履历册一本

陈其美　军政司长许葆英代

中华民国元年三月十六日

陆军第十师师旅团营长暨参谋简明履历册

职务	姓名	年岁	籍贯	出身	历充要差
第十师师长	吴绍璘	三十五岁	湖南湘乡	日本士官学校步兵科毕业生	前湖南常备军统带湖北参谋军咨处科长两江参谋处总办督练公所军事参议官
第十师参谋长	吴　晋	三十一岁	江苏江宁	江南陆军学堂毕业生及日本陆军士官学校毕业生	历充江南将备学堂教习陆军步队营管带兵备处科长提调帮办广东测绘学堂监督总办兵备参谋教练等处帮办总办等差
第十师一等参谋	张朝基	三十二岁	江苏长洲	日本陆军士官学校毕业生	历充广东陆军中小学堂监督小学堂总办参谋处帮办模范队管带陆军速成学堂监督总办兵备处总办讲武堂总办
第十师二等参谋	李人铎	二十九岁	湖北汉阳	湖北武备学堂留学德国陆军大学校预备科毕业生	历充湖北第二十一混成协二等参谋官前陆军部额外咨议官兼编译局主稿山东陆军随员兼军政科文案中路巡防步队统领等差
第十师三等参谋	李　枯	二十六岁	湖南邵阳	江南将备学堂步兵科第一期毕业生	前充三十六标三营后队队官联军总司令部警备第二队队长机关炮队队长等差

陆军第十师师旅团营长暨参谋简明履历册

第十师第十九旅旅长	华振基	三十八岁	浙江仁和	留学日本陆军毕业生	历充南北洋正参谋云南兵备处总办及北京禁卫军统带第九镇马标统带等差
第十师第十九旅二等参谋	华承德	三十一岁	江苏金匮	留学日本陆军毕业生	历充福建陆军第十镇正参谋兼办陆军小学堂及统带工程营督练公所参谋等差
第十师第十九旅三十七团团长	梁敦焯	三十七岁	广东顺德	湖北武备学堂毕业生	武建营江苏常备军五十八标第一营广东学兵营兼马标工辎炮各队等营管带河南广东督练公所教练处校兵教育编译等科提调淞沪巡防营统领
第十师第十九旅第三十七团第一营营长	何国梁	二十六岁	广东顺德	广东陆军学堂毕业生	历充新军排长队官淞沪巡防营执事官
第十师第十九旅第三十七团第二营营长	杜淑章	三十四岁	江苏上元	江南陆军学堂毕业生	广东工程营南洋常备第八标第一营淞沪巡防第二营各管带

陆军第十师师旅团营长暨参谋简明履历册

第十师第十九旅第三十七团第三营营长	张作本	四十八岁	安徽合肥	军功	南洋常备第八标第二营前队队官淞沪巡防第三营中哨哨官淞沪巡防第三营管带等差
第十师第十九旅第三十八团团长	龚渭霖	四十五岁	安徽合肥	北洋将弁学堂毕业生	北洋陆军第二第四两镇参谋官河南陆军统带官广东陆军统带官两江督练公所教练处总办等差
第十师第十九旅第三十八团第一营营长	傅之凤	二十八岁	湖北汉阳	南洋将备学堂毕业生	贵州陆军小学堂监督第一标管带教练官督练公所提调湖南督练公所科长广东督练公所科员现代理沪军第二团团长
第十师第十九旅第三十八团第二营营长	西岳镇	三十五岁	江苏上元	湖北武备学堂毕业生	湖南新军第一标执事官南洋徐淮巡防马队营管带
第十师第十九旅第三十八团第三营营长	梅翼匡	三十岁	湖北黄陂	湖北将弁毕业生 江南讲武堂学员	江南第九镇步队三十三标排长队官机关炮队队官又辛亥九月奉军政府鄂军都督黎札派江南陆军运动联络员

陆军第十师师旅团营长暨参谋简明履历册

第十师第二十旅旅长	田应诏	三十七岁	湖南凤凰厅	日本士官步兵科毕业生	四川陆军速成学堂测绘学堂讲武堂等处总办督练公所兵备处帮办南洋步队三十四标三营管带
第十师第二十旅二等参谋	杨齐凤	二十七岁	湖北鹤峰厅	日本士官步兵科毕业生	
第十师第二十旅第三十九团团长	敖正邦	三十三岁	湖北施南	日本陆军士官学校步兵科毕业生	江南第九镇第十八协协统
第十师第廿旅第卅九团第一营营长	杨裕三	三十八岁	湖南晃州厅	日本陆军士官学校步兵科毕业生	
第十师第二十旅第三十九团第二营营长	刘瑞琪	三十一岁	湖南湘乡	江南将备学堂毕业生	江苏陆军队官教员管带官广东陆军督队执事官管带官江苏光复充总务所助理员

陆军第十师师旅团营长暨参谋简明履历册

第十师第二十旅第三十九团第三营营长	吴家龙	三十岁	湖南湘乡	江南将备学堂毕业生	队官督队官征兵提调两江兵备处科长
第十师第二十旅第四十团团长	陶澄孝	四十岁	湖南宁乡	日本士官毕业生	曾充湖南常备军二标标统兼理协统南洋三十六标标统
第十师第二十旅第四十团第一营营长	何正修	五十岁	湖南益阳	行伍	前充三十六标第二营管带
第十师第二十旅第四十团第二营营长	陈士隆	二十八岁	湖南湘乡	江南陆师学堂毕业生	队官
第十师第二十旅第四十团第三营营长	余壮鸣	二十八岁	湖北沔阳	江西武备学堂毕业生	前三十四标学习官排长掌旗官队官联军参谋沪军第三团副官

陆军第十师师旅团营长暨参谋简明履历册

第十师炮兵第十团团长	史秉直	三十八岁	湖南长沙	日本士官学校炮兵科毕业生	炮兵第九标教练官第三营管带
第十师炮兵第十团第一营营长	李荣廷	三十二岁	湖南宁乡	江西将备学堂及炮兵速成学堂毕业生	南洋炮队九标一营督队官代理第一营管带
第十师炮兵第十团第二营营长	白觐圭	二十九岁	江苏上元	留学奥国炮兵科专门大学堂毕业生	军官学堂教员
第十师骑兵第十团团长	李　铎	三十岁	湖南醴陵	日本陆军士官学校骑兵科毕业生	历充南洋马队第九标教练官管带等职
第十师工兵第十营营长	金　骐	二十九岁	浙江山阴	日本士官学校毕业生	前充江南陆军小学讲武测绘及杭州陆军小学炮工各学堂总办京师测地局局长等差
第十师辎重兵第十营营长	徐定清	三十五岁	湖北宜都	日本士官学校毕业生	前充军咨府科员及江西混成协参谋官等差
第十师卫队营营长	章豹文	三十四岁	湖南湘乡	合字军随营毕业生	前充三十六标队官督队官江南督练公所卫兵队官淞沪第五营管带

〔南京临时政府档案〕

19 陆军部关于各省军队未经编列者速造册报部电

（1912年3月17日）

各省都督鉴：现今军队林立，名目繁多，亟宜编定序列，以谋统一。除已经本部编列之二十一师外，其各省军队未经编列者，应请贵都督转饬各军，从速造册报部，以便按次编入，另颁关防，营长以上由本部加给委任状。所有旧称名目及自刊关防，均应一并取销，庶免分歧之虞。陆军部黄兴。篠。

〔南京临时政府档案〕

20 柏文蔚为第一军司令部人员编制致黄兴咨

（1912年3月18日）

中华民国第一军军长兼皖军总司令柏文蔚为咨请事：窃查敝军本部人员，业经遵照编制列表送呈钧部立案，于本年二月二十一日奉部咨复内开：查编制表内各处以高级官一员为长，此等人员于其所主管之事宜，应负完全责任。今一军设参谋长二员，参谋副长二员，不独于编制不符，且统系纷歧，责无专属，况以旅长兼充参谋长，名实既不相符，职权上亦相冲突。来表以第一旅长兼充参谋长，似应取销，以昭核实。又原咨所称：一、二、三等参谋，不特办理内部事务，如侦察敌情、编制队伍、联络后方，皆其职务一节。查现在南北统一，已无敌情可侦。编制队伍则应责成各师办理。军参谋只得参予计划，以谋统一。原表设参谋员，似属过多，应即酌量裁减。其他各机关所设人员，较之部颁编制亦皆不甚符合。现由本部申明大总统，凡以三师编成之军，其增设人员，不得过原定军司令部编制三分之一，应令各军一体遵照。相应咨复贵军长查照办理。等因。准此。敝处当即重行编订。其第一旅长兼参谋总长之端木璜生，业遵咨将第一旅旅长取销，责成该员专任参谋长职务，所有参谋次长，业已核减，仅留一员。其一、二、三等参谋、均已分别裁减。此次所编各员，核与一军统辖三师照部定军部人员编制，加增三分之一数目尚属相符。仅有参谋长多增一员，实因敝处三师分扎徐州、临淮、浦镇一带，距离五六百里之遥，运筹计划，有顾此失彼之虞，不得不增设一员，一驻浦口，一驻临淮，藉资臂助。再，前聘有高等及一、二等顾问数员，并一、二、三等秘书五员，一、二、三等书记十余员，司书二十余员，在军长非不知员数较多与部制不甚符合，实以共和建设，甫具雏形，非仅在军言军，即军事以外有关于地方行政权者，不得不兼筹并顾。且淮北一带有为都督权力所不能达之处，又不得不代为维持。此延用顾问秘书之实在原因也。此外则译电、测绘人员皆临时办理重要所不可缺少之人，必俟各项机关完全，事端递减，员数乃可递裁。若值此新旧过渡犹斤斤于讨论政见之时，正未可以省人为废事之阶也。尚祈钧部俯允所请，俾得暂借群才，以图终事。谨将重行编列之军官佐表一纸及顾问、秘书、书记、译电、测绘各项人员清册各一本，分别缮呈。除司书、译电、测绘各员，由军长委任外，其余各项人员，是否应由钧部概行加发委任状，以重职守，悉候钧裁。正在缮造表册间，适奉部函以第一团团长葛应龙改充参谋长，端木璜生仍充第一旅旅长等因，自应遵照办理，合并声明。为此咨请，尚希照咨施行。须至咨者。

计呈军官佐人员表一纸顾问秘书书记司书译电测绘人员清册共五本

右咨

陆军部总长黄

中华民国元年三月十八日咨

第一军本部高等及一二等顾问人员清册

军本部顾问人员一览表

高等顾问官　戴经畬

黄嗣荪　叶兆崧

一等顾问官　孙楚白　赵赓伯　刘天贵　高兆华　周树枬

张炳堃

二等顾问官　左　横

名誉员不支薪水

高等顾问官　陈颖侯　白云汉　郭行建　卫本良　李　亨

一等顾问官　方佑良　赵识跋　刘德贵　陈鸿猷　钟毓英

李镜弟　王淮琛　解　忠　孙家钧

第一军本部一二三等秘书人员清册

军本部秘书人员一览表

秘书长　龚才朗

二等秘书官　孙家铨

秘书官　汪树德

秘书官　胡宗鲁

三等秘书官　杨　汉

第一军本部书记司书人员清册

军本部书记司书人员一览表

总书长　徐亮功

一等书记　叶绍棠　李尊楼　蒋文炳　邱其裕

二等书记　张毓金　梁学如　程安时　刘乙青　朱曾福　王继桂

潘寿元

三等书记	陈庆生	唐师介	汤铭臣	秦雨田	谭梦符	朱锡钰
	张道同	唐寿甲				
司　书	张勣甫	沈　仪	王伯宸	姚寿祺	周名达	王人吉
	鲍刚吾	解建鹏	冯镜湖	周国昌	六　宗	朱尔彬
	陈镜秋	赵思新	朱永昌	吴树屏	魏汉藩	汤尧熙
	陶　铸	许福筹	郑季贤	卢钟俊	纪荣沂	孔宪有
	孔庆汉	陈其华	徐泽梁	孙湘月	汪燮堂	

第一军本部译电人员清册

译电员	杜本洪	何东保	殷焕文	李安邦	许　鼎	汪绍卿
	叶文藻	朱　政	张英杰	陈光鑫		

第一军本部测绘人员清册

军本部测绘人员一览表

测绘员　费　庸　张　铉　万　俊

陆军第一军司令部人员编制一览表　之一

区分 \ 阶级			大(左)将军	右将军及同级	大都尉及同级	左都尉及同级	右都尉及同级
司令官			柏文蔚				
幕僚	参谋			参谋长 葛应龙 解朝东	参谋次长 缪庆善	一等参谋 韩宾礼 李德瑚 徐惟一 陶麟勋 廖元煌	二等参谋 王志纲 黄桂华 孙炳勋 钱光禄 姜　钧
幕僚	副官				长 李士善		一等副官 梁星五
管理司	本部						长 石德鉴
管理司	隶属	宪兵					
管理司	隶属	卫兵					
管理司	隶属	兽医					
管理司	隶属	辎重					
炮兵司				长 黄邦爵			
工兵司					长 孙　麟		
军需司	本部				长 刘德裕	副长 潘受成	
军需司	隶属	金柜科					长 刘颐福
军需司	隶属	军械科					长 周朝宗
军需司	隶属	粮服科					长 张国俊

陆军第一军司令部人员编制一览表　之二

区分			大军校及同级	左军校及同级	右军校及同级
幕僚	参谋		三等参谋 王谦保 年延龄 韩辉荣 郭　熙		
幕僚	副官		二等副官 戴吉林	陶懋官　萧　爵 陈在銮　徐　飞	苏自荣　李汉武
管理司	本部			二　等　副　官 吴炳生　章昆臣 二　等　军　需 朱　锡　璋	三等副官 张方年
管理司	隶属	宪兵	无定额由宪兵挑选		
管理司	隶属	卫兵	无定额由各团挑选		
管理司	隶属	兽医	张汉良		
管理司	隶属	辎重	张国权		
炮兵司			一等司员 万文衡	二等司员 刘　腾　黄鸿藻	
工兵司				二等司员　杨　蔚 黄幼春　郑宗勋	
军需司	本部		一等司员 汪冬生 薛树远	二等司员 刘配成　冯兆龙 倪曾贻　戴保光	
军需司	隶属	金柜科	一等科员 严家炘	二等科员　杨瑞芝 许毓介　张鼎涛 孙　杰　梁学知	
军需司	隶属	军械科	一等科员 黄达邦王鸿斌	二等科员 吴兆元　郑　新	
军需司	隶属	粮服科	一等科员黄冠 军葛翔李祥辉	二等科员　孙传灏 高茂灿　郑家荣	三等科员 林景安　端木璠

陆军第一军司令部人员编制一览表 之三

区分＼阶级	大将(左)军	右将军及同级	大都尉及同级	左都尉及同级	右都尉及同级	大军校及同级	左军校及同级	右军校及同级
军医司			长 柏水清			一等司员 张楷	二等司员 许登第	
邮便司						一等司员 李祝熙	二等司员 纪信	三等司员 李文华 张贻佶 汤汶
执法司			长 黄嗣荪				二等司员 顾复省 潘鲁安	
合计								
备考	一、本军系三师编成所属军队分布各处事务较繁故添设参谋长一员一二三等参谋数员以期无误事机 一、现当行军之际法律尤贵严明故照部章添设军法司以便执行法律其司长一员应列为大都尉以尊法权 一、本表所列至右军校同级止其军用文官及军士书记另册咨报 一、本表以外另聘高等及一二等顾问官以备研究国际法及各种专门学之用所延人员另册咨报 一、工兵司司长前因二师列于左都尉兹因三师工程三营应列于大都尉 一、参谋处设测绘员及译电员以资补助另造表册咨报							

〔南京临时政府档案〕

21 泰州市议会等请徐宝山部队仍留江北电

（1912年3月21日）

南京。大总统、陆军部总次长钧鉴：武昌起义后，诸大君子，应天顺时，人谋光复，推翻专制，定设共和，凡属人民，无量欢颂。扬州自孙天生肇乱，下河各属岌岌可危。幸赖徐君宝山亟谋戡定，光复郡城，藉资镇摄。嗣复经徐君亲统大军，至各县取缔军队，招抚悍枭。数月以来，剿匪骄兵，摄服于积威之下，我四邑人民之生命财产，始获保全，且其心坦白无他，可矢天日。此非各法团感戴之私，实四邑人民共见共闻之事实也。兹幸南北统一，民国告成，转瞬支配各军，必有一番取缔。四邑人民公同集议，以为建设初步，尚在难危。江北一带，伏莽尤多，非徐君十余年积威，不足以折枭心而寒匪胆。敢乞我政府权衡时势，为地方人注重大端，不苛细故，则江北千百万之生灵，感且不朽矣。至编配范围，名义广狭，悉听钧裁，非人民所敢置议也。区区下忱，尚希亮察。泰州市议会、商会、县教育会、农会、市董事会，兴化临时议会、农会、教育会、商会、国民协会支会，盐城临时议会、参事会、临时商会，县教育会、市议事会、市董事会、东台自治事务所、农会、【教】育会、市教育会、四区联合会全体公叩。箇。

〔南京临时政府档案〕

22 陆荣廷报告桂省军队数目统领官姓名及兵器种类电

（1912年3月21日）

急。南京。陆军部黄总长鉴：齐电奉悉。查桂省防军共计七军：第一军粤〔统〕领谭浩明，入〔共〕统二十队。第二军统领林俊廷，共统二十一队。第三军统领龙角光，共统一十三队。第四军统领宋安樟，共统一十队。第五军统领刘古香，共统一十四队。第六军统领陈昕政，共统一十一队。省防军统领秦步衢，共统一十一队。每队三百四十五三〔三字衍〕名，全省七军，共一百零八队，总计三万七千二百六十员名。以三〔上〕皆系就原有之巡防陆所编。新军现存步兵团三营，每营缺一连，全团共计官佐八十九员；弁兵夫一千三百三十六名，均归军政司长陈炳烘〔焜〕所统。至全省兵器，新军系用七米里九口径枪，旧军多参用七米里九及九霖毛瑟并各种杂色枪。此外各军械局所存兵器种数繁賸，容后册报。陆荣廷卯。箇。

〔南京临时政府档案〕

23 陆军第四军司令部请发给委任状及关防文件

（1912年3—4月）

（1）官佐名单（3月28日）

第四十三旅旅长　罗炽扬
第四十四旅旅长　张我权
第八十五团团长　张桓杰
第八十六团团长　吴庆恩
第八十七团团长　张定国
第八十八团团长　刘　灏
马队第二十二团长　李庭良
炮队第二十二团长　陈佑卿
机关枪团团长　谢达文
工程队第二十二营营长　徐演群

辎重队第二十二营营长　杨其伟
宪　兵　营　长　吴江左
第四军军参谋长　张　文
第四军军参谋副长　杨　刚
第二十二师参谋长　李济深
第四军副官长　曾传范
第四军军需司长　姚海珊
第四军兵站正长　邹　鲁
第四军兵站副长　吴雨苍　曾纪基

(2)致陆军部函(4月5日)

敬启者：敝军由第二十二师及第二十四师编成，早经大部核定并发给委任状在案。所有应由大部颁发之关防，请速发下，以便启用为荷。耑此，即请勋安。

陆军第四军司令部启

中华民国元年四月五日

〔南京临时政府档案〕

〔三〕 奖　恤

1　临时大总统等关于石凤鸣受伤疗治给恤文件

（1912年1月）

（1）临时大总统令（1月22日）

中华民国临时大总统令

兹据镇军第一标一营前队二排二棚副目石凤鸣禀称：因中弹受伤请给费接换假腿等情前来。查镇军既已出发，该副目因伤独留，情实可矜。惟该副目伤状如何，曾否已由镇军赏恤，抑应照给医费之处，仰贵部查明酌核办理，以慰士心。原禀并发。此令。

陆军部知照

孙　文

中华民国元年正月二十二日

禀

镇军第一标一营前队二排二棚副目石凤鸣禀：窃目于十月十二日随队进城，驻扎陆军中学堂。当奉林都督令，将一营充当都督府卫队。又奉王管带命令，派前队进皇城搜索地雷。讵意敌弹伤目左腿，穿入骨际。当蒙中国赤十字会第二团救护至院，医士悉心诊察，谓腿已无用，骨节损碎，已将小腿由膝部锯去，可保生命。目不得已，敬听医治，日渐就痊。据医生云，可配象皮假腿，约需洋二百余元之谱，否则不能行动矣。目窃思胡虏未除，寸衷不遂，若将左腿配就，即可随师北伐，直捣黄龙，尽命于疆场，不甘老死牖下，此目之素愿也。但镇军一标一营前队，业已北上，饷银无从支取。目进医院以来，迄今将近两月，零用之需，尚且为难，接腿之钱，何能设法。筹思至再，只得具禀，恳求大总统案下，格外矜怜，给以款项，俾配象皮假腿，庶残废之身，又得完全，临禀不胜惶悚待命之至，则感恩无尽矣。上禀伏乞大总统案下恩全施行。

副目石凤鸣叩禀

黄帝纪元元年正月　日

（2）军医局移（1月24日）

陆军部军医局为移复事：顷由贵局移开：奉总长命令：奉大总统令：镇军副目石凤鸣攻击南京弹伤左腿，请给费换接假腿，情实可矜。惟该副目伤状如何，曾否已由镇军赏恤，抑应照给医费之处，仰即查明酌核办理。等因。奉此。现在本部军医院业已成立。该目受伤既重，请由贵局转知赤十字会第二团医院将该目移舁至该院医治。至接换假腿需费若干，及如何医治之处，将来再由医院申报具复。相应移复贵局，请烦查照施行。须至移者。

右移

军衡局

中华民国元年一月廿四日

（3）陆军部申稿（1月26日）

为申报事：本月二十二日奉命令内开：据镇军第一标第一营前队二排二棚副目石凤鸣禀称：因中弹受伤，请给费接换假腿，情实可矜。惟该副目伤状如何，曾否已由镇军赏恤，抑应照发医费之处，仰贵部查明酌核办理，以慰士心。等因。奉此。遵即饬下军衡局会同军医局派员驰赴赤十字会第二团医院调查去后。兹据该员报告：该副目左脚确已锯断，受伤情形，深堪怜悯。并讯已否得有赏恤，据称：并未给恤。等情前来。复电询该管长官，据复亦属相符。查该副目受创甚重，似非赤十字会所能疗治，经传知军医局舁回本部陆军医院医治，俟就全愈给换假腿一只，以利行动。至如何赏恤之处，已饬军衡局酌核受伤等次发给恤银，以示体恤而励将来。所有查明该副目石凤鸣受伤情形暨疗治给恤缘由，理合备文具复，呈请钧鉴，伏乞察核施行。须至申者。

右申

大总统孙

中华民国【元年】正月　日

〔南京临时政府档案〕

2　临时大总统奖恤吴禄贞等令

（1912年3月4日）

临时大总统令

据该部呈称：窃维荡涤中原，肇建民国，为先祖复累世之仇，为后人造无穷之福，实赴义先烈，捐躯洒血，以有今日。起义以来，效命疆场，碎身沙漠，若将若士，更仆难数。而吴禄贞、张世膺、周维桢三氏者，为同胞惨死，尤最悽怆，恤悼宜先抚恤者也。爰采各国抚遗恤亡之例，定抚恤章程。凡此次起义诸将士兵卒，或遇害于行伍，或遭凶于暗昧，均按其等级高下，申请赐予一时恤金及遗族恤金，以酬忠烈而励将来。查吴禄贞应照大将军例赐一时恤金一千五百元，遗族每年恤金八百元。张世膺照右将军例赐一时恤金一千一百元，遗族每年恤金六百元。周维桢照大都尉例赐一时恤金九百元，遗族每年恤金五百元。拟请从先酌准赐予三氏恤金，以为我共和开国报功酬勋之先表，宣示天下，以不负忠烈之意。为此，申请察核，伏乞照准施行。等情前来。查民国新成，宜有彰勋之典。吴、周、张三氏当义师甫起之日，即阴图大举，绝彼南下之援，以张北伐之势。事机甫熟，遽罹凶刃，叠被重创，身首异处，死事至惨，而抚恤之典，尚尔缺如。该部所称，实属深明大体，应准如所请，风示天下。此令。

陆军部总长黄兴知照

孙 文

中华民国元年三月初四日

〔南京临时政府档案〕

3 蔡济民等为鄂军毕血会成立及启用关防通电

（1912年3月16日）

袁大总统、孙大总统、参议院、陆军部总次长、各省都督、各报馆钧鉴：鄂军毕血会业经成立。其章程系仿照美国波斯顿毕血会变通办理，以安慰就义忠魂，招纳倡义伟士，及抚恤阵亡将士家属，并铸铜象，设专祠为宗旨。曾请大都督颁发关防一颗，文曰：中华民国鄂军毕血会之关防，启用在案，理合电闻通告周知。鄂军毕血会正会长蔡济民、副会长王文锡、徐达明谨叩。

〔南京临时政府档案〕

4 临时大总统等奖恤王家驹文件

（1912年3月）

（1）陆军部申稿（3月18日）

陆军部总长〇〇为申请事：案据前充山西朔方招讨使孔庚禀称：窃庚死友王家驹，湖北随州人，先在北京军官学校教官讲习所，武汉起义，日谋归里助战，苦道阻不得达。适吴禄贞纠合东北各路民军，为直捣幽燕之举，召王为参谋，吴被刺，王入山西，经阎都督委为行军参谋，率兵攻克宁武、怀仁、大同一带，以功升总参谋兼四标统带。遂由虎谷渡河，略取河西蒙古地，贼闻惊溃，益进占萨城托斯和等处。不料孤军深入，弹尽援绝，为敌弹贯脑而死。查该总参谋忠勇性成，前后十余战，无不身先士卒，至捐躯报国，功虽未尽，其志亦可悲矣。庚与王共事日久，知其颠末最悉，吁恳据情转呈请恤。等情。据此。查本部前痛各烈士死事之惨，曾拟阵亡给恤专条，并电商各省都督，迅将亡清昭忠等祠改为汉忠烈祠，俾死义者一体入祀，呈请〇批准各在案。今据孔庚具呈前情，本部覆覈无异，理合申请大总统鉴核，准将该总参谋王家驹照左将军例，优给阵亡一次恤金一千二百元，遗族恤金每年七百元，并准附祀晋鄂两省忠烈祠，以示褒奖之处，出自钧裁。

此申

(2)临时大总统令(3月19日)

临时大总统令

据陆军部总长黄兴呈称：山西行军参谋王家驹率兵攻克宁武、怀仁、大同一带，以功升总参谋兼四标统带，由虎谷渡河，略取河西蒙古地，贼闻惊溃，进占萨城托斯和等处。不料孤军深入，弹尽援绝，为敌弹贯脑而死。查该总参谋忠勇性成，前后十余战，无不身先士卒，卒至捐躯报国。理合申请优恤，准将该总参谋王家驹照左将军例，优给阵亡一时恤金一千二百元，遗族每年恤金七百元，并准附祀晋鄂两省忠烈祠等情。自属正当办法，应即照准，以示褒奖，藉慰忠魂。此令。

陆军部总长黄兴知照

孙　文

中华民国元年三月十九日

〔南京临时政府档案〕

5　临时大总统等奖恤陈鲁文件

（1912年3月）

（1）陆军部申稿（3月22日）

陆军部为申请事：窃查本部二等副官陈鲁，于本月二十一日正午在部长办公室办公，忽被流弹击伤，当伤舁送军医院疗治去后。兹据该院报告：该员陈鲁受弹情形，系由左腰穿过右腰，因负伤过巨，不及医治，当晚溘逝等情到部。查该故员历年以来，奔走革命，不辞艰险。兹际民国成立，正资倚重，乃以无妄之灾，竟致陨命，痛惜殊深。理合仰恳大总统俯准将该故员陈鲁，按照左都尉阵亡例，给予一次恤金八百元，遗族抚恤金每年四百五十元，以示体恤，而慰忠魂。为此，备文申请钧鉴，伏候批示祇遵。须至申者。

（2）临时大总统令（3月23日）

临时大总统令

据陆军部总长黄兴呈称：该部二等副官陈鲁，于本月二十一日在总长办公室内，忽被流弹击伤，当晚溘逝。查该员历年奔走革命，不辞艰险，乃以无妄之灾，竟至陨命，痛惜殊深。仰恳准将该员陈鲁，按照左都尉阵亡例，给予一次恤金八百元，遗族恤金每年四百五十元等情。自属正当办法，应即照准，以示体恤，而慰忠魂。此令。

陆军部总长黄兴知照

孙　文

中华民国元年三月二十三日

〔南京临时政府档案〕

6　临时大总统等奖恤刘道一文件

（1912年3月）

（1）临时大总统令（3月27日）

临时大总统令

兹据汪兆铭等呈称：湖南烈士刘道一，游学日本，与其兄揆一密谋光复，结会党首领马福益，于丙辰冬起兵浏阳。事败乘间走日本，苦心计划，联络会党，传播革命思想。岁丙午复与党首萧克昌等起义于萍浏澧等处。事败被逮，狱吏用酷刑讯供不得，遂以烈士佩章所镌锄非二字定狱，从容就义，死事极惨。方今民国成立，共和永建。凡从前为国死义之士，均已先后表章各在案。烈士尽瘁革命，屡蹶愈奋，联络会党，鼓励民气，厥功甚伟，而惨遭亡清官吏之毒杀，遗骸至今未掩，行路悲哀，允堪悯恻。自应准予列入大汉忠烈祠，同享祀典，并将事实宣付国史院立传，应得恤典，仰陆军部查照恤赏章程，从优核办，以顺舆情而慰忠魂为要。此令。

陆军部总长黄兴知照

孙　文

中华民国元年三月二十七日

（2）陆军部申稿（3月29日）

陆军部为申复事：本月廿七日，奉大总统令开：云云等因。奉此。遵即饬由军衡局核议去后。兹据覆称：刘烈士道一，尽瘁革命，为国捐躯，应请援照给恤杨烈士卓林例，优给刘道一恤金一千元，并附祀大汉忠烈祠，以示体恤，而慰幽魂。部长覆覈无异，理合备文申请鉴核，是否可行，仰候批示祗遵。此申

大总统孙

元年三月廿九日

〔南京临时政府档案〕

（3）临时大总统批（3月29日）

临时大总统批

一件　陆军部总长黄兴呈复刘烈士道一应请援照杨烈士卓林例给恤由

呈悉。应准如所请，仰即查照给恤杨烈士卓林例，一体办理可也。此批。

孙　文

中华民国元年三月二十九日

附：

王敬祥等创办兴业贸易株式会社呈
（1912年3月7日）

中华民国侨商统一联合会会长王敬祥等为呈请事：窃前由侨日全体组织统一联合会，为侨日一部份之根据地。本会成立之初，我军武昌起义，甫越兼旬，当时无意识之徒，颇多腹诽。而敬祥奔走号召，不敢稍存退缩，亦以一腔爱国热诚，有迫于不能自止者。会章原定两月，俟新政府成立，即行解散。嗣以诸事一

时尚未归束，暂行展期，计已四阅月。现幸天牖中华，南北业经统一。敬祥谨将本会经办华侨军资义捐各事一律收束，特行回国报告一是梼昧之见。窃以为富强始基在于会社，爰集同志拟即倡办兴业贸易株式会社，所以增国力而厚民生，似属今日不可缓之举。谨具请愿说明各书并条款章程，缮列清册，呈，乞大部俯赐察核批准立案，实为德公两便。除呈明大总统并海军、实业、外交部外，须至呈文者。

计呈清册一本

右　呈

中华民国陆军部

中华民国元年三月七日呈

创办兴业贸易株式会社清册

请愿书

呈为华商自倡会社，以裨军国而广商业事：窃商等现在自筹资本，创设兴业贸易株式会社，经营各种枪炮、弹药、皮具、背囊、衣靴、绒毯、一切军需食物、杂品暨商品贩卖等类。附呈说明书并遵守条款章程，呈祈鉴核，特许营业，发给执照，以凭开办。为此谨具请愿书，伏乞大部俯赐察核批准施行，实为德公两便。除呈明大总统并海军、实业、外交部外，须至请愿者。

中华民国元年三月七日

兴业贸易株式会社

发起人王敬祥　马聘三印

发起人先填二名，俟奉明文即行填齐申报开办，谨此声明。

说明书

窃自民国共和促进，百废俱举。海陆军为立国基础，竞存于列强并峙之秋，制械造舰，在在均关紧要。与夫一切军需食物杂品等类，暨商品贩卖各事，凡为新政所注重者，华商资本家每多畏葸，不肯勇奋任事。似此徘徊顾虑，坐使利权外溢，洋商高抬价值，损失既多，周折尤甚，且往往需用孔亟之候定购，辄稽时日，贻误堪虞。亟应及时组织一商办会社，属于中华民国政府管辖之下，采办各国精良器械。一旦设有要需，随时可以罗集。并于此后群起研究，由贩卖而渐推其制造，不特为时局之援助，亦吾华商自立权舆。此本会社所由汲汲然倡设也。各国军械一项，为工业之大宗，商人得于政府限制条例之下，制造贩卖，民以是富，国以是强。独吾华久压于客族之专制，日日防我恢复河山，多方防范，禁止军械营业。现当大汉复见光明之日，上下一德，政体共和，更无猜忌。商人爰特本道德之心，为补助之计，从事斯业，所以增国力而厚民生，洵今日不可缓之举也。谨此说明，仰祈垂鉴是祷。

谨拟遵守条款呈请鉴核

兴业贸易株式会社承中华民国政府之特许，经营军械事业，所有应行遵守条款列左：

第一条 本会社受中华民国政府之特别保护，以经营贩卖各种舰械、枪炮、弹药、皮具、背囊、衣靴、绒毯、一切军需食物、杂品、商品为专业。

第二条 本会社各种货物，由外洋采办来华，倘有不能报关运入者，由中华民国政府保护进口。

第三条 本会社货物，概由中华民国政府指定栈房存储稽查，以符保护实义。

第四条 本会社承办中华民国政府各项货物，照进本加费加息并给相当之利益，以最克己之价交易。

第五条 本会社专办中华民国政府之事，此外地方一切团体如欲购买本会社各项货物者，须由中华民国政府许诺，颁发证明书，本会社方得照办。

第六条 本会社货物出入帐册及栈房存货，中华民国政府得以随时稽查核对。

第七条 本会社遵守中华民国政府法律，不得私卖军火，如果查有实据，应照法律罚究。

第八条 共和政府成立之后，本会社条款有继续办事之效力。

第九条 共和政府宣布取缔军火章程后，本条款应即取消。

附陈者：本会社创办斯举虽为营业起见，亦系辅助军国而发生，煞费经营，始基方立，虽无邀请专卖特权之理由，而创办之始殊非易易。仰恳中华民国政府顾念本会社苟无简陋不周之憾，务祈优示体恤，不轻另许，以保持本会社之商本，实为德公两便。再本会社俟奉中华民国政府许可之后，即日开张，合并陈明。

兴业贸易株式会社组织定款简章

一、名称

兴业贸易株式会社

一、所在地

本店设立上海法界金利源马头五十八号地。

支店 一、北京。一、武昌。一、广州。一、日本神户。一、美国纽约。一、南京。一、福州。一、日本东京。一、德京柏林。一、英京伦敦。

一、资本金

额一百万元，每股五十元，先收四分之一。

发起人负担十分之四，计八千股，共四十万元。

其余共同募集。

一、营业种类

政府仲立人如借款、制械、造舰等类。

各种枪炮、弹药、皮具、背囊、衣靴、绒毯，凡关于海陆军一切军需食物、杂品等类。

商品一切贩卖等类。

兴业贸易会社办事草章

一、社长一名。

一、取缔员三名，任期三年，得以联任。

一、监察员二名，任期一年，得以联任。

一、结帐日期　每年两次，以六月、十二月截止，揭帐报告股东决议。

一、法定公积金　以百分之五存储。

一、选举职员　以多数为合格。

一、所有未尽事宜随时公议增订。

〔南京临时政府档案〕

三、财政金融

〔一〕财　政

（一）经　　费

1　临时大总统关于以川路股款筹办蜀军令

（1912年2月1日）①

本月初四日据鄂军都督黎元洪转到蜀军都督张培爵、夏之时来电称：蜀自赵尔丰荼毒后，糜烂不堪。重庆、成都虽各宣告独立，蒲殿俊、朱庆澜释赵不讨，反委以西藏，与以军饷五百万，以致防军溃变，任意焚掠，朱被炮伤，蒲亦窃逃，赵贼仍据成都，土匪蜂起，民不聊生。重庆军械缺乏，不能进剿，恳赐援助。等语。察成都一隅，倡义最先，受祸最烈。光复未几，复陷水火，谁非赤子，实堪悯念。中央政府统筹全局，自应速事戡定。惟近值和议未决，北伐在即，需款浩繁，势难兼顾。前据苏军都督程德全、沪军都督陈其美呈称：据蜀商童子钧、陈少谷等呈称：自武汉起义，川路停修，各省及留沪各川人，皆欲提用沪上所存股款，筹办蜀军。驻沪川路公司管款员汪缦卿，穷于应付，惧祸远飏，以川路存款股票摺据，交与商等管理。唯自汪去后，川人提款者，皆与商等为难。窃思以川路股款筹办蜀军，亦属以公济公，商等何敢固持不与。唯名目既多，良莠不齐，若使付托非人，窃恐虚縻无补。若得中央政府作主担保，即行交出，以供

注：①此系临时政府公报刊载日期。

军用。等语。该商等深明大义，热心时局，殊堪嘉尚。唯念该款本系商股，若由私人借用，事前既易起纷争，事后恐难于归还。不如改由中央政府，照数给与公债证券，似此办法，既有裨于大局，复无损于商本。除即委派黄复生、熊克武二员到沪接收路款外，为此令该商等妥速将所存川路股款，一律清算，点交黄、熊二员接收。俟交收清楚，即由财政部发给公债证券，以昭信用，而重商股。事关军务，幸勿迟延。此令。

〔临时政府公报第四号〕

2 临时大总统关于处理前清沪道押产令

（1912年2—3月）

（1）临时大总统令（2月17日）

临时大总统令

据民国协济总会呈称：查得前清沪道存放各商号公私款项，共银十六万两，交托比国领事代行收贮等由。为此令行该部迅即查明办理。合就将原呈发交。此令。

财政部总长陈锦涛知照

计发公文一件

——民国协济总会呈请收回前清沪道存款由

孙　文

中华民国元年二月十七日

中华民军协济总会为呈请事：窃查上海道刘藉专制暴政聚敛甚肥，以道署公款涸私存放，经由敝会再四调查，查得该道盖用上海道署朱印图记票据，存放梅恒裕南号拾万两、隆昌增二万两、徐仓记二万两、梅莪记二万两，计共存银十六万两。当上海光复之时，民国已有完全国体，该道尚居心叵测，竟将公私存款，笼统署以道名，交由比国领事，代行收贮。其为肥私计，罪固可诛。其为满清计，罪更可诛。且款既交托代理人，代理人应有收取之权利。比领事遂派担文律师向该各商号追缴，岂知该各商号颇明大义，以为此种款项以公理论，应归民国有，不应仍归亡清官吏有，堂皇对付，拒不肯缴。窃思敝会既为协济，当然负清查之责任。爰议订聘达商律师，文明交涉，向比领事收回该道存款票据。再由敝会向该各商号按照存数清收，陆续汇解财政部。至如何拨用，悉听钧裁。敝会为曲顺舆情起见，亦为国是服务，非敢好为发奸摘伏，以牺牲人之财产为要誉也。用敢披沥陈之。为此备具缘由，呈请大总统察核，伏乞示准施行。须至呈者。右呈
大总统孙
中华民国元年二月十五日

（2）临时大总统令（3月21日）

临时大总统令

据上海源丰润经理陈薰呈称：该号所抵押与沪关之号东自产及沪号押产，均属减值。惟此项押产，曾由沪关交存领事公会，恳候移还接收之日提回，除核抵沪关押款外，将抵余产业发还清理。等情前来。当经批谓：呈悉。该号经营三十余年，信用素著，一旦为市面牵累，以致辍业。而前清专制，非惟不予维持，抑且从而朘剥，情殊可悯。除令通商交涉使向领事公会，提取沪关交存之该号押产，候令财政部核办可也。等语。除令通商交涉使，从速向领袖领事查提解交该部外，合即令仰该部知照。陈薰原呈附发。此令。
财政部总长陈锦涛知照

孙　文

中华民国元年三月二十一日

具呈号商陈薰呈为押件抵款有余沥情恳请批示事：窃商籍隶浙江镇海，向业银行事务，在上海经理源丰润汇号，存放官商款项。源丰润以上海为总号，北京、天津、保定、汉口、广州、香港、新加坡、汕头、福州、厦门、杭州、宁波等处皆设分号，分庄经营，三十余年，信用素著。宣统二年六月，沪市因橡皮股票投机事业大起风潮，金融恐慌，钱庄纷纷倒闭，全市震动。商号各省分支，有十四处之多，综计周转不下二千万之数，遭此牵制，存项立时提动，支应颇为吃紧。号东严义彬顾全大体，将实在产业向沪关押款维持，自六月至九月，计共借垫银二百六十一万余两。号东虽系浙商首富，至此已摒挡力尽，正期风潮渐息，待九月底放款收回即可安排平复。讵料沪关蔡道因事落职，谣言又起，各埠分支同时受挤。甬关银号，首先被封，风声所播，难以抵御。不得已，商之号东于九月初六日停止贸易。迨九月十六日两江总督奉命来沪设法维持而已不及，以三十余年信用素著之商号，被挤搁浅，停市理帐，关系商务大局实非浅鲜。此商人因市面牵累，总、分各号被挤收歇之大略也。停止贸易之后，收付核计有余，但求清理得法，公私皆可无亏。因由商会禀请两江总督派员清理，综核帐目禀报奏咨，倘能以收为付，持平清理，不再意外耗伤，号东资产仍可取赎归原，商号事业亦可再图恢复。无如专制时代官商向不平等，商欠之官款著著争先，官欠之商款步步落后，加以市面凋敝，日甚一日，富商巨贾之实业相续倾颓，到期可收之款皆成呆滞。官府一面有追呼而无体谅，所经押款之产，如河南盐业，则派员扣收，致多骚扰。历经禀请保存，已损失至十余万之巨。其他各处实产，一再派员查估，各省互相争持，号东无复主权，纷扰几将一载，清理仍无归束。虽经浙绅洞揭利弊，以今日理财之道，非发明君民一体之宗旨，实行上下相维之政策，不足以固人心而维国脉。呈请咨议局核议并无回报，清理委员沥情禀恳亦无效果。迨至上年八月间，民军起义，各处次第光复，沪关押存之产业悉数移交领事公会，更属无从措手。此商人于总、分各号收歇后，清理无效，节节困难之大略也。现在各埠分支，北京、天津、杭州、宁波等处以产业与放款收抵可了，保定、香港、新加坡、厦门等处已各自了结，福州官欠多而商欠少，汉口产业尚有盈余，广州则加号公记，重新营业，由官主持，商号不再干预，汕头核计不足，以汉产所余移抵，清理委员禀报有案。惟沪总号经清理委员核报，共计揭欠沪关押款规元银二百六十一万余两。又源通银号领存维持借款银五十万两。当日交存沪关之号东自产，沪号押产，皆系按市值减价押抵，倘蒙照值伸算，除抵还沪关各欠外，盈余尚多，即以余产发还清理商款则了结有余。沪总号及各埠分号应收之款，如能逐次收理，本属有盈无绌。乃经光复之后，元气大伤，欠人者早夜追呼，无以应付；人欠者奔走商量，不见丝毫。昔日所握之债权，至今毫无着落，束手坐待，了结无期，困累情形，不堪言状。此商号以债权人而立于破产地位，尚不足以清累之大略也。总之，商业摧残亦关大局，沪市寖盛时，钱庄票号一百数十家，今只强存二十余家，官设之钱局银行亦复毁伤窒碍，同病相怜，其他事业之状况，可想而知。我大总统建不世之功，为民造命，亘古罕侔，商人托庇㡠幪之下，绝而复苏当在今日。伏求云天援手，俟沪关交存领事公会之源丰润押产移还接收之日，除核抵沪关押款外，恳将抵余产业发还清理，俾得早润枯鱼，重图生计，外可以对众商，内可以对号东，世世生生感且不朽。所有商人请将沪关押款余产清理商款各缘由，沥情具陈，伏乞大总统俯赐察核批示祗遵。谨呈。

中华民国元年三月　　日呈

〔南京临时政府档案〕

3　陈锦涛为四国银行借款告罄无法支应军费致黄兴函

（1912年3月17日）

克强先生大鉴：十六日来示敬悉。本部款项奇绌，幸公亦深知，可惜措置之难，公尚未知耳。未收到四国银行二百万之前，曾许公三百万，今三百万尚未尽付，而二百万已竭。此中底蕴，非细查本部帐目与面罄一切未易晓然也。是以欲解释此点，请钧部派一熟悉帐目之人来亲觇一切可也。又钧部款项支绌，弟亦深知，全无怀疑之处。种种非难之举，实非弟之本心，只因无款措置与因参议院之讨索预算案耳。弟尝说人曰：各事可以缓图，今日之款，应全用诸军事与维持秩序。观此可以释然矣。弟于先生全无怀疑芥蒂，如有浮言，请当面质问。此请近好。

锦涛顿首

三月十七

〔南京临时政府档案〕

4　临时大总统请速行议决各部院三月份概算书咨

（1912年3月20日）

据财政部总长陈锦涛呈称：据会计司案呈：临时政府公报二十八号内载：本部呈请饬令各部办理三月份应支款项，编具概算书，限期造送本部，由部汇送参议院，编成预算。复於本年三月十一日奉大总统公布参议院临时约法内开：第十九条第二项，参议院议决临时政府之预算、决算等语。查各部院概算书，业已陆续造送前来。兹经本司详细审查，所有各部院於本月份应支经常、临时及预备等费册内所列数目，其务求撙节者固属不少，而从宽约计者亦居多数。事关中央行政要需，应即遵照临时约法，将各部支出概算书，呈请大总统，咨由参议院议决后，再行交部支出。惟各部院成立伊始，用度实繁，纷纷来部请领者，几有日不暇给之势。应请咨会该院，迅予裁决，以便遵行。等情。查各部院三月份概算书，支领各款，为数颇巨，筹措维艰，第百端待举，既需款之孔殷，而应付稍迟，辄责言之交至，统筹出入，挹注无方。至本部收入的款，向以全国赋税为大宗。自光复以来，各州县经征款项，应划归中央政府者，虽早经本部通电催解，而各该省迄未照解前来，以致收入亦无从概算。本部专司综覈，盈虚酌剂，责有攸归。但仰屋徬徨，术穷罗掘。募借外债，原非持久之谋。整顿税源，难济目前之急。省外之解拨不至，公产之收入无多。舍此而外，别求财源，纵有孔桑，何从着手。特际此新政方兴，讵可因噎而废食，度支虽绌，总期积极以进行。锦涛等辗转筹思，深滋恐惧，与其内外相睽，坐以待困，何如同心协力，共济时艰。千钧一发，系于斯时。惟有吁恳大总统令行各省都督，念国计关系之重，谅本部筹画之艰，将应解部款，从速催缴。其有不足，应行设法弥补之处，并请咨照参议院议定救急方法，俾本部得所遵守，而财政藉以维持，实为至要。所有呈请交议各部院三月份支出概算书暨财政困难情形，理合备文呈报，敬祈鉴核施行。再，陆军部月支概数咨文，一并录送。至该部三月份支出概算书，俟交到时再行续送。等由前来。除照呈令行各省都督催缴应解各款外，相应将概算书咨送贵院，请烦查照速行议决咨覆为要。此咨。

计咨送财政部呈交各部院三月份支出概算书一本，抄录陆军部支出概算咨文一件。〔缺〕

〔临时政府公报第43号〕

5　财政部呈三月份支出总概算册及表

（1912年3月22日）①

外交部	共洋四千五百九十元
内务部	洋二十七万七百一元四角
财政部	洋七千二百六十八元
陆军部	共洋八百九十三万五千八百九十二元六角二分
海军部	共洋十九万七千三十六元
教育部	共洋四千八百五十四元
司法部	共洋一万一千四百一元
实业部	共洋四千九百九十二元
交通部	共洋八千八百四十六元
参谋部	共洋六万九千九百四十七元
大本营	共洋十万四百十六元
卫戍总督府	共洋十二万八千六百三角九厘
法制院	共洋六千二百八十七元六角
印铸局	共洋五千二百九十元
公报局	共洋一千七百二十三元

统共计洋九百七十五万七千八百四十三〔四〕元九角二分九厘

注：此系临时政府公报刊载日期。

三月份支出总概算表

机关名称	俸给		厅费	旅费	间接支款	共计	说明
	现金	公债					
外交部	二，一一〇元		一，八〇〇元	六八〇元		四，五九〇元	来表未分厅费旅费兹以出差费马车费作为旅费
内务部	一一，一〇〇元	三，五〇〇元	五〇，六〇七元	二五，〇〇〇元	一八〇，四九四·四元	二七〇，七〇一·四元	间接支款中有公债九百在内
财政部	四，六五八元		二，〇一〇元	六〇〇元		七，二六八元	
陆军部	八，八〇八，四〇八·六二元	一二七，四八四元				八，九三五，八九二·六二元	
海军部						一九七，〇三六元	来表未依本部册式列填故无从分析
教育部	二，四二四元		一，二六〇元	三七〇元	八〇〇元	四，八五四元	
司法部	五，四七〇元	二，〇二〇元	二，四一一元	一，五〇〇元		一一，四〇一元	

三月份支出总概算表

实业部	三，三六〇元		九八六元	三六〇元	二八六元	四，九九二元	
交通部	五，三七〇元		二，三七六元	一，一〇〇元	一二，五〇〇元	八，八四六元	间接支款系定印纪念邮票之用
参谋部	一九，八二〇元		四三，二三七元	六，八九〇元		六九，九四七元	
大本营	一五，三三三元		九，〇八三元	一，〇〇〇元		一〇〇，四一六元	预备金七万五千元填入共计项下
卫戍总督府	六，四〇五元	二，一一六元	九，七三〇·五六四元	二，四四〇·三五五元	一〇七，九〇八·三九元	一二八，六〇〇·三〇九元	间接费项下有公债票九四八九元在内
法制院	一，七八〇元		二，七〇七·六元	一，八〇〇元		六，二八七·六元	
印铸局						五，二九〇元	来表未照本部册式填列故无从分析
公报局	三三四元		一，三三九元	五〇元		二，七二二〔三〕元	

统共计银九百七十五万七千八百四十三〔四〕元九角二分九厘

〔临时政府公报第四十五号〕

6 陈锦涛关于非俟唐绍仪到沪不能解决借款电

（1912年3月22日）

万急。孙总统、陆军部、财政部鉴：自袁举总统后，借款银行皆请与袁直接，故本部月来不能办理借项。近四国与唐氏冲突，无款可交，而宁垣军钞每日兑现十余万，今日已由中国银行借念万，专备此用。现已计穷力尽，非俟唐到沪，不能解决借款。锦涛。养。

〔南京临时政府档案〕

7 陆军部请按三月份支出概算书拨交经费咨稿

（1912年3月24日）

陆军部咨

前准贵部咨开：本部三月支出概算书业经查照咨去总表及各细数书，计现金八百九十五万四千六百八十元六角二分，公债十二万七千四百八十四元在案。旋准卫戍总督咨称：本处三月概算书已送财政部，嗣后直向财政部领款，以归简便。等因。当准前因，并请取消该处现金九万七千零二十六元，公债九千四百八十九元，咨明贵部在案。所有三月份支出概算，应需现金八百八十五万七千六百五十四元六角二分，公债十一万七千九百九十五元。现届月底，各军队、学校、局、处麕集催取，本部实无再为展缓之计。应请贵部查照前数拨交，免误军需，是为至要。此咨
财政部总长陈

〔南京临时政府档案〕

8 陆军部1912年3月份支出概算总目底稿

之一

（1912年3月）

民国元年三月份陆军部支出概算总目

科目				概算额		说明
款		项				
第一款	陆军本部费			现金 二七九五三 公债 三八七五	〇〇 〇〇	
第二款	军队额给费			现金 一九八五四九三 公债 一一九八三九	〇〇 〇〇	
第三款	服装费			一八二〇四四〇	〇〇[1]	
第四款	马匹费			二二三〇〇〇	〇〇	
第五款	军械弹药费			二九〇一四五三	八〇	
		第一项	军械费	一八四七六八四	〇〇	
		第二项	弹药费	一〇三八六一一	〇〇	
		第三项	金陵饷械机器火药等局费	一四二〇二	八〇	
		第四项	驻沪购办处费	九五六	〇〇	
第六款	军需杂用费			九〇〇〇	〇〇	
第七款	卫生费			现金 三一六四七 公债 五〇五	八二 〇〇	
		第一项	各兵站病院费	现金 四〇四〇 公债 一〇五	〇〇 〇〇[2]	
		第二项	卫生材料厂费	二一四三二	〇〇	

陆军部1912年3月份支出概算总目底稿　之二

（1912年3月）

民国元年三月份陆军部支出概算总目						
科目						
款		项		概算额		说明
		第三项	种痘费	一〇一〇	〇〇	
		第四项	陆军医院费	现金　四六三二 公债　三二五	八二 〇〇	
		第五项	陆军医院附设看护妇养成所费	五三三	〇〇	
第八款	教育费			现金　七四八四三 公债　二四二七	〇〇 〇〇	
		第一项	军官学校费	二六二五九	〇〇	
		第二项	军需学校费	一九七九四	五〇	
		第三项	入伍生队费	现金　二六二三八 公债　二三二五	五〇 〇〇	
		第四项	号兵队费	现金　二五五一 公债　一〇二	〇〇 〇〇	
第九款	要塞费			现金　五七八一九 公债　八三八	〇〇 〇〇	
第十款	修缮费			六〇七六五	〇〇	

之三

陆军部1912年3月份支出概算总目底稿

（1912年3月）

民国元年三月份陆军部支出概算总目

科目						
款		项		概算额		说明
第十一款	恤赏费			二六五一七〇	〇〇	
第十二款	犒赏费			八〇〇〇	〇〇	
第十三款	津贴费			四五一五七六	〇〇	
		第一项	遣散费	三〇一五七六	〇〇	
		第二项	招抚费	一五〇〇〇〇	〇〇	
第十四款	协助各省军队费			九五〇〇〇〇	〇〇	
第十五款	预备费			一〇〇〇〇〇	〇〇	
			总计现金	八九五四六八〇	六二	
			总计公债	一二七四八四	〇〇	

窃预算为国家要政，军费为出款大宗，平时编制本贵周详，临时筹办尤贵慎重。洵以军务倥偬，财政艰窘之秋，行政之方针，宜本节约之主旨，兼筹并顾，非此不行。本部曾经筹议及此，拟先行陆军会计检查，以为着手方法。民国确定，战事方终。统筹全局，计重根本。非徒维持现状，遂毕乃功。兹依十日之期间，以行一月之概算，自理论言之，似属易易，征之事实，不免困难。一则军队名称未尽一致也。查江宁光复以前，各志士组织敢死义勇进行诸队，名目不下十余种，将士不下三十万众。开部之初，通行禁止招兵，尚虑已有军队涣散纷乱，旋复颁行陆军编制令，各军渐就范围，齐其名称，整其秩序。二月以来，合江淮闽浙各省编成二十有一师。此外收集遣散，欲其悉符章制，非可一蹴而几，其难一也。一则募捐筹饷，今乃告终也。前此中央政府尚未组织，收入支出，均无机关，各军饷源，多半仰给于捐款。在民军秋毫无犯，富商义士，自乐输将，然其间错杂纠纷，不免骚扰。本部乃一方下禁止之令，一方筹担负之法，其间艰困情形，莫可名状。然其俸饷不一，供求各异，甚非整齐划一之道，遂颁布陆军暂行给与令。虽令出已久，因种种窒碍，尚不能一致实行，而镇江、扬州、徐州驻在各军，欲其悉遵规定，尤非易事，其难二也。一则法令规则，尚未完备也。国家宪法未订，会计法未颁，即本部军需服务各种细则，正在修订。大局初定之余，与各军队所有人员讨论经理之法，骤难得其要领。盖法规与事实必须双方促进，始能渐臻完善，际兹草创，其难三也。故办理本部概算十日之中，对于各军队、局、所、学校等类，文电交催，原欲钩稽全部，徐图整饬之方，藉明概算之数，俾军政财政互相调和，实为切要办法。乃各处具覆条理井然者固多，而含混错杂，不谙定式，核驳尚未申覆者，亦复不少，其向未具报，仍令重行补报者，亦有数处，此应声明者一。查概算书内，军队俸饷各费最多，次则军械、服装、教育各费，虽由陆续支放，数应固定，然其间或以有馀而补不足，酌量支应势所不免，此应声明者二。兹因三月支出概算书成，并附说明于首。

三月十五日

注：①此数原列为一八〇七九六〇元，后改为一八二〇四四〇元，现金总计数仍按原列数计算，未作相应改动(见290页)。

②此公债数原列为一八〇元，后改为一〇五元，公债总计数仍按原列数计算，未作相应改动(见290页)。

〔第一款略〕

第二款军队额给费 现金一百九十八万五千四百九十三元
公债一十一万九千八百三十九元

区分＼军队名称	官佐人数	官佐俸给		士兵夫役人数	士兵夫役饷银	士兵夫役伙食费
		现金	公债			
第一军一、四、九师						
第二军十一、十二师	一六八〇	六三四四六	二六三〇七	二九五〇	一一八〇〇〇	八八五〇〇
第二师	七〇〇	二九五一二	一一七三六	一二九〇〇	五〇八二五	三八七〇〇
第三师	七九二	三〇八五八	一二二一七	一四三九一	五六四〇五	四三一七三
第五师	五一三	二二九六〇	九八四〇	一一三九九	四六四五九	四三八〇二
第六师						
第七师	七〇〇	二九五一二	一一七三六	一二九〇〇	五〇八二五	三八七〇〇
第八师						

第二款军队额给费 现金一百九十八万五千四百九十三元
公债一十一万九千八百三十九元

区分＼军队名称	官佐人数	官佐俸给 现金	官佐俸给 公债	士兵夫役人数	士兵夫役饷银	士兵夫役伙食费
第十师						
第十三师						
第十四师						
第十五师						
第十六师						
混成第十五旅	一八七	八七一五	三七三五	四二四〇	一六八九五	一二七二〇
宪兵营	二三	九二〇	三四二	一六二	七〇八	四八六
三十五旅	三四二	一三三四二	五三三四	四四四六	一九一三〇	一三三三八
近卫司令部	六	四二四	一七四	八	三一	
第六十五团	一一四	四八九五	一七二二	二四三二	九五七五	七二九六

第二款军队额给费 现金一百九十八万五千四百九十三元
公债一十一万九千八百三十九元

区分＼军队名称	马匹数目	养马费	公费	共计 现金	共计 公债	说明
第一军 一、四、九师				五〇〇〇〇〇		尚未报到
第二军 十一、十二师	三二五	二五四五七	六〇〇〇	三〇一四〇三	二六三〇七	
第二师	一一二	八七七	二八〇〇	一二二七一四	一一七三六	
第三师	一二七	九九四	三二五〇	一三四六八〇	一二二一七	本师按照编制另有交通团军乐队重炮兵连
第五师	一五〇〇	九〇〇〇	二八〇〇	一二五〇二一	九八四〇	
第六师				一七八七二八		前系浙军改变六师外有混成游击旅工程铁道各连及兵站尚未报到
第七师	一一二	八七七	二八〇〇	一二二七一四	一一七三六	
第八师				四二五〇四	三七三五	此系一旅概数

第二款军队额给费 现金一百九十八万五千四百九十三元
公债一十一万九千八百三十九元

军队名称 区分	马匹数目	养马费	公费	共计		说明
				现金	公债	
第十师				一二二七一四	一一七三六	尚未报到
第十三师						现住江西
第十四师						现住福建
第十五师						现住皖省
第十六师				一二二七一四	一一七三六	尚未报到
混成第十五旅	五二九	三一七四	一〇〇〇	四二五〇四	三七三五	
宪兵营	八四	六五五	一〇〇	二八六九	三四二	
三十五旅			一三〇〇	四七一一〇	五三三四	
近卫司令部			一〇〇	五五五	一七四	
第六十五团	九	七一	四〇〇	二二二三七	一七二二	

卫戍费	现金九万七千〇二十六元	
	公债九千四百八十九元	

（甲）卫戍第一师费　现金八万三千九百二十元

公债八千〇六十一元

一俸饷费	现金五四七五五	
	公债八〇六一	
二养马费	八三〇	
三粮食费	二六二三五	
四 公 费	二一〇〇	

（乙）宪兵司令部及一二两营暨第三营两队费

现金一万〇二百四十五元

公债一千四百二十八元

一俸饷费	现金六〇二六	
	公债一四二八	
二养马费	二二二五	
三粮食费	一六七四	
四 公 费	三二〇	

（丙）侦探队海陆军战队卫民汽艇费二千八百六十一元

一俸饷费	二四二六
二粮食费	三一五
三 公 费	一二〇

右列军队额给费，虽本部已发有暂行编制及给与令，而各军、师、旅、团、营、连正在编制之中，故尚有参差不齐，缺额过额不等，以致各军、师、旅、团、营、连等费均不齐一。右之所列，系三月份应支出之概算书数也。

再业经编成第十七、第十八、第十九、第二十、第二十一及第三军（第八、第十七两师编成），俟报告到部，即行补送，合并声明。

〔第三款至第八款略〕

第九款江南宁镇澄淞四路要塞费 现金五万七千八百一十九元 公债 八 百 三 十 八 元						
名称＼预算数	官佐人数	官佐俸给		士兵夫役	士兵夫役	士兵夫役伙食
		现金	公债	人数	饷银	
四路要塞总司令部	二八	一九五七	八三八	二二	八七	六六
金陵路	四一	一三七二		七五三	五六七六	五二八
镇江路	三五	一一五四		四四五	三八七五	
江阴路	二五	八一一		四九三	六〇五三	
宁镇澄淞要塞工程营	二九	一〇九四		六〇一	五八五二	
江阴要塞轻战炮兵营	二四	七九四		二〇三	二〇一五	
吴淞路						
吴淞要塞炮台步兵一团						

第九款江南宁镇澄淞四路要塞费 现金 五万七千八百一十九元；公债 八百三十八元

名称＼预算数	马匹数	养马费	公费	总计 现金	总计 公债	说明
四路要塞总司令部	八	四八	一〇三五	三一九三	八三八	按该要塞编制尚未实行上所列者仍以原来册报为准
金陵路			四六〇	八〇三六		
镇江路			四五五	五四八四		
江阴路			三三〇	七一九四		
宁镇澄淞要塞工程营			二六五	七二一一		
江阴要塞轻战炮兵营			二一〇	三〇一九		
吴淞路				二五八二		吴淞路尚无详细报告概算上之所列系据该四路总司令部所呈报之大概总数
吴淞要塞炮台步兵一团				二一一〇〇		

〔第十款至第十三款略〕

第十四款协助各省军队费九十五万元

各军队名称	官名	前月概数	本月概数	说明
黔军	杨尽诚		一五〇〇〇〇	查协助各省军费大概关系于出征或回省并到宁种种情事将来果应如何发给自必审慎办理兹不过举其概数而已
赣苏 闽湘军			三〇〇〇〇〇	
桂军			一〇〇〇〇〇	
粤军	姚雨平	二三〇〇〇〇	二〇〇〇〇〇	
江北	蒋雁行	一五五〇〇〇	一〇〇〇〇〇	
皖省都督 司令官	孙毓筠 胡万泰	七〇〇〇〇 二〇〇〇〇	一〇〇〇〇〇	
陕军	张鹗翎	五〇〇〇〇		
关东都督	兰天蔚	五〇〇〇〇		
山东都督	胡瑛	三〇〇〇〇		
鄂军	黎天才	五四〇〇		

〔第十五款略〕

〔南京临时政府档案〕

9　临时大总统请提前议决三月份概算表册咨

（1912年3月29日）①

据财政部长陈锦涛呈称：本部汇编三月支出概算表册，已於本月十五日呈请转咨参议院核议在案。惟查此项支出概算表册，既以月为纲，自应於月内核定，以便按款支付。现在临时政府交卸在即，各部院纷纷按照概算草案请领三月份经费，本部处此旋涡，苟欲照付，则法律之手续未完，不付则支给之事实已至，徬徨终日，应付无方，不得不呈请大总统咨会参议院，将各部院三月份概算表册迅赐议决，务在本月内公布，俾领款者知所遵循，发款者有所根据。等因前来。查现在已届月杪，所有本月豫算表册理应即日公布，俾有遵循。为此咨请贵院，将前次咨请决议之三月份概算表册，即予提前决议咨复，以便转饬遵照，是为至要。此咨。

〔临时政府公报第五十一号〕

（二）内　　债

1　中华民国八厘公债章程

（1912年1月）

中华民国八厘公债章程

第一条　此项公债，定名为中华民国八厘公债。

第二条　此项公债，於民国元年正月八日经参议院议决，由

注：①此系临时政府公报刊载日期。

临时大总统批准发行。

第三条 此项公债，以一万万元为定额。

第四条 此项公债，以国家所收钱粮作抵，将来免厘加税实行时，则改以所加之税作抵。

第五条 此项公债，专以充临时政费及保卫治安之用。

第六条 此项公债，由中央政府财政部发行，分派各省财政司劝募。

第七条 此项债票，照票面价额无折无扣。

第八条 此项公债，以阳历周年八厘行息。

第九条 此项公债，自发行后第二年起，每年偿还该债五分之一，至发行后第六年还清。

第十条 每年偿还债本，以抽签法决定，其抽中之票号目额数刊列广告，俾众周知。

第十一条 此项债票，分千元、百元、十元、五元四种。

第十二条 此项债票，为不记名债票，持有票者无论何人，政府均认为债主。

第十三条 抽签处设在中央政府财政部。

第十四条 凡抽中之票，持票者可在各处公债处或其他代理处换现，或将该票作为纳税及钱粮之用。

第十五条 本债六年期满，准再展限二年。凡各抽中之债票务须於此限内在各公债处或代理处换现，或作为纳税及钱粮之用，过此二年期限之后作为废纸。

第十六条 每债票要连有小票，名为息票，计十二张，届付息期凭以取息。

第十七条 凡到期各息票，须於到期后六个月内换现，或作纳税及钱粮之用，过期后作为废纸。

第十八条 债票已经抽中，其未到期之息票，均即作废，并须缴还公债处或代理处销毁。

第十九条 每年付息二次，阳历二月二日为上半年付息期，八月二日为下半年付息期。民国元年八月二日为第一次付息期。

第二十条 民国三年二月二日为八厘公债第一次还本期。

第二十一条 各票正面用华文，背面用英文。

第二十二条 各票钤盖中央财政部图章，并由民国临时大总统、副总统及财政部总长署名。

第二十三条 购办此项公债，不分国籍，凡中外人民一律准购。

第二十四条 凡热心应募公债，或热心劝募公债者，由各省公债处禀请中央财政部照公债奖励章程验奖。此项奖励章程现在筹议，一俟议妥，再行颁布。

〔北洋政府财政部档案〕

2 招商局董事会关于南京临时政府借款事项会议记录

（1912年2月10日）

阳历二月初十日特别会议即旧辛亥十二月二十三日

伍秩翁託温钦翁代表、谭干翁、施子翁、陶兰翁、潘明翁、严渔翁、谢纶翁均到，杨绶翁另投意见书到。

办事董唐凤墀、施禄翁均到，陈辉翁代表陈斗垣到。

南京政府特派员陈英士、汪精卫二先生均到会。

温代表发议云：此次民国政府，借招商局产抵押外债，有不可不赞成之理由。凡属国民，皆当表同情於政府。外间股东有异议及反对者，皆因未明借抵之方法。况政府开示大纲三条，於股东权利毫无损害，且有担保偿还本息，及优待保护，将来扩充外洋航路，许其补助津贴。等语。大纲附录于后，如果股东知政府用意如此，绝无强迫等弊，当亦必一律赞成。各董事为股东代表，如赞成即用表决法式。当时施、陶二董与温代表有讨论。语多不备录。惟云：目前最要事件，应先登报广告，俾各股东深明此中原委，解释疑惑，方可鼓动群情，实行借约。

附抄政府大纲三条

一、此项借款，其本利俱由中华民国政府担任偿还，不使招商局受丝毫之损害。

二、招商局如承认此次借款，中华民国当承认招商局为民国国家邮船公司。

二、扩张其外洋航路，予以相当之补助津贴。

其详细办法，可俟协商定之。

陈英士先生发表意见，并有劝告之语。不备录。

汪精卫先生拟广告稿，及议约各董均签字。稿附录於后签约两纸附粘。

照抄登报广告底稿

招商局各股东公鉴：此次民国政府，欲借招商局产抵押借债。董事等以关於股东权利，而各股东又函电交驰，对於此举，多所疑虑，以致此事久悬未决。今由临时政府特委专员陈君其美、汪君兆铭来局布告。此次借款，祗借招商局产，作为虚抵，一切用人营业，悉仍其旧。并无请外人监督干预等事，及交出政府於招商局承认借款后优待条件如左。条件与前同。董事等详审以上情节，知此次借款与我各位股东权利丝毫无损，虽暂将局产虚抵，而既由政府担任偿还，将来之危险无从发生，目前之利益亦无妨害，况尚有种种利益以为酬报，似无庸疑虑。当此民国甫建，军需孔亟之时，凡我国民，皆宜有所尽力，以负责任。想我各位股东，既谂内容，必无异议。除由董事等一致承诺外，谨此公布，以慰群情。至与政府委员协商之事，容续函布告，尚祈鉴察为幸。

伍廷芳　温宗尧代表
谭国忠
唐国泰　潘明训代
施则敬
陶　湘

二月初十日

附粘一件

元年二月初十日午后二时，其美、兆铭到招商局，与闻董事会议。正主席伍秩庸先生代表温钦甫先生、谭干臣先生、陶兰泉先生、潘明训先生、施子英先生、严渔三先生，及查帐谢纶辉先生、办事董唐凤墀先生、施禄生先生、陈辉庭先生代表陈斗垣先生均在座。其美、兆铭交验政府委任状，并布告此次请招商局抵押借款之用意，及布告政府於招商局承认借款后之优待条件，共三条：

一、此项借款，其本利俱由中华民国政府担任偿还，不使招商局受丝毫之损害。

二、招商局如承认此次借款，中华民国当承认招商局为民国国家邮船公司。

三、扩张其外洋航路，予以相当之补助津贴。

其详细办法，可俟协商定之。

温先生宣布后，各董事均以此举既与招商局股东有利无害，已一致承认。一面通告各股东此次承认之理由。一面缮具局产抵押清单，以备交付债主，并由其美、兆铭代表政

位董事立优待条件之正式公文，立此为据。

伍廷芳　温宗尧代表　　陈其美
谭国忠　　　　　　　　汪兆铭
唐国泰　潘明训代表
施则敬
陶　湘
严廷桢
谢纶辉

阳历二月十三日，即旧辛亥十二月二十六日。

财政部朱葆三先生，执有董事诸公签允之公信，来局取去通商银行股份票二拾万两，邵子愉陈伯肇两君会同开箱取件，未曾录簿，暂由书记条志附册。

签允公函乙件，存帐房。

〔招商局档案〕

3　临时大总统关于沈秉荃请赴海内外劝募公债代招银行股本令
（1912年2月12日）

临时大总统令

据沈秉荃禀请自愿分赴海内外各商埠承募公债，并代招中国银行股本等情前来。查公债一项，前据该部来呈，当经批准派令汤寿潜前往南洋劝募在案，应无庸议。至所请代招银行股本一节，是否可行，合行令仰该部核办。原禀附发。此令。

财政部总长陈锦涛知照

计发沈秉荃原禀一件

孙　文

中华民国元年二月十二日

敬禀者：和局难恃，军务重兴，财政一门，亟宜整顿，而抚慰国民，尤不容缓。政府诸公，早见及此。此次筹办军需公债票壹百兆元，票由政府发出，各省财政司消行，固为得体。然合中外人之力，以消行公债票，宜取阔大主义，可否特派专员前赴国内外募售。大清银行将改为中国银行，势必再行招股。窃拟为数当在二千万元，方能坚世界之信用，每股五元较易招兑。复思政府未成立以前，国民无不渴望共和。今政府已成立，宜速分派人宣慰海内外国民，於公债银行前途不无裨益。荃虽非财政专门学问，而厕身商界十余年於兹，社会经济颇有研究。凡商贾辐辏之地，曾经考察，例如香港、安南、新嘉坡、烟台、营口、天津等处益加详查，况各处殷富多系戚友，公债银行一事，彼必乐为赞助。荃未到之埠亦有可介绍者。倘蒙尊命许可，荃愿尽国民义务，效力驰驱。以上所陈，仅就管见所及，是否有当，仰伏批示祗遵。肃此，敬请钧安。伏祈垂鉴。

沈秉荃谨禀

附粘常住上海洋行街舟山路沈凤记理合声明

中华民国　二月五日

〔南京临时政府档案〕

4　陆军部为各军队照章搭发公债请发给债票十万元咨稿

（1912年2月25日）

咨财政部

为咨行事：案据本部发给各军队饷章，定有公债票三成分发在案。兹查贵部公债票，业已印行，相应咨请贵部查照发给十万元债票，以资分派发给，即派员领取过部可也。须至咨者。

右　咨
财政部
中华民国元年二月二十五日

〔南京临时政府档案〕

5　财政部为第一军团所募华侨债款仍应解部咨

（1912年3月6日）

中华民国财政部总长陈为咨复事：窃照柏军团长请领公债票二百万圆，交何永亨赴日劝募，并将该款购买军械一案，前经本部以日下南北统一，兵器可从缓购，所募债款，自应全数解部，咨请贵部查照原案，变通办理等因在案。兹於二月廿五日接准咨开：现在国体虽已大定，筹备仍应齐全。第一军仓卒编成，举凡军用物品缺乏甚多，必须立筹巨款，购办完全，以便整饬而资训练，庶可期兵归实用，饷不虚縻。此次委派何永亨赴日募债，早经本部与柏军长再四磋商，一俟债款募得，即行解缴本部，由本部指定式样，派员会同购买一切，当不致复有前日收集窳败器械虚耗资财之流弊。所有第一军募债购械，应仍按照原案办理之处咨复本部查照，盼切施行。等因到部。准此。查该军仓卒成师，军用物品未免缺乏。此次贵部拟将何永亨赴日所募债款，直接解部购办军械，自系为整饬军事起见。惟此项债款，为本部责任所在，且与中央财政、国民负担，均有息息相关之势。若因何地所募，即归何地使用，不复解由本部，微特漫无稽考，流弊滋多，且此风一开，各部、各省均可援例，目前固不免縻费之害，财政将更有分裂之忧。再四思维，此次何永亨所募日侨债款，无论能否足额，仍应尽数解由本部核收，方合统一财政之本旨。至第一军团所缺军械，现既为完全筹备之用，究与战时临敌不同。应请贵部详加综核，通盘筹算，实在需款若干，咨由本部尽力拨济，事关大局，治军理财不能不兼筹并顾，非以职掌度支有所吝於出纳也。兹准前因，相应咨复贵部，请烦查照办理施行。须至咨者。

右　咨

陆军部

中华民国元年三月初六日

〔南京临时政府档案〕

6 陆军军官学校请发给公债票呈

（1912年3月7日）

陆军军官学校为呈请事：窃本校自正月开办以来，所有各职员月俸正、二两月遵照给与令发给，业已报销在案。惟按照给与令附表计算，正、二两月应补领公债券一千一百五十元。又按照三、四、五月三个月之预算册，亦应领公债券三千零十五元。伏乞照数发给本校，以便分给各职员，实为公便。所有请发给公债券缘由，是否有当，理合呈请钧核批示祗遵。须至呈者。

附呈清单一份〔略〕

右呈

陆军部

中华民国元年三月初七日陆军军官学校校长金永炎呈

〔南京临时政府档案〕

7 财政部抄送各省发行公债办法咨

（1912年3月19日）

中华民国财政部总长陈咨

公债司案呈：本部发行公债前，於二月四日拟定发行办法十二条，咨行各省遵照办理。其第六条内开：各公债处收到债款，即日将一半解本省都督暂为保存，候中央财政部及陆军、内务各部酌定该省费用多寡，指拨动用。等因在案。查各省公债处，现经先后成立，所募之款，其应截留本省之一半债款，均为整理庶政之用，然必由中央各部稽核动拨，庶足以收统一之效。例如关涉军政者报陆军部，关涉民政者报内务部，其余以此类推，一面并由各该省分报本部，俟咨商核准后，方能指拨动用。除分咨外，合将公债发行办法十二条抄稿咨会贵部，请烦查照办理施行。此咨

陆军部总长黄

陈锦涛

中华民国元年三月十九日

财政部咨各省发行公债办法

一、财政部计定公债之数，分内借、外借。在本国募集者为内借，在外洋募集者为外借。内借之额酌定数目，由各省都督分任劝募。

二、外借之额酌定数目，由部简派妥实人员前赴各埠劝募。

三、各省都督与该省财政长酌量各府之贫富，分定债额之多寡，令各处分府委任各该处公正绅商募集，并令设立公债处，为发行及经理此项公债之机关。

四、各省都督、各处分府，宜邀请本地商董妥商募集之法，

并由各都督请该商董等广为劝募。其劝募之法，由该商董劝各业中及各行店并工商等分任购买。

五、各公债处募债事宜，应由该公债处与中央财政部直接通告，以省周折。

六、各公债处收到债款数至百元以上者，由该公债处即日将一半解本省都督暂为存管，候中央财政部与陆军、民政等部，酌定该省之军用及保卫治安之费用多寡，指拨留用，其余一半亦即日汇解上海三马路中国银行存备中央政府之用。

七、此次办理公债费用，将来开支报部，由存储於诸省都督之债款给还。

八、凡认购公债，其已缴付所认总数四分之一者，由各公债处发给预约收据，俟全数缴足，再行换给正式债票。

九、所有正式债票，其数目若干，由各省公债处呈请财政部照发。惟须将预约券存根一并缴部，以资核对。

十、凡劝募数目及收款数目，应由各省都督随时报告中央财政部，每五日电告一次。

十一、募债时，各属如有作弊情形，一经察出，按实科以应得之罪。

十二、购债者姓名、住址注明於预约收据及存根上，以资查考。

〔南京临时政府档案〕

8 陈锦涛等关于港商催还南京临时政府借款文件

（1912年3月—1913年6月）

（1）陈锦涛致财政部电（1912年3月23日）

财政部鉴：密。总统府汇港十八万事，俟数日后，收到比款，第二批可办理。锦涛。俭一。

〔南京临时政府档案〕

(2)梁士诒致周学熙函(9月30日)

顷所言华侨借款，顷阅七月二十日政府公报内载：港商借款规平一十八万两，克强所指当即此款。谨以闻。

〔原眉注：〕此款克强先生催还，应注意。

又从前与六国团磋商稽核用途一事，我辈常言，将来用途自登公报一语。此时似仍将所借六团款用途登之公报，以释国民外人之疑为是。乞酌。

缉丈①

士诒卅日

〔原眉注：〕六国团垫款末批已应登报，应催垫款处速办(十月一日已函告垫款处)。

(3)秘书处致公债司移稿(12月28日)

秘书处为移付事：本日发总统府梁秘书长函壹件，事关借垫，钞录函稿移付贵司查照可也。此付

公债司

计函稿一件

中华民国元年十二月廿八日

复总统府梁秘书长函

敬复者：昨奉手示，并中山、克强两公来电，均以诵悉。港款由交通代垫四万两，尚未过帐，已饬库藏司与交通行接洽。至

注：①周学熙号缉之。

续拨五万两一节，刻下库款支绌，实难匀拨，拟请仍由台端在交通代为借垫，将来一并筹还。原电两件，奉复。敬颂勋祇。

周〇〇拜启

十二月廿八日

（4）陆文辉函（1913年1月27日）

财政部

周总长先生大鉴：弟前经手借入侨商款项，屡经催促清还，无如大借款未成，难偿所愿。今又有数商到来追问，责弟失约。弟无可推辞，故许以代讨公债票，暂为塞责。故特修草奉上，敢求先生拨给中央公债票三万三千元，早日付至粤省都督转交弟收。该项他日扣回弟经手之借款可也。此请大安。

弟陆文辉顿首

元月廿七号

（5）梁士诒电稿（6月9日）

广州新沙下街侨丰公司区慕颐转陆文辉先生：函悉。政府欠港商款十八万两，前由孙、黄二君面嘱交北京国民党本部，已全数清还，取有收据。矿律当力改旧习，惟不知议院何时始能开议。梁士诒。青。

中华民国二年六月初九日

（6）交通银行致财政部函（6月12日）

敬复者：奉二千三百十三号公函内开：本部旧欠港商之款，原系规元十八万两，曾经迭次请由贵行代付，约已全数付讫。惟该款本系规元，而贵行代付之款，或用京平，或用公砝，一切平色，虚为拟定，似有未妥。应请费神将每次代付京平银共若干，应折规元若干，公砝银若干，应折规元若干，另纸开示，以便结帐。等因。今遵详细查明，各照付款日市价，代合规元，另单开奉，即请查阅。至五月廿四日代付京平足银七千零九十一两四钱七分，已于六月三日代付规元三万两内扣还销册，故未列入单内，合并声明。此请公安。

交通总银行谨启

中华民国二年六月十二日

财政部

代还港商借款京足四万两，魏宸组君经手，有收条。

元年十一月二十七日付公足三万八千九百二十两。

按1 0 ⊥川合规元四万一千三百七拾一两九钱六分。

代还港商借款京足五万两，魏宸组君经手，有收条。

元年十二月二十九日付公足四万八千六百五十两。

按1 0 ⊥〥合规元伍万一千八百十二两二钱五分。

代还港商借款陆定君经手，有收条。

二年四月五日付公足二万零八百五十两。

按1 0 8 ‖合规元二万一千九百三十四两二钱。

代还港商借款，陆定君经手，有收条。

二年四月十五日付公足六千九百五十两。

按1 0 8 1合规元七千三百零四两四钱五分。

代还港商借款，陆定君经手，有收条。

二年五月一日付公足一万三千八百两。

按1 0 ⊥8合规元一万四千六百九十七两。

代还港商借款，陆定君经手。

二年六月三日付公足二万八千二百四十八两五钱九分。

按1 0 ⊥ ‖合规元三万两。

共计公足十五万七千四百十八两五钱九分。

合计规元十六万七千一百十九两八钱八分。

〔北洋政府财政部档案〕

9 北洋政府财政部为停办军需公债电稿

（1912年5月27日）

致武昌等处电

武昌黎副总统，南京黄留守，长沙、广州、桂林、福州、杭州、苏州、成都、安庆、南昌、西安、太原、云南、贵州各都督、财政司鉴：南京政府发行之军需公债，前经电咨各省，广为劝募，并将预约收据，由沪分寄宁、苏、浙、闽、赣、鄂、湘、粤等省查收在案。此项债票发行之时，和议未成，是以定名军需公债。且其时民国基础未固，人民应募，不免有所观望，故定期六年，给息八厘，稍从优厚。现在情形不同，除已募集者，照章还本付息循旧办理外，所有此项未售之票，自应停止发行，俾符名实。一面另筹国民公债办法，俟拟具章程交院议决后，再行一律知照办理。至前寄苏、浙等省之预约收据，限电到十日内，将应募者姓名及债额数目报告，并将存根解部，以凭换给正式债票。至未售出之预约收据，并希查照本部四月四日去咨，迅速解缴北京本部，以便稽核而资结束，是为至要。仍盼电复。财政部。沁。

〔北洋政府财政部档案〕

10 北洋政府财政部等关于刘锦藻请偿还南京政府借款文件

（1912年6月—12月）

（1）刘锦藻致财政部呈（6月11日）

具呈刘锦藻为陈请核办事：窃锦藻籍隶吴兴，侨居沪渎。上年民军光复之后，需饷孔急，奉升任沪军陈都督饬朱财政长代表南京政府前来借款。时值大局未定，金融恐慌，锦藻筹现为难，万不得已，将英租界房产福州路英册七百九十五号道契一纸，并子承干名下浙江路英册一千二百二十八号道契一纸，转请佑尼干费信惇律师向英商永年人寿公司抵借银十五万两。于本年正月廿六号，即旧历十二月初八日交银，订期六个月，按年八厘行息，至七月廿六号即旧历六月十三日到期，本利偿还。当经西律师佑尼干与朱财政长订立英文合同签字分执，并奉孙大总统给有收到借款印据。今陈都督升任工商总长，沪军政府将次撤销，财政事宜亦已移交中央接续办理。明知财政困难，在在需款，锦藻当民国创始财政至难之时，押产以应公家之急需，微忱亦可求谅。且现当民国劝募公债之时，如蒙将前借之短期急款，如期清还，以昭大信，则南北商民必将闻风兴起，踊跃乐输。民信既孚之后，外债要求之势力必将减杀，而民间外存之银款亦自愿提还以应国家之劝募。贵总长曾以力昭民信主义在参议院宣言，敬闻之下，同深钦感。为此备具缘由，抄呈合同印据各一纸，仰祈大部俯准即照合同如期偿还，以昭大信，而恤商艰，不胜戴德之至。谨呈。

计黏抄英文合同一纸〔略〕印据一纸

中华民国元年六月十一号

收到

刘锦藻借与中央政府军用二十万元，六个月后本利偿还。此据。

合规元拾五万两正，利息长年八厘，按照合同办理。

上海财政部长朱葆三批

中华民国元年元月廿六日

（2）财政部批稿（6月14日）

批刘锦藻请照前定合同如期偿还借款呈

据呈已悉。该商前以个人产业执押洋商，藉纾公家之急，至堪嘉尚。惟当时南京政府所借商款，不止一项，现在皆未付清。所请如期偿还本利之处，俟垫款成后，即与广肇潮帮各项借款酌量付还。合同及印据存。此批。

右批　　刘锦藻

中华民国元年六月十四日

（3）财政部批稿（7月1日）

批

一件刘锦藻呈押款期迫呈请核办由

据呈已悉。查此案本部前据该商呈请按照借款合同偿还，业经批令俟垫款成后，即与广肇潮帮各项借款，酌量付还等因在案。现在部库奇绌，垫款未成。该商前押借永年公司款项，据称现将到期，此款数巨期迫，本部一时难以筹还。惟有仍由该商会同原订合同之朱财政长，迳向该公司商量展期偿还办法，一俟本部垫款成立时，再行酌量付还可也。此批。

中华民国元年七月初一日

（4）刘锦藻呈（12月9日）

具呈人刘锦藻，浙江湖州府乌程县，现寓校场五条蒲城馆，为债款逾期，恳即拨还本利，以恤商艰事：窃锦藻上年侨居沪渎，于民军光复之后，奉沪军都督陈饬朱财政长，代表南京政府前来借款。时值大局未定，金融恐慌，锦藻筹现为难，万不得已，将英租界房产福州路英册七百九十五号道契一纸，并子承干名下浙江路英册一千二百二十八号道契一纸，转请佑尼干费信惇律师，向英商永年人寿公司，抵借规银拾伍万两。于本年正月二十六号，即旧历十二月初八日交银，订期六个月，按年八厘行息，至七月二十六号，即旧历六月十三日，到期本利偿还。当经西律师佑尼干与朱财政长，订立英文合同签字分执，并奉孙前总统给有收到借款印据。嗣沪军政府撤销，所有财政事宜，均移交中央继续办理，锦藻即呈明押产贷款情形，并将合同印据分别抄印，呈恳大部俯准按照合同，如期偿还，以昭大信。奉批该商前以个人产业抵押洋商，藉纾公家之急，至堪嘉尚。惟当时南京政府所借商款，不止一项，现在皆未付清，所请如期偿还本利之处，俟垫款成后，即与广肇潮帮各项借款，酌量付还。合同及印据存。等因。旋以款期将届，垫还无力，虑及到期以后，洋商如约逼勒，续经呈恳，准予如期偿款，或先给还若干成，俾得藉以转期。奉批：查此案本部前据该商呈请按照借款合同偿还，业经批令俟垫款成后，即与广肇潮帮各项借款酌量付还等因在案。现在部库奇绌，垫款未成，该商前押借永年公司款项，据称现将到期，此款数巨期迫，本部一时难以筹还。惟有仍由该商会同原订合同之朱财政长，迳向该公司商量展期办法，一俟本部垫款成立时，再行酌量付还可也。等因。复由前浙江都督汤寿潜电达前因，奉部电复称：刘款应还。前据该商两次具呈，只以库款匮乏，迭经批俟借款成立再行拨还。刻下军需紧急，万难拨付，应请转知刘君，俟财源稍裕，即当如数拨还。等因各在案。锦藻于该款到期时，不得已又在沪借款，垫付利息，并遵批令同朱财政长，向该公司再三磋商，展期三个月，言明至十月二十六号，即旧历九月十七日，到期偿还。锦藻于民国创构，财政至困之时，押产应公，叠奉大部批电认还，只因库款匮乏，以垫款成立为期，又因数巨难筹，令商量展期办法。现在遵批商展，瞬又逾期，该公司催还原款甚急，实难再事延缓。闻目前千万磅借款，幸已成立，似与财源稍裕如数拨还之电相符，且前奉部批仿照广肇潮帮各项借款付还。近闻该帮借款，已由部拨还甚巨，锦藻事同一律，自未忍独令向隅。惟有仰恳大部，按照前批，迅予拨还本息，或先拨还若干成，以纾商困。倘一时实难照拨，势不能不再展限，恐该公司未必允从。即使允许再展，而锦藻累次借款付息之数，归于该款本息内，一律偿还，并饬江苏财政长，会同锦藻与该公司商定展期办法，并将此项借款，加入预算，一俟期满，即由部设法筹还，以昭大信。但此系不得已之办法，倘该公司坚执不允再展，惟有遵照部批，与广肇潮帮各项借款，一律办理。不胜迫切待命之至。谨呈

财政总长

具呈人刘锦藻

中华民国元年十二月　日

（5）财政部批稿（12月11日）

财政部批　第二十四号

刘锦藻呈

据呈已悉。查此案前据该商两次具呈，迭经批令俟借款成立，再行拨还在案。伦敦新借款，虽早成立，然部库艰窘，年内所交之款，凑拨军需，尚属不敷，所有各项大小内外债款，现一律展期。该商事同一律，应仍自行设法商展，一俟政府财力稍裕，再行酌量拨还可也。此批。

中华民国元年十二月十一日

〔北洋政府财政部档案〕

11 程德全请核准江苏地方公债文电

（1912年6月）

（1）6月19日电

财政部鉴：江苏短期公债票，系于辛亥十月由省议会议决发行，归江苏省银行经理。苏省光复之始，军队云集，饷项匮乏，阵变堪虞。本省人民为保全生命财产起见，不能不设法集款，权济眉急。债额应募五百万元，第一期先募一百万，以后分期募集，足额为度，事经议会通过。在南京临时政府未成立，中央债票未发行以前，全国收入，中央、地方如何划分，未奉颁行，在本省亦难确指。嗣奉发行临时政府公债，则前项债票，自应划归本省作为地方公债。至以本省租税为担保，系指直接收入之地税而言，业经拟议划分税项办法，于五月咸日电请提交参议院核议在案。民国初行公债，信用最关紧要，省会议决之案，断难骤然废置。现在本省饷项无出，危险万状，亟待债款济急，务乞迅赐核准电复，俾坚信用而速进行。议决章程另文咨达。再，中央债票现正妥筹良法交院核议，将来议决通过颁行，到时自应另案办理，合并陈明。程德全。皓。

（2）6月22日咨

中华民国军政府江苏都督程咨

财政司案呈：本年四月十三日准贵部咨开：本部发行中央公债，不独补助财政，亦以昭著信用。其在各省所募之债款定章，以一半解部，一半留省，原属内外兼权，双方并顾。此次苏省发行地方公债，虽经省议会议决，而其性质是否纯全地方公债，未据该省将募债章程及定额若干，详细咨报，无从查核。且既名地方公债，则此时之担保，将来之偿还，自不能以近于国家税性质之税项为担保之品。苏省公债究以何项地方税为担保，来咨亦未明晰声叙，本部碍难核办。咨请查复。等因。庄前都督未及核办移交前来。查江苏省短期公债票，系于辛亥年十月由省议会议决发行，归江苏银行经理。苏省光复伊始，军队云集，度支告匮，毕变堪虞。本省人民为保全生命财产起见，不能不设法集款，权济眉急。总额应募五百万元。第一次先募一百万元，以后分期募集足额为度，事经议会通过。在南京临时政府未成立，中央债票未发行以前，全国收入，中央、地方如何划分，未奉贵部颁行，在本省亦难确指。嗣奉贵部发行临时政府公债，则前项债票自应划归本省作为地方公债。至以本省租税为担保，系指直接收入之地税而言，业经本都督拟议划分税项办法，于五月咸日电请提交参议院核议施行在案。窃谓民国初行公债，信用最关紧要，苏省议决之案固不便骤然废置，而中央债票现正妥筹良法，交院核议，将来议决通过颁行，到时自应另案办理。准咨前因。相应钞案咨复贵部，请烦查照施行。再，来咨由贵前部长驻沪办事处印发，合并声明。此咨。

计钞议案

右　咨

财政部

中华民国元年六月二十二日

江苏临时省议会十月十三日议决交议江苏第一次短期公债章程案

一、此次募集公债专为充现时军事及整理庶政之用，名曰中华民国江苏第一次公债票。

二、本公债票先行募集一百万元（即本省通用银元），以后分期募集，其总额以五百万元为限。

三、本公债票每张五元，周息七厘（即年息百分之七），自收到之日起算。

四、本公债票募集后存置二年，自第三年起，分二期偿还，并可将未到偿还期之票依江苏都督命令，随时用抽签之法提前偿还之，惟须于三个月前登报广告。

第一次偿还期　纪元四千六百十一年十一月。

第二次偿还期　纪元四千六百十二年六月。

五、本公债须一次交清，募集价格均照额面所定。

六、本公债以本省租税收入为担保，并将已到偿还期之票本息并计完纳各项赋税。

七、本公债票可随意流通，不列购者之姓名。

八、本公债票由江苏银行及中外各埠商界经理发行。

九、本公债票由省议会议决通过，以都督法令施行，财政司署名盖章。

〔北洋政府财政部档案〕

12　李心灵为防军需公债作伪宜筹办法函

（1912年7月5日）

次长钧鉴：敬肃者：前南京政府发行八厘军需公债，为数甚巨，票面上所有孙前总统及陈前财政总长之签字及印章，俱是印版，政府恐有伪票混杂，致生弊端，故於承办发行公债人员出发后颁有部令，凡经手人员所发出之债票要加签经手人名字，以负专责。等因。心灵所经手者，除未奉部令之前发出未经加签之票数百元外，其馀概加签字据，并将前所发出未经加签之债票报部存案。其馀经手各员，未知其所发债票，已经加签者若干，未经加签者若干，其未加签者有无报部存案，似宜详加调查，以防作伪。至赎回此项债票时，应否遵照前令，凡有经手人加签者，或未及加签已经报部存案者，方为有效，似宜先筹办法。是否有当，仍候钧裁。

李心灵上　七月五日

〔北洋政府财政部档案〕

13　汤寿潜请拨还南京临时政府财政部所借浙路公司款与北洋政府财政部往来电

（1912年7月）

（1）汤寿潜电（7月15日）

财政部熊总长鉴：衰并老退出政界，浙路股东以未完，强迫即不任总理之事，亦须勉其名。公司自为邮部所压，已多亏耗。光复后并形困难，绍角一线，土方桥工均已竣事，而军木车辆，仅需百余万元，开车无期，不特前费虚耗，且数千贫民以工为活者，何以安辑。民国新立，将有大部维持，而军需万紧，救急不暇，无法之法，去冬南京财政部向敝副理刘君澂如所借之款，有前总统票据，乞以政府应任之款，拨归浙公司，以还款为补助。感甚。幸甚。汤寿潜叩。删。

（2）财政部复电稿（7月18日）

致上海浙江铁路公司电

上海浙江铁路公司办事处汤蛰仙先生鉴：删电悉。刘款应还。前据该商两次具呈，祗以部库匮乏，迭经批俟借款成立，再行拨还。刻下军需紧急，万难拨付，应请转知刘君，俟财源稍裕，即当如数拨还。至祷。财政部。啸。

中华民国元年七月十八日

〔北洋政府财政部档案〕

14 北洋政府财政部为上海各洋行贱价收买军需公债制定制止办法电稿

（1912年8月14日）

上海。探送黄克强先生鉴：公债票事，阳电计达，迄未见复，殊深悬念。查本部前发南京陆军部、参谋部暨留守府军需公债票共值洋六百二十二万一千五百四十元，例应照票面实价发行，无折无扣。近闻沪上各洋行，贱价收买，有低至六七折及八四折者，殊属骇人闻听。不独国家个人两受亏损，而使全国人民负担此不正当之偿还义务，於理实所未安。现在本部在京与各洋行订定买卖办法甚属平允，特此电商尊处，请将所存未售及议售未得价等票数目，速电报部，以便与该洋行磋商价值，议定后再行电请尊处派员解送来京交割。本部为保全票值信用起见，当荷尊处赞成，否则本部按照章程，非得详细报告，并解票值一半缴部，本部决不发息，并咨照驻英代表，各洋行即收受亦必无用也。财政部。寒。

〔北洋政府财政部档案〕

15 李光启在沪调查各省所领军需公债情形致北洋政府财政部呈

（1912年9月16日）

谨将在沪调查各省及各行政机关所领军需公债情形，胪陈钧鉴。

计开：

南京留守府所领公债票项下：

查黄前留守所领公债票，共计总额六百二十二万一千五百四十元正。除发给第二师司令部计额五百九十元，按照原价出售者计额三百元，遗失者一百零五元，缴回本部者二百二十二万五百四十五元，由本部电咨转交谭人凤君者计额三十万元，交陆军部蒋次长发给第八师者计额五十万元外，其余三百二十万元，计交陆军部蒋次长发存龙华公司担保军装费者计额一百万元，由黄前留守自存怡大洋行担保子弹欠款者计额六十万元，存荷兰银行担保礼和洋行借款者计额一百六十万元，皆由黄前留守经手。在各洋行各银行抵押之票大半按照票面七八折之间作价。如能由部筹款三百二十万元拨由陆军部向各欠户取赎，当可将作抵之票悉数收回，庶国家免得受亏而信用藉以保全。

〔原批：〕此应查明期限推展，速函商陆军部。

贵州所领债票项下：

查黔省计领债票十万元，系派陈毓善、李桢、熊泽、余衡钟等在沪销售，业经本部电咨贵州都督请将所存未售及议售未得价等票数目速电报部。嗣据复称：奉部电，即迅电陈毓善等，分别已售未售各若干详细报告，讵该员等竟无确实报告，请本部电咨江苏都督及驻沪中国银行，就近密查。各等语。旋由征信股函致科员，饬令查办。当由科员就近在沪探悉陈毓善踪迹，前往质问。据陈毓善面称：贵州所领债票十万元，在沪经售。除拨购军械二千，前黔参议员文崇高一千，暨杨督命发二千外，尚余债票九万五千元。内余衡钟经售一万五千元，陈毓善、李桢经售八万元，系于七月二十八日由吴兼善经手，以对折售与和兰银行，立有合同为据。当收洋一万五千元，余款二万五千元，因未经本部承认付息，该银行不允照付。窃思该票价金暨未悉数付清，其交易即不能作为完全，应请筹款一万五千元，向和兰银行将陈毓善所售之票赎回。一面仍由本部电咨江苏都督追缴余款，以重票款而惩将来。

〔原批：〕此应速咨江督照办。

陕西所领债票项下：

查陕省计领债票三十万元，系由于右任君经手，经本部电咨陕西都督，请其详细报告。嗣据复称：已电令于右任缴还。于君亦有电咨本部称：公债价落，不忍出售，已电嘱由南洋寄归，不日缴还大部等语。查于君经售之票迄未缴回。科员在沪时，曾见有人持该票，向中国沪行作抵支息等事。是该票或已由南洋寄归，应请电致于君催缴，以资结束。

〔原批：〕速电催。

安徽所领债票项下：

查皖省计领债票五十万元，系程振钧领去，亦经本部电咨皖都督，请其详细报告。嗣据复称：以军饷难筹，已将该债票派员赴各处销售。经该员等报告，除由孙前都督移交柏都督十余万元迄未报告外，其余计售出已报部而未核准者三十二万七千九百二十元。查该省所领之票，大半在沪销售，约以七八折计价。在沪经理员系石寅生。科员在沪时，见该票在市上发售最占多数。惟本部对于该票，迄未承认付息，故该票在沪信用甚薄，当不能悉数售去，如由本部电咨该都督催缴，多少当可缴回，此科员所调查之实情也。

〔原批：〕速电催。

窃查军需公债定章，该债应照票面实价发行，无折无扣，奈各省所领之票，大抵以折扣出售，甚有至对折者，殊属不符定章。不特国家个人两受亏损，而使全国人民负担此不正当之偿还义务，于理实所未安。现在除已售出者无法挽回外，其未售者概应追缴，以重公款而维信用。盖内债之信用，与外债之募集关系至为密切，如内债价格过于低落，则外债折扣势必加甚。现值国家财政困难，苟可以开外资利用之途，庶于全国财政经济均有裨益。愿欲利用外资，必自维持政府之信用始，而欲维持政府之信用，尤必自整顿内债之现状始。况南京军需公债，为民国第一次内债，始基不慎，则借债前途，关碍匪浅，是则不能任其折扣出售也，有断然者。刍荛之见，是否有当，伏乞鉴夺。

征信股科员李光启谨呈

〔北洋政府财政部档案〕

16　广东都督关于粤省募债及筹还情形咨

（1912年9月19日）

广东都督咨

案准贵部佳电内开：查上年各省军兴以来，因维持地方现状，或安置军队，当有自行借债之事，间见报纸登载。但无论内债、外债，均与国家信用有直接关系，偿还义务虽在各省，稽核之任仍属中央，自应从事调查，以资统计。所有贵省自上年九月起至本年八月止，有无息借外债及商款等事，并已借之款所订数目、期限、利息、抵押暨合同大旨，及已还过数目，并现在筹备偿还情形若何，希先饬司查明，于十日内报部，实纫公谊。等因。准此。当将原电发交财政司，饬即查明具报。兹据该司复称：查粤省自去年光复，财政竭蹶，军需浩繁，不得不藉募债一途，以资挹注。除第一次募债约七十余万元，原议按照美洲华侨军债票办法，每借一元还银二元，以一年为限。嗣李前司长以利率过高，决议改定六个月偿还，每借一元给还本息一元五毫，计共还过一百一十余万元外，其第二次募债计至本年八月止，共约四百零三万余元。又协助京饷借款约一百四十万元。共计五百四十三万余元，俱系以两年为限，每借一元还银一元五毫。惟京饷借款，由各行商议定借债办法四条。就中第二条云：凡付港纸双毫者，得于三个月后随时起回，月息以八厘伸算，付期久暂听人自择。惟付广纸者，定期二年后方还。等语。此项短期借款，约五十一万六千余元，现已陆续满期，自应如约请偿，以昭大信。惟前两项借款，系由人民一种爱国热诚劝集，与向株式会社借贷不同，自无庸订立合同及抵押条款。现距偿还期限尚远，将来筹备还款，或于各种税源加以整顿以期收入增加，或起低利公债，再行体察情形，酌量办理。至粤省财政，虽军兴以后，颇形匮乏，惟现在逐渐整理，尚可支持，并无借入外债，致滋轇轕。兹奉前因，理合将查明情形，呈复都督，应请咨复财政部备案。等因。相应咨复贵部，请烦查照备案。

此咨

财政部

胡汉民（印）

中华民国元年九月十九日

〔北洋政府财政部档案〕

17　贵州都督府关于黔省借用滇款息借商款情形与北洋政府财政部往来咨

（1912年10月）

（1）唐继尧致财政部咨（10月4日）

贵州军都督府咨

案查前准贵部电查各省外债，及商款等项数目、期限、利息及抵押合同大旨，饬司查明具报一案。等由。准此。当饬财政司查复去后。兹据复称：查黔省原系受协省分，盐税由川征解，恃为入款大宗。反正后，藩道库仅存银二十五万二千七百两零。是时大局未平，兵多饷费，早已动用无存。而川省代征盐税以及各省协饷，又复久经停解。本省财源，顿形枯竭。黔中僻在偏隅，固不敢轻借外债，不得已勉借内债，以救一时之急。内债则分两项：一滇款，一商款。滇款，系仰赖滇都督谊切邻封，关心唇齿，由滇军经理部拨借银四万八千五百八十四两另二分二厘，未立合同，并无限期、利息及抵押情事。商款，系由各商号息借银十八万两，由都督担保，本司出具借券，原议限三月还清，每两按月息银五厘，亦无抵押情事。嗣因出入不敷，亏短甚巨，复集各商会议，先付息银，暂缓还本。自上年阴历九月起，至本年阳历八月底止统计，出入不敷，已达一百一十三万二千九百两零。除借滇款、商款外，尚不敷银九十万零四千三百两零，均系贵州银行腾挪垫借，勉力支持，虽蒙大总统核准印行纸币一百万元，仅合银七十二万两。欲还欠款则军饷即无所出，若欲不还而商款均系血本，又未便久假不归。况行用纸币并无底金，终难流通尽利。贵州素称瘠苦，现已罗掘俱穷，告贷无门，万分危迫。拟恳咨复财政部，俯念黔中贫困，速拨巨款，藉应急

需，庶几涸辙之鲋，可望立苏，不胜迫切待命之至。并借款清摺一扣。等情。据此。相应备文咨复

财政部

计咨借款清摺一扣

唐继尧

中华民国元年十月初四日

谨将借用滇款并息借商款数目暨商号姓名开呈钧鉴。

计开：

一、滇军经理部借来银一万八千九百六十五两七钱六分，于阳历三月九号收讫。

一、滇军经理部借来银二万九千六百一十八两二钱六分二厘，于阳历五月三号收讫。

以上共借银四万八千五百八十四两零二分二厘。

一、双永昌借银一万两整，于阳历四月一号收讫。

一、德厚荣借银一万两整，于阳历四月一号收讫。

一、王亦舫借银五千两整，于阳历四月四号收讫。

一、杨仲山借银二千两整，于阳历四月四号收讫。

一、柴聘臣借银五千两整，于阳历四月七号收讫。

一、祥盛昌借银一万两整，于阳历四月八号收讫。

一、颜容记借银五千两整，于阳历四月九号收讫。

一、同义厚借银一万两整，于阳历四月十五号收讫。

一、傅鸿顺借银二千两整，于阳历四月二十四号收讫。

一、徐集顺借银六万两整，于阳历五月六号收讫。

一、陈义兴借银二万两整，于阳历五月七号收讫。

一、上达昌借银二万两，于阳历五月十四号收讫。

一、石书麟借银二万一千两整，于阳历六月二十八号收讫。

以上共借银十八万两整

统计滇款商款共合银二十二万八千五百八十四两零二分二厘。

滇款未立合同，亦未付息。商款立有借券，每两按月五厘行息。合并声明。

中华民国元年九月　　号　财政司华之鸿

（2）财政部复咨稿（10月30日）

为咨复事：准贵都督咨送借用滇款及息借商款数目暨商号姓名一案，并准咨称：贵州素称瘠苦，现已罗掘俱穷，告贷无门，万分危迫，拟咨财政部俯念黔中贫困，速拨巨款，藉应急需。等因。查贵州本系受协省分，当此大局甫定，一切政事，均待整理，需费自多，咨称各节，谅系实在情况。惟部库同一艰窘，各省应解京款，又复久经停滞。中央行政经费，及应还到期各项华洋债款，一应急需，尚在无法筹措，来咨请由部速拨巨款一节，本部实难遵办。相应咨复贵都督查照可也。此咨

贵州都督

中华民国元年十月卅日

〔北洋政府财政部档案〕

18　北洋政府财政部取缔军需债票在国外发售电

（1912年12月14日）

巴　黎中国驻法
华盛顿中国驻美　代表鉴：辰密。南京军需公债原拟在国内
柏　林中国驻德

及各埠华侨募集，故给息八厘，现早停止。昨接刘代表电，此项

债票忽在伦敦市场行售，致与新借款债票有碍。除电领票各省禁在国外发售暨刘代表设法取缔外，尊处如有八厘债票行售，未经本部电准者，应作无效。财政部。寒。

〔北洋政府财政部档案〕

19 孙文等关于偿还南京临时政府所借广潮帮借款文电

（1912年12月—1914年6月）

（1）孙文致周学熙函（1912年12月19日）

缉之先生惠鉴：燕京别后，维令闻日茂，政祺多吉为颂。今春南京政府因急需向上海广肇公所、潮州会馆商人所借之款，前经贵部担任偿还。现值年终，商人需款甚急，尚望尊处速行设法了结此款。兹经前途向鄙人催索。原函附呈。伏希垂鉴。肃颂筹绥。

孙　文

中华民国元年十二月十九月

中山先生大鉴：敬启者：去腊尊处经手所借广潮帮款项，原议月息七厘，订限四个月内如数归赵。当时各商以银期甚近，热心公益，多有非自己血本，转向别处息揭垫借凑成者。今踰期已及一年，本息概未清还，欠户纷纷催索，应付无从，不知如何赔累。前承财政部冬电，该款希俟稍迟再行设法偿还等因，更何庸哓哓渎请。惟以年关在即，金融奇绌，商业异常困难，非仗大力维持，真有岌岌难支之势。伏恳体恤商艰，函请大部准将借款从速清还，连本及息一并汇寄，以维市面而资周转。伫盼鸿施，藉甦鲋涸，不胜感激待命之至。耑此肃泐，即希赐复。敬颂台祺。

广肇公所潮州会馆董事陈维翰、谭国忠、

陈开日、郭辉等谨肃

十二月十九日 / 十一月十一日

（2）北洋政府财政部电稿（12月23日）

上海中国铁路总公司孙中山先生钧鉴：函悉。广肇潮帮借款，当时该商等辗转借贷，以应公家之急，热忱可佩。此款早应归还，祗以部库如洗，收入全无。近更各种债款，相逼而至，不能不略分先后，迁延至今，时深愧对。兹承尊属，自应极力筹措，俟有的款，即行如数归还。祈先行知照为祷。财政部。漾。中华民国元年十二月廿三日

（3）伍廷芳致周自齐函（1914年5月26日）

子移仁弟惠鉴：一别经年，时劳怀想。欣谛总权财政，必能措置裕如，以谋同胞幸福，慰藉良深。兹据敝同乡广肇公所、潮州会馆两团体函称：政府前借广潮两帮银四十余万两，除上年已蒙大部给还十万两外，尚有三十余万两未曾归还。现因市面银根奇紧，周转不灵，业经公呈大部请赐给还，以维商业。复要求鄙人致函执事，叙明情由，以冀推情，速为设法。惟谊关桑梓，不得不代为函陈。但刻下政府度支，亦在困难之秋，鄙人非不虑及，幸为数尚不过巨，总可竭力筹措偿还。因念前清政府各种债券每失信于商民，致遇事难期协助。目今民国成立，政府似宜与商民联为一气，互相维持，不可再失信用。尚望执事统筹全局，酌量腾挪，以济粤商之急，则感纫高谊，不特吾粤一省已也。仰祈卓裁示覆为盼。专此布悬，祗颂勋祺不尽。

愚兄伍廷芳鞠躬

五月二十六日

（4）周自齐复伍廷芳函稿（6月5日）

上伍秩庸先生函

夫子大人函丈：敬肃者：手谕敬悉。查政府应付内外短期各债，现正续向五国银团商订新借款，预备付还所有前欠广潮两帮银三十余万两，一俟善后续借款成立时，即当尽先归还。应请钧座转知前途查照，无任盼祷。肃复，敬请崇安。

周〇〇谨上

中华民国三年六月五日

〔北洋政府财政部档案〕

20 北洋政府财政部关于销毁上海中国银行库存八厘军需公债票令稿

（1913年7月18日）

财政部委任训令第六十七号
第四百五十七号

右令上海中国银行
北京中国银行

为令委知事：案查南京政府发行之八厘军需公债票，除各机关领售及暂抵押他处者不计外，其寄存该上海中国分银行之债票，据四月九日该上海分行函报：千元票七千四百八拾二张，百元票五万一千九百零五张，拾元票二拾二万三千七百四拾一张，伍元票一拾二万八千九百零四张，计共值洋一千五百五拾五万四千四百三拾元，本部覆核无误。现查此项债票，早经通电停售，而民国元年六厘公债，又将发行，所有前项未售之八厘公债票，应亟销毁。惟销毁债票事极重要，应即遴委上海分行行长、副行长迅即查照从前销毁钞票办法，所有库存债票，除照拨中国银行总行五百万元，又另行酌留五百万元，均由该行密存上海外国银行仓库保存外，其馀各票，即行一律提出，详细点验，在租界严密悉数销毁，并将已毁及酌留并拨借该北京总银行各票号码票值，分造清册，呈报本部查核。除令知/委中国银行知照外，为此令委该正/知该行副行长遵照办理勿稍延误/迅速转令遵照办理。此令。

中华民国二年七月十八日

〔北洋政府财政部档案〕

21 贵州巡按使署为借拨贵州银行纸币偿还民元三月黔借滇款咨稿

（1915年）

贵州巡按使署为咨请事：案据财政厅厅长张协陆详称：案查民国元年前都督唐来黔平乱，因库款奇绌，军饷无著。经前财政司长华之鸿恳求唐督电托滇中代黔挪款，暂应急需，曾于元年三月、五月先后借过滇款公估平银四万八千五百八十四两零二分二厘，又滇中代黔借款垫用汇费滇平银八百两，扣合公估平银七百九十两零二钱四分，共计欠滇款银四万九千三百七十四两二钱六分二厘。除民国三年五月三十日还过公估平银九千八百七十三两，尚欠银三万九千五百零一两二钱六分二厘，折合银元五万四千八百六十二元八角六仙四星。民国三年九月十四日奉前巡按使戴饬知，前项欠款唐督来电催索，饬令筹还。当经本厅详复，请将滇军在黔迳向各属局拨支军饷尚未归还各款，照数扣除，以省长途往返汇寄之烦。嗣奉批示，黔借滇款，与滇军在黔拨支各款，纯系两事，不能牵混，饬仍全数赶速筹还。遵即造具支付预算书，详送审核，并请示由何款项下动支，抑或专案咨部，作为核定预算外之报销。旋奉饬知，此项应还之款，三年度核定预算数既未列入，目前国库又无款可以支付，即由该厅转知贵州银行议借汇还。等因。遵饬函向贵州银行借拨。因该行适值现金缺乏，纯以本省纸币易银汇寄，照市价每元合实银六钱三分，共需折水纸币七千八百三十七元五角五仙二星，连同应需汇费二千一百九十四元五角一仙四星，共计一万零零三十二元零六仙六星。又经本厅详奉批示，由核定三年度债务息金项下动支。遵即造具支付预算书，将此项折水汇费如数领出，函送贵州银行，请即速同本厅函借筹还滇款本银纸币五万四千八百六十二元八角六仙四星，设法代易现银汇滇，索取滇省收据，送厅备案。各在案。现在三年度业已终了，除俟收到滇省收据，再行另案详报，并将正式支领水汇费两款，由厅造具决算汇送审核外，所有遵饬向贵州银行借拨纸币，偿还黔借滇款缘由，理合具文备由详请查核咨部备案。等情。据此。本署复核无异，相应备文咨请钧部查照备案。为此，咨陈

财政总长

贵州巡按使龙建章

〔北洋政府财政部档案〕

（三）外　债

1　南京临时政府与日商三井借款续合同①

（1912年2月2日）

三井洋行代汉冶萍公司备款日金二百五十万元，借与民国政府。所有公文及草约，业于一千九百十二年二月二号经两方面签字认可。

一、在公文及草约内所开办法，及中日合办该汉冶萍公司手续，以及汉冶萍公司由三井洋行备款借与民国政府等情，应由民国政府将上项情形切实知照湖南、湖北、江西都督，并凡该汉冶萍公司所有财产地方，以免各方面阻挠该公司进行方法。

二、汉冶萍公司所借自民国政府共日金二百五十万元，以大冶铁矿作抵，该款将由三井洋行交付民国政府，所有兑换汇水，均由三井洋行自定。

三、以上借款以一年为期，周年七厘行息，每半年一付利息。

四、付利还本，凡关于此次款项事宜，均由三井洋行经理。

五、三井洋行当竭力募集日金二百五十万元，借与民国政府（此条业已声明在草约内矣）。连前借款共成日金五百万元。

〔北洋政府财政部档案〕

注：①此件据英文本打字件译出。打字件后有毛笔正楷“中华民国元年2月2日右件承认。中华民国总统孙文[孙文之印]陆军总长黄兴[黄兴之印]”等字样。又打字件上附有签条。文为：“此系南京政府与日商三井所订之续合同，由三井代中日合办之公司借给政府日币二百五十万元，以一年为期，周年七厘息。前合同系南京政府与三井所订合办之约。事已作废，故未抄寄。”

2　北洋政府财政部等关于南京临时政府与日商三井洋行借款文件

（1912年4月—1913年7月）

(1)财政部委任状（1912年4月27日）

委任状

中华民国财政部总长熊为令委事：昨据三井洋行籐濑神崎诸君面称：民国政府需款若急，该行现存日金五十万元亦可暂借，以济急需等语。该洋行对于民国财政屡次襄助，其情甚为可感。本总长行期在即，不及与之面商办法。兹特委任贵监督前往该洋行详细协商，订立借款合同，以期周妥而资接济。此令。

右令中国银行监督吴鼎昌

熊希龄

中华民国元年四月廿七日

(2)吴鼎昌呈(5月23日)

中国银行正监督吴鼎昌为呈报事：本年四月二十七日准总长令开：昨据三井洋行籐濑神崎面称：愿借日金五十万元。特委任前往该洋行详细妥商，订立合同。等因。奉此。嗣因宁沪两地需款孔亟，用南京留守、上海都督名义，由监督代大部担保，向三井借到三十五万两，其合同大纲：一、行息八厘。二。自由索还。此款于收到后，沪督拨用十万两，宁留守拨用二十五万两。除元日电呈鉴核外，理合再行具文呈请备案。谨呈。右呈

财政部总长熊

中华民国元年五月二十三日

(3)赵凤昌等呈(6月22日)

汉冶萍煤铁厂矿有限公司董事杨士琦、沈敦和、袁思亮、赵凤昌、王存善、朱佩珍、聂其杰、何声灏、陈廷绪等为呈请存案事：窃查去年旧历十二月十五日，南京临时政府为军需紧急，向日商三井洋行借用日币，商借汉冶萍煤铁厂矿有限公司产业作抵，与三井订定合同，由临时总统孙总统签字。当由该日商于旧历年底付交临时政府日币二百万元，由财政部陈总长锦涛收取，给有正式收据，以收款日起一年为期，周年七厘起息，半年一付，一年期满，由三井洋行向政府取还。另有日金五十万元，询据三井复称：贵总长在沪时于四月二十七号给中国银行监督吴鼎昌委任状，略谓上海三井有日金五十万元，可以拨借，委任该监督速与三井接洽。因此三井于五月十四号凭付上海财政司朱佩珍规银二十五万两，南京留守代表曾炤规银十万两。各等语。是政府先后迳向日商借用日金二百五十万元，该借款由南京临时政府与三井直接订借，届时自由政府照约直接归还。惟公司完全商办，应呈请存案以重商产。为此呈请查照施行。须至呈者。右呈

财政部总长熊

中华民国元年六月二十二号

〔原批：〕既系以该公司产业作抵，自应付还。俟大借款成后，即如数拨还可也。准即立案。七月初三。

(4)国务院致财政部片(7月2日)

中华民国元年七月初二日

国务院交

财政部

据汉冶萍公司董事赵凤昌等呈称：政府先后迳向日商借用日

金二百五十万元，届时自由政府照约直接归还。等语。应由贵部查核办理。原呈抄送〔内容与(3)同，略〕此交。

(5)财政部批稿（7月9日）

准国务院交据汉冶萍公司董事赵凤昌等呈。

批　准国务院片交来呈已悉。三井借款，既据称合同孙前总统签字，由本部给发收据，届期政府自应照约归还，以昭信用。此批。

中华民国元年七月初九日

(6)三井洋行请求书译文(9月15日)

请求书

左所列记各项借款，无论何项，皆中华民国政府南京留守黄兴先生及沪军都督陈其美先生等，为济民国军饷之急，向三井洋行暂行借用者也。祈速将元利拨还为祷。

一、沪军都督借款：

一、日本金圆三十万元。

民国元年一月二十四日借付，期限六个月，利息常年八厘五毫。

一、上海规元银十五万两。

民国元年四月二十日借付、七月三十日到期，利息月息八厘。

一、上海规元银十万两。

民国元年六月一日借付，不定期限，索偿时即还，利息月息八厘。

一、上海规元银十万两。

民国元年六月十三日借付，不定期限，索偿时即还，利息月息八厘。

一、南京留守及沪军都督借款：

一、上海规元银三十五万两。

民国元年五日十三日借付，不定期限，索偿时即还，利息常年八厘。

一、汉冶萍煤铁厂矿有限公司日支合同借款日币二百五十万元内，已付金二百万元，半年分利子(八月十五日期日)，以常年七厘算，合日金七万元。

中华民国元年九月十五日

三井洋行上海支店代表者神崎正助

中华民国政府财政总长周学熙先生

(7)程德全致财政部函（9月21日）

敬启者：昨准日商三井洋行派员立川团三来宁述称：前沪军都督陈英士三次向该行借息规银共三十五万两，立有证据，请杳照拨付等情。敝处查此项三十五万两借款，准前沪军都督陈列册移交有案。祗以此间库款支绌，应付本息无力代为偿还。该行来员声称，如此间无可归还，当由该行派人至京与大部接洽。等语。是以昨特电闻。兹再缕述情形，并照录帐据，交由该行派员赍送，即祈察核。该洋员抵京应如何接洽办理之处，并候裁夺示复为荷。专肃。敬请筹安。

程德全再拜

九月廿一日

附上抄件

借款数目列左

抄录证据

一、证

一、日本货币金三十万元也。

但レ利息年八分五厘ノ割

右金额借用致レ事实正也返济ノ义ハ右金员受取ノ日ヨリ向つ六个月间内ニ元利金共ノ取揃ヘ无相违各自又ハ连之带レテ无相违御支拂可置候为后日一证如件

追テ右金员ハ一部ハ现金ニテ一部ハ买物代金支拂トレテ拙者代人内田良平ヘ东京ニテ御拂渡可置候

宋教仁　印　朱葆三　印

张静江　印　黄　兴　印

陈其美　印　王一亭　印

明治四十五年一月二十四日

二、今借到

三井银行规银十五万两正，按月八厘起息，期订七月三十号归还，到期本利由借主于上海兑换，倘借主不付，凭保人照付无误。立此借票存照。

右交

三井物产株式会社

上海支店长　藤濑政次郎收执

借主　沪军都督陈其美印

上海财政司长朱葆三印

保人　中华银行　印

中华银行经理林莲孙印

保人　王一亭　印

谢蘅牕　印

中华民国元年四月二十号

计开　四月二十号收文≐元十万两

四月二十七号收文≐元五万两　　中华银行　印

三、证

一、上海规银三十五万两也。

年利八分ノ割

右正ニ借受候ニ付テハ御请求次第何时ニテモ御返济可申候也

明治四十五年五月十三日

南京留守　黄　兴印

工商部总长　陈其美印

上海财政司长　朱葆三印

上海实业司长　王　震印

保证万一右金额借受人ニ於テ返济迟滞ノ节ハ中华民国理财部ニ於テ无滞御返济可申候

中华民国理财部代理人

中国银行监督　吴鼎昌印

中见人　谢蘅牕

三井物产株式会社

上海支店藤濑政次郎殿

四、今借到上海规元十万两正。按月八厘起息，期订本年七月三十一号本利一并归还，立此借券为凭。

西历一千九百十二年六月一号

工商部总长　陈其美

上海财政司长　朱葆三

保证　中华银行
上海实业司长王一亭

见证　谢蘅牕

今收到六月三日支票两纸，计银十万两正。中华银行印。

五、今借到上海规元十万两正。按月八厘起息，俟三井催收时，本利一并归还无误。立此借券为凭。

中华民国元年六月十三号

工商部总长　陈其美印

上海财政司长　朱葆三印

保证上海实业司长　王一亭印

上海中华银行　印

见证　谢蘅牕　印

傅筱庵　印

收到文𠀋规元十万两正。初四日期。朱葆三。

各批借款利息单　九月三十号为止

第一批：

日本金三十万元正。长年八厘半起息，民国元年一月二十四日算起，共计利息日金一万七千五百三十五元六角二分。

第二批：

规元十五万两正。按月八厘起息。四月二十日付十万两，四月二十七日付五万两。

十万共计利息规元四千二百九十三两三钱三分。

五万共计利息规元二千零五十三两三钱三分。

第三批：

规元三十五万两正。长年八厘起息，民国元年五月十三日起，共计利息规元一万零八百十六两四钱四分。

第四批：

规元十万两正。按月八厘起息，民国元年六月三日起，共计利息规元三千一百四十六两六钱七分。

第五批：

规元十万两正。按月八厘起息，民国元年六月十三日起，共计利息规元二千八百八十两。

总计息金：日金一万七千五百三十五元六角二分；规元二万三千一百八十九两七钱七分。

江苏都督府财政司长台电。（以上或有错误随时更正。）

上海三井洋行谨具

(8)财政部三井洋行借款合同（9月24日）

证

三井物产株式会社为济中华民国政府南京留守及沪军都督军饷之急厚谊上暂借之付款，如本契约第一条所记借款并其利息之偿还，又第三条所记汉冶萍煤铁厂矿有限公司借款利息之支付。

中华民国政府财政总长周学熙先生与三井物产株式会社上海支店代表神崎正助协定下列条件，财政部准据此项条件约定支付下列借款及其利息：

第一条 南京留守及沪军都督之借款项目及其利息并偿还条件如左：

一、沪军都督借款

一、日本金圆三十万元正。

中华民国元年正月二十四日借付，期限六个月，利子常年八厘五毫。

一、上海规元银十五万两正。

中华民国元年四月二十日借付，延期七月三十日，利子月息八厘。

一、上海规元银十万两正。

中华民国元年六月一日借付，不定期限，索偿时即还，利子月息八厘。

一、上海规元银十万两正。

中华民国元年六月十三日借付，不定期限，索偿时即还，利子月息八厘。

一、南京留守及沪军都督借款

一、上海规元银三十五万两正。

中华民国元年五月十三日借付，不定期限，索偿时即还，利子常年八厘。

第二条 第一条所载各项借款及其利息，自本证书作成之日起，往后二个月内，将元本及利息，以现银或外国银行即期付款支票，在上海付还三井物产株式会社上海支店。但第一条中，借款日本金园三十万元与利息，其汇票换算率，须照支付当日上海外国银行汇往日本电汇卖出汇票行市计算。

第三条 汉冶萍煤铁厂矿有限公司借款日本金园二百五十万元之内已付二百万元，该项借款半年利子（民国元年八月十五日到期），以常年七厘计算，计日本金园七万元正。

上项利息支付期日，与第二条同。自本证书作成之日起，往后二个月内，以现银或外国银行即期付款支票，在上海支付三井物产株式会社上海支店，

但其汇票换算率，准照付款当日上海外国银行汇往日本电汇卖出汇票行市。

第四条 各款利息，其第一条所载借款，现在已过还期者，以偿还期限末日所有元利合计总数作为原本。对于此项原本，更照原借款所协定之利率计算利息。又短期借款索偿时即有返还义务者，以每月末日元本利息合计之数为元本，就此计算月利。

第五条 第一条所记借款及其利息，又第三条所记利息，中华民国政府无论借款成立与否，在第二条所记期日之内，有支付之义务。又无论是否中华民国政府或财政部之名义所缔结，凡现在缔结及将来缔结之借款垫款(advance)，不问其性质若何，三井物

产株式会社在此项借款垫款（advance）之中，有应受支付之优先权。

为日后计，作成本证书三通：中华民国政府财政部及三井物产株式会社各存一通。其余一通，于本证书调印之日，由财政部经外交部交付驻北京大日本帝国公使馆登公使馆之记录，以为后日之确证，特此暂约。

中华民国元年九月二十四日

中华民国政府财政部总长周学熙

三井物产株式会社上海支店代表者神崎正助

(9)三井洋行致财政部函①（12月2日）

上海三井洋行代表来函

总长钧鉴：敬启者：敝行所借以汉冶萍指押之借款，共计三项：一、规银七十万。一、日金三十万元。一、日金七万元。原约本年十一月二十四日偿清，现已过期七日。此项借款来历贵总长想深知悉。当时系应南方军队急需，诚以当时南京、上海一带军队，有哗溃作乱之势，南京将军及上海都督见及非酌给所欠军饷，变乱可以立待。故向各处商借，迄无成议。厥后至上海本行商借，并陈述紧急情形。本行覩此情形，并据赞助贵国共和成立之心，慨借此项巨款，并定七日或十日内，即当归还之约。故贵总长可知该项借款，与别款不同。且系短期，必须如期归还。本行亦知贵部现在库款支绌，但本行财政困难情形，有更甚于贵部者。为此请求贵总长设法速以全数清偿该项借款为要。本行现当年底，各处欠款均须清结，尚求贵总长援助本行，速行了结。此致公安。

注：①此件系英文函件译文

(10)北洋政府财政部三井洋行借款证书(1913年7月11日)

证

关于中华民国元年二月十六日中华民国政府与三井物产株式会社所成立之汉冶萍出名借款日金二百万元正一事件，兹更由中华民国政府财政部总长梁士诒与三井物产株式会社代表者上仲尚明协定下记之条件，确约该款本利之支付。

第一条 借款额日金二百万元正，利息年七厘。

第二条 财政部自本日起，无论何种借款成立之时，须将本款列入第一顺位偿还本利。

第三条 本合同自签字之日起，三个月至九月底止，将本合同所载十九万六千元之利息即时支付。

第四条 上第三条即时支付之利息总额如左：

一、利息：自元年二月十六日至二年七月十一日，年息七厘，共日金十九万六千元。

第五条 本款本利交由北京正金银行在上海支付。

但其汇划行市，应于支付当日，照上海外国银行汇往日本之卖出电汇行市计算。

第六条 本合同签字以后，至本年十二月底为止，尚不能偿还，再由两方面协定本款偿还之确期。但此际所有(一)、(二)、(五)各条所定之条件，均继续有效。

第七条 本款至本年十二月底，尚不能偿还，则于协定再延期之时，仍须将签字之日为止，所有已往利息即时照付。

本合同共编制三份，中华民国政府财政部及三井物产株式会社各执一份，另备一份由财政部经外交部送交驻北京大日本公使馆存案，以为后日之确证。

中华民国二年七月十一日

代理财政总长　梁士诒　　财政次长章

三井物产株式会社代表上仲尚明印

〔北洋政府财政部档案〕

3　上海财政司陈报委收捷成洋行借款情况呈①

（1912年5月3日）

郁

上海财政司长朱为呈报事：奉钧部令开：上海商会由捷成洋

张

行转借本部五百万马克一案，业经公同商定，除借款息银及沪皖购买军械费用先行扣除外，准上海都督拨借三十万两，浙江都督拨借十万元，其余归本部留用，以应南京急需。所有上海、浙江拨借之款，及扣除沪、皖购买军械费用，应由该管都督，分别出具领状报部，以凭核考。安徽抵押津浦股票，亦应缴存本部，并将马克合成银两价单，详细开呈备案。该司既经商董公举收款，仰即查照办理可也。此令。等因。奉此。遵即前往捷成洋行收款。查此项借款五百万马克，除付该行利息、佣金两项念五万马克外，实收到四百七十五万马克，先后照市作价，合计规银一百六十八万十九两八钱二分。内计拨付捷成洋行上海购办军械费银五万两，安徽购办军械费银六万四千九百五十六两一钱五分，又上海都督府三十五万两，浙江都督府十万两。除将其余规银一百十一万五千六十三两六钱七分如数交由中国银行转解钧部外，合将委收借款情形，检同收回安徽抵押津浦股票，及马克合成银两价单备文呈送，仰祈大部俯赐督核。再上海原拨三十万两，只

注：①此件由中国银行监督吴鼎昌转呈。朱佩珍（即朱葆三）时任上海财政司长。

以需用浩繁，不敷因应，擅加五万两，藉资周转。浙江当时商定借拨十万两，来文拨借十万元想系笔误，合并声明。须至呈者。

计呈送收回安徽抵押津浦股票十三张〔缺〕马克合成银两价单一纸

右　　呈

理财部

中华民国元年五月三日呈

马克三百万元　价ラ〨|元计元一百〇六万七千六百十五两六六分又五十万元价ラ〨川元计元十七万六千六百七十八两四四分又一百念五万元价ラ〨8元计元四十三万七千八百念八两三七分共计元一百六十八万二千一百念二两四七分　扣用|二8二千一百〇二两六分

净付元一百六十八万〇〇十九两八分

朱葆三君台照

和兰银行顿首

五月初贰日

〔北洋政府财政部档案〕

4　北洋政府财政部等关于礼和洋行借款文件

（1912年7月27日）

(1) 借款合同

立合同上海及他埠之礼和洋行，今承南京留守黄、陆军部次长蒋，有北京大总统袁及财政部、陆军部特授之权，担保现在北京临时政府及以后之中国政府还款，所订各条并订购各械详列于左：计开：克虏伯七生的半口径二十九倍长管退陆路快炮一队，计六尊。附件全。价德金四十二万七千九百十六马克五十分。马克心机关枪六架，价德金十万零八百零一马克五十分。以上计德金五十二万八千七百十八马克。一千八百八十八年式毛瑟步枪二千枝，用过者每价九两半，计规银一万九千两。又未用过者二千枝，每价十二两，计规银二万四千两。又未用过者八千枝，每价十二两，计规银九万六千两。七米里九口径子弹四十万发，每千发价三十八两，计规银一万五千二百两。以上计规银十五万四千二百两。一项炮，计德金五十二万八千七百十八马克。二项枪，计规银十三万九千两。三项弹，计规银一万五千二百两。

计开条议：

一、议现因北京陆军部乏款付给上文之数，故向礼和洋行商借德金二百万马克，将上文购械之数扣去，礼和洋行即将余数解付现银，交与留守黄，按照付银之日银行买进电汇行市算给此数。二百万马克，分给票据一百张。每张计德金二万马克。此项票据皆黄留守、蒋次长签字，加盖关防，交与礼和。

二、互保此二百万马克之借款，将中央政府所出公债票面值一百六十万元，常年八厘起息者作抵，存于上海西国银行。

三、利息订明常年八厘，每半年一付，阳历计算。此项利息十六万马克，另给息票两张。若于应付利息之日，即一千九百十三年正月　　号未付，则礼和可会同陆军部员，将存在银行之公债票抽出若干纸，抵付八万马克之息。

四、此项借款订明，自礼和交现款日起，不出十二个月付还，北京陆军部亦能于期前归还，惟须一个月前知照礼和洋行。内有互保之公债票，须俟借款并息清还，即行送还。陆军部如能提前清付，则还票亦可改早。

五、若于一年期内，此次借款未还，则礼和可于二星期前商同北京陆军部，将所抵之中央政府公债票，于到期日，择善价在中国或他国市场代售。如售得之数，不敷归还二百万马克，其所短之数，仍归北京陆军部补足。如于到期日，北京陆军部无款付偿，则归北京财政部保还此项借款。

六、付还借款二百万马克并利息一项，均照到期日银行电汇售出之市价，给付礼和洋行，收后即将票据一百张及息票送还陆军部。

七、礼和此次借款，系敦睦谊而起，故于借款名下，并无折扣及银行回用等名目。

八、订购炮位、快枪、子弹另有合同，均经黄留守、蒋次长签字加盖关防。

九、枪炮、子弹应需进口免税准单，于订合同时，须请即行发给，若于货到埠时，因公文未到，或有不妥处，以致留难等情，此项费用皆归陆军部给付。

十、此次借款，已经北京中央政府许可，且由北京外交部于一九十二年六月二十九日正式咨会驻京德国公使承认，归中央政府担保偿还此款，并认将已交与礼和之公债票作抵。

十一、此项合同一式缮华英文四份，各执两份，以英文为准。

十二、此项合同经南京留守黄、陆军部次长蒋签字加盖关防。

南京留守　黄

陆军部次长　蒋　　曾昭文

礼和洋行

中华民国元年七月　　日

西历一千九百十二年七月二十七号

(2)财政部致黄兴蒋作宾函

黄、蒋二公大鉴：启者：所有面值一百六十万元之公债票存于上海荷兰银行者，照一九一二年七月廿七号订定借款合同，于一九一三年七月二十七日之前礼和不能擅自动取。如有不按合同各条办理之事，礼和始可向彼扯提，合并声明。专此，顺颂台祺。

[illegible]文十[illegible]年七月廿七号谨立

〔北洋政府财政部档案〕

5　北洋政府陆军部怡大洋行南京临时政府欠款合同

（1912年12月31日）

立合同北京陆军部 上海怡大洋行今因前南京政府该欠子弹余款银十六万一千七百十七两一钱八分，议定长年七厘行息，并给他项用费，除开清帐外（即一千九百十二年十一月三十号所开），议订条款如下：

（一）陆军部负完全责任，承认一千九百十二年三月四号前南京政府与怡大所订合同条件，并认允偿还截至一千九百十二年十一月三十号单开欠款，规银十六万一千七百十七两一钱八分，连长七厘利息以及电报费兑换损耗等费，此责任应负至全款付清时为止。

（二）前南京政府所存八厘公债票六百张，票面载明作洋六十万元，本为欠款担保，陆军部应仍将此票交存怡大，作为第一条所言欠款之担保。

（三）第一条所言该欠怡大之款及利息，均在存行之六十万元八厘公债票所收利息内逐渐扣除，陆军部应行财政部饬令中国银行将此项八厘公债票注册，并承认照票面全数付息，每半年付息一次（计半年息洋二万四千元自一千九百十二年九月六号起算），即以付息之日银洋市价核作上海规银，每次收银之后，怡大当出收条及清帐交与陆军部。

（四）照上条所言，陆军部认允付还所欠余款及利息并他项费用，除照第三条办法外，倘中国财政困难业已经过，自应另筹别法付还此款，能速则速，以不逾一千九百十四年六月三十号为限。

（五）如陆军部在遵守此合同第三、第四条条件期内，怡大不得将所存担保欠款之八厘公债票售去，一俟此项欠款全数付清后，怡大即将公债票交还陆军部。

（六）此合同正式订立后，怡大应将第一条所言一千九百十二年三月四号前南京政府定购毛瑟子弹一千万粒以怡大名义存贮制造局者，悉数交出。

（七）此合同缮成华、英文，一式三份，陆军部、财政部及怡大各执一份。倘华、英文有歧异之处，以英文为准，作两方面正确之依据。

中华民国元年十二月三十一日

西历一千九百十二年十二月三十一号

北京陆军部总长代表

军需司司长罗开榜　　签章

北京财政部周学熙　　印

上海怡大洋行　　签章

〔北洋政府财政部档案〕

6 交通部请协助解决南京临时政府以苏路公司与日本大仓借款一案密函

（1913年7月8日）

交通部公函　二年函字第一二八三号

密启者：苏路现已收归国有，所有民国元年一月二十七日苏路公司代政府与大仓洋行所订借款合同及财政部苏都督与苏路公司订立借款合同，其债务债权，当然由本部分别继续担任承受。查大仓洋行合同内第九款载聘用日本工程师，第十款载欲再借款先侭债权者商议等语。俱与该路沪杭甬借款合同相抵触，事实上甚为窒碍，尤恐别滋交涉问题。此事根本解决，惟有按照合同第五款，先期加价清还，取消合同一法。但目前财力艰窘，无从筹措。查大仓合同第四款有云：债权者倘有希望正式债票之时，须与公司预先商议妥洽，由公司发行经政府承认之债票，交付债权者收存，此合同即作废等语。所谓正式债票，究系何种债票。订立此条时，其原意如何，应请贵部向部中前在南京谙知此事之员询明，迅予见复，以凭办理。此项合同贵部当有成案。兹再照钞各一分以备查。对苏路国有，已定期接收。该洋行以此项问题，非由本部与之解决，不能承认。事关交涉，务祈从速询明见复，或令从前与闻此事之员，面陈本部，尤为感盼。此致

财政部

附钞件

中华民国二年七月八日

苏路公司与大仓洋行订借款合同

立合同江苏铁路公司，今因正用，经董事会议决，宣布股东

借到株式会社大仓组之款。订立借款合同条款十款，如左：

第一款 借款总数，计日金三百万元正。

第二款 借款利息，年计八厘（即百成之八）。付息年分二期，于阳历正月晦日，七月晦日支付，本年七月即作为第一期，于交款日起，按日计算。

第三款 还款期限，于缔约后第六年起，按年拨还，至第十年还清。

第四款 债权者于前记缔约期内，倘有希望正式债票之时，须与公司预先商议妥洽，由公司发行经政府承认之债票，交付债权者收存，此合同即作废。

第五款 苏省铁路公司倘于缔约后前五年内，不论何时清还此款之时，此合同即为无效。惟公司先期清还，则当于先期清还之款，议定日金每百圆加五圆偿还债权者。

第六款 担保物品，以苏省铁路公司之一切动产不动产及铁路营业权为借款之抵押。

第七款 苏省铁路公司，倘有届期不付利息或还本之时，债权者得以监督公司会计，至清还为止。

第八款 苏省铁路公司，倘欲向外国购买材料或起办工程之时，须先偿债权者商议，如价值较昂，或物质不合，可由公司向别家购买。

第九款 苏省铁路公司，倘欲聘用外国工程司之时，任由公司与债权者协商，聘用日本工程师。

第十款 苏省铁路公司，倘后再次借款之时，必须先得债权者商议。

以上各款，业经彼此同意，各无异言，一色缮成二分，记名签押，各执一通，收存为据。收付款项，各立收条为凭。

中华民国元年一月二十七日

公司小印　株式会社小印

明治四十五年一月二十七日

苏路总经理王清穆　押

协理张　謇　押

苏路公司关防　董事吴本善　押

钱铭铨　押

宣时雨　押

株式会社大仓组取缔役

门野市各郎　押

株式会社大仓组上海支店长

何野久太郎　押

见证　王　震　押

财政部与苏路订借款合同

立合同中华民国财政部，今向江苏铁路公司借款，订立合同八条如下：

第一条　借款总数计日本金洋二百五十万元正。

第二条　借款自民国元年正月二十九日起，利息日〔月〕计七厘半，每年分两期付息，于五月底及十一月底交付，但须于一个月前购定汇票交苏路公司收存。至第一期应付之息，仍扣至本年七月二十八日支付。

第三条　还款期限，于订立合同后第六年起按年拨还，至第十年还清。每年应还本息之数，俱照后列之表在上海交付。

第四条　财政部于订立合同期内，不论何时皆可清还此款，但须每百元加价五元。借款还清后，此合同即作无效。

第五条　以两淮盐课盐厘，除前已另案备抵外所收入者为担保。（如盐法有变更时，仍以盐务之收入款作抵。）

第六条 财政部如届期不付本利，或不能全数照付时，中央政府应以其他各种入款抵付，并应准公司派员参预征收盐款之事。

第七条 本合同经财政部总长、盐政总理及江苏铁路公司签字盖印后，仍须得参议院之承认。

第八条 本合同一式三份，由财政部、盐政处及公司各执一份为据。

盐政总理关防
张謇具名
苏路公司关防
总理王清穆　押
董事吴本善　押
　　宣时雨　押
　　钱铭铨　押
陈锦涛具名
财政部印

财政部还款本息日期数目表

	本	利
民国元年五月底		日金十一万二千五百元
民国元年十一月底		日金十一万二千五百元
二年五月底		日金十一万二千五百元
二年十一月底		日金十一万二千五百元
三年五月底		日金十一万二千五百元
三年十一月底		日金十一万二千五百元
四年五月底		日金十一万二千五百元
四年十一月底		日金十一万二千五百元
五年五月底		日金十一万二千五百元
五年十一月底		日金十一万二千五百元

财政部还款本息日期数目表		
	本	利
六年五月底	日金二十五万元	日金十一万二千五百元
六年十一月底	日金二十五万元	日金十一万零一千二百五十元
七年五月底	日金二十五万元	日金九万元
七年十一月底	日金二十五万元	日金七万八千七百五十元
八年五月底	日金二十五万元	日金六万七千五百元
八年十一月底	日金二十五万元	日金五万六千二百五十元
九年五月底	日金二十五万元	日金四万五千元
九年十一月底	日金二十五万元	日金三万三千七百五十元
十年五月底	日金二十五万元	日金二万二千五百元
十年十一月底	日金二十五万元	日金一万一千二百五十元

中华民国元年正月　　日

苏都督与苏路公司订立借款合同

立合同江苏都督府（如将来都督名义有变更时，仍由江苏省政府担任本合同之责任）今向江苏铁路公司借款，订立合同八条如下：

第一条　借款总数计日本金洋五十万元正。

第二条　借款自民国元年正月二十八日起，利息月计七厘半，每年分两期付息，于五月底及十一月底支付，但须于一个月前购定汇票交苏路公司收存。至第一期应付之息，仍扣至本年七月二十八日支付。

第三条　还款期限，于订立合同后第六年起，按年拨还，至第十年还清。每年应还本息之数，俱照后列之表〔缺〕在上海交付。

第四条　都督府于订立合同期内，不论何时皆可清还此款，但须每百园加价五元。借款还清后，此合同即作无效。

第五条　以从前司库发存各属典当生息之款本利作抵，由都督府另开清单〔缺〕粘附合同之后，仍将每年应付本息列入省预算。

第六条 如前条发存各属典当生息之款本利有变动时，应由都督府另指他项的款作抵。

第七条 本合同经都督府及江苏铁路公司签字盖印后，仍须得省议会之承认。

第八条 本合同一式三份，由都督府、省议会及公司各执一份为据。

总理王清穆 押

苏路公司关防 协理张 謇 押

董事吴本善 押

宣时雨 押

钱铭铨 押

江苏都督关防

庄蕴宽 押

中华民国元年正月二十八日

〔北洋政府财政部档案〕

（四） 赋 税

1 黎元洪关于鄂省盐厘电

（1912年1月24日）

孙大总统鉴：哿电悉。宜昌盐厘抵借英德商款，原每年系一百万两。嗣因收不敷解，满清部议改为七十五万两，馀数大约由中央指拨凑足。然此项抵款，名虽就近解交税务司，其实清政府仍于别项收款拨补盐厘，以济鄂用。至淮盐总局应交之款，系由督销局将应解鄂厘拨交税务局，而鄂省又将应解宁省一半川盐加课扣除互抵。现在民国对于满政府债约，在义师未起以前者，自应承认。但鄂省川淮盐厘，名义上为抵押品，实际上仍不失为鄂省进项。将来筹议归还，仍请中央政府统筹全局办理。所有欠解数目，皆系各该局就近拨解。关于宜昌川盐欠解数目，已电饬委员查复。其淮盐督销，本系宁省管辖，即请饬令调查。承询特复。元洪。敬。印。

〔临时政府公报第四号〕

2 谢国梧等条陈栈盐派员承销与财政部往来文件

（1912年2—3月）

（1）谢国梧等折呈（2月9日）

折呈

谨拟栈盐派员承销，以济急饷而裕民食，缮具说帖呈请钧鉴：窃自武汉起义以来，沿江多虞阻隔。票商畏葸避匿，停运已经三月，各省皆有淡食之虞。现欲票商照旧承运，而运盐一票成本甚巨（约六七千金），观望之见，在所不免。且银根奇紧，周转亦觉不灵，坐使多数之收入虚延无著，殊为可惜。查淮盐向分场票两商，由场运栈者曰场商，由栈运岸者曰票商。今瓜栈现存盐三十余万引，皆场商资本，而票商无与也。为今之计，莫如暂归官运，赶派谙练妥员到栈与场商接洽，急行捆运，派民船领装，用小火轮拖带，委员押运到岸，为日固速。当各岸缺销之时，销售亦必甚畅。以存盐三十余万引计之，每引六担，约百八十余万担。每担以税银二两为率，可获饷银三百六十余万两。场商盐本，每销一批，按价归偿。在票商停票不运，自甘放弃，亦无损失之可言。利於公而无害於私，何善如之。惟筹办伊始，所有盐本、水脚、捆抬工资、仓租包索等费，每包约在两千文以内

（另数列后），由承办人先垫经费银两，以资转运，俟到岸销竣后，再行拨还。如此则上济饷需，下裕民食，指顾可充军用。至各岸督销局改为专销局委员办理收售盐觔、征解课款之所。其沿途掣验，各岸分销，均可裁撤，以节縻费。内地概由商人承销，所收课税，随征随解，款项既巨，接济又速。临时筹饷之策，诚无有便於此者。场商仍照旧章接办，以资熟悉。所有票商，将来应否继续，或改为就场征税或归国专卖，俟大局全定，再行呈请裁夺。国梧等向办鹾务，谨就管见所及，略尽刍言。除禀大元帅外，敬呈鉴核。如有可采之处，即乞训示祇遵。并请行知各省都督，及盐政总长一体出示晓谕，深为公便。谢国梧、杨显森、成鸣铿谨呈。

计　开：

盐本：每包上等淮盐一千二百四十文，中等淮盐一千四十文，下等淮盐八百六十文，东盐一千四百文，芦盐一千三百文。

运脚：每包湖南三钱，湖北、江西二钱六分，皖岸一钱，现用轮船拖运，应行酌减。

引台：每票计银六十四两。

抬力：上下每包各十四文，每票计钱一百九十二千文。

仓租：每票计银九十六两。

包索：约共八十两。

（2）财政部批稿（3月13日）

呈悉。查盐务一项，积弊已深，亟应统筹办法，以裕国课，而恤商艰。所陈官运场盐一节，仰候详细调查，再行采用可也。此批。

〔南京临时政府档案〕

3 张謇为乙和祥盐旗被各地军队强取盐款情形咨

（1912年2月10日）①

中华民国实业部总长兼江苏两淮盐政总理张为咨请事：据淮南岸商乙和祥盐旗股商刘青藜堂等禀称：窃商等集股承办上、江、浦、六食岸引盐，公举张真吾经理，历无贻误。近年淮盐缺产，本重利微，基本金力早不支，赖外款藉资周转，故息借商款及亲友之存项为数甚夥，东挪西补，筹措维艰。光复以后，大兵云集，商岸适当其冲，损失银钱盐觔最巨。计黎统领天才在下关盐店取去仓盐、船盐共九千八百四十八包，约值洋三万四千五百元；石埠桥盐店钱一万一千余串，盐二千一百九十余包。张司令承樾在六合盐店取去本洋四百四十八元，英洋九百四十五元，足钱一千八百三十千。柏统制文蔚在桥林盐店取去本洋一千一百四十元，龙洋四百三十九元，足钱二百八十五千二百文；又在江浦盐店取钱五百千文，盐八百七十八包；汊河盐店本洋七十九元，龙洋一百十二元，足钱七百九十八千五百九十文，盐六百六十五包。汤司令在江宁镇盐店取去龙洋四千元。又该镇劣董冒充民军，持械勒取龙洋五千一百元。以上均系截至旧历十一月二十一日止，各店报告损失之数。嗣后查有续取之款，再行禀陈。伏思商等合资营业，为全家养命之源，而息借之商款，及亲友中之孤孀存项恃以度日者，若不早赐维持，将来损失愈重，赔偿愈难。今幸大部成立，伟筹荩抱，曲体商艰，情势迫切，呼吁有门，缕陈损失情形，仰乞鉴核存案。并求会商陆军部，俯念商情困苦，给示张挂。仍行知上元、江宁、江浦、六合、扬州等处军政分府民政长，十

注：①此系收文日期。

二圩财政长及各军队一律完全保护，俾安生业，不胜悚惶待命之至。等语。据此。查该商等所禀军队强夺商人财产，如果属实，足以败坏民军名誉。相应咨请贵部，按照该商原禀所指各节，彻查究办，并请给示，发交该盐旗，严禁以后军人不得擅自强取商人财产，以维秩序而恤商艰，足纫公谊，望切施行。须至咨者。

右 咨

陆军部总长黄

中华民国元年二月 日咨

〔南京临时政府档案〕

4 谭道渊等关于因革两淮盐务文件

（1912年2—3月）

(1)谭道渊致大总统呈（2月11日）①

大总统钧鉴：前镇军内秘书长谭道渊谨上：窃以苏沪光复后，即经委员调查两淮盐政，旋复推举张季直总其成，两月于兹，讫无成效。而凡恃盐为业者，无不恐慌，人多疵议其后。倘其法果善耶，当知国民程度，可与图成，难与虑始，毅然行之可也。其法固未善耶，则当征集众见，以求速成，急筹巨款，以济军用。不当久不揭晓，徒令民心不安，致误大局也。道渊以为两淮盐务，自汉及清变法屡矣。要不外夫官运商销，商运官督。若就场征税，虽经刘晏行之于唐，军用赖之，然其时势有不同也。何也，当唐大乱，盐运久废，民皆淡食，任商所之，无往不利。迨后销势无凭，众商麕集一隅，而商以困，其他缺盐之处，商又居奇，而民亦困。商民既困，官不流通，而官亦与俱困。是法固

注：①此系收文日期。

可利于一时，决不利于久远也。何也，盐之为体，极为笨重，盐之为用，极其板滞。故曾国藩有云：办盐务者，宜板不宜活，见道语也。今若仿刘晏之法，难免不蹈前辙。况今岸销省分积盐尚多，邻省之盐皆可以至。纵令任商所之，我恐商人必怀疑惧，裹足不前，不徒虚费时日哉。愚以为曾国藩之法，有三大利亦有三大害。苟能因其利而去其害可也，奚必全行改革。何谓三大利：一曰利国。查近年所收厘课，较之嘉道之间增款不下千万，而票值弗论矣。今当改革之初，百废待举，需饷甚巨，不于此项筹饷，将焉筹。拟请加添新票一千张，每值六千两，招商承买，旧商愿买者听，合计可售六百万两，以济急需。而新旧商人，谅必悦服，及凡恃盐为生活者，亦必欢迎。筹饷之策，莫妙如此。一曰便民。夫票盐分岸督销，原患奸商居奇，民苦淡食。故脱销之患，责在商人，而居奇之弊，责在官长。盐到省界，先经掣验派档，一经派定，不论远近，售价为一。民无缺盐之患，亦无食贵之虞，可谓平治之道矣。一曰恤商。查票盐到岸，远有二千余里，成本一万余金，商人危险在在可虞。以故责令督销局代为交易，先交成本，后除课厘，间有行户倒闭亏空，代为追偿，或因江河遇险淹消，亦归地方官详请补运，免缴半厘。又以长江、内河情形不一，故于十二圩设栈，为场运两商交易之点，沿途各有舢板为之保护，以利运道，是以商民称便。此三利之说也。何谓三弊：一引界宜化除也。夫引界之弊，乃原盐税未能统一于国，以故产盐省分各争引地，分立界限，而设缉私，扰害民生，虚縻饷项，真不通之极弊也。今宜通饬各省化除引界，取销缉私，顺商之情，听民愿食，所有盐税，权其轻重，统归国家财政，即或协济地方，亦必由中央财政量予分留。如此则民怨消，縻费省，而国库增矣。诚一举而数善备焉。一桶价宜改银币也。查灶户收盐贮桶，场商以钱易之，价有一定，名曰桶价。从前钱价高，柴米低，则灶户利。近年钱价贱，柴米贵，而灶户困。而商人则较前获利尤丰。诚为偏苦不仁之政，以故两淮缺产借运东芦。而两淮灶户日食不谋，任受鞭挞，走避他乡，亦可哀也。今宜改定桶价，易钱币为银币，优视灶户，则产额可增。且桶价为盐户交易之枢纽，桶价改银币，则凡交易收支款项亦必一律更改，如此则币制一而积弊除，诚善政也。一衙役宜改员司也。天下衙蠹之害，夫人而知之。而盐务为尤甚，夫人而能言之矣。今拟改盐运司为监督署，十二圩盐栈为转运署，署内所有倚盐为蠹，则尽去之。其候补人员，择其良者以员司录用，分别各局卡而去留之。总期有条不紊，兴利除弊而已。如此似较全行翻覆易于就理，即于千百万仰盐为活之人民，亦必歌颂而欢然乐从矣。以上变通办法，为因旧制之宜而去其弊，而于运商加票，可以急筹巨款。大凡主持政策，务必统筹全局，计其久远，因民之利而利之，庶乎可也。苟或惟利是图，不恤民困，盛宣怀之所以亡清也。况乎所图未必全夫为国，不过予智自雄，私心自用，又安可哉。吾民困于专制之虐，日思改革。兹幸大总统莅总百揆，无不引领而望新政，以安民心。是诚千钧一发之秋，不容稍忽。或有不慎，民心失望，恐如顺水之波，转思清泽，则中原之鹿，终不易逐也。此项盐务改革，关系极大，务祈大总统衡鉴，择善而从，以安天下为急务。是则道渊所为不避疑忌而抒血诚者也。是否有当，伏乞鉴察采择施行。并祈批示祇祷。

中华民国元年二月　　日

〔临时大总统批：〕着交财政部详细调查。如有可采，仰与实业部互商办理。总统批。

(2)财政部批稿（3月9日）

书悉。所称三利三害，于实在情形，尚有见地。惟兹事重大，非统筹完全办法，不足以恤商艰，而裕国课。仰候详细调查，再行分别采用可也。此批。

〔南京临时政府档案〕

5 沪军都督等关于委用海关人员议办海关厘税咨

（1912年3月）

（1）沪军都督咨（3月5日）

沪军都督咨

准贵部移交江南海关公牍委人办理等因。查上海光复以来，税厘等项本属一律裁停。现在大局已定，国用浩繁，关税原与厘捐有别，自应接续议办。惟事关全国税政，必须各省一致，方与国计商情两有裨益。从前满清政府，因常关积弊太深，徒归中饱，将附近新关五十里内之各口改并税司经征。虽收数骤增甚巨，而秕政仍未删除。即如江苏之江海关、浙江之浙海关所收常税，每关平一两，仍照各该处通用之银，征收一两三四钱，而五十里外之各小口，书吏包征如故也。江、浙两关如是，他关可知矣。窃谓民国初立，庶政维新，其可得而变革者即变革之。现拟将长江下游一带各常关，由本都督代为遴员办理，查明进出口货物，切实整顿。然后再议推及全国，并收回税司代办之各口自办，以期划一。兹查有吴玉堪以任为总理，应涛堪任为协理，除分别令行外，合亟咨请贵部查照，给予各该员委任状，并刊给江南各关总理之印一颗，以专责成而昭信守。仍乞咨明苏、江北都督可也。

此咨

内务部长程德全

陈其美印

中华民国元年三月初五日

(2)内务部咨稿(3月9日)

内务部总长咨

据沪军都督咨开：准贵部移交云云全文等因。准此。查海关厘税，国课攸关，本部未便委人办理。沪军都督请发委任状及咨明苏江北都督之处，应请贵部核夺施行。希即查照咨复是幸。此咨财政总长陈〇〇

次长居正代

中华民国元年三月初九日

〔南京临时政府档案〕

6 王增佐等关于芦盐归财政部办理等情文件

(1912年3月)

(1)王增佐呈(3月15日)

具呈芦盐承运商人王增佐为呈覆事：窃奉钧令，案据泰和公司商人刘元濂、金汉臣禀：以淮商所借芦盐，无款应付，各洋行拟在沪拍卖为干涉盐政之渐，且值军需紧急，爰禀请沪军都督，由商设立公司购办运销，其中历尽困难，始得允洽。正拟缴饷装运，盐政忽欲收回自办，拟以芦商报效每包一钱三分为贴补公司之费。又值孙总统令将此项芦盐归大部办理，商人约计所耗，陈乞俯念量予津贴。等情。据此。查该公司既与该员订约，则于该公司内容必所深悉。所禀各情，是否属实，其请津贴之处，是否可行，统由该员据实呈复，以便核夺。等因。奉此。查此项芦盐，淮商欠款被扣，又不即收回自办，致外人觊觎，意在干涉盐政，因有刘元濂等禀请办运之事。嗣以盐政未能统一，该商

亦迄未缴款。今闩改归大部办理，禀陈前情。其中所叙困难耗费各节，自系实情。前盐政处，以案奉沪军都督批准，且订有合同，未便恝置，致贻口实，拟将报效公家之款每包一钱三分为津贴公司之费。故电孙总统文内，亦曾有贴补泰和公司之语。惟刘元濂久经赴鄂，金汉臣亦于前日返津，泰和执事亦未悉及此禀。而禀中叙述一切，则固深悉其内容者，或系刘元濂函托友人代递，抑金汉臣临行时嘱其友人为之具禀，皆不可知。但蒙予津贴之款，必须刘元濂、金汉臣回申照给，藉便取销合同而免错误。愚昧之见，想大部必能鉴及也。奉令前因，据实呈复。须至呈者。

右　呈

财政部总长陈

中华民国元年三月十五日

(2)王增佐呈（3月15日）

呈

具呈芦盐承运商人代表王增佐为呈覆事：窃奉钧谕，以所存沪栈芦盐栈单呈缴大部，以便掣运。至应交芦场盐价亦由大部按章算给。等因。奉此。闻命之下，至为感戴。伏查此项芦盐，本系淮商所借，祗以欠缴盐价水脚，致为洋行扣留。淮商复不从速收回，乃奉沪军都督批饬泰和公司与商议价收买，以裕饷需而挽利权。商敢不承命，因与泰和公司订立合同。所有盐价斤两，悉照淮商原议，固不欲于盐价格外加增，亦不愿于资本稍有损失。此商前此遵批办理之实情也。嗣因盐政未能统一，泰和遂亦迄未缴款。今奉令行检缴栈单，给还盐价，自当遵照办理。惟现欠开乾太古水脚甚巨，须将该行所欠付还，方可将栈单取出。应请大部于应领盐价内，拨银转给，取出栈单，商当随时呈交不误。至信亨洋行存盐，计十九万余包，水脚固早付清，栈租亦经给过。闻买办顾隶三有抵押情事，商迄未与闻。无论抵款若干，概与芦商无涉，用特声明。再泰和公司，既订合同于前，商自未便返悔于后。仰承体恤，量予贴补，以便取销合同尤感。为此，遵谕复呈。须至呈者。

右　　呈

财政部总长陈

中华民国元年三月十五日

(3)财政部咨稿（3月18日）

咨盐务总长

据芦盐承运商人代表王增佐呈称：窃奉钧令，至而免错误止。又呈称：窃奉钧谕，至取消合同。各等情。查王增佐本系长芦承运委员，兹次藉口淮商无款应付，禀请沪都督批饬泰和公司，议价收买，变承运为督销，情节已属不符。嗣又呈称：盐务已归部办，拟将芦商报效每包一钱三分，为贴补公司之费。查盐务一项，向系政府督销，芦盐事同一律，本无私人销运之理，亦无承运委员可与外人订立运销合同之例。此项芦盐，照例应归部办，就使泰和已经缴饷装盐，合同效力，法律上亦应中止。况泰和迄未缴款，来呈已经声明，所订兹项合同，理应取消。除因积欠水脚应据实清算拨银转给外，所称量于贴补之处，是否可行，即希贵总长酌夺办理。至信亨洋行存盐十九万余包，据称已被买办顾隶三抵押。水脚栈租，均经付给。因何抵押，栈单何人收执，该买办何能凭空抵押，情节尤属离奇。相应咨请贵总长一并核办，并希见覆可也。此咨。

〔南京临时政府档案〕

7　临时大总统清理阜宁苇荡积弊令稿

（1912年3月18日）

临时大总统令

兹据谢承焘呈：请将海州阜宁苇荡裁汛升科，并缮抄旧呈前清江北提督原稿办法及苏咨议局议案各节，言之成理。在前清时议局既举其弊，而有司终延玩未行，坐失膏腴，殊为可惜。今据呈前来，合亟令仰该部咨行江苏都督切实查明，协筹办法，以清积弊，而收弃利至要。此令。

内务部总长程德全知照

计发谢承焘请将阜宁苇荡裁汛升科原呈一件

孙　文

中华民国元年三月十八日

〔南京临时政府档案〕

8　北洋政府财政部等关于办理黎宗岳大通报销案件文件

（1912年12月—1913年1月）

(1)黎宗岳致周学熙函（1912年12月8日）

缉之先生大鉴：日昨趋谒不值，甚怅。大通报销案内，尚有应还商款七万七千五百余金，中有数万金，系三月间解散军队，大总统电告副总统，奉副总统面谕，中央财政困难，军队多留一日，中央负累一日，嘱向商号挪借，再行措还。遂向上海国产公司商借，约定半年归还。现在半年之期已满，又届新历年底，我公经营实业，深恤商艰，用敢为将伯之呼，俾该款如数拨还，实深公纫。专肃。敬颂勋祉。

黎宗岳鞠躬八号

(2)财政部咨稿(12月12日)

咨安徽都督

为咨行事：准前大通军政府黎君宗岳函开：大通报销案内，尚有应还商款七万七千五百余金，中有数万金系三月间解散军队，向上海国产公司商借，约定半年归还。现在半年之期已满，又届新历年底，敢为将伯之呼，俾该款如数拨还。等因。查本年九月初九日，本部曾经电达各省，请将历借各项内外债款，分别报部，以便统计，准各省先后复到在案。惟安徽省内，并无前项大通所借国产公司款项。兹准黎君函开前因，应请贵督查明此项借款，是否有案可稽，并希即由尊处迳行设法清结，以省周折。除另函复黎君外，相应咨行查照核办并见复本部可也。此咨

安徽都督

中华民国元年十二月十二日

(3)柏文蔚致财政部咨①(1913年1月5日)

陆军上将衔陆军中将皖军都督柏咨

案准大部咨开：准前大通军政府黎宗岳函开：大通报销案内，〔下文同(2)，从略〕并见复本部可也。等因。准此。查黎宗岳前踞大通所用各款，未及交代，挟资潜逃，曾经孙前都督及本都督在第一军军长任内，电请大总统饬令黎宗岳结算追缴在案。并据大通商会转呈各商要求偿还截款前来，当经批示汇案追究，以重商本去后。复令大通督销局详细查复。旋据呈复：黎宗岳吞没盐款、商本数目，共十九万四千四百余两，内有商本五万八千余两，尚待清偿。至国产公司借款，事前既未通知，事后又未造报，无案

注：①此系抄件。

可稽。应请大部转饬黎宗狱自行清结。所有应还商款，并希严追黎宗狱清偿，以重商本而杜侵蚀。相应备文咨复，请烦查照核办，实为公便。此咨

财政部

计抄大通督销局造呈黎宗狱吞没公款商本银两数目清册

皖岸督销局谨将查明自辛亥年十月二十一日起至民国元年四月六号即壬子年二月十九日止，黎宗狱吞没盐厘商本数目，缮具清册呈请鉴核：

计开：

公款项下：

通岸：

辛亥年十月二十六日销竣	顺昌丁酉春纲皖盐一百二十引。
辛亥年十月二十七日销竣	余庆祥丁酉春纲皖盐一百二十引。
辛亥年十一月十八日销竣	大有安丁酉春纲皖盐一百二十引。
辛亥年十一月十九日销竣	德培记丁酉春纲皖盐一百二十引。
辛亥年十一月二十九日销竣	周远泰等皖盐一百五十一引六包。

此项系抢劫远岸存仓北商引盐，尚未据各该商呈报，容俟另案彻查登明。

辛亥年十一月三十日销竣	仪栈滷耗余盐四百八十引。
辛亥年十一月三十日销竣	仪栈沙漫洲功盐二百四十引。
辛亥年十一月三十日销竣	仪栈余中余盐一百二十引。

辛亥年十二月二十一日销竣	云丰恒丁酉春纲皖盐一千三百二十引。
辛亥年十二月二十三日销竣	敦厚堂丁酉春纲皖盐一百二十引。
辛亥年十二月二十五日销竣	礼裕隆 周恒记 辛丑春纲湘盐一千八百六十五引。
壬子年正月十二日销竣	茂盛贵丁酉春纲皖盐三百六十引。
壬子年正月十八日销竣	德顺隆丁酉春纲皖盐一百二十引。
壬子年正月十九日销竣	吉祥诚丁酉春纲皖盐一百二十引。
壬子年正月二十日销竣	福顺祥丁酉春纲皖盐一百二十引。
壬子年正月二十三日销竣	廖义仁丁酉春纲皖盐二百四十引。
壬子年正月二十五日销竣	广福隆丁酉春纲皖盐一百二十引。
壬子年正月二十七日销竣	慎安兴丁酉春纲皖盐一百二十引。
壬子年正月二十八日销竣	德新堂丁酉春纲皖盐二百四十引。
壬子年正月二十九日销竣	慎安丰丁酉春纲皖盐一百二十引。
壬子年二月初一日销竣	和福兴丁酉春纲皖盐一百二十引。
壬子年二月初一日销竣	益增丰丁酉春纲皖盐一百二十引。
壬子年二月初三日销竣	崔行记丁酉春纲皖盐一百二十引。
壬子年二月十三日销竣	同泰发辛丑春纲鄂盐五百引。
壬子年二月十九日销竣	厚和亨辛丑春纲鄂盐三百五十九引。

以上共销售各岸引盐七千五百五十五引六包。

一应收盐厘，每引银三两八钱，共库平银二万八千七百十一两八钱五分。

一应收新厘，每引银八钱，共库平银六千四十四两六钱。

一应收八成复价，每引银四钱八分，共库平银三千六百二十六两七钱六分。

一应收二成复价，每引银一钱二分，共库平银九百六两六钱九分。

一应收江省偿款加价，每引银一两二钱，共库平银九千六十六两九钱。

一应收安省偿款加价，每引银一两二钱，共库平银九千六十六两九钱。

一应收局费，每引银一钱五分，共库平银一千一百三十三两三钱六分二厘。

以上共库平银五万八千五百五十七两六分二厘，文⊥8合漕平银六万五十八两五钱二分五厘。

一应收报效，每引银一两九钱，共湘平银一万四千三百五十五两九钱二分五厘。

一应收缉费，每引银二钱，共湘平银一千五百十一两一钱五分。

以上共湘平银一万五千八百六十七两七分五厘，文⊥8合漕平银一万五千六百二十九两六分九厘。

一应收江宁海防加价，每引银一两，共漕平银七千五百五十五两七钱五分。

一应收安省练军加价，每引银一两，共漕平银七千五百五十五两七钱五分。

一应收安省续偿款加价，每引银一两一钱二分五厘，共漕平银八千五百两二钱一分九厘。

一应收抵补药税加价，每引银二两，共漕平银一万五千一百十一两五钱。

一应收江南要政加价，每引银一两，共漕平银七千五百五十五两七钱五分。

以上共应收漕平银十二万一千九百六十六两五钱六分三厘。

汤岸：

一销竣茂宏吉记北盐一百二十引。

一销竣永裕隆北盐一百二十引。

一销竣乾顺昌北盐一百二十引。

一销竣福昌吉北盐一百二十引。

一销竣同昌和北盐一百二十引。

一销竣周远泰北盐二百九十引一包。

以上共销盐八百九十引一包。

一应收盐厘，每引银三两八钱，共库平银三千三百八十二两四钱七分五厘。

一应收新厘，每引银八钱，共库平银七百十二两一钱。

一应收八成复价，每引银四钱八分，共库平银四百二十七两二钱六分。

一应收二成复价，每引银一钱二分，共库平银一百六两八钱一分五厘。

一应收江省偿款加价，每引银一两二钱，共库平银一千六十八两一钱五分。

一应收安省偿款加价，每引银一两二钱，共库平银一千六十八两一钱五分。

一应收局费，每引银一钱五分，共库平银一百三十三两五钱一分九厘。

以上共库平银六千八百九十八两四钱六分九厘，文〦〥合漕平银七千七十五两三钱五分三厘。

一应收报效，每引银一两九钱，共湘平银一千六百九十一两二钱三分七厘。

一应收缉费，每引银二钱，共湘平银一百七十八两二分五厘。

以上共湘平银一千八百六十九两二钱六分二厘，文〨〥合漕平银一千八百四十一两二钱二分三厘。

一应收江宁海防加价，每引银一两，共漕平银八百九十两一钱二分五厘。

一应收安省练军加价，每引银一两，共漕平银八百九十两一钱二分五厘。

一应收安省续偿款加价，每引银一两一钱二分五厘，共漕平银一千一两三钱九分一厘。

一应收抵补药税加价，每引银二两，共漕平银一千七百八十两二钱五分。

一应收江南要政加价，每引银一两，共漕平银八百九十两一钱二分五厘。

以上共应收漕平银一万四千三百六十八两五钱九分二厘。

此项盐厘银两，据黎宗狱派往汤岸之刘辅文交出清摺开列登明。

总计公款漕平银十三万六千三百三十五两一钱五分五厘。

商本项下：

一云丰恒漕平银四千一百两八钱八分六厘。

前项计盐二百五十八引六包，净重一千九百二十九石五十三觔。〤〦文合银八千二百七十七两六钱八分四厘，除厘课外上数。

一敦厚堂漕平银一千八百九十一两二钱八分七厘。

前项计盐一百二十引，净重八百九十二石三十九觔。〤〦文合银三千八百二十八两三钱五分三厘，除厘课外上数。

一茂盛贵漕平银五千六百三十五两一钱二分三厘。

前项计盐三百六十引，净重二千六百六十八石十四觔。×⊥文合银一万一千四百四十六两三钱二分一厘，除厘课外上数。

一扬栈漕平银一万二千七百五十两一钱六分四厘。

前项计盐八百四十引，净重六千一百三十二石七十八觔。×⊥文合银二万六千三百九两六钱二分六厘，除厘课外上数。前次呈报案内，盐本少列四十五两，查系笔误，理合更正登明。

一抢劫襄安周运泰等漕平银二千四百五十五两二钱一分九厘。

前项计盐一百五十一引六包，净重一千一百四十三石三十一觔。×⊥文合银四千九百四两八钱，除厘课外上数。

一鄂岸礼裕隆 周恒记漕平银三万六百二十九两一钱五分八厘。

前项计盐一千八百六十五引，净重一万四千一百四十六石四十五觔。×⊥文合银六万七百三十四两三钱九分五厘，除厘课外上数。

一鄂岸厚和亨英洋一千元合漕平银七百两。

以上共商本银五万八千一百六十一两八钱三分七厘。统共盐厘、商本银十九万四千四百九十六两九钱九分二厘。

(4)国务院函(1月30日)①

国务院公函　二年财字第百六十四号

迳启者：据安庆黎宗嶽电称，大通军府解散时，尚有垫借商款七万五千余两，已蒙交部核准拨还，拟刻日来京清理等语。续

注：①此系收文日期。

据黎宗嶽电称：请令财政部将大通所借商款内，拨除四万元。其余税厘四万余元，仍准作正开消。等语。相应抄录各电，送交贵部查核可也。此致

财政总长

安庆黎宗嶽来电　一月二十五日

国务院鉴：顷柏都督转交大总统令：宗嶽前在大通封售商人引盐，计银八万四千二百余元，即由该督勒令清算，以恤商艰，而重税款等情。奉此。查大通封售盐款，因盐商舞弊，经运商控告，由司法处会同大同商会罚充军饷，均已列入报销清册。当时军需孔亟，此种情形，各省皆有。今大总统体恤商艰，勒令清算，自属正办。但大通军府解散时，尚有垫借商款七万五千余两，已蒙大总统批交财政部核准拨还。如以商款不应罚充军饷，即以垫借商款先行拨还罚款，尚属有盈无绌。惟此中手续甚多，拟刻日来京，自向财政部清理。可否之处，希迅速示遵。黎宗嶽叩。

安庆黎宗嶽来电　一月二十九日

大总统、国务院、财政部钧鉴：柏都督交国务院漾电，宗嶽前在大通尚有封售引盐款项，勒令清算等因。查从前大通军饷全恃盐厘，此项封售引盐之款，系阴历前年十月起，由大通督销局陆续经售解用，均已按月册报，总于上年七月蒙大总统批交财政部核销在案。如蒙大总统垂念从前军事艰难，将正用正销之款，免其另算，甚为感激。万一体恤商艰，须令清算，此项商本约四万元左右，即乞大总统转令财政部，将大通境借商款内，拨除四万元。其余税厘四万余元，仍准作正开销，以免赔累。惟此中手续甚繁，拟来京向财政部接洽。可否，希示遵。黎宗嶽叩。

〔北洋政府财政部档案〕

〔二〕金　　融

（一）货　　币

1　临时大总统等关于江南造币厂请厘定币制整理厂规并隶归财政部文件

（1912年1月）

（1）临时大总统令（1月23日）

中华民国临时大总统令

兹据江南造币厂总理余成烈等禀请厘定币制，整理厂规及应否隶归财政部，以便有所禀承。等因前来。据此。查该厂为民国特设鼓铸机关，应归财政部管理，所有厘定币制及整理厂规，应由贵部议复呈核。为此令行贵部迅速妥议，呈候核夺。原禀发阅。此令。

财政部知照

孙　文

中华民国元年元月二十三日

中华民国江南造币厂总理余成烈协理林景谨上书大总统钧座：窃成烈等以薄德菲材，渥蒙擢用，昕夕筹度，时虞陨越。意以为关于通币之法制有不得不速为厘定者，属于本厂之规模有不得不急于整理者，谨就管见所及暨现办情形，为我大总统缕细陈之。曷言乎关于通币之法制宜速为厘定也。货币为人民交易之媒介，非凭藉国家法律不能生完全效用。虏清旧币，种种复杂，早为寰瀛所诟病。推原其故，由于国家无公认交换之法货，而决择听之于奸商。货币无流通信用之实际，而疆界昼之于官府。官与商交征其利，所苦者一般人民。东与西参错其间，所损者十倍权利。成烈等于十月到厂，维时军需孔股，日促拨款，势难停工以待新币式之颁布。且一般习惯，若骤易新模，非特无以济市面之恐慌，更恐适以滋人民之疑虑。是以暂用旧模，不过一时权宜之计，为难情形早经申报在案。兹际百度更新，万端待理。窃以为欲财政建充裕之基，须法币定划一之制。伏乞谕令财政部广征学说，体察舆情，定本位之为金为银，酌分量之或轻或重，从速颁定新币式样，俾资造铸而活金融。庶可以廓数千年恶货之弊端，坚四万万同胞之信用。此关于通币之法制宜速为厘定者也。曷言乎关于本厂之规模宜急于整理也。查本厂自民军光复，成烈等接办时，旧案既已荡然，新章又未发表。故于受事之初，会集员司暂定简章，分为二科：曰总务，曰管理。厂以内管理科长主之，厂以外总务科长主之，而统计科附属焉。卫兵队则专司保护稽查之任。意以为上下相维，期不复蹈旧总办专擅罔利之弊。此亦参酌情形，有不得不然者。成烈等更有请者，造币厂为国家特设鼓铸之机关，与财政部有密切关系。兹幸共和政府成立，南京本厂究否隶归财政部，为将来全国鼓铸之总机关，伏乞酌夺宣示，俾阶级早定，接洽有所禀承。此关于本厂之规模宜速为整理者也。至从前接办之初，旧储之款为数甚少，嗣复叠奉军政府谕，陆续拨充军饷，因此基金垂罄，待用日繁，成烈等虽勉力撑柱，为暂顾目前之计，惟缔造方新，宜规久远，应如何指拨公款，抑或贷用商款，以充基本之处，仰乞训示遵行。临书惶悚，翘待钧裁。成烈、景谨上。

(2)财政部致大总统呈稿（1月26日）

为呈复事：案奉大总统发下江南造币厂呈文一件，业奉批示：该厂为民国特设鼓铸机关，应归财政部管理，所有厘定币制及整顿厂规各节，仰候发交该部议复呈核。等因。奉此。查原呈内称：请定本位之为金为银，酌分量之或轻或重，从速颁定新币式样，俾资造铸而活金融等语，自是切要之图。惟政府初立，财政基础仅具雏形，各省惯习骤难统一。微论金本位制度，非有相当存金，不能实施，即划一银本位制度，亦非有全国金融整理就绪，未可轻议，应由本部随时察看情形，妥筹办理。至新币式样，亟应厘正，以一视听而符名实，应请饬下该厂仍照旧币分量，改订民国新模，拟就图案，交由本部呈候核夺。惟改铸新模，颇费时日，现时需款正殷，势难停铸。且该厂工匠众多，尤未便令其歇业，以致闲散。应请饬下该厂于新模制定以前，仍依旧式，照常鼓铸，以资利便。原呈文称：南京本厂应否隶归财政部，为将来全国鼓铸之总机关，请酌夺宣示，俾阶级早定，接洽有所禀承等语，业奉批示，着归财政部管理。拟由本部加给委任状，仍暂用总理、协理名目，俟将来官制厘定，再行分别给委。至所呈分科治事各节，尚属妥协，应准照办。原呈文称：基本金垂罄，应否指拨公款或贷用商款之处，请示遵行等语。查该厂另有呈文到部称：在沪议借商款，迭次磋商，已有眉目。应请饬下该厂妥拟条款，切实商借，至〔呈〕由本部核办。以上遵议缘由，是否有当，俟示遵。谨呈。

(3)总统府批（1月29日）

一件财政部呈为议复造币厂条陈各节由。

批：

呈悉。所议各节，尚属妥协，仰即迳令该厂遵照办理可也。此批。廿九。

总统府

(4)财政部致江南造币厂令稿（1月30日）

为饬知事：照得本部遵议江南造币厂呈请厘定币制整理厂规一案，业于本月二十六日呈复大总统内开：案奉大总统发下江南造币厂呈文一件，内称：请定本位之为金为银，□〔酌〕分量之或轻或重，从速颁定新币式样，俾资造铸而活金融等情，自是切要之图。惟政府初立，财政基础仅具雏形，各省惯习骤难统一。微论金本位制度，非有相当存金，不能实施，即划一银本位制度，亦非全国金融整理就绪，未可轻议，应由本部随时察看情形，妥筹办理。至新币式样，亟应厘正，以一视听而符名实，应请饬下该厂，仍照旧币分量，改订民国新模，拟就图案，交由本部呈候核夺。惟改铸新模，颇费时日，现时需款正殷，势难停铸。且该厂工匠众多，尤未便令其歇业，以致闲散。应请饬下该厂于新模制定以前，仍依旧式，照常鼓铸，以资利便。原呈文又称：南京本厂应否隶归财政部，为将来全国鼓铸之总机关，请酌夺宣示，俾阶级早定，接洽有所禀承等语，业奉批示，着归财政部管理。拟由本部加给委任状，仍暂用监理、协理名目，俟将来官制厘定，再行分别给委。至所呈分科治事各节，尚属妥协，应准照办。原呈又称：基金垂尽，应否指拨公款或贷用商款之处，请示遵行等语。查该厂另有呈文到部称：在沪议借商款，迭次磋商，已有眉目。应饬下该厂妥拟条款，切实商借，呈由本部核办。等因。兹奉大总统批示：所议各节，尚属妥协，仰即迳令该厂遵照办理可也。等因。奉此。合即行知贵监督/协理即便遵照办理，其委任状另由本部填写给发可也。此令。

〔南京临时政府档案〕

2 财政部发行军用钞票示谕稿

（1912年1月31日）

为出示晓谕事：案奉大总统命令：南京为民国首都，亟应整顿金融，以图都市之发达，业经筹拨巨款，开办中国银行，划一货币。惟目前军需孔亟，应先发行南京军用钞票，以维持市面，而协助饷糈，着财政部速筹办理。等因。奉此。当由本部督饬制就此项军用钞票，自本日为始，颁发行用。合即出示晓谕，仰军民人等遵照后开条款，一律通用勿违。特示。

计　　开

一、本钞票名为南京军用钞票。

一、本钞票由本部担保发行。

一、本钞票分一元、五元两种。

一、本钞票发行总额以一百万元为限。

一、本钞票有本部印信，文曰：中华民国财政部之印。

一、本钞票自发行之日为始，经三个月后，准持票到南京中国银行兑换通用银元。

一、本钞票凡纳捐上税一律照收。

一、本钞票凡银行、钱庄、商店均须一律行使。如有阻难、折扣情弊，一经查出，严罚不贷。

一、本钞票严防伪造，业由本部派出稽查员多名，慎密查访。如有查出制造或使用伪票者，无论何人准即解送各该管官厅，从严究办。

元月三十一号

〔南京临时政府档案〕

3　财政部关于开设军用钞票兑换所严禁藉端骚扰示谕稿

（1912年2月1日）

为出示晓谕事：照得本部奉大总统命令，发行军用钞票，业经出示晓谕在案。查此项钞票原定三个月后，由中国银行兑换。兹为活动金融，体恤商艰起见，由江宁商务总会设立临时兑换所。凡各商号收存此项军用钞票，必须兑换现洋以资周转者，准携带店号图章，前往该兑换所照数兑换。此外，军民人等只许持票到各商店买物，不得径向兑换所要求兑换现洋。倘有藉端骚扰者，立即拿获送究不贷。各宜懔遵勿违。特示。

二月一日

〔南京临时政府档案〕

4　胡汉民关于张静江辞制币委任并请鼓铸纪念币致陈锦涛函

（1912年2月2日）

顷张静江兄来翰，辞制币之委任。奉总统教，其纪念币鼓铸，应由贵部另简贤能，及早起工。为是通知，即颂大安。上

澜生先生大鉴

原函附呈

弟　汉民顿首

初二晚

大总统钧鉴：敬禀者：人杰前因各省起义，金融窒滞，筹度支者备尝困难，妄以献曝之忱，禀请制币，曾蒙钧府暨财政部批

准在案。嗣悉财政部总长对于此举，未荷赞成。度必智轮在胸，洞烛利病，用是加意慎重，未便率行鼓铸。且汉〔冶萍〕萍冶抵款，业已就绪。司农仰屋，藉是稍纾。前此经济困难问题，得此挹注，暂可解决，人杰自海外归来，弱体多病，客腊以后，更为造化小儿所苦。现值共和成立，国是大定，因思暂事休憩，以资调摄。所有制币一节，应请俯赐取销为幸。惟是震旦阴霾，不睹汉家威仪者二百六十余稔，际此山河光复，率土同欢，纪念币事关重要，恳乞即日简畀贤能，以资鼓铸，而广流通。庶太公九府，汉宝五铢，开国规模，常留天壤，匪仅慰亿兆人喁喁之望已也。谨肃寸禀，祇请钧安。

张人杰谨上印

〔南京临时政府档案〕

5 临时大总统为曾龢等请变通军用钞票办法交财政部核办令

（1912年2月4日）

中华民国临时大总统令

兹有公文一件，应归贵部核办。除批示外，合行发交。此令。财政部知照

计交曾龢等维持市面变通军用票办法公禀一件

孙 文

中华民国元年二月初四日

禀

敬禀者：恭读元月三十日财政部维持商情饬用钞票示谕一节，欣悉大总统临政伊始，体商恤民，无微不至。惟连日以来，宁垣军人多以军用钞票，纷向各商店兑找现圆，或交换货物，致

起支吾，日有数处。昨今两天，钱业、米店相率停市。乃无知商民，不明大义，胆敢异视军用钞票，辜负德意，显犯部示，获罪于天，奚所祷焉。然下走专事实地查询，究厥原因，敬悉部示条例中，有以三个月后准持票到南京中国银行支付通用银元一条，实属开诚布公，而一般小营业者，藉此转生疑虑，致失军票信用。窃思军用钞票，为饷糈之要素，在所不免。金融灵活，尤为市面安宁之极则。惟三个月后准持票支付一条，似宜收回成命，一面传集江宁商会总董出首担任，通饬钱商收用。不然先由财政部速筹十万元，责成江宁商会领取。再令调查宁垣大小钱业若干，择尤分配，或一二千元，或数百元不等，饬其一律通用，无得藉异阻碍。俟中国银行成业后，始准抵除结算，即将此例取消。似此办法，方能维持市面，于军商两界均有所裨，庶免一时纷争，而保秩序，同享共和无量幸福。区区之见，谨献刍荛，是否有当，仰乞核夺施行。肃此，敬请钧安。伏祈垂鉴。曾鑰、陈振华、谢英谨呈。

中华民国纪元二月一日

〔南京临时政府档案〕

6　江宁商务总会关于行用南京银元纸币呈

（1912年2月）

(1)节略（2月10日）①

江宁商务总会谨呈：敬略者：窃奉卫戍总督面交总统府示条，拟在南京行用有限期之不兑换纸币一百万元等因。当即召集各业商领袖特开大会，将面交示条交同公议。旋据议称：现在民国新立，

注：①此系收文日期。

新政待兴，北伐军需，又复紧急，一切捐税既未能骤事征收，而救变济穷自不能不藉资纸币。惟纸币之功效，全在流通。纸币之能否流通，又全在信用。奉交示条四则，其第一、第四条固已昭示人民以信用之据，自属无可置议。惟所用名称，系南京通用银元字样，既称通用而复限以南京，则一出国门〔眉批：国门当为南京〕，便成阻滞。查东南光复省分奚止南京，南京既为中央政府，而此项纸币，又经中央财政部之担保，则通用全国，似无不可。若票面注明南京，则他处必难流通。此其疑问者一也。其二条限于一百万元，若以全国通用言之，则一百万元实属不敷支配。若仅就南京言之，则当此兵事甫平，商业大难之际，搜尽全城之硬货，以应兑发行之纸币，犹恐不及其半，况纸币发行其硬货又将全驱出境也。此其疑问者二也。其第三条以三个月后兑换，此为有限期之不兑换纸币，在信用最著之政府行之，似可有效。若在中国，其信用已被前清之大清、交通、裕宁、裕苏等官银钱号摧残殆尽。现在该各号发行之纸币无处兑换者，就南京论，当不下数十万元，民间之视纸币，固已畏如蛇蝎矣。虽新政府与民相见以诚，决无此弊，然人民鉴于前此之受害，惩羹吹齑，其对于此次之有限期不兑换纸币，恐不能毫无顾虑也。此其疑问者三也。然此犹就发行纸币一方面言之也。而就通用纸币之商业一方面言之，其影响所及，更有不可思议者。查格里森货币原则所论，凡一国之内恶货币与良货币同行市面，而以法律强定其价格为同等者，则良货币必为恶货币所驱逐于国外，而国内悉为恶货币所充斥。纸币之对于硬货，岂第恶与良之分而已。若再加以不兑换之强制行为，是必为格里森原则所支配，其硬货将悉数外驱，而城内之贸易全系纸币而后已。且硬货外驱，其城内之贸易尚可以纸币为易中之媒介，而至于运输外货，既无硬货足以购买，势不得不渐趋于歇业，其危险尚可待言。此其疑问者四也。以上四者系商等管见所及，不得不先行陈明，并另议通行办法数则，一并附陈。等因。据此。用特录呈。伏祈鉴核施行。谨略。

摺　　呈

谨将公认行用南京银园纸币草案，开呈鉴核。

计　　开：

一、发行南京纸币，应请中央政府设一兑换总机关，以期渐渐发行。

一、设总机关，只须筹出现款三十万元，即可行使百万元。闻浙江即是此种办法。以上两条，如办不到，即须定以限制，愈少愈妙。另拟数条呈核。

摺　　呈

谨将另拟草案四条，开呈鉴核

计　　开：

一、南京通用纸币，无论发行多少，应请发交商会加盖戳记，以期各业通行。

一、前项纸币既是有限期之不兑换纸币，且又限以南京字样，其发行额数，愈少愈妙。

一、前项纸币，每张应请以一元为率。

一、前项纸币，只能向商号买货，不能兑取现金，否则应定以如何之限制。

(2)摺　　呈①

敬呈者：案据全体商人呈称：窃商等前奉贵总会召集，交下

注：①原件有："此件发行钞票后续由商会交来"

卫戍总督转交总统府示条四则，以将行用有限期之不兑换纸币一百万元，南京市面是否可行，嘱令当场公议。当经商等议将诸多苦情，备具说帖，呈请转达，并拟定变通办法数条，一并呈请核夺示遵。等因。商等满望此项说帖办法一经呈转，必得仰邀新政府之体恤，暂缓发行。即为军需所迫有不得不发行者，亦必规定一妥善之法，交由贵会再召商等磋商决定后，出示晓谕，逐渐发行，方足以称共和之政体，而免通行窒碍之虞。乃前次所议纸币办法，未蒙贵会将政府如何答复之处，明白宣布，而市面已见有前项有限期之不兑换纸币，公然发行，交易之间，群滋疑虑。盖此次纸币，由军人用于商等，固不敢不为收受，由商等转用于他处，则他处必以不能兑换及限制南京字样相推诿。而商等又无特别武力，足以强其收受，是明虽行用纸币，其实不啻吸收商等之现银与货物，而供公家之用者也。现当乱离之后，元气大伤，损失资财，无法弥补。若再以纸币影响，朘其余生，转徙逃亡，不难立见。

新政府志在爱民，若果灼见商等实在苦情，当必有被发撄冠往救之不暇，而忍出此饮鸩止渴之举乎。迫不得已，因公呈贵总会鉴核。乞代转达卫戍总督，转呈大总统詧夺。若不见原，则商等将束手以待毙矣。务请委婉转陈。等因。据此。兹特据情转呈。伏祈贵部速呈大总统核夺为盼。须至呈者。

〔南京临时政府档案〕

7 上海共和建设会条陈改铸新币及另定征收厘金章程函

（1912年2月10日）①

大总统钧鉴：中原大陆，沦于夷狄，三百年来，久被腥羶。自我公倡义，光复汉土，芸芸众生，莫不出水火而登衽席。当此建设之初，凡我共和国民，正宜各抒言论，共襄郅治。第纲绪至繁，非一二端所能尽。敬就见闻所及，上陈钧右，伏希鉴察。一、南京造币厂宜改铸民国新币也。五帝不袭礼，三皇不沿乐。一代之兴，自有典章，以遵法守。今日共和成立，气象一新，亡国制度，理宜淘汰。乃闻南京造币厂所铸龙元及铜元，犹沿满政府旧式，镌以大清银币四字，殊不足以齐天下之耳目。拟请另颁模型，改铸民国新币，去盘龙之花样，镌中华之国号。观听所在，关系甚大。而币制不一，至为秕政，尤宜即以南京造币厂扩充之，为中华造币总厂。将来全国币式，不宜再分为省界，庶以昭畫一，而便流通。一、征收厘金宜暂行取缔也。厘金关系军饷，为经过税，非正当之税，则将来必归消灭。第今日饷需弥急，未可遽议裁撤，然必有妥善之法制，斯裕国而不致病民。苏省光复以来，各地厘金照旧抽收。闻南京各属厘捐，既无稽查之人，复鲜统一之方。司员随征随解，难免以滥冒侵蚀之弊，似宜另订章程，严行取缔。俾商民有踊跃乐输之心，官吏无从中侵渔之弊，斯财政无竭蹶告匮之虞。以上二者，均为南京一部分目前切要之图。敝会忝属国民一分子，苟有所知所见，不敢壅于上闻，敬乞采择行之。国民幸甚。敬请睿安。

上海共和建设会全体谨上

〔南京临时政府档案〕

注：①此系收文日期。

8　财政部关于广东银元及各省银元一律照本省湖北洋价通用示谕稿

（1912年2月17日）

为出示晓谕事：照得货币原□□□近本无省界之别。从前满清时代，上下情形隔阂，以致市侩钱牙，藉端渔利，显分畛域，此省银元彼省不能通用，办理殊为不合。及闻南京市面，亦复任意挑剔，只用本省及湖北两处所出银币，其余广东暨他省银元，竟致摈而弗用，非以成色不足为词，即谓向例不用，无非藉口省界以遂私图，言之实堪痛恨，合行出示晓谕。为此示仰诸色人等一体知悉，须知各处鼓铸银币，均系按照部颁成色，各省一致，并无歧异。而广东所出银元，成色尤较他省为准。现在政府正谋财政统一之时，讵容划分界限。自示之后，凡有广东银元，买卖兑换，一律按照本省湖北洋价通行照用，不得稍有折扣，藉端挑剔。倘敢故违，一经查出，即从严究惩。其各恪遵。切切。特示。

二月十七日

〔南京临时政府档案〕

9　黎元洪等关于筹议统一币制文件

（1912年2—3月）

（1）黎元洪咨（2月18日）

中华民国临时副总统海陆军大元帅兼鄂都督黎为咨会事：案据造币厂协理时功璧呈称：湖北造币厂前因军需孔殷，急须赶造，未遑更换旧模。现今共和大局业已底定，庶政更新，所有造币厂银铜两项，自应改铸新模，与民更始。惟事关币制，法贵统一，所有花纹、重量，未便各省互相差异。兹本省已由厂中铸有式样，拟由协理亲赴南京，与中央财政部直接商定，然后回鄂遵式铸行。庶将来中央财政部颁行新币时，鄂省不至再行更换，淆人耳目。等情。据此。查统一币制，事关重要。鄂省银铜两厂模式，亟应与中央政府商定，庶免多所纷更。该员所请，自可照准。除任用暨分行外，相应咨会。为此咨会贵部，俟该员到部时，派员接洽，仍冀见复施行。须至咨者。

右　咨

中央财政部

中华民国元年二月十八日

(2)时功璧致财政部禀(2月)

禀摺

敬陈者：功璧于武汉起义以后，即荷鄂军都督委充湖北造币厂协理。其时军需孔急，亟须铸造银铜两币，以给军用，未遑更换旧模。近者共和成立，大局粗定，自应改造新模，与民更始。惟事关全国币制，法贵统一，所有花纹、成色、重量，未便各省互有差异。当将前情呈奉鄂军都督谕准，并派委功璧前来，听候大部酌定式样，以便回鄂遵照办理。惟功璧窃有陈者：铸造银铜两币，必先首定币制。币制定，而银铜两币之成色、重量、价格亦可因之而定，不至异日再有更张，方足以昭信用而利通行。第改定币制，近年以来，意见纷纭，迄无成议。功璧折衷众说，默察近情，敢就管见所及，粗举大纲，以备采择：一、宜定虚金本位制也。查世界各国，均用金本位，惟中国用银本位，是以国际上之交通、金融机关，全操于外人之手。今欲挽回利权，商业竞争，则用金本位制，殆无异议。惟目前现金既不充分，难敷全国之周转，是不得【不】暂定虚金本位，以为全国货币价格之基准，且将来实行用金之时，于金融机关上，亦不至大生变更。此今日宜早定者一也。二、宜定银铜两币为辅助币也。查本位货币，系备巨额之支付。辅助货币，系备少额之支付，故辅助货币，必宜多分种类，以便通用。今议定银币最大者为一元，其次为五角，其次为二角，其次为一角，共四种。铜币最大者为一分，其次为一文，共二种，以便用于少额之交换，已足以利通行而无阻滞。此今日宜早定者二也。三、辅助货币之价值宜早为规定也。查辅助货币，必须有一定之价值。各国辅助货币多以十进，盖取其便以计算故也。今拟定每银元一大元，法定价值铜元一百枚，每银元一角，法定价值铜元十枚，每铜元一枚，法定价值制钱十文，预为规定，永为定制。惟中国目前银元价值，各省大都均在铜元百枚以外，今若骤令缩小，商民必大受亏损。功璧之愚，以为宜先禁止银元价值，不准再行增涨，一面由各省财政部默为操纵，凡银元价值能值铜元百枚以外，必由铜元充溢供过于求之故，是宜多铸银币，少发铜币，使银元之价值渐减，铜元之价值渐增。俟银元价值能兑换铜元百枚左右时，然后出示晓谕，一律遵照法定价值，不准再有增减。如此逐渐递减，商民方不至骤然大受损抑。此今日宜早定者三也。四、辅助货币之成色、重量宜早为规定也。查各国辅助货币之成份及重量，必与本位货币之折合为较低。故如日本辅助货币之纯量，大概相当于本位货币法定价格四分之三。盖恐辅助货币之原料，其价值腾贵时，必有溶化辅助货币以牟利者，故不得不为是规定也。惟以中国现情而论，通用之银元，其重量为七钱二分，其成分为百分之九十。盖依银本位之习惯而定，有实体完全货币之资格者。今既改为法定之辅助货币，则成份与重量自应较旧制酌减，方无流弊。但目前铸造新式银币，若成份与重量之低减较旧币相去太远，则人将争相溶化旧币以获利，而国内金融将大受恐慌，此断不可行者。且既以金为本位，近今金币原料缺乏，则银币之原料断不至有腾之贵虞。此又不能与外国一例论者。似宜仍循旧制，或量为末减。至铜币则向本视为辅助货币，久已通行无弊，似可毋庸置议。此今日宜早定者四也。以上四端，仅就功璧意见所及，妄参末议。约而言之，今日共和初建，创定币制，必当使对内则可得全国人民之信用，对外则可博国际上交换之资格。庶币制不至紊乱，而财政始有整理之方。伏希详加酌议，审定施行。中华民国前途幸甚。财政幸甚。湖北造币厂协理时功璧谨建议。

（3）玉鸿献电稿（3月6日）

武昌。黎副总统转造币厂协理时功璧先生鉴：台从来宁会商统一币制，实为当今急务。匆匆接晤，未尽欲言，正拟续约面谈，闻驾旋鄂，不胜怅歉。弟兼任造币之责，亟须与尊厂商订办法，以期一致，能否枉驾再临，续陈伟画。如不暇分身，或由函电互商，统祈示复。前日事冗，款待无状，尤希鉴原。鸿献。鱼。印。

（4）财政部呈稿（3月7日）

中华民国财政部总长陈锦涛呈：三月六日承准副总统文开……仍冀见复施行。等因。奉此。查圜法纷歧，乃前清秕政。尔来民国成立，大局粗定，本应速定币制，颁行各处，以期统一，而利交通。惟用银则诸多不便，用金必预筹巨款，目前万难猝办。兹拟暂就旧章，另刊新模，铸作纪念币，以示更始，而利民用。若此宽以时日，俾可从容规定。已饬总厂绘图造模，一俟雕成，即当寄鄂。除电知该厂外，相应呈复，伏希察核，并请转饬该厂厂长遵照。谨呈。右呈

副总统

中华民国元年三月七日

(5)时功璧复王鸿猷电(3月15日)

财政部王次长子匡鉴：鱼电悉。顷敝厂前总理辞职，新总理尚未到差，碍难赴宁会商。前呈手摺金汇兑本位一义，似与民国情况相宜。至银铜币花纹模形，既无议定，请速将粗模刻就寄鄂，以便改铸。此复。功璧。删。

〔南京临时政府档案〕

10 江南造币厂拟具币模式样呈

(1912年2月24日)①

江南造币厂为呈请事：窃查本厂银圆钢模，亟应重定式样，为民国纪元后一大纪念。现在市上银元缺乏，由厂陆续制造，赖以周转市面，稍免金融恐慌之象。惟以供求不能相剂，急于铸造，仍就原有钢模暂为因应之计。现经督饬员司等一再讨论，悉心研究。考周秦之圜法，仿欧美之成规，树我中华民国懋迁利用之先声。谨就钢模多种，重量仍以旧币为准，沿民习惯，式样则务求精美，以广流通。兹将所拟币模样本，具文呈送，仰乞鉴核，并请交参议院议定何种可用，颁发到厂，即行照式赶铸。倘大部已将银铜各币钢模绘有成式，亦请发交参议院议订，或参议院另拟新样，均请议定颁发，以便饬匠铸造。总之，考求不厌精详，推行必期尽利。所有酌拟银币钢模缘由，是否有当，仰祈批示施行。须至呈者。

计呈币模式样一册〔缺〕

右　　呈

注：①此系收文日期。

财政部

中华民国元年二月　　日江南造币厂呈

〔南京临时政府档案〕

11　临时大总统关于造币厂章程复财政部批

（1912年2月28日）

临时大总统批

一件　呈拟造币厂章程，恳请批准由。

据呈已悉。所拟造币厂章程十二条，尚称妥洽，应即照准。此批。

孙　文

中华民国元年二月二十八日

〔南京临时政府档案〕

12　造币总厂拟订总章呈

（1912年2月29日）

财政部造币总厂为呈请事：窃查本厂自光复后，于上年旧历十二月二十一日，接续开厂工作。当时以接办伊始，卷牍荡然，草创规模，难期完备。又以市上银铜两币，均形缺乏，亟需赶铸，以为救济恐慌之地。厂中各员司职务，虽经酌量分别配置，然两月以来，叠经监理等细心考核，所有厂中用人及办事各机关，尚有单简未臻完备之处。窃维办事必先慎始，立法不厌求详。兹将本厂现在情形及工作状况，酌量拟订纲领四章，附则一章，共十五条，自监理及总协理、稽查以至各处处长，层递指挥监督，并分权限。各员责任，既无筑室道谋之弊，庶免素餐尸位之讥。至理事则隶属于各处长机关之下，各有应办职司，并各有上级监察，固无从揽权，复无从卸责。并量其事之繁简、轻重，分配副理事及录事以佐之。其关于成色、重量之配定者，曰校验处。其关于案牍之报告者，曰文件处，曰审计处。其关于厂用之应付者，曰会计处，曰庶务处。其关于生银铜及铸成新币并各项物品之管理者，曰库储处。其关于工作之取缔者，曰考工处。其关于配铸之监视者，曰银厂监察处、铜厂监察处。其关于公安保卫者，曰守卫处。综以上全厂机关之分配，条理至繁，事务至巨，必使析之可分为万，合之仍归于一，方能统揽总纲，同条共贯。兹当造端伊始，昕夕不遑，百密恐有一疏，千虑不无一失，端赖群策群力之助，庶收得寸得尺之功。是以于员司中学有专门，或素有经验可资助理者，必就其所长，分别配置职务，俾各用当其技，毋使迁地弗良。两月以来，监理等随事考求，无敢或懈。窃附寡过未能之义，勉矢始基其慎之心。兹谨将拟订总章，缮具清摺，呈请核夺，应否交参议院核议颁发之处，出自钧裁。再，此次章程，于员司则有减无增，于薪俸则繁简酌定。拟俟总章核准实行之后，再行分列新旧职员比较表及规定薪俸、任免、办事各细则，合并声明。又照此次章程，比较前章，减员司八人，省薪俸一千而弱，合再呈明。仰乞察阅，指令施行。须至呈者。

计呈清摺一扣

右　呈

财政部驻沪办事处

中华民国元年二月二十九日造币总厂呈

清　　摺

中华民国财政部造币总厂试办章程

第一编　纲　　领

第一章　名义之规定

第一条　本厂设立南京，属临时政府财政部，名曰中央造币总厂。

第二条　本厂为全国总厂，掌管全国铸造货币，镕毁旧币，及分析生金银铜。

第二章　机关之组织

第三条　本厂设监理、总理、协理、总稽查以管理之，并将旧时各所处并为十处如左：

(甲)校验处　(合旧时校准所化验所组织之)。

(乙)审计处　(以旧时稽核处暨新设之统计处组织之)。

(丙)库储处　(合旧时银库、铜库、银元库、铜元库、物料库、煤炭库组织之)。

(丁)考工处　(合旧时工牌、汽机、修理、钢模、电灯、泥木土铁各工所组织之)。

(戊)银厂监察处　(合旧时镕银、辗银、舂银、摇洗、印花各所组织之)。

(己)铜厂监察处　(合旧时镕铜、辗铜、舂铜、摇洗、印花各所组织之)。

(庚)会计处　(以旧时支应收支处暨新设之簿记员组织之)。

(辛)文件处　(仍以旧时文牍处组织之)。

(壬)庶务处　(仍以旧时庶务组织之)。

(癸)守卫处　(以旧时发审官医搜检巡查保卫差遣并添消防组织之)。

第三章　职员之分配

第四条　本厂各机关设职员如左：

监理一员。

总理一员。

协理一员。

总稽查一员。

校验处处长一员。

校准正副理事一二员。

化验正副理事一二员。

审计处处长一员。

审核正副理事一二员。

统计正副理事一二员。

录事二员。

库储处处长一员。

银库正副理事一二员（兼银元库）。

铜库正副理事一二员（兼配合铜铅），

铜元库正副理事一二员。

物料库正副理事一二员。

煤炭库正副理事一二员。

考工处处长一员。

工牌正副理事一二员。

汽机及修理正副理事一二员。

钢模正/副理事一/一员。

泥木工正/副理事一员。

银厂监察处处长一员。

镕银正/副理事一/二员。

辗银片正/副理事一/二员。

舂银饼正/副理事一/二员。

摇洗正/副理事一/二员。

印花正/副理事一/二员。

铜厂监察处处长一员。

镕铜正/副理事一/二员。

辗铜片正/副理事一/一员。

舂【铜】饼正/副理事一/一员。

摇洗正/副理事一/一员。

印花正/副理事一/二员。

会计处处长一员。

收支正理事一员。

簿记正/副理事一员。

文件处处长一员。

文牍正/副理事一/一员。

录事四员。

庶务处处长一员。

采买兼杂务正副理事一二员。

守卫处处长一员。

排长二员。

消防一员。

搜检一员。

兵工医一员。

兵工执法一员。

司书生一员。

但各处长有事务较简者，不另派专员，以正理事兼办之。

第五条 技师、匠目等随时酌定。

第四章 职员之权限

第六条 监理受中央财政部之指挥，监督总厂及各分厂之币式、成色、分量，并稽察各厂员之勤惰、功过、报销、统计。

第七条 总理受财政部指挥，商承监理管理本厂一切事务。但总厂总理得代理监理。

第八条 协理协同总理襄办全厂一切事务，遇总理缺席时，协理可代理执行。

第九条 总稽察受监、总、协理指挥，稽查本厂各处之利弊，工作之勤惰，报告于监、总、协理核办。若调查确实，即有要求执行之权。

第十条 各处长受总、协理指挥，监督各掌本处权限以内之事务。

第十一条 正、副理事、录事各受本处处长之指挥，从事所管范围以内之职务。

第十二条 技师、技手、匠目、工匠、艺徒各听本管上官之指挥，从事工作。

附 则

第十三条 各分厂规则，可参照总厂章程变通办理，但不得与总厂章程有所抵触。

第十四条 本章程系大纲，其细则并各处权限及各处办事列入第二、三编，俟财政部批准后，再本本章程规定之。

第十五条 本章程以财政部核准后，民国元年三月初一日开工之日实行，作为试办。俟国都地点确定、参议院议决后，始作永久章程。

〔南京临时政府档案〕

13 财政部等关于补充造币厂正长及整顿江南造币厂批令

(1912年3月)

(1)财政部呈稿(3月3日)

为呈请事：案窃本部所拟江南造币厂章程，业蒙大总统批准在案。嗣后该厂人员，自应遵章任用。惟现在各处造币厂尚未统一，事务尚简，所有正长一缺，拟即以本部次长王鸿猷暂行兼任，其副长一缺，不妨暂缓设置。至江南造币厂厂长已据遴选王兼善补充。查王兼善久在英国爱丁堡大学肄业，得有格致科学士及文艺科硕士等学位，精于化学、机械各科，且曾游历各国，考察各国造币厂，又在天津造币厂经历有年，堪以胜任。其帮长一缺，查赵宗蕃老成练达，熟悉商情，即以补充。理合备文呈请。仰祈督核，迅赐批示。谨呈。

（2）临时大总统批（3月4日）

临时大总统批

一件　呈请补充造币厂正长及江南造币厂厂长帮长由。

呈悉。所请造币总厂正长以该部次长王鸿猷兼任，江南造币厂厂长以王兼善补充，帮长以赵宗蕃补充各节，应即照准。此批。

孙　文

中华民国元年三月初四日

（3）财政部令稿（3月5日）

为饬令事：案照得现在国库万分支绌，本部所辖各局厂，理应力求撙节，以重公款而节糜费。江南造币厂曾经本部特派秘书潘敬前往调查。兹据呈复册表，比之日本大坂造币厂，造币数目相等，而用人支费几三倍之。如此滥用人员，妄支浮费，殊属不成事体。民国初建，公家办事，正宜综核名实，痛革前清恶习。嗣后厂中事务，自应遵照新章，从新组织，所有旧有之监理以下各种名称，应一律取消。其旧有厂员，应静候考验，分别取舍。新章中厂长一缺，已据正长遴选王兼善补充，其帮长一缺，即以前协理赵宗蕃补充。仰即前赴该厂，破除情面，认真整顿，并将该厂情形随时报部备查。此令。

右令江南造币厂厂长王兼善

帮长赵宗蕃

〔南京临时政府档案〕

14 王鸿猷等关于粤皖银元一律通行勿得贴水致陈锦涛函

(1912年3月8日)

(1)王鸿猷致陈锦涛函

澜生先生大鉴：本部前因兑换军票，所备现金内多广东、安徽两处银元，而行之此间及江北各处，皆须贴水，甚形不便。当经出示晓谕，一律通行，无得折扣，并照会商会，请其转知各处商人，一律遵照。顷据商会声称：该项银元在上海亦须贴水，欲内地一律通用，必先平上海之价，方不致累及商人云云。请由尊处就近咨行沪军都督，请饬沪商对于皖、粤银元，毋得折扣。至于内地各埠，已由本部出示通用，似此各地一律，断不至沪上钱业受其影响也。此请公安。

王鸿猷谨启

中华民国元年三月初八日

(2)江宁商务总会致财政部函①

敬启者：昨奉钧函，以广东、安徽两省银元，嘱由敝会转谕钱业一律通行，并知照扬州、镇江、清江浦、临淮、庐州各商会查照。等因。除立行宁垣钱业公所，并刊刻传单，通告本城各商号先行遵照，一面仍分别照请扬州、镇江、清江【浦】、临淮、庐州各商会一体照办外，特将传单暨照会文稿一并录呈，希即鉴核备查。肃复。敬请伟安。

注：①本件附有批条，文为“由钱法司复。以此项银元上海亦须贴水，已成惯例，骤难禁革，必须将来开厂自铸，方能平准。云云。”

江宁商务总会谨启

三月八号

附抄稿

清　摺

计录照会扬州等处各商会暨宁垣钱业公所文稿

为照会事：案奉财政部函开：照来函全入云云。等因。奉此。查共和告成，南北业已统一，各处银元自应一律行用，以期市面流通。所有广东、安徽两省银元，何得稍存歧视，致有扣水情事。除照会各商会、宁垣钱业公所遵办外，相应照会贵公所、商会烦为查照。务希鼎力主持，刊刻传单，劝告各商号一律通用，不得稍有折扣，致干诘问，是为至要。须至照会者。

计录通告各商号文稿

为通告事：案奉财政部函开：照来函全入云云。等因。奉此。除特别行知钱业公所遵照外，用再通告各宝号查照，所有广东、安徽两省银元，务须一律通用，不得稍有折扣，致干诘问，是为至要。此布。

〔南京临时政府档案〕

15　财政部请颁发通用新币花纹呈及临时大总统令

（1912年3月9日）

（1）陈锦涛致临时大总统呈稿

财政总长陈〇〇呈：窃民国肇兴、幸新庶政，而改良币制，尤属要图。顾欲收统一之良规，必当采本位之成法。此时储金有限，猝办为难。然使漫不更张，又无以新吾民之耳目。故本部拟先行另刊新模，鼓铸纪念币，就中一千万元上刊第一期大总统肖象，流通遐迩，垂为美谭。其余通用新币花纹式样，亦应一律更改，暂应流通。俟时局大定，储金有着，再当筹酌新币本位，徐谋统一。当电致湖北、广东等省各造币厂厂长遵照办理。新币式样前经呈请大总统鉴核在案。至花纹配搭应如何始臻妥善之处，仍候酌定颁发，分令照铸，以资遵守。为此备文具呈，伏乞迅赐训令施行。谨呈。

（2）临时大总统令

临时大总统令

据该部呈称：拟另刊新模，鼓铸纪念币，就中一千万元上刊第一期大总统肖象，流通遐迩，垂为美谭。其余通用新币花纹式样，亦应一律更改。请将花纹酌定颁发，分令各省造币厂鼓铸，以资遵守。等情前来。查币制改良，新民耳目，自属要图，所请以一千万元上刊第一期大总统肖象，以为纪念一节，应准照行。其余通用新币花纹中间应绘五谷模型，取丰岁足民之义，垂劝农务本之规。为此训令该部即便遵照，速将新模印就，分令各省造币厂照式鼓铸可也。此令。

财政部总长陈锦涛知照

孙　文

中华民国元年三月九日

〔南京临时政府档案〕

16　王鸿猷为暂缓设置造币厂正长呈及临时大总统批

（1912年3月）

（1）王鸿猷呈稿（3月11日）

财政部次长兼江南造币总厂正长王〇〇呈：窃前奉大总统批

开：江南造币总厂正长，以该部次长王鸿猷兼任等由。奉此。当经遵令任事在案。惟查正长一职，因总厂而特设，有管理全国造币分厂之责。现时各处分厂多未开办，事务尤简，虚名徒拥，无补实施，揆诸慎重名器之规，无当因事设官之义，抚衷自问，歉仄弥深。惟有仰恳大总统即将江南造币总厂正长兼职下令取销，以正名称，而昭核实。为此备文具呈，伏乞鉴核施行。此呈。

〔南京临时政府档案〕

(2)临时大总统批(3月12日)

临时大总统批

据该部次长兼江南造币总厂正长王鸿猷呈称：现在全国造币分厂多未成立，正长一职虚名徒拥，请下令取销，以正名称而昭核实等情。据此。查原定章程，造币总厂应设正长、次长各一缺，以负监督全国造币分厂之责。既据称现时分厂无多，事务尤简，自属实情。该正长一职，应准暂缓设置，以符因事建官之义，而慰该次长综核名实之心。此批。

孙 文

中华民国元年三月十二日

17 临时大总统关于造币总厂匠徒请留余成烈交财政部核办令

(1912年3月13日)

临时大总统令

据造币总厂全体匠徒呈请愿留余总理仍充厂长等由前来，合将原呈发交该部察核办理。此令。

财政部总长陈锦涛知照

计发原呈一件

孙　文

中华民国元年三月十三日

今日者集我同人，非为要挟上台也，亦非别有私意。前三月一号我总理余君曾欲开工鼓铸，闻有要公在沪未果。不数日，竟忽来一厂长接办。我同人辈相顾愕然，未知余君果为何事调差。遂群相私议，谓造币厂自蔡总办卷逃后，幸得匡总办继之。不旬日间，我民国光复，欣幸余总理接查厂务，整顿厂规，殚心竭力，公尔忘私，实民国办事员中之表表者。不意上台又复调去。我同人等忆及旧历冬月余总理认真办事，不遗余力。在各所员司，固同心协力，均有感情，我同人等亦无有不爱戴之者。在我大汉先朝县中有借寇之书，先民亦有还我使君之情，从前之专制时有行之者，今共和政体，独不能行之乎。用是集我同业，先将慰留私衷禀知余总理，当禀询其因何调部之内容。拟将余总理数月之成效，待工人之谦虚，热心公益，不狭〔挟〕一毫之私，详细胪列，吁恳我大总统收回另委厂长成命，还我余总理仍充厂长，速即兴工，以免逐日损失工资有三百余两之巨，在公家获益不浅，在同人等早安工业，亦免增去思也。同人等谅亦群有同情。合厂幸甚。

造币总厂全体匠徒谨呈

中华民国元年三月　　日呈

〔南京临时政府档案〕

18　财政部关于军用钞票式样告示稿

（1912年4月1日）

中华民国财政部为出示晓谕事：照得本部前后发行军用钞票，计分两种。其一、注明三个月后兑换者，背面盖有部印，文曰：中华民国财政部之印。其一、注明凭票即付者，正面右方盖有小戳，文曰：中央财政部发行之印，左方有墨印签字。以上两种钞票，均可一律通用，并准随时到本部所设兑换所兑换现洋。前经登载临时政府公报第四十五号通告在案。仍恐商民人等未及周知，合行出示晓谕，仰各分别认明流通行使毋违。特示。

右仰通知

中华民国元年四月一日

〔南京临时政府档案〕

（二）银　　行

1　临时大总统关于安徽中华银行申报开幕日期发交核办令

（1912年1月24日）①

中华民国临时大总统令

兹有公文一件，应归贵部核办，合行钞由发交。此令。

财政部知照

计交公文一件：安徽中华银行监督申报开幕日期由。

孙　文

安徽中华银行监督申报开幕日期由

安徽中华银行监督、总理为申报事：奉皖军都督孙照会：照得皖省财政困难，亟应筹设金融机关，以资补救，饬于安庆、芜湖两处开设安徽中华银行，维持市面等因。奉此。遵即组织，刻已成立，择于元月十五号开幕。除移知各省新创中华银行一体通汇

注：①此系财政部收文日期。

外，理合具文申报。伏祈大总统钧鉴，俯赐立案，实为公便。须至申者。右申

中华民国大总统孙

〔南京临时政府档案〕

2　临时大总统等关于上海中华银行性质及国家能否补助文件

（1912年2—3月）

（1）临时大总统令（2月29日）

临时大总统令

据中华银行股东郭辉等呈称：窃商等前以本行垫发沪军公款太多，力不能支，请照原定章程，颁给公股洋一百二十五万元，并公举代表江上青君叩谒钧座，面陈一切，荷函致陈财政长筹款照拨。惟陈财政长以此行未经中央组织，颇有难意。伏念沪军起义之时，中央政府尚未成立，当此金融沮塞，百事待举之际，必先筹设财政机关，以资挹注。于是沪军陈都督特命沈财政长，从速筹办，七日告成，当订招股章程，公股商股各半。商等以此行为经济要素，民国首基。不惜鬻产举债，以附股份。当此之时，苏军甫经反正，张军尚据金陵，大局甚危，人心未定，沪上兵民，一夕数惊。若非本行柱撑，肆应其间，事变之生，未可逆料。是沪督之创此行，非为沪民计，实为民国全局计。商等之乐附股本，非为沪军计，实为热心共和计。窃意政府成立之后，必将本行原订章程宣布承认，特别保护，以示奖励而劝国民。乃一再禀陈，虽蒙钧座俯鉴下忱，优谕慰允。一则饬拨巨款，设立南京分行。再则准照原章，拨发公股资本。无如当事者，每以财政困难无力应付为言。在当局者自有苦衷。然本行办事之人，既已呕心绞脑数月之久，中华之名称亦已中外皆知，商等力虽微薄，

断不忍坐听其澌灭。现惟有赶紧招集商股，以巩基础，一面先在南京设立分行，以扩营业。至本行性质究居何等，从前沪军府原订章程，是否仍行承认，应请大总统俯赐察核批示遵行。又南京分行，刻拟即日先行设立，应恳令知财政部立案，确予保护。等情前来。查该行系在沪上光复之时，由沪军陈都督饬令沪财政长等所组织。在当时中央政府尚未成立，金融沮塞，商旅束手，沪军当东南之要冲，征兵转饷，时机危迫，间不容发，赖该行之功，遂得应付裕如，是陈都督筹画之劳，该行维持之力，均不可掩。为此令仰该部查照，认该行为商银行之性质，由国家补助一半。其办法如日本银行之对于正金银行。如目前无现金，给以公债票一百二十五万作抵。庶政策既不因之违碍，商本亦赖以维持矣。此令。

财政部总长陈锦涛知照

孙　文

中华民国元年二月二十九日

(2)陈锦涛呈稿(3月3日)

财政部长陈〇〇呈

案奉大总统训令，饬部认中华银行为商银行性质，由国家补助股份一半，其办法如日本银行之对于正金银行。如目前无现金，可给以公债票一千二百五十万作抵。庶政策既不因之违碍，商本亦赖以维持矣。此令。奉此。查该行前在本部呈请拨款开办分行，并谓该行具有中央银行性质等语。当以该行维持困苦，固于光复有功，第因此即认为具有中央银行性质，窃恐各省纷纷援例，必至机关歧出，贻诮骈枝，批答该行在案。兹复奉令前因，自属大总统体恤商艰，酬报勤劳之至意。惟查正金银行，先日本银行而创立。盖缘明治维新之始，采用美制，各地国立银行泛发纸币，现银外溢，国家几陷于破产，故设正金银行，办理外国汇兑，吸收外国现金，以维持本国币制。嗣日本银行创立，定为中央银行。其时正金已具有规模，卓著成效，故认为特种商业银行，委以外国汇兑事务，许由日本银行轻利借给二千万元以内之特权，是正金之所以享此特权者，实根据于特别之情形与历史。今中华银行创设未久，规模未备，设立之时，不过为一隅发行军用钞票之机关，非以外国汇兑为目的，则与正金银行办法迥不相同。况目前部款，既绝无来源，各省又纷纷请助，安有余力以办外国汇兑之经营。稽诸现情，证诸往事，固不能以补助之义务责政府，更不能以待正金之利益待该行。即谓光复之始，筹办维持，功不可掩，窃恐类于此者，正不独该行为然。设各省金融机关，凡经有功光复者纷纷援例，则补助政策中央必致立穷，特种银行机关且遍全国。况且此种补助之款，系属特别支出，非经议院通过，政府实无权特许。本部固不能破坏宪政，抑恐徒启纷争。锦涛等部务忝膺，未敢徇一时酬报之私，致立法失平之诮。合将理由备呈鉴核，伏乞改正前令，以符政制，仍候训令施行。此呈。

（3）临时大总统批（3月21日）

临时大总统批

一件　财政部呈复中华银行不能由国家补助，乞改正前令由。

呈悉。所陈中华银行补助一节，颇有窒碍难行之处，尚属实在情形，应予照准，仰即知照。此批。

孙　文

中华民国元年三月二十一日

〔南京临时政府档案〕

3 财政部拟订商业银行暂行则例请咨交参议院议决呈稿

（1912年3月11日）

财政部总长陈〇〇呈

据钱法司案呈：军兴以来，财政竭蹶，若不速图救济，恐民国虽建而民力已疲。顾救济之策，抉本探源，尤在疏通金融，维持实业，此商业银行之组织所以万不容缓也。惟是银行之业，首贵稳固，一有不慎，即足以扰乱市面，故各国政府对于银行营业，较之他种商人，取缔特严。我国金融机关，本未完备，加以近年以来，恐慌迭起，向所号称为殷实富商者，今皆相继破产，不克自存。虽曰我国商人之智识不足，亦由前清政府之监督不严。民国成立以来，各处呈请设立银行者，日必数起。本部既有管辖之责，似应亟颁则例，俾企业者有所遵循，而监督者有所依据。用特参照各国银行之法规，斟酌我国商业之现状，拟订商业银行则例〇〇条，于取缔营业之中，仍寓保护商人之意。理合缮具清单备文呈请大总统俯赐察核，迅即咨送参议院议决公布施行，实为公便。谨呈。

三月十一日发

商业银行暂行则例

第一条 凡开设店铺经营贴现、存款、放款、汇票等之事业者，无论其用何种名称，总称之曰银行。

第二条 凡欲开设银行者，须将招牌、资本、设立地方、出资者及经理者姓名、籍贯、住址、人数，呈报地方主管政厅，转报财政部，一面并须迳行报部，奉部核准后方可开办。其开办年月日，一并报部存案。如有开设分行，亦准此办理。

第三条 凡银行欲变更其组织，或与他银行合并之时，均应照第二条办理。

第四条 凡银行资本有限组织者，至少须在十万圆之上。无限责任者，不得少于五万圆。须于银行招牌揭以有限、无限字样。

但因人口之多寡，商务之盛衰，呈部核准，得以增减。

第五条 凡开设银行，须遵照本则例，订定详细章程，呈报财政部核准。如有变更章程，亦应一律呈核。

第六条 银行每年须详造营业报告书，呈送财政部查核。财政部无论何时，得派员调查银行业务之实况及财产之现状。

第七条 银行每逢半年，必须结帐一次，将收付对照表登报公布。

第八条 银行之营业时间，以午前九点钟起，午后四点钟止。但得因营业情形，延长时间。

第九条 银行每逢星期、祭日、祝日，及营业地之休息日，均得停业。若有不得已之事故，而欲例外停业者，须预期呈明地方主管政厅，再行登报声明。

第十条 凡无限责任之银行资本主，只准设立分行，不得更为其他无限责任银行之资本主。

第十一条 凡银行营业，不得稍涉买空卖空。

第十二条 凡银行如不遵守第六条所定之报告及第七条所定之公布，或虽经报告公布，而其中有虚伪等弊，一经查出，以及违反第十条及第十一条所规定，由财政部酌量情形，轻者科以罚金，重者勒令闭业。

第十三条 本则例实行以前所设立之票庄、银号、钱庄等一切有银行性质者，均应遵守此项则例。凡遵例注册者，财政部即优加保护。其未注册者，统限本年内一体注册。

第十四条 本则例自公布之日起，三个月后施行。

〔南京临时政府档案〕

4 财政部拟订海外汇业银行则例请咨交参议院议决呈稿及临时大总统批

（1912年3月）

（1）财政部呈稿（3月12日）

呈大总统请设海外汇业银行

据钱法司案呈：窃照现值政府统一，各省善后之际，百端待理，需款繁巨，仰给于部固属同一为难，思取于商更虑易滋纷扰。内地之元气已伤，目前之筹款无从。为今之计，舍发公债而外，别无良策。查募债之道，必与欧美有无相通，方能措置裕如，而尤以采用金货汇兑本位以定基础，提倡海外汇业银行以为枢机，图国际通商之便，免汇票变动之害，固交易之信，利外资之用，挹彼注兹，酌盈剂虚，非独济一时之急，抑且宏远大之规。办理得法，奖土产之外出，谋现金之内输。公债之本利，藉可相抵。币制之根本，赖以巩固。本位相等，银行已设，公债借换，而利息低减，商务扩张，则正币内充，实于国计民生，大有裨益。除币制则例另再拟订外，谨仿各国特许银行之制，拟订海外汇业银行则例三十二条，呈请大总统俯赐察核，可否咨交参议院议决公布之处，伏候裁示。谨呈。此呈

大总统

海外汇业银行条例

第一条 海外汇业银行，为股份有限公司。各股东责任以所认定之股份为限。

第二条 海外汇业银行，设总行于上海。其由外国于易贸上必要之处，设立分行、分号，得其代行联结为汇兑之契约。但于分行、分号之或设或废，与外国银行契约之或结或解，均须呈明财政部核准。

第三条 海外汇业银行营业年限，自总行开办之日计算，以三十年为期。但依股东总会之决议，得呈准财政部展限。

第四条 海外汇业银行资本定为一千万圆，分为十万股，每股一百圆。但依股东总会之决议，得呈准财政部增减资本。

第五条 海外汇业银行股份，除中国人之外，不准买卖让与。

第六条 海外汇业银行股票，概用记名式，按照定章得以买卖让与。

第七条 海外汇业银行之营业如左：

第一、外国之汇兑及货物押汇。

第二、内国之汇兑及货物押汇。

第三、放出款项。

第四、收存各种款项及保管紧要贵重物件。

第五、各种期票之贴现及代为收取到期票款。

第六、货币交换。

第八条 海外汇业银行依营业之情形，得买卖公债证书，及生金、生银、外国货币。

第九条 海外汇业银行遵政府命令，经理在于外国之公众款项及债券。

第十条 海外汇业银行，除第七条、第八条及等九条记载事项之外，不得再营他业。

第十一条 海外汇业银行除下开事项之外，不得买入或承受不动产股票及一切物件：

第一、银行营业应用之地基房屋。

第二、因清理欠款由债主交付。

第三、因抵当借款，由审判厅断结。

第十二条 海外汇业银行不得将本行股票作为抵当之物，亦不得自行买回。但负债者于无法归偿时，以此抵当则不在此限。

第十三条 于第十一条第二项、第三项及第十二条各事承受不动产股票及其他物件，必于十个月以内出售。

但于期内售价不合时，得申明实在情形，呈准财政部量予展限。

第十四条 海外汇业银行对于存项及应付之款，至少置准备金四分之一以上。

第十五条 海外汇业银行设董事五人以上，任期一年，由股东总会就五十股以上之股东中选举，呈准财政部派充。其满期后选时亦同。

第十六条 行长于董事中推选，呈财政部核准。但财政部总长于必要时，得命中国银行副行长兼海外汇业银行长或命海外汇业银行长兼中国银行理事。依银行事务情形，得于董事中推选副长一名，其职权于行长或有事故，得以代理。

行长及董事之责任权限以章程定之。

第十七条 海外汇业银行每年开定期股东总会二次，以决定章程所开事项。如议临时事件，无论何时得开临时总会。股东总会出席者，以会期六十日以前曾经注册之股东为限。

第十八条 每半年分派赢利，须将各股应分成数，具呈财政部核准。

第十九条 每半年应提赢利总额十分之一为公积，以供左用：

第一、补资本之损失。

第二、补派利之不均。

第二十条　放款过期不还将归损失时，应按数酌提准备。

第二十一条　海外汇业银行于营业上损失过半时，或所为背此条例，财政部长于必要时，得停止其营业或令解散。又依股东总会之决议，受政府之许可，得任意解散。

但于此总会须有股东二分之一以上，与总股金二分之一以上股东出席，依议决权三分之二以上决议。

第二十二条　海外汇业银行于条例章程有所背戾，或财政总长认为危险事件，财政部总长得以制止，或命董事改选。

第二十三条　财政部特派监理员，监视海外汇业银行诸般事务。

第二十四条　海外汇业银行遵财政总长之命令，呈报关于营业之计算报告书。

第二十五条　海外汇业银行于总分行、分号其重要文书必盖图章。但西文函件则不必盖章。

第二十六条　海外汇业银行遵此条例，由股东总会决议订章程，呈财政部核准。但章程之修正增补亦准本条。

第二十七条　海外汇业银行之行长、董事、其他役员犯此条例者，轻者处罚，重者撤换。如有因此损及本行营业者，仍应责令赔偿。

第二十八条　改此条例时于三个月前公布。

第二十九条　海外汇业银行创办之始，政府当派设立委员，使筹办一切之事务。

第三十条　设立委员订定草章得政府之认可后，募集股东。

第三十一条　设立委员当股东募集之终，以股东人名，及股款总数等薄，申送政府呈请核准。

第三十二条　设立委员得前条之核准后，以其事务移交于海外汇业银行正长。

（2）临时大总统批（3月18日）

临时大总统批

一件　财政部呈海外汇业银行则例，乞咨参议院提议由。

呈悉。海外汇业实国际易贸之枢纽，即国民经济之关键，东西各国先例昭然。当金融紧迫之秋，得此酌剂盈虚，诚足以扩张商务，补救时艰，所拟海外汇业银行则例三十二条，仰候咨送参议院提议可也。此批。

孙　文

中华民国元年三月十八日

〔南京临时政府档案〕

5　临时大总统关于贾凤威呈请设分银行于无锡发交核办令

（1912年3月16日）

临时大总统令

据贾威金〔凤威〕呈请，拟设分银行于无锡，推行钞票等由前来。应将该呈发交该部核办。此令。

财政部总长陈锦涛知照

计发贾威金〔凤威〕原呈一件

孙　文

中华民国元年三月十六日

具禀职商贾凤威，住镇江象山东码头籍，为分设银行理财筹饷事：窃自武汉首义，各省光复，汉族振兴，满奴消灭。凡我同胞，普天同庆。惟南北虽已统一，而小丑跳梁，兵事一时仍未容已。夫行兵必先筹饷，筹饷首在理财，理财之道，千经万纬，而其要莫贵乎开财之源。查从前金融恐荒，自裕宁、裕苏创行钞票，市面颇赖周转，商情因得机活，便民富国，莫善于此。今长江流域，悉隶我版图，裕宁、裕苏亦均取销。闻宁沪苏组织中华银行，现已成立，诚理财之枢纽，筹饷之根源。然银行重在推行钞票，银行分设愈多，钞票推行愈广，周转灵通，利益始日见发达。商亦民国中一分子，恨无才具，共定时艰。而区区血忱，能于商务中谋一分有利于国，即稍尽一分义务。查无锡密迩苏地，素称富庶。商在锡钱业有年，于锡地风土人情，稍知一二。锡地交易，以米麦为大宗，出产以蚕茧为最著，即此两项，每年约达数千万金。能于锡地分设银行，推行钞票，其见效必速。盖一则军事旁午，筹解饷款无缺乏之虞。一则国宝源流，商贾有交通往来之便。一则生意繁盛，钞票便于市面。银行早设一日，即利益早见一日。所难者，人创办之善不善耳。商不敢自诩其能，尝于锡地情形，往复思维，尚觉稍有把握。用敢不揣冒味，除禀陆军部、财政部外，谨献萏荛。倘蒙采择，俟派妥员赴锡分设银行，俾商亦得厕位其中，备其驱策。凡能报效于国，接济军需，虽肝脑涂地，亦所不恤。如邀俯准，所有应须殷实担保事宜，均照章办理。管见所及，伏乞财政大部电鉴，赏赐批示遵行，不胜犬马待命之至。谨禀。

中华民国元年三月十六日

〔南京临时政府档案〕

6　中国银行临时会等关于东北大清银行改名文电

（1912年3月）

（1）中国银行致袁世凯电（3月18日）

上海中国银行来电　三月十九日

本行荷蒙维持，准予继续中央权利，无任感激。政府现已统一，应请通令东北大清银行，一律改名中国银行，俾免纷歧，即于行内附设大清银行清理处，以清界限。并请电复。中国银行临时会同叩。巧。

（2）袁世凯复电稿（3月20日）

巧电悉。所请银行一律改名，即于行内附设清理处，应即照准。除饬度支部北行总银行遵照办，合行电饬遵行。

（3）度支部通阜司致总银行札（3月21日）

通阜司

呈为札行事：据上海银行电称：政府现已统一，应请通令东北大清银行，一律改名中国银行，俾免纷歧，即于行内附设大清银行清理处，以清界限等语。除复电照准外，相应札行总银行遵照可也。

总银行

中华民国元年三月廿一日即壬子年二月　　日

〔北洋政府档案〕

7　财政部拟订兴农农业殖边等银行则例请咨交参议院议决呈稿及临时大总统批

（1912年3月）

（1）财政部致孙中山呈稿（3月18日）

财政部总长陈〇〇呈

窃维立国之道，以民为本。养民之法，惟食为天。旷观古今，纵览宇宙，国势之强弱，商业之盛衰，恒视乎农业之兴废以为准。是以古圣教民，首言足食。列强富国，先重农林。特记诸空言，无补事实。切进行之法，当在创设金融之机关，为奖励农业之政策而已。我国地大物博，冠于全球，而民贫国弱一至于此。则以生财之道不讲，补救之法不行，束缚于专制政府，遗误于腐败长官，诚堪痛恨。今民国方兴，共和确定，兴利除弊，当在斯时。敝部职掌全国金融机关，中央普建各银行，因宜次第规画，而农业、殖边等银行，岂能独付缺如。兹拟筹设农业银行，为贫民代谋生计。创办殖边银行，为疆隅安置流民。互相维系，积极进行。农业银行，拟设于内地。盖东南各省户口繁庶，生计日蹙，良民多失业之忧，膏腴有石田之叹。处和丰之世，终岁勤劳，仅资糊口。近复天灾流行，兵戈荐至，黎庶之流离失所、转徙他方者，疮痍满目，惨何忍言。设非有招集之法，救抚之方，将是强者为盗，弱者转死。良民何辜，遭此浩劫。开设银行，以为周转，使无着者得谋耕种，有田者设法改良。担当确实，银行无所损失。利息轻减，农民易于偿还。至筹备方法，先立总银行于都城，名曰兴农，以资提利。再置地方银行于各州县，名曰农业，以谋普及。兴农银行资本，由政府募集。农业银行资本，由地方公款酌量提拨。如有贫乏，州县或募集债券，或请求补助，总期同胞均沾实利，细民得庆安居。在昔德国自七年战争而后，民生敝疲，农业衰颓，斯时情状，与我国今日实相伯仲。于是政府既为之轻徭减赋，而商人索林氏，复创立土地抵当银行，力图补救，以年赋偿还之法，为质产周转之资。曾不数年，而元气复，民生裕。东西各国继续仿行，咸至富强。此皆足为我国之考镜而宜筹设者也。若夫殖边银行，则边疆之地，有万不容缓者。良以殖民为强国之本，辟地为致富之源。英以蕞尔三岛，雄视世界，惟赖拓地殖民之筹设有方。泰西列国，近皆尽心擘划，力图扩充。而我国以固有之地，弃之不顾，诚为可惜。如西北各省，沃野荒芜，空虚可虑，强邻逼峙，蚕食堪虞。我用移民实边之策，不足以图补救之方，非建立银行为周转之资，又不足以实行移民实边之策。况兵燹余生，居民已多失业，干戈既息，军队宜为安置。能使此种人民，贷以资财，寓兵于农，移置于边陲之地，不特可以遏乱萌舒民力，抑且可以绝邻邦之窥伺，谋国势之富强，一举而数善备之焉也。夫开设银行，以尽地力，苏民困，辟疆土，安流民，利徧于苍生，功收于久远。为政之道，莫亟于是。本部责有攸归，自应力任其难，设法提倡。为此拟就兴农银行则例〇〇条，农业银行则例〇〇条，殖边银行则例〇〇条，呈请大总统俯赐察核，可否咨交参议院议决公布施行之处，伏候裁示。此呈。

谨拟兴农、农业、殖边等银行则例，缮具清单，恭呈钧览。

兴农银行则例

第一章 总则

第一条 兴农银行为股份有限公司，以放款于农业之改良发达为宗旨。

第二条 兴农银行资本总额定为一千万圆。但经股东总会决议，呈报财政部核准，得以增加。

第三条 兴农银行之股票，金额以十圆为率。

第四条 兴农银行营业之期限，以五十年为期，但经股东总会之决议，政府之认可，始得延长。

第二章 职员

第五条 兴农银行设正副长各一人，董事五人，监查三人。

正长，代表兴农银行，总理一切事务。

副长，辅佐正长掌理事务，正长如有事故或缺员之时，得代行职务。

董事，辅佐正长分掌兴农银行业务。

监查，监查兴农银行业务。

第六条 正、副长，政府从五百股以上之股东中选择任命，任期以五年为限。但期满之后，得继续连任。

董事，于五百股以上之股东中，由股东总会倍数选举。政府从中任命，任期五年。满期之后，得以再任。

监查，由二百五十股以上之股东中，于股东总会公同选定。任期三年。满期之后，得以再选。

第七条 正、副长、董事、监查之任命及选定，其本条所规定之股数，须于六个月以前为继续所有者。

正、副长及董事在任事期内，不得经营别项商业及从事其他职务。

第三章 股东总会

第八条 通常总会每年二次，确定时期，由正长招集之。临时总会，如发生临时事项，应经总会决议时，正长得随时招集之。

第九条 监查及资金总额五分之一以上之股东，宣示会议之目的，得请求正长招集临时股东总会。

第十条 股东总会，惟股东有议决之权；不得委托代理人。但法定代理人不在此例。

兴农银行之职员及使用人，在股东总会不得为股东之代理人。

第四章 营业

第十一条 兴农银行放款应以不动产作抵，于五十年以内，用分年摊还法于五年以内，用定期偿还法归清本利，惟不得过分年摊还放款总额十分之一。

第十二条 兴农银行对于各省府县及其他以法律组织之公共

团体，即无抵押，亦得放款。

第十三条　兴农银行所收抵押产业，只准收受第一次作抵之物，并须实在永远有利息可靠者。

第十四条　押产价格由兴农银行估定，其放款不得过实值十分之七。

以房屋作抵须附有保险契约，否则不得过实值十分之五。

第十五条　分年摊还法，其数目合本利计算，每年定一平均偿还之额，不得过于债主每年净得出息之总数。

若债主欲于摊还定额外多还若干，或于限期以前金额还清，均可通融办理。但须于三个月以前通知银行。

第十六条　银行视债主情形，若初年营业利益尚薄，难以遽令本息俱还者，可于先数年内只还利息，满年限后再摊还本利。惟此项年限不得过五年。

第十七条　债主如将应还款项到期延缴，银行得于满期次日起加算利息。若其款系分年摊还，并得索还未到期之金额。

第十八条　债主还款每至二成以上，可向银行请退抵押产业相当之一部分。

第十九条　债主若将抵押产之一部份出卖时，可令其增加抵押，或索还借款之一部分。

第二十条　债主作抵之产业被公收用或欲出卖，必须先行通知银行。银行应于期限前，将所放款项本息全数收回。但债主能另以相当产业作抵者，不在此例。

第二十一条　抵押产业之价格，若估低减之时，可令债主增加相当之物。

第二十二条　各省府县及其他之法律组织之公共团体，为无抵押之放款，如有将分年摊还金、定期偿还金及利息等逾期不付，又对于期限前之偿还要求不能应时交付，兴农银行得向该管政厅请求处分。

第二十三条 兴农银行得承受各农业银行发行之债券，其承受债券之时，得调查该行之业务及财政之实况。

第二十四条 兴农银行对于农业银行如以抵押产业，转抵于兴农银行，照分年摊还之法，得以放款。

第二十五条 兴农银行得经收存款，并代人保管金银债券，及一切重要物件，惟存款总额不得过实收资本总额。

第二十六条 兴农银行如有余款及前条之存款，得购买国家公债、地方公债等券，并得暂时存放妥实银行生息。

前条之存款及营业上之余款，除前项所规定外，不得使用。

第二十七条 兴农银行于本则例未经载明之业务，不得经营。

第五章 债 券

第二十八条 兴农银行其实收资本在四分之一之上，得发行八倍之债券。但不得过放出各种款项之总额。

第二十九条 债券金额，每张以十元为率，并可加彩偿还，惟应照下列各条呈候财政部核准。

债券额息及付息方法。

逐次发行总数。

抽签偿还年限及方法

加彩数目及方法。

第三十条 兴农银行按分年摊还之放款，及承受农业债券之偿还额，每年二回以上行抽签法偿还债券。

第三十一条 兴农银行，因市面利息低落，得借新债以还旧债，虽其债票额数，合新旧计算过第二十八条之制限，亦可通融办理。但新债券既发行后，须将所收之全数于一个月内，以抽签之法偿还旧债券。

第三十二条 兴农债券之利息，每年二次，按期支付。

第六章 公　　积

第三十三条 兴农银行所得利益，除开销资本额息、薪水、行用外，应提一成作为公积，以补助资本之亏损及保持分派利益之平均。

第七章 政府之监督及补助

第三十四条 财政部监督兴农银行之业务。

第三十五条 兴农银行变更章程时，须呈报财政部核准。

第三十六条 兴农银行欲分设支店及代理店时，须得财政部之认可。财政部视为亟须设立之地，亦得命其照章设立。

第三十七条 兴农银行派分官利、余利、花红成数，须具呈财政部核准。

第三十八条 兴农银行有违背则例或有害公益之事，财政部得随时禁止。

第三十九条 兴农银行每年结帐一次，须分缮营业资财切实报告，呈送财政部并登布各日报。

第四十条 财政部认为必要之时，得限制兴农银行之放款及方法。

第四十一条 兴农银行之放款息金，其最高利率于每年之首，经财政部核准定之。其营业年度内有变更之时亦同。

第四十二条 兴农银行发行债券，应由财政部核准。

第四十三条 财政部特设兴农银行监理员，使监视一切事务。

第四十四条 兴农银行监理员，应随时检查兴农银行之帐簿、现款、准备金、债券发行额等项，详细呈报财政部。监理员得出席于股东总会及诸般之会议，陈述意见。惟不得加入议决之数。

第四十五条 兴农银行创立之始，其息款不足常年五厘者，限于十年以内其不足金额由政府补给。但不得过实收资本百分之五。

第八章 罚 则

第四十六条 兴农银行之职员，有犯左列之事项时，处以百元以上、千元以下罚金：

一、违反第十一条之规定而为放款时。

二、违反第十三条之规定而为放款时。

三、违反第二十六条、二十七条之规定而营业时。

四、违反第二十八条之规定而发行债券时。但该当三十一条所规定者，不在此例。

五、违反第三十三条之规定处分利益金时。

第四十七条 兴农银行之职员，有违反第七条之规定者，处以二十元以上、二百元以下之罚金。

第四十八条 揭于前二条之罚金，以审判厅之命令处罚之。但于十四日内得为抗告。

第九章 附 则

第四十九条 兴农银行创办之始，政府当派设立委员，使筹办一切事务。

第五十条 设立委员订立专章，得政府之认可后，募集股东。

第五十一条 设立委员，当股东募集之终，以股东人名及股款总数等簿，申送政府，呈请核准。

第五十二条 设立委员得前条之核准后，以其事务移交于兴农银行正长。

第五十三条 兴农银行开办之始，正、副长、董事及监查之任命选举，其股数之时期，不限于第六条第三项所规定。开办之始，正、副长、董事之任期以三年为限。

开办之始，董事长及监查，政府从股东中任命之。

农业银行则例

第一章 总 则

第一条 农业银行为股份有限公司，以放款于农业为宗旨，其资本总额至少须十万元以上。

农业银行其实收股本在四分之一以上，亦得呈候财政部核准开办。

第二条 农业银行其股票概用记名式，每股金额以五元为率，只许本国人购买，不准股东转卖或抵押于他国人。

第三条 农业银行可由地方政厅以地方公款，或管理地方公共财产人以地方公共财产呈明财政部设立。

第四条 农业银行以一县为一营业区域，每一营业区域以一行为限。但依地方情形得呈明政府，将一县分为二个以上之营业区域。

第二章 营 业

第五条 农业银行放款，应以田地、园林、房屋，或实在产业等事项作抵，于三十年内，用分年摊还法归清本利。但借款总数，不得过押产实值十分之七。

以不动产作抵，得于五年以内，按定期偿还法放款。但不得过分年摊还放款总额五分之一。

以房屋作抵，须附有保险契约，否则借款不得过实值十分之五。

有十人以上之农业者连环担保请求借用时，限于信用确实者亦可不用抵押。惟借期应减短，准用五年以内之定期偿还法，其借数通计不得过银行资本十分之一。

第六条 前条之放款，以使用于左列诸项之目的为限：

开垦、灌溉、疏通河渠及改良耕地土质。

耕作道路之筑造或改良。

殖林事业。

购置种苗、肥料、农业所用原料。

购置农用器具、机械、舟车、牲畜。

前项各项外，关于改良农业各事。

第七条 银行所有抵押产业，只准收受第一次作抵之物，并须实在永远有出息可靠者，银行得随时派人至产业地方，切实监查。

第八条 所抵产业之价，由银行定之。

第九条 分年摊还法，其数目合本利计算，每年定一平均偿还之额。但不得过于债主每年净得出息之总数。

第十条 债主欲于摊还定额外，多还若干，或于限期以前全额还清，均可通融办理。但须于三月前通知银行。

第十一条 银行视债主情形，若初年营业利益尚薄，遽难令本利俱还者，可于先数年内只还利息，此后再摊本利。惟此项年限不得过五年。

第十二条 债主偿款每至二成以上，可向银行请退抵押产业相当之一部分。

第十三条 债主如将应还款项到期延缴，得于满期次日起加算利息。若其款系分年摊还，并得索还未到期之全额。

前项之延缴款项得斟酌情形，呈报该管政厅追索。

第十四条 抵押产业之价值，若较原估低减之时，可令债主增加相当之物。

第十五条 债主若将抵押产业之一部分出卖时，银行可向其增加抵押或索还借款之一部分。

第十六条 债主作抵之产业被公收用或欲出卖，必须先行通知银行。银行应于期限前，将所放款项本息全数收回。但债主能另以相当产业作抵者，不在此例。

第十七条 银行放款，应查其所借款项是否确系经营农业。如查有经营他业者，虽于偿还期间前，得将全数本利追缴。

第十八条 农业银行可代人保管金银及一切重要物件。

第十九条 农业银行如有余款，得购买国家公债、地方公债等票，并得暂时存放妥实银行生息。

第二十条 农业银行可与此项同行订联结契约，亦可兼营农业家汇兑事务。

第二十一条 农业银行如欲兼营储蓄事务，须照储蓄银行则例办理，并应将两项事务划分清楚。

第二十二条 农业银行遇有长年定期存款，亦得代人存放生息。

第二十三条 农业银行得为兴农银行之代理店。

农业银行得代理各府、县地方自治团体之公款出纳。

第三章 农业债券

第二十四条 农业银行得照实收资本五倍之数发行债券。如其资本实收在一百万元以上，可发债券之七倍，但不得过放出款项之总额。

第二十五条 债券金额，每张以五元为率，并可加彩偿还。惟应下列各条于发行前，另订详细专章，呈候财政部核准。

债券额息及付息方法。

逐次发行总数。

抽签偿还年限及方法。

加彩数目及方法。

第二十六条 农业银行因市面利息低落，得借新债以还旧债，虽其债券额数，合新旧计算，超过第二十三条之限制，可通融办理，但新债券既发行后，须以所收之全数于一个月内偿还旧债券，不得以此经营他业。

前项之新债券，须呈请财政部核准，方可发行。

第二十七条 农业银行发行债券之时，地方政厅斟酌情形，得将地方原有长款项，购买此项债券。

第四章 政府之监督及补助

第二十八条 财政部监督农业银行之业务。

第二十九条 农业银行无论其为公办、商办，其详细章程均须呈报财政部核准，方可开办。

第三十条 农业银行欲设立支店，或代理店，应呈财政部核准。财政部视为亟须设立之地，亦得命其照章设立。

第三十一条 农业银行每年结帐一次，须分缮营业资财切实报告，申送财政部，并公布各日报。

第三十二条 农业银行除开销债券额息、薪水、行用外，应提一成作为公积，其余派分额息、红利、花红成数，须具呈财政部候核。

第三十三条 银行放款利息最高之率，应于每年年首具呈财政部或该管政厅核准。如年内市面陡变，必须更改之时，亦须随时呈报。

第三十四条 财政部得就各地方政厅特派农业银行监理员，监视一切事务。

监理员应随时检查农业银行之帐簿、现金、准备金、债券发行额等项，详细呈报财政部。

监理员不得藉端索费及妨害银行利益，并不得干预银行业务。如银行实有危险，或违背则例情事，祗可呈部听候查办。

监理员得出席于股东总会、其他诸般之会议，陈述意见。但不得加入议决之数。

第三十五条　农业银行有违背则例或损害公益之事，财政部或该管政厅得随时禁止。

第三十六条　农业银行除本则例外，未经载明之事，不得经营。如有不得已之故定须经营者，应呈请财政部或该管政厅核准。

第三十七条　农业银行之经营补助方法，另为规定。

第五章　罚　　则

第三十八条　农业银行如有违背本则例之事项者，处罚款五元以上、五百元以下。

第六章　附　　则

第三十九条　农业银行应自订详细章程，呈请财政部核准。如有更改之处，经股东总会议决后，呈部候核准，不得与本则例之旨有所违背。

第四十条　农业银行除遵守本则例外，未记入事项应照银行通行则例办理。

第四十一条　各府、县长经财政部之认可，得特置设立委员，使处理农业银行成立以前关于发起一切事务。

第四十二条　设立委员拟定章程，得政府或该管政厅认可后，募集股东。

第四十三条　设立委员于股份募集已终，将股票额数、股东人名等簿，申送财政部及该管政厅呈请核准。

第四十四条　设立委员于银行成立后，即将经手事件，移交农业银行职员。

殖边银行则例

第一章　总　　则

第一条　殖边银行为股份有限公司，以放款于拓殖事业为宗旨。

第二条 殖边银行资本定为五百万元。但经政府认可，得以增加。每股金额以十元为率。

第三条 殖边银行营业年限以五十年为期。但经政府认可，得延长。

第二章 职 员

第四条 殖边银行设行长一人，董事四人以上，监查三人以上，由股东总会投票公举。行长即由董事中推选，统理总分各行一切事务。

第五条 董事任期三年非有五百股以上，监理任期二年非有二百五十股以上者，不得当选。

第六条 董事在任事期内，无论用何名称，不得从事他业。

第三章 营 业

第七条 殖边银行营业事项，开列于左：

一、于三十年以内，用分年摊还法，归清本利以不动产作抵之放款。

二、于五年以内，用定期偿还法以不动产作抵之放款。

三、以他种拓殖公司股票债券为抵押之放款，及债券之应募及承受。

四、汇兑、货物押汇及以农产物作抵放款。

五、收存款项及保管贵重文件。

六、票据贴现。

前项第三号之事业，其使用金额不得超过前项第一号、第二号借款总数五分之一。

第八条 殖边银行对于边省以法律组织之公共团体，即无担保，得照分年或定期方法出放款项。

第九条 殖边银行营业上如有余款，得购国债、地方公债及公司债券。

第十条 殖边银行不得营本则例内所未记载之业务。

第十一条 殖边银行按第七条第一号及第二号之放款，如查有债主以所借款项经营他业者，得于偿还期限前将全数本利追缴。

第四章 债 券

第十二条 殖边银行得照实收资本五倍之数，发行债券，但不得超过第七条第一号放款总额。

第十三条 殖边银行按第七条第一号放款偿还之额，每年抽签二回以上偿还债券。

第十四条 殖边银行于第七条第一号之放款偿还延滞，不达预期之额时，按定前条时期，即照实收数目以抽签法偿还债券。

第十五条 殖边银行因市息低落欲为借换，虽超过第十二条之制限，得发行低息债券。

但低息新债券发行之后，须于一个月以内抽签偿还旧债。

第五章 公 积

第十六条 殖边银行于每年营业年度提取公积，按利息百分之八，以补资本之亏损，又提利息百分之二以期派息之平均。

第六章 政府之监督及补助

第十七条 政府监督殖边银行之业务。

第十八条 殖边银行章程如有变更时，须呈财政部核准。

第十九条 殖边银行分派利益，须经财政部或主管政厅之认可。

第二十条 殖边银行于第七条第一号放款利息最高之率，应于每年年首，具呈财政部或主管政厅核准，如有变动，则应随时呈报。

第二十一条 殖边银行有违背则例及章程，或有害公益事件，财政部或主管政厅得随时禁止。

第二十二条 殖边银行每年须结帐一次，分缮营业资财及诸般状况切实报告，呈送财政部。

第二十三条 政府置殖边银行监理员，承财政部之指挥，使监察殖边银行之业务。

第二十四条 殖边银行监理员，无论何时得检查殖边银行之金库、债券、库帐簿及诸般之文书。

殖边银行监理员，监察上有认为必要之事，应随时命殖边银行呈报关于营业诸般之状况及计算报告书。

殖边银行监理员，得出席于股东总会及其他会议，陈述意见。

第二十五条 政府认购殖边银行股份以二百万元为限。

第二十六条 政府对于前条之股本，殖边银行自创设成立之始，十年以内，如无余利，不必分派利息。

第七章 罚 则

第二十七条 殖边银行之职员，有犯左列之事项，处以百元以上、千元以下之罚金：

一、违反第十六条之规定，经营本则例所未经载明之业务时。

二、违反第十二条之规定，发行债券时。但依第十五条第一项者，不在此例。

三、违反第十三、第十四、第十五第二项之规定，不为债券之偿还时。

四、须经本则例所认可者，而不受认可之时。

第二十八条 殖边银行之职员，有犯第六条所规定者，处以二十元以上、二百元以下之罚金。

第八章　附　　则

第二十九条　财政部得派殖边银行设立委员，使处理关于设立该行之一切事务。

第三十条　设立委员拟定章程，得财政部认可后，募集股东。

第三十一条　设立委员于股东募集之终，以股东应募证书，申送财政部呈候认可。

得前项认可之时，设立委员须令各股东交付第一期应募之股本。

第三十二条　创立总会终结之时，设立委员以其事务移交于殖边银行职员。

（2）临时大总统批（3月23日）

临时大总统批

兴农
一件　呈送农业银行则例请咨参议院核议由。
殖边

呈悉。中国地称膏腴，尤广幅隕，而东南之收获，不见其丰，西北之荒芜，一如其故，此无他，无特别金融机关以为之融通资本故耳。创设农业、殖边等银行，实属方今扼要之图。所拟各银行则例，仰候咨送参议院核议可也。此批。

孙　文

中华民国元年三月二十三日

〔南京临时政府档案〕

8 财政部拟订惠工银行则例请咨交参议院议决呈稿

（1912年3月20日）

据钱法司案呈：窃维农、工、商三业，于一国经济势力鼎足。农、商各银行，业已拟订则例，先后呈请咨交参议院决议施行在案。而惠工银行之设，亦不容缓。查此种银行营业，专以股票债券作抵放款。盖工业消长，随世变迁，路矿等事，需款较巨。资本家每以投资为虑，企业者亦以筹款为苦。有惠工银行以斡旋其间，调查周密，考察精详，庶出资者无所忧疑，工业即有兴无废工业既兴，农业之业，愈形发达，则民生充裕，国基巩固矣。谨仿各国特许银行制度，拟订惠工银行则例三十二条，缮具清摺，备文呈请大总统俯赐察核，咨交参议院决议施行。谨呈。此呈

大总统

中华惠工银行则例

第一章　总　　则

第一条　中华惠工银行为股份有限公司，总行设于都城。

第二条　中华惠工银行资本为壹千万圆。但经财政部核准，得以增加。

第三条　中华惠工银行股份，每股十圆。

第四条　中华惠工银行营业时期为五十年。但经财政部核准，得以展限。

第二章　职　　员

第五条　中华惠工银行设行长一人，理事四人以上，监查三人以上。

第六条　行长代表惠工银行。

行长及理事从章程所定，综理中华惠工银行业务。

监查，监查中华惠工银行业务。

第七条 行长，由政府自五百股以上之股东中命之，任期五年。

理事，由股东总会自二百五十股以上之股东中选举倍数，政府拣用，任期三年。

监查，由股东总会就一百五十股以上之股东中选任之，任期二年。

第八条 行长及理事不拘用何等名称，概不得从事其他职务或商业。但经财政部总长认可者，不在此限。

第三章 营业

第九条 中华惠工银行所营事项开左：

第一、以国债证券、地方债证券、公司债券及股票作抵之贷付。

第二、国债证券、地方债证券、公司债券之应募或承受。

第三、收存款项及保管紧要贵重物件。

第四、信托之业务。

第五、期票贴现。

第六、以依法律规定设立之财团为抵当之放款。

前项第五号之票据，以由贴现依赖人以国债证券、地方债证券、公司债券股票提供担保者为限。

第十条 中华惠工银行如营业上款有余裕，得买入国债券、地方债券及公司债券。

第十一条 中华惠工银行不得营本则例未记载业务。但财政部总长认可，则不在此限。

第四章 债券

第十二条 中华惠工银行，得照实收资本数目八倍为限发行债券。但不得超过其放款现额、贴现现额及其所有国债证券、地方债证券及公司债券现额。

第十三条 债券券面金额十圆以上为无记名附息票，但得因应募者或所有者之请求特为记名。

第十四条 中华惠工银行所发行债券，当经财政部核准。

第十五条 中华惠工银行债券之利息，每年当二回以上支付之。其原本当于发行之后三十年内，用抽签方法偿还之。

第十六条 中华惠工银行为借换其债券，发行低利债券，得不依第二十条限制。

低利债券发行后，三月内以抽签之法，偿还其相当已发行券面金额之旧债券。

第五章 准备金

第十七条 中华惠工银行每营业年度，当积立利益之百分八以上补资本之缺损，且积立其百分二以上使利益配当得平均，是为准备金。

第六章 政府之监督及补助

第十八条 政府监督惠工银行业务。

第十九条 中华惠工银行须变更章程，当经财政部核准。

第二十条 中华惠工银行如设分行或代理店，当经财政部核准。

第二十一条 中华惠工银行如分派利益于股东，当经财政部核准。

第二十二条 财政部如认中华惠工银行营业上有背戾法律、命令或章程与【损】害公益事件，得制止之。

第二十三条 中华惠工银行当从财政部长命令，呈出关于营业之诸般景况及计算报告书。

第二十四条 财政部长特置中华惠工银行监理员，使监视该银行业务。

第二十五条 中华惠工银行监理员，无论何时得检查该银行之金库、契券书、帐簿及一切文书。

中华惠工银行监理员，得出席于股东总会及其他诸般会议陈述意见。

第二十六条 中华惠工银行之派息，每营业年度不及年百分之五，政府当自创立初期之末日始，五年间补给金额，但其补给额无论如何，每年不得超过实收资本之百分之五。

第七章 罚 则

第二十七条 中华惠工银行如犯左列事情，其行长及理事处百圆以上、千圆以下之罚款。但与所犯事无关之人，不在此限。

一、在本法中应受财政部总长认可而不受认可者。

二、仅第十一条规定基本法所不记载业务。

三、仅第十二条、十六条规定发行债券。

第二十八条 中华惠工银行行长及理事犯第八条规定者，处二十圆以上、百元以下罚款。

附 则

第二十九条 政府置设立委员，使处理中华惠工银行关于设立之一切事务。

第三十条 设立委员订定章程，经财政部长核准募集股东。

第三十一条 设立委员既募集股东，当提出股份挂号证于政府，禀请特许设立中华惠工银行。

设立委员若奉此批准，即关照各股东缴第一期之款。

第三十二条 创立总会终结，则设立委员当移交其事务于中华惠工银行行长。

〔南京临时政府档案〕

9 财政部清理旧设官银钱号款项并兑换所发钱票电稿

（1912年3月20日）

各省都督鉴：查旧设官银钱号大都存有公款，而外欠亦不少。既归尊处自理，应请责令原经手人迅即收还，专备兑换该官银号从前行用之钱票，俾昭民国信用，而免商民吃亏，是所盼祷。财政部。胥。

〔南京临时政府档案〕

10 财政部拟订贮蓄银行则例请咨交参议院议决呈稿

（1912年3月21日）

呈大总统为拟订贮蓄银行则例文

据前钱法司案呈：窃维一人之贫富，即一国盛衰之所繫，其因虽微，其果甚远。而贫困之生，由于奢侈，致富之要，实在勤俭。伏念民国方策，自以国利民福为本，而本部责司，当以提倡贮蓄是务。盖人各勉其志而营其业，节其用而足其财，斯国亦由富而强，所关甚大。故必有银行，以启其居积之观念，乃能践其节俭之实际。衣食足则知荣辱，仓廪实则知礼义，是贮蓄银行为齐家之良法，实治国之要道也。兹拟订则例十二条，理合缮具清摺，备文呈请大总统俯赐察核，可否咨交参议院决议施行，伏乞裁示。谨呈。此呈

大总统

贮蓄银行则例

第一条 以复利方法代公众存放零星款项者，为贮蓄银行。

第二条 除地方团体以慈惠公益目的，提倡贮蓄，其资本得稍从宽减至少须五万圆以上外，其他各种公司非有实收资本二十万元以上不得营贮蓄银行之业。

第三条 银行存款应分定期存付及活期存付二种。其定期存款有零存整付、整存零付，整存整付三种，均须于营业章程内声明详细办法及生利规则。

第四条 贮蓄银行之董事在任中对行中所生一切义务负连带无限责任。但其责任至退任后已满二年毫无交代未完事件方能交卸。

第五条 贮蓄银行为付还贮蓄存款之担保，应按存款总额十分之三，备置附息之国债证券或地方债券，存于就近之中国银行或国家认可之殷实大银行担保数目在资本半额以上时，得用商业期票及确实可靠之公司债券或股票等。

第六条 前项数目于每季结账之时，核计存额定之。

第七条 行中存款之人，对于第五条所载各种票据有优先权。

第八条 贮蓄银行欲变其营业章程，当经由地方政厅呈报财政部核准。

第九条 银行欲营贮蓄银行者，当经由地方政厅呈报财政部核准。

第十条 贮蓄银行有违背本则例时，其董事处五十圆至五百圆之罚款。

第十一条 各银行、商号未经呈报批准，任意兼营贮蓄事业者，处以前条之罚。

第十二条 本则例特别规定以外，应遵照商业银行则例办理。

〔南京临时政府档案〕

11 财政部拟订庶民银行则例请咨交参议院议决呈稿

（1912年3月22日）

财政部总长○○○呈

窃维国家富源在于实业，而实业命脉系于金融。是以本部成立以来，即以提倡银行为务，先后拟订中央、商业、海外汇业、兴农、农业、殖边、惠工、贮蓄等各种则例，呈请大总统交院核议，为次第施行，似于金融制度，已略称备。惟人民有贫富之分，企业有大小之别。以上机关，目的虽各有不同，要皆以对物信用为主。在持有资产者，固依此得周转之途，而毫无凭藉者，仍未获通融之道。在为政之策，首重养民，致治之术，要在安众。况一国之内，中产以下者，实居多数。只因资本缺乏，以致产业衰颓，细民之生计不裕，不特国民之经济难期发达，抑且社会之秩序无以维持。近年以来，盗贼蜂起，大地荆棘，究厥原因，莫非生活困难之所致。盖羞恶之心，人皆有之，苟非迫不得已，何至铤而走险。故欲期贫民之各得其所，必先使人之有相当之职业，而欲使人之有相当之职业，不得不先有维持其职业供给其资本之机关。此庶民银行之设立，所以亟宜筹备也。查庶民银行之制创始于德，其后欧美各国相续仿行，近则日本政府亦着力于斯。其宗旨在以公共之计画，奖公共之藏蓄，图公共金融之便宜。其办法则以对人信用为之经，而以纳人于轨范之中为之纬。其效用在增进贫民自立之心，而得脱重利盘剥之苦，激起细民贮蓄之念，而养成勤勉节俭之风。其结果足使国民道德日益上达，而国家元气渐臻强盛，移风易俗，是不独贫民扩益于无穷也。久游欧美，目覩其制度之完备，窃尝注意于斯。前管中央银行时，即建议将储蓄京行改其组织为庶民银行，以事未果。今值兵燹之余，见夫贫民生计愈形艰窘，益感仿行此制之不可一日缓也。爰特参酌各国成规，拟订庶民银行则例六十六条，以期国民企业之竞进，而收金融普及之实效。谨缮清单，恭呈察核，伏希饬交参议院议决公布施行。谨呈。

谨将拟订庶民银行则例开摺恭呈钧鉴。

第一章　总　则

第一条　庶民银行以出贷营业必要资本于在股人员，并使得贮藏之便为宗旨。

第二条　庶民银行组织，分有限、无限及保证责任为三种，是何种类，应须标明。有限责任，以出资之度为限。无限责任，以银行财产还债之外，如再不足，由在股人员，全体负担。保证责任者，如所有财产不足还债时，全体股东除出资之外，以一定之数为限，负担责任。

第三条　庶民银行在于某市（或某乡村），即名某某庶民银行，以一乡村为营业区域，但依地方之情形，得以酌加。

第四条　庶民银行除本则例规定之外，准用商律。

第二章　设　立

第五条　庶民银行非十五人以上不得设立。

第六条　设立者拟定章程具呈事务所所在地方政厅立案，并由地方政厅转呈财政部批准。

第七条　章程除本则例所规定以外，记载下开事项，由设立者签名盖章：

一、目的。

二、名称。

三、组织。

四、事务所。

五、股份每股之数及其缴股方法。

六、第一回缴入之数。

七、关于盈余处分及损失分担之规定。

八、准备之额及其公积方法。

九、关于附股人员资格之规定。

十、关于附股及退股之规定。

十一、关于目的事务执行之规定。

十二、成立时期或定解散之事由。

第八条 庶民银行其附股人员之数，不得限定。

第九条 庶民银行资本，以股东之贮蓄成之。以十元为额，按月分缴。

股东于应缴股本之时，怠而不缴，得由银行催告。如仍不缴，银行于诸股东每月应缴之数，每股得收其十分之一为罚。

第十条 庶民银行接奉批准后，即向附股者收第一回之缴款。

第十一条 前条缴股后，于二星期内，在事务所之所在地，呈请登记。

第十二条 注册登记事项如左：

一、第七条第一号至第五号及第十二号所揭事项。

二、批准立案之年月日。

三、董事监查之姓名住址。

前项所指各条，如有变更，于二星期内即须登记。在于登记之前，所有变更，不得对抗第三者。

第十三条 庶民银行申请注册开办时，须将在股人员名簿，呈送事务所所在地之审判厅备案。

在股人员名簿记载事项如左：

一、各股东之姓名住址。

二、各股东所附股数。

三、各股东缴股数目及年月日。

四、股票取得之年月日。

五、如是保证责任，则记载各股东之保证数目。

第三章　股东之权利义务

第十四条　股东出资，每人一股以上，不得超过五十股。

第十五条　股东非经银行之承诺，不得将股出让。

第十六条　股东不得于股中另附他人，将股共有。

第十七条　让受股份之人，即承继出让人之权利义务。

第十八条　新附股之股东，其附股前所生债务，亦负责任。

第十九条　总股东五分之一以上同意，得提出书函，记载总会之目的及招集之理由，请求行长招集总会。

第二十条　股东于总会招集手续，或其决议方法，认为违背法令或章程时，从决议之日起，一个月以内得请求地方政厅取消决议。

第四章　管　　理

第二十一条　庶民银行，置行长一人，董事及监查各三人。

行长、董事及监查，于总会从股东中选任。但开办之行长、董事、监查，得以章程定之。

第二十二条　行长任期四年，董事任期三年，监查任事一年。但于章程别定者，不在此例。

第二十三条　行长、董事或监查，以总会之决议，得以解任。

第二十四条　行长、董事及监查之选任及解任，以总股东半数以上到会，议决权四分之三以上决之。但章程别有规定者，不在此限。

第二十五条　行长须将章程及总会之决议录、股东名簿，备置于事务所。

银行及股东之债权者，于前项簿籍，得求阅览。

第二十六条 行长于通常总会之会日一星期前，须将财产目录、出入对照表、事业报告书及盈余处分案，提出于监查，且备于事务所。

银行及股东之债权者，于前项册表，得求阅览。

第二十七条 行长于前条第一项所揭书类及监查之意见书，提出于通常总会，求其承认。

第二十八条 行长、董事或监查，不得兼其他银行之事务员。

第二十九条 银行与董事如结契约，由监查代表银行。银行与董事之间或起诉讼亦同。

第三十条 总会之决议，除本则例及章程特定之外，以到会股东之议决权过半数为之。

第三十一条 股东得请代理人行议决权，作为到会。但若非有股者，不得为代理人。

代理人须将代理权证交于银行。

第三十二条 变更章程须由总会决议。

章程变更，非经地方政厅之认可，不生效力。

第三十三条 庶民银行每股出资决议减少时，从决议之日二星期之内，须另作财产目录及出入对照表。

银行对于前项期间内，债权者恐起异议、于一定之期间内，行其催告，令述其旨。但其期间，不得出二个月外。

第三十四条 债权者于前条第二项之期间内，对于出资之减少无异议时，作为承认。

债权者如述异议，银行即如数还讫。非有相当之担保，不得减少出资。

第三十五条 前二条之规定，保证责任之股东减少保证金额时，亦准用之。

第三十六条　股东于股款缴齐后，应派盈余可移充缴股之款。

第三十七条　庶民银行非将损失填补后，不得处分盈余。关于盈余分派制限，以命令定之。

第三十八条　庶民银行除第四十三条之外，不得将股付还。

第三十九条　庶民银行已达章程所定准备金之额时，每营业年度之盈余，提四分之一以上作为公积。

第四十条　庶民银行不得收买本行股份及为抵押。

第五章　加入及退股

第四十一条　加入无限责任银行者，须得总股东之同意。

第四十二条　股东于每年营业年度之终，得以退股。但须于六个月之前豫告。

前项豫告，得以章程延长。但不得超过二年。

第四十三条　股东因左事由，得以退股：

一、资格丧失。

二、死亡。

三、破产。

四、禁治产。

五、除名。

第四十四条　除名之事由如左：

一、担任股份，三回以上不缴，而无正当之理由者。

二、对于银行而起诉讼者。

三、曾处重罪或坏乱风俗、诈欺窃盗之轻罪者。

四、管理员认为不名誉之行为者。

除名须依总会之决议。但非通知其旨，不得对抗。

第四十五条　退股股东得依章程所定，请求发还股之一部或全部。

第四十六条　退股股东所有股份，按股东名簿所载营业年度之终，依银行财产定之。但得依章程所定，或按退股当时之财产定之。

第四十七条 发还股本，从营业年度之终三个月以内行之。但于前条但书之处，从退股之时起三个月以内行之。

退股发还之请求权，经过前项期间二年后，如未举行，作为消灭。

第四十八条 计算股份，以银行财产抵银行债务。如有不足时，则归当时退股股东负担，缴其损失之额。

第四十九条 退股股东对于银行债务未完以前，银行得停止其股款发还。

第五十条 在于无限责任及保证责任银行，其退股股东，对于银行债权者，其退股从记载于股东名簿后，以二年为限，负担责任。

前项规定，以特别之契约，不妨延长其期。

第六章 监　督

第五十一条 庶民银行，财政部及地方政厅监督之。

第五十二条 监督政厅，无论何时，得命行长报告银行事业，或检查银行事业及财产状况，并发其他必要命令及行处分。

第五十三条 依银行之事业及其财产之情形认为难以继续时，或银行之行为违背章程或法令有害其他公益之虞时，财政部或地方政厅得取消总会之决议，命改选行长、董事、监查或清算人，或停止事业，或命解散。

第七章 解　散

第五十四条 庶民银行因左事由，得以解散：

一、章程所定事由之发生。

二、总会之决议。

三、银行之合并。

四、股东减少不满十五人以上时。

五、银行之破产。

第五十五条 银行解散，除合并及破产之外，于二星期内在事务之所在地为其登记。

第五十六条 合并非经地方政厅之认可，不生效力。

第五十七条 银行合并，于二星期内在事务所所在地，其合并后续办之银行，须为变更之登记；因合并而消灭之银行，须为解散之登记；因合并而设立银行，须为设立之登记。

第五十八条 合并后存续之银行，因合并而设立之银行，承继因合并而消灭银行之权利义务。

第五十九条 庶民银行以总股东之同意，得变更其组织。

第八章 清 算

第六十条 清算人职务范围，与董事有同一之权利义务。

第六十一条 清算人就职后，即须调查银行财产之状况，作财产目录及出入对照表，提出于总会，求其承认。

第六十二条 清算人须还清银行之债务，并将应还之额存于公处，不得分派银行资产。

第六十三条 清算事务已毕，清算人即作决算报告书，提出于总会，求其承认。

第六十四条 清算人解任，于二星期内在事务所之所在地，为其登记，并呈报地方政厅。

第九章 罚 则

第六十五条 庶民银行之行长、董事、监查，或清算人，有违下开各节，处五元以上、二百元以内之罚：

一、怠于本则例所定之登记及为不正之登记。

二、对于政厅或总会呈报不实或隐蔽事实。

三、违背第二十五条第一项及第二十六条第一项之规定，或不照第二十五条第一项及第二十六条第一项所揭事项记载，或记载不实，及无正当之理由拒人阅览。

四、违背第三十三条、第三十四条、第三十六条、第三十九条、第四十条、第六十二条时。

五、不为第五十二条之报告或拒检查，不从监督政厅之命令或处分时。

第十章　附　　则

第六十六条　庶民银行应照本则例之旨，自定详细章程，呈请财政部核准。有应行改动之处，须开股东总会决议，呈准财政部施行。

〔南京临时政府档案〕

12　实业部拟订约束钱庄暂行章程与财政部往来咨

（1912年3月）

（1）实业部致财政部咨（3月23日）

实业部总长咨

商业之繁盛，以银行为之枢纽。中国银行之制未见盛行，而盛行者独钱庄类耳。近数年来，商业不振，恐慌屡见，推其原因，皆由于金融机关之不能敏活，而钱庄实尸其咎。兹本部为维持商业起见，特拟就约束钱庄草章九条，略加限制，俾免因纷歧而召恐慌之患。惟此事与贵部职任有关，且不知与银行则例有无背谬。相应咨请贵总长核定后，会同本部呈请大总统颁布施行，实为公便。此咨

财政总长陈　　　　　　　计附约束钱庄暂行章程九条

中华民国元年三月　日

约束钱庄暂行章程

第一条 本章程所谓钱庄，指以小资本营汇划及借贷存款之事业者，除银行及兑换店外，不论用何种名称皆适用之。

第二条 钱庄之资本，须有现款十万元以上。其资本未满十万元之钱庄，得再添本，或招集股份，或二以上之钱庄设法归并。凡不动产及股票等皆不得算入该资本内。

第三条 钱庄之营业总额不得超过资本暨公积总额四倍以上，惟同行汇划不在此限。

第四条 钱庄不得为左列之营业：

一、无抵当物而借出者。

二、为长期之借出者。

三、无保险之不动产为抵押而借出者。

四、以股票为抵押而借出者。

五、以价格涨落无定之物品为抵押而借出者。

六、投资于农工事业之借出者。

以上所列，其在本章程施行前业经借出者，应速设法清理。

第五条 钱庄之经理人，须由股东中公举。经理人或有事故，不能就职，得请定代理人。但一切责任，仍由经理人自行担负。

第六条 股东不得在本钱庄内无正当之抵押物而借用款项。经理人不得借用该钱庄之款项，另营他业。经理人或经理之代理人及夥友等，皆不得在该钱庄内私行借款或擅自挪用。

第七条 钱庄之经理人，将股东名册、合股单据等，由本地方商会转呈实业司批准立案。从前未经立案者，准其在本章程施行后半年内，按照前各项所定办理。

第八条 钱庄之经理人，将营业状况每三个月造册一次，报告于商会及实业司。

第九条 实业司得随时委任地方官选派相当人员，调查各该钱庄营业之状况。

调查员如查有违反第三条、第四条、第六条各项所定，得呈由地方官转呈实业司参酌情形，设定罚金。

（2）财政部复实业部咨稿（3月27日）

财政部总长咨

前接贵部来咨，并约束钱庄暂行章程，均经收到在案。惟本部拟定商业银行则例，已具呈大总统咨交参议院核议在案。所有关于钱庄等号包括在内，不必另为规定，贵部为提创实业振其商务起见，固宜详订章程严加取缔，似毋庸与本部会同，以清权限而免混殽。此咨。

〔南京临时政府档案〕

13 陈锦涛请转沪督释放宋汉章电

（1912年3月24日）

孙总统、唐总理、陆军黄总长鉴：上海中国银行经理宋汉章，于民国效力有日。今日下午二时，沪都督谓有人控告，派人诱至曹家渡处捉下小轮船驶去。身上带有银行铁柜匙，而军钞、现款及与比国银行订定明天交款汇价各要据，皆在铁柜，若不即行释放，则明日本部甚难支持。请即电沪陈都督，准其担保在外候审，方合理法。锦涛。敬。

〔南京临时政府档案〕

14 陈其美关于逮捕中国银行经理宋汉章电

（1912年3月26日）

袁大总统，武昌黎副总统，南京孙大总统、各部总次长、参议院，各省都督公鉴：前据王兴汉，陈聚禀称：查前大清银行总行虽在北京，枢纽两〔而〕在上海。历年推广分行四十余处。司其事者，藉官权以夺商利，挟部势以捣公款，营业遂占优胜。年来海内商业凋敝，不予维持，汇号钱庄大受倾轧，以致相率倒闭，市面一空，贻害大局，实由于此。其资本银一千万两，名曰官商各半，其实商股甚微。股票为京官权要垄断得之。故满清度部倚为外府，官中公款与官中私款又较商家存储为独铲，约计该行收放约银六七千万两，除真系商款往来外，何一非官款。该行经理宋汉章、胡六芗等狼狈为奸，乘机而发。时值上年九月上海光复，预防民军政府干涉，遂觅寓沪三五股东开会于该行，冒称全体股东，以谋抵抗，并将现银契据，寄贮洋行，一面移甲作乙，暗将公款改为私款，使民军无从究诘，徧登日报，只认官款五百万，其余往来各户存欠彼此结算。等语。逆料民军北伐，满清政府不能图存，道旁苦李，无人过问。而股东多属亲贵官宦中人，可以肆其挟制，即殷富私家存款，亦概置之不付。沪上三五附股者受其利诱，挺然代柱门面，其实内容茫无知觉，因平时每年股东开会，皆在北京总行，到会者皆有权力巨款之人。各行监督，即属实官，均部员充之。微末商人附有小股，无从插足其间也。今忽俨然充当会员议长，殆念实不及此，而宋汉章等实以傀儡畜之。上年六月，满清度支部通饬各省财政监理官，行文各府州县，有现在大清银行改为国家银行。等因在案。可见该行商家附股已在消灭之中。就令以前官商各半，然其中官款所存，应归民国政府公用，亦属毫无疑义，岂容藉口商家股东出而抗阻之理。乃宋汉章等罔利营私，弗顾大局，在银行为巨蠹，在民国为公敌，论其大逆不道，已属罪不容诛。尤可异者，南京政府成立，财政设有专部，人乘间以股东会议名义，请将该行改为中国银行，握持中央财政出入，要求利益，竟敢倡言保存商股五百万两，所有此次民军起义，地方损失，即在官股五百万两内取偿，与上年广告前后两歧，实属贪诈已极。等情叩请查办前来。据此。查民国成立伊始，百端待理，而财政之竭蹶，异乎寻常。宋汉章等身为国家银行经理，理应顾全大局，竭力整顿。乃计不出此，竟敢捏造吞匿，以图中饱，按之法律，实难宽容。迭经敝处函传质讯，奈该经理恃租界为护符，抗不到案，不得已侦其出界，派员捕获。此事关系财政，本可迳送财政部核办，因控案牵涉财政部，故该部理应回避。由敝处照会沪上南北商会，会同敝处委员，秉公核算，总期一切公款，涓滴归公，不使一二奸商任性乾没也。谨此电闻。陈其美叩。宥。

〔南京临时政府档案〕

四、教　育

1 临时大总统等关于拨付捐款由女界共和协济社兴学办报文电

（1912年1—2月）

（1）陈锦涛密电（1月19日）

南京。总统孙钧鉴：密。转陆军部黄总长鉴：顷据第一师团委员何永亨面称：女界协赞会筹有捐款□① 万两，请由中央财政部派员领收，发交应用。等语。究竟该款应否交该师团领用，并交何人手收，请查照电复。锦涛。皓。

〔南京临时政府档案〕

（2）临时大总统函（2月6日）②

女界协赞会公鉴：展诵来函，并接见贵会代表张君昭汉、程君颖两女士，欣悉贵会员热心毅力，分途劝募，以助军需，前曾以五千馀元缴存沪军都督府，指定为北伐购置枪炮之用。兹又集成万元於沪上钱庄存储，请饬交财政部验收。集腋成裘，有此巨款，皆由贵会员不辞艰苦，沿门劝募所得，深用嘉尚。以此补助军饷，益可作三军之气。扫平索虏，女界亦与有功焉。闻贵会与神州女界共和协济社联合为一，扩充团体，自能相得益彰矣。复问公益不赐。孙口顿。

（3）临时大总统致女界共和协进社批（2月6日）③

据禀已悉。天赋人权，男女本非悬殊，平等大公，心同此理。自共和民国成立，将合全国以一致进行，女界多才，其入同盟会奔

注：①此处原电报密码为6673，未译。

②③此系临时政府公报刊载日期。

走国事、百折不回者，已与各省志士媲美。至若勇往从戎，同仇北伐，或投身赤十字会，不辞艰险，或慷慨助饷，鼓吹舆论，振起国民精神，更彰彰在人耳目。女子将来之有参政权，盖事所必至。该社员等才学优美，并不遽求参政，而谋联合全国女界，普及教育，研究法政，提倡实业，以协助国家进步，愿力宏大，志高虑远，深堪嘉尚，应如所请，准其存案。并於所缴协赞会捐款万元内，拨付五千元为开办法政学校及共和日报经费。该社员等宜力行无倦，扩充女界政治思想，同尽责任，以光吾国而促进共和。天演竞争，归于优胜。不患无位，患所以立。不患莫已知，求为可知。女子应否有参政权，定於何年实行，国会能否准女界设傍听席，皆当决诸公论，候咨送参议院决可也。

〔临时政府公报第九号〕

2 教育部关于普通教育暂行办法及课程标准致副总统呈及各省都督咨

（1912年2月1日）①

中华民国教育部总长蔡为呈/咨送事：案照本部前拟普通教育暂行办法十四条电陈钧案/通电贵府并声明印文课程表随发在案。兹经规定普通教育暂行课程之标准十一条，将小学、中学、师范学校各种课程表分别插入。至各地方风土财力以及种种关系之不同，或有不能不酌量变通者，业将可以变通之处一一明载条文，仍俟将来规定完全学制颁布遵定。为此连同前此电开办法十四条，印刷齐

注：①此系临时政府公报刊载日期。

全，备文呈咨送即乞饬发所属，转发各学校一体遵行，实为公便。须至咨者。

计开

普通教育暂行办法十四条

一从前各项学堂，均改称为学校。监督、堂长，应一律改称校长。

一各州、县小学校，应於元年三月初四日（阴历壬子年正月十六日）一律开学。中学校、初级师范学校，视地方财力亦以能开学为主。

一在新制未颁行以前，每年仍分二学期：阳历三月开学至暑假，为第一学期；暑假后开学至来年二月底，为第二学期。

一初等小学校，可以男女同校。

一特设之女学校章程暂时照旧。

一凡各种教科书，务合乎共和民国宗旨，清学部颁行之教科书一律禁用。

一凡民间通行之教科书，其中如有尊崇满清朝廷及旧时官制、军制等课，并避讳抬头字样，应由各该书局自行修改，呈送样本於本部及本省民政司教育总会存查。如学校教员遇有教科书中不合共和宗旨者，可随时删改，亦可指出呈请民政司或教育部，通知该书局改正。

一小学读经科一律废止。

一小学手工科应加注重。

一高等小学以上体操科应注重兵式。

一初等小学算术科，自第三学年起应兼课珠算。

一中学校为普通教育，文实不必分科。

一中学校、初级师范学校均改为四年毕业。惟现在修业已逾一学期以上骤难照改者，得照旧办理。

一旧时奖励出身一律废止。初高等小学毕业者，称初高等小学毕业生，中学校、师范学校毕业者，称中学校、师范学校毕业生。

普通教育暂行课程标准

第一条 初等小学校之学科目，为修身、国文、算术、游戏、体操。

视地方情形得加设图画、手工、唱歌之一科目或数科目。

女子加课以裁缝。

第二条 初等小学校各学年每周各科教授时数如下：

	第一学年	第二学年	第三学年	第四学年
修身	二	二	二	二
国文	十	十二	十五	十五
算术	五	六	六	六
游戏体操	四	四	四	四
图画				
手工				
裁缝				
唱歌				
合计	二一	二四	二七	二七

加设图画、手工、唱歌之一科目或数科目时，每周各科目课一时间，其时间可减他科目之时间以充之。

女子加课裁缝宜在三四学年。每周得课二时间，可减他科目之时间以充之，或在合计时间数外增课之。

第三条 高等小学校之学科目，为修身、国文、算术、中华历史、地理、博物、理化、图画、手工、体操（兼游戏）。

女子加裁缝。

视地方情形得加设唱歌、外国语、农工商业之一科目或数科目。

第四条 高等小学校各学年每周各科教授时数如下：

	第一学年	第二学年	第三学年	第四学年
修身	二	二	二	二
国文	十	十	十	十
算术	四	四	四	四
中华历史 地理	五	五	五	五
博物理化	二	二	二	二
图画	一	一	二	二
手工	一	一	男二 女一	男二 女一
裁缝	二	二	三	三
体操	男三 女二	男三 女二	男三 女二	男三 女二
唱歌				
外国语				
农工商业				
合计	男二八 女二九	男二八 女二九	男三〇 女三一	男三〇 女三一

加设外国语及农工商业之一种，宜在第三四学年。外国语每周得课四时间，农工商业之一种，得课一时间或二时间，其时间皆得减他科目之时间以充之。

加设唱歌时，每周得课二时间，其时间得减他科目之时间以充之，或在合计时间数外增课之。

第五条 中学校之学科目，为修身、国文、外国语、历史、地理、数学、博物、理化、图画、手工、法制经济、音乐、体操。女子加家政、裁缝。

第六条 中学校各学年每周各科教授时数如下：

	第一学年	第二学年	第三学年	第四学年
修身	一	一	一	一
国文	八	八	五	五
外国语	六	六	六	六
历史 地理	三	三	二 二	二 二
数学	四	四	四	四
博物	三	三		
理化			四	四
法制经济			二	二
家政			二	二
裁缝	二	二	二	二
图画	一	一	一	一
手工	男二 女一	男二 女一	男二 女一	男二 女一
音乐	一	一	一	一
体操	男三 女二	男三 女二	男三 女二	男三 女二
合计	三二	三二	男三三 女三五	男三三 女三五

第七条 师范学校（即旧制之初级师范学堂）之学科目，为修身、教育、国文、外国语、历史、地理、数学、博物、理化、

法制经济、习字、图画、手工、音乐、体操。

女子加家政、裁缝。

视地方情形得加设农工商业之一科目。

第八条 师范学校各学年之每周各科教授时数如下：

	第一学年	第二学年	第三学年	第四学年
修身	一	一	一	一
教育		四	四	十二
国文	六	四	四	四
外国语	四	四	三	三
历史	三	二	二	
地理	三	三	三	
数学	三	三	三	二
博物	三	二	二	
理化		二	三	四
法制经济				二
家政			二	二
裁缝	二	二	二	二
习字	二	一	一	
图画	二	一	一	
手工	男二 女一	男二 女一	男二 女一	男二 女一
音乐	一	一	一	一
体操	男四 女三	男四 女三	男四 女三	男三 女二
农工商业				
合计	三四	三四	男三四 女三六	男三四 女三六

加设农工商业之一科目时，宜在第二、第三、第四学年。每周得课二时间，其时间得减他科目之时间以充之。

第九条 师范学校宜设预科，修业年限以一年为宜。其科目宜注重国文、外国语、数学等。

第十条 第二、第四、第六、第八各条所规定各科目教授时数，均得视地方情形斟酌增减。但除第二条第三项、第四条第三项外，以不出合计时间总数范围为限。

第十一条 前列各条所规定之外国语，以英、法、德、俄四国为限，由各省教育行政官视地方情形以指定之。

〔临时政府公报第四号〕

3 蔡元培对于新教育之意见①

（1912年）

近日在教育部与诸同人新草学校法令，以为征集高等教育会议之预备，颇承同志饷以说论。顾关于教育方针者殊寡。辄先述鄙见以为喤引，幸海内教育家是正之。

教育有二大别：曰隶属于政治者；曰超轶乎政治者。专制时代（兼立宪而含专制性质者言之），教育家循政府之方针以标准教育，常为纯粹之隶属政治者。共和时代，教育家得立于人民之地位以定标准，乃得有超轶政治之教育。

清之季世，隶属政治之教育，腾于教育家之口者，曰军国民教育。夫军国民教育者，与社会主义僢驰，在他国已有道消之兆。然在我国则强邻逼处，亟图自卫，而历年丧失之国权，非凭藉

注：①此件沿用原标题。系石印本。未书日期。1912年2月11日《临时政府公报》第十三号附录中曾将此件全文刊载。

武力，势难恢复。且军人革命以后，不保无军人执政之一时期，非行举国皆兵之制，将使军人社会，永为全国中特别之阶级，而无以平均其势力。则如所谓军国民教育者，诚今日所不能不采者也。

虽然，今之世界所恃以竞争者，不仅在武力，而尤在财力。且武力之半，亦由财力而孳乳。于是有第二之隶属政治者，曰实利主义之教育，以人民生计为普通教育之中坚。其主张最力者，至以普通学术，悉寓于树艺、烹饪、裁缝及金、木、土工之中。此其说创于美洲，而近亦盛行于欧陆。我国地宝不发，实业界之组织尚幼稚，人民失业者至多，而国甚贫。实利主义之教育，固亦当务为急者也。

是二者，所谓强兵富国之主义也。顾兵可强也，然或溢而为私斗，为侵略，则奈何？国可富也，然或不免知欺愚，强劫弱，演而为贫富悬绝，资本家与劳动家血战之惨剧，则奈何？曰：教之以公民道德。何为公民道德？曰：法兰西之革命也，所标揭者，曰自由、平等、亲爱。道德之要旨，尽于是矣。孔子曰：匹夫不可夺志。孟子曰：大丈夫者，富贵不能淫，贫贱不能移，威武不能屈。自由之谓也。古者盖谓之义。孔子曰：己所不欲，勿施于人。子贡曰：我不欲人之加诸我也，吾亦欲毋加诸人。礼大学记曰：所恶于前，毋以先后；所恶于后，毋以从前；所恶于右，毋以交于左；所恶于左，毋以交于右。平等之谓也。古者盖谓之恕。自由者，就主观而言之也。然我欲自由，则亦当尊人之自由，故通于客观。平等者，就客观而言之也。然我不以不平等遇人，则亦不欲人之以不平等遇我，故通于主观。二者相对而实相成，要皆由消极一方面言之。苟不进之以积极之道德，则夫吾同胞中，固有因生禀之不齐，境遇之所迫，企自由而不遂，求与人平等而不能者，将一切恝置之，而所谓自由若平等之量，仍不能无缺陷。孟子曰：鳏寡孤独，天下之穷民而无告者也。张子曰：凡天下疲癃残疾惸独鳏寡，皆吾兄弟之颠连而无告者也。禹思天下有溺者，由已溺之。稷思天下有饥者，由□〔己〕饥之。伊尹思天下之人，匹夫匹妇有不与被尧舜之泽者，共〔若〕己推而纳之沟中。孔子曰：己欲立而立人，己欲达而达人。亲爱之谓也。古者盖谓之仁。三者诚一切道德之根源，而公民道德教育之所有事者也。

教育而至于公民道德，宜若可为最终之鹄的矣。曰：未也。公民道德之教育，犹未能超轶乎政治者也。世所谓最良政治者，不外乎以最大多数之最大幸福为鹄的。最大多数者，积最少数之一人而成者也。一人之幸福，丰衣足食也，无菑无害也，不外乎现世之幸福。积一人幸福而为最大多数，其鹄的犹是。立法部之所评议，行政部之所执行，司法部之所保护，如是而已矣。即进而达礼运之所谓大道为公，社会主义家所谓未来之黄金时代，人各尽其所能，而各得其所需，要亦不外乎现世之幸福。盖政治之鹄的，如是而已矣。一切隶属政治之教育，充其量亦如是而已矣。

虽然，人不能有生而无死。现世之幸福，临死而消灭。人而仅仅以临死消灭之幸福为鹄的，则所谓人生者，有何等价值乎？国不能有存而无亡，世界不能有成而无毁，全国之民，全世界之人类，世世相传，以此不能不消灭之幸福为鹄的，则所谓国民若人类者，有何等价值乎？且如是，则就一人而言之，杀身成仁也，舍身取义也，舍己而为群也，有何等意义乎？就一社会而言之，与我以自由乎，否则与我以死。争一民族之自由，不至沥全民族最后之一滴血不已，不合全国为一大家不已，有何等意义乎？且人既无一死生破利害之观念，则必无冒险之精神，无远大之计画。见小利，急近功，则又能保其不为失节堕行身败名裂之人乎？谚曰：当局者迷，旁观者清。非有出世间之思想者，不能善处世间事，吾人即仅仅以现世幸福为鹄的，犹不可无超轶现世之观念，况鹄的不止于此者乎？

以现世幸福为鹄的者，政治家也。教育家则否。盖世界有二方面，如一纸之有表里：一为现象，一为实体。现象世界之事为政治，故以造成现世幸福为鹄的。实体世界之事为宗教，故以摆脱现世幸福为作用。而教育者，则立于现象世界，而有事于实体世界者也。故以实体世界之观念为其究竟之大目的，而以现象世界之幸福为其达到于实体观念之作用。

然则现象世界与实体世界之区别何在耶？曰：前者相对，而后者绝对。前者范围于因果律，而后者超轶乎因果律。前者与空间、时间有不可离之关系，而后者无空间、时间之可言。前者可以经验，而后者全恃直观。故实体世界者，不可名言者也。然而既以是为观念之一种矣，则不得不强为之名，是以或谓之道，或谓之太极，或谓之神，或谓之黑暗之意识，或谓之无识之意志。其名可以万殊，而观念则一。虽哲学之流派不同，宗教家之仪式不同，而其所到达之最高观念皆如是。（最浅薄之惟物论哲学，及最幼稚之宗教祈长生求福利者，不在此例。）

然则教育家何以不结合于宗教，而必以现象世界之幸福为作用？曰：世固有厌世派之宗教若哲学，以提撕实体世界观念之故，而排斥现象世界。因以现象世界之文明为罪恶之源，而一切排斥之者。吾以为不然。现象、实体，仅一世界之两方面，非截然为互相冲突之两世界。吾人之感觉，既託于现象世界，则所谓实体者，即在现象之中，而非必灭乙而后生甲。其现象世界间，所以为实体世界之障碍者，不外二种意识：一、人我之差别；二、幸福之营求是也。人以自卫力不平等而主〔生〕强弱，人以自存力不平等而生贫富。有强弱贫富，而彼我差别之意识起。弱者贫者，苦于幸福之不足，而营求之意识起。有人我，则于现象中为种种之界画，而与实体达〔违〕。有营求则当其未遂，为无已之苦痛。及其既遂，为过量之要索。循环于现象之中，而与实体隔。能剂其平，则肉体之享受，纯任自然，而意识界之营求泯，人我之见亦化。合现象世界各别之意识为浑同，而得与实体吻合焉。故现世幸福，为不幸福之人类到达于实体世界之一种作用，盖无可疑者。军国民、实利两主义，所以补自卫自存之力之不足。道德教育，则所以使之互相卫互相存，皆所以泯营求而忘人我者也。由是而进以提撕实体观念之教育。

提撕实体观念之方法如何？曰：消极方面，使对于现象世界，无厌弃而亦无执著。积极方面，使对于实体世界，非常渴慕而渐进于领悟。循思想自由、言论自由之公例，不以一流派之哲学，一宗门之教义梏其心，而惟时时悬一无方体、无终始之世界观以为鹄。如是之教育，吾无以名之，名之曰世界观教育。

虽然，世界观教育，非可以旦旦而聒之也。且其与现象世界之关系，又非可以枯槁单简之言说袭而取之也。然则何道之由？曰：由美感之教育。美感者含美丽与尊严而言之，介乎现象世界与实体世界之间，而为之津梁。此为康德所创通，而嗣后哲学家未有反对之者也。在现象世界，凡人皆有爱恶惊惧喜怒悲乐之情，随离合生死祸福利害之现象而流转。至美术，则即以此等现象为资料，而能使对之者，自美感以外，一无杂念。例如采莲煮豆，饮食之事也，而一入诗歌，则别成兴趣。火山赤舌，大风破舟，可骇可怖之景也，而一入图画，则转堪展玩。是则对于现象世界无厌弃而亦无执著也。人既脱离一切现象【世】界相对之感情，而为浑然之美感，则即所谓与造物为友，而已接触于实体世界之观念矣。故教育家欲由现象世界而引以到达于实礼〔体〕世界之观念，不可不用美感之教育。

五者，皆今日之教育所不可偏废者也。军国民主义、实利主义、德育主义三者，为隶属于政治之教育。（吾国古代之道德教育，则间有兼涉世界观者，当分别观之。）世界观、美育主义二者，为超轶政治之教育。

以中国古代之教育证之，虞之时，夔典乐而教胄子以九德，德育与美育之教育也。周官以乡三物教万民，六德六行，德育也。六艺之射、御，军国民主义也。书、数，实利主义也。礼为德育，而乐为美育。以西洋之教育证之，希腊人之教育，为体操兴〔与〕美术，即军国民主义与美育也。欧洲近世教育家，如海尔巴脱氏，纯持美育主义。今日美洲之德弗伊派，则纯特〔持〕实利主义者也。

以心理学各方面衡之，军国民主义毗于意志；实利立〔主〕义毗于知识；德育兼意志情感二方面；美育毗于情感；而世界观则统三者而一之。

以教育界之分言三育者衡之，军国民主义为体育；资〔实〕利主义为智育；公民道德及美育皆毗于德育；而世界观则统三者而一之。

以教育家之方法衡之，军国民主义、世界观、美育，皆为形式主义；实利主义为实质主义；德育则二者兼之。

譬之人身，军国民主义者，筋骨也，用以自卫；实利主义者，胃肠也，用以营养；公民道德者，呼吸机、循环机也，周贯全体；美育者，神经系也，所以传导；世界观者，心理作用也，附丽于神经系而无迹象之可求。此即五者不可偏废之理也。

本此五主义而分配于各教科，则视各教科性质之不同，而各主义所占之分数亦随之以异。

国语国文之形式，其依准文法者属于实利，而依准美词学者属于美感。其内容则军国民主义当占百分之十，实利主义当占其四十，德育当占其二十，美育当占其二十五，而世界观则占其五。

修身，德育也，而以美育及世界观参之。

历史、地理，实利主义也。其所叙述，得并存各主义。历史之英雄，地理之险要及战迹，军国民主义也。记美术家及美术沿革，写各地风景及所出美术品，美育也。记圣贤，述风俗，德育也。因历史之有时期，而推之于无终始，因地理之有涯涘，而推之于无方体，及夫烈士、哲人、宗教家之故事及遗迹，皆可以为世界观之导线也。

算学，实利主义也，而数为纯然抽象者。希腊哲人毕达哥拉士以数为万物之原，是亦世界观之一方面。而几何学各种线体，可以资美育。

物理、化学，实利主义也。原子电子，小莫能破，爱耐而几，范围万有，而莫知其所由来，莫穷其所究竟，皆世界观之导线也。视官听官之所触，可以资美感者尤多。

博物学，在应用一方面，为实利主义。而在观感一方面，多为美感。研究进化之阶段，可以养道德。体验造物之万能，可以导世界观。

图画，美育也，而其内容得包含各种主义。如实物画之于实利主义，历史画之于德育是也。其至美丽至尊严之对象，则可以得世界观。

唱歌，美育也，而其内容，亦可以包含种种主义。

手工，实利主义也，亦可以兴美感。

游戏，美育也。兵式体操，军国民主义也。普通体操，则兼美育与军国民主义二者。

右之所箸，仅其辜较，神而明之，在心知其意者。

满清时代，有所谓钦定教育宗旨者，曰忠君，曰尊孔，曰尚公，曰尚武，曰尚实。忠君与共和政体不合，尊孔与信教自由相违（孔子之学术，与后世所谓儒教孔教，当分别观之。嗣后教育界何以处孔子，及何以处孔教，当特别讨论之，兹不赘），可以不论。尚武，即军国民主义也。尚实，即实利主义也。尚公，与吾所谓公民道德，其范围或不免有广狭之异，而要为同意。惟世界观及美育，则为彼所不道，而鄙人尤而〔所〕注重，故特疏通而证明之，以质于当代教育家，幸教育家平心而讨论焉。

〔北洋政府教育部档案〕

4　陈婉衍筹设复心女子学堂请拨发经费与陆军部往来文件

(1912年3月)

(1)陈婉衍禀(3月9日)

遵设复心女学堂陈婉衍谨禀。总长钧座：敬禀者：窃敝学堂前蒙光复军总司令李司令燮和，以光复军女子队改组女学堂，请将韬园房屋改作女学堂校址，并恳酌给开办常年经费，出示保护各缘由，具文呈请钧部鉴核批示施行。并经李司令饬令妥议章程，克期开办。等因。各在案。查敝队女子，蒙李司令俯念微劳，不忍解散，筹设学堂，入校肄业，俾得教养兼施，增进学识，勉成中国新民，咸合完全人格，可谓仁至义尽，格外维持矣。婉衍遵奉之下，感佩莫名，敢不勉竭绵薄，尽力经营，以期无负钧部提倡奖励栽培女子之至意。惟开办伊始，事事草创，既赖人谋，尤需财力，举凡修饰房屋，置备校具，以及图书仪器、一切应用品物、薪工伙食等项，在在需款支用。且阳历时期已届三月中旬，而所招新生亦已纷纷报名就学者众，尤宜赶速开学，以慰来学而免旷课。一再筹思，惟有仰恳钧部，迅赐拨给开办经费，用资应付，藉免遗误。至于开办以后，所需月支各款，同关紧要，并恳钧部筹定的款，拨给常年经费，庶几垂诸久远，永荷恩施。所有筹设女学堂，恳请拨给开办经费暨筹给常年经费缘由，除俟拟就章程，另行呈报及分呈大总统暨内务部、教育部、财政部鉴核批示，并备由仰祈批示遵行外，理合具文禀请钧部鉴核，伏乞照准施行，实为公便。恭肃禀呈，敬请钧安。伏维垂鉴。婉衍谨禀。

中华民国元年三月九日

（2）陆军部批稿（3月15日）

禀悉。查学堂筹给经费，本属教育部责任，非本部所能越俎而谋。惟该女士曾于南京未光复以前，惨淡经营，组织军队，用能厚集兵力，敌忾同仇，赞成共和事业。兹复振兴学校，为女界输入文明，毅力热心，深堪嘉尚，应准给予开办费一千元，以励前勋而资补助，仰即来部具领。至于该校所需常年经费，该女士自向教育部禀请拨给可也。此批。

〔南京临时政府档案〕

5 陆军部发给尹志锐等出国川资学费缴稿①

（1912年3月14日）

禀悉。该女士等尽力民国，坚忍卓绝，以次光复沪、宁，经营惨澹。现复热心响学，拟赴外洋，深堪嘉许，应即着给洋各一千五百元，以备三年学费。该女士等务须勉力求学，以达目的，本总长有厚望焉。此缴。

中华民国元年三月十四日

〔南京临时政府档案〕

注：①本件原禀缺，摘由上有尹志锐等姓名。

6 临时大总统关于各省已设优级初级师范一并开学中小学校速筹开办致教育部令

（1912年3月19日）①

自民国起义以来，教育机关一时停歇，黉舍变为兵营，学子编入卒伍。此诚迫于时势，不得不然。然青年之士，问学无途、请业失据者，何可胜道。学者，国之本也。若不从速设法修旧起废，鼓舞而振兴之，何以育人才而培国脉。查阅临时政府公报第三十二号，载有该部通告各省电，饬令高等专门学校从速开学，免致高等学生半途废学，中学毕业学生亦无升学之所。云云。自是正当办法。惟教育主义，首贵普及，作人之道，尤重童蒙。中小学校之急应开办，当视高等专门为尤要。顾欲兴办中小学校，非养成多数教员不可。欲养成多数中小学教员，非多设初级优级师范学校不可。虽一时权宜，与永久经制自殊，而统筹全局，亦不可顾此失彼。此时注重师范，既能消纳中学以上之学生，复可隐植将来教育之根本，是真当务之急者。为此令仰该部迅即妥筹办法，通告各省，将已设之优级初级学校一并开学。其中小学校仍不可听其停闭，速筹开办。是为至要。此令。

〔临时政府公报第四十二号〕

注：①此系临时政府公报刊载日期。

7 临时大总统关于将源丰润钱号抵押拨充中国公学经费令

(1912年3月21日)

临时大总统令

据中国公学董事张謇等呈称：窃维中国公学创自前清光绪三十二年，实因日本取缔风潮，学生回国，各省绅民奔走联合愤激而设此校。其宗旨纯属民办，即以董事会组织保管。数年以来，筹集开办费已及数十万金，而常年费则取给于各省公摊约二万余两，历有案卷可稽。上年新建校舍落成，适值民国起义之际，校内师徒多半从军，校舍亦为吴淞民军所借驻，各省公摊之款更皆无着。公学停办，职此之由。今者南北统一，民国成立，凡属学校均宜及时起学，以兴教育。惟是公学性质本由各省集成，当此军备未撤，财政困难，公摊一项，甚难希望，而教育所关，公学又系对外而设，若因款绌停办，恐不免贻日人之诮，而为民国之羞。兹查有前清上海道蔡乃煌以部款存放源丰润等钱号，致被亏倒，仅有房产、股票、各抵押契据移交后任刘燕翼，其价约及百万。若蒙拨为公学经费，于义相合，而公学即赖以不堕。謇等谨合词公恳大总统俯念公学系属民立，饬令前清上海道刘燕翼将源丰润等抵押之房屋、股票字据发交公学，存充经费，以资持久而免旷废。等情前来。当经批以：呈悉。所请源丰润等抵押之房屋、股票字据发交公学，存充经费，事属可行。惟闻此项票据已由刘燕翼交上海领袖领事存贮，候令通商交涉使清查提还，再行指拨可也。等语。除令通商交涉使速为查提解交该部拨收外，合即令仰该部知照。此令。

财政部总长陈锦涛知照

孙 文

中华民国元年三月二十一日

〔南京临时政府档案〕

8　教育部关于中华民族大同会创设蒙回藏师范学校请拨开办费批

(1912年4月1日)①

呈悉。中华民国既合五大民族而成，自应施以同等教育。蒙、回、藏语文各异，尤应首先养成师资。该会以联络五族为主义，复创设蒙回藏师范学校，意在广施教育，共同进化，深堪嘉尚。本部成立伊始，经费异常竭蹶，所请先拨开办费五万两一节，碍难照准。此批。

〔临时政府公报第五十四号〕

9　北洋政府国务院关于中国公学请指拨源丰润押产充作经费电

(1912年6月1日)

致上海陈都督电　六月初一日发

上海陈都督鉴：准中国公学董事张季直诸君电称：前清沪道刘燕翼押存比领事署之源丰润等房屋财产契据，曾由董事等呈请前大总统拨充公学经费。蒙批：呈悉。所请以源丰润等户抵押之房屋、股票、字据发交中国公学，存充经费，事属可行。闻此项票据由刘燕翼交上海领袖领事署存贮，候令通商交涉使清查提还，即行指拨。奉此。嗣后复呈请财政部，蒙批：既奉前大总统批准

注：①此系临时政府公报刊载日期。

拨公学，自应准如所请。候与领事交涉妥贴，即行发交该公学具结承领。查此项财产，迭经前总统、财政部批准，恭恳钧院、大部饬交涉使火速提讨，发交公学，以兴教育。等语。除电复应就近与台端面商外，希与张季直诸公妥商办理。国务院。东。印。

〔北洋政府财政部档案〕